De día o de noche, el Museo Guggenheim en la ciudad vasca de Bilbao, España, es un impresionante ejemplo de arquitectura postmoderna. En el diseño de este museo de arte contemporáneo, situado a orillas del río Nervión en pleno centro de la ciudad, se ve reflejado el ambiente industrial del puerto al igual que un marcado contraste con el mismo, simbolizando así la tradición del pasado y la fuerza innovadora del futuro. Frank O. Gehry, arquitecto del Guggenheim, utilizó titanio en la capa exterior del edificio, lo cual le hace irradiar un brillante tinte plateado al mediodía y un matiz morado durante la noche.

¡Ven conmigo!
Nuevas vistas

CURSO **DOS** AVANZADO

HOLT, RINEHART AND WINSTON

A Harcourt Classroom Education Company

Austin • New York • Orlando • Atlanta • San Francisco • Boston • Dallas • Toronto • London

CREDITS

ASSOCIATE DIRECTOR
Barbara Kristof

SENIOR EDITORS
Lynda Cortez
Janet Welsh Crossley
Jean Miller
Beatriz Malo Pojman
Paul Provence
Douglas Ward

MANAGING EDITOR
Chris Hiltenbrand

EDITORIAL STAFF
Hubert Bays
Nancy Bundy
Jeff Cole
Milagros Escamilla
Catherine Gavin
Martha Lashbrook
Zahydée Minnick
Carmen de la Morena
Jorge Muñoz
Todd Phillips
Brent Turnipseed
Todd Wolf
J. Elisabeth Wright
Mark Eells
Editorial Coordinator
Johanna Kimball
Department Intern

EDITORIAL PERMISSIONS
Amy E. Minor
Permissions Editor
Yuri Muñoz
Interpreter-Translator

BOOK DESIGN
Richard Metzger
Design Director
Marta L. Kimball
Design Manager
Teresa Carrera-Paprota
Cristina Bowerman

IMAGE SERVICES
Joe London
Director
Tim Taylor
Photo Research Supervisor
Terry Janecek
Elisabeth McCoy
Nicole Mlakar
Michelle Rumpf
Art Buyer Supervisor
Gillian Brody

DESIGN NEW MEDIA
Susan Michael
Design Director
Amy Shank
Design Manager
Czeslaw Sornat

MEDIA DESIGN
Curtis Riker
Design Director
Richard Chavez

COVER DESIGN
Richard Metzger
Design Director
Candace Moore

ELECTRONIC PUBLISHING
Robert Franklin
EP Manager
Heather Jernt
Project Coordinator
Lana Kaupp
Project Co-coordinator
Nanda Patel
Project Co-coordinator
Juan Baquera
Sally Dewhirst
Jim Gaile
Anne Johnson
Christopher Lucas
Kim Orne
Angela Priddy
Susan Savkov
JoAnn Stringer
Sarah Willis
Patty Zepeda

PRODUCTION
Amber McCormick
Production Supervisor
Diana Rodriguez
Production Coordinator

MANUFACTURING
Jevara Jackson
Manufacturing Coordinator
Deborah Wisdom
Senior Inventory Analyst

NEW MEDIA
Elizabeth Kline
Senior Project Manager
Jessica Bega
Project Manager

COVER PHOTOGRAPHY CREDITS

FRONT COVER: (Guggenheim Art Museum Bilbao, Bilbao, Spain) © 1998 Jose Fuste Raga/Corbis Stock Market

BACK COVER: (Guggenheim Art Museum Bilbao, Bilbao, Spain) © Jeff Goldberg/Esto Photographics; (picture frame) © 1999 Image Farm, Inc.

ISBN 0-03-052712-0

3 4 5 6 7 32 05 04 03

CONSULTANTS

Ana Roca
Florida International University
Miami, FL
Dr. Roca assisted the editorial staff in developing the orientation, scope, and sequence of the program.

Isabel Schon
Center for the Study of Books in Spanish for Children and Adolescents
California State University
San Marcos, CA
Dr. Schon assisted the editorial staff in selecting literature for the program.

María Treviño
Northside Independent School District
San Antonio, TX
Ms. Treviño assisted the editorial staff in developing the orientation, scope, and sequence of the program.

CONTRIBUTING WRITERS

José Antonio Cerna-Bazán
University of Texas at Austin
Dr. Cerna-Bazán wrote grammar materials for several collections.

Alejandro Cortázar
Lousiana State University, Baton Rouge
Dr. Cortázar wrote culture materials for Collection 4.

María Soledad Díaz
Austin, TX
Ms. Díaz wrote culture materials for Collection 3.

Jabier Elorrieta
University of Texas at Austin.
Dr. Elorrieta wrote grammar materials for several collections.

Karin Fajardo
El Paso, TX
Ms. Fajardo wrote **Ortografía** materials for all collections and grammar materials for Collection 1.

Salvador Fajardo
State University of New York at Binghamton
Dr. Fajardo wrote culture materials for Collection 6.

Rolando Hinojosa-Smith
University of Texas at Austin
Dr. Hinojosa-Smith collaborated on culture materials for Collection 2.

Richard Lindley
Dripping Springs, TX
Dr. Lindley wrote culture materials for Collection 5.

Beatriz Malo Pojman
Austin, TX
Ms. Pojman wrote grammar materials for Collection 2.

Marcia Tugendhat
Austin, TX
Ms. Tugendhat wrote **Comunidad y oficio** materials for all collections.

REVIEWERS

Enrique Acosta, Jr.
Native speaker reviewer
Mr. Acosta, a native of Cuba, reviewed Collection 1.

Cristina Cabello de Martínez
University of Texas at Austin
Native speaker reviewer
Dr. Cabello, a native of Mexico, reviewed all collections.

Josefina Concha
El Paso, TX

Denise Córdova
South Lakes H.S.
Reston, VA

Jabier Elorrieta
University of Texas at Austin
Native speaker reviewer
Dr. Elorrieta, a native of Spain, reviewed several collections, the **Enlaces literarios,** the **Glosario de términos lingüísticos,** and the **Guía del lenguaje.**

Jim Garland
Henry Clay H.S.
Lexington, KY

Dulce Goldenberg
Miami Sr. H.S.
Miami, FL

Vance Holloway
University of Texas at Austin
Dr. Holloway reviewed the **Enlaces literarios.**

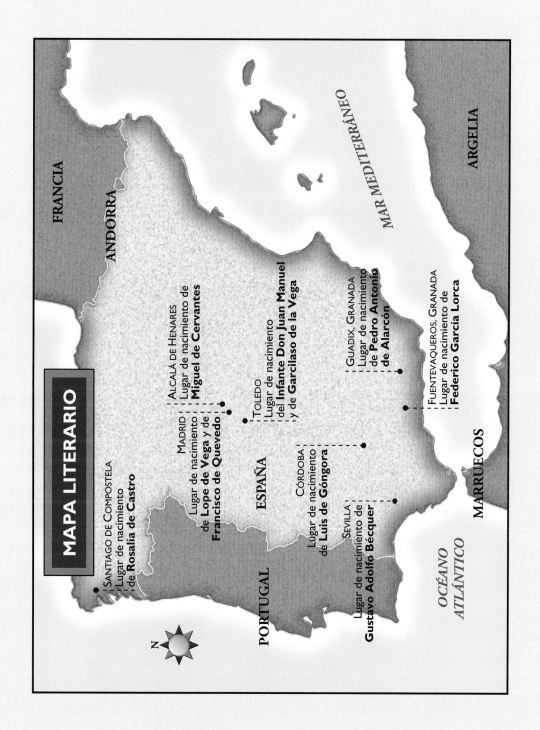

MAPA LITERARIO

SANTIAGO DE COMPOSTELA
Lugar de nacimiento
de **Rosalía de Castro**

ALCALÁ DE HENARES
Lugar de nacimiento de
Miguel de Cervantes

MADRID
Lugar de nacimiento
de **Lope de Vega** y de
Francisco de Quevedo

TOLEDO
Lugar de nacimiento
del **Infante Don Juan Manuel**
y de **Garcilaso de la Vega**

GUADIX, GRANADA
Lugar de nacimiento
de **Pedro Antonio
de Alarcón**

FUENTEVAQUEROS, GRANADA
Lugar de nacimiento de
Federico García Lorca

CÓRDOBA
Lugar de nacimiento
de **Luis de Góngora**

SEVILLA
Lugar de nacimiento de
Gustavo Adolfo Bécquer

FRANCIA

ANDORRA

MAR MEDITERRÁNEO

ARGELIA

ESPAÑA

PORTUGAL

MARRUECOS

OCÉANO
ATLÁNTICO

N

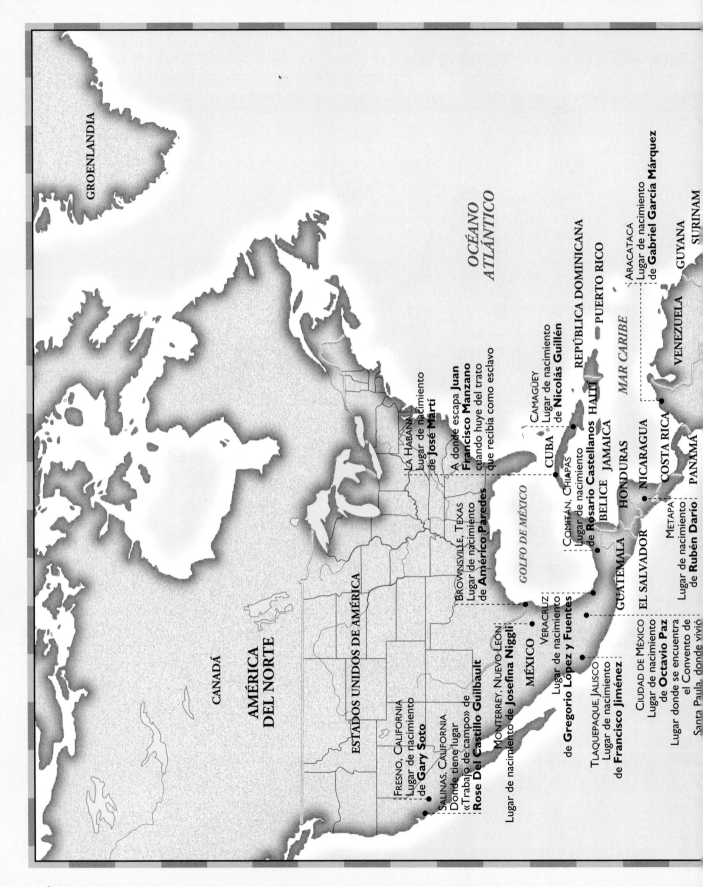

GROENLANDIA

AMÉRICA
DEL NORTE

CANADÁ

ESTADOS UNIDOS DE AMÉRICA

FRESNO, CALIFORNIA
Lugar de nacimiento
de **Gary Soto**

SALINAS, CALIFORNIA
Dónde tiene lugar
«Trabajo de campo» de
Rose Del Castillo Guilbault

MONTERREY, NUEVO LEÓN:
Lugar de nacimiento de **Josefina Niggli**

BROWNSVILLE, TEXAS
Lugar de nacimiento
de **Américo Paredes**

LA HABANA
Lugar de nacimiento
de **José Martí**

A dónde escapa **Juan
Francisco Manzano**
cuando huye del trato
que recibía como esclavo

GOLFO DE MÉXICO

OCÉANO
ATLÁNTICO

CAMAGÜEY
Lugar de nacimiento
de **Nicolás Guillén**

CUBA

REPÚBLICA DOMINICANA

PUERTO RICO

HAITÍ   MAR CARIBE

JAMAICA

BELICE

MÉXICO

VERACRUZ
Lugar de nacimiento
de **Gregorio López y Fuentes**

COMITÁN, CHIAPAS
Lugar de nacimiento
de **Rosario Castellanos**

HONDURAS

GUATEMALA

EL SALVADOR

NICARAGUA

COSTA RICA

PANAMÁ

METAPA
Lugar de nacimiento
de **Rubén Darío**

TLAQUEPAQUE, JALISCO
Lugar de nacimiento
de **Francisco Jiménez**

CIUDAD DE MÉXICO
Lugar de nacimiento
de **Octavio Paz**

Lugar donde se encuentra
el Convento de
Santa Paula, donde vivió

ARACATACA
Lugar de nacimiento
de **Gabriel García Márquez**

VENEZUELA

GUYANA

SURINAM

ECUADOR

OCÉANO
PACÍFICO

AMÉRICA
DEL SUR

PERÚ

BRASIL

BOLIVIA

PARAGUAY

URUGUAY

ARGENTINA

CHILE

ISLAS MALVINAS

ALTO PARANÁ
Donde tiene lugar
«En la noche»
de **Horacio Quiroga**

SALTO
Lugar de nacimiento
de **Horacio Quiroga**

BUENOS AIRES
Lugar de nacimiento
de **Jorge Luis Borges**
Lugar donde vivió
Alfonsina Storni

SÁENZ PEÑA
Lugar de nacimiento
de **Marco Denevi**

VICUÑA
Lugar de nacimiento
de **Gabriela Mistral**

SANTIAGO
Lugar donde vivió
Sergio Vodanovic

PARRAL
Lugar de nacimiento
de **Pablo Neruda**

N

Introducción a *Nuevas vistas*: Curso avanzado 2

¿Qué hay en una colección?

Estimado estudiante,

*¡Felicidades por haber tomado la decisión de seguir con tus estudios del español, y bienvenido a **Nuevas vistas: Curso avanzado 2!** Este programa tiene como fin ayudarte a profundizar tus conocimientos de la lengua española y de la literatura del mundo hispanohablante. A continuación se presenta un resumen de las distintas secciones del texto.*

El libro se divide en seis **COLECCIONES.** Cada colección consta de varias partes. Generalmente, se incluyen dos o tres lecturas principales, acompañadas por información y actividades que facilitarán la comprensión del texto: **ANTES DE LEER, DIARIO DEL LECTOR, ADUÉÑATE DE ESTAS PALABRAS, CONOCE AL ESCRITOR (A LA ESCRITORA), CREA SIGNIFICADOS, ASÍ SE DICE** y **PREPARA TU PORTAFOLIO.** También hay una lectura suplementaria en cada colección, titulada **A LEER POR TU CUENTA.** En **ESTRATEGIAS PARA LEER** aprenderás cómo mejorar tu comprensión al enfrentar un texto desconocido o difícil de entender, mientras que en **ELEMENTOS DE LITERATURA** verás ejemplos y explicaciones de los varios géneros literarios tratados en el texto, como el cuento, el drama, la poesía y la novela. En la sección titulada **ENLACES LITERARIOS,** encontrarás lecturas dirigidas a los estudiantes que se preparan para el examen AP*de literatura. Estas lecturas han sido seleccionadas con base en la lista de obras para dicho examen y por lo tanto abarcan una amplia gama de épocas y géneros literarios.

Junto con el material literario de cada colección, encontrarás una gran variedad de material cultural. En **CULTURA Y LENGUA,** aprenderás más sobre la historia, la sociedad y el lenguaje de distintos países hispanohablantes. En **PANORAMA CULTURAL,** tendrás la oportunidad de ver y escuchar a jóvenes latinos hablar de temas actuales y estimulantes. Y en **COMUNIDAD Y OFICIO,** verás qué hacen y qué pueden hacer las personas hispanohablantes —ya sean hablantes nativos o no— en nuestra sociedad global del siglo XXI.

Como estudiante del español a nivel avanzado, ya sabes mucho del idioma. Las secciones de lengua en cada colección —**VOCABULARIO, GRAMÁTICA, COMPARACIÓN Y CONTRASTE** y **ORTOGRAFÍA**— servirán para refinar aún más tus conocimientos, proporcionando explicaciones, ejemplos y una gran variedad de prácticas.

Al final de cada colección hay tres secciones que sirven para cerrarla. En **TALLER DEL ESCRITOR** podrás poner en práctica lo que has leído y estudiado a lo largo de la colección y escribir tu propio texto, ya sea cuento, episodio autobiográfico o artículo informativo. **A VER SI PUEDO...** te ayudará a repasar los puntos fundamentales de la colección. La página de **VOCABULARIO ESENCIAL** te indica cuáles son las palabras escogidas de la colección que hay que saber para las pruebas y los exámenes.

*Advanced Placement Program and AP are registered trademarks of the College Entrance Examination Board, which does not endorse this product.

¿Qué significan los íconos y símbolos?

En cada colección, vas a encontrar una variedad de íconos, sellos y cuadros, cada uno con un propósito específico.

 Este ícono indica que hay material relacionado en el video.

 Este ícono indica que hay material relacionado en los discos compactos.

 Este ícono indica que hay material relacionado en Internet.

  Estos íconos indican que la actividad se puede hacer en pareja o en grupo.

 Este ícono indica que la actividad se puede hacer por escrito.

 Este ícono indica que la actividad está relacionada con el **TALLER DEL ESCRITOR** de la colección, o de una colección posterior.

 Este ícono te recuerda la estrategia de tomar apuntes y hacerte preguntas mientras lees.

 Este sello te remite a otras secciones del libro si tienes dudas o preguntas.

 Este sello indica secciones o actividades de especial utilidad durante la preparación para los exámenes AP de lengua o de literatura.

 Este cuadro señala información especializada acerca de un punto gramatical u ortográfico.

¿Te acuerdas?

Este cuadro repasa información gramatical u ortográfica.

¿Qué hay en las secciones de referencia?

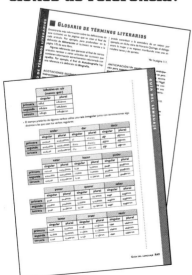

Al final del libro, se encuentran varias secciones de referencia. En **ASÍ SE DICE** hay un resumen de todas las expresiones incluidas en dichos cuadros en el libro. El **GLOSARIO DE TÉRMINOS LITERARIOS** provee definiciones breves y claras de elementos literarios. El **MANUAL DE COMUNICACIÓN** presenta información sobre cómo hacer trabajos de investigación, cómo utilizar diccionarios, gráficos y mapas, cómo tomar exámenes y cómo redactar una carta de negocios o un currículum vitae. El **GUÍA DEL LENGUAJE** resume los puntos claves de la gramática y la ortografía española, y el **GLOSARIO DE TÉRMINOS LINGÜÍSTICOS** ofrece definiciones y ejemplos de términos gramaticales comunes. El **GLOSARIO** contiene glosas en español e inglés para todas las palabras del **VOCABULARIO ESENCIAL,** más otras palabras escogidas de las demás secciones de cada colección. Por fin, el **ÍNDICE LINGÜÍSTICO** te remite a las diferentes partes del libro en las que se presenta un tema lingüístico específico.

SuperStock

Laurie Platt Winfrey, Inc

Sor Juana Inés de la Cruz

Enlaces literarios

Don Juan Manuel

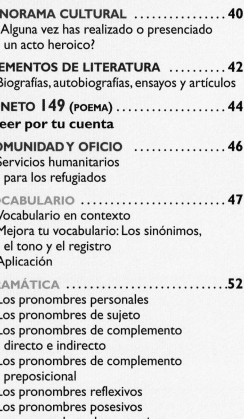

The Granger Collection, New York

COLECCIÓN 2

Lazos de amistad   págs. 80–139

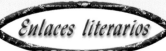

Enlaces literarios

© Burstein Collection/CORBIS

Wally Findlay Galleries, New York/SuperStock

COLECCIÓN 3

El frágil medio ambiente págs. 146–215

Enlaces literarios

The Granger Collection,
New York

© Licensed by the Orozco Villadares Family through VAGA, NY, NY/The Granger Collection, New York

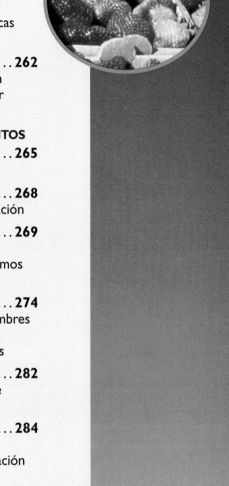

Enlaces literarios

Kactus Foto, Santiago, Chile/
SuperStock

COLECCIÓN 5

Mitos págs. 302–363

Explorer/SuperStock

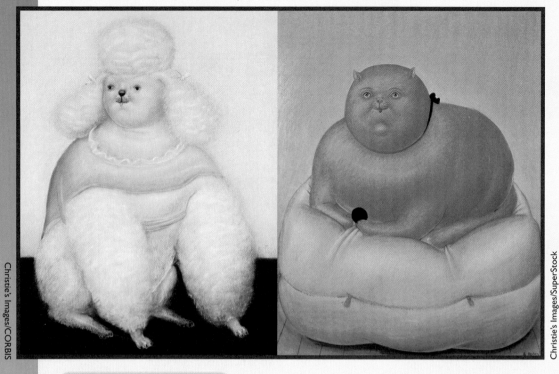

Christie's Images/CORBIS

Christie's Images/SuperStock

COLECCIÓN 6

Perspectivas humorísticas   págs. 376–427

Enlaces literarios

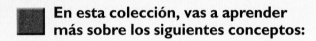

COLECCIÓN 1

Esfuerzos heroicos

En esta colección, vas a aprender más sobre los siguientes conceptos:

Lectura

Elementos de literatura: Biografías, autobiografías, ensayos y artículos

Estrategias para leer: Cómo utilizar las pistas del contexto

Cultura

Cultura y lengua: Cuba

Panorama cultural: ¿Alguna vez has realizado o presenciado un acto heroico?

Comunidad y oficio: Servicios humanitarios para los refugiados

Comunicación

Así se dice: Para expresar emociones y acciones en el pasado; para hablar de causas y efectos; para hacer descripciones en el pasado; para expresar tu punto de vista; para evaluar un trabajo escrito; para reflexionar sobre un trabajo escrito

Vocabulario: Los sinónimos; tono y registro

Gramática: Los pronombres personales; los pronombres demostrativos

Comparación y contraste: El complemento indirecto en español

Escritura

Ortografía: El uso de las mayúsculas; el acento diacrítico; la diéresis

Taller del escritor: Episodio autobiográfico

SuperStock

MARCAR: go.hrw.com
PALABRA CLAVE:
WN3 ESFUERZOS

Guajiros (1922) de Leopoldo Romañach. Óleo sobre lienzo (35.5" x 48")

ANTES DE LEER
de *Autobiografía de un esclavo*

Punto de partida

Voluntad y esfuerzo personal

Hay diferentes formas de heroísmo. Hay personas a las que llamamos «héroes» o «heroínas» por las hazañas que han realizado, porque han arriesgado su propio bienestar para ayudar a los demás o porque sus actos han influido positivamente en la vida de otras personas.

Todos los personajes principales de esta colección ejemplifican alguna forma de heroísmo. Al leer las lecturas, piensa en las cualidades que los caracterizan.

Haz una lista de tus propios héroes y las cualidades que poseen. Luego, con la ayuda de un(a) compañero(a), crea un diagrama de Venn. En un círculo, escribe las cualidades que, según tú, caracterizan a tu héroe. Tu compañero(a) hará lo mismo en el otro círculo. En el círculo del centro, concluyan con las cualidades que los dos héroes tienen en común.

Telón de fondo

La economía de Cuba en el siglo XIX se basaba en la producción de azúcar. Esta industria dependía de la mano de obra de los esclavos traídos de África y sus descendientes. Sin embargo, muchas personas estaban en contra de la esclavitud. Entre ellas se encontraba Domingo del Monte, un abogado, escritor y mentor de jóvenes escritores.

Del Monte celebraba en su casa tertulias literarias que el poeta esclavo Juan Francisco Manzano visitó en más de una ocasión. En una de esas tertulias Manzano leyó su poema, «Mis treinta años», en el que hablaba de los sufrimientos de su vida. Al parecer, Del Monte pensó que el dar a conocer la historia de Juan Francisco ayudaría a la causa contra el tráfico de esclavos. Así, hizo una colecta para conseguir el dinero necesario para comprar la libertad de Manzano. Del Monte le pidió al poeta que escribiera la historia de su vida. Manzano lo complació escribiendo la *Autobiografía de un esclavo*.

Diálogo con el texto

Cuando leas el fragmento de *Autobiografía de un esclavo* que viene a continuación, toma nota de tus reacciones. Los comentarios de un lector aparecen como ejemplo al margen de la primera página.

La Habana, Cuba, grabado en acero, Estados Unidos, aprox. 1857
The Granger Collection, New York.

de Autobiografía de un esclavo
Juan Francisco Manzano

Transcurrió algún tiempo sin la menor novedad cuando aconteció la muerte casi súbita de mi madre que se privó[1] y nada pudo declarar. A los cuatro días de este caso lo supe. Le tributé como hijo y amante cuanto sentimiento se puede considerar. Entonces mi señora me dio tres pesos para las misas del alma o de San Gregorio. Se las mandé decir al padre coadjutor.[2] Algunos días después me mandó mi señora al Molino para que recogiese lo que mi madre había dejado. Di al administrador una esquela[3] con la que me entregó la llave de su casa en la cual sólo hallé una caja grande muy antigua, pero vacía. Tenía esta caja un secreto que yo conocía. Hice saltar el resorte y hallé en su hueco algunas joyas de oro fino. Entre ellas las de más mérito eran tres manillones antiguos de cerca de tres dedos de ancho y muy gruesas, dos rosarios, uno todo de oro y otro de oro y coral, pero rotos y muy sucios. Hallé también un lío de papeles que testificaban varias deudas. Había entre ellos uno de doscientos y pico de pesos y otro de cuatrocientos y tantos pesos. Éstos debían cobrarse a mi señora y después de éstos otra porción de menores cantidades.

Cuando yo nací, me dedicó mi abuelo desde el campo una potranca baya de raza fina y de ésta nacieron cinco que mi padre iba dedicando a cada uno de mis hermanos. Ellas parieron a su vez y vino a haber el número de ocho. Entre éstas una era deforme y parecía un caballo. Era rosilla oscura y siempre parecía que tenía el pelo untado de aceite, por lo que el señor Don Francisco Pineda la quiso comprar, pero parece que mi padre pedía demasiado por ella. Ésta y otra se malograron en el servicio de la hacienda cargando baúles a La Habana estando para parir. De éstas había los recibos o pagarés.

1. **se privó:** se quedó sin sentido.
2. **padre coadjutor:** cura que sirve de asistente al párroco de una iglesia.
3. **esquela:** mensaje enviado por escrito.

Parece que quería mucho a la madre.

Heredó algunas joyas de su madre.

Juan Francisco y sus hermanos tenían caballos.

Usaban los caballos para cargar baúles.

Llegado el día siguiente di cuenta a mi ama de lo que había y también de los recibos o papeletas. Pasados seis o más días pregunté a mi señora si había su merced revisado los papeles que le había entregado. Me contestó en tono agradable que todavía no. Di esta respuesta a la parda Rosa Brindis que cuidaba de la educación de mi hermana María del Rosario. Como María del Rosario era libre, la tenía ella a instancias de mi señora mientras no fuera capaz de gobernarse. Rosa me instaba a que no dejase de recordarle a mi señora cada vez que pudiese, pues quería la parte de mi hermana para su manutención, pues la había criado. Ella sabía que la señora le tenía guardado a mi madre dinero para que lo compartiese entre todos sus hijos si ella muriese. Y yo, como mayor de todos, debía de echar a andar esto. Con tal aviso, cuando pasados algunos días más, aguijado sin cesar por esta mujer, me determiné a hablar con mi señora por segunda vez, lleno de las más <u>halagüeñas</u> esperanzas.

Cuál sería mi asombro cuando, incómoda, me respondió mi señora: «¿Estás muy apurado por la herencia? ¿No sabes que soy heredera forzosa de mis esclavos? En cuanto vuelvas a hablar de la herencia te pongo donde no veas el sol ni la luna. Marcha a limpiar las caobas.»

Esta escena pasó en la sala del señor Don Félix Quintero, serían las once de la mañana. Al día siguiente manifesté a Rosa lo que había pasado. No me acuerdo de todo lo que dijo, sólo que todas sus duras expresiones iban a caer sobre las cenizas de mi pobre madre.

De allí a dos días, eran algo más de las doce cuando apareció, pidió permiso para hablar a mi señora y cuando se le concedió estuvo con ella largo rato. Yo estaba en la despensa que estaba frente a la puerta de la calle haciendo qué sé yo qué, cuando entró la Rosa. Me dijo que fuera por su casa cuando tuviese ocasión. La hice esperar y le di dos de las tres manillas quedándome con una. También le di todos los pedazos de rosarios y un relicario que dicen que en su tiempo no se conseguía ni por una onza. Era grande, guarnecido de cordones de oro, láminas del mismo metal y el divino rostro de Jesús estaba en el medio. Era muy abultado y tenía como dos cuartas de una cadenita muy curiosamente trabajada toda de oro. La envolvió bien, mas estando para partir, mi ama, que no me perdía nunca de vista, se acercó a nosotros y manifestándole que no era de su agrado que tuviese aquella familiaridad conmigo ni con ninguno de sus esclavos, se concluyó con que ella no volvería a poner sus pies en casa.

Por lo que toca a mí, desde el momento en que perdí la halagüeña ilusión de mi esperanza dejé de ser un esclavo fiel. Me convertí de manso cordero en la criatura más despreciable. No quería ver a nadie que me hablase sobre esta materia. Quisiera haber tenido alas para desaparecer trasplantándome a La Habana. Se me embotaron todos los sentimientos de gratitud y sólo meditaba en mi fuga.

Pasados algunos días vendí a un platero la manilla. Me dio siete pesos y algunos reales por ella. Y en la noche cuando dejé a mi ama en casa de los señores Gómez, le llevé los pesos al padre coadjutor para misas por mi madre. Los reales fueron para velas para las ánimas. No tardó mucho tiempo mi señora en saber por el mismo padre que había mandado decir tantas misas. Me preguntó de dónde tenía ese dinero. Mas, como lo que yo menos apreciaba por entonces era vivir, le dije sin rodeos que había vendido una manilla. Quiso saber a quién, mas como di palabra al platero de no decirlo, me sostuve diciendo que a uno que no conocía. «Pues ahora sabrás para qué naciste», me dijo. «Tú no puedes disponer de nada sin mi <u>consentimiento</u>». Fui preso al Molino. Ya era ésta la tercera vez.

Esclavos trabajando en una plantación de azúcar durante los meses de noviembre y diciembre.

Me preguntó Don Saturnino lo que había. Se lo dije todo con enfado. La desesperación había ocupado el lugar de todos mis sentimientos. Mi madre era lo único que allí tenía y ésa no existía. Mis lágrimas corrían en abundancia mientras contaba a Don Saturnino la distribución del dinero. Me mandó desatar y me mandó para su cocina encargándome que no saliese de allí. Me daba de lo que él comía y dormía en el pesebre de los caballos. Me enseñó la carta de recomendación y a la verdad es que me hubiera pesado toda la vida por la licencia que me tomé.

Pero yo, criado en la oscuridad de tanta ignorancia, ¿qué podía saber? Al cabo de ocho o diez días me llamó y me hizo poner unas prisiones porque venía la señora a almorzar al día siguiente. Me mandó al campo encargándome que si me preguntaban si había sufrido azotes que dijese que sí.

A las nueve poco más o menos recibió orden el contramayoral de enviarme para la casa de vivienda. Me resistí a ir, pero amenazado con dureza tuve por buen partido obedecer al administrador que me recibió con una muda de ropa fina de color, eso es, pantalones y chupa, que vestí. Cuando le fui a entregar aquellos <u>andrajosos</u> despojos me dijo con cierto aire de firmeza estas palabras que me aterraron: «¿Sabes lo que te digo? En menos de dos meses

ADUÉÑATE DE ESTAS PALABRAS
andrajoso, -sa *adj.*: viejo y sucio.

has venido a mi poder en tres ocasiones y nada te ha sucedido. Pon los medios para no volver más porque te llevan los demonios. Anda, que la señora te espera. Anda y cuidado.»

Este señor, de nacionalidad gallega, era de genio vivo y duro de carácter. Era joven, como de 25 a 28 años y tanto los del campo como los de la casa de vivienda le temían en sumo grado; pues no sólo yo andaba en estos vaivenes.

Cuando llegué a los pies de mi señora me postré y pedí perdón de mi falta. Me mandó sentar en el comedor y acabando de almorzar me mandó un abundante plato que yo no probé. Mi corazón ya no era bueno y La Habana, juntamente con los felices días que en ella gocé, estaba impresa en mi alma. Yo sólo deseaba verme en ella. Notó mi señora el caso que había hecho de la comida y no dejó de maravillarse de que no me alegrase el corazón un buen plato.

Es de admirarse que mi señora no pudiese estar sin mí 10 días seguidos. Así era que mis prisiones jamás pasaban de 11 o 12 días. Siempre me pintaba como al más malo de todos los nacidos en el Molino, de donde decía que era yo criollo. Esto era otro género de mortificación que yo tenía. La amaba a pesar de la dureza con que me trataba. Yo sabía muy bien que estaba bautizado en La Habana.

Otra vez en el pueblo no sé por qué me trata entonces con dulzura. Yo nunca podré olvidar que le debo muchos buenos ratos y una muy distinguida educación...

Al cabo de tres o cuatro meses de mi último acontecimiento, se armó viaje a Madruga, donde debía mi señora tomar baños.[4] Fuimos en efecto. Con sus males tomó mi señora su antiguo mal humor. Se me echaba en rostro sin cesar la libertad que tomé de disponer de aquellas prendas, habiendo menores que eran en número de cinco, reputando esto un hurto por mi parte. «Vaya a ver en qué manos se

pondría la herencia y bienes de los otros, para que lo jugase todo en cuatro días.» Sin cesar se me amenazaba con el Molino y Don Saturnino. Las últimas expresiones de éste estaban grabadas en mi corazón y yo no tenía la menor gana de volverme a ver con él.

Pregunté cuántas leguas distaba de allí La Habana y supe que doce. Hallé que no las podría vencer en una noche de camino a pie y desistí de pensar más en verme en la Habana. Esperaba que cuando fuese allá mi suerte se decidiría, siempre con la idea de ser libre.

Un día, este día de resignación, principio de cuantos bienes y males el mundo me ha dado a probar, es como sigue. Era sábado. Debía, antes del almuerzo, según teníamos de costumbre, asearme ya que vestía dos veces a la semana. Para ello me fui al baño de la paila[5] que estaba al frente de la casa en un declive a unos treinta pasos. Estando bañándome me llamaron por orden de la señora. Ya se puede considerar cómo saldría. Me recibió preguntando qué hacía en el baño. Le contesté que me aseaba para vestir. «¿Con qué licencia lo has hecho?» «Con ninguna», contesté. «¿Y por qué fuiste?» «Para asearme.»

Esta escena fue en el comedero o colgadizo de la puerta de calle. Allí mismo mis narices se rompieron y fui para adentro echando dos venas de sangre. Esto me apesadumbró y abochornó, pues a la otra puerta vivía una mulatica de mi edad primera que me inspiró una cosa que yo no conocía. Era una inclinación angelical, un amor como si fuera mi hermana. Yo le regalaba sartas de maravillas de colores que ella recibía dándome algún dulce seco o fruta. Yo le había dicho que era libre y que mi madre había muerto hacía poco.

5. **paila**: recipiente grande para cargar agua.

ADUÉÑATE DE ESTAS PALABRAS

asearme, de **asearse** *v.*: lavarse.
declive *m.*: pendiente, cuesta o inclinación del terreno.
inclinación *f.*: afecto, amor.

----

4. **tomar baños**: ir a un lugar donde a los enfermos se les dan baños con propiedades curativas.

No bastó lo dicho. Como a las diez me hizo mi ama quitar los zapatos y me pelaron. Aunque esto era muy frecuente, esta vez me sirvió de la mayor mortificación.[6]

Me hizo tomar un barril y me mandó cargase agua para la casa. El arroyo distaba del frente de la casa unos treinta pasos y hacía una bajadita. Cuando llené mi barril me hallé en la necesidad no sólo de vaciarle la mitad, sino también de suplicar a uno que pasaba que me ayudase a echarlo al hombro.

Cuando subía la lomita que había hasta la casa, con el peso del barril y mis fuerzas nada ejercitadas, se me faltó un pie y caí dando en tierra con una rodilla. El barril cayó algo más adelante y rodando me dio en el pecho. Los dos fuimos a parar al arroyo. El barril se inutilizó y se me amenazó con el Molino y Don Saturnino a quien yo temía. Se suponía aquel suceso como de premeditada intención, y la amenaza era grave. No llegué a la noche sin desgarrar muchos esputos de sangre.

Este tratamiento me mostró de nuevo los errados cálculos que había formado de mi suerte.

Desengañado de que todo era un sueño y que mi padecer se renovaba, me acometió de nuevo la idea de que tenía que verme en La Habana. Al día siguiente, que era domingo, cuando la gente estaba en misa, me llamó un criado libre de la casa y estando a solas con él me dijo: «Hombre, ¿qué, tú no tienes vergüenza de estar pasando tantos trabajos? Cualquier negro bozal[7] está mejor tratado que tú. Un mulatico fino, con tantas habilidades como tú al momento hallará quien lo compre.»

Por este estilo me habló mucho rato concluyendo con decirme que si llegaba al tribunal del capitán general y hacía un puntual relato de todo lo que me pasaba podía salir libre. Me insinuó el camino que de allí venía a La Habana, diciéndome que aprovechara la primera oportunidad y que no fuera bobo. Esto me afligió muchísimo, pues si al menor aviso temía más de lo regular, cuánto más temería con las terribles insinuaciones que me hizo y que no pongo aquí por demasiado impertinentes.

Eran las once de la mañana del día lunes cuando vi llegar a Don Saturnino. Se apeó y le tomaron el caballo. Desde el momento en que este señor entró se me acibaró[8] toda la vida. El corazón me latía con incesante agitación y mi sangre toda en un estado de efervescencia[9] no me dejaba sosegar.

Regularmente el lugar común de meditación era mi cuarto. Mientras estaba en él pensaba en alguna cosa con sosiego. Así, estando en él, como a las cuatro, oí que hablaban dos, una hembra y otro criado. Ésta era de manos y preguntando aquél a qué vendría el administrador, ésta respondió con viveza: «¿A qué ha de venir? A llevarse a Juan Francisco.» Me compadeció aquello y yo quedé enterado de mi mala suerte.

No me es dado pintar mi situación amarguísima en este instante. Un temblor general cundió por todo mi cuerpo y me atacó un dolor de cabeza. Apenas me podía valer. Ya me veía atravesando el pueblo de Madruga como un facineroso,[10] atado, pelado y vestido de cañamazo[11] cual me vi en Matanzas, sacado de la cárcel pública para ser conducido al Molino.

8. **se me acibaró:** se me volvió algo amargo o angustioso.
9. **efervescencia:** estado de agitación, exaltación.
10. **facineroso:** delincuente.
11. **cañamazo:** tela tosca o rústica.

- -

ADUÉÑATE DE ESTAS PALABRAS

se inutilizó, de **inutilizarse** v.: dañarse, inhabilitarse.
premeditada, -do adj.: planeado o pensado con anticipación.
afligió, de **afligir** v.: causar tristeza o angustia.
impertinente adj.: inoportuno; que no viene al caso.
incesante adj.: que ocurre de forma continua, sin parar.
sosegar v.: calmar las inquietudes de ánimo.

- -

6. **mortificación:** sufrimiento.
7. **bozal:** el esclavo recién traído de África que no había sido educado en ninguno de los oficios de la casa.

Recordando las últimas amonestaciones[12] del ya citado Don Saturnino, me veía en el Molino sin padres en él, ni a un pariente y, en una palabra, mulato entre negros. Mi padre era algo altivo y nunca permitió no sólo corrillos en su casa sino que ninguno de sus hijos jugase con los negritos de la hacienda. Mi madre vivía con él y sus hijos, por lo que no éramos muy bien queridos.

Todo esto se me presentó a mi alborotada imaginación y en aquel momento determiné mi fuga.

El que me había insinuado el partido que debía de tomar como favorable, a eso de las cinco de la tarde me dijo: «Hombre, saca ese caballo de allí y ponlo allá para que esté al fresco. Allí estará haciendo ruido y despertarán los amos cuando lo vayas a coger para Don Saturnino.» Al decirme esto me entregó también las espuelas y agregó: «Allí está la silla sin pistolera. Tú sabrás dónde está todo para cuando se necesite.» Una mirada suya me convenció de que me hablaba para que aprovechara este momento.

Él siempre fue así, muy llevado con mi padre y trataba a mi madre con algún respeto aun después de viuda. No estaba yo con todo esto lo bastante resuelto. Consideraba que dejaba a mis hermanos en el Molino y que tenía que andar toda una noche solo por caminos desconocidos y expuesto a caer en manos de algún comisionado.

Cuál sería mi sorpresa cuando acabando de cenar, y estando yo sentado a solas sobre un trozo meditando si me determinaría[13] o no, vi que Don Saturnino se llegaba a mí y me preguntó dónde dormía. Le señalé sobre una barbacoa, pero esto acabó de echar el resto a mi resolución. Tal vez sin esta pregunta no me hubiera determinado nunca ya que yo era muy miedoso. Bien pudo haber sido hecha esta pregunta con toda ignorancia y que todo fuesen habladurías de criados y que todo variase a la hora como en otras ocasiones. Sin embargo, yo no pude recibirla sino como de muy mal anuncio en vista de lo que estaba ya en mi conocimiento. Así determiné partir a todo riesgo.

Pensé en la mala suerte de un tío mío que habiendo tomado igual determinación para irse de donde el señor Don Nicolás, el señor Don Manuel y el señor Marqués, fue traído como todo un cimarrón.[14] Sin embargo, estaba resuelto a echar una suerte y padecer.

Con este motivo velé hasta más de las doce. Aquella noche se recogieron todos temprano por ser noche de invierno y estar algo lluviosa. Ensillé el caballo por primera vez en mi vida. Le puse el freno, pero con tal temblor que no <u>atinaba</u> a derechas con lo que hacía. Acabada esta <u>diligencia</u> me puse de rodillas, me encomendé a los santos de mi devoción, puse el sombrero y monté.

Cuando iba a andar para retirarme de la casa oí una voz que me dijo: «Dios te lleve con bien. Arrea duro.» Yo creía que nadie me veía y todos me observaban, pero ninguno se me opuso como supe después. Lo que me sucedió luego lo veremos en la segunda parte que sigue a esta historia.

14. **cimarrón:** esclavo que huía a los montes en busca de la libertad.

12. **amonestaciones:** avisos acompañados de amenazas.
13. **me determinaría:** me decidiría a hacer algo.

ADUÉÑATE DE ESTAS PALABRAS

atinaba, de **atinar** v.: lograr o acertar a hacer algo.

diligencia f.: tarea; trámite.

CONOCE AL ESCRITOR

Juan Francisco Manzano nació y vivió toda su vida en Cuba. No se sabe con exactitud la fecha de su nacimiento, pero se cree que nació entre 1795 y 1806. Según se acostumbraba a hacer con los esclavos, Juan Francisco recibió el apellido de su dueño, don Juan Manzano. Su vida de esclavo doméstico fue algo menos dura que la de los esclavos que trabajaban en el campo. El trabajar en la casa le permitió adquirir cierto nivel de educación y pudo aprender varios oficios como los de sastre y repostero. Aprendió además a leer y a escribir; la lectura de escritores de la época fue determinante en su deseo de escribir y en su futuro como poeta.

Fueron las creaciones del esclavo poeta lo que llamó la atención de Domingo Del Monte, escritor y pensador reformista, que invitó a Manzano a participar en sus tertulias literarias. Con la ayuda de algunos hombres importantes que escucharon al esclavo leer sus poemas, Del Monte reunió el dinero necesario para obtener la manumisión de Juan Francisco, es decir, la compra de su libertad. Después de ser liberado, Manzano se fue a vivir a La Habana, donde se convirtió en un afamado repostero. Al momento de su muerte en 1856, Juan Francisco Manzano nos dejó una obra literaria que incluye poesías y el relato de su vida. La *Autobiografía de un esclavo* posee un estilo sencillo, un poco distinto de su poesía, en la que imitó a los escritores de su época.

CORBIS/The Bettmann Archive

Mujeres paseando en un carruaje por las calles de La Habana, Cuba.

La Habana y su puerto (Havana and the Harbor) de E. Wullmann

CREA SIGNIFICADOS

Cuaderno
de práctica,
págs. 1–2

Así se dice

Para expresar emociones y acciones en el pasado

Puedes usar estas expresiones para contestar las preguntas de **Crea significados**.

Me dio pesar (coraje, gusto) cuando...

Se sintió atemorizado (desesperado, desengañado) al saber que...

Tuvo que aguantar (sufrir)... porque...

Se vio obligado (forzado) a... puesto que...

¿Te acuerdas?

Se usa el pretérito para indicar lo que alguien sintió o hizo en un momento determinado:

Se sintió humillado cuando su ama lo **maltrató** delante de la joven.

Primeras impresiones

1. Explica cómo te sentiste al leer el fragmento de esta autobiografía. ¿Cómo crees que se sintió Manzano en los momentos difíciles que tuvo que afrontar? ¿Piensas que reaccionarías como Manzano en una situación como la suya?

Repaso del texto

a. ¿Qué papeles importantes había en la caja que encontró el esclavo en casa de su madre?

b. ¿Qué pasó con la herencia de su madre?

c. ¿Qué castigos se le impusieron?

d. ¿Qué decidió hacer al final?

Interpretaciones del texto

2. Apunta las cinco características o cualidades que, a tu parecer, más ayudaron a Manzano en sus momentos de necesidad. Luego compara tu lista con la de un(a) compañero(a) y justifica tus respuestas.

Conexiones con el texto

3. Contesta las siguientes preguntas y discute las respuestas con tus compañeros. ¿Con qué dificultades concretas se encontró Manzano? ¿Cuál habría sido para ti la más difícil de afrontar? ¿Por qué? ¿Habrías tenido el valor de escaparte si hubieras estado en su lugar? Explica tu respuesta.

OPCIONES: Prepara tu portafolio

Cuaderno del escritor

1. Compilación de datos para un episodio autobiográfico

A medida que pasa el tiempo y aumenta la crueldad de su dueña, Manzano va perdiendo la esperanza. Está cada vez más triste y abatido. Sin embargo, empieza a recuperar de nuevo las fuerzas y a pensar en su deseo de libertad, hasta descubrir una fortaleza interior que no sabía que tenía.

Toma apuntes sobre alguna ocasión en la que tuviste que afrontar un problema grave o una situación difícil. Guarda los apuntes para utilizarlos más adelante.

- ¿Qué ocurrió?

- ¿Qué descubriste con ese incidente sobre ti mismo(a) y sobre otras personas?

- ¿Qué imágenes, sonidos, palabras y emociones recuerdas de este episodio?

> *Cuando empecé a asistir a mi nueva escuela, tenía miedo de sentirme solo. Para colmo, sacaba malas notas y mis padres pensaban que no me esforzaba lo suficiente. Estaba muy triste pero mi amiga Ángela me dio confianza para superar estos problemas.*

Investigación y exposición oral

2. Historia

Imagina que eres un experto en el tema de la esclavitud y del trabajo en las plantaciones. Busca información sobre el tema en la biblioteca y repasa los detalles de la autobiografía que mencionan reglas o leyes relacionadas con esa vida. ¿Qué cosas no podía hacer el esclavo sin permiso? ¿Tenía alguna posesión? ¿Quién heredaba los bienes de un esclavo? Prepara una lista de los datos que averigües acerca de este tema.

Estrategias de pensamiento

3. Periodismo de investigación

A veces, por medio de un reportaje sobre los problemas de una persona o una comunidad, se genera interés y se pueden encontrar soluciones para eliminarlos. Piensa en personas de tu escuela o de tu comunidad que se vean afectadas por un problema serio, y prepara una serie de preguntas para entrevistarlas. Piensa en preguntas cuyas respuestas sean fáciles de verificar. Después, intercambia las preguntas con un(a) compañero(a) para que cada uno evalúe el trabajo del otro. Se podrían realizar algunas de estas entrevistas en la clase.

Cuba

Nombre oficial:	Área:	Principales exportaciones:	Gobierno:
República de Cuba	110.861 km^2	caña de azúcar, níquel, productos pesqueros, frutas cítricas, tabaco, café	dictadura comunista y unipartidista
Población:	**Capital:**		
11.201.000	La Habana		

internet

MARCAR: go.hrw.com
PALABRA CLAVE:
WN3 ESFUERZOS-CYL

Historia y cultura de Cuba

Para ser un país realmente pequeño, Cuba ha ejercido una enorme influencia política y cultural a nivel mundial. Cristóbal Colón desembarcó en la isla por primera vez en octubre de 1492. Aunque los conquistadores españoles jamás encontraron allí las cantidades de oro que buscaban, hallaron en estas tierras un punto estratégico que más tarde les facilitaría el acceso a nuevos territorios americanos y la defensa de los mismos.

Además de su valor estratégico, Cuba poseía también tierras muy fértiles. Durante la época colonial, se lograron grandes avances en la agricultura, especialmente en el cultivo de la caña de azúcar, debido a la explotación de la mano de obra de los esclavos africanos. A mediados del siglo XIX, Cuba producía una tercera parte del azúcar consumido mundialmente. La economía de la isla llegó a depender total-mente del azúcar, lo cual hizo que la esclavitud no fuese abolida sino hasta 1886. La época colonial duró sólo doce años más, y en 1898 la isla se independizó de España.

La lucha por establecerse y definirse como pueblo y país se realizó a lo largo del siglo XX. Los esta-dounidenses que habían participado en la guerra contra España ocuparon Cuba hasta 1902, que es cuando se proclamó formalmente la independencia de la nación. La etapa turbulenta subsiguiente fue ca-racterizada por la corrupción política, la cual culminó con el golpe militar del general Fulgencio Batista el 10 de marzo de 1952. Los intelectuales y estudiantes universitarios reaccionaron contra la imposición de un gobierno anticonstitucional e iniciaron un movimiento revolucionario armado en 1959. Una gran parte del pueblo cubano se incorporó a la lucha, con el sueño de un gobierno más justo y de una vida mejor.

La Revolución de 1959, dirigida por el comandante Fidel Castro, entre otros, logró así cambiar la dirección de la historia cubana. Estos líderes se presentaron como defensores del pueblo e iniciaron cambios drásticos en la sociedad, en el gobierno y en la economía. En 1961, cuando Castro se declaró marxista-leninista, Cuba se convirtió en un país satélite de la Unión Soviética. Mucha gente que en un principio se había alegrado de la derrota de Batista empezó a huir del país. El gobierno estadounidense protestó en contra de esta nueva alianza política y, en consecuencia, impuso un embargo económico. Este embargo ha definido las relaciones entre los dos países durante más de cuatro décadas, en las que Fidel Castro ha gobernado como dictador.

Hoy en día, la vida cotidiana en Cuba se desarrolla dentro de las oportunidades y limitaciones del socialismo. La presencia del gobierno es una realidad opresiva con la que se convive diariamente. El nacionalismo rige en todo: se difunde a través de todos los medios, desde el salón escolar y los estadios de béisbol hasta los programas de televisión emitidos por los dos canales, que son dirigidos y censurados por el Estado. Se fomenta el culto a los deportes, entre los que sobresalen el béisbol, el atletismo y el boxeo. El tratamiento médico y el sistema educativo, que llegan hasta las regiones más remotas del país, son gratuitos. El Estado raciona la comida, la electricidad, la gasolina, y el agua, así como muchas otras necesidades cotidianas. Por consiguiente, ha existido un mercado negro desde el principio de la Revolución hasta el presente.

Desde que terminó el apoyo soviético en 1991, Cuba ha venido enfrentando una crisis económica y una gran escasez de alimentos, provisiones médicas y otros subsidios distribuidos por el gobierno. El escaso suministro de gasolina ha hecho de las bicicletas y los carros tirados por caballos medios comunes de transporte. El mercado negro, el crecimiento del turismo y de los fondos enviados por cubanos que residen en el extranjero han contribuido a mantener una solución temporal. Muchos cubanos huyen de la isla; de los que permanecen en ella, algunos mantienen su fe en la Revolución mientras que los demás se han resignado a la misma y han perdido las esperanzas de experimentar un cambio significativo. Así que el porvenir político del país está aún por revelarse.

A pesar de todas estas circunstancias políticas y económicas, persevera la esencia de la cultura cubana. La gente convive en zonas urbanas como las de La Habana, Cienfuegos y Santiago, así como en zonas que son dedicadas al cultivo de la tierra. Cuba mantiene la gran fusión de culturas, razas y religiones que ha resultado de las interacciones entre los europeos y africanos a lo largo de la historia. Esta mezcla se difunde en la música, el arte, la literatura y la manera de actuar ante la vida. Las canciones de Omara Portuondo y Silvio Rodríguez, las pinturas de Wilfredo Lam, y los versos de José Martí y Nicolás Guillén son testimonio de que los recursos más ricos de la isla son el pueblo cubano y su cultura.

La Habana Vieja
La época colonial se ve reflejada en la bella arquitectura de esta zona de la capital.

El paisaje cubano

Cuba es una isla conocida por su belleza natural y la fertilidad de sus tierras. En los campos la vida es tranquila pero el trabajo es duro. Se cultiva el famoso tabaco cubano al lado occidental del país, mientras que la caña de azúcar es la cosecha principal del centro del país. En las llanuras del este, abundan las granjas y los guajiros, y en las orillas de toda la isla se hallan aldeas de pescadores.

La música cubana

La mezcla de los ritmos africanos y las melodías españolas ha dado como resultado una amplia gama musical de donde ha salido el guaguancó, la conga, el danzón, el son, la guaracha, la guajira, la rumba y el cha-cha-chá. De los ritmos caribeños, mezclados con el jazz y otras formas musicales, nació la salsa. Ya que Cuba vibra con esta música, no es difícil encontrar donde bailar. Los cubanos también aprovechan de la celebración del carnaval en julio para estrenar sus pasos.

El Ballet Nacional Con escasos recursos, Alicia Alonso fundó El Ballet de La Habana, hoy El Ballet Nacional de Cuba, en 1948. El gobierno comenzó a apoyarlo en 1959. Bajo la dirección de Alonso, la compañía ha creado una nueva generación de bailarines, cuyo estilo original y ecléctico ha traspasado fronteras. En junio de 1999 la UNESCO otorgó a Alonso la Medalla Pablo Picasso por su extraordinaria contribución a la danza internacional.

José Martí (1853–1895) Uno de los grandes escritores de las letras hispánicas, José Julián Martí y Pérez es la figura patriótica más famosa e importante en la lucha de Cuba por su independencia. A pesar de publicar artículos a favor de la independencia y fundar el Partido Revolucionario Cubano, el joven Martí murió en una insurrección contra los españoles. Sus escritos y sus actos heroicos han sido siempre motivo de orgullo para los cubanos.

La Pequeña Habana, Miami Más de un millón de cubanos exiliados y cubano-americanos reside en Estados Unidos, la mitad de los cuales vive en Miami, Florida. Su presencia ha convertido la ciudad en una gran metrópolis bilingüe cuyo comercio con América Latina ha florecido. La migración que comenzó hace más de cuarenta años aun continúa hoy día: aunque la mayoría entra al país legalmente, hay cubanos que al no tener este recurso, intentan atravesar en balsas las noventa millas de mar abierto que separan a Cuba de la Florida.

Así se dice

Para hablar de causas y efectos
Puedes usar estas expresiones para hacer
la actividad en esta página.

Como resultado (consecuencia) de...

Dado (Puesto) que Cuba dependía de...

La situación actual proviene de...

Este evento ha ocasionado
(provocado, producido)...

Si no hubiera sucedido..., el país sería...

Actividad

En grupos, investiguen un tema o
evento que les interese de la historia de Cuba. Identifiquen tres
efectos que haya tenido en el país.
Presenten los resultados a la clase
y luego discutan estas preguntas:
¿Qué relación existe entre el
tema que investigaron y la situación política y económica actual de
Cuba? ¿Cómo sería Cuba si los
eventos que investigaron hubieran
ocurrido de una manera diferente?

Modismos y regionalismos

El español de los cubanos se distingue por su entonación y otros rasgos de la pronunciación,
la cual tiende a ser más parecida a la andaluza que a la castellana. Típicamente no se pronuncia
la /d/ entre vocales; por ejemplo, **terminado** se diría *terminao*. Otro aspecto muy característico del español cubano es la aspiración de la /s/ al final de sílaba. La gente dice que los cubanos
«se comen las eses». Por ejemplo, se dice *lo fóforo* en vez de **los fósforos.**

A lo cubano

embarcar a alguien dejar a alguien
    esperando

paquetero(a) cuentista

pujón, pujona alguien que hace chistes
    sin ninguna gracia

ser la pata del diablo ser pícaro(a),
    travieso(a)

trompo alguien que baila muy bien

vivir del cuento arreglárselas sin tener
    que trabajar

—¿Te enteraste que Eduardo pudo entrar a la universidad?

—¡Ese Eduardo! Aparte de **ser la pata del diablo,** tiene suerte.

—Lo vi ayer y estaba arrebatado de contento. Hasta me invitó a ir a un baile el sábado.

—Bueno, espero que no te deje **embarcada** como lo hizo con Lucía la semana pasada. Te
advierto que es una persona que **vive del cuento,** así que ten cuidado.

—Tendrá sus puntos débiles, pero baila como un **trompo** y aunque es medio **paquetero** a
veces, nos divertimos mucho cuando salimos a pasear.

—Bueno, eso sí, él no es **pujón** en lo absoluto. ¡Que la pasen bien!

ESTRATEGIAS PARA LEER

Cómo utilizar las pistas del contexto

A lo largo de este libro, aprenderás estrategias de lectura. Usar estrategias de lectura significa leer atentamente y utilizar las pistas que ofrece el texto para responder a las preguntas que tengas.

Al leer puedes encontrarte con palabras desconocidas. Antes de ponerte a consultar el diccionario, mira el **contexto** de la palabra, es decir, las palabras y las oraciones que la rodean o la situación global en la que se utiliza la palabra. Puede que aparezca una referencia a o una definición aproximada de la palabra desconocida en las siguientes oraciones. Quizá te haga falta todavía el diccionario para comprobar si has acertado en su significado; pero si utilizas con provecho las pistas del contexto podrás comprender mejor lo que leas en menos tiempo.

Lee el siguiente pasaje de *Autobiografía de un esclavo* y trata de adivinar el significado de <u>leguas</u> utilizando pistas del contexto:

> Pregunté cuántas <u>leguas</u> distaba de allí La Habana y supe que doce. Hallé que no las podría vencer en una noche de camino a pie y desistí de pensar más en verme en La Habana.

Aunque no sepas el significado de <u>leguas</u>, el autor ofrece detalles que te pueden ayudar a entender la palabra. La referencia al tiempo que toma recorrer el camino sugiere que <u>leguas</u> es una medida de distancia.

En el próximo ejemplo las pistas del contexto no ofrecen una definición exacta de la palabra en cuestión, pero sí ofrecen suficiente información como para que puedas deducir su significado. Juan Francisco ayuda a un pintor y cuando termina dice:

> ... concluida la función fui <u>gratificado</u> como los demás con un doblón de a dos pesos. Yo guardaba este dinero con intenciones de gastarlo en La Habana.

Aunque no sepas qué quiere decir <u>gratificado</u> puedes tratar de deducirlo por el contexto. Sabemos que Juan Francisco estaba trabajando para un pintor. Al terminar el trabajo sabemos que recibe dinero y lo ahorra para gastarlo luego. Entonces, si es <u>gratificado</u> con dos pesos después de terminar el trabajo podemos suponer que quiere decir <u>pagado</u>.

Juega a ser detective, lee las pistas y resuelve el misterio

La siguiente lista describe los diversos tipos de pistas que al leer debes buscar en el contexto (las palabras subrayadas son las palabras desconocidas que se pueden deducir por medio del contexto).

1. **Definiciones y paráfrasis:** Busca palabras que definan la palabra desconocida o que la expliquen con otras palabras.

   > En este lugar me **lucraba** mucho, pues tenía <u>doblones</u> sin pedir. Tantos que no sabía qué hacer con el **dinero.**

2. **Ejemplos:** Busca ejemplos que te ayuden a entender el significado de una palabra desconocida.

   > ... hallé en su hueco algunas <u>joyas</u> de oro fino. Entre ellas las de más mérito eran **tres manillones** antiguos de cerca de tres dedos de ancho y muy gruesas, **dos rosarios,** uno todo de oro y otro de oro y coral, pero rotos y muy sucios.

3. **Comparaciones:** Busca pistas que indiquen la semejanza entre una palabra desconocida y una palabra o frase conocida.

   > Mi señora mandó que me castigaran y entonces vino el <u>mayoral</u>, Don Saturnino, que era **como un guardia que estaba encargado de mantener el orden y de castigar a los que desobedecían.**

4. **Contraste:** Busca pistas que indiquen que una palabra desconocida significa lo contrario de una palabra o frase conocida.

   > Por lo que toca a mí, desde que perdí la ilusión de mi esperanza ya no era un esclavo fiel. Me convertí de **manso cordero** en la criatura más <u>despreciable</u>.

5. **Causa y efecto:** Busca pistas que indiquen cómo se relaciona una palabra desconocida con la causa o el resultado de una acción, sentimiento o idea.

   > **Me despedí de toda la familia y todos llorábamos,** pues vivíamos en la más perfecta unión. Me fui tan <u>contrito</u> y entre tantas reflexiones...

> ### Inténtalo tú
>
> Ahora que has visto cómo funcionan las pistas del contexto, escribe oraciones que proporcionen pistas de palabras que puedan resultar desconocidas para otras personas. Escoge algunas palabras del GLOSARIO que está al final de este libro. Muestra tus oraciones a otros estudiantes y haz que adivinen el significado de las palabras desconocidas.

ANTES DE LEER
En la noche

Punto de partida

Contra viento y marea

Por lo general, relacionamos la palabra «héroe» con grandes personajes que se destacan por haber realizado hazañas que los han hecho famosos. Sin embargo, la vida de una familia, una comunidad o un pueblo puede estar marcada por héroes anónimos que en un momento clave han sido su salvación. A veces, como pasa con la mujer del cuento «En la noche» de Horacio Quiroga, no es necesario que alguien realice actos heroicos toda la vida para convertirse en un héroe. Basta con que haya sido nuestro «ángel de la guarda» en el momento en que lo necesitábamos.

Toma nota

Trata de recordar una anécdota de tu vida familiar o personal, o un momento en que alguien de tu comunidad hizo un gran esfuerzo para ayudar a otro. Escribe brevemente sobre las cualidades que el «héroe» de esa situación demostró. ¿Cuáles de esas cualidades reconoces en ti? ¿Hay alguna de ellas que te gustaría tener? Guarda tus notas para un episodio autobiográfico.

Elementos de literatura

Las historias de aventuras

Por lo general, asociamos el relato de aventuras con novelas como *Viaje al centro de la tierra* de Julio Verne y *Robinson Crusoe* de Daniel Defoe. Pero el relato de aventuras también existe en otros géneros narrativos, como la poesía épica, el cuento y el corrido. En las historias de aventuras hay más acción que reflexión; la actividad de los personajes es más física que mental. El cuento de Quiroga que vas a leer a continuación es un ejemplo de esto.

En la

Horacio Quiroga

Las aguas cargadas y espumosas del Alto Paraná[1] me llevaron un día de creciente desde San Ignacio al ingenio San Juan, sobre una corriente que iba midiendo seis millas en la canal, y nueve al caer del lomo de las restingas.[2]

Desde abril yo estaba a la espera de esa crecida. Mis vagabundajes en canoa por el Paraná, exhausto de agua, habían concluído por fastidiar al griego. Es éste un viejo marinero de la Marina de guerra inglesa, que probablemente había sido antes pirata en el Egeo,[3] su patria, y con más certidumbre contrabandista de caña en San Ignacio, desde quince años atrás. Era, pues, mi maestro de río.

1. **Alto Paraná:** parte del río Paraná al sur de Paraguay. El río comienza en Brasil y desemboca en el Río de la Plata.
2. **restingas:** puntas de arena o piedra bajo la superficie del río.
3. **Egeo:** parte del mar Mediterráneo entre Grecia y Turquía.

—Está bien—me dijo al ver el río grueso—. Usted puede pasar ahora por un medio, medio regular marinero. Pero le falta una cosa, y es saber lo que es el Paraná cuando está bien crecido. ¿Ve esa piedraza—me señaló—sobre la corredera del Greco? Pues bien; cuando el agua llegue hasta allí y no se vea una piedra de la restinga, váyase entonces a abrir la boca ante el Teyucuaré, y cuando vuelva podrá decir que sus puños sirven para algo. Lleve otro remo también, porque con seguridad va a romper uno o dos. Y traiga de su casa una de sus mil latas de kerosene, bien tapada con cera. Y así y todo es posible que se ahogue.

Con un remo de más, en consecuencia, me dejé tranquilamente llevar hasta el Teyucuaré.

La mitad, por lo menos, de los troncos, pajas podridas, espumas y animales muertos, que bajan con una gran crecida, quedan en esa

noche

profunda ensenada.[4] Espesan el agua, cobran aspecto de tierra firme, remontan lentamente la costa, deslizándose contra ella como si fueran una porción desintegrada de la playa — porque ese inmenso remanso[5] es un verdadero mar de sargazos.[6]

Poco a poco, aumentando la elipse de traslación, los troncos son cogidos por la corriente y bajan por fin velozmente girando sobre sí mismos, para cruzar dando tumbos frente a la restinga final del Teyucuaré, erguida hasta 80 metros de altura.

Estos acantilados de piedra cortan <u>perpendicularmente</u> el río, avanzan en él hasta reducir su cauce a la tercera parte. El Paraná entero

tropieza con ellos, busca salida, formando una serie de rápidos[7] casi insalvables aun con aguas bajas por poco que el remero no esté alerta. Y tampoco hay manera de evitarlos, porque la corriente central del río se precipita por la angostura formada, abriéndose desde la restinga en una curva tumultuosa que rasa el remanso inferior y se delimita de él por una larga fila de espumas fijas.

A mi vez me dejé llevar por la corriente. Pasé como una exhalación sobre los mismos rápidos y caía en las aguas agitadas de la canal, que me arrastraron de popa y de proa, debiendo tener mucho juicio con los remos que apoyaba alter-

7. **rápidos:** corrientes de agua que corren con violencia.

4. **ensenada:** lugar en que se estanca el agua, rodeado de tierra y con salida a un río o al mar; bahía.
5. **remanso:** lugar en que la corriente del río se detiene.
6. **sargazos:** algas.

nativamente en el agua para restablecer el equilibrio, en razón de que mi canoa medía 60 centímetros de ancho, pesaba 30 kilos y tenía tan sólo dos milímetros de espesor en toda su obra; de modo que un firme golpe de dedo podía perjudicarla seriamente. Pero de sus inconvenientes derivaba una velocidad fantástica, que me permitía forzar el río de sur a norte y de oeste a este, siempre, claro está, que no olvidara un instante la inestabilidad del aparato.

En fin, siempre a la deriva, mezclado con palos y semillas, que parecían tan inmóviles como yo, aunque bajábamos velozmente sobre el agua lisa, pasé frente a la isla del Toro, dejé atrás la boca del Yabebirí, el puerto de Santa Ana, y llegué al ingenio, de donde regresé en seguida, pues deseaba alcanzar San Ignacio en la misma tarde.

Pero en Santa Ana me detuve, titubeando. El griego tenía razón: una cosa es el Paraná bajo o normal, y otra muy distinta con las aguas hinchadas. Aun con mi canoa, los rápidos salvados al remontar el río me habían preocupado, no por el esfuerzo para vencerlos, sino por la posibilidad de volcar. Toda restinga, sabido es, ocasiona un rápido y un remanso <u>adyacente</u>; y el peligro está en esto precisamente: en salir de una agua muerta para chocar, a veces en ángulo recto, contra una correntada que pasa como un infierno. Si la embarcación es estable, nada hay que temer; pero con la mía nada más fácil que ir a sondar el rápido cabeza abajo, por poco que la luz me faltara. Y como la noche caía ya, me disponía a sacar la canoa a tierra y esperar el día siguiente, cuando vi a un hombre y una mujer que bajaban la barranca y se aproximaban.

Parecían marido y mujer; extranjeros a ojos vista, aunque familiarizados con la ropa del país. Él traía la camisa arremangada hasta el codo, pero no se notaba en los pliegues del remango la menor mancha de trabajo. Ella llevaba un delantal enterizo y un cinturón de hule que la ceñía muy bien. <u>Pulcros</u> burgue-ses,[8] en suma, pues de tales era el aire de satisfacción y bienestar, asegurados a expensas del trabajo de cualquier otro.

Ambos, tras un familiar saludo, examinaron con gran curiosidad la canoa de juguete, y después examinaron el río.

—El señor hace muy bien en quedarse —dijo él—. Con el río así, no se anda de noche.

Ella ajustó su cintura.

—A veces —sonrió coqueteando.

—¡Es claro! —replicó él—. Esto no reza con nosotros... Lo digo por el señor.

Y a mí:

—Si el señor piensa quedarse le podemos ofrecer buena comodidad. Hace dos años que tenemos un negocio; poca cosa, pero uno hace lo que puede... ¿Verdad, señor?

Asentí de buen grado, yendo con ellos hasta el boliche[9] aludido, pues no de otra cosa se trataba. Cené, sin embargo, mucho mejor que en mi propia casa, atendido con una porción de detalles de *confort,* que parecían un sueño en aquel lugar. Eran unos excelentes tipos mis burgueses, alegres y limpios, porque nada hacían.

Después de un excelente café, me acompañaron a la playa, donde interné aún más mi canoa, dado que en el Paraná cuando las aguas llegan rojas y cribadas de remolinitos, suben dos metros en una noche. Ambos consideraron de nuevo la invisible masa del río.

—Hace muy bien en quedarse, señor —repitió el hombre—. El Teyucuaré no se puede pasar así como así de noche, como está ahora. No hay nadie que sea capaz de pasarlo... con excepción de mi mujer.

8. **burgueses:** de la clase media o acomodada.
9. **boliche:** establecimiento comercial pequeño que generalmente se dedica a servir bebida o comida.

ADUÉÑATE DE ESTAS PALABRAS

adyacente *adj.:* próximo, que está al lado.
pulcro, -cra *adj.:* limpio, aseado, bien arreglado.

Yo me volví bruscamente a ella, que coqueteó de nuevo con el cinturón.

—¿Usted ha pasado el Teyucuaré de noche? —le pregunté.

—¡Oh, sí, señor!... Pero una sola vez... y sin ningún deseo de hacerlo. Entonces éramos un par de locos.

—¿Pero el río?... —insistí.

—¿El río? —cortó él—. Estaba hecho un loco, también. ¿El señor conoce los arrecifes de la isla del Toro, no? Ahora están descubiertos por la mitad. Entonces no se veía nada... Todo era agua, y el agua pasaba por encima bramando,[10] y lo oíamos de aquí. ¡Aquél era otro tiempo, señor! Y aquí tiene un recuerdo de aquel tiempo... ¿El señor quiere encender un fósforo?

El hombre se levantó el pantalón hasta la corva, y en la parte interna de la pantorrilla vi una profunda cicatriz, cruzada como un mapa de costurones duros y plateados.

—¿Vió, señor? Es un recuerdo de aquella noche. Una raya...

Entonces recordé una historia, vagamente entreoída, de una mujer que había remado un día y una noche enteros, llevando a su marido moribundo. ¿Y era ésa la mujer, aquella burguesita arrobada de éxito y de pulcritud?

—Sí, señor, era yo —se echó a reír, ante mi asombro, que no necesitaba palabras—. Pero ahora me moriría cien veces antes que intentarlo siquiera. Eran otros tiempos; ¡eso ya pasó!

—¡Para siempre! —apoyó él—. Cuando me acuerdo... ¡Estábamos locos, señor! Los desengaños, la miseria si no nos movíamos... ¡Eran otros tiempos, sí!

¡Ya lo creo! Eran otros los tiempos, si habían hecho eso. Pero no quería dormirme sin conocer algún pormenor; y allí, en la oscuridad y ante el mismo río del cual no veíamos a nuestros pies sino la orilla tibia, pero que sentíamos subir y subir hasta la otra costa, me di cuenta de lo que había sido aquella epopeya[11] nocturna.

* * *

Engañados respecto de los recursos del país, habiendo agotado en yerros[12] de colono recién llegado el escaso capital que trajeran, el matrimonio se encontró un día al extremo de sus recursos. Pero como eran animosos, emplearon los últimos pesos en una chalana[13] inservible, cuyas cuadernas recompusieron con infinita fatiga, y con ella emprendieron un tráfico ribereño, comprando a los pobladores diseminados en la costa miel, naranjas, tacuaras,[14] paja —todo en pequeña escala—, que iban a vender a la playa de Posadas, malbaratando casi siempre su mercancía, pues ignorantes al principio del pulso del mercado, llevaban litros de miel de caña cuando habían llegado barriles de ella el día anterior, y naranjas, cuando la costa amarilleaba.

Vida muy dura y fracasos diarios, que alejaban de su espíritu toda otra preocupación que no fuera llegar de madrugada a Posadas y remontar en seguida el Paraná a fuerza de puño. La mujer acompañaba siempre al marido, y remaba con él.

En uno de los tantos días de tráfico, llegó un 23 de diciembre, y la mujer dijo:

—Podríamos llevar a Posadas el tabaco que tenemos, y las bananas de Francés-cué. De vuelta traeremos tortas de Navidad y velitas de color. Pasado mañana es Navidad, y las venderemos muy bien en los boliches.

A lo que el hombre contestó:

11. epopeya: aventura; conjunto de actos heroicos.
12. yerros: equivocaciones.
13. chalana: embarcación pequeña que sirve para transporte en aguas poco profundas.
14. tacuaras: especie de bambú con cañas largas.

ADUÉÑATE DE ESTAS PALABRAS
diseminado, -da *adj.*: esparcido, extendido.

---

10. bramando: dando bramidos; sonidos que emite el viento, el mar o un río cuando está agitado.

—En Santa Ana no venderemos muchas; pero en San Ignacio podremos vender el resto.

Con lo cual descendieron la misma tarde hasta Posadas, para remontar a la madrugada siguiente, de noche aún.

Ahora bien; el Paraná estaba hinchado con sucias aguas de creciente que se alzaban por minutos. Y cuando las lluvias tropicales se han descargado simultáneamente en toda la cuenca superior, se borran los largos remansos, que son los más fieles amigos del remero. En todas partes el agua se desliza hacia abajo, todo el inmenso volumen del río es una huyente masa líquida que corre en una sola pieza. Y si a la distancia el río aparece en la canal terso y estirado en rayas luminosas, de cerca, sobre él mismo, se ve el agua revuelta en pesado moaré de remolinos.

El matrimonio, sin embargo, no titubeó un instante en remontar tal río en un trayecto de 60 kilómetros, sin otro <u>aliciente</u> que el de ganar unos cuantos pesos. El amor nativo al centavo que ya llevaban en sus entrañas <u>se había exasperado</u> ante la miseria entrevista, y aunque estuvieran ya próximos a su sueño dorado —que habían de realizar después—, en aquellos momentos hubieran afrontado el Amazonas entero, ante la perspectiva de aumentar en cinco pesos sus ahorros.

Emprendieron, pues, el viaje de regreso, la mujer en los remos y el hombre a la pala en popa. Subían apenas, aunque ponían en ello su esfuerzo sostenido, que debían duplicar cada veinte minutos en las restingas, donde los remos de la mujer adquirían una velocidad desesperada, y el hombre se doblaba en dos con lento y profundo esfuerzo sobre su pala hundida un metro en el agua.

Pasaron así diez, quince horas, todas iguales. Lamiendo el bosque o las pajas del litoral, la canoa remontaba imperceptiblemente la inmensa y luciente avenida de agua, en la cual la diminuta embarcación, rasando la costa, parecía bien pobre cosa.

El matrimonio estaba en perfecto tren, y no eran remeros a quienes catorce o diez y seis horas de remo podían abatir. Pero cuando ya a la vista de Santa Ana se disponían a atracar para pasar la noche, al pisar el barro el hombre lanzó un juramento y saltó a la canoa: más arriba del talón, sobre el tendón de Aquiles, un agujero negruzco, de bordes lívidos y ya abultados, denunciaba el aguijón de la raya.

La mujer sofocó un grito.

—¿Qué?... ¿Una raya?

El hombre se había cogido el pie entre las manos y lo apretaba con fuerza convulsiva.

—Sí...

—¿Te duele mucho? —agregó ella, al ver su gesto. Y él, con los dientes apretados:

—De un modo bárbaro...

En esa áspera lucha que había endurecido sus manos y sus semblantes, habían eliminado de su conversación cuanto no propendiera[15] a sostener su energía. Ambos buscaron vertiginosamente[16] un remedio. ¿Qué? No recordaban nada. La mujer de pronto recordó: aplicaciones de ají macho, quemado.

—¡Pronto, Andrés! —exclamó recogiendo los remos—. Acuéstate en popa; voy a remar hasta Santa Ana.

Y mientras el hombre, con la mano siempre aferrada al tobillo, se tendía a popa, la mujer comenzó a remar.

Durante tres horas remó en silencio, concentrando su sombría angustia en un <u>mutismo</u> desesperado, aboliendo de su mente cuanto pudiera restarle fuerzas. En popa, el hombre devoraba a su vez su tortura, pues nada hay

15. **propendiera:** ayudara.
16. **vertiginosamente:** muy rápidamente.

ADUÉÑATE DE ESTAS PALABRAS

aliciente *m.*: incentivo; algo que atrae o anima.
se había exasperado, de **exasperar** *v.*: agravar o agudizar un estado de ánimo.
mutismo *m.*: silencio.

---

comparable al atroz dolor que ocasiona la picadura de una raya —sin excluir el raspaje de un hueso tuberculoso. Sólo de vez en cuando dejaba escapar un suspiro que a despecho suyo se arrastraba al final en bramido. Pero ella no lo oía o no quería oírlo, sin otra señal de vida que las miradas atrás para apreciar la distancia que faltaba aún.

Llegaron por fin a Santa Ana; ninguno de los pobladores de la costa tenía ají macho. ¿Qué hacer? Ni soñar siquiera en ir hasta el pueblo. En su ansiedad la mujer recordó de pronto que en el fondo del Teyucuaré, al pie del bananal de Blosset y sobre el agua misma, vivía desde meses atrás un naturalista, alemán de origen, pero al servicio del Museo de París. Recordaba también que había curado a dos vecinos de mordeduras de víbora, y era, por tanto, más que probable que pudiera curar a su marido.

Reanudó, pues, la marcha, y tuvo lugar entonces la lucha más vigorosa que pueda entablar un pobre ser humano —¡una mujer!— contra la voluntad <u>implacable</u> de la Naturaleza.

Todo: el río creciendo y el espejismo nocturno que volcaba el bosque litoral sobre la canoa, cuando en realidad ésta trabajaba en plena corriente a diez brazas; la <u>extenuación</u> de la mujer y sus manos, que mojaban el puño del remo de sangre y agua serosa; todo: río, noche y miseria sujetaban la embarcación.

Hasta la boca del Yabebirí pudo aún ahorrar alguna fuerza; pero en la interminable cancha desde el Yabebirí hasta los primeros cantiles del Teyucuaré, no tuvo un instante de tregua, porque el agua corría por entre las pajas como en la canal, y cada tres golpes de remo levantaban camalotes[17] en vez de agua; los cuales cruzaban sobre la proa sus tallos nudosos y seguían a la rastra, por lo cual la mujer debía ir a arrancarlos bajo el agua. Y cuando tornaba a caer en el banco, su cuerpo, desde los pies a las manos, pasando por la cintura y los brazos, era un único y prolongado sufrimiento.

Por fin, al norte, el cielo nocturno se entenebrecía ya hasta el <u>cenit</u> por los cerros del Teyucuaré, cuando el hombre, que desde hacía un rato había abandonado su tobillo para asirse con las dos manos a la borda, dejó escapar un grito.

La mujer se detuvo.

—¿Te duele mucho?

—Sí... —respondió él, sorprendido a su vez y jadeando—. Pero no quise gritar... Se me escapó.

Y agregó más bajo, como si temiera sollozar si alzaba la voz:

—No lo voy a hacer más...

Sabía muy bien lo que era en aquellas circunstancias y ante su pobre mujer realizando lo imposible, perder el ánimo. El grito se le había escapado, sin duda, por más

17. **camalotes:** plantas acuáticas.

que allá abajo, en el pie y el tobillo, el atroz dolor se exasperaba en punzadas fulgurantes que lo enloquecían.

Pero ya habían caído bajo la sombra del primer acantilado, rasando y golpeando con el remo de babor la dura mole que ascendía a pico hasta cien metros. Desde allí hasta la restinga sur del Teyucuaré el agua está muerta y remansa a trechos. Inmenso desahogo del que la mujer no pudo disfrutar, porque de popa se había alzado otro grito. La mujer no volvió la vista. Pero el herido, empapado en sudor frío y temblando hasta los mismos dedos adheridos al listón de la borda, no tenía ya fuerza para contenerse, y lanzaba un nuevo grito.

Durante largo rato el marido conservó un resto de energía, de valor, de conmiseración[18] por aquella otra miseria humana, a la que robaba de ese modo sus últimas fuerzas, y sus lamentos rompían de largo en largo. Pero al fin toda su resistencia quedó deshecha en una papilla de nervios destrozados, y desvariado de tortura, sin darse él mismo cuenta, con la boca entreabierta para no perder tiempo, sus gritos se repitieron a intervalos regulares y acompasados en un ¡ay! de supremo sufrimiento.

La mujer, entre tanto, el cuello doblado, no apartaba los ojos de la costa para conservar la distancia. No pensaba, no oía, no sentía: remaba. Sólo cuando un grito más alto, un verdadero clamor de tortura rompía la noche, las manos de la mujer se desprendían a medias del remo.

Hasta que por fin soltó los remos y echó los brazos sobre la borda.

—No grites... —murmuró.

—¡No puedo! —clamó él—. ¡Es demasiado sufrimiento!

Ella sollozaba:

—¡Ya sé!... ¡Comprendo!... Pero no grites... ¡No puedo remar!

Y él:

—Comprendo también... ¡Pero no puedo! ¡Ay!...

Y enloquecido de dolor y cada vez más alto:

—¡No puedo! ¡No puedo! ¡No puedo!...

La mujer quedó largo rato aplastada sobre los brazos, inmóvil, muerta. Al fin se incorporó y reanudó muda la marcha.

Lo que la mujer realizó entonces, esa misma mujercita que llevaba ya diez y ocho horas de remo en las manos, y que en el fondo de la canoa llevaba a su marido moribundo, es una de esas cosas que no se tornaban a hacer en la vida. Tuvo que afrontar en las tinieblas el rápido sur del Teyucuaré, que la lanzó diez veces a los remolinos de la canal. Intentó otras diez veces sujetarse al peñón para doblarlo con la canoa a la rastra, y fracasó. Tornó al rápido, que logró por fin incidir[19] con el ángulo debido, y ya en él se mantuvo sobre su lomo treinta y cinco minutos remando vertiginosamente para no derivar. Remó todo ese tiempo con los ojos escocidos por el sudor que la cegaba, y sin poder soltar un solo instante los remos. Durante esos treinta y cinco minutos tuvo a la vista, a tres metros, el peñón que no podía doblar, ganando apenas centímetros cada cinco minutos, y con la desesperante sensación de batir el aire con los remos, pues el agua huía velozmente.

Con qué fuerzas, que estaban agotadas; con qué increíble tensión de sus últimos nervios vitales pudo sostener aquella lucha de pesadilla, ella menos que nadie podría decirlo. Y sobre todo si se piensa que por único estimulante, la lamentable mujercita no tuvo más que el acompasado alarido de su marido en popa.

El resto del viaje —dos rápidos más en el fondo del golfo y uno final al costear el último cerro, pero sumamente largo— no requirió un esfuerzo superior a aquél. Pero cuando la canoa embicó[20] por fin sobre la arcilla del

18. **conmiseración:** compasión.

19. **incidir:** cortar, romper.
20. **embicó:** dio en tierra.

puerto de Blosset, y la mujer pretendió bajar para asegurar la embarcación, se encontró de repente sin brazos, sin piernas y sin cabeza —nada sentía de sí misma, sino el cerro que se volcaba sobre ella—; y cayó desmayada.

* * *

—¡Así fué, señor! Estuve dos meses en cama, y ya vió cómo me quedó la pierna. ¡Pero el dolor, señor! Si no es por ésta, no hubiera podido contarle el cuento, señor —concluyó poniéndole la mano en el hombro a su mujer.

La mujercita dejó hacer, riendo. Ambos sonreían, por lo demás, tranquilos, limpios y establecidos por fin con su boliche <u>lucrativo</u>, que había sido su ideal.

Y mientras quedábamos de nuevo mirando el río oscuro y tibio que pasaba creciendo, me pregunté qué cantidad de ideal hay en la entraña misma de la acción, cuando <u>prescinde</u> en un todo del móvil que la ha encendido, pues allí, tal cual, desconocido de ellos mismos, estaba el heroísmo a la espalda de los míseros comerciantes.

ADUÉÑATE DE ESTAS PALABRAS

lucrativo, -va *adj.*: que produce ganancias.
prescinde, de **prescindir** *v.*: no contar con algo; excluir, descartar.

CONOCE AL ESCRITOR

Horacio Quiroga (1878–1937) es uno de los más conocidos escritores de cuentos de América Latina. Nació en Salto, Uruguay, pero trabajó y vivió en Argentina en la región selvática de Misiones durante varios años. Allí desarrolló un gran interés por la belleza salvaje de la selva tropical. Algunos de sus cuentos tienen lugar en esa zona, situada a lo largo del río Paraná.

Los elementos de misterio y horror en los cuentos de Quiroga sugieren una influencia del escritor estadounidense Edgar Allan Poe, mientras que sus *Cuentos de la selva* (1918) han sido comparados con los relatos de Rudyard Kipling. Uno de sus cuentos más populares, «Anaconda», tiene lugar en la selva, y trata de un grupo de serpientes que quiere evitar que los científicos descubran un antídoto para el veneno que ellas producen.

La vida de Quiroga estuvo marcada por duros golpes. Poco después de haber nacido Quiroga, su padre murió en un accidente de caza. Años más tarde su padrastro se suicidó, como lo hicieron también su primera esposa, un hijo y una hija. Aquejado de cáncer, Quiroga se quitó la vida a los cincuenta y ocho años.

CREA SIGNIFICADOS

Cuaderno de práctica, págs. 3–4

Así se dice

Para hacer descripciones en el pasado

Puedes usar estas expresiones para contestar las preguntas de **Crea significados.**

> Parecían presumidos (arrogantes), pero en realidad...
>
> Antes eran emprendedores (ambiciosos), pero ahora...
>
> Mucho ha cambiado. En aquel entonces era(n)...
>
> De jóvenes, aspiraban a (se esforzaban por)...

¿Te acuerdas?

Se usa el imperfecto para describir cómo solía ser algo o alguien, o lo que se acostumbraba a hacer en el pasado: *En esa época* **eran** *aventureros.* **Trabajaban** *vendiendo víveres a los pobladores de la costa.*

Primeras impresiones

1. Cuando el narrador se encuentra por primera vez con la pareja, no la relaciona para nada con la aventura o el heroísmo. Repasa esa primera impresión de los personajes y di cómo contrasta con lo que sabes de ellos ahora que has terminado de leer el cuento.

Repaso del texto

Escribe cinco preguntas sobre los detalles más importantes del cuento. Cuando hayas terminado, intercambia las preguntas con otro(a) estudiante y traten de contestarlas.

Interpretaciones del texto

2. La pareja ve su propio pasado de aventureros como algo muy lejano. Dice la mujer: «Ahora me moriría cien veces antes de intentarlo siquiera. Eran otros tiempos; ¡eso ya pasó!» ¿Crees que en realidad ha pasado tanto tiempo? ¿Qué ha cambiado en la vida de los personajes? Con un(a) compañero(a), toma notas sobre la trayectoria de la vida de los personajes y traten de explicar por qué ya no están interesados en tener aventuras.

Conexiones con el texto

3. A pesar del tiempo que ha pasado, el esposo no ha olvidado el gran esfuerzo que realizó su mujer para salvarle la vida. Si hubieras estado tú en una situación similar, ¿qué sentirías por la persona que te salvó la vida? ¿Cómo se lo agradecerías?

OPCIONES: Prepara tu portafolio

Cuaderno del escritor

1. Compilación de datos para un episodio autobiográfico

Como ocurre en el cuento «En la noche», a veces hacemos grandes esfuerzos para ayudar a un ser querido que nos necesita. Tú también puedes escribir un episodio autobiográfico sobre algo que hayas hecho para ayudar a alguien. Desarrolla tus apuntes de TOMA NOTA para escribir la historia.

Relato de aventuras

2. Lo mejor de todo fue...

Piensa en un viaje emocionante o un paseo que hayas realizado y en los obstáculos o problemas que se te presentaron. ¿Qué tuviste que hacer para terminar la aventura con éxito?

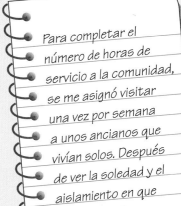

Para completar el número de horas de servicio a la comunidad, se me asignó visitar una vez por semana a unos ancianos que vivían solos. Después de ver la soledad y el aislamiento en que vivían, decidí...

Representación artística

3. Historia y arte

Escoge un personaje que consideres un héroe. Puedes consultar una enciclopedia o tus libros de historia, pero también puedes escoger a alguien famoso que aparezca en la televisión o en el periódico. Toma notas sobre su vida y el impacto que tuvo en su pueblo o nación. Haz un dibujo que ilustre lo que a tu juicio es el momento más importante de su vida.

El río Paraná, escenario de los cuentos más famosos de Quiroga.

ANTES DE LEER
Trabajo de campo

Punto de partida

«¡No te rindas!»

¿Has oído decir esto? ¿Crees que siempre es cierto, que lo es a veces o que no lo es nunca? Haz una lista de las ocasiones en que, según tu opinión, es sensato y admisible abandonar algo que se haya comenzado. Después, haz una lista de cuándo se debe perseverar en algo. Comenta las conclusiones con el resto de la clase.

Toma nota

Responde por escrito a la actividad anterior. ¿Estás de acuerdo con tus compañeros sobre cuándo está bien y cuando está mal darse por vencido? ¿Qué experiencias personales influencian tu opinión?

DIARIO DEL LECTOR

Elementos de literatura

Tema

El **tema** es la idea central que un autor expresa a través de una obra literaria. Los temas pueden ser implícitos o explícitos. En la mayoría de los casos, tendrás que leer con cuidado para descubrir el tema. Se debe utilizar las pistas que proporciona el autor, evaluar la obra en su totalidad y aventurar una opinión bien fundada. A veces el autor comunica abiertamente cuál es el tema de la obra. Al leer «Trabajo de campo», busca cómo y cuándo da a conocer el tema la autora.

> El **tema** es la idea central de una obra literaria.
>
> *Para más información, ver el GLOSARIO DE TÉRMINOS LITERARIOS.*

Estrategias para leer

Las pistas del contexto

¿Qué haces cuando al leer encuentras una palabra que no entiendes? En muchos casos, es posible encontrar el sentido de una palabra desconocida utilizando las **pistas del contexto.** Estas pistas son indicaciones que proporcionan otras palabras de la misma oración o del mismo párrafo. Por ejemplo, en la oración «aquel invierno estaba aburrida y deprimida, y se pasaba las horas mirando por la ventana», puedes adivinar el sentido de «deprimida» si te fijas en que las acciones del personaje indican que está desanimada.

Trabajo de campo

Rose Del Castillo Guilbault

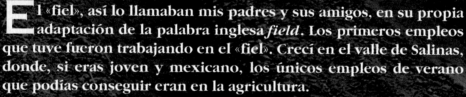

El «fiel», así lo llamaban mis padres y sus amigos, en su propia adaptación de la palabra inglesa *field*. Los primeros empleos que tuve fueron trabajando en el «fiel». Crecí en el valle de Salinas, donde, si eras joven y mexicano, los únicos empleos de verano que podías conseguir eran en la agricultura.

Aunque trabajar en los campos no tiene absolutamente nada de romántico, sí es una experiencia rica en lecciones importantes para la vida, lecciones acerca del trabajo, los valores familiares y lo que significa crecer como mexicano en los Estados Unidos. Los campos eran el escenario donde se representaban las verdades de la vida... las luchas, las dificultades, las humillaciones, el humor, las amistades y la compasión. Para muchos jóvenes mexicanos el trabajo en el campo es prácticamente un rito de iniciación.

Recuerdo con extraordinaria <u>nitidez</u> la primera vez que trabajé en los campos. Tenía once años, era verano y me sentía deprimida y aburrida. Quería irme de vacaciones, como muchos de mis compañeros de clase, pero mis padres no me lo podían <u>costear</u>.

Mi madre compartía mis sentimientos: ella ansiaba ver a su familia en México. Entonces se le ocurrió la idea de que podíamos ganar los 50 dólares que necesitábamos para los billetes del autobús *Greyhound* a Mexicali si las dos trabajábamos en la cosecha del ajo que

estaba a punto de comenzar en la granja donde vivíamos.

El primer obstáculo para reunir el dinero fue convencer a mi padre, mexicano chapado a la antigua, de que nos dejara hacerlo. Él le había dicho claramente a mi madre que no quería que trabajara. Para él, el hecho de que su esposa trabajara significaba que él era <u>incapaz</u> de mantener a su familia.

Hasta hoy no me puedo explicar cómo lo convencimos de que no había nada malo en ello. Quizá fue porque el trabajo era por muy poco tiempo... cinco días... o quizá porque hacía más de un año que no íbamos a México. Mi padre sabía que para mi madre el visitar a sus parientes una vez al año era una necesidad vital. En cualquier caso, mi padre accedió a <u>mediar</u> con su jefe al día siguiente para que nos dejara formar parte de la cuadrilla que iba a recoger los ajos.

Al jefe no le pareció bien la idea de emplearnos. No porque le preocupara contratar a una mujer y a una niña; le preocupaba más nuestra falta de experiencia y nuestra capacidad de resistencia. Después de todo, este trabajo era cosa de hombres, y él tenía un <u>plazo</u> que cumplir. ¿Qué pasaría si las cosas se retrasaban por nuestra culpa y había que mantener un trabajador por un día más?

—¿Desde cuándo es un arte recoger ajos? —replicó mi madre cuando mi padre le habló esa noche de las reservas del jefe. Pero luego él añadió que el jefe había decidido probar suerte con nosotras.

Comenzamos inmediatamente... a las seis de la mañana del día siguiente. Era una fría y gris mañana de agosto, envuelta todavía en una niebla húmeda. Para protegernos del relente[1] de aquella temprana hora de la mañana, llevábamos varias capas de ropa... una camiseta de manga corta, una camisa de manga larga y una chaqueta... que luego nos quitaríamos, cuando apretara el sol de la tarde. Nos pusimos un pañuelo alrededor de la cabeza y encima una gorra de punto. Este era nuestro uniforme de trabajo, el mismo uniforme que llevan hoy en día hombres y mujeres y que se puede ver al pasar manejando junto a los campos del valle de California.

Un <u>capataz</u> nos enseñó la forma correcta de recoger los ajos:

—Se engancha el saco a este cinturón especial. Así le quedan a uno las manos libres para recoger los ajos y echarlos dentro del saco.

Observamos atentamente cómo se enganchaba el saco a la cintura y caminaba sin prisa por el surco, inclinándose ligeramente, mientras sus manos giraban a gran velocidad como una máquina cosechadora, lanzando al aire las cabezas de ajo, que caían limpiamente dentro del saco.

—¡Fácil! —dijo, enderezándose.

Y aprendí lo fácil que era... hasta que el saco empezó a llenarse. Entonces no sólo quería salirse el saco del gancho del cinturón, sino que además, para una flaca de once años como yo, resultaba casi imposible moverse.

Pasé la mañana ideando maneras de sujetar el saco alrededor de mi cintura. Probé a amarrarlo con el pañuelo y a <u>ceñírmelo</u> en diferentes partes del cuerpo. Pero era inútil; cuando se llenaba hasta cierto nivel, no había forma de moverlo. Así que recurrí a un método más laborioso pero efectivo, que consistía en arrastrar el saco con las dos manos, dejarlo en un lugar fijo y correr de un lado para otro recogiendo puñados de ajos para depositarlos después en el saco. Debía parecer tan ridícula como un *Keystone Kop*.[2]

2. *Keystone Kop:* uno de los personajes policíacos de las comedias del cine mudo dirigidas por Mack Sennett. Los Keystone Kops nunca lograban arrestar a nadie, o cuando lo lograban, resultaba ser la persona equivocada.

ADUÉÑATE DE ESTAS PALABRAS

incapaz *adj.*: que no tiene la habilidad de hacer algo.
mediar *v.*: rogar a una persona en favor de otra.
plazo *m.*: periodo de tiempo señalado para hacer algo.
capataz *m.*: encargado, jefe.
ceñírmelo, de **ceñirse** *v.*: atarse, sujetarse bien.

-----

1. relente: humedad.

Oí risas que procedían de los campos lejanos. Miré a mi alrededor, preguntándome de qué iba la broma, y tardé un poco en darme cuenta de que se estaban riendo de mí. Me dio un vuelco el corazón cuando el suelo crujió a mis espaldas bajo las pisadas impacientes del capataz. ¿Iba a decirme que me fuera a casa?

—¡No! No, no lo estás haciendo bien —me dijo, gesticulando aparatosamente delante de mí.

—Pero yo no lo puedo hacer igual que usted. El saco pesa demasiado —le expliqué.

De repente resonaron voces masculinas:

—¡Déjala, hombre! Déjala en paz. Que la chica lo haga a su manera.

El capataz se encogió de hombros, levantó los ojos y se alejó, murmurando en voz baja. Mi madre se acercó a mí, sonriendo. Era la hora de almorzar.

Después del almuerzo, el sol de la tarde me obligó a ir más despacio. Las gotas de sudor que descendían por mi espalda me producían una pegajosa sensación de comezón. Era <u>desalentador</u> ver que todo el mundo me adelantaba, trabajando surco tras surco. La tarde transcurrió lentísima, como si el saco de ajos a medio llenar que yo arrastraba le pesara tanto como a mí.

Al final de la jornada, me sentía como si alguien me hubiese puesto un hierro caliente entre los hombros.

De los días siguientes tengo un vago recuerdo de agujetas y cabezas de ajo. Los surcos parecían estirarse como ligas de goma, alargándose con cada día que pasaba. Las sonrisas y las palabras de aliento de mi madre... una salvación los primeros días... ya no me consolaban.

Incluso en casa me perseguía el ajo endiablado. Se me metía en la piel y en la ropa. Por más que me restregaba, parecía que el ajo me salía por los poros y el sofocante olor no me dejaba dormir.

En la que había de ser la última mañana, ya no podía levantarme de la cama. Tenía el cuerpo tan dolorido que el más leve movimiento era una tortura para mis músculos.

Me temblaban las piernas de tanto doblarlas y sentía como si me hubiesen partido los hombros. Todo mi cuerpo era un dolor punzante. El campo me había vencido.

—No puedo —le dije a mi madre sollozando, con lágrimas que sabían a ajo.

—Merece la pena esforzarse cuando la recompensa es buena —me dijo suavemente.

—No me importan las vacaciones. Estoy demasiado cansada. No merece la pena —dije llorando.

—Sólo quedan unos pocos surcos. ¿Estás segura de que no puedes terminar? —insistió mi madre.

Pero para mí aquellos pocos surcos podían haber sido cientos. Me sentía mal por rendirme después de trabajar tanto, pero no me parecía justo pagar un precio tan alto por ir de vacaciones. Después de todo, mis amigos no tenían que hacerlo.

Mi madre estuvo muy callada todo el día. Yo había olvidado que aquellas habrían sido también sus vacaciones. Al llegar a casa, mi padre se extrañó de vernos sentadas y bien arregladas. Escuchó en silencio la explicación de mi madre y, después de meditar un momento, dijo:

—Bueno, si todos arrimamos el hombro, todavía podemos terminar los surcos esta noche, dentro del plazo.

Al contemplar a mi padre, con los ojos teñidos de sangre, las pestañas y el pelo cubiertos de polvo, y la ropa de trabajo manchada de barro, me estremeció una extraña sensación, mezcla de lástima y de gratitud. Sabía por sus hombros encorvados que él venía muy cansado de su propio trabajo agotador. Y ofrecerse a terminar lo que nos quedaba por hacer era nada menos que un acto de amor.

ADUÉÑATE DE ESTAS PALABRAS

desalentador *adj.*: que desanima, que quita el deseo de hacer algo.

Estaba entre la espada y la pared. La idea de enfrentarme de nuevo con el campo me ponía los pelos de punta. Pero no dije nada y me tragué el disgusto hasta que se me hizo un nudo en la garganta.

En aquel atardecer de verano trabajamos los tres codo a codo, bromeando, charlando y riendo mientras terminábamos la faena.[3] Había oscurecido, y el último saco de ajos lo colocamos en silencio en la fila. El resplandor sonrosado del sol poniente me hizo sentir tan a gusto como el alivio de saber que por fin el trabajo estaba hecho y terminado.

3. faena: trabajo.

A partir de entonces trabajé todos los veranos, primero en los campos (¡nunca jamás recogiendo ajos!) y más tarde en los cobertizos donde se empaquetaban verduras, siempre junto a mi madre. Trabajar juntas creó un lazo especial entre nosotras. Y a través de esta relación, y del contacto diario con otras familias mexicanas empujadas a esta sociedad agrícola, recibí una educación tan sólida y rica como la tierra que habíamos trabajado.

—Traducción de Manuel Losada-Rodríguez

CONOCE A LA ESCRITORA

En la actualidad, **Rose Del Castillo Guilbault** sirve como vicepresidente de comunicaciones y relaciones públicas en una gran empresa. Creció en una granja, a millas de distancia de cualquier centro urbano. Su familia no tenía mucho dinero, pero su

infancia fue feliz, gracias a sus padres, que eran cariñosos y comprensivos. «Mi padre trabajaba en los campos conduciendo tractores y yo le echaba una mano en diversas tareas de la granja. La pequeña casa en que vivíamos era sencilla y fea, pero mi madre, con su creatividad y su energía, la convertía en un lugar cálido y alegre. Cantaba, contaba historias e infundía personalidad a todos nuestros animales, dándole a cada uno una voz diferente con su propia modalidad de la ventriloquía». Fue la madre de Rose quien despertó en ella la afición a contar historias.

«En las tardes calurosas, cuando mi madre y yo habíamos terminado nuestras tareas y no había nada que hacer excepto rendirse al calor y holgazanear, nos entreteníamos contando historias. Los mexicanos tienen una importante tradición oral, y así se transmiten de generación en generación leyendas, mitos, lecciones religiosas y las historias de cada familia. Entonces me recostaba a escuchar, hipnotizada, como en un trance, y dejaba vagar la imaginación entre las imágenes verbales de mi madre. Mi mente era la pantalla del cine; su voz, el proyector».

Cuando Rose fue a la universidad, buscó libros escritos por personas de origen similar al suyo. Pero al no encontrar demasiados, decidió escribir su propio libro. «Sin embargo, no hay todavía en el mercado suficientes libros acerca de personas como mi madre y yo. Por eso escribo, para dar a conocer a otros nuestras historias».

CREA SIGNIFICADOS

Cuaderno de práctica, págs. 5–6

Así se dice

Para expresar tu punto de vista

Puedes usar estas expresiones para contestar las preguntas de **Crea significados.**

Según mi parecer,... tiene que ver con (se trata de)...

En mi opinión, otro(a)... que se plantea es...

A mi juicio, el (la)... resulta cuando...

No creo que... esté relacionado con...

No me parece que... sea (deba)...

¿Te acuerdas?

Recuerda que al manifestar una opinión o un juicio, si se expresa certeza se usa el indicativo:
*Rose **está segura** de que **puede** hacer el trabajo.*
De otra forma, si se expresa duda, se usa el subjuntivo:
*El capataz **duda** que ella **pueda** hacerlo.*

Primeras impresiones

1. ¿Sentiste lástima por la autora? ¿Por qué?

Interpretaciones del texto

2. En «Trabajo de campo» la autora define explícitamente más de un **tema.** Menciona uno de ellos.

3. ¿Cuál es el **momento crucial** del cuento, es decir, el momento cuando la narradora da un giro y cambia de rumbo? ¿Qué provoca este cambio de dirección?

Conexiones con el texto

4. ¿Qué ventajas y desventajas tiene el trabajar en equipo? Da ejemplos, si es posible, de tus propias experiencias.

Preguntas al texto

5. La madre le dice a Rose: «Merece la pena esforzarse cuando la recompensa es buena». ¿Estás de acuerdo?

6. ¿Por qué crees que la autora decidió escribir sobre esta experiencia concreta y no sobre el trabajo agrícola en general?

Repaso del texto

a. ¿Qué es lo que motiva a la familia a trabajar en la cosecha del ajo?

b. ¿Cómo se viste la familia para trabajar en los campos?

c. ¿Qué hace Rose para que sea más fácil la labor de recoger los ajos?

d. ¿Cómo se siente Rose en la última mañana de la recolección y qué decide hacer?

OPCIONES: Prepara tu portafolio

Cuaderno del escritor

1. Compilación de ideas para un episodio autobiográfico

¿Has tenido alguna vez un trabajo de tiempo parcial los fines de semana o durante el verano? Quizás hayas cuidado a un niño pequeño o realizado tareas domésticas, como cortar el césped o limpiar tu cuarto. Escoge una ocasión en la que tuviste que hacer algún trabajo y comenta brevemente por escrito las dificultades que se te presentaron.

> *Cuando cuidaba a los tres niños de los Goodman, empezaron a lanzarse comida unos a otros durante la cena. Tuve que limpiar toda la cocina. Acabé teniendo que limpiar el techo también, para quitarle las manchas de salsa de tomate.*

Redacción creativa

2. El placer del trabajo en el campo

A lo largo de la historia, Rose Del Castillo Guilbault utiliza imágenes que muestran que el trabajo en el campo es duro y desagradable. Lee de nuevo los pasajes en los que se queja de su trabajo. ¿Y si la autora hubiera encontrado el trabajo en el campo fácil y placentero? Escribe de nuevo uno de los pasajes de «Trabajo de campo», utilizando imágenes propias que den una idea de lo agradable que es ese trabajo. Compara tu versión con el original.

Hablar y escuchar

3. ¿Trabajo o placer?

Si nunca tuvieras que trabajar, ¿qué harías? Formen dos equipos. Un equipo defenderá las ventajas de una vida de ocio. El otro justificará las virtudes del trabajo. Cada persona expresará su opinión sin interrupción, basando sus argumentos en su conocimiento, su propia experiencia o la experiencia de otros. Los dos equipos pueden turnarse al exponer su punto de vista.

Investigación/Dibujo

4. Producto de California

El ajo es sólo uno de los muchos productos agrícolas que cosechan los trabajadores migratorios en California. Los trabajadores se desplazan según las cosechas y siguen su camino cuando termina la recolección. Haz una investigación sobre los productos agrícolas que se cultivan en California. En un grupo pequeño, dibujen un mapa del estado e indiquen en qué lugares se cultivan determinados productos. Utilicen símbolos para indicar las estaciones del año, los tipos de frutas y verduras y el número de trabajadores en cada zona. Expongan los mapas en la clase.

¿Alguna vez has realizado o presenciado un acto heroico?

En el cuento «En la noche» de Horacio Quiroga, el narrador oye la historia de una mujer que desafía la naturaleza para salvarle la vida a su esposo. El acto heroico que ella realizó es un ejemplo de las maneras en que ponemos a prueba nuestras convicciones y valores. ¿Qué consideras tú un acto heroico? ¿Una persona tiene que arriesgar su vida para efectuar un acto heroico? Lee lo que consideran un acto heroico estos jóvenes. ¿Estás de acuerdo con ellos?

 ## Daniela Ruz
Chile

Yo tenía un buen amigo cuya hermana menor tuvo una enfermedad muy grave al hígado y la única posibilidad de que ella se salvara era donándole un nuevo hígado, pero no encontraron donantes. Así que mi amigo decidió hacerse los exámenes para ver si le servía, y gracias a Dios sí le servía y él donó una parte de su hígado para que su hermana pudiera vivir. Gracias a Dios los dos están muy bien hoy y esta historia tuvo un final feliz.

¿Tú crees que es importante que la gente realice actos heroicos?
Yo creo que sí, porque uno nunca sabe cuándo lo va a necesitar y ahí va a estar clamando ayuda. Nunca hay que mirar a quién se hace el bien, sencillamente hay que hacerlo.

Fernando de Tovar
México

Fue hace como seis años que yo estaba en la casa de un amigo y pude presenciar un acto heroico de gran valor, ya que la casa empezó a incendiarse. Pero gracias a Dios tanto su familia como yo habíamos podido salir, menos su abuela, ya que estaba en una silla de ruedas en el segundo piso. Los bomberos no llegaban, y ninguno de nosotros nos atrevíamos a entrar a tratar de rescatarla, ya que las llamas ya habían crecido bastante. Pero, en el momento en que se enteró un vecino de él de que eso estaba sucediendo, él entró sin pensarlo y sacó a la señora cargándola. Ése fue un acto heroico de gran valor para todos los que estábamos viendo la escena y para mí. Pienso que él fue un gran héroe en ese momento.

Para pensar y hablar

A. ¿De qué sufría la hermana del amigo de Daniela? ¿Cómo la ayudó su hermano? Según Daniela, ¿por qué hay que ayudar a los demás?

B. ¿Qué tipo de desastre describe Fernando? ¿Por qué la abuela no pudo salir de la casa? ¿Cómo sobrevivió?

 C. Con un(a) compañero(a), compara las dos respuestas. ¿Qué situación les parece más peligrosa? ¿Por qué?

 D. Escucha una entrevista con Jéssica, una joven mexicana. Contesta las siguientes preguntas según lo que ella dice.

    1. ¿Qué hizo ella para salvar al perro en la calle?

    2. ¿Quién curó al perro?

    3. ¿Qué le pasó al perro al final?

Elementos de literatura

BIOGRAFÍAS, AUTOBIOGRAFÍAS, ENSAYOS Y ARTÍCULOS

El género biográfico

Hay literatura que cuenta sucesos verídicos y literatura que narra hechos ficticios nacidos de la imaginación del autor. Entre la literatura que trata de la vida real de una persona, se distinguen la **biografía,** en la que el autor escribe sobre la vida de otra persona, y la **autobiografía,** en la que el escritor describe su propia vida.

Una autobiografía o biografía completa puede llegar a tener cientos de páginas. También hay versiones mucho más cortas de ambas modalidades. El **episodio autobiográfico,** por ejemplo, describe una sola experiencia del propio autor. Una **semblanza** es una descripción breve que proporciona información selecta de la vida de un individuo y los rasgos más característicos de su perso-nalidad.

Aunque el género biográ-fico se dirige normalmente al público lector, a veces se escribe por placer o para uso exclusivo del autor. En este tipo de literatura personal se incluyen los diarios y las cartas. Aunque Ana Frank escribía a veces como si otros pudieran leer sus palabras algún día, nunca se hubiera podido imaginar que un día su *Diario* sería leído por gente de todo el mundo. Era ella misma la destinataria exclusiva de sus pensamientos más íntimos.

¡Extra! ¡Lee las últimas noticias!

Cada vez que abres un periódico, tienes la oportu-nidad de explorar varios tipos de escritos que también hablan de situaciones reales. Por ejemplo, los **artículos de noticias** ofrecen crónicas de acontecimientos importantes. Un buen artículo de noticias capta el interés de los lectores y responde de manera rápida y eficaz a las preguntas ¿quién?, ¿qué?, ¿cuándo?, ¿dónde?, ¿por qué? y ¿cómo?

Los **artículos de opinión** son textos breves y persua-sivos que presentan la postura de un periódico sobre algún tema polémico. En las **cartas al director,** los lectores a menudo presentan su propia postura. Por último, los **ensayos** tratan de un tema de forma limitada, presentando normalmente un punto de vista particular. En general, los ensayos se publican en la página de opinión del periódico.

Hecho y opinión

Cuando se leen estos géneros literarios, es importante distinguir entre hechos y opiniones. Un **hecho** es algo que ha ocurrido o que se puede comprobar, como sería la fecha en que acabó la Segunda Guerra Mundial. Una **opinión** es una creencia o un juicio que no se puede demostrar: por ejemplo, la certeza de Ana Frank de que, a pesar de todo, en el fondo los seres humanos son buenos.

Aunque estos géneros se basan en hechos reales, normalmente contienen una mezcla de hechos y opiniones. Un artículo de opinión de un

periódico es un buen ejemplo. El escritor de un artículo de opinión se propone convencer a los lectores de que adopten cierto punto de vista u opinión sobre un asunto. Para ello presenta pruebas, ejemplos y la opinión de expertos.

¿Ficción o realidad?

A veces es difícil distinguir entre la realidad y la ficción. El personaje de un cuento, por ejemplo, puede ser una copia casi perfecta de una persona de la vida real. Además, tanto los novelistas como los escritores de historias reales a menudo utilizan elementos de la poesía, como el ritmo, las imágenes sensoriales, las metáforas y los símiles. Asimismo, algunas formas poéticas, como el **corrido,** pueden guardar una estrecha relación con sucesos de la vida real.

Para dar forma a sus textos, los escritores se valen, en mayor o menor medida, de elementos y técnicas de la imaginación. A un nivel básico, pues, todo escrito es

«ficción» en el sentido más primario del término, ya que esta palabra procede de un verbo latino que significa «moldear» o «dar forma». Incluso en las historias reales, el escritor debe «dar forma» al material y buscar una manera de presentar hechos, pensamientos y emociones.

Quizá la mejor forma de describir las semejanzas y las diferencias entre los dos tipos de literatura sea mediante una comparación entre la

fotografía y la pintura. La pintura no puede presentar imágenes del mundo real como lo hace la fotografía. La cámara nunca miente. Pero al mismo tiempo, los mejores fotógrafos son verdaderos artistas de la imaginación, capaces de dar forma a la realidad que nos muestran, eligiendo los ángulos, componiendo los cuadros y manipulando la luz. De este modo, consiguen ser artistas, al dar forma a lo que ven.

Cuaderno
de práctica,
págs. 7–9

Soneto 149
Sor Juana Inés de la Cruz

***Encarece de animosidad la elección
de estado durable hasta la muerte***

Si los riesgos del mar considerara,
ninguno se embarcara; si antes viera
bien su peligro, nadie se atreviera
ni al bravo toro <u>osado</u> <u>provocara</u>.
5   Si del <u>fogoso</u> bruto ponderara°
la furia <u>desbocada</u> en la carrera
el jinete prudente, nunca hubiera
quien con <u>discreta</u> mano lo enfrenara.
        Pero si hubiera alguno tan osado
10   que, no obstante el peligro, al mismo Apolo°
quisiese gobernar con atrevida
        mano el rápido carro en luz bañado,
todo lo hiciera, y no tomara sólo
estado que ha de ser toda la vida.

5. **ponderara:** considerara.
10. **Apolo:** dios del sol, los oráculos, la música y la
      poesía en la mitología grecorromana.

ADUÉÑATE DE ESTAS PALABRAS

osado, -da *adj.:* valiente, atrevido.
provocara, de **provocar** *v.:* incitar, causar una
      reacción.
fogoso, -sa *adj.:* ardiente.
desbocada, -do *adj.:* sin dirección ni control alguno.
discreta, -to *adj.:* prudente, sensata.

Retrato de Sor
Juana Inés de la
Cruz en su
hábito de la
orden de San
Jerónimo.

CONOCE A LA ESCRITORA

Sor Juana Inés de la Cruz (1651–1695) era una mujer dotada de un talento extraordinario, cuyo genio perdura a través de los siglos, desde su época a la nuestra. Vivió en una época en que pocas mujeres podían permitirse el lujo de explorar sus ideas y su talento. Traspasando las limitaciones de la sociedad de su tiempo, Sor Juana nos ha dejado algunos de los mejores poemas líricos que se han escrito en cualquier lengua.

Su verdadero nombre era Juana Ramírez y se convirtió en favorita de la corte española de la Ciudad de México. A la edad de dieciséis años, entró en un convento. Aunque lo que se esperaba de ella era que dedicara todo su tiempo a la oración y a la meditación, Sor Juana cubrió de libros las paredes de su celda y exploró el mundo de las ideas por medio de la lectura, la conversación y, sobre todo, la escritura. Escribió ensayos sobre religión, poemas amorosos, comedias y una reflexión sobre su vida en la que defendía su derecho a pensar por sí misma. Sus obras y poemas se tienen en gran estima.

Su espíritu curioso y la capacidad de su intelecto le ganaron la enemistad de las autoridades eclesiásticas. Finalmente, fue obligada a renunciar a todos sus libros y a ser lo que la sociedad esperaba de ella. Mientras atendía en el convento a monjas enfermas durante una epidemia, cayó ella también enferma y murió. Pero su obra no fue olvidada. Sor Juana es recordada como una figura importante de la literatura escrita en español y de la literatura mundial.

Comunidad y oficio

🖅 internet

go.
hrw
.com

MARCAR: go.hrw.com
PALABRA CLAVE:
WN3 ESFUERZOS-CYO

Servicios humanitarios para los refugiados

Las olas migratorias siguen llegando a Estados Unidos, y dentro de ellas el número de hispanohablantes ha crecido bastante en los últimos veinte años. A mediados de los años noventa, los mexicanos, cubanos, salvadoreños, colombianos, peruanos, guatemaltecos y ecuatorianos componían casi el 30% de los inmigrantes. Sin embargo, entrar y establecerse legalmente en cualquiera de los cincuenta estados es un proceso largo y complicado, aun para los refugiados.

El Proyecto de Asilo Político de Austin (PAPA) facilita el acceso al sistema legal a los refugiados que llegan a la zona central de Texas en busca de asilo político. Esta organización se estableció en 1987 con el propósito de ayudar a los centroamericanos cuyos países se encontraban en conflictos armados o guerras.

Originaria de Vermont, Sarah Duzinski trabaja para PAPA como coordinadora y asistente social. Se encarga de los clientes hispanohablantes, que en su mayoría son centroamericanos y cubanos.

Para realizar su trabajo, Sarah se mantiene al tanto no sólo de las leyes y del sistema legal estadounidense, sino también de la situación política en los países de donde provienen sus clientes. Sarah explica: «Nuestros clientes enfrentan grandes decisiones y muchas veces han experimentado eventos traumáticos antes de llegar a nuestra oficina. El ser bilingüe es esencial para asegurar que haya buena comunicación y que el cliente entienda sus derechos legales». Además de ocuparse de los casos, la gente de PAPA educa a la comunidad presentando charlas que tratan de la realidad actual del refugiado. Para Sarah, «este trato con la comunidad es clave para eliminar el miedo y los malentendidos tanto por parte de los inmigrantes como de la comunidad, que puedan resultar en la discriminación o explotación de las personas que buscan asilo.... Empecé a trabajar en PAPA porque me interesaba dedicarme al servicio social; el español me ha facilitado realizar esta meta».

INVESTIGACIONES

A. Utiliza Internet u otros recursos para contestar las siguientes preguntas: ¿Qué organizaciones ofrecen servicios a los refugiados o a los inmigrantes? ¿Qué tipos de servicios ofrecen? ¿Es necesario o ventajoso hablar español para trabajar en estas organizaciones?

B. En grupos, escojan una de las organizaciones que investigaron. Hagan una entrevista a uno de sus empleados. Incluyan las siguientes preguntas: ¿Por qué se dedica Ud. a este tipo de trabajo? ¿Por qué son importantes los programas que realiza su organización? ¿Por qué es importante saber otros idiomas para hacer el trabajo? Presenten un reportaje a la clase sobre esa persona y su oficio.

Vocabulario

Cuaderno de práctica, págs. 10–11

■ Vocabulario en contexto

A. Faltan palabras *Autobiografía de un esclavo*

Completa el resumen de este cuento con las palabras que faltan. Cambia la forma de la palabra si es necesario.

muda	fuga	premeditado	cundir
encomendarse	embotar	diligencia	súbito
incesante	manillón	lío	postrarse
heredero	andrajoso	prenda	inutilizarse

Al recoger las cosas de mi madre después de su __1.__ muerte, encontré una caja con tres __2.__ antiguos y un __3.__ de papeles sobre varias deudas que debía de cobrar a mi señora. No sabía que ella era la __4.__ forzosa de sus esclavos y por tanto yo podía perder toda esperanza de recibir algo. A escondidas vendí algunas de las __5.__, y me envió preso al Molino. Días más tarde cuando me hizo llamar, __6.__ y le pedí perdón por mis faltas. Me hizo cambiar la ropa __7.__ por una __8.__ de ropa fina y me dio un buen plato de comida, pero ya se me habían __9.__ los sentimientos de gratitud. Meses más tarde mientras cargaba agua en un barril, resbalé y me caí. El barril __10.__ y mi señora, quien consideró que éste había sido un acto __11.__, me amenazó con devolverme al Molino. El corazón me latía con __12.__ agitación y un temblor __13.__ por todo mi cuerpo. Esa noche, después de hacer algunas __14.__, __15.__ a los santos y emprendí mi __16.__ hacia La Habana.

B. Faltan palabras «En la noche»

Completa las oraciones sobre este cuento con las palabras que faltan. Cambia la forma de la palabra si es necesario.

tregua	aguijón	arrobada	remontar
implacable	atracar	popa	
tendón de Aquiles	raya	ribereño	
diseminado	aferrado	pesadilla	

1. El hombre le contó al narrador la ═══ de aquella vez en que su mujer ═══ el río Paraná, remando durante más de diez y ocho horas para salvarle la vida a él.

2. La pareja había establecido una especie de tráfico ===== vendiendo y comprando víveres a los pobladores ===== por la costa.

3. Cuando se disponían a =====, una ===== le picó y el hombre lanzó un grito de dolor.

4. Este pez le clavó su ===== en el =====.

5. El hombre se tendió en la =====, con la mano siempre ===== al tobillo, mientras la mujer remaba en silencio.

6. Fue una lucha sin ===== contra la ===== naturaleza para salvar al hombre moribundo.

7. Aquella mujercita ===== de éxito y de pulcritud había sido la protagonista de tal hazaña.

C. ¿Qué significa? «En la noche»

Escoge el significado que mejor corresponde a las palabras subrayadas. Usa las pistas del contexto y vuelve a la lectura si hace falta.

1. Estos acantilados de piedra cortan perpendicularmente el río...
 a. en línea recta   **b.** en línea diagonal

2. Toda restinga ocasiona un rápido y un remanso adyacente...
 a. aparente   **b.** cercano

3. Remó por tres horas concentrando su angustia en un mutismo desesperado.
 a. silencio   **b.** llanto

4. Finalmente habían establecido el boliche lucrativo, con el que siempre habían soñado.
 a. optativo   **b.** productivo

5. La mujer remó por tres horas, aboliendo de su mente cuanto pudiera quitarle fuerzas.
 a. quitando   **b.** apurando

D. ¿Qué significa? «Trabajo de campo»

Busca la definición que corresponde a cada una de las palabras.

  1. encogerse de hombros   **a.** unirse para trabajar
  2. ceñirse   **b.** hacer muecas
  3. restregarse   **c.** mover los hombros por no querer responder
  4. merecer la pena   **d.** hendidura que se hace en la tierra con el arado
  5. recompensa   **e.** atarse, sujetarse
  6. arrimar el hombro   **f.** justificarse el esfuerzo
  7. surco   **g.** resignarse, dejar de oponer resistencia
  8. plazo   **h.** frotarse, friccionar
  9. rendirse   **i.** periodo de tiempo señalado para hacer algo
 10. gesticular   **j.** premio, retribución

E. ¡A escuchar! *Autobiografía de un esclavo*, «En la noche» y «Trabajo de campo»

Vas a escuchar una serie de oraciones sobre los tres cuentos. Identifica a qué personaje se refiere cada una de las oraciones.

Personajes: el esclavo, el hombre moribundo, la heroína, la joven campesina

■ Mejora tu vocabulario

Los sinónimos

Los sinónimos son palabras que expresan una misma idea pero que tienen diferentes matices de significado o diferentes connotaciones. Las connotaciones son los valores e impresiones agradables, desagradables o indiferentes que nos comunican las palabras. Por ejemplo, ¿le dirías a una amiga que se ve esbelta o flaca? ¿Cuáles son las connotaciones de cada una de estas palabras? Para expresarse con mayor claridad y precisión es necesario tener en cuenta esas variaciones de significado al igual que el contexto en que se van a usar las palabras y sus sinónimos.

F. Los sinónimos en *Autobiografía de un esclavo* y «Trabajo de campo»

Escoge el sinónimo del cuadro que mejor corresponde a las palabras subrayadas. Cambia la forma de la palabra si hace falta.

| jefe | indiscreto | inútil | un cariño | desmoralizante |
| pagar | desnivel | alegre | bañarse | permiso |

1. Se decidió a hablar con su señora lleno de <u>halagüeñas</u> esperanzas.

2. Su señora le advirtió que no podría disponer de nada sin su <u>consentimiento</u>.

3. <u>Se aseaba</u> en la paila que estaba en un <u>declive</u> a unos treinta pasos de la casa.

4. La mulatica le inspiraba <u>una inclinación</u> angelical.

5. Un criado libre de la casa le hizo comentarios terribles y algo <u>impertinentes</u>.

6. Sus padres no le podían <u>costear</u> el viaje de vacaciones a México.

7. Si su esposa trabajara, todos creerían que él era un <u>incapaz</u> que no podía mantener a su familia.

8. El <u>capataz</u> le dijo que no estaba haciendo bien el trabajo.

9. Era <u>desalentador</u> ver que todos terminaban surco tras surco y se le adelantaban.

Tono y registro

La clase de palabras que se use determina el tono o registro de una conversación o un escrito. Presta atención a las siguientes invitaciones:

Oye Marta, nos vemos en la casa esta noche. Vamos a ir a cenar y a bailar más tarde. Llega cuando puedas.

Luis

p.d. Trae algo de tomar, si te acuerdas...

Gabriel Martínez López   David Sánchez Correa
Elena González de Martínez   Antonia Figueroa de Sánchez

Participan el matrimonio de sus hijos

Laura y David

Y se complacen en invitarles a la Ceremonia Religiosa que se celebrará el sábado doce del presente a las diecinueve treinta horas, en la Parroquia de Nuestra Señora del Carmen Puebla, marzo del dos mil dos

La primera es una invitación informal que se puede hacer el día mismo de la reunión, mientras que la segunda es una invitación formal que refleja el carácter solemne de la ocasión. El tono o registro de las palabras debe ir de acuerdo con la ocasión, el contexto y la personalidad de la persona que habla o escribe.

Otros factores que influyen en el tipo de lenguaje que se usa en una situación determinada son la edad, la educación, el nivel socio-económico de las personas, el medio de comunicación mismo, el tema y el ambiente. El lenguaje informal, por lo general, incluye expresiones coloquiales como *Vamos entrada por salida;* jerga como *La pasamos chévere,* y expresiones apocopadas como *mija,* o *¿quiubo?* En el lenguaje formal, en cambio, se nota el buen uso de la pronunciación, la ortografía y la gramática. Es importante saber distinguir cuándo se debe usar el lenguaje formal o informal, en especial cuando se le dirige la palabra a un desconocido o a una persona de más edad o mayor rango.

G. Tono y registro «Trabajo de campo»

Las expresiones subrayadas en las siguientes oraciones son ejemplos del lenguaje informal. Escoge la palabra o expresión del cuadro que mejor corresponde a las palabras subrayadas y vuelve a escribir la oración para darle un registro más alto.

me angustiaba	disimulé	me impregnaba	como le convenga
aterraba	labor	no la mortifique	tuve deseos de llorar
delgada	acercarme	horrible	

1. Déjela en paz, que ella lo haga como quiera.
2. El endiablado olor a ajo me perseguía y hasta se me metía en la piel.
3. Me daba vuelcos el corazón cuando todos se reían.
4. La chamba no era nada fácil para una niña flacuchenta como yo.
5. La idea de arrimarme de nuevo al campo me ponía los pelos de punta.
6. Me tragué el disgusto.
7. Se me hizo un nudo en la garganta.

■ Aplicación

H. ¡A contestar!

Para la lista de Vocabulario esencial Ver la página 73

Contesta las siguientes preguntas con oraciones completas. Al escribir tus respuestas, ten en cuenta el significado de las palabras subrayadas.

1. Un estudiante te mortifica constantemente. Esto te aflige porque te sientes incapaz de defenderte. ¿Qué puedes hacer?
2. Se ha diseminado un rumor acerca de tu mejor amiga, que te pone los pelos de punta. ¿Cómo puedes ayudarla?
3. El director de tu escuela piensa abolir las reuniones de los clubes estudiantiles durante el almuerzo. ¿Quién podría mediar para que esto no suceda? Explica.
4. Tu amiga a veces se ve algo andrajosa aunque está en capacidad de costearse buena ropa. ¿Qué le recomendarías para mejorar su apariencia?
5. ¿Una persona chapada a la antigua es implacable o flexible en sus ideas?
6. ¿Puedes hacer lo que te plazca en tu casa o en el colegio? Explica.

I. ¡A escribir!

Acabas de asistir a una entrevista y ahora escribes una carta de agradecimiento. Explica que te interesa el puesto, que estás dispuesto(a) para trabajar inmediatamente y que tus requisitos de salario son negociables. Incluye las siguientes palabras o expresiones y consulta el glosario para verificar su significado si hace falta. Para consejos sobre cómo redactar correspondencia comercial, ver el MANUAL DE COMUNICACIÓN.

Palabras: por medio de la presente, agradecer, oportunidad, labor, complacerse, trabajador, aliciente, valer la pena, costear, incesante, recompensa

Gramática

Cuaderno
de práctica,
págs. 12–19

Ampliación

- Más sobre los pronombres de sujeto
  Hoja de práctica 1-A
- Variantes de la segunda persona
  Hoja de práctica 1-B
- Más sobre los pronombres complementarios
  Hoja de práctica 1-C
- Más sobre los pronombres reflexivos
  Hoja de práctica 1-D

■ Los pronombres personales

Un **pronombre** es una palabra que toma el lugar de un sustantivo y cumple las mismas funciones que éste. Los **pronombres personales** son aquéllos que indican a la persona de quien se habla; toman diferentes formas al realizar distintas funciones en la oración. Por ejemplo, en el siguiente párrafo los tres pronombres se refieren a la misma persona (el padre) y cada uno tiene una función y una forma distintas:

> *El primer obstáculo fue convencer a mi padre.* **Él** *había dicho que no quería que mi madre trabajara. No me puedo explicar cómo* **lo** *convencimos. Cuando* **se** *ofreció a terminar nuestro trabajo, sentí una extraña sensación.*

■ Los pronombres de sujeto

Los **pronombres de sujeto** señalan a la persona que realiza la acción del verbo o de la cual se expresa algo:

> *Yo creí que nadie me veía.* (señala al hablante, es decir, a la primera persona)
> *Ustedes hacen muy bien en quedarse.* (señala al oyente, es decir, a la segunda persona)
> *Mi madre compartía mis sentimientos:* *ella ansiaba ver a su familia.* (señala a la persona a la que se refieren el hablante y el oyente, es decir, a la tercera persona)

Los pronombres de sujeto son:

Singular	yo
	tú, usted
	él, ella
Plural	nosotros(as)
	vosotros(as), ustedes
	ellos, ellas

¡Ojo!

1. En Argentina, Uruguay, Paraguay, Guatemala, Honduras, El Salvador, Nicaragua, Costa Rica y en partes de otros países, se usa el pronombre **vos** en lugar de **tú:** *Quiero ir al cine con vos; eso es, si tenés ganas.*

2. El uso corriente de **vosotros(as),** una forma plural de **tú,** está limitado a España. En el resto del mundo hispanohablante, se emplea **ustedes** como plural de **tú, vos** y **usted;** en estas regiones el uso de **vosotros(as)** sólo se da en textos antiguos y en ceremonias religiosas.

Práctica

A. Lee el siguiente diálogo y apunta los pronombres de sujeto que se encuentren en él. Al lado de cada uno escribe el sustantivo a que se refiere, ya sea explícita o implícitamente.

1. CARLOS   ¿Así que ustedes vieron el accidente?
2. MONICA   Sí. Lorenzo y yo estábamos comprando boletos cuando oímos la avioneta estrellarse contra una casa. Estábamos nosotros a sólo 50 metros. Por suerte, Lorenzo tenía su celular...
3. CARLOS   ¿Fue él quien hizo la llamada al 911?
4. MONICA   Sí, llamó mientras corría hacia la avioneta. En ese momento llegaron dos hombres más. Juntos ellos ayudaron a los pasajeros.
5. CARLOS   ¿Y qué hiciste tú?
6. MONICA   Me quedé atrás. Yo no soy médico como Lorenzo.
7. CARLOS   ¿Hubo muertos?
8. MONICA   Cuatro; todos ellos de esta ciudad.

■ Los pronombres de complemento directo e indirecto

1. El **complemento directo** es la persona o cosa que recibe la acción del verbo transitivo. Puede ser reemplazado por un pronombre de complemento directo:

   —¿Cuándo terminarás **tu trabajo?**   —¿Viste a **Silvia y Toño?**
   —Me parece que nunca *lo* terminaré.   —No, no *los* vi en ninguna parte.

2. El **complemento indirecto** es la persona o cosa que recibe el complemento directo: *Le* envío cartas a *Juan.* En esta oración, **Juan** es el complemento indirecto y **le** es el pronombre de complemento indirecto. Suele usarse con **dar, mostrar, decir** y otros verbos que expresan ideas parecidas. También puede indicar a la persona o cosa que se beneficia o se perjudica con la acción del verbo:

   Me pisó el pie.   *A Emilia se le murió el gato.*
   Nos lavaron el coche.   *Le quitaron la bicicleta a José.*

   El complemento indirecto se usa con muchos verbos de percepción, tales como **parecer, gustar, encantar** e **impresionar:** *Les* gustó mucho esa película.

3. En muchos casos, las oraciones que tienen complemento indirecto también tienen complemento directo. Cuando se usan pronombres para referirse a ambos complementos, el pronombre de complemento indirecto va primero, y **le(s)** se transforma en **se:**

   No nos lo *lea ahora.*   *Me las regalaron.*   *Ya se lo diré.*

4. Cuando uno o más pronombres de complemento directo e indirecto van después de cualquier forma verbal, se unen a ésta. Muchas veces la unidad que resulta lleva acento ortográfico, pero no siempre:

Quiero regalár*telo*.

Devuélve*le* ese libro a Juana.

Y así se fue, llevándo*la* sobre la espalda.

Haz*lo*.

Quiero ayudar*te*.

Di*les* que ya me fui.

¿Se te ha olvidado?
la acentuación
Ver la página R63

Los pronombres de complemento directo e indirecto son:

Pronombres de
complemento directo

Singular	Plural
me	nos
te	os
lo, la	los, las

Pronombres de
complemento indirecto

Singular	Plural
me	nos
te	os
le (se)	les (se)

Práctica

B. Elisa cree haberle prestado un libro a su amiga Magdalena y le ha dejado una nota pidiéndole que se lo devuelva. Lee la respuesta de Magdalena e identifica los sujetos, los complementos directos, los complementos indirectos y los pronombres que les corresponden.

> Elisa: Perdóname, pero yo no lo tengo. Tú no me lo has prestado. Piensa. ¿Pudiste habérselo dado a Raquel? Ya sabes que ella siempre te lo ha elogiado. Bueno, espero que encuentres tu libro pronto y nos dejes en paz, chica.
>
> —Magdalena

C. Completa las oraciones con el pronombre adecuado. Luego di qué tipo de pronombre personal es (de sujeto, de complemento directo o de complemento indirecto) y a qué se refiere.

1. 1813 es el año en que ===== dieron a Bolívar el título de Libertador.

2. Bolívar dejó tras él seis repúblicas que ===== reconocen como Padre de la Patria.

3. Bolívar es héroe; ===== es signo de unidad y grandeza.

4. Su nombre de pila era Simón; dicen que fue su padrino Aristiguieta quien ===== lo puso.

5. En 1802, Bolívar se casó con la mujer que amaba, pero ===== perdió pocos meses más tarde.

6. El recuerdo de su esposa muerta ===== acompañaba siempre aunque comprendía que si ===== hubiera vivido, su destino heroico no se habría cumplido.

7. En 1827 ===== nombraron presidente de la Gran Colombia. Renunció al cargo en 1830, poco antes de su muerte.

8. La figura heroica de Bolívar continúa dándo===== inspiración a historiadores, poetas, músicos y a escultores.

D. Contesta las preguntas usando pronombres y siguiendo las indicaciones que están entre paréntesis.

MODELO ¿Le compro la revista a Pilar? (sí)
Escribes Sí, cómprasela.

1. ¿Ya le devolviste el abrelatas a doña Marta? (sí)
2. ¿Cuándo le regalaste esa sortija? (hace dos años)
3. ¿Vas a enviarnos las fotos? (no)
4. ¿Te dio Carmen esta novela? (sí)
5. ¿Sigue Ricardo leyéndoles fábulas a los niños? (sí)
6. ¿Te quito esta cobija? (no)
7. ¿Saben Uds. quién les robó el carro? (sí)

E. Combina los elementos en una oración, escribiendo los pronombres juntos o por separado, según sea el caso.

MODELO diga / se / lo / a / ella
Escribes Dígaselo a ella.

1. quiero / pedir / te / un / favor
2. no / se / lo / des / a / Manuel
3. sigue / escribiendo / le / cartas / de / amor
4. no / se / lo / digas / a / David
5. Tomás / va / a / contar / te / lo
6. compra / nos / lo / hoy
7. si / no / te / lo / manda / avisa / me

F. Escribe un párrafo sobre un héroe o una heroína tuya. Explica qué hizo y qué cualidades personales ha mostrado para merecer tu admiración. Incluye por lo menos dos pronombres de sujeto, dos de complemento directo y dos de complemento indirecto.

Los pronombres de complemento preposicional

Los **pronombres de complemento preposicional** son las formas que adoptan los pronombres personales después de la mayoría de las preposiciones.

> Este regalo es para **ti**.   No tenemos nada contra **ustedes**.
> ¿Quieres ir al baile **conmigo?**

El pronombre de complemento preposicional precedido por **a** da énfasis o aclara el significado del pronombre de complemento directo o indirecto, pero nunca lo sustituye:

> Le traje un pastelito **a ella**.   Lo vi **a él** pero no la vi **a ella**.

Los pronombres de complemento preposicional son:

Singular	Plural
mí	nosotros(as)
ti, usted	vosotros(as), ustedes
él, ella	ellos, ellas

¿Te acuerdas?

La fórmula **con** + *pronombre de complemento preposicional* tiene dos casos especiales: **conmigo** y **contigo**.

Práctica

G. Lee las siguientes oraciones basadas en *Autobiografía de un esclavo*. Agrega la preposición **a** más un pronombre de complemento preposicional e indica si es para dar énfasis o para aclarar el complemento.

MODELO   Esto me abochornó; a ella no.
  Escribes   Esto me abochornó a mí; a ella no.

1. Le tenía guardado dinero.
2. Me dijo que fuera por su casa.
3. No se los di a Rosa; te los di.
4. Por lo que me toca, desde ese momento dejé de ser fiel.
5. Me preguntó de dónde venía ese dinero.
6. Yo le había dicho que era libre.
7. No lo podía creer: me pelaron, Juan Francisco.
8. Don Saturnino se apeó y le quitaron el caballo.

Los pronombres reflexivos

Los pronombres reflexivos se usan cuando el sujeto hace a la vez de sujeto y de complemento:

> Maricela se levanta.   Estamos vistiéndonos.

1. El pronombre reflexivo puede funcionar como complemento directo:

*Fernando y yo **nos** lavamos.*   *Victoria **se** peinó.*

2. También puede funcionar como complemento indirecto:

*Claudia **se** partió un trocito de torta.*   *Quíta**te** el abrigo.*
*Fernando y yo **nos** lavamos las manos.*

3. Cuando se reemplaza el complemento directo por un pronombre de complemento directo, el pronombre reflexivo siempre va primero:

*Nos **las** lavamos.*   *Quíta**telo**.*

Los pronombres reflexivos son:

Singular	me
	te
	se
Plural	nos
	os
	se

¡Ojo! Ten cuidado de no confundir el pronombre de complemento indirecto **se** (cuando funciona como variante de **le** o **les**) por el pronombre reflexivo **se**:

*Nosotros **se** lo lavamos a él.* (complemento indirecto)
*Ellos mismos **se** lavaron la cara.* (reflexivo)

Práctica

H. Completa el siguiente párrafo con los pronombres reflexivos correctos. Indica si cada pronombre reflexivo funciona como complemento directo o indirecto.

Mi héroe favorito de las tiras cómicas ___1.___ llama Super Hugo. A mí ___2.___ divierte este personaje porque ___3.___ la pasa preocupándo___4.___ por su apariencia. Antes de ir a salvar al mundo, Super Hugo siempre ___5.___ afeita la barba. Y antes de atrapar al malo, dice: «Antes de ponerlo en su lugar, ___6.___ pongo los guantes». ¡Imagína___7.___! Cada vez que mis amigos y yo leemos sus aventuras, ___8.___ morimos de risa.

I. Imagina que un(a) amigo(a) te llama a tu casa a las siete de la mañana. Cuéntale lo que tú y tu familia están haciendo en ese momento. Usa por lo menos seis de los verbos del cuadro.

MODELO   Mi hermano está poniéndose los zapatos.

levantarse	cepillarse	maquillarse
desayunarse	afeitarse	secarse
bañarse	vestirse	
ducharse	ponerse	

■ Los pronombres posesivos

Los pronombres posesivos se usan para abreviar las fórmulas *adjetivo posesivo + sustantivo* o *sustantivo + adjetivo posesivo tónico*, cuando el sustantivo es conocido:

> *Mis libros están allí en la mesa y los* tuyos *están aquí.*
> *Su maestro me parece bueno, pero el* nuestro *es fantástico.*
> *Sé de quién es este perro, ¿y los perritos? ¿Son* suyos?

El pronombre posesivo...

1. Va precedido por un artículo definido, a menos que le preceda una forma del verbo **ser**:

> *La casa suya será muy grande y elegante, pero me gusta más la* nuestra.
> *Ese libro no es* mío. *¿Estás seguro de que no es* tuyo?

2. Concuerda en número y género con los sustantivos que reemplaza:

> *Me prestó su bicicleta, ya que la* **mía** *estaba descompuesta.*

Los pronombres posesivos son:

Singular		Plural	
Masculino	**Femenino**	**Masculino**	**Femenino**
mío(s)	mía(s)	nuestro(s)	nuestra(s)
tuyo(s)	tuya(s)	vuestro(s)	vuestra(s)
suyo(s)	suya(s)	suyo(s)	suya(s)

Práctica

J. Vuelve a escribir el siguiente párrafo. Elimina los sustantivos que sobran, usando pronombres posesivos donde hagan falta.

Tus padres eran igual de trabajadores que los padres míos. Pero mientras que tu padre llevaba camisa y corbata, mi padre llevaba ropa manchada de barro. Y el pelo de mi madre estaba siempre cubierto de polvo; no como el pelo nuestro, brilloso y bien peinado. Nuestra vida es bastante fácil comparada con su vida, en el campo.

■ Los pronombres demostrativos

Los **pronombres demostrativos** toman el lugar de los sustantivos precedidos por adjetivos demostrativos:

¿Te gusta esta canción? ———→ ¿Te gusta **ésta?**

Me parece que aquel caballo es ———→ Me parece que **aquél** es
    más grande.   más grande.

Esos niños traman algo. ———→ **Ésos** traman algo.

Los pronombres demostrativos masculinos y femeninos son:

Singular		Plural	
Masculino	**Femenino**	**Masculino**	**Femenino**
éste	ésta	éstos	éstas
ése	ésa	ésos	ésas
aquél	aquélla	aquéllos	aquéllas

Observa que llevan acento escrito.

Hay tres pronombres demostrativos neutros: **esto, eso, aquello.** Estos pronombres no llevan acento escrito y se refieren a abstracciones, o a circunstancias o sustantivos generales: ¿De quién es **esto?** **Eso** no es verdad. **Aquello** fue imposible.

Práctica

K. Completa los diálogos con los pronombres demostrativos que faltan.

  1. —¿Quiénes salen en estas dos fotos?

     —Bueno, en ═════ salen Enrique e Ivickza. Y en la otra... ¿no me conoces? ¡En ═════ salgo yo!

  2. —De todos los poemas que hemos leído el que más me gustó fue el de Sor Juana Inés de la Cruz.

     — ═════ fue interesante, pero me gustó más el de Pablo Neruda que leímos hace unos días. ═════ me impresionó mucho... era una obra maestra.

  3. —¿Oíste las últimas? ¡El presidente va a visitar nuestra escuela la semana que viene!

     —Hombre, ═════ tiene que ser pura mentira. ¿Para qué vendría el presidente a nuestra escuela?

  4. —¿Qué te parece? ¿Qué camisa me va mejor: ésa que ya me probé, ═════ que tengo puesta, o ═════ que está en la vitrina? ¿O te gustó más aquella camisa que vimos en la otra tienda?

     —La verdad, te va a quedar mejor ═════. ¿Por qué no se la pides a la dependienta?

L. Contesta las siguientes preguntas usando pronombres demostrativos.

> **MODELO** ¿Cuánto cuesta ese sombrero?
> *Escribes* Ése cuesta treinta y cinco euros.

1. ¿Cuál de las dos casas piensan Uds. alquilar?
2. ¿Cuál de esos tres gatos saltó por la ventana?
3. De todos los libros míos, ¿no hay ninguno que te guste?
4. ¿Qué tal si le regalamos estos dos discos compactos?
5. Este cuento es de Quiroga. ¿Cuál es el cuento de Borges?
6. Aquellos dos perros son míos. Y el tuyo, ¿cuál es?
7. ¿Sabes quién es aquel hombre?
8. ¿Cuál de las dos llaves es la de la puerta de atrás?

M. Escribe un párrafo en el que hagas comparaciones entre tu propia ciudad o pueblo y otra que conozcas. Incluye las siguientes palabras u otras, y usa adjetivos y pronombres demostrativos. Emplea por lo menos seis formas distintas de pronombres demostrativos.

> **Palabras:** parque, calle, edificio, centro comercial, escuela, carretera, aeropuerto, etc.

> **MODELO** parque
> *Escribes* Estos parques son muy grandes, pero aquéllos son más bonitos …

■ Comparación y contraste

El complemento indirecto en español y sus equivalentes en inglés

1. En español, si se emplea una frase preposicional explicativa con el pronombre de complemento indirecto, el complemento indirecto está siempre precedido por la preposición **a**:

   Les escribí una carta a mis tíos.

   En inglés, **a** tiene por lo general el sentido de *to* o *for*:

A mí me suena bien.	*It sounds right to me.*
Les lavaron tres camisas a los niños.	*They washed three shirts for the children.*
Quiero mostrártelo a ti.	*I want to show it to you.*

2. A veces, la traducción al inglés del pronombre de complemento indirecto no es de *to* o *for*, sino de otras preposiciones que varían según el contexto:

Le quitó el hueso al perro.	*He took the bone away from the dog.*
Ya le puse sal a la comida.	*I've already put salt on the food.*

Le echaron una cobija a Pedro.	*They threw a blanket over Pedro.*
No le veo la gracia.	*I don't see what's so funny about it.*
Nos hizo una mueca.	*She made a face at us.*
Les tiene miedo a los perros.	*He is afraid of dogs.*

Práctica

A. Traduce las oraciones al inglés.

1. Nos lo está leyendo ahora.
2. Te compré este diccionario bilingüe.
3. La maestra les quitó el juguete.
4. Le puse otra mano de pintura.
5. ¿Qué le vamos a hacer?
6. Las cosas les iban muy mal.
7. Le pusieron un parche a la llanta.

B. Traduce las oraciones al español.

1. They stole the land from us.
2. They threw rice at the newlyweds.
3. It seems like a good idea to me.
4. I made the bed for you.
5. Leonardo bought a car from his uncle.
6. Carlitos isn't afraid of anyone.
7. I took a picture of them.

C. Escribe ocho oraciones con los verbos del cuadro. Emplea pronombres de complemento indirecto y frases preposicionales explicativas. Luego, traduce las oraciones al inglés.

MODELO   Le busqué un libro a Carlota. / I looked for a book for Carlota.

quitar	tirar
mostrar	explicar
pedir	cocinar
poner	comprar

Ortografía

Cuaderno de práctica, págs. 20–21

Ampliación

• La sinalefa y el enlace
  Hoja de práctica 1-E

■ Letra y sonido

El uso de las mayúsculas

Es necesario utilizar letra mayúscula...

1. Al inicio de una oración: *¿Desde cuándo recojo ajo? No sé... Como diría mi abuela: «Desde añales».*

2. Con los nombres propios de personas, animales, cosas, lugares, instituciones y entidades. Éstos incluyen apodos, seudónimos y atributos divinos:

Horacio Quiroga	*la Virgen Santísima*	*Universidad de los Andes*
Juana la Loca	*La Pinta*	*Marte*
Alfonso X	*Museo del Oro*	*La Habana*

   Aunque los nombres propios de lugar siempre se escriben con mayúscula, se tiende a escribir con minúscula los sustantivos genéricos que preceden a éstos:

río Paraná	*isla del Toro*
cerro Aconcagua	*calle Lerdo*

3. Con los nombres de cargos oficiales si se refieren a una persona determinada y no preceden al nombre propio:

   El Rey subió al trono en 1975.   *El rey Juan Carlos visitará Centroamérica.*

4. Con los tratamientos, especialmente las formas abreviadas: *Su Excelencia, Sra., Lic., Ing., Uds.*

5. Con los nombres de festividades: *Día de la Independencia, Navidad, Cinco de Mayo.*

6. Con la primera letra de los títulos de obras de arte, películas y libros; aparte de la primera letra, sólo los nombres propios se escriben con mayúscula: *La vida es sueño, Las meninas, «En la noche», La guerra de las galaxias.*

7. Con cada letra inicial de los nombres de periódicos y revistas: *La Prensa Libre, El Mercurio, Mundo Deportivo.*

8. Con las siglas de organismos, naciones, empresas o sociedades: ***UNESCO, EE.UU., AVIANCA, TVE, Industrial Herrera, S.A.***

En español se deben escribir con minúscula los nombres de los días de la semana, los meses, las estaciones del año, los idiomas, las nacionalidades, las religiones y las materias académicas. Los puntos cardinales también se escriben con minúscula, a menos que formen parte de un nombre geográfico: *mar del Norte, islas Orcadas del Sur.*

Práctica

A. Escribe las oraciones de nuevo, usando letras mayúsculas cuando sea necesario, según las reglas anteriores.

1. sor juana inés de la cruz es tal vez la primera feminista mexicana.

2. el río paraná es el segundo río más largo de américa del sur.

3. ¿tiene ud. la edición del 29 de abril del periódico el universal?

4. su alteza real visitó el museo del prado el martes pasado.

5. distinguido sr. verástegui: hemos despachado por jetex, s.a. el libro titulado *historia de un papa*.

6. estudiantes del instituto chapultepec participarán en las festividades del día de las madres.

7. ulises el pirata, el viejo marinero, vive ahora en la zona amazónica.

B. Completa las oraciones con la palabra correcta entre paréntesis, según las reglas anteriores.

1. Sor Juana Inés de la Cruz nació en (san/San) Miguel (de/De) Nepantla.

2. Fue hija de padre (vasco/Vasco) y madre (criolla/Criolla).

3. A los dieciséis años se hizo religiosa en el (convento/Convento) de (santa/Santa) Teresa la (antigua/Antigua).

4. El (obispo/Obispo) le pidió que se alejara de los libros.

5. Sor Juana Inés murió el 17 de (abril/Abril) de 1695.

6. *Yo, la (peor/Peor) de (todas/Todas)* es una película sobre su vida.

7. Algunos críticos la han bautizado «La (décima/Décima) (musa/Musa)».

■ La acentuación

El acento diacrítico

El **acento diacrítico** se refiere al acento ortográfico que se usa para distinguir dos o más palabras que suenan igual pero que tienen significados o usos distintos. Las siguientes palabras llevan acento diacrítico cuando tienen significado interrogativo o exclamativo:

como / cómo	*Como no sé* **cómo** *se hace, no lo hago.*
cual / cuál	*No sé* **cuál** *es su trabajo, lo* **cual** *me molesta.*
cuando / cuándo	*—¿***Cuándo** *vienes? —***Cuando** *pare de llover.*
cuanto / cuánto	*Te pago en* **cuanto** *sepa* **cuánto** *costó.*
donde / dónde	*—¿***Dónde** *está? —Está* **donde** *lo dejaste.*
que / qué	*¡***Qué** *vida es ésta la* **que** *tenemos!*
quien / quién	*Busco con* **quien** *jugar. No importa* **quién** *sea.*

- El uso del acento diacrítico cambia la función y el significado de las siguientes palabras:

aun (conjunción)	***Aun** los viejos amigos me han dicho eso.*
aún (adverbio)	***Aún** es invierno aunque no haga frío.*
de (preposición)	*Juan se mudó **de** Santiago a La Habana.*
dé (del verbo dar)	***Dé** un billete de diez.*
el (artículo)	***El** plato que más me gusta son los tostones.*
él (pronombre)	*Fue **él** quien preparó la cena.*
mas (conjunción)	*Tengo dulces **mas** no te los puedo dar.*
más (adverbio)	*Hace **más** calor en la costa que en las montañas.*
mi (adjetivo)	***Mi** casa estaba en una calle cerca del malecón.*
mí (pronombre)	*¿No hay ninguna carta para **mí**?*
se (pronombre)	*¿Sabes cómo **se** escribe su nombre?*
sé (del verbo ser o saber)	*No **sé** quién fue el autor de esa novela.*
si (conjunción)	***Si** quieres, te ayudo con los quehaceres.*
sí (pronombre o afirmación)	*Dije que **sí**, pero no me oyó.*
solo (adjetivo)	*Me concentro mejor cuando estoy **solo**.*
sólo (adverbio)	***Sólo** faltan dos días más.*
te (pronombre)	***Te** invito a un café, ¿te apetece?*
té (sustantivo)	*¿O prefieres tomar **té**?*
tu (adjetivo)	*Lleva **tu** paraguas, por si acaso.*
tú (pronombre)	*Y **tú**, ¿qué piensas?*

Los adjetivos demostrativos **este(a/os/as)**; **ese(a/os/as)**; **aquel(los)/aquel(las)** llevan acento diacrítico cuando funcionan como pronombres:

> *Esta casa es suya; **aquélla** es mía.*
>
> *Ésos no saben que **aquel** hombre los sigue.*

Práctica

C. Completa las oraciones con la palabra correcta entre paréntesis.

1. Crecí en el valle de Salinas, (donde/dónde) mi padre cosechaba ajo.
2. ¡(Como/Cómo) quería irme de vacaciones!
3. Mi madre dijo que podríamos ir (si/sí) trabajáramos en la cosecha.
4. Ella dijo que trabajaríamos por (solo/sólo) cinco días.
5. A (el/él) no le pareció una buena idea pero aceptó.
6. Era la última mañana, (mas/más) yo no podía levantarme.
7. Todo (mi/mí) cuerpo temblaba de dolor.

8. Yo (se/sé) que mi madre estaba decepcionada.

9. Mi padre dijo—: (Si/Sí) todos ayudamos, podemos terminar esta noche.

10. (Aun/Aún) me conmueve el acto de amor de mi padre.

D. Lee el siguiente fragmento de *Autobiografía de un esclavo*. Para cada palabra subrayada, explica por qué lleva o no acento diacrítico.

Me preguntó de <u>dónde</u> tenía <u>ese</u> dinero. <u>Mas</u>, <u>como</u> lo que yo menos apreciaba por entonces era vivir, le dije sin rodeos <u>que</u> había vendido una manilla... «Pues ahora sabrás para <u>qué</u> naciste», me dijo. «<u>Tú</u> no puedes disponer <u>de</u> nada sin <u>mi</u> consentimiento.» Fui preso al Molino. Ya era <u>ésta</u> la tercera vez.

■ La diéresis

La **u** en las sílabas **gue** y **gui** es casi siempre muda: *guerra, amargue, guitarra, erguir*. La **diéresis** son dos puntos que se colocan sobre la **u** de las sílabas **gue** y **gui** para indicar que la **u** sí se pronuncia: *bilingüe, vergüenza, güero, pingüino, güiro, argüir*.

Práctica

E. Pon la diéresis en las palabras que deben llevarla.

1. antiguo	4. guisado	7. guerrero
2. linguística	5. averigue	8. trilingue
3. nicaraguense	6. Uruguay	9. cigueña

■ Dictado

A. Vas a escuchar una serie de oraciones. Escribe lo que oyes. Presta especial atención a las conjunciones y al uso de las mayúsculas.

B. Vas a escuchar una serie de oraciones basadas en el cuento «En la noche». Escribe lo que oyes. Presta especial atención a los acentos diacríticos y a la diéresis.

Taller del escritor

Tarea
Escribe un episodio autobiográfico.

Pautas para temas
Usa estas pautas al explorar posibles temas:
- ¿Tengo un recuerdo vivo de la experiencia?
- ¿Estoy dispuesto a compartir la experiencia con otros?
- ¿De qué me sirvió la experiencia? ¿Qué he sacado en limpio de ella?

Escritura libre
Recuerdo cuando Marisol, en su fiesta de quinceañera, con su precioso vestido de satén blanco, salió a la pista de baile con papá. No me había dado cuenta de que mi hermana era ya una mujer...

LA NARRACIÓN

EPISODIO AUTOBIOGRÁFICO

Un **episodio autobiográfico** es una narración personal en la que cuentas un acontecimiento de tu propia vida y muestras el sentido que tuvo esta experiencia para ti. Escribir sobre una experiencia personal es una buena forma de descubrir algo nuevo acerca de lo que piensas y sientes.

Antes de escribir

1. Cuaderno del escritor

Para buscar ideas para tu relato, empieza por repasar las entradas de tu CUADERNO DEL ESCRITOR. ¿Te gustaría desarrollar alguno de los episodios que describes en tus notas?

2. Ordena tus ideas

Para que se te ocurran más ideas, dibuja un cuadro como el que sigue a continuación. ¿Qué asociaciones despiertan en tu mente las palabras que encabezan las columnas? (Puedes utilizar palabras distintas si quieres.)

Vacaciones	Familia	Deportes	Discusiones	Música	Ropa

3. Escritura libre

Escribe lo primero que se te ocurra sobre uno de los temas siguientes o de otro que se te ocurra. Escribe sin parar durante cinco minutos. No te preocupes de la ortografía ni de la gramática. Simplemente escribe tus ideas en el papel.

- ideales
- amistades
- situaciones embarazosas
- tareas
- lealtad
- éxito
- sorpresas
- rivalidad entre compañeros

También puedes escribir espontáneamente empleando cualquiera de estos comienzos:

- Recuerdo cuando…
- Ojalá me hubiera portado de otra manera cuando…
- Verdaderamente aprendí algo nuevo cuando…

Al acabar, vuelve a leer lo que has escrito y marca las partes que puedas desarrollar en tu relato autobiográfico.

4. Objetivo y público

Piensa en el objetivo y el público de tu episodio autobiográfico. Tu **objetivo** en este tipo de texto es compartir una experiencia y explicar qué significado tiene para ti. Concéntrate en este objetivo y describe en una o dos oraciones qué sentido tuvo el episodio para ti. Hazte estas preguntas:

- ¿Qué pensé y sentí durante la experiencia?
- ¿Cómo era yo antes de la experiencia?
- ¿Cómo he cambiado a consecuencia de la experiencia?

Tu **público** probablemente será tu profesor, tus compañeros de clase o tus familiares y amigos. Piensa en maneras de captar la atención del público y de escribir un episodio interesante. Recuerda que tu público probablemente no presenció los acontecimientos que vas a describir. Pregúntate qué tipo de contexto o antecedentes les hace falta.

5. Compilación de datos

Recoge datos para tu episodio autobiográfico. Quizá quieras colocar estos datos en un cuadro como el que sigue a continuación.

Tema de un episodio autobiográfico
Cuando estuve en la fiesta de quinceañera de Marisol, mi hermana mayor, aprendí una agridulce lección: que nuestra niñez estaba llegando a su fin.

Datos para un episodio autobiográfico

Personajes	Acontecimientos	Lugar	Pensamientos

Esquema para un episodio autobiográfico

I. Introducción
   A. Capta la atención del público.
   B. Presenta antecedentes.
II. Cuerpo
   Cuenta los acontecimientos en el orden en que sucedieron, con información sobre personas, lugares, pensamientos y emociones.
III. Conclusión
   A. Explica las consecuencias.
   B. Muestra el significado de tu experiencia.

Pautas para redactar

Cuando escribas un diálogo, asegúrate de que tenga naturalidad: que suene como habla la gente en la vida real. También usa verbos que expresen cómo habla una persona (murmuró, insistió, suspiró, vaciló, gritó, etc.).

El borrador

1. Organización

Cuando te preparas para redactar, el objetivo más importante es poner tus pensamientos por escrito. Un primer borrador es como un experimento: así descubres lo que tienes que contar sobre el tema. Escribir un borrador te da la oportunidad de organizar el material. Sigue un **esquema** como el que aparece a la izquierda.

2. Relaciona ideas

Cuenta los hechos del episodio autobiográfico en **orden cronológico,** es decir, en la secuencia en que ocurrieron. Aquí tienes algunas **palabras de enlace** que pueden ser útiles a la hora de relacionar ideas.

en primer lugar	entonces	antes
en segundo lugar	luego	mientras
al ( ) siguiente	al fin	al mismo tiempo
cuando	más tarde	tanto
de repente	ya	después

Presta especial atención al uso de los **tiempos verbales.** Usa los tiempos de manera lógica y consistente.

3. El desarrollo

Trata de describir a las personas, los lugares y los hechos de tu relato tan gráficamente como puedas. Recuerda que la autobiografía se vale a menudo de las técnicas del cuento y la poesía: por ejemplo, diálogo e imágenes sensoriales.

Trata de recordar las palabras exactas de las personas que protagonizaron el episodio autobiográfico, y cita esas palabras directamente en forma de **diálogo.**

Tu experiencia será vívida y gráfica para tus lectores si incluyes **imágenes** concretas basadas en los cinco **sentidos:** vista, oído, gusto, olfato y tacto.

Evaluación y revisión

1. Respuestas entre compañeros

Reúnete con un pequeño grupo de compañeros de clase para leer por turnos los borradores en voz alta. Después de cada lectura, los miembros del grupo deben completar al menos una de las oraciones que aparecen en la siguiente página a la derecha.

Escucha las preguntas y los comentarios del grupo y toma notas de cosas que te gustaría modificar o añadir a tu trabajo.

2. Autoevaluación

Usa las siguientes sugerencias para revisar tu texto. Puedes añadir, borrar o reorganizar cosas. Haz también otros cambios necesarios en la expresión o el orden de las palabras.

Pautas de evaluación

1. ¿Capto el interés del lector desde el principio?

2. ¿Está claro el contexto?

3. ¿He contado lo que pasó en orden cronológico?

4. ¿He incluido detalles vívidos, que den a lugares, personas y acontecimientos un aspecto verídico?

5. ¿He incluido mis propios pensamientos y emociones?

6. ¿Quedan claras las consecuencias y la importancia del episodio?

Técnicas de revisión

1. Empieza con una afirmación o una cita sorprendente.

2. Añade los hechos necesarios.

3. Reorganiza los acontecimientos en orden.

4. Añade imágenes sensoriales basadas en la vista, el oído, el gusto, el olfato y el tacto.

5. Añade detalles concretos acerca de tus reacciones.

6. Revisa la conclusión para hacerla más concreta y personal.

Así se dice

Para evaluar un trabajo escrito

Lo que más me gustó del episodio fue...

Me gustaría saber más de...

Una parte que no comprendí claramente fue...

Creo que la parte más importante fue...

¿Cómo te sentiste cuando...?

Compara los siguientes modelos:

MODELOS

Borrador 1

Mi hermana mayor se llama Marisol. Nunca olvidaré el día de su hermosa fiesta de quinceañera el pasado mes de mayo. Todo el mundo esperaba con anticipación la fiesta de Marisol. Para su fiesta, una chica escoge un grupo de acompañantes que se llama «la corte de honor».

Evaluación: Este párrafo presenta muchos hechos pero muy pocas imágenes.

Borrador 2

«¡Rosa, tú serás la dama más linda de mi corte de honor!»

Así fue como Marisol, mi hermana mayor, empezó a planear su fiesta de quinceañera conmigo, seis meses antes del pasado mes de mayo. Siempre recordaré el día en que mi hermana mayor se convirtió en una mujer. Ser una de sus acompañantes era como ver bajar el telón sobre nuestra niñez.

Evaluación: Mejor. El autor nos introduce en la escena con un fragmento de diálogo. Prosigue su relato, compartiendo con nosotros su experiencia de ese acontecimiento tan importante.

Corrección de pruebas

Intercambia trabajos con un(a) compañero(a) de clase y revisen cuidadosamente sus episodios autobiográficos. Señalen cualquier error gramatical, de ortografía y puntuación que encuentren.

Publicación

He aquí algunas de las posibles maneras de publicar o dar a conocer tu episodio autobiográfico:

- Usa tu texto como punto de partida de un guión teatral para estudiantes más jóvenes.

- Lee tu relato en voz alta delante de familiares y amigos.

- Acompaña tu episodio con dibujos o fotografías y comienza un álbum de recuerdos.

Reflexión

Reflexiona sobre tu experiencia al escribir un episodio autobiográfico. Te sería útil usar las guías para reflexionar que aparecen a la izquierda.

Así se dice

Para reflexionar sobre un trabajo escrito

Lo que más me ayudó a encontrar un tema fue... porque...

Si fuese a cambiar algo en mi relato de este episodio, sería... porque...

El escribir y revisar este trabajo me demostró que soy bueno para... pero debo mejorar en...

A ver si puedo...

A. Contesta las siguientes preguntas.

1. ¿Qué es un relato autobiográfico? ¿Qué elementos lo definen?
2. ¿Cómo se distingue un cuento de un episodio autobiográfico?

B. Las siguientes oraciones se encuentran en lecturas de esta colección. Utilizando las pistas del contexto, adivina el significado de las palabras subrayadas.

1. Rosa me instaba a que no dejases de recordarle a mi señora cada vez que pudiese...
2. No llegué a la noche sin desgarrar muchos esputos de sangre.
3. ...en razón de que mi canoa medía 60 centímetros de ancho, pesaba 30 kilos y tenía tan sólo dos milímetros de espesor...
4. ...pues nada hay comparable al atroz dolor que ocasiona la picadura de una raya...
5. ...vi una profunda cicatriz, cruzada como un mapa de costurones duros y plateados...

C. Explica la importancia de las siguientes personas, eventos y fechas en la historia y cultura de Cuba.

1. el siglo XIX
2. 1886
3. 1902
4. Fulgencio Batista
5. la Revolución de 1959
6. Fidel Castro

D. Usa las siguientes palabras de las lecturas para escribir un relato corto sobre una situación difícil que tú o alguien que conozcas haya tenido que afrontar. Escoge tres palabras de cada lectura.
Autobiografía de un esclavo: encomendarse, incesante, afligir, embotado, desistir
«En la noche»: pesadilla, aliciente, aferrado, implacable
«Trabajo de campo»: recompensa, rendirse, desalentador, valer la pena

E. Escribe una frase o expresión formal e informal para cada una de las siguientes ocasiones.

MODELO para pedir un favor
Escribes ¿Sería Ud. tan amable de ayudarme...?(formal)
Échame una mano. (informal)

1. para saludar
2. para despedirte
3. para hacer una invitación
4. para dar las gracias
5. para quejarte de algo
6. para pedir permiso

F. Vuelve a escribir el párrafo, eliminando los sustantivos que sobran y usando pronombres en su lugar.

Rosa es muy alta y es jugadora profesional de baloncesto. Conocí a Rosa hace un año y le pedí que me firmara un balón. Ahora guardo el balón en la sala junto a los trofeos de mi mamá. Mi mamá ganó los trofeos por ser muy buena jugadora de baloncesto. Mi mamá jugaba con sus amigos. Yo conocí a sus amigos y fui a ver a sus amigos una vez en un partido. Su equipo ganó cinco campeonatos. Mi mamá me enseñó a jugar al baloncesto, así que he practicado el baloncesto toda mi vida. Mi mamá y yo somos muy parecidas. Ojalá que algún día mi equipo de baloncesto del colegio logre el campeonato también. Si gano un trofeo quiero regalar el trofeo a mi mamá.

G. Vuelve a escribir las oraciones, usando letras mayúsculas cuando sea necesario.

1. maricarmen e isabel son cubanas. las dos provienen de la habana.
2. vinieron a méxico para trabajar. al llegar se enteraron de que ochocientos trabajadores estaban en huelga porque la empresa, pemex, quería que trabajaran los sábados y durante la navidad.
3. ¿y María? creo que salió para los países bajos. va a estudiar holandés en la universidad de leiden.

H. Vuelve a escribir el siguiente párrafo en una hoja aparte, poniendo el acento diacrítico en las palabras que lo necesiten.

¿Cuanta fatalidad rodeó a Quiroga? Te diré. Cuando este tenía dos meses, su padre muere accidentalmente. Luego su padrastro se suicida, lo mismo que un amigo y su primera esposa, de la cual no se gran cosa. Seguramente piensas: «Que horror», pero aun hay mas. Quiroga se suicida en 1937 y sus dos hijos lo hacen también —no me acuerdo como—al igual que quien sabe cuantos otros conocidos.

I. Tu hermana menor tiene que escribir un episodio autobiográfico para su clase de español y te pide ayuda. Contesta sus preguntas.

1. ¿Cómo decido qué acontecimiento voy a contar?
2. ¿Cómo debo desarrollar el episodio para que sea interesante?

Vocabulario esencial

Ampliación

• Vocabulario adicional
Colección 1

Autobiografía de un esclavo pág. 4

afligir *v.*
andrajoso, -sa *adj.*
asearse *v.*
atinar *v.*
consentimiento *m.*
cundir *v.*
declive *m.*
diligencia *f.*
embotar *v.*

encomendarse *v.*
fuga *f.*
halagüeño, -ña *adj.*
heredero, -ra *m.* y *f.*
hurto *m.*
impertinente *adj.*
incesante *adj.*
inclinación *f.*
instar *v.*

inutilizarse *v.*
lío *m.*
manillón *m.*
muda *f.*
postrarse *v.*
premeditado, -da *adj.*
prenda *f.*
sosegar *v.*
súbito, -ta *adj.*

«En la noche» pág. 22

abolir *v.*
adyacente *adj.*
aferrado, -da *adj.*
aguijón *m.*
aliciente *m.*
arrobado, -da *adj.*
atracar *v.*
bramido *m.*
cenit *m.*

diseminado, -da *adj.*
exasperar *v.*
extenuación *f.*
implacable *adj.*
lucrativo, -va *adj.*
mutismo *m.*
perpendicularmente *adv.*
pesadilla *f.*
popa *f.*

prescindir *v.*
pulcro, -cra *adj.*
raya *f.*
remontar *v.*
ribereño, -ña *adj.*
tendón de Aquiles *m.*
tregua *f.*

«Trabajo de campo» pág. 33

arrimar *v.*
capataz *m.*
ceñirse *v.*
chapado, -da
   a la antigua *adj.*
costear *v.*

desalentador, -ra *adj.*
encogerse *v.*
gesticular *v.*
incapaz *adj.*
mediar *v.*
merecer la pena *v.*

nitidez *f.*
plazo *m.*
recompensa *f.*
rendirse *v.*
restregarse *v.*
surco *m.*

■ Mejora tu vocabulario pág. 49

acercarse *v.*
angustiarse *v.*
chamba *f.*
como le convenga *adv.*
complacerse *v.*
darle vuelcos el corazón *v.*

dejar en paz *v.*
endiablado, -da *adj.*
flacuchento, -ta *adj.*
hacérsele un nudo en
   la garganta *v.*
impregnar *v.*

mortificar *v.*
poner los pelos de punta *v.*
tragarse el disgusto *v.*

Enlaces literarios

La prosa didáctica medieval

El autor en su contexto

Don Juan Manuel (1282–¿1349?), sobrino del rey Alfonso X el Sabio de Castilla, fue uno de los señores feudales más poderosos de su época y, con Chaucer y Boccaccio, uno de los prosistas más representativos de la Edad Media. Guerrero, político y escritor, don Juan Manuel dio expresión en sus obras al ideal caballeresco de la nobleza y a los problemas prácticos y morales que presentaba la vida política. Se le reconoce también por su atención al estilo narrativo y por haber elevado la ficción en prosa en España al nivel de un arte. Su obra más famosa, precursora de la novela europea, es *El libro de los exemplos del conde Lucanor* (o *El Libro de Patronio*).

Biblioteca Nazionale Firenze/Art Resource, NY

Iluminación de *Las Cantigas de Alfonso el Sabio.* Siglo XIII.

La obra

El conde Lucanor consta de unos cincuenta cuentos breves o *ejemplos* que presentan la estructura llamada *marco expositivo*. Cada vez que el conde Lucanor tiene un problema, le presenta el caso a su criado y consejero Patronio, quien le cuenta una historia didáctica para ayudarle a tomar una decisión. Al final del ejemplo, un par de versos sencillos resume la moraleja. Por medio de estos relatos, cuyas fuentes incluyen las tradiciones esópica[1] y árabe, don Juan Manuel explora

diversos problemas—las relaciones entre marido y mujer, ricos y pobres, señores y siervos, astutos e inocentes. A través de anécdotas entretenidas, el autor examina la psicología humana, describiendo una gran variedad de virtudes y vicios, tales como la generosidad, la vanidad, la avaricia y la hipocresía. *El conde Lucanor* proporciona al lector un retrato amplio y detallado de la sociedad de su época, así como un resumen de la filosofía moral medieval. «Lo que sucedió a un mozo que casó con una muchacha de muy mal carácter» reúne tanto lo didáctico como lo divertido, los dos elementos más característicos de la obra de don Juan Manuel.

---

1. esópica, -o: relativo a Esopo, fabulista griego al que se le atribuye una renombrada colección de fábulas.

Lo que sucedió a un mozo que casó con una muchacha de muy mal carácter

El conde Lucanor

Otra vez, hablando el conde Lucanor con Patronio, su consejero, díjole así:

—Patronio, uno de mis deudos[1] me ha dicho que le están tratando de casar con una mujer muy rica y más noble que él, y que este casamiento le convendría[2] mucho si no fuera porque le aseguran que es la mujer de peor carácter que hay en el mundo. Os ruego que me digáis si he de aconsejarle que se case con ella, conociendo su genio,[3] o si habré de aconsejarle que no lo haga.

—Señor conde—respondió Patronio—, si él es capaz de hacer lo que hizo un mancebo[4] moro,[5] aconsejadle que se case con ella; si no lo es, no se lo aconsejéis.

El conde le rogó que le refiriera qué había hecho aquel moro.

Patronio le dijo que en un pueblo había un hombre honrado[6] que tenía un hijo que era muy bueno, pero que no tenía dinero para vivir como deseaba. Por ello andaba el mancebo muy preocupado, pues tenía el querer, pero no el poder.

En aquel mismo pueblo había otro vecino más importante y rico que su padre, que tenía una sola hija, que era muy contraria del mozo, pues todo lo que éste tenía de buen carácter, lo tenía ella de malo, por lo que nadie quería casarse con aquel

demonio. Aquel mozo tan bueno vino un día a su padre y le dijo que bien sabía que él no era tan rico que pudiera dejarle con qué vivir decentemente, y que, pues tenía que pasar miserias o irse de allí, había pensado, con su beneplácito,[7] buscarse algún partido con que poder salir de pobreza. El padre le respondió que le agradaría[8] mucho que pudiera hallar algún partido que le

7. **beneplácito:** permiso.
8. **agradaría:** complacería, gustaría.

Nobles de Perpiñán rindiendo homenaje al conde de Barcelona (1172). Iluminación catalana.

The Granger Collection, New York

1. **deudos:** parientes, miembros de la familia.
2. **convendría:** sería conveniente o útil.
3. **genio:** disposición, estado de ánimo habitual.
4. **mancebo:** joven soltero.
5. **moro:** de ascendencia árabe, que profesa la religión islámica.
6. **honrado:** de buena reputación.

conviniera. Entonces le dijo el mancebo que, si él quería, podría pedirle a aquel honrado vecino su hija. Cuando el padre lo oyó se asombró mucho y le preguntó que cómo se le había ocurrido una cosa así, que no había nadie que la conociera que, por pobre que fuese, se quisiera casar con ella. Pidióle el hijo, como un favor, que le tratara aquel casamiento. Tanto le rogó que, aunque el padre lo encontraba muy raro, le dijo lo haría.

Fuese en seguida a ver a su vecino, que era muy amigo suyo, y le dijo lo que el mancebo le había pedido, y le rogó que, pues se atrevía[9] a casar con su hija, accediera[10] a ello. Cuando el otro oyó la petición le contestó diciéndole:

9. **se atrevía:** se determinaba a hacer algo arriesgado.
10. **accediera:** consintiera en lo que quiere otra persona.

Una cena de enero: iluminación de un libro de horas flamenco (1515).

The Granger Collection, New York

—Por Dios, amigo, que si yo hiciera esto os haría a vos muy flaco servicio, pues vos tenéis un hijo muy bueno y yo cometería una maldad muy grande si permitiera su desgracia o su muerte, pues estoy seguro que si se casa con mi hija, ésta le matará o le hará pasar una vida mucho peor que la muerte. Y no creáis que os digo esto por desairaros,[11] pues, si os empeñáis,[12] yo tendré mucho gusto en darla a vuestro hijo o a cualquier otro que la saque de casa. El padre del mancebo le dijo que le agradecía[13] mucho lo que le decía y que, pues su hijo quería casarse con ella, le tomaba la palabra.

Se celebró la boda y llevaron a la novia a casa del marido. Los moros tienen la costumbre de prepararles la cena a los novios, ponerles la mesa y dejarlos solos en su casa hasta el día siguiente. Así lo hicieron, pero estaban los padres y parientes de los novios con mucho miedo, temiendo que al otro día le encontrarían a él muerto o malherido. En cuanto se quedaron solos en su casa se sentaron a la mesa, mas antes que ella abriera la boca miró el novio alrededor de sí, vio un perro y le dijo muy airadamente:[14]

—¡Perro, danos agua a las manos!

El perro no lo hizo. El mancebo comenzó a enfadarse[15] y a decirle aún con más enojo que les diese agua a las manos. El perro no lo hizo. Al ver el mancebo que no lo hacía, se levantó de la mesa muy enfadado, sacó la espada y se dirigió al perro. Cuando el perro le vio venir empezó a huir y el mozo a perseguirle, saltando ambos sobre los muebles y el fuego, hasta que lo alcanzó y le cortó la cabeza y las patas y lo hizo pedazos, ensangrentando[16] toda la casa. Muy

11. **desairaros:** humillaros, desestimaros.
12. **os empeñáis:** insistís con tesón.
13. **agradecía:** daba las gracias.
14. **airadamente:** con enojo.
15. **enfadarse:** enojarse.
16. **ensangrentando:** manchando de sangre.

enojado y lleno de sangre se volvió a sentar y miró alrededor. Vio entonces un gato, al cual le dijo que les diese agua a las manos. Como no lo hizo, volvió a decirle:

—¿Cómo, traidor,[17] no has visto lo que hice con el perro porque no quiso obedecerme? Te aseguro que, si un poco o más conmigo porfías,[18] lo mismo haré contigo que hice con el perro. El gato no lo hizo, pues tiene tan poca costumbre de dar agua a las manos como el perro. Viendo que no lo hacía, se levantó el mancebo, lo cogió por las patas, dio con él en la pared y lo hizo pedazos con mucha más rabia que al perro. Muy indignado y con la faz torva[19] se volvió a la mesa y miró a todas partes. La mujer, que le veía hacer esto, creía que estaba loco y no le decía nada.

Cuando hubo mirado por todas partes vio un caballo que tenía su casa, que era el único que poseía, y le dijo lleno de furor que les diese agua a las manos. El caballo no lo hizo. Al ver el mancebo que no lo hacía, le dijo al caballo:

—¿Cómo, don caballo? ¿Pensáis que porque no tengo otro caballo os dejaré hacer lo que queráis? Desengañaos,[20] que si por vuestra mala ventura no hacéis lo que os mando, juro a Dios que os he de dar tan mala muerte como a los otros; y no hay en el mundo nadie que a mí me desobedezca con el que yo no haga otro tanto.

El caballo se quedó quieto. Cuando vio el mancebo que no le obedecía, se fue a él y le cortó la cabeza y lo hizo pedazos. Al ver la mujer que mataba el caballo, aunque no tenía otro, y que decía que lo mismo haría con todo el que le desobedeciera, comprendió que no era una broma, y le entró tanto miedo que ya no sabía si estaba muerta o viva.

Bravo, furioso y ensangrentado se volvió el marido a la mesa, jurando que si hubiera en casa más caballos, hombres o mujeres que le desobedecieran, los mataría a todos. Se sentó y miró a todas partes, teniendo la espada llena de sangre entre las rodillas. Cuando hubo mirado a un lado y a otro sin ver a ninguna otra criatura viviente, volvió los ojos muy airadamente hacia su mujer y le dijo con furia, la espada en la mano:

—Levántate y dame agua a las manos.

La mujer, que esperaba de un momento a otro ser despedazada,[21] se levantó muy de prisa y le dio agua a las manos. Díjole el marido:

—¡Ah, cómo agradezco a Dios el que hayas hecho lo que te mandé! Si no, por el enojo que me han causado esos majaderos,[22] hubiera hecho contigo lo mismo.

Después le mandó que le diese de comer. Hízolo la mujer. Cada vez que le mandaba una cosa, lo hacía con tanto enfado y tal tono de voz que ella creía que su cabeza andaba por el suelo. Así pasaron la noche los dos, sin hablar la mujer, pero haciendo siempre lo que él mandaba. Se pusieron a dormir y, cuando ya habían dormido un rato, le dijo el mancebo:

—Con la ira que tengo no he podido dormir bien esta noche; ten cuidado de que no me despierte nadie mañana y de prepararme un buen desayuno.

A media mañana los padres y parientes de los dos fueron a la casa, y, al no oír a nadie, temieron que el novio estuviera muerto o herido.[23] Viendo por entre las puertas a ella y no a él, se alarmaron más. Pero cuando la novia les vio a la puerta se les acercó silenciosamente y les dijo con mucho miedo:

17. traidor: persona que comete un delito que quebranta la fidelidad o lealtad.
18. porfías: insistes en, discutes, te obstinas.
19. faz torva: cara que se ve fiera o airada.
20. desengañaos: reconoced la ilusión o el engaño.

21. despedazada: hecha pedazos.
22. majaderos: necios, obstinados.
23. herido: sangriento, lastimado.

—Pillos, granujas,[24] ¿qué hacéis ahí? ¿Cómo os atrevéis a llegar a esta puerta ni a rechistar[25]? Callad, que si no, todos seremos muertos.

Cuando oyeron esto se llenaron de asombro. Al enterarse de cómo habían pasado la noche, estimaron en mucho al mancebo, que sí había sabido, desde el principio, gobernar su casa. Desde aquel día en adelante fue la muchacha muy obediente y vivieron juntos con mucha paz. A los pocos días el suegro quiso hacer lo mismo que el yerno y mató un gallo que no obedecía. Su mujer le dijo:

—La verdad, don Fulano, que te has acordado tarde, pues ya de nada te valdrá[26] matar cien caballos; antes tendrías que haber empezado, que ahora te conozco.

—Vos, señor conde, si ese deudo vuestro quiere casarse con esa mujer y es capaz de hacer lo que hizo este mancebo, aconsejadle que se case, que él sabrá cómo gobernar su casa, pero si no fuere[27] capaz de hacerlo, dejadle que sufra su pobreza sin querer salir de ella. Y aun os aconsejo que a todos los que hubieren de tratar con[28] vos les deis a entender desde el principio cómo han de portarse.[29]

El conde tuvo este consejo por bueno, obró según él y le salió muy bien. Como don Juan vio que este cuento era bueno, lo hizo escribir en este libro y compuso unos versos que dicen así:

Si al principio no te
muestras cómo eres,
no podrás hacerlo
cuando tú quisieres.

---

24. **pillos, granujas:** personas traviesas.
25. **rechistar:** protestar, hacer ademán de hablar.
26. **valdrá:** servirá, beneficiará.

27. **fuere:** forma antigua del verbo *ser;* es.
28. **tratar con:** relacionarse, comunicar.
29. **portarse:** actuar de cierta manera.

Offering of the Heart (Ofrenda de amor). Tapiz.

Musee de Cluny, Paris, France/Superstock

■ Actividades

Comprensión del texto

1. ¿Qué función en el cuento sirven los personajes del conde Lucanor y Patronio?

2. ¿Por qué el padre de la muchacha no quería casarla con el buen mozo?

3. ¿Por qué se casó el mozo con la muchacha? ¿Qué hizo para que su mujer lo obedeciera?

4. ¿Por qué estaban tan preocupados los parientes de los novios?

5. ¿Qué función tienen los dos versos al final del cuento? ¿Por qué son tan breves?

Análisis del texto

1. ¿Cuál es la estructura del ejemplo? Si conoces los *Canterbury Tales* o *Las mil y una noches,* compáralos con el formato de *El conde Lucanor.* ¿Por qué escoge don Juan Manuel esta estructura?

2. ¿Qué importancia tienen las clases sociales en este cuento?

3. ¿Qué hay de particular en la relación entre Patronio, un «simple» criado, y el conde Lucanor, un hombre noble e importante?

4. ¿Qué le demuestra al lector la breve escena entre el suegro y su mujer? ¿Cómo se desarrolla este paralelismo? ¿Qué resultados se dan y con qué efecto?

5. El narrador Patronio insiste en que el mozo era «bueno» y que la muchacha era un «demonio». ¿Estás de acuerdo con estas denominaciones? ¿Por qué sí o no?

Más allá del texto

1. Describe la moraleja de este cuento en un lenguaje moderno. ¿Hay un dicho parecido en inglés?

2. Hay una obra dramática de Shakespeare que tiene una trama parecida a la de este cuento. ¿Cuál es y en qué se diferencian las dos obras?

3. Escribe una versión moderna de ocho a diez oraciones de este cuento conservando la misma moraleja.

Lazos de amistad
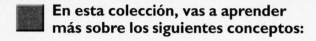

En esta colección, vas a aprender más sobre los siguientes conceptos:

Lectura

Elementos de literatura: Cuentos: Argumento, caracterización y ambiente
Estrategias para leer: Hacer deducciones

Cultura

Cultura y lengua: Los mexicoamericanos
Panorama cultural: ¿Alguna vez has hecho, o sabes de alguien que haya hecho, un acto de generosidad anónimo?
Comunidad y oficio: El español en los servicios de auxilio

Comunicación

Así se dice: Para relacionar el aspecto físico con la personalidad; para presentar y apoyar una opinión; para redactar una carta de disculpa; para evaluar un trabajo escrito; para reflexionar sobre un trabajo escrito
Vocabulario: Anglicismos: préstamos, calcos y cognados falsos
Gramática: El adjetivo; el adverbio; el comparativo
Comparación y contraste: Los diminutivos y aumentativos en español y sus equivalentes en inglés

Escritura

Ortografía: Los sonidos /r/ y /rr/; el sonido /y/; las palabras agudas, llanas, esdrújulas y sobresdrújulas
Taller del escritor: Semblanza

internet

MARCAR: go.hrw.com
PALABRA CLAVE:
 WN3 AMISTAD

The Museum of Modern Art, New York. Gift of Nelson A. Rockefeller.
Photograph © 1997 The Museum of Modern Art, New York.
© 1997 Artists Rights Society (ARS). New York/ADAGP, Paris.

Hirondelle/Amour (invierno 1933–34) de Joan Miró. Óleo sobre lienzo (6' 6½" x 8' ½"; 199.3 x 247.6 cm).

ANTES DE LEER
Cadena rota

Punto de partida

¿Se le romperá el corazón a Alfonso?

En «Cadena rota», Gary Soto escribe sobre un niño que quiere ser una persona diferente: más guapo, más atlético, más inteligente. Nadie es perfecto, pero todos sabemos que siempre hay algo que admirar en cada persona. Cuando Alfonso conoce a alguien que lo aprecia por lo que es, descubre algo importante sobre sí mismo y el significado de la amistad.

Comparte tus ideas

Dibuja una constelación con un(a) compañero(a). En el centro del diagrama debe haber un círculo. Escriban dentro del círculo «Un verdadero amigo es alguien que...». Desde ese círculo central tracen varias líneas que conecten con otros círculos en blanco. En los círculos en blanco, completen la oración de diferentes maneras. Después de terminar, comparen su constelación con las de otros grupos.

me aprecie por lo que soy

Un verdadero amigo es alguien que...

Diálogo con el texto

Cuando leas, toma notas sobre el carácter de Alfonso. ¿Qué detalles lo caracterizan como un adolescente típico?

DIARIO DEL LECTOR

Elementos de literatura

Figuras retóricas

¿Habías pensado alguna vez que los dientes pueden parecer una pila de coches estrellados? Esta comparación es una **figura retórica**. Hay distintos tipos de figuras retóricas, como el **símil,** la **metáfora** y la **personificación.**

Cuando leas «Cadena rota» y el poema «Naranjas», presta mucha atención a la forma en que se describe a la gente y los objetos. Reflexiona en cómo las figuras retóricas consiguen pintar un retrato vívido de lo que se describe.

> Una **figura retórica** es un recurso expresivo que hace un uso especial del lenguaje.
>
> *Para saber más sobre figuras retóricas,* ver el GLOSARIO DE TÉRMINOS LITERARIOS.

Cadena rota

Gary Soto

Alfonso estaba sentado en el pórtico tratando de empujar sus dientes chuecos hacia la posición en la que creía que debían estar. Odiaba su aspecto. La semana anterior había hecho cincuenta sentadillas[1] diarias, con la idea de que las ondulaciones[2] ya evidentes en su estómago se convirtieran en ondulaciones aun más marcadas, para que al verano siguiente, cuando fuera a nadar al canal, las muchachas vestidas con pantalones cortos se fijaran en él. Quería «incisiones» como las que había visto en un calendario de un guerrero azteca[3] de pie sobre una pirámide con una mujer en sus brazos. (Aun ella tenía unas incisiones que podían verse por debajo de su vestido transparente.) El calendario estaba colgado encima de la caja registradora de «La Plaza». Orsúa, el dueño, dijo que Alfonso podía quedarse con el calendario al final del año si la mesera, Yolanda, no se lo llevaba antes.

Alfonso estudiaba las fotos de estrellas de rock de las revistas porque quería encontrar un peinado. Le gustaba cómo lucían Prince[4] y el bajista de «Los Lobos».[5] Alfonso pensaba que se vería muy bien con el pelo rasurado en forma de V por atrás y con rayos morados. Pero sabía que su madre no lo aceptaría. Y su padre, que era un mexicano puro, se apoltronaría[6] en su silla después del trabajo, malhumorado como un sapo, y le diría «estás chiflado».

Alfonso no se atrevía a teñirse el pelo. Pero un día se había mochado la parte de arriba, como en las revistas. Esa

1. **sentadillas:** ejercicio físico que sirve para desarrollar los músculos abdominales.
2. **ondulaciones:** ondas musculares del abdomen.
3. **azteca:** perteneciente a la civilización indígena que habitaba lo que es hoy la Ciudad de México.
4. **Prince:** cantante estadounidense de música pop.
5. **Los Lobos:** conjunto chicano que toca música «Tex-Mex».
6. **se apoltronaría:** se sentaría cómodamente.

noche su padre había regresado a casa después de un juego de sóftbol, contento porque su equipo había bateado cuatro jonrones en un juego victorioso de trece a cinco contra los Azulejos Colorados. Entró con paso orondo a la sala, pero se quedó helado cuando vio a Alfonso, y le preguntó, no en broma sino realmente preocupado:

—¿Te lastimaste la cabeza en la escuela? ¿Qué pasó?

Alfonso <u>fingió</u> no escuchar a su padre y se fue a su cuarto, donde examinó su pelo en el espejo desde todos los ángulos. Quedó satisfecho con lo que vio, pero cuando sonrió se dio cuenta por primera vez de que tenía los dientes chuecos, como una pila de coches estrellados. Se deprimió y se alejó del espejo. Se sentó en su cama y hojeó una revista de rock hasta que encontró a la estrella de rock del pelo mochado. Tenía la boca cerrada, pero Alfonso estaba seguro de que no tenía los dientes chuecos.

Alfonso no quería ser el chavo más guapo de la escuela, pero estaba decidido a ser más apuesto que el promedio.[7] Al día siguiente gastó en una camisa nueva el dinero que había ganado cortando céspedes, y con su cortaplumas extrajo las briznas de tierra que había bajo sus uñas.

Se pasaba horas delante del espejo tratando de reacomodarse los dientes con el pulgar. Le preguntó a su madre si podían ponerle frenos, como a Pancho Molina, su ahijado, pero hizo la pregunta en un momento poco oportuno. Ella estaba sentada a la mesa de la cocina lamiendo el sobre que contenía el alquiler de la casa. Miró a Alfonso con ira.

—¿Crees que el dinero cae del cielo?

Su madre recortaba los anuncios de ofertas que aparecían en las revistas y en los periódicos, cultivaba un huerto de legumbres los veranos y hacía sus compras en almacenes de descuento. Su familia comía muchos frijoles, lo cual no era malo pues sabían muy bien, aunque en una ocasión Alfonso había probado los ravioles chinos al vapor y le habían parecido la mejor comida del mundo después de los frijoles.

No volvió a pedirle frenos a su madre, aunque la encontrara de mejor humor. Decidió enderezarse los dientes con la presión de sus pulgares. Ese sábado, después del desayuno se fue a su cuarto, cerró la puerta sin hacer ruido, encendió el radio y durante tres horas seguidas presionó sus dientes.

Presionaba durante diez minutos y luego descansaba cinco minutos. Cada media hora, cuando había anuncios en el radio, verificaba si su sonrisa había mejorado. Y no era así.

Al cabo de un rato se aburrió y salió de la casa con un viejo calcetín de deportes para limpiar su bicicleta, un aparato de diez velocidades comprado en uno de los grandes almacenes. Sus pulgares estaban cansados, arrugados y rosados, tal como se ponían cuando pasaba demasiado tiempo en la bañera.

Ernesto, el hermano mayor de Alfonso, apareció en *su* bicicleta; se le veía deprimido. Recargó la bicicleta contra un duraznero y se sentó en la escalera de la parte posterior de la casa. Bajó la cabeza y pisoteó las hormigas que se acercaban demasiado a él.

Alfonso sabía bien que era mejor no decir nada cuando Ernesto tenía cara de enojado. Volteó su bicicleta, para que quedara balanceada sobre el manubrio y el asiento, y talló los rayos de las ruedas con el calcetín. Una vez que terminó, presionó sus dientes con los nudillos hasta que sintió un cosquilleo.

Ernesto gruñó y dijo:

—Ay, mano.

Alfonso esperó unos cuantos minutos antes de preguntar:

—¿Qué pasa?

---

7. **más apuesto que el promedio:** de mejor apariencia que lo común.

ADUÉÑATE DE ESTAS PALABRAS

fingió, de **fingir** v.: aparentar, simular, hacer creer.

Fingió no interesarse demasiado. Tomó una fibra de acero y siguió limpiando los rayos.

Ernesto <u>titubeó</u>, pues temía que Alfonso se riera. Pero no pudo aguantarse.

—Las muchachas nunca llegaron. Y más vale que no te rías.

—¿Cuáles muchachas?

Alfonso recordó que su hermano había estado presumiendo que Pablo y él habían conocido a dos muchachas de la secundaria Kings Canyon la semana pasada, durante la fiesta del Día de los Muertos. Iban vestidas de gitanas, el disfraz que siempre usaban las chicanas[8] pobres, pues lo único que hacían era pedirles prestados el lápiz de labios y las pañoletas a sus abuelitas.

Alfonso se acercó a su hermano. Comparó las dos bicicletas: la suya brillaba como un manojo de monedas de plata, mientras que la de Ernesto se veía sucia.

—Nos dijeron que las esperáramos en la esquina. Pero nunca llegaron. Pablo y yo esperamos y esperamos como burros. Nos hicieron una mala jugada.

A Alfonso le pareció una broma pesada, pero también medio chistosa. Algún día tendría que intentar algo así.

—¿Eran bonitas?

—Sí, supongo.

—¿Crees que podrías reconocerlas?

—Si tuvieran los labios pintados de rojo, creo que sí.

Alfonso y su hermano se quedaron sentados en silencio. Ambos aplastaron hormigas con sus Adidas. Las muchachas podían ser muy raras, sobre todo las que uno conocía el Día de los Muertos.

Unas horas después, Alfonso estaba sentado en el pórtico presionando sus dientes. Presionaba y se relajaba; presionaba y se relajaba. Su radio portátil estaba encendido, pero no lo suficientemente fuerte como para que el señor Rojas bajara las escaleras y lo amenazara agitando su bastón.

8. **chicanas:** estadounidenses de origen mexicano.

El padre de Alfonso se aproximó en su coche. Por la manera en que iba sentado en su camioneta —una Datsun con la defensa delantera pintada de distintos colores— Alfonso se dio cuenta de que el equipo de su padre había perdido el partido de softbol. Se retiró del pórtico con rapidez, pues sabía que su padre estaría de mal humor. Se fue al patio trasero; desencadenó su bicicleta, se sentó en ella, con el pedal pegado al piso, y siguió presionando sobre sus dientes. Se golpeó el estómago y gruñó: «Incisiones». Luego se tocó el pelo mochado y murmuró: «Suave».

Un rato después Alfonso subió por la calle en su bicicleta, con las manos en los bolsillos, rumbo a la heladería Foster. Un perro chihuahueño, parecido a una rata, lo correteó. En su vieja escuela, la primaria John Burroughs, se encontró con un muchacho colgado cabeza abajo de una reja de alambre de púas; abajo, una muchacha lo miraba. Alfonso frenó y ayudó al muchacho a desatorar sus pantalones del alambre de púas. El muchacho estaba agradecido. Temía quedarse colgado toda la noche. Su hermana, de la misma edad que Alfonso, también estaba agradecida. Si hubiera tenido que ir a casa y decirle a su madre que Pancho estaba atorado en una reja, la habrían regañado.

—Gracias —dijo—. ¿Cómo te llamas?

Alfonso la recordaba de su escuela, y notó que era bastante bonita, con una cola de caballo y los dientes derechos.

—Alfonso, vas a mi escuela, ¿verdad?

—Sí. Ya te había visto por ahí. ¿Vives cerca?

—Allá, en Madison.

—Mi tío vivía antes en esa calle, pero se mudó a Stockton.

—Stockton está cerca de Sacramento, ¿no?

—¿Has estado allí?

—No.

ADUÉÑATE DE ESTAS PALABRAS

titubeó, de **titubear** v.: hablar deteniéndose, con inseguridad.

Alfonso desvió la vista hacia sus zapatos. Quería decir algo ingenioso, como hace la gente en la televisión. Pero lo único que se le ocurrió decir fue que el gobernador vivía en Sacramento. Tan pronto compartió esta información, sintió que se encogía por dentro.

Alfonso acompañó a la muchacha y al muchacho rumbo a su casa. No hablaron mucho. Cada dos o tres pasos la muchacha, que se llamaba Sandra, lo miraba de reojo; Alfonso desviaba la vista. Se enteró que, como él, ella estaba en primero de secundaria y tenía una terrier llamada Reina. Su padre era mecánico en el taller Rudi y su madre era ayudante de profesores en la primaria Jefferson.

Cuando llegaron a la calle donde vivían, Alfonso y Sandra se detuvieron en la esquina, pero Pancho corrió hacia su casa. Alfonso lo vio detenerse en el zaguán para hablar con una señora que supuso era su madre. Estaba rastrillando las hojas y juntándolas en una pila.

—Allá vivo —dijo Sandra, apuntando con su dedo.

Alfonso miró por encima del hombro de Sandra durante un buen rato, mientras trataba de hacerse de valor para preguntarle si le gustaría salir a andar en bicicleta al día siguiente.

Tímidamente preguntó:

—¿Quieres salir a andar en bici?

—Quizá —jugueteó con una de sus colas de caballo y cruzó una pierna enfrente de la otra—. Pero una de las llantas de mi bici está ponchada.

—Puedo pedirle la bici a mi hermano. No le molestaría.

Se quedó pensativa unos minutos antes de decir:

—Está bien. Pero no mañana. Tengo que ir a casa de mi tía.

—¿Qué tal el lunes, después de la escuela?

—Tengo que cuidar a mi hermano hasta que mi madre regrese de su trabajo. ¿Qué tal a las cuatro y media?

—Está bien —dijo—. A las cuatro y media.

En lugar de separarse inmediatamente, se quedaron hablando un rato, haciéndose preguntas como: «¿Cuál es tu conjunto preferido?», «¿Te has subido a la montaña rusa en Santa Cruz?» y «¿Has probado la comida china?» Pero la ronda de preguntas y respuestas se terminó cuando la madre de Sandra la llamó para que regresara a casa.

Alfonso subió a su bici lo más rápido que pudo, saltó a la calle en una curva y, sintiéndose muy importante, se alejó velozmente con las manos metidas en los bolsillos. Pero cuando se volteó hacia atrás, con el viento que le barría el pelo mochado, advirtió que Sandra ni siquiera lo veía. Estaba en el patio y se acercaba al pórtico.

Esa noche se bañó, se arregló el pelo con cuidado e hizo más ejercicios que de costumbre. Ya en la cama, mientras se apretaba los dientes, estuvo <u>fastidiando</u> a su hermano para que le prestara su bici.

—Ándale, Ernesto —gimió—. Sólo una hora.

—Chale, quizá quiera usarla.

—Ándale, mano. Te regalo mis dulces del Día de los muertos.

—¿Qué dulces tienes?

—Tres *Milky Ways* y unos *Mafer*.

—¿Quién la va a usar?

Alfonso titubeó, pero se arriesgó a decir la verdad.

—Conocí a una muchacha. No vive muy lejos.

Ernesto se volteó hasta quedar bocabajo y miró el perfil de su hermano, que tenía la cabeza apoyada en el codo.

—¿*Tú* tienes una novia?

—No es mi novia, sólo una muchacha.

—¿Cómo es?

—Como una muchacha.

—Ándale, ¿cómo es?

ADUÉÑATE DE ESTAS PALABRAS

fastidiando, de **fastidiar** *v.*: molestar, insistir en algo hasta enojar a alguien.

—Lleva cola de caballo y tiene un hermano chico.

—¡Cola de caballo! Las muchachas que nos tomaron el pelo a mí y a Pablo también llevaban colas de caballo. ¿Es buena onda?

—Creo que sí.

Ernesto se sentó.

—Te apuesto a que es ella.

Alfonso sintió que el estómago se le hacía un nudo.

—¡Va a ser mi novia, no tuya!

—¡Me las va a pagar!

—Más te vale que no te metas con ella —refunfuñó Alfonso, y le aventó a su hermano un klínex hecho bola—. Te atropello con la bici.

Durante una hora discutieron si era la misma muchacha que había dejado plantado a Ernesto, hasta que su madre los amenazó desde la sala y les dijo que si no se callaban ya verían. Alfonso dijo una y otra vez que la muchacha era demasiado agradable para hacer una jugarreta de ese tipo. Pero Ernesto argumentó que vivía a sólo dos cuadras del lugar donde esas muchachas les habían dicho que esperaran, que estaba en el mismo año de escuela y que, dato decisivo, usaba cola de caballo. Sin embargo, muy en el fondo Ernesto estaba celoso de que su hermano, dos años menor, fuera a tener novia.

El domingo por la mañana Ernesto y Alfonso se mantuvieron alejados, aunque durante el desayuno se pelearon por la última tortilla. Su madre, que cosía en la mesa de la cocina, les dijo que se dejaran de tonterías. En la iglesia, cuando el padre Jerónimo no los veía, se estuvieron haciendo <u>muecas</u>. Ernesto golpeó a Alfonso en el brazo y Alfonso, con los ojos llenos de ira, le regresó el golpe.

El lunes por la mañana se fueron a la escuela en sus bicis, sin decir una palabra, aunque no

---

ADUÉÑATE DE ESTAS PALABRAS

mueca *f.*: gesto o expresión del rostro.

---

se separaron en todo el <u>trayecto</u>. Alfonso se la pasó preocupado durante la primera hora de clases. ¿Cómo haría para conseguir una bici? Pensó pedírsela a su mejor amigo, Raúl. Pero sabía que Raúl, un vendedor de periódicos con signos de dólar en los ojos, le cobraría y, con el dinero de los envases de refresco, no llegaba siquiera a los 60 centavos.

Entre la clase de historia y la de matemáticas, Alfonso vio a Sandra y a su amiga paradas junto a sus casilleros. Pasó rápidamente sin que lo vieran.

Durante el recreo, Alfonso se escondió en el taller de estructuras metálicas para evitar toparse con Sandra. ¿Qué le diría? Si no hubiera estado enojado con su hermano, le habría preguntado acerca de qué hablaban las muchachas y los muchachos. Pero *sí* estaba enojado y, de todas formas, Ernesto estaba jugando rayuela con sus amigos.

Alfonso se apresuró a casa después de la escuela. Lavó los trastos del desayuno como le había pedido su madre y rastrilló las hojas. Después de terminar sus labores, hizo cien sentadillas, se empujó los dientes hasta que le dolieron, se dio un regaderazo y se peinó. Luego salió al patio para limpiar su bici. Sin pensar en lo que hacía, quitó la cadena para limpiarla del aceite terroso. Pero al desengancharla de uno de los dientes de la parte trasera del engranaje, se rompió. La cadena colgaba de su mano como una serpiente muerta.

Alfonso no podía creerlo. Ahora no sólo no tenía una bici para Sandra, sino que tampoco tenía una para él. Frustrado y al borde de las lágrimas aventó la cadena lo más lejos que pudo. Cayó con un fuerte golpe contra la cerca del jardín y asustó a Beni, su gato, que estaba dormido. Beni miró de un lado a otro, con el parpadeo de sus ojos dulces y grises, y se volvió a dormir.

Alfonso recuperó la cadena, que estaba definitivamente rota. Se maldijo a sí mismo por ser tan estúpido, le gritó a su bici porque era barata y azotó la cadena contra el pavimento. Otra sección de la cadena se rompió y al rebotar le dio un golpe y, como el diente de una serpiente, le hizo una cortada en la mano.

—¡Ay! —gritó, e inmediatamente acercó la mano a la boca para chupar la herida.

Después de ponerse un poco de yodo, lo cual sólo hizo que le doliera más su cortada, y de darle muchas vueltas al asunto, fue a su cuarto para rogarle a Ernesto, que se estaba quitando la ropa de escuela.

—Ándale, mano, déjame usarla —suplicó Alfonso—. Por favor, Ernesto, haré lo que sea.

Aunque Ernesto notó la desesperación de Alfonso, ya había hecho planes con su amigo Raimundo. Iban a ir a atrapar ranas al canal de Mayfair. Sintió lástima por su hermano y le dio un chicle para consolarlo, pero no podía hacer nada por él. El canal estaba a cinco kilómetros y las ranas lo esperaban.

Alfonso tomó el chicle, lo metió en el bolsillo de su camisa y se retiró del cuarto cabizbajo. Salió azotando la puerta y se fue a sentar al callejón que estaba detrás de su casa. Un gorrión aterrizó sobre la hierba y cuando trató de acercarse, Alfonso le gritó para que se fuera. El gorrión respondió con un gorjeo <u>agudo</u> y alzó el vuelo.

A las cuatro decidió enfrentarse a la situación de una vez por todas, y empezó a caminar hacia la casa de Sandra con paso lento, como si estuviera hundido hasta la cintura en el agua. Su cara estaba enrojecida por la vergüenza. ¿Cómo la iba a <u>decepcionar</u> así en su primera cita? Ella seguramente se reiría. Quizá también le diría que era un menso.[9]

Se detuvo en la esquina donde supuestamente habían quedado en verse y miró hacia su casa. Pero no había nadie afuera, sólo un rastrillo recargado contra la escalera.

¿Por qué se le había ocurrido quitar la cadena?, se dijo, regañándose a sí mismo. Siempre arruinaba las cosas cuando trataba de desarmarlas, como aquella vez que trató de volver a rellenar su guante de beisbol. Había desbaratado el guante y había llenado el hueco con bolas de algodón. Pero cuando trató de volver a arreglarlo, había olvidado cómo se hacía. Se enredó todo como la cuerda de un papalote. Cuando le enseñó la maraña a su madre, que estaba frente a la estufa haciendo la cena, lo regañó, pero arregló el guante y no le dijo nada a su padre sobre la tontería que había hecho Alfonso.

Ahora debía enfrentarse a Sandra y decirle: «Se descompuso la bici y el <u>tacaño</u> de mi hermano se fue con la suya».

9. **menso:** tonto, necio.

Esperó en la esquina unos cuantos minutos, escondido detrás de unos arbustos durante un tiempo que le pareció infinito. Justo en el momento en que empezó a pensar en regresar a su casa, escuchó unos pasos y se dio cuenta de que ya era demasiado tarde. Sus manos, húmedas por la preocupación, colgaban a sus lados, y un hilo de sudor le caía desde el sobaco.

Se asomó desde los arbustos. Ella traía puesto un suéter a cuadros. Un bolso rojo colgaba de su hombro. Observó cómo lo buscaba, cómo se paraba de puntas para ver si aparecía del otro lado de la esquina.

¿Qué he hecho?, pensó Alfonso. Se mordió el labio, se dijo que era un menso y se golpeó la frente con la palma de la mano. Alguien le pegó en la parte posterior de la cabeza. Se volvió y vio a Ernesto.

—Ya tenemos las ranas, Alfonso —dijo, mientras levantaba una bolsa de plástico toda temblorosa—. Te las enseño más tarde.

Ernesto miró a la muchacha desde los setos, con un ojo cerrado.

—No es la que nos hizo la jugarreta a Pablo y a mí —dijo finalmente—. ¿Todavía quieres que te preste mi bici?

Alfonso no podía creer su suerte. ¡Qué hermano! ¡Qué amigo! Prometió que lavaría los trastos cuando fuera el turno de Ernesto. Éste se montó en el manubrio de Raimundo y le dijo que no olvidaría esa promesa. Luego desapareció sin voltear mientras la bici se alejaba.

Libre ya de preocupaciones ahora que su hermano le había cumplido, Alfonso salió de los arbustos con la bici de Ernesto, que estaba salpicada de lodo pero que era mejor que nada. Sandra le hizo una señal con la mano.

ADUÉÑATE DE ESTAS PALABRAS

agudo, -da *adj.:* alto y penetrante al oído.
decepcionar *v.:* desilusionar; dejar sin cumplir lo prometido.
tacaño, -ña *adj.:* avaro, que guarda en exceso sus propiedades o dinero.

—Hola —dijo.

—Hola —contestó Alfonso.

Sandra se veía contenta. Alfonso le dijo que su bicicleta estaba descompuesta y le preguntó si quería subirse con él.

—Está bien —dijo ella, y se montó en la bici.

Alfonso tuvo que usar toda su fuerza para mantener estable la bicicleta. Arrancó lentamente al principio, con los dientes apretados, pues Sandra pesaba más de lo que había creído. Pero una vez que tomó vuelo, resultó más fácil. Pedaleaba tranquilamente, a veces con una sola mano en el manubrio, mientras subían con rapidez por una calle y bajaban por otra. Cada vez que pasaban por un bache, lo cual sucedía con frecuencia, ella gritaba de gusto, y una vez, cuando pareció que iban a estrellarse, ella puso su mano encima de la de Alfonso, y eso fue como el amor.

—Traducción de Tedi López Mills

CONOCE AL ESCRITOR

Gary Soto (1952–   ) nació y creció en Fresno, California, el escenario de muchas de sus narraciones, poemas y obras autobiográficas. En su literatura, Soto intenta recrear las imágenes y sonidos del vecindario mexicoamericano en el que creció. A los escritores jóvenes les aconseja que «examinen sus propias vidas», que es exactamente lo que él mismo hace. Nos pregunta:

«¿Cuáles son las historias de tu vida? ¿Puedes recordar los sucesos de tu infancia? Algunos dirán que sus vidas son aburridas, que no ha pasado nada, que todas las cosas interesantes pasan en otros lugares. No es cierto, sus vidas también están en marcha».

Soto se basó en un incidente verídico de su vida para escribir «Naranjas», pero «Cadena rota» no es completamente fiel a su propia experiencia.

«No, yo no soy el Alfonso de la historia 'Cadena rota'. Es pura ficción, con el descabellado propósito de provocar en ti —el lector— el sentimiento de estar un día comprometido a una novia o un novio. Cuando yo tenía la edad de Alfonso, me hubiera encantado llevar a una novia en mi manubrio. En vez de eso, tenía a mi hermano pequeño, mejor conocido por Jimmy, el de los dientes astillados, que a veces saltaba a mi bicicleta y deambulaba por las calles de mi ciudad natal, Fresno, California. No era 'Sandra'. Todo lo contrario, Jimmy era un gran problema, porque mi obligación era cuidarlo mientras mis padres salían a trabajar».

«Cadena rota» pertenece a un libro de cuentos sobre la infancia llamado *Béisbol en abril*.

Naranjas

Gary Soto

La primera vez que salí a pasear
con una muchacha, tenía doce años,
sentía frío, y me pesaban mucho
dos naranjas en la chaqueta.
5   Diciembre. El hielo se agrietaba
bajo mis pasos, mi aliento
estaba frente a mí y luego desaparecía,
cuando caminaba hacia su casa, donde
una luz ardía amarillenta en el <u>porche</u>
10 noche y día, en todo tipo de clima.
Un perro me ladró, hasta
que ella salió ajustándose
los guantes, el rostro brillante
de colorete, sonreí,
15 le toqué el hombro, y la llevé
calle abajo, a través
de un <u>solar</u> de autos usados y una hilera
de árboles recién plantados,
hasta que llegamos sin aliento
20 frente a una tienda. Entramos,
la campanilla hizo a la vendedora salir
por el estrecho pasillo lleno de mercancía.

Fui hacia los dulces,
alineados como unas <u>graderías</u>,
25 y le pregunté qué quería.
Luz en sus ojos, una sonrisa
se iniciaba en las esquinas
de su boca. Toqué
un níquel° en mi bolsillo,

30 y cuando ella escogió un chocolate
que costaba diez centavos,
no dije nada.
Saqué el níquel del
bolsillo y una naranja,
35 y discretamente los dejé sobre
el mostrador. Cuando levanté la vista,
la mujer y yo nos miramos,
y ella sostuvo mi mirada, sabiendo
muy bien de lo que se trataba.

40 Afuera,
pasaron algunos autos silbando,
la niebla colgaba como abrigos
viejos entre los árboles.
Puse la mano de mi novia
45 en la mía por dos cuadras,
luego la solté para dejarla
que abriera el chocolate.
Yo pelé mi naranja
que brillaba tanto contra
50 el gris de diciembre
que, desde cierta distancia,
alguien podría haber pensado
que encendía un fuego en mis manos.

—Traducción de Carlos Perellón

29. **níquel:** moneda de cinco centavos.

ADUÉÑATE DE ESTAS PALABRAS

porche *m.*: espacio exterior cubierto de una casa.
solar *m.*: terreno que está sin edificar.
gradería *f.*: asientos escalonados, como los que hay
    en los estadios.

CREA SIGNIFICADOS

Cuaderno de práctica, págs. 23–26

Primeras impresiones

1. ¿Qué opinas del aspecto y la personalidad de Alfonso?

2. ¿Piensas que se esfuerza por solucionar sus propios problemas?

Interpretaciones del texto

3. ¿Qué hizo Alfonso para ayudar a Sandra y a su hermano? ¿Qué impresión de Alfonso dan estas acciones?

4. Si Alfonso no hubiera hecho nada para ayudar a Sandra, ¿cómo crees que hubiera terminado la historia?

5. En el poema «Naranjas», Soto escribe «La mujer... sabiendo muy bien de lo que se trataba» (37–39). ¿Qué es lo que la vendedora comprendió en ese momento?

6. Compara a la vendedora de «Naranjas» con Ernesto en «Cadena rota». ¿De qué manera es parecido el gesto de Ernesto al final de la historia al de la vendedora del poema?

Conexiones con el texto

7. Ponte en el lugar de Alfonso. ¿Alguna vez te ha salido todo mal antes de algún acontecimiento importante, como un gran partido, una fiesta que hayas preparado o un concierto? ¿Cómo has solucionado estos problemas? ¿Qué crees que tienes en común con Alfonso?

Preguntas al texto

8. «Cadena rota» también se ha publicado bajo el título «Primer amor». ¿Qué título te parece mejor? ¿Por qué?

Así se dice

Para relacionar el aspecto físico con la personalidad

Puedes usar estas expresiones para preparar el **Cuaderno del escritor** de la siguiente página.

En su forma de vestir se nota que...

A pesar de su edad es bastante...

Tiene una mirada de picardía (melancolía) que...

Cualquiera que lo viera diría que...

Por su manera de expresarse se sabe que...

Se le nota... en todo lo que hace (dice).

A leguas se ve que es una persona...

Actúa como si fuera...

OPCIONES: Prepara tu portafolio

Cuaderno del escritor

1. Compilación de ideas para una semblanza

Recuerda alguna ocasión en que alguien te hizo un favor importante, como Ernesto en «Cadena rota» o la vendedora en «Naranjas». Describe en una o dos oraciones cómo te ayudó aquella persona. Luego escribe todos los detalles que puedas sobre esa persona: su edad, su apariencia, sus rasgos faciales, su estilo de vestir y su tono de voz. ¿Qué detalles revelan algo interesante o importante de la personalidad o los rasgos del carácter de esta persona?

TRABAJO EN CURSO

El tío Carlos
—me regaló entradas para un concierto de rock el verano pasado
—de buen aspecto
—un poco entrado en años
—de cabello castaño, algo canoso
—se viste de sport, con camisetas y pantalones vaqueros
—voz profunda y agradable y ojos cafés cálidos

Escribir/Resolver un problema

2. Pistas útiles

Señala alguno de los problemas que tiene Alfonso en la historia (por ejemplo, la preocupación por su aspecto o por lo que hay que decirle a una chica). Imagina que eres Alfonso. Escribe una carta para el periódico escolar en la que expliques tu problema y le pidas consejos a tu columnista preferido. Intercambia trabajos con un(a) compañero(a) y haz el papel del columnista, contestando la carta de tu compañero(a) con consejos prácticos y optimistas.

Dramatización

3. Trata de verlo desde mi punto de vista

«Cadena rota» nos muestra solamente la versión del muchacho acerca de su encuentro con Sandra. ¿Cuál crees que será el punto de vista de Sandra? Trabajando con un(a) compañero(a), escribe un diálogo en el que aparezca Sandra hablando por teléfono con su mejor amiga. Después de haber conocido a Alfonso en la escuela y haber caminado a casa con él, ¿qué pensará Sandra de Alfonso? ¿Crees que le gustaría salir a pasear en bicicleta con él el lunes?

Arte

4. ¿Vale más que mil palabras?

Vuelve a leer el cuento y el poema y busca una figura retórica que te guste. Dibuja esta figura tal y como te la imaginas. (Por ejemplo, en «Naranjas» Gary Soto dice que «la niebla colgaba como abrigos/viejos entre los árboles», 42–43). Un dibujo de esta imagen podría mostrar nubes en forma de abrigos colgando de las ramas de los árboles.

internet

MARCAR: go.hrw.com
PALABRA CLAVE:
    WN3 AMISTAD-CYL

Los mexicoamericanos

Una comunidad dinámica y diversa

La población mexicoamericana de hoy en día presenta una gran diversidad en cuanto a su composición étnica, sus costumbres y su habla. Sin embargo, los elementos que más contribuyen a su identidad son precisamente sus orígenes históricos, étnicos, lingüísticos y culturales. Dichos factores, junto con sus logros políticos y económicos, han dejado asimismo una huella en la identidad de Estados Unidos.

Los exploradores españoles fundaron colonias en el territorio que hoy es el suroeste de Estados Unidos desde finales del siglo XVI. Los descendientes de estos colonos, que actualmente viven en los estados de California, Texas y Nuevo México, forman la comunidad más antigua de la región después de los indígenas. En estos tres estados, los inmigrantes angloamericanos y europeos así como sus descendientes no llegaron a formar la mayoría de la población sino hasta la segunda mitad del siglo XIX. Durante el siglo XX, la inmigración de latinoamericanos creció a un gran ritmo, y los mexicanos siempre formaron el grupo mayoritario de estos inmigrantes. Los latinos constituirán el grupo minoritario más numeroso de Estados Unidos para el año 2005, y de ellos los mexicoamericanos comprenderán más de la mitad. Actualmente los mexicoamericanos constituyen entre 21 y 22 millones de los 33 millones de latinos residentes en Estados Unidos.

No sólo por su número, sino por su larga historia como vecinos o habitantes de este país, los mexicoamericanos han tenido un gran impacto en la cultura de Estados Unidos. Han llegado a establecer una presencia ampliamente reconocida en el idioma, el arte, la comida, los días festivos —en fin, en la vida de todo el país. Muchos norteamericanos asisten a fiestas quinceañeras y a festivales como el Cinco de Mayo, rompen piñatas en sus fiestas de cumpleaños y disfrutan de comidas basadas en la rica y variada cocina mexicana.

Aunque muchos descendientes de mexicanos y mexicoamericanos entienden poco español o lo entienden sin hablarlo, hay estudios que sugieren que en su conjunto, los mexicoamericanos tienden a preservar su idioma familiar con más frecuencia que otros grupos latinos. Aproximadamente el 70% de los hogares mexicoamericanos son bilingües. Quizá las causas de esta conservación del idioma radiquen en los extensos recursos que han desarrollado a lo largo de muchos años de inmigración, y quizá también en la relativa facilidad de mantener relaciones familiares y comerciales cuando sólo hay que cruzar una frontera.

Otro elemento que ha unido a los mexicoamericanos en el pasado ha sido la experiencia de sentirse discriminados —es decir, de verse marginados con respecto a la política, el empleo, la educación, los servicios de salud y otros beneficios civiles. Como pioneros de la inmigración latinoamericana, los mexicoamericanos han venido reivindicando los derechos político-sociales de todos los hispanos. Los mexicoamericanos iniciaron el gran movimiento chicano de los años 60, cuyos esfuerzos se cristalizaron en la fundación de importantes organizaciones políticas y culturales como *United Farm Workers (UFW), Mexican American Legal Defense and Educational Fund (MALDEF)* y otros grupos que han ejercido considerable influencia en la política nacional.

Debido a que este grupo minoritario conoce la gran diversidad racial y cultural que existe entre ellos mismos, los mexicoamericanos se resisten a los estereotipos. Ellos pueden ser católicos, protestantes o judíos; son pobres y ricos; son mestizos, blancos o indígenas; hablan español, idiomas indígenas mexicanos e inglés. Sin embargo, también reconocen los orígenes que tienen en común y el destino que comparten en el futuro de Estados Unidos.

La Mafia Con el triunfo del grupo houstoniano La Mafia en los años 90, se le dio un nuevo aire al mundo de la música popular. Por primera vez, un grupo «del otro lado» era aclamado por los hispanohablantes en México, Centroamérica y América del Sur. De los álbumes *Estás tocando fuego* y *Ahora y siempre* se vendieron 2.000.000 de ejemplares, muchos de ellos fuera de Estados Unidos. Así, los contagiosos ritmos y melodías de la música tejana minaron las barreras que sólo permitían que la aculturación latina fluyera «de aquí para allá».

Cinco de Mayo El Cinco de Mayo festeja la victoria del ejército mexicano sobre los franceses en la batalla de Puebla, México, en 1862. Esta celebración se ha adoptado en este país como una ocasión para celebrar la mexicanidad con bailes folclóricos, comida y música.

El muralismo

El muralismo mexicano se popularizó después de la Revolución mexicana cuando Diego Rivera, José Clemente Orozco, David Alfaro Siqueiros y otros artistas importantes reclamaron las técnicas aztecas de pintura en fresco para decorar los edificios públicos. Rivera intentó traerlo a Estados Unidos pero el movimiento tuvo poco impacto hasta los años 60, cuando los jóvenes chicanos hicieron uso de las técnicas, y de sus propios temas políticos y sociales, para crear un arte popular del barrio.

Dolores Huerta

Dolores Huerta fue la fuerza invisible pero indomable de la lucha por los derechos laborales y civiles de los inmigrantes hispanohablantes. Junto con César Chávez, Huerta ayudó a fundar el sindicato de trabajadores agrícolas, *United Farm Workers (UFW)*. Ella fue la promotora principal del boicot de uvas entre 1968 y 1970, y ha luchado por cambios legislativos para eliminar el racismo y la discriminación de género en California y en toda la nación.

La comida mexicoamericana

La comida mexicoamericana se basa en la tradición culinaria del norte de México, que difiere de la comida del centro del país en varios aspectos. Se acostumbran las tortillas de harina de trigo en lugar de las de maíz, y es típica la barbacoa de cabrito. El mole verde, la sopa de ajo y el chayote son elementos mucho más típicos del Valle de México. El caldo de pollo es un elemento común en las dos regiones, aunque con sus variantes de estilo. En Estados Unidos, los mexicoamericanos han mostrado su creatividad con la invención de platos nuevos, como los muy conocidos burritos y fajitas.

Para presentar y apoyar una opinión
Puedes usar estas expresiones para hacer la actividad en esta página.

A mi modo de ver...

Estoy convencido(a) de (de acuerdo con) que...

Desde mi punto de vista...

Para mí lo fundamental es...

Se diría que...

Según mi entender...

Actividad

Con dos o tres compañeros, discute el siguiente tema y contesta las preguntas a continuación: Imagínense que son padres de familia y que tienen que emigrar de Estados Unidos a un país donde el idioma, la religión y las costumbres sociales son radicalmente diferentes. En su opinión, ¿sería mejor que los hijos mantuvieran las tradiciones familiares o que se adaptaran a las nuevas costumbres? ¿Qué pueden hacer los padres para lograr que sus hijos mantengan las tradiciones y costumbres de sus antepasados? ¿Qué factores pueden influir de manera positiva o negativa en este proceso?

Modismos y regionalismos

El idioma que hablan los mexicoamericanos se caracteriza por su diversa aunque contradictoria mezcla de tendencias. Una de estas tendencias es bastante conservadora y se representa por la conservación de palabras y modismos que estaban en uso cuando los conquistadores llegaron al Nuevo Mundo. Por ejemplo, escuchamos *ansina* por *así*, o *vide* por el pretérito en primera persona de *ver* (*Dicen que estaba allí pero no lo vide*). Esta tendencia a usar *arcaísmos* se ve también en la pronunciación. Por ejemplo, a veces se oye *jierro* por *hierro*, o *muncho* por *mucho*. Esta característica corresponde al hecho de que un porcentaje importante de los inmigrantes a Estados Unidos proviene de regiones rurales, donde el español colonial se ha conservado. Hay zonas del suroeste de Estados Unidos donde también se tiende a conservar el uso de arcaísmos en el español. Por otro lado, la mayor influencia sobre el habla mexicoamericana en la actualidad es ejercida por la introducción de vocabulario, locuciones y modismos del inglés, que ha aportado términos como *chanza* (*No me dio chanza de hablar*) y *raite* (*Dame un raite al supermercado, ¿sí?*). En su grado más extremo, esta última tendencia produce el famoso *Spanglish*, que muchos deploran pero que todos usan *in their own way*. Aunque muy controvertido, el uso alternado del inglés y el español en partes casi iguales e incluso en la misma oración, es algo que distingue al mexicoamericano del mexicano o del angloamericano. Pero es más que nada el conjunto de tendencias que le da al español mexicoamericano su sabor vivo y particular.

ESTRATEGIAS PARA LEER

Hacer deducciones: En la página hay más de lo que parece

En «Cadena rota», Soto ofrece muchos detalles para ayudarnos a entender a sus personajes y seguir la acción de la historia. A veces, sin embargo, el lector se encuentra con oraciones que sugieren algo que está más allá de lo que dicen aparentemente. En esos casos, el lector debe hacer **deducciones,** o llegar a conclusiones, basadas en evidencias que solamente se insinúan o sugieren.

Por ejemplo, se pueden sacar las siguientes conclusiones o deducciones sobre los personajes de acuerdo con la información que se da a continuación:

1. Su madre recortaba los anuncios de ofertas que aparecían en las revistas y en los periódicos, cultivaba un huerto de legumbres en verano y hacía sus compras en almacenes de descuento.
   La madre de Alfonso es muy prudente cuando gasta su dinero.

2. Alfonso sabía bien que era mejor no decirle nada cuando Ernesto tenía cara de enojado.
   Una experiencia pasada debe haberle enseñado que es mejor no hablarle a su hermano cuando éste está enfadado.

3. Alfonso acompañó a la muchacha y al muchacho rumbo a su casa. No hablaron mucho. Cada dos o tres pasos la muchacha, que se llamaba Sandra, lo miraba de reojo; Alfonso desviaba la vista.
   Sandra y Alfonso se gustan.

La bicicleta de Pepón Osorio.
Courtesy of the artist.

Aunque no lo hayas pensado mucho, ya sabes hacer deducciones. Cuando leíste por primera vez las siguientes líneas de «Naranjas», probablemente te formaste alguna idea de lo que estaba pensando la vendedora:

> Cuando levanté la vista,
> la mujer y yo nos miramos,
> y ella sostuvo mi mirada, sabiendo
> muy bien de lo que se trataba.

Lo que sabe la vendedora no está descrito explícitamente. Sin embargo, deducimos que probablemente ha entendido la situación: el muchacho quiere regalarle a su novia el chocolate que ella ha escogido, pero no tiene suficiente dinero para pagarlo. A pesar de todo, ofrece pagar con lo único que trae, un níquel y una naranja.

Para llegar a esta conclusión, has utilizado la información que tenías. Esta información incluye los **sucesos de la historia** y tus **conocimientos previos,** lo que ya sabes. En este caso, tú sabes ya ciertas cosas sobre los seres humanos y sobre cómo actúan en determinadas circunstancias.

En resumen, puedes utilizar lo que sabes de la naturaleza humana y de la vida cotidiana para tratar de llegar a conclusiones y hacer deducciones.

Sucesos de la historia	+	Conocimiento previo	=	Deducción/Conclusión
El muchacho tiene solamente un níquel y unas naranjas. Quiere pagar el chocolate que escogió su novia.		Los adultos saben que los niños a menudo no tienen mucho dinero.		La vendedora entiende que el muchacho solamente puede pagarle el chocolate con una naranja y un níquel.

Recuerda que una conclusión válida se basa en hechos, en pruebas o en la lógica. Evita conclusiones equivocadas asegurándote de que todas tus ideas sean razonables y estén basadas en la información que ofrece el texto.

Una lectura cuidadosa depende de la capacidad de hacer deducciones a partir de las pistas que da el escritor. El hacer deducciones nos permite llevar a cabo nuestros propios descubrimientos y enriquece nuestro placer en la lectura.

ANTES DE LEER
Una carta a Dios

Punto de partida

¿Qué te dice un título?

¿De qué puede tratar un cuento titulado «Una carta a Dios»? ¿Qué crees que dirá la carta? ¿Cómo será el cuento: serio o humorístico? Piensa en cómo el título de un cuento hace que los lectores se formen opiniones y saquen conclusiones antes de empezar a leer.

Comparte tus ideas

Piensa en el título del cuento. Luego, reúnete con tu compañero(a) y túrnense para hacer predicciones sobre el cuento.

Diálogo con el texto

Al leer, anota en una hoja de papel tus pensamientos. Usa la columna de DIARIO DEL LECTOR como modelo. Al leer, fíjate en el lenguaje que utiliza el autor para dar a sus descripciones intensidad y realismo.

Estrategias para leer

La relación de causa y efecto

Si echas a lavar una camisa roja con una tanda de ropa blanca y ésta se tiñe de rojo, eso se llama «causa y efecto». Si tienes que ponerte ropa teñida de rosa la semana siguiente, eso es parte de una cadena de causas y efectos. Una cosa provoca la otra, la cual a su vez da lugar a la siguiente, y así sucesivamente. Se podría representar una cadena de causas y efectos en un diagrama como el que sigue:

Causa: camisa roja lavada con ropa blanca

↓

Efecto: la ropa blanca se tiñe de rojo

↓

(Causa)

↓

Efecto: te pones ropa de color rosado

Los acontecimientos de un cuento tienen una relación de causa y efecto. Cuando leas, intenta descubrir las series de causas y efectos.

Elementos de literatura

Ironía

La **ironía** es un contraste entre lo que suponemos que va a ocurrir y lo que ocurre en realidad, o un contraste entre aquello que parece ser cierto y aquello que realmente lo es. Por ejemplo, sería irónico que entraras corriendo a una tienda a comprar un paraguas en medio de una tormenta y que al salir brillara el sol. Busca ejemplos de ironía en el cuento «Una carta a Dios».

> La **ironía** es un contraste entre lo que pensamos que debe ser cierto y lo que ocurre en realidad.
>
> *Para más información, ver el GLOSARIO DE TÉRMINOS LITERARIOS.*

Una carta a Dios

Gregorio López y Fuentes

La casa... única en todo el valle... estaba en lo alto de un cerro bajo. Desde allí se veían el río y, junto al corral, el campo de maíz maduro con las flores del frijol que siempre prometían una buena cosecha.

Lo único que necesitaba la tierra era una lluvia, o a lo menos un fuerte aguacero. Durante la mañana, Lencho... que conocía muy bien el campo... no había hecho más que examinar el cielo hacia el noreste.

—Ahora sí que viene el agua, vieja.

Y la vieja, que preparaba la comida, le respondió:

—Dios lo quiera.

Los muchachos más grandes trabajaban en el campo, mientras que los más pequeños jugaban cerca de la casa, hasta que la mujer les gritó a todos:

—Vengan a comer.

Fue durante la comida cuando, como lo había dicho Lencho, comenzaron a caer grandes gotas de lluvia. Por el noreste se veían avanzar grandes montañas de nubes. El aire estaba fresco y dulce.

El hombre salió a buscar algo en el corral solamente para darse el gusto de sentir la lluvia en el cuerpo, y al entrar exclamó:

—Estas no son gotas de agua que caen del cielo; son monedas nuevas; las gotas grandes son monedas de diez centavos y las gotas chicas son de cinco.

Y miraba con ojos satisfechos el campo de maíz maduro con las flores del frijol, todo cubierto por la transparente cortina de la lluvia. Pero, de pronto, comenzó a soplar un fuerte viento y con las gotas de agua comenzaron a caer granizos muy grandes. Esos sí que parecían monedas de plata nueva. Los muchachos, exponiéndose a la lluvia, corrían a recoger las perlas heladas.

—Esto sí que está muy malo —exclamaba <u>mortificado</u> el hombre—, ojalá que pase pronto...

No pasó pronto. Durante una hora cayó el granizo sobre la casa, la huerta, el monte, el maíz y todo el valle. El campo

¿La única casa? ¿Dónde están las demás?

¿Cuánto tiempo ha pasado desde que llovió?

Compara la lluvia con el dinero.

¿Es el granizo lo mismo que el hielo? ¡Podría ser doloroso!

ADUÉÑATE DE ESTAS PALABRAS

mortificado, -da *adj.:* muy molesto, irritado.

estaba blanco, como cubierto de sal. Los árboles, sin una hoja. El maíz, destruido. El frijol, sin una flor. Lencho, con el alma llena de tristeza. Pasada la tempestad, en medio del campo, dijo a sus hijos:

—Una nube de langostas habría dejado más que esto... El granizo no ha dejado nada: no tendremos ni maíz ni frijoles este año...

La noche fue de lamentaciones.

—¡Todo nuestro trabajo, perdido!

—¡Y nadie que pueda ayudarnos!

—Este año pasaremos hambre...

Pero en el corazón de todos los que vivían en aquella casa solitaria en medio del valle había una esperanza: la ayuda de Dios.

—No te aflijas tanto, aunque el mal es muy grande. ¡Recuerda que nadie se muere de hambre!

—Eso dicen: nadie se muere de hambre...

Y durante la noche, Lencho pensó mucho en su sola esperanza: la ayuda de Dios, cuyos ojos, según le habían explicado, lo miran todo, hasta lo que está en el fondo de las conciencias.

Lencho era un hombre rudo, que trabajaba como una bestia en los campos, pero sin embargo sabía escribir. El domingo siguiente, con la luz del día, después de haberse fortificado en su idea de que hay alguien que nos protege, empezó a escribir una carta que él mismo llevaría al pueblo para echarla al correo.

No era nada menos que una carta a Dios.

«Dios», escribió, «si no me ayudas, pasaré hambre con toda mi familia durante este año. Necesito cien pesos para volver a sembrar y vivir mientras viene la nueva cosecha, porque el granizo... »

Escribió «A Dios» en el sobre, metió la carta, y todavía preocupado, fue al pueblo. En la oficina de correos, le puso un sello a la carta y echó ésta en el buzón.

Un empleado, que era cartero y también ayudaba en la oficina de correos, llegó riéndose mucho ante su jefe, y le mostró la carta dirigida a Dios. Nunca en su existencia de cartero había conocido esa casa. El jefe de la oficina... gordo y amable... también empezó a reír, pero muy pronto se puso serio y, mientras daba golpecitos en la mesa con la carta, comentaba:

—¡La fe! ¡Ojalá que yo tuviera la fe del hombre que escribió esta carta! ¡Creer como él cree! ¡Esperar con la confianza con que él sabe esperar! ¡Empezar correspondencia con Dios!

Y, para no desilusionar aquel tesoro de fe, descubierto por una carta que no podía ser entregada, el jefe de la oficina tuvo una idea: contestar la carta. Pero cuando la abrió, era evidente que para contestarla necesitaba algo más que buena voluntad, tinta y papel. Pero siguió con su determinación, pidió dinero a su empleado, él mismo dio parte de su sueldo y varios amigos suyos tuvieron que darle algo «para una obra de caridad».

Fue imposible para él reunir los cien pesos pedidos por Lencho, y sólo pudo enviar al campesino un poco más de la mitad. Puso los billetes en un sobre dirigido a Lencho y con ellos una carta que tenía sólo una palabra como firma: DIOS.

- -

ADUÉÑATE DE ESTAS PALABRAS

aflijas, de **afligirse** v.: sufrir, apenarse.

conciencia f.: característica del ser humano que le permite distinguir entre el bien y el mal.

fortificado, de **fortificar** v.: hacer más seguro.

determinación f.: decisión, resolución de hacer algo.

- -

Al siguiente domingo, Lencho llegó a preguntar, más temprano que de costumbre, si había alguna carta para él. Fue el mismo cartero quien le entregó la carta, mientras que el jefe, con la alegría de un hombre que ha hecho una buena acción, miraba por la puerta desde su oficina.

Lencho no mostró la menor sorpresa al ver los billetes... tanta era su seguridad... pero se enfadó al contar el dinero... ¡Dios no podía haberse equivocado, ni negar lo que Lencho le había pedido!

Inmediatamente, Lencho se acercó a la ventanilla para pedir papel y tinta. En la mesa para el público, empezó a escribir, arrugando mucho la frente a causa del trabajo que le daba expresar sus ideas. Al terminar, fue a pedir un sello, que mojó con la lengua y luego aseguró con un puñetazo.

Tan pronto como la carta cayó al buzón, el jefe de correos fue a abrirla. Decía:

«Dios: Del dinero que te pedí, sólo llegaron a mis manos sesenta pesos. Mándame el resto, como lo necesito mucho; pero no me lo mandes por la oficina de correos, porque los empleados son muy ladrones. —Lencho.»

CONOCE AL ESCRITOR

Gregorio López y Fuentes (1895–1966), autor de «Una carta a Dios», fue un destacado novelista mexicano que contribuyó con su obra a explicar los problemas sociales no sólo a sus compatriotas sino al resto del mundo. Nació en Veracruz, México, hijo de campesinos. Su padre era propietario de una pequeña tienda donde venían a comprar los indígenas, de quienes absorbió López y Fuentes las inquietudes y la forma de hablar. Durante los primeros años de la Revolución Mexicana, López y Fuentes fue alumno de la Escuela Normal de Maestros de la Ciudad de México, pero dejó sus estudios para luchar contra las tropas estadounidenses que en ese momento atacaban el puerto de Veracruz.

Más tarde terminó los estudios y llegó a ser profesor en la Escuela Normal, a la vez que publicaba dos libros de poesía. En 1920, dejó la enseñanza para trabajar como periodista en *El Universal Gráfico*, donde comenzó a escribir una columna diaria llamada «La novela diaria de la vida real», en la que presentaba breves narraciones de ficción basadas en hechos publicados en el periódico. Más adelante escribió novelas y en algunas de ellas incorporó sus experiencias de la Revolución. Su libro más famoso, *El indio* (1935), trata de la condición de los indígenas. Tuvo un gran éxito en México y, cuando fue traducido a otros idiomas, la crítica lo alabó por la comprensión y el realismo con que había descrito a los indígenas. El libro recibió en 1935 el primer Premio Nacional de Literatura de México. A López y Fuentes se le recuerda por su magnífico estilo y por su compromiso con la gente humilde de su país.

CREA SIGNIFICADOS

Cuaderno de práctica, págs. 27–28

Primeras impresiones

1. ¿Qué crees que hará el jefe de la oficina de correos con la segunda carta de Lencho? ¿Por qué?

Interpretaciones del texto

2. ¿Qué clase de hombre es Lencho? Describe su carácter en una o dos oraciones.

3. ¿Qué clase de hombre es el jefe de la oficina de correos? Describe su carácter en una o dos oraciones.

4. ¿Por qué es **irónico** que Lencho crea que los empleados de correos son unos ladrones?

Repaso del texto

a. ¿Con qué compara Lencho las gotas de lluvia?

b. ¿Qué les pasa a los cultivos?

c. ¿Por qué le escribe Lencho a Dios?

d. ¿Qué hace por Lencho el jefe de la oficina de correos?

Conexiones con el texto

5. Si trabajaras en la oficina de correos y hubieras recibido las cartas de Lencho, ¿qué habrías hecho?

Preguntas al texto

6. ¿Es demasiado exigente Lencho o tiene una fe inquebrantable?

Así se dice

Para redactar una carta de disculpa

Puedes usar estas expresiones para hacer la **Redacción creativa** en la siguiente página.

Querido (Recordado)...

Con esta carta quiero que te enteres (sepas) que...

Espero que no estés enojado(a) (dolido(a)) por...

Dada la situación, te pido que reconsideres (reflexiones)...

Me da tristeza (pesar) que te sientas...

Te agradezco que quieras (estés dispuesto(a) a)...

Me despido de ti con mucho cariño (amor, aprecio).

¿Te acuerdas?

Recuerda que el subjuntivo se usa en la cláusula subordinada de una oración si el verbo de la cláusula principal expresa influencia, voluntad o emoción: *Quiero que comprendas que fue sólo un malentendido.*

Cuaderno del escritor

1. Compilación de ideas para un ensayo de observación

Gregorio López y Fuentes utiliza datos concretos para ayudarnos a visualizar los dos escenarios de este relato: la granja de Lencho y la oficina de correos. Piensa en algún lugar que hayas visto o en el que hayas pasado algún tiempo. ¿Qué datos concretos acerca del lugar se te han grabado en la memoria? ¿Qué tiempo hacía cuando estuviste allí? Pon tus ideas por escrito. Utiliza imágenes vívidas para describir el lugar de tu elección.

> *Junto al puente abandonado, en verano huele a alquitrán caliente, la luz del sol se filtra a través de las hojas de los árboles y se refleja en el agua.*

Redacción creativa

2. Lo que quiero

Si escribieras una carta pidiendo algo que quieres, ¿qué pondrías en ella? ¿A quién se la enviarías? ¿Cómo sería la carta: seria y formal, o familiar y amistosa? Escribe una carta a alguien en la que pidas algo importante. A continuación, intercambia cartas con un(a) compañero(a) de tu clase y escribe una respuesta a la carta de tu compañero(a).

Redacción creativa/Teatro

3. Hablemos claro

Escribe una conversación telefónica imaginaria entre el jefe de la oficina de correos y Lencho. Usa una de las siguientes situaciones:

- Lencho llama al jefe de la oficina de correos para acusarlo de ser un ladrón.

- El jefe de la oficina de correos llama a Lencho para explicarle cómo se reunió el dinero.

Escribe el diálogo como una obra de teatro, con acotaciones escénicas que describan los gestos y las acciones de los personajes. Observa:

Lencho (*airadamente*). ¿Cómo te atreves a atribuirte un acto de Dios?

Una vez escrito el diálogo, puedes representarlo con otro estudiante ante el resto de la clase.

¿Alguna vez has hecho, o sabes de alguien que haya hecho, un acto de generosidad anónimo?

En «Una carta a Dios», el jefe del correo recolecta el dinero que Lencho necesita y se lo envía. Lencho nunca sabrá quién fue su benefactor, pero el jefe del correo siempre va a sentir la satisfacción de haber ayudado, aun cuando al final Lencho haya sido tan desagradecido. ¿Qué te parece este acto de generosidad anónimo? Lee lo que dicen estos jóvenes con respecto a los actos bondadosos de algunas personas. ¿Conoces a alguien así?

Salvador Boyzo
México

Esta historia empieza cuando era la época de Navidad, [cuando] se hacen muchas compras por parte de la gente. Afuera de una tienda en un parador había una señora que estaba con su hijo. La señora y su hijo eran muy pobres y veían cómo toda la gente rica salía con grandes bolsas y grandes regalos. Entonces el niño los veía, y le dice a su mamá: «Oye, mamá, ¿crees que sería posible que alguna vez algún rico me podría regalar un juguete de ésos?» Y le dice la mamá: «Ay, hijo, yo creo que no, porque todos los ricos son iguales». Pero cuando el niño dijo esto, iba pasando un caballero que tenía mucho dinero que iba con su chófer, y lo escuchó este señor y le dice a su chófer: «Ahorita que nos vayamos, sigues a estas personas hasta su casa, y me dices en dónde viven». El chófer los siguió hasta su casa... y se enteró de la dirección. Se regresó con este señor, [el cual] le dijo: «Vas a llevar este paquete —regalos, juguetes, ropa— y esta carta a la señora...». Llevó las cosas hasta donde era la dirección de esta señora y al llegar, por curiosidad quiso ver qué decía la tarjeta. Entonces la abrió la señora y la lee: «Éste es un regalo de parte de un rico que no es como todos».

Cristian Aros
Chile

Quizá no uno sino que bastante gente. Yo soy muy cercano a gente que realiza muchas obras de beneficencia y particularmente que tienen relación con catástrofes. Chile es un país de muchos sucesos de este tipo: terremotos, aluviones. Yo conozco un grupo de amigos que siempre participan en ese tipo de labores ya sea de ayuda, realización o fabricar casas de emergencia. Y siempre que hay un suceso de ese tipo, ellos están predispuestos a la gente a la cual ayudan, y nunca se enteran por los demás quiénes fueron. Pero son un grupo de amigos

Para pensar y hablar

A. Según Salvador, ¿qué opinaba la señora pobre de los ricos? ¿Crees que cambió de opinión después de leer la tarjeta? ¿Por qué sí o no?

B. ¿Qué clase de catástrofes son comunes en Chile? ¿Qué hacen los amigos de Cristian para ayudar en estas situaciones? ¿Con qué frecuencia participa Cristian en este tipo de labor?

C. Con un(a) compañero(a), compara los dos relatos. ¿Cuál les impresiona más? ¿Por qué? ¿Alguna vez han realizado o se han beneficiado Uds. de un acto de generosidad de este tipo? ¿Cómo se sintieron después?

D. Escucha una entrevista con Elena, una joven mexicana.
  1. ¿Qué hace el amigo de Elena cada año?
  2. ¿Qué lo motiva a hacerlo?

Elementos de literatura

CUENTOS: Argumento, caracterización y ambiente

Un **cuento** es una narración breve de ficción en prosa, en la que normalmente se presentan solamente uno o dos personajes principales y un solo ambiente. A pesar de que los cuentos son **ficciones,** es decir, invenciones, utilizan algunos de los mismos elementos que el ensayo. Los elementos más importantes de un cuento responden a las mismas preguntas básicas que trata de contestar un ensayista en un artículo típico de diario o en una biografía:

Ensayo	Cuento
¿Qué?	Argumento
¿Quién?/ ¿Por qué?	Caracterización
¿Cuándo?/ ¿Dónde?	Ambiente

Argumento

El **argumento** es el resumen de los sucesos de un cuento. Cualquier obra literaria que cuenta una historia tiene un argumento. No confundas el argumento con la **trama.** La trama no es un simple resumen de lo que pasa en el cuento. Es la forma en que un escritor ordena y relaciona los sucesos de una narración. Tradicionalmente, la trama se divide en cuatro partes principales: exposición, conflicto, clímax y desenlace.

Al comienzo de un cuento, la **exposición** introduce la situación básica al presentar al menos a un personaje principal. En un comienzo, el escritor suele mostrar también el ambiente y sugiere el conflicto o la lucha que quiere explorar en el cuento. En el primer párrafo de «Cadena rota», por ejemplo, Gary Soto describe a Alfonso sentado en el porche de su casa, mientras piensa obsesivamente en su aspecto físico.

El elemento central de un cuento es el **conflicto,** es decir, la lucha entre dos personajes o fuerzas opuestas. En los **conflictos externos,** un personaje lucha con otra persona, un grupo o una fuerza de la naturaleza. En los **conflictos internos,** el personaje lucha consigo mismo. ¿Puedes encontrar estos dos tipos de conflicto en «Cadena rota»?

A medida que los personajes intentan resolver el conflicto, surgen complicaciones. Estas idas y vueltas de la acción producen a menudo el **suspenso,** la incertidumbre que siente el lector sobre lo que puede suceder a continuación. Algunos escritores utilizan la **anticipación** para sugerir un acontecimiento que se hará realidad más tarde, a medida que transcurre la acción.

El **clímax** es el momento culminante del cuento, cuando se decide su desenlace. ¿Cuál es el clímax en «Cadena rota»? La parte final del cuento, llamada el **desenlace,** resuelve definitivamente los conflictos del cuento. En «Cadena rota», Soto presenta el desenlace en el párrafo final, cuando Alfonso y Sandra se montan felices en la bicicleta de Ernesto.

La acción de un cuento suele desarrollarse en orden cronológico o temporal. A veces, sin embargo, el escritor se aparta del orden

cronológico para lograr un efecto especial. Una de las técnicas para cambiar el tiempo normal de un cuento es la **narración retrospectiva** o *flashback.* Una narración retrospectiva interrumpe la narración para volver al pasado y contar lo que ocurrió en un tiempo anterior. Soto realiza una narración retrospectiva breve en el tercer párrafo de «Cadena rota», cuando describe lo que ocurrió cuando Alfonso se rapó el pelo y su padre regresó del partido de sóftbol (páginas 83–84).

Caracterización

La técnica que utiliza el autor para crear a los personajes de un cuento se llama **caracterización.** En el caso de la **caracterización directa,** el escritor cuenta directamente a los lectores cómo es un personaje. Por ejemplo, en el primer párrafo de «Cadena rota», Gary Soto dice directamente que Alfonso «detesta su aspecto». La mayoría de las veces, sin embargo, los

escritores prefieren revelar las personalidades de sus personajes por medio de varios métodos de **caracterización indirecta.** Entre estos métodos están los siguientes:

- mostrar al personaje en acción

- utilizar las palabras del personaje en el diálogo

- describir el aspecto físico del personaje

- revelar los pensamientos y sentimientos personales de un personaje

- mostrar las reacciones de otros al personaje

En «Cadena rota», Gary Soto utiliza varios de estos métodos para caracterizar indirectamente al padre de Alfonso. Las tímidas reacciones del muchacho ante su padre nos indican, por ejemplo, que el padre de Alfonso es orgulloso y estricto, y que cambia de estado de ánimo con frecuencia.

Ambiente

El **ambiente** de un cuento es el marco, es decir, el tiempo y el lugar, en que transcurre la acción. Al comienzo de «Cadena rota», Gary Soto nos da ciertos detalles sobre el ambiente: por ejemplo, el primer párrafo describe a Alfonso sentado en el porche de su casa. Los escritores suelen ofrecer detalles del ambiente a lo largo del cuento. En «Cadena rota» poco a poco se revelan más detalles del vecindario de Alfonso.

El ambiente desempeña a menudo un importante papel en el cuento. Un escritor puede utilizar el ambiente para crear cierta atmósfera o estado de ánimo. Fíjate en el ambiente cuando leas «Cajas de cartón», de Francisco Jiménez (página 253).

VIDEO

LA MURALLA

Nicolás Guillén

Para hacer esta <u>muralla</u>,
tráiganme todas las manos:
los negros, sus manos negras,
los blancos, sus blancas manos.
5   Ay,
una muralla que vaya
desde la playa hasta el monte,
desde el monte hasta la playa, bien,
allá sobre el horizonte.

10   —¡Tun, tun!
    —¿Quién es?
    — Una rosa y un clavel...
    —¡Abre la muralla!
    —¡Tun, tun!
15   —¿Quién es?
    — El <u>sable</u> del coronel...
    —¡Cierra la muralla!
    —¡Tun, tun!
    —¿Quién es?
20   — La paloma y el laurel...
    —¡Abre la muralla!

ADUÉÑATE DE ESTAS PALABRAS

muralla *f.*: fortificación permanente que rodea un territorio o una ciudad.
sable *m.*: una especie de espada.

—¡Tun, tun!
—¿Quién es?
— El <u>alacrán</u> y el ciempiés...
25 —¡Cierra la muralla!

Al corazón del amigo,
abre la muralla;
al veneno y al <u>puñal</u>,
cierra la muralla;
30 al mirto° y la yerbabuena,
abre la muralla;
al diente de la serpiente,
cierra la muralla;
al ruiseñor en la flor,
35 abre la muralla...

<u>Alcemos</u> una muralla
juntando todas las manos;
los negros, sus manos negras,
los blancos, sus blancas manos.
40 Una muralla que vaya
desde la playa hasta el monte,
desde el monte hasta la playa, bien,
allá sobre el horizonte...

30. **mirto:** arbusto con florecillas rosas o blancas.

ADUÉÑATE DE ESTAS PALABRAS

alacrán *m.:* escorpión.
puñal *m.:* cuchillo.
alcemos, de **alzar** *v.:* levantar; edificar.

CONOCE AL ESCRITOR

Nicolás Guillén
(1902–1989), uno de los más grandes poetas cubanos, fue un maestro del estilo afrocubano. En su poesía combinó las formas tradicionales españolas con palabras y ritmos afrocubanos para crear un lenguaje que consigue reflejar el sabor del Caribe hispanohablante.

Comenzó a escribir poesía cuando era adolescente. La visita del poeta afroamericano Langston Hughes a Cuba en 1930 llevó a Guillén a publicar *Motivos del son,* su primer trabajo importante. Los poemas de este libro tienen una estructura rítmica como la del son, un estilo musical cubano que tiene sus raíces en canciones, bailes y formas del habla. *Sóngoro cosongo* (1931), considerada la obra maestra de Guillén, expresa el carácter de la vida afrocubana con mucha más fuerza que su primera obra. Estos versos han sido recitados a menudo en público con acompañamiento de tambores.

Durante toda su vida, Guillén escribió una poesía que permitió a los cubanos comprender su propia diversidad. «La muralla» refleja su profunda conciencia social, su protesta contra el racismo y su afirmación de la hermandad entre los seres humanos.

Comunidad y oficio

internet

MARCAR: go.hrw.com
PALABRA CLAVE:
WN3 AMISTAD-CYO

El español en los servicios de auxilio

En el momento en que se necesitan servicios de auxilio —ya sea de bomberos, de policía o de personal médico— es de suma importancia el poder comunicarse.

Doug Medina lleva dieciséis años en el cuerpo de bomberos de Worcester, Massachusetts. Hijo de padres puertorriqueños, se crió en una época durante la cual se recomendaba a muchos jóvenes latinos que sólo hablaran inglés. Por lo tanto, dice él: «Tuve que aprender español por mi cuenta».

Doug entró al cuerpo de bomberos con siete hispanos, quienes eran los primeros bomberos hispanos en Worcester. Según él, es importante que haya bomberos hispanohablantes, porque muchos de los latinos de Worcester son inmigrantes recién llegados que no se comunican bien en inglés. Dice Doug: «Hace unos años, respondimos a una llamada, y encontramos a un niño de seis años sufriendo una reacción diabética. Al ponerle la máscara de oxígeno se asustó. Le dije: 'No te preocupes, papi, es solamente aire', y se calmó rápidamente. Siempre trato de hablar español inmediatamente cuando respondemos a una llamada de personas hispanohablantes; se sienten más tranquilos y por consiguiente es más fácil obtener información vital de ellos».

«Para mí, la recompensa de este trabajo es poder dar un ejemplo, especialmente a los niños, y como hispano, poder relacionarme con la gente para que reciba la ayuda que necesita. Las frustraciones... pues, perder gente, perder colegas. Hace un rato perdimos a seis colegas en un incendio. No me siento asustado, pero sí pienso bien todos los pasos que voy a tomar cuando llego a un incendio».

Además de ser bombero, Doug está en la junta directiva de un centro para jóvenes. Le encanta visitar escuelas para hablar con los niños. Dice una amiga de él: «Doug ha ayudado a un sinnúmero de jóvenes, dándoles un buen ejemplo, aconsejándolos, conectándolos con trabajos o programas de entrenamiento».

INVESTIGACIONES

A. En grupo, investiguen las profesiones de servicios de primeros auxilios por medio de Internet o de personas que ejerzan estas profesiones en su comunidad. Averigüen el tipo de adiestramiento e instrucción que requieren. ¿Cuáles son las recompensas y las frustraciones de cada una? ¿Cuán útil es el bilingüismo?

B. Creen un minidrama en el cual el dominio del español de un(a) profesional de servicios de auxilio salve la vida de alguna persona. Presenten su drama ante la clase.

Vocabulario

Cuaderno de práctica, págs. 32–35

■ Vocabulario en contexto

A. Faltan palabras «Cadena rota»

Completa las oraciones sobre este cuento con las palabras que faltan. Cambia la forma de la palabra si es necesario.

desatorar	chueco	cadena	peinado
tacaño	púas	rasurado	reja
enfrentarse	ponchado	acompañar	colgado
frenos	decepcionar	enterarse	descomponerse

1. Alfonso quería llevar el pelo ══ o lucir un ══ como el de *Prince*.

2. Quería que le pusieran ══ pues le fastidiaba tener los dientes ══.

3. Se encontró con un muchacho ══ cabeza abajo de una ══ de alambre.

4. Alfonso le ayudó al muchacho a ══ sus pantalones del alambre de ══.

5. Alfonso ══ al muchacho y a su hermana a su casa y ══ de que ella, como él, estaba en primero de secundaria.

6. Querían montar en bicicleta, pero la bici de Sandra tenía una llanta ══ y Alfonso sabía que su hermano era tan ══ que no le prestaría la suya.

7. Cuando Alfonso quitaba la ══ de su bici para limpiarla, ésta se le ══.

8. Decidió ══ a la situación y se fue caminando a la casa de Sandra. Sentía mucho tener que ══la en su primera cita.

B. Palabras parecidas «Naranjas»

Para cada grupo de palabras escoge el sinónimo de la palabra en negrilla y explica su similitud con la palabra dada. Consulta un diccionario si es necesario.

MODELO **fingir**   pretender   afligir
Escribes   Fingir y pretender son sinónimos. Describen la acción de aparentar.

1. **agrietarse**   romperse   postrarse
2. **hilera**   cima   fila
3. **graderías**   escalones   surcos
4. **sostener**   ignorar   mantener
5. **porche**   patio   portal
6. **ajustarse**   arreglarse   quitarse
7. **mercancía**   productos   basura
8. **mostrador**   tablero   mesa
9. **silbar**   pitar   correr
10. **aliento**   ánimo   alternativa

C. Faltan palabras «Una carta a Dios»

Completa el resumen de este cuento con las palabras que faltan. Cambia la forma de la palabra si es necesario.

enfadarse	esperanza	sembrar	lamentación	fondo
ladrón	tempestad	cosecha	granizo	aguacero
obra	fe	satisfecho	huerta	

Lencho miraba ___1.___ el campo que este año prometía una buena ___2.___. De repente empezó a llover y lo que parecía sólo un ___3.___ se volvió una ___4.___. Las grandes gotas de lluvia se convirtieron en ___5.___ que cayó sin parar, dejando la ___6.___ totalmente destruida. Fue una noche de ___7.___ pero Lencho no perdió la ___8.___, pues sabía en el ___9.___ del alma que Dios lo ayudaría. Lencho le escribió una carta a Dios pidiéndole cien pesos para volver a ___10.___ o su familia pasaría hambre. El jefe de la oficina de correos se admiró de la ___11.___ que tenía esta persona, y para hacer una ___12.___ de caridad, recogió algo de dinero entre sus empleados y se lo envió a Lencho en una carta firmada simplemente «Dios». Lencho no se sorprendió al recibir la carta, pero ___13.___ muchísimo al contar el dinero. En otra carta le pidió que le mandara el resto del dinero, pero no por la oficina de correos, pues los empleados allí eran unos ___14.___.

D. ¡A escuchar! «Cadena rota» y «Una carta a Dios»

Vas a escuchar una serie de oraciones sobre los dos cuentos. Identifica a qué personaje se refiere cada una de las oraciones.

Personajes: Alfonso, Sandra, Lencho, el jefe de correos

■ Mejora tu vocabulario

Anglicismos: préstamos, calcos y cognados falsos

Los **anglicismos** son palabras o frases que se toman prestadas del inglés y se adaptan al español como resultado del contacto que existe entre los hablantes de estos dos idiomas. Los **préstamos** lingüísticos son ejemplos de anglicismos. Muchos préstamos, tales como *suéter*, *líder* o *poliéster*, ya están adoptados ortográficamente pero otros se consideran todavía palabras extranjeras, como es el caso de *tour*, *beep* o *hobby*. La relación constante entre estos dos idiomas, especialmente en comunidades bilingües, ha resultado en el uso rutinario de estas palabras y otras como *lonchar*, *mopear* y *tipear*, las cuales no son comprensibles para muchos hablantes monolingües de español.

Los **calcos** y **cognados falsos** son otra forma de anglicismo. En el caso de los **calcos,** se traduce literalmente una expresión del inglés al español, al tiempo que se mantiene la estructura sintáctica del inglés. Algunos ejemplos comunes son *llamar para atrás (to call back),* en lugar de *devolver la llamada,* o *correr para presidente (to run for president),* en lugar de *ser candidato a la presidencia.* Por lo general, el resultado de un calco es una expresión incomprensible para muchos de los hablantes monolingües de la lengua, ya que su origen les es desconocido.

En el caso de los **cognados falsos,** por otro lado, se usa una palabra del español como equivalente de una del inglés porque su escritura es muy parecida, sin tener en cuenta que su significado es diferente; por ejemplo, *translate* y *trasladar. Translate* significa traducir; *trasladar,* en cambio, significa mover algo de lugar.

Aunque el uso de anglicismos es común en el lenguaje de las personas bilingües, es conveniente aprender a usar el vocabulario y la sintaxis del español oficial, especialmente cuando se trata de comunicarse con hispanohablantes de otras partes del mundo.

E. Préstamos, calcos y cognados falsos

Reemplaza las palabras subrayadas por las palabras del cuadro que mejor corresponden. Clasifícalas en préstamos, calcos o cognados falsos y explica su significado.

MODELO Su tío se había <u>movido</u> a Stockton, cerca de Sacramento.
Escribes Su tío se había mudado a Stockton, cerca de Sacramento.
Movido en este contexto es un cognado falso. En español, *to move to another town or home* se dice mudarse.

casilleros	empezar correspondencia	pidió	se dio cuenta
dar sustento	en realidad	por mucho tiempo	se divirtieron
debía	evidente	primero que todo	tenía sentido
descanso	pasatiempos	las revistas	una discusión

1. Uno de sus <u>jobies</u> favoritos era mirar los últimos cortes de pelo en <u>los magazines</u>.
2. Tuvo <u>un argumento</u> con su hermano porque no le quería prestar su bicicleta.
3. <u>Estaba supuesto a</u> recogerla después de las clases.
4. En el <u>breik</u>, Alfonso se escondió para evitar toparse con Sandra.
5. Montaron en bicicleta un rato y <u>tuvieron un buen tiempo</u>.
6. Cuando salió de clases vio a las chicas paradas junto a sus <u>lóckers</u>.
7. Lencho <u>realizó</u> que la cosecha había quedado totalmente destruida y que no tendría con qué <u>soportar</u> a su familia.
8. <u>Por largo tiempo</u>, Lencho trató de encontrar una solución a su problema.
9. <u>Primero de todo</u> decidió <u>corresponder</u> con Dios.
10. Lencho le <u>preguntó por</u> cien pesos para volver a sembrar su cosecha.
11. <u>Actualmente</u>, al jefe de la oficina de correos le sorprendió que una persona pudiera tener tanta fe.
12. Para Lencho, no <u>hacía sentido</u> que Dios le hubiera enviado sólo parte del dinero.
13. Era <u>aparente</u> que los empleados de la oficina de correos eran unos ladrones.

■ Aplicación

F. ¡Adivina la palabra! «Cadena rota» y «Naranjas»

Divide la lista de palabras con un(a) compañero(a). Con cada una de tus palabras, escribe una oración que explique el significado de esa palabra en el contexto del cuento. Luego lee tus oraciones a tu compañero(a) para que adivine a qué palabra corresponde tu oración.

Palabras: chuecos, ponchada, frenos, púas, sentadillas, trastos, mostrador, solar

> **MODELO** cadena
> _Tú_ Es la parte de la bicicleta de Alfonso que se rompió.
> _Tu compañero(a)_ ¿Es _cadena_?
> _Tú_ ¡Sí!

G. ¡A escribir! «Cadena rota» y «Una carta a Dios»

Para lograr lo que se quiere muchas veces es necesario luchar contra las circunstancias. Escribe un párrafo sobre este tema. ¿Qué cosas has deseado en tu vida, y qué tuviste que hacer para que uno de esos deseos se realizara? Incluye las siguientes doce palabras y consulta el glosario para verificar su significado si hace falta. Las palabras se pueden incluir en el orden que quieras.

Palabras: decepcionar, enterarse, enfrentarse, fastidiar, fingir, titubear, afligirse, confianza, determinación, esperanza, mortificado, satisfecho

H. A veces se oye, pero se dice...

En otra hoja de papel, haz un cuadro similar a éste y complétalo con las palabras o expresiones que faltan. Presta atención a las palabras o expresiones equivalentes del español oficial y escribe una oración con cada una de ellas.

Préstamos y calcos lingüísticos	Palabra o expresión del inglés	Palabra o expresión del español oficial
brecas	brakes	frenos
	to type	
fornitura		muebles
hacer una decisión		
	laundry	
tener buenas maneras		
No hace ninguna diferencia.		No importa.
	I was born	
¿Cómo puedo ayudarlo?		¿En qué puedo servirle?
	to look for something	

I. Constelación de palabras

Cada par de palabras de esta actividad consta de una palabra en inglés y un cognado falso en español. En una constelación igual a la del modelo, escribe la definición del cognado falso en español y una frase original. Después, escribe la traducción correcta al español de la palabra en inglés, la definición de la palabra en español y otra oración original.

Pares de palabras: fabric/fábrica, application/aplicación, carpet/carpeta, school grade/grado, embarrassed/embarazado, library/librería, to attend/atender, to realize/realizar

Para la lista de **Vocabulario esencial** Ver la página 139

Gramática

Cuaderno de práctica, págs. 36–41

■ El adjetivo

El **adjetivo** modifica al sustantivo. Siempre concuerda con el género y el número del sustantivo que modifica:

*Una señora **simpática**, unas señoras **simpáticas***

*El carro **viejo**, los carros **viejos***

*Una película **interesante**, unas películas **interesantes***

*Un amigo **fiel**, unos amigos **fieles***

Los adjetivos descriptivos

Los adjetivos descriptivos son aquellos que expresan el aspecto físico o moral, o aspectos particulares como la nacionalidad, la religión y la afiliación política.

El adjetivo descriptivo...

1. Se coloca después del sustantivo para distinguirlo dentro de un grupo de manera más o menos enfática:

   la camisa blanca (no la amarilla)

   una casa enorme (no una pequeña)

   los zapatos sucios (no los limpios)

   unos chicos trabajadores (no unos perezosos)

   la comida japonesa (no la francesa)

2. Se coloca antes del sustantivo para referirse a una cualidad inherente del mismo o para describir algo que es único. Esto produce muchas veces un sentido dramático o poético:

   la blanca nieve (no hay otro color para la nieve)

   un enorme ramo de flores (se destaca el ramo y no su tamaño)

   las maravillosas catedrales (no hay otra manera de describir las catedrales)

   mis adoradas nietas (no tengo nietas que no sean adoradas)

   la bella mamá de Pilar (Pilar sólo tiene una mamá)

   También se coloca antes del sustantivo en frases o expresiones exclamativas:

   ¡Buena idea!   *¡Qué hermosa ciudad!*   *¡Ay, qué lindo día!*

3. Puede formar el predicado:

   Nuestros vecinos son simpáticos.   *Esta clase es bien interesante.*

Adjetivos que cambian de significado según la posición

Según el lugar que ocupan en la oración, ciertos adjetivos descriptivos pueden cambiar de significado:

Napoleón fue un gran emperador. (importante o poderoso)

Ese actor no es un hombre grande. (de estatura baja)

- *Vamos a comprar un carro nuevo.* (no usado)

  Laura es una mujer pobre. (no tiene dinero)

  Tenemos que ayudar a la pobre mujer. (infeliz, desdichada)

  Es un alto funcionario del gobierno. (importante)

  Lo escondió en un estante alto. (no bajo)

  Jorge es un viejo amigo. (nos conocemos desde hace años)

  Mi tío Ernesto es un señor viejo. (mayor, no joven)

Los adjetivos determinativos

Los adjetivos determinativos no contrastan el sustantivo con otro sino que precisan su significado u ofrecen información relacionada con el orden o la cantidad. Son los números ordinales (*primero, segundo,* etc.), los artículos definidos e indefinidos (*el, las, una, unos,* etc.), los adjetivos posesivos (*mi, tus, nuestro,* etc.) y los adjetivos demostrativos (*este, esa, aquel,* etc.). También se incluyen las formas de *mucho, poco, ambos, otro, pleno* y *tanto.* Generalmente se colocan antes del sustantivo:

el *primer* día	*poca* paciencia
otra vez	*mis* padres

Práctica

A. Busca cinco adjetivos en posición posterior al sustantivo y cinco en posición anterior en «La muralla» y «Una carta a Dios». En cada caso, di si es un adjetivo descriptivo o determinativo y explica por qué se usa antes o después del sustantivo.

> **MODELO**   blancas manos: Es un adjetivo descriptivo. Se usa antes del sustantivo para dar un efecto poético.

B. Coloca los siguientes adjetivos en la mejor posición.

1. Se compró una ══════ cámara ══════. ¡Ahora tiene tres! (nueva)

2. Fernando es un ══════ hombre ══════. Mide más de 1.6 metros y pesa alrededor de 95 kilos. (grande)

3. Conocimos a un ══════ señor ══════. (hondureño)

4. El autor habló mucho sobre la ══════ guerra ══════ en su país. (trágica)

5. Se casaron en una ══════ iglesia ══════. (católica)

6. Daniel tiene el ══════ pelo ══════. (castaño)

7. Le presté cinco dólares al ══════ hombre ══════. ¡Había dejado su billetera en casa! (pobre)

8. Diego y Javier son ══════ amigos ══════. Se conocieron hace años. (viejo)

C. Escribe una carta al director de un periódico sobre algún problema que enfrenta tu ciudad, o sobre otro asunto que te interese. Usa por lo menos cinco adjetivos que vayan antes del sustantivo y cinco que vayan después.

MODELO Estimado director: Me he fijado en los enormes problemas de...

■ El adverbio

El **adverbio** modifica a un verbo *(Caminó **deprisa**),* a un adjetivo *(Es **bastante** joven)* o a otro adverbio *(Se portó **muy** mal).* Se coloca después de la palabra que modifica cuando ésta es un verbo. Si modifica a un adjetivo o a otro adverbio, entonces viene antes.

Hay adverbios...

1. Espaciales: *Ven **aquí**. Ponlo **allí**. Jugaban **afuera**. Están **detrás de ti**.*

2. Temporales: *Me llamó **luego**. La clase empieza **ahora**. La silla está **recién** pintada. **Al principio** no me caía bien.*

3. De modo: *Pasó **rápido**. Vino **deprisa**. La cadena estaba **completamente** rota.*

4. De cantidad o grado: *Habla **mucho**. No es **nada** fácil. Hoy se siente **menos** cansado. El lago es **muy** profundo.*

El sufijo *-mente*

1. Muchos adverbios de modo se forman añadiendo **-mente** a la forma femenina o neutra del adjetivo. Si el adjetivo lleva acento, éste se mantiene cuando se añade **-mente:**

lento → *lentamente*		*fuerte* → *fuertemente*	
fácil → *fácilmente*		*irónico* → *irónicamente*	

2. Si hay dos adverbios consecutivos, sólo el último lleva la terminación **-mente** y el primero mantiene la forma femenina o neutra:
*Me lo dijo **sincera** y **llanamente**.*
*Caminaba **lenta** y **cuidadosamente**.*

Práctica

D. Las siguientes oraciones se basan en «Cadena rota», «Una carta a Dios» y «Naranjas». Identifica los adverbios e indica si modifican a un verbo, a un adjetivo o a otro adverbio. Luego clasifica cada uno como adverbio espacial, temporal, de modo o de cantidad.

1. Se quedó helado cuando vio a Alfonso y estaba realmente preocupado.

2. Su radio portátil no estaba lo suficientemente fuerte como para molestar al señor Rojas.

3. Alfonso se alejó velozmente con las manos en los bolsillos.

4. La muchacha que había conocido no vivía muy lejos.

5. La muchacha era demasiado agradable para hacerle una jugarreta de ese tipo.

6. La cadena estaba definitivamente rota.

7. Alfonso la llevó a través de una hilera de árboles recién plantados.

8. Lencho esperaba que la tormenta pasara pronto.

9. Metió la carta en el sobre y, todavía preocupado, se fue al pueblo.

E. Las siguientes oraciones se basan en «Cadena rota». Completa cada oración con un adverbio o un adjetivo, usando la forma correcta de la palabra entre paréntesis.

1. Estaba ══════ a ser más apuesto que el promedio. (decidido)

2. La semana ══════ había hecho cincuenta sentadillas. (anterior)

3. Su padre estaba ══════ preocupado. (real)

4. Alfonso notó que la muchacha era ══════ bonita. (bastante)

5. Le preguntó ══════ si quería salir a andar en bici. (tímido)

6. En vez de irse ══════, se quedaron hablando un rato. (inmediato)

7. Empezó a caminar hacia la casa con paso ══════. (lento)

8. Pedaleaba ══════, a veces con una sola mano en el manubrio. (tranquilo)

F. Escribe las siguientes oraciones de nuevo, usando un adverbio para reemplazar la frase subrayada. Usa los adverbios de la lista.

MODELO Comimos la cena de <u>manera tranquila</u>.
Escribes Comimos la cena tranquilamente.

directamente	recientemente	apenas
deprisa	a menudo	bajo
primero	lentamente	
completamente	últimamente	

1. Siempre llega tarde porque todo lo hace <u>a paso de tortuga</u>.

2. Vino a casa <u>sin parar en ningún lugar</u>.

3. Salió de la casa <u>con rapidez</u>.

4. Me habló <u>en una voz muy suave</u> para que nadie lo oyera.

5. No está <u>del todo</u> bien del estómago.

6. Nos hablamos por teléfono <u>casi todos los días</u>.

7. <u>En estos días</u> he estado muy cansado.

8. <u>Antes de hacer otra cosa</u>, haz tu tarea.

G. Escribe oraciones usando los siguientes pares de adverbios.

1. a tiempo/tarde
2. bien/mal
3. directo/luego
4. adentro/afuera

5. deprisa/en seguida
6. todavía/ya no
7. más/menos

■ El comparativo

Se pueden comparar personas y cosas usando adjetivos, adverbios o sustantivos:

> Rafael es **más alto que** José Antonio.
>
> Este libro es **menos interesante que** aquél.
>
> Canta **tan bien como** Luisa.
>
> Hablo francés **mejor que** tú.
>
> Susana compra **tantas revistas como** Victoria.
>
> Esta ciudad tiene **más de** un millón de habitantes.

¿Te acuerdas?

Se usan las siguientes formas para comparar:
más + adjetivo/adverbio/sustantivo + **que**
menos + adjetivo/adverbio/sustantivo + **que**
tan + adjetivo/adverbio + **como**
tanto(a)(os)(as) + sustantivo + **como**
Se usa **de** cuando se comparan números o cantidades:
Tengo menos **de** dos dólares.
Leí más **de** la mitad del capítulo.

También se pueden comparar personas y cosas usando cláusulas:

1. Si se compara un sustantivo, se usa **más/menos** + sustantivo + **del/de la/de los/de las** + **que** + cláusula:

   Recibió más regalos **de los que** había recibido el año pasado.

   Le eché menos sal **de la que** requiere la receta.

   Hay más oportunidades **de las que** se cree.

2. Si se compara un adjetivo o un adverbio, se usa **más/menos** + adjetivo/adverbio + **de lo que** + cláusula:

   Soy más organizada **de lo que** parezco.

   La fiesta fue menos divertida **de lo que** todos esperábamos.

   Canta mejor **de lo que** cree.

Práctica

H. Completa el párrafo con las palabras correctas. Usa los comparativos de la lista. Algunas palabras se usan más de una vez.

como	más	tan	tantas
de	que	menos	tantos

Mi nuevo colegio, Duval High, es mejor ____1.____ mi antiguo colegio,

Roosevelt High. Tiene tantos estudiantes ____2.____ Roosevelt —más

____3.____ 600— pero el edificio es más grande y los estudiantes no se sienten ___4.___ amontonados como en Roosevelt. El director de Duval es mucho ___5.___ estricto que la directora de Roosevelt; por ejemplo, no nos permite masticar chicle ni hablar en los pasillos. Los estudiantes son más activos ___6.___ los de Roosevelt; más ___7.___ la mitad participa en algún club académico o equipo deportivo. Por otro lado, Duval no es ___8.___ bonito como Roosevelt. Duval no tiene ___9.___ árboles ni ___10.___ flores como Roosevelt. Sin embargo, Duval me gusta más porque todo el mundo se conoce y las clases son más pequeñas: es ___11.___ impersonal que Roosevelt. En fin, ¡estoy muy contenta con mi nuevo colegio!

I. Las siguientes oraciones se basan en «Una carta a Dios». Complétalas con las frases comparativas correctas de la lista. Algunas frases se usan más de una vez.

de la que	del que	de lo que
de las que	de los que	

1. Las cosechas de este año fueron peores ════ se esperaba.
2. Ese día había más nubes ════ habían pronosticado.
3. Llovió más ════ hubieran querido.
4. Cayó más granizo ════ era normal.
5. Lencho tenía más fe ════ tenía mucha gente.
6. Reunieron menos dinero ════ había pedido Lencho.
7. Pusieron menos billetes en el sobre ════ hubiera querido Lencho.
8. Lencho pensaba que los empleados eran más deshonestos ════ eran.

J. Escribe oraciones completas basadas en las siguientes oraciones. Sigue el modelo.

MODELO   Hubo más <u>personas</u> de las que <u>se invitaron</u>. (problemas, habían anticipado)

Escribes   Hubo más problemas de los que habían anticipado.

1. Es más <u>fácil</u> de lo que <u>crees</u>. (complicado, parece)
2. Malgastó más <u>tiempo</u> del que <u>disponía</u>. (pesos, tenía)
3. Es más <u>interesante</u> de lo que <u>se cree</u>. (joven, aparenta)
4. Visitamos más <u>monumentos</u> de los que <u>habíamos planeado</u>. (galerías de arte, hubiéramos querido)
5. Hizo menos <u>ejercicio</u> del que <u>quería</u>. (abdominales, eran necesarios)
6. Tengo más <u>amigas</u> ahora de las que <u>tenía el año pasado</u>. (dinero, tenía antes)

7. Se necesita más <u>azúcar</u> del que <u>hay</u>. (paciencia, tengo)

8. Trajeron más <u>platos</u> de los que <u>habíamos pedido</u>. (comida, podían comer)

K. Escribe un párrafo de ocho a diez oraciones en el que describas cómo es tu vida este año en comparación con el año pasado. Usa las frases comparativas de la lista. Sigue el modelo.

MODELO No tengo tanta tarea como el año pasado.

del que	de lo que	menos… de
de los que	más… que	tan… como
de la que	menos… que	tanto(s)… como
de las que	más… de	tanta(s)… como

■ Comparación y contraste

Los diminutivos y aumentativos en español

En el habla coloquial, los sustantivos, adjetivos y adverbios pueden adoptar una forma diminutiva o aumentativa mediante una serie de sufijos. Los **diminutivos** y **aumentativos** dan toda una gama de connotaciones a las palabras con las que se usan. Faltando un sistema de sufijos, el inglés expresa las mismas connotaciones por medio de adjetivos adicionales o empleando otras palabras. ¡Ojo! El uso de estos sufijos varía mucho de país en país.

1. Algunos diminutivos expresan pequeñez, cariño, o suavidad, o también dan una connotación sarcástica o despectiva. Otros sólo sirven para dar una connotación fea o de insignificancia.

Sufijo	Connotación	Ejemplo	Inglés
-(c)ito, -(c)ita **-(c)ico, -(c)ica**	pequeñez (generalmente positivo)	libr**ito** cafe**cito** rat**ico**	*tiny little book* *nice cup of coffee* *short little while*
-(c)illo, -(c)illa	pequeñez (positivo o negativo)	chiqu**illo**	*little boy*
-ucho, -ucha	pequeñez (despectivo)	cas**ucha**	*broken-down hovel*
-uelo, -uela	pequeñez (despectivo o de insignificancia)	moz**uelo**	*little kid*

2. Los aumentativos expresan grandeza, pero también se usan para dar una connotación fea, sarcástica o torpe.

Sufijo	Connotación	Ejemplo	Inglés
-(z)azo, -(z)aza	grandeza (impresionante o despectivo)	carr**azo** dolor**zazo**	*big fancy car* *awful pain*
-ón, -ona	grandeza (generalmente despectivo)	cas**ona**	*great big house*
-ote, -ota	grandeza (impresionante o despectivo)	cabez**ota**	*huge head; very stubborn person*

3. Se emplean con adjetivos y también con adverbios para suavizar o exagerar su sentido.

Sufijo	Connotación	Ejemplo	Inglés
-(c)ito, -(c)ita **-(c)ico, -(c)ica**	suaviza el significado	pequeñ**ito** despac**ito** ahor**ita**	*teeny-weeny* *nice and slow* *right away*
-uco(a)	suaviza el significado	tont**uco** fe**úco**	*a bit silly* *kind of ugly*

Práctica

A. Escribe las siguientes oraciones de nuevo, reemplazando los elementos subrayados con diminutivos o aumentativos.

1. Nos tocó leer tres <u>enormes libros</u> en la clase de literatura.
2. El millonario se construyó una <u>casa muy grande</u> en el campo.
3. A Pinocho le daba vergüenza su <u>enorme nariz</u>.
4. A mi abuelo le gusta echarse una <u>siesta corta</u> después del almuerzo.
5. La maleta de mi tía está <u>bastante pesada</u>.
6. Raquel viene de un pueblo <u>muy feo y miserable</u> en las montañas.

B. Traduce las siguientes oraciones al inglés. Usa el lenguaje adecuado para comunicar el mismo sentido.

1. Miguel siempre ha sido un amigazo. ¡Es un tipazo!
2. ¡Qué florecillas más lindas me has regalado!
3. Estoy harta de este cuartucho. ¡Tengo que irme!
4. Yolanda es una flacucha.
5. Los hermanos de Mariana son todos grandotes.
6. Ese mozuelo es un preguntón.

Ortografía

Cuaderno de práctica, págs. 42–44

■ Letra y sonido

Los sonidos /r/ y /rr/

Ampliación

• Confusión entre las terminaciones
-ío/-ía e **-illo/-illa**
Hoja de práctica 2–A

El sonido /r/, clasificado como suave o simple, siempre se representa con la letra **r.** Pronuncia la siguiente oración, fijándote en las letras en negrilla. *Mi hermano Ernesto no tenía dinero para comprar una naranja.* Fíjate que el sonido /r/ nunca ocurre al principio de una palabra.

El sonido /rr/, clasificado como fuerte o múltiple, se representa con las letras **r** o **rr.** Pronuncia la siguiente oración: *Enrique estaba aburrido hasta que se le ocurrió encender la radio.*

¡Ojo! Algunos hablantes del Caribe intercambian los sonidos /r/ y /ll/ al final de una sílaba: *el borsillo de Elnesto* (el bolsillo de Ernesto). También existe, sobre todo en Cuba, la tendencia a eliminar el sonido /r/ al final de una sílaba: *cerrá la puetta* (cerrar la puerta). Estos hablantes deben prestar atención especial al escribir y consultar un diccionario cuando tengan duda.

Para escribir el sonido /rr/...

1. Se usa la letra **r** al principio de una palabra; después de las consonantes **n, l** y **s;** y después del prefijo **sub-:** *rápido, enredo, alrededor, subrayar.*

2. Se usa la letra **rr** entre vocales o cuando el segundo elemento de una palabra compuesta comienza con **r:** *arriba, guerrero, puertorriqueño, pelirrojo.*

Práctica

A. Con un(a) compañero(a), vuelve a una página de «Una carta a Dios». Encuentren y escriban seis palabras que lleven el sonido simple /r/ y seis palabras que lleven el sonido múltiple /rr/.

> **MODELO**   /r/— pórtico, fuera, nadar, ...
> /rr/— cerró, ruido, rayos, ...

B. Completa cada palabra con **r** o **rr,** según el sentido de la oración.

1. Ce≡ó la puerta porque que≡ía estar solo.

2. Estuvo esperando como un bu≡o durante una ho≡a.

3. Aho≡a se siente dep≡imido.

4. La muchacha peli≡oja está jugando a la ≡ayuela con sus amigas.

5. A☰ancó en su bici sin mi☰ar hacia atrás.

6. Dio vueltas al☰ededor del ba☰io.

7. La bici era muy ca☰a, y la cadena se ☰ompió de todos modos.

8. Sus pantalones quedaron en☰edados y manchados de aceite te☰oso.

El sonido /y/

En muchas regiones de habla española, la distinción entre *cayó* y *calló* ha desaparecido; ambas palabras se pronuncian con el sonido /y/. Este fenómeno, conocido como **yeísmo,** puede causar confusión al escribir palabras con **y** y **ll.** Sin embargo, hay algunas pautas generales para su uso.

Se emplea la *ll*...

1. En las terminaciones **-alla, -alle, -allo, -ella, -elle, -ello** (menos *plebeyo* y *leguleyo*), **-olla, -ollo** y **-ullo:** *talla, valle, caballo, aquella, muelle, centello, ampolla, rollo, orgullo.*

2. Después de la letra **i,** como en las palabras que terminan en **-illa, -illo, -illera, -illero:** *rodilla, cuchillo, panecillo, cordillera, casillero.*

> **¡Ojo!** En algunos dialectos del español, el sonido /y/ desaparece cuando está entre vocales. Palabras que terminan en **-illa** e **-illo** suenan igual que **-ía** e **-ío:** *tortías y panecíos* (*tortillas y panecillos*). En la escritura, hay que tener cuidado de no omitir la letra *ll* de dichas palabras.

3. En las formas de los verbos que terminan en **-allar, -illar, -ullar** y **-ullir** y sus derivados: *hallar, hallado; chillar, chillido; patrullar, patrullero; zambullir, zambullido.*

4. En las sílabas que comienzan con **fa-, fo-** y **fu-:** *fallecer, folleto, fullería.*

Hay muchas palabras, sin embargo, que se escriben con **ll** sin seguir estas normas: *llamar, llanta, atropellar, apellido, castellano.* La mejor manera de aprender éstas es a través de la lectura y la práctica.

Se emplea la *y*...

1. Antes de **a, e** y **o** en las formas de verbos cuyos infinitivos terminan en **-uir:** *construyen, influya, huyó.*

2. En ciertas formas de los verbos **oír, caer, creer** y **leer:** *oyó, creyera, leyeron, cayó.*

3. En el singular y el plural de las palabras que terminan con el sonido /i/, siempre que no esté acentuado: *ley, hoy, reyes, bueyes.*

4. En las palabras que empiezan con **yer-:** *yerno, yerto, Yerma.*

5. En la sílaba **-yec-:** *proyecto, inyección.*

6. Después de los prefijos **ad-, dis-, sub-:** *adyacente, disyuntor, subyugar.*

- Hay muchas palabras que se escriben con **y** sin seguir ninguna regla: *payaso, ensayar, yegua, hoya, leyenda*. Algunas de estas palabras son homófonas de palabras escritas con **ll**. Por ejemplo, *olla/hoya; malla/maya; calló/cayó; rallo/rayo; arrollo/arroyo; valla/vaya*. Consulta un diccionario para averiguar los significados de cada palabra.

Práctica

C. Completa las oraciones con **ll** o **y**.

1. Desa⹀unamos con huevos estre⹀ados.
2. El caba⹀o se ⹀amaba Ra⹀os.
3. Se puso ⹀odo en la herida hasta sentir un cosqui⹀eo.
4. Él estaba rastri⹀ando las hojas mientras nosotros jugábamos a la ra⹀uela.
5. ¿Cuál casi⹀ero es el tu⹀o?
6. Luis me a⹀udó a inflar las ⹀antas de la bici.
7. El escultor ta⹀ó la imagen de mi estre⹀a de cine preferida.

D. Completa las oraciones con las palabras correctas. Consulta un diccionario si es necesario.

1. La casa está sobre un cerro, cerca de un (arrollo/arroyo).
2. El granizo (calló/cayó) sobre la huerta.
3. El abuelo de Lencho era (malla/maya).
4. Los muchachos tienen (callos/cayos) en las manos por trabajar la tierra.
5. La madre prepara las tortillas y luego (ralla /raya) el queso.
6. (Valla/Vaya) a la tienda y compre una (hoya/olla) de cobre.
7. Lencho puso una (malla/maya) alrededor de las plantas de maíz.

■ La acentuación

Las palabras agudas, llanas, esdrújulas y sobresdrújulas

Cada palabra tiene una sílaba tónica; es decir, una sílaba que se pronuncia con mayor intensidad de voz. Según donde esté la sílaba tónica, las palabras pueden ser **agudas, llanas, esdrújulas** o **sobresdrújulas**. Las palabras **agudas** llevan la intensidad de voz en la última sílaba: *co-**mún**, pa-**red**, ca-**fé***. Las **llanas** la llevan en la penúltima sílaba: *li-**bro**, es-**cue**-la, **lá**-piz*. Las **esdrújulas** cargan la intensidad tonal en la antepenúltima sílaba: ***pá**-gi-na, **mé**-di-co, te-**lé**-fo-no*. Por último, en las palabras **sobresdrújulas,** la sílaba tónica es la tras antepenúltima: *re-**pí**-ta-me-lo, **llé**-va-te-lo, de-**mués**-tra-se-lo*.

- Para saber cuándo poner acento escrito en las palabras, sigue estas reglas:

1. Las palabras **agudas** llevan acento escrito si terminan en vocal o en la consonante **n** o **s**: *pa-pá, em-pe-zó, se-gún, in-glés.* Sin embargo, si una palabra aguda terminada en **n** o **s** va precedida por otra consonante, no lleva acento escrito (a no ser que fuera otra **n** o **s**, como *Orleáns*): *Ca-sals, I-saacs.* Tampoco llevan acento escrito las palabras agudas que terminan en **y**: *Pa-ra-guay, con-voy, Ca-ma-güey.*

2. Las palabras **llanas** llevan acento escrito cuando terminan en consonante que no sea **n** o **s**: *ár-bol, hués-ped, Ve-láz-quez, au-to-mó-vil.* Se acentúan en algunos casos las palabras llanas acabadas en **n** o **s** cuando esa letra va precedida de otra consonante (a no ser que sea otra **n** o **s**, como *Rubens*): *bí-ceps, fór-ceps, trí-ceps.*

3. Todas las palabras **esdrújulas** y **sobresdrújulas** llevan acento escrito sin excepción: *pá-ja-ro, ma-mí-fe-ro, e-lec-tró-ni-ca, dí-ga-se-lo, ki-ló-me-tro.*

¿Se te ha olvidado?
la acentuación
Ver la página R63

Práctica

E. Las siguientes palabras aparecen en «Una carta a Dios». Decide si son agudas, llanas, esdrújulas o sobresdrújulas. Luego explica por qué llevan o no acento escrito.

1. aseguró	**5.** oficina	**9.** ladrones
2. caridad	**6.** esperanza	**10.** hombre
3. aéreo	**7.** buzón	**11.** riéndose
4. exponiéndose	**8.** mándamelo	**12.** corral

F. Escribe el siguiente párrafo de nuevo, colocando un acento escrito en las palabras que lo necesiten.

Alfonso parece ser un niño simpatico, un poco timido y bastante atletico. Ya tiene ondulaciones en su estomago por hacer sentadillas. Me pregunto si tendra ondulaciones en los biceps tambien. Alfonso quiere ser un muchacho apuesto para llamar la atencion de las niñas. Ultimamente, se pasa horas en el portico o en su habitacion empujandose los dientes chuecos con el pulgar. Es una lastima que su familia no tenga los dolares para comprarle frenillos.

■ Dictado

A. Vas a escuchar una serie de oraciones basadas en «Cadena rota». Escribe lo que oyes, prestando especial atención a las letras **r** y **rr**, y a los acentos escritos.

B. Vas a escuchar una serie de oraciones basadas en «Una carta a Dios». Escribe lo que oyes, prestando especial atención a las letras **ll** e **y**, y a los acentos escritos.

Taller del escritor

Tarea
Escribe una semblanza.

LA DESCRIPCIÓN

SEMBLANZA

En una **semblanza** se describe el aspecto físico, los rasgos de la personalidad y los logros de una persona. También se puede explicar lo que esa persona significa para uno(a).

Antes de escribir

TRABAJO EN CURSO

1. Lluvia de ideas

Trata de obtener ideas sobre posibles candidatos para tu biografía repasando las anotaciones que hiciste en tu CUADERNO DEL ESCRITOR. Hazte las siguientes preguntas:

- ¿Cuál de las personas mencionadas me inspira más?
- ¿Qué persona ejerce la mayor influencia sobre mí?
- ¿Tengo más cosas que decir sobre alguna persona en particular?

Escritura libre
Una de las personas a las que más admiro es mi mejor amigo Jimmy. Yo diría que las tres mejores cualidades de Jimmy son su sentido del humor, su preocupación por los demás y su generosidad.

2. Escritura libre

Para obtener más ideas, escribe libremente sobre alguno de estos temas, o varios de ellos: tu mejor amigo, una persona a la que admiras, un acto de generosidad de alguien, tu primer amor, una persona a la que en un principio juzgaste mal, o alguien con un gran sentido del humor.

3. Investigación

Observa fotografías de tu familia u hojea un álbum de recortes con fotos, cartas y otros recuerdos. Elige a una persona importante en tu vida y haz dos columnas como las que aparecen a continuación. A la izquierda, anota palabras o frases que indiquen cómo te hace sentir el conocer o estar con esa persona. A la derecha, haz una lista de las experiencias que has compartido con él o ella. Trata de incluir dos o tres sucesos que revelen su carácter.

Una persona especial

Mis sentimientos | Nuestras experiencias comunes

_____ | _____
_____ | _____
_____ | _____
_____ | _____

4. Objetivo y público

Después de haber seleccionado una persona, considera el objetivo y tus lectores. En una semblanza, tu **objetivo** es informar a los lectores sobre una persona especial y expresar lo que significa para ti. Concéntrate en este objetivo y resume en una o dos oraciones lo que esa persona significa para ti. Este comentario se convertirá en la **idea principal** de tu semblanza. Para descubrir cuál es tu idea principal, hazte las siguientes preguntas:

• ¿Por qué son los logros de esta persona o los rasgos de su personalidad importantes para mí?

• ¿En qué he cambiado al conocer a esta persona?

• ¿Cómo pienso que esta persona puede influir en mis decisiones, valores y objetivos en el futuro?

Tu **público** serán los lectores: tu profesor, tus compañeros de clase y familiares cercanos o amigos. Pregúntate si todos o la mayoría de estas personas conocen también al personaje de tu semblanza. Así podrás decidir qué antecedentes debes incluir.

5. Reúne detalles

Los **detalles** son el elemento central de cualquier biografía. Reúne detalles para ayudar a tus lectores a apreciar al personaje. He aquí algunas estrategias que te pueden ayudar a reunir detalles específicos sobre el personaje:

• Estudia fotografías y enumera detalles físicos distintivos.

• Dibuja a la persona sentada, de pie, o gesticulando de una manera típica de él o ella.

Idea principal
Mi profesora, la Srta. Rivera, ha tenido una marcada influencia sobre mí, porque a través de su ejemplo, me ha ayudado a apreciar el valor de responsabilizarse de un proyecto difícil y esforzarse por acabarlo.

Detalles para una semblanza

1. Nombre, edad, parentesco
2. Aspecto:
   Rasgos personales
   Sucesos específicos/
   Experiencias
3. Declaraciones/citas
4. Idea principal/Importancia de la persona

Esquema para una semblanza

I. Introducción
   A. Capta la atención del lector.
   B. Presenta al personaje.
II. Cuerpo
   Utiliza el orden cronológico para relatar una serie de sucesos, o utiliza el orden de importancia para presentar los rasgos más característicos.
III. Conclusión
   Resume la idea principal.

Pautas para escribir

1. Intenta incluir complementos circunstanciales para explicar las acciones de la persona.
2. Procura usar verbos precisos.
3. Pon complementos circunstanciales al principio de algunas oraciones para que el texto resulte variado y ameno.

- Piensa en algún lugar donde pasaste un tiempo con la persona, e imagina ese lugar de la forma más vívida que puedas.
- Anota dos o tres frases que haya dicho esa persona y luego utiliza estas citas para recordar más detalles sobre las experiencias que has compartido con él o ella.

Utiliza una lista como la que aparece a la izquierda para registrar tus detalles.

El borrador

1. Organización

Repasa tus notas y decide cómo puedes ordenarlas de una manera lógica. Un modo de hacerlo es hablar de tu personaje en **orden cronológico o temporal,** presentando una serie de sucesos en el orden en que ocurrieron realmente.

Otro método es organizar tu semblanza en torno a los rasgos de la personalidad del personaje. Si escoges este método, detalla al menos un suceso específico que ilustre cada rasgo de la personalidad. Tal vez te convenga utilizar un **orden de importancia,** mediante el cual se presenta el rasgo más notable del personaje al principio o al final de la biografía.

2. Experimentación

Experimenta con las **figuras retóricas** para conseguir que tu perfil biográfico sea más vívido e interesante. Compara estos ejemplos:

Tío Ramón es un hombre grande y fuerte.	Tío Ramón es **tan poderoso como un motor de vapor.**
Ramón dio un largo discurso de amarga protesta.	Las amargas palabras de Ramón **salieron de su boca como un río tumultoso.**

Evaluación y revisión

1. Intercambio entre compañeros

Con un(a) compañero(a), lean por turnos cada borrador en voz alta. Luego, háganse las siguientes preguntas:

- ¿Cómo resaltarías la importancia de la persona?
- ¿Qué detalles son los más vívidos? ¿los más vagos?

- ¿En qué temas deseas profundizar más?

Apunta los detalles de la semblanza que te gustaría reorganizar o añadir.

2. Autoevaluación

Utiliza las siguientes pautas para revisar lo que has escrito. Incorpora, borra o reorganiza detalles y realiza otros cambios necesarios de palabras u organización.

Pautas de evaluación

1. ¿He comenzado de manera efectiva e interesante?

2. ¿Están claros los antecedentes?

3. ¿He presentado los detalles de una forma clara y lógica?

4. ¿He usado un lenguaje vívido en la descripción de esta persona?

5. ¿He especificado con claridad lo que esta persona significa para mí?

Técnicas de revisión

1. Comienza con una cita interesante o un detalle humorístico.

2. Incorpora los hechos necesarios.

3. Reorganiza tu material y utiliza más palabras de enlace.

4. Incorpora figuras retóricas como el símil, la metáfora o la personificación.

5. Revisa o amplía la exposición de tu idea principal.

Compara las dos versiones siguientes de un párrafo inicial en una semblanza.

Así se dice

Para evaluar un trabajo escrito

A mí lo que más me llamó la atención fue...

Lo más interesante (notable) del personaje es...

Creo que podrías haber descrito mejor a tu personaje si hubieras...

Yo que tú le daría más énfasis a...

Una cosa que no entendí bien fue...

MODELOS

Borrador 1

Mi abuela Elisa ha sido una persona importante en mi vida desde que yo era niña. Parecía como si siempre supiera decir las palabras adecuadas en una crisis y hacerme sentir bien. Cuando tuvimos que mudarnos a otra ciudad hace un año, me sentí muy triste. Mi abuela me dijo que no me desesperara.

Evaluación: Este párrafo es muy general y abstracto. Necesitamos visualizar al personaje y la situación.

Borrador 2

«¡Cuando una puerta se cierra, Gloria, recuerda que otra se abre!» Nunca he olvidado cómo mi abuela Elisa me consoló cuando nos marchábamos de nuestra antigua casa. Sentí que dejaba atrás todo lo que era familiar e importante en mi vida. A medida que veía cómo nuestra casa desaparecía de mi vista, mi abuela sacó una hoja de papel y un lápiz de su bolso. Cuando le pregunté qué estaba haciendo, me respondió que estaba haciendo una lista de todas las cosas divertidas que haríamos cuando llegáramos.

Evaluación: Mejor. El párrafo comienza con una cita interesante. La escena nos prepara para apreciar el significado del personaje en la vida del escritor.

Corrección de pruebas

Intercambia trabajos con un(a) compañero(a) y corrijan con cuidado las respectivas semblanzas. Señalen cualquier error de gramática, ortografía o puntuación.

Publicación

Usa estos métodos para publicar o compartir tu escrito:

- Reúnete con otros estudiantes para crear un archivo ilustrado de biografías.

- Regala al personaje de tu biografía un ejemplar firmado de la misma.

Reflexión

Escribe una respuesta breve a una o varias de estas preguntas:

- ¿De qué manera me ha ayudado esta tarea a aprender más de mí mismo(a) como escritor(a)? ¿Y como persona?

- ¿Qué resultó más fácil de toda la tarea? ¿Cuál fue la parte más difícil?

- ¿Qué sugerencias puedo apuntar en mi CUADERNO DEL ESCRITOR que me ayuden en futuras tareas?

Así se dice

Para reflexionar sobre un trabajo escrito

Me resultó difícil determinar exactamente por qué...

Lo más difícil (fácil) fue...

Ha sido más... de lo que esperaba.

Reconozco (que)...

Para la próxima tarea, debo tener presente (que)...

A ver si puedo...

A. Contesta las siguientes preguntas según la información presentada en ELEMENTOS DE LITERATURA.
1. ¿Cuáles son las características de un cuento?
2. ¿Cuáles son los tres elementos principales de un cuento? ¿A qué preguntas básicas responden?
3. ¿Cuál es la diferencia entre el argumento y la trama? ¿Cuáles son las cuatro partes principales en que se divide la trama?
4. ¿Cómo se diferencian el suspenso y la anticipación?
5. ¿Cuáles son los dos tipos de caracterización?

B. Imagina que has leído un cuento que tiene muchos detalles que te ayudan a entender a los personajes y seguir la acción de la historia. Sin embargo, te encuentras con oraciones que sugieren algo más allá de lo que se dice en la lectura. Tienes que hacer deducciones. ¿Qué tipo de información puedes utilizar para llegar a una conclusión?

C. Contesta las preguntas con oraciones completas.
1. ¿Qué hicieron los exploradores españoles a finales del siglo XVI?
2. ¿En qué áreas han tenido un gran impacto los mexicoamericanos? Cita dos ejemplos específicos.
3. ¿Qué porcentaje de los hogares mexicoamericanos son bilingües? ¿Por qué razones?
4. ¿Qué otro elemento ha unido a los mexicoamericanos? ¿Cuál ha sido el resultado?

D. Explica el significado de las siguientes palabras dentro del contexto de los cuentos. Después escribe una oración original con cada palabra.
«Cadena rota»: desatorar, estrellarse, tacaño, teñirse, trayecto
«Naranjas»: hilera, mercancía, sostener
«Una carta a Dios»: afligirse, aguacero, huerta, lamentación, fondo

E. Clasifica los siguientes anglicismos en préstamos (incorporados o no incorporados al idioma), calcos o cognados falsos, y escribe una palabra o frase del español oficial que mejor le corresponda a cada uno. Usa el diccionario si es necesario.
Palabras: hacer una decisión, lócker, yarda, dar un reporte, lonche, fax, aplicación de empleo, tener buenos grados, parquear, escribir un papel

¿Sabes identificar los adjetivos y los adverbios?
Págs. 120–126

F. Lee las siguientes oraciones. Primero identifica cada adjetivo y explica por qué precede o sigue al sustantivo. Luego identifica los adverbios e indica si modifican a un verbo, a un adjetivo o a otro adverbio. Clasifica cada uno como espacial, temporal, de modo o de cantidad.

1. La estudiante boliviana habla poco pero es una chica muy simpática.
2. Sigue adelante hasta llegar al viejo museo, de allí a tres cuadras encontrarás el nuevo y maravilloso Centro de Cultura Brasileña.
3. Mi hermana mayor tiene un precioso bebé recién nacido.
4. Se prepara un sabroso flan fácilmente.
5. Mi travieso primo se escondió dentro del enorme jardín.
6. Es un problema bastante complicado: desgraciadamente, la corrupción llega a los niveles más altos de la compañía.

¿Sabes hacer comparaciones con cláusulas?
Págs. 124–126

G. Escribe oraciones en las que compares dos películas que hayas visto usando estas frases comparativas.

1. más del/de la que
2. menos del/de la que
3. más de los/de las que
4. menos de los/de las que
5. más de lo que
6. menos de lo que

Escritura
¿Sabes deletrear palabras con los sonidos /r/, /rr/ e /y/? Págs. 128–130

H. Completa las siguientes oraciones con **r** o **rr**.

1. Rosa le ⹀ogó al ⹀eportero que no g⹀abara el relato.
2. Nina es costa⹀icense, pero su ye⹀no es puerto⹀iqueño.
3. Si Ramiro gana⹀a la lote⹀ía, que⹀ía viaja⹀ al Caribe.

Completa las siguientes oraciones con **y** o **ll**.

4. —O⹀e, ¿sabes por qué Beatriz anda tan ca⹀ada ho⹀?
5. —Quizás esté preocupada por el pro⹀ecto para la clase de ciencias. Su computadora fa⹀ó y se le perdió el ensa⹀o entero.

¿Sabes reconocer el acento tónico?
Págs. 130–131

I. Lee el poema «Naranjas» y busca tres palabras agudas, tres llanas y dos esdrújulas. Divide las palabras en sílabas y subraya la sílaba tónica.

¿Sabes escribir una semblanza? Págs. 132–136

J. Supón que tu tarea consiste en escribir una semblanza sobre alguien que haya contribuido mucho a tu comunidad. Explica los tres pasos que debes dar antes de empezar a escribir. Luego explica dos maneras diferentes de organizar la información y dos pautas que puedas seguir para revisar la semblanza.

Vocabulario esencial

«Cadena rota» pág. 83

acompañar *v.*
agudo, -da *adj.*
cadena *f.*
chueco, -ca *adj.*
cola de caballo *f.*
colgado, -da *adj.*
decepcionar *v.*
desatorar *v.*
descomponerse *v.*
enfrentarse *v.*

enterarse *v.*
estrellarse *v.*
fastidiar *v.*
fingir *v.*
frenos *m.*
mochado, -da *adj.*
mueca *f.*
peinado, -da *adj.*
ponchado, -da *adj.*
púas *f. pl.*

pulgar *m.*
rasurado, -da *adj.*
reacomodarse *v.*
reja *f.*
sentadillas *f.*
tacaño, -ña *adj.*
teñirse *v.*
titubear *v.*
trastos *m.*
trayecto *m.*

«Naranjas» pág. 91

agrietarse *v.*
ajustar *v.*
aliento *m.*
gradería *f.*

hilera *f.*
mercancía *f.*
mostrador *m.*
porche *m.*

silbar *v.*
solar *m.*
sostener *v.*

«Una carta a Dios» pág. 101

afligirse *v.*
aguacero *m.*
conciencia *f.*
confianza *f.*
cosecha *f.*
determinación *f.*
enfadarse *v.*

esperanza *f.*
fe *f.*
fondo *m.*
fortificar *v.*
granizo *m.*
huerta *f.*
ladrón, -ona *m. y f.*

lamentación *f.*
mortificado, -da *adj.*
obra *f.*
satisfecho, -cha *adj.*
sembrar *v.*
tempestad *f.*

■ Mejora tu vocabulario pág. 116

actualmente *adv.*
aplicación *f.*
argumento *m.*
atender *v.*
casillero *m.*
corresponder *v.*
dar sustento *v.*

darse cuenta *v.*
discusión *f.*
embarazada *adj.*
empezar
  correspondencia *v.*
en realidad *adv.*
evidente *adj.*

fábrica *f.*
grado *m.*
librería *f.*
realizar *v.*
soportar *v.*
tener sentido *v.*

Enlaces literarios

El soneto del Siglo de Oro

Del Renacimiento al Barroco

El Siglo de Oro abarca los años desde 1500 a 1681 y dos movimientos artísticos notables: el Renacimiento y el Barroco. Este florecimiento de las bellas artes corresponde a una época en la que España llegó a ser el país más poderoso del mundo.

La unificación de Castilla y Aragón en 1474 dio génesis a un gran imperio. Bajo los Reyes Católicos, Fernando e Isabel, y luego su nieto, Carlos I, el poder de la Corona española se extendió por gran parte de Europa, las Américas y parte de África. El activo intercambio artístico, científico y filosófico generado por esta expansión abrió el terreno para la llegada del Renacimiento a España. La tremenda influencia de la poesía italiana, sobre todo el verso endecasílabo del soneto, renovó la poesía española. Los sonetos amorosos del poeta italiano Francisco Petrarca se establecieron como modelo poético por excelencia, y varias generaciones de poetas españoles imitaron su sencillez de expresión en temas como el *carpe diem* y el amor no correspondido. **Garcilaso de la Vega** logró la mejor adaptación de los versos italianos al español que se difundieron por los territorios del reino.

En las décadas siguientes, los descendientes de Carlos I no pudieron mantener el vasto imperio. Felipe II, hijo de Carlos I, continuó los esfuerzos expansionistas, a gran costo

para el reino. Gastó el oro y la plata que provenían de las Américas para financiar guerras contra los franceses y los turcos, debilitando así la economía. Además, apoyó la Contrarreforma e impuso la ortodoxia católica y la censura artística, acto que prohibió el intercambio cultural con ciertos países y resultó en el aislamiento intelectual de España. Después de su muerte, ni Felipe III ni Felipe IV lograron rescatar al imperio de su decadencia; entre 1640 y 1684 España perdió la mayoría de sus territorios europeos. Ante la crisis económica y la censura, los poetas sentían gran descontento y empezaron a criticar la sociedad por medio de la poesía. Se alzaron dos estilos barrocos, que permitieron expresar la crítica de forma indirecta y velada. El *culteranismo*, hecho famoso por **Luis de Góngora,** introdujo en el verso alusiones a la mitología clásica, neologismos y adornos lingüísticos. Por otro lado el *conceptismo* hizo hincapié en la hipérbole y la paradoja, la agudeza, el juego de palabras, el doble sentido y la sátira. Los temas renacentistas todavía prevalecían, y existían también sonetos filosóficos, como los de **Sor Juana Inés de la Cruz** y los de **Francisco de Quevedo.** La influencia del culteranismo y del conceptismo hizo que el soneto hispano se volviera comparable en complejidad y sofisticación al italiano y en muchos casos hasta lo superara.

Soneto XXIII

Garcilaso de la Vega

Garcilaso de la Vega (1503–1536) fue soldado y poeta humanista al servicio del rey Carlos I. Como humanista e imitador de Petrarca, se enfocó en la descripción del cuerpo humano y la expresión de los sentimientos. Su poesía tiene al amor como motivo central y trata temas renacentistas como el *carpe diem*,[1] el cual se ve en este soneto.

En tanto que de rosa y azucena°
se muestra la color en vuestro gesto,°
y que vuestro mirar ardiente,° honesto,
enciende° al corazón y lo refrena;°

5 y en tanto que el cabello, que en la vena
del oro se escogió, con vuelo presto,
por el hermoso cuello blanco, enhiesto,°
el viento mueve, esparce° y desordena;

coged de vuestra alegre primavera
10 el dulce fruto, antes que el tiempo airado°
cubra de nieve la hermosa cumbre.°

Marchitará° la rosa el viento helado,
todo lo mudará la edad ligera,°
por no hacer mudanza° en su costumbre.

Lady with a Unicorn (Mujer con unicornio)
(hacia 1505) de Rafael.

---

[1] ***carpe diem:*** del latín, significa «¡aproveche el día!» El tema del *carpe diem* predominó en la poesía grecorromana y luego en la europea. Era una llamada a que los jóvenes gozaran de la juventud antes de perderla.
1. azucena: flor blanca y olorosa, conocida por su belleza.
2. gesto: cara, expresión.
3. ardiente: apasionado.
4. enciende: incita, enardece.

4. refrena: detiene o reprime la fuerza de algo.
7. enhiesto: levantado, erguido.
8. esparce: extiende, difunde.
10. airado: lleno de ira, enfurecido.
11. cumbre: la mayor elevación de una cosa; aquí, la cabellera.
12. marchitará: se quitará la frescura y hermosura.
13. ligera: inconstante, que cambia sin consideración ni reflexión.
14. hacer mudanza: cambiar, alterar.

Soneto XIII

Luis de Góngora

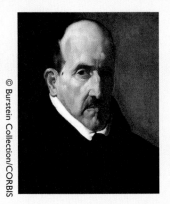

Aunque los poemas más famosos de **Luis de Góngora y Argote** (1561–1627) son las *Soledades* y el *Polifemo,* sus sonetos denotan también la influencia culteranista que le merecería el título de «príncipe de los poetas líricos españoles». Este soneto imita al de Garcilaso de la Vega, tanto en el tema del *carpe diem* como en su énfasis en la metáfora, pero el lenguaje y la sintaxis de los versos es más complejo y crea imágenes sensoriales muy evocativas.

Mientras por competir con tu cabello
Oro bruñido° al sol relumbra° en vano,
Mientras con menosprecio° en medio
   el llano
Mira tu blanca frente el lilio bello;

5 Mientras a cada labio por cogello,°
Siguen más ojos que al clavel° temprano,
Y mientras triunfa con desdén lozano,°
Del luciente° cristal tu gentil° cuello;

Goza cuello, cabello, labio y frente,
10 Antes que lo que fue en tu edad dorada°
Oro, lilio, clavel, cristal luciente,

No sólo en plata o vïola troncada°
Se vuelva, mas tú y ello juntamente
En tierra, en humo, en polvo, en sombra,
   en nada.

Purity of the Heart (Pureza del corazón)
de Pompeo Giralamo Batoni. Siglo XVIII.

2. bruñido: pulido, de aspecto brillante.
2. relumbra: resplandece, brilla.
3. menosprecio: poca estimación, desdén.
5. cogello: forma antigua del infinitivo con el pronombre del complemento directo, «cogerlo»; aquí significa «al verlo» (con deseos de besarlo).
6. clavel: flor roja de olor muy dulce.

7. lozano: de mucho vigor, de aspecto sano, orgulloso.
8. luciente: brillante, resplandeciente.
8. gentil: noble, grande, notable.
10. dorada: esplendorosa, de mayor esplendidez.
12. vïola troncada: violeta truncada, flor cortada o separada de la planta.

Soneto XVII

Francisco de Quevedo

Francisco de Quevedo (1580–1645) fue un escritor prolífico; además de componer poesía, fue autor también de novelas picarescas y ensayos satíricos. Debido a sus experiencias negativas con la Corte y la nobleza, se caracterizaba por una actitud pesimista, que se veía reflejada en su obra. En este soneto sobresalen dos temas quevedescos: la preocupación por la decadencia de la sociedad y la angustia ante el *tempus fugit*.[2]

Instituto de Valencia de Don Juan, Madrid, Spain/Bridgeman Art Library, New York/London

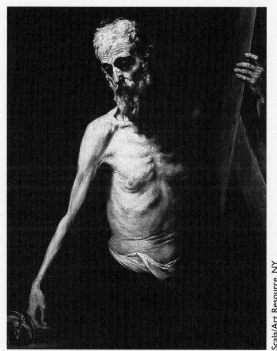

San Andrés Apóstol de Jusepe Ribera. Siglo XVII.
Óleo sobre lienzo.

Scala/Art Resource, NY

Miré los muros° de la patria mía,
si un tiempo fuertes, ya desmoronados,°
de la carrera de la edad cansados,
por quien caduca° ya su valentía.

5 Salíme al campo: vi que el sol bebía
los arroyos del hielo desatados,°
y del monte quejosos los ganados,°
que con sombras hurtó° su luz al día.

Entré en mi casa; vi que, amancillada,°
10 de anciana habitación era despojos;°
mi báculo,° más corvo° y menos fuerte;

vencida° de la edad sentí mi espada.
Y no hallé° cosa en que poner los ojos
que no fuese recuerdo de la muerte.

[2] *tempus fugit:* del latín, significa «el tiempo huye». Otro tema grecorromano y renacentista en el que el poeta lamenta el transcurso del tiempo y la decadencia natural de todo.
1. muros: paredes que sirven para separar terrenos o rodear algo, especialmente una ciudad.
2. desmoronados: arruinados, deshechos en pedazos pequeños.
4. caduca: pierde la fuerza o vigencia, se acaba.

6. desatados: sueltos, que proceden sin freno.
7. ganados: animales de pasto, especialmente los caballos, reses u ovejas.
8. hurtó: robó, quitó.
9. amancillada: manchada, ensuciada.
10. despojos: sobras, lo que queda de algo que ha sido derribado.
11. báculo: bastón que sostiene a alguien mientras camina.
11. corvo: arqueado, que no sostiene bien.
12. vencida: agotada, cansada.
13. hallé: encontré.

Soneto

Sor Juana Inés de la Cruz

Sor Juana Inés de la Cruz (1651–1695) ingresó al convento a los dieciséis años, dedicándose a los estudios literarios y científicos a pesar de la fuerte crítica de sus confesores. Sor Juana muestra un asombroso dominio de las técnicas poéticas barrocas y un profundo conocimiento filosófico. Muchas veces escribe en defensa de las mujeres. Este soneto se destaca por su tono moral y la superioridad que ella atribuye a lo intelectual.

Livre, chandelle et statuette (Libro, vela y estatuilla)
de Sebastian Stosskopf. Siglo XVI.

En perseguirme,° Mundo, ¿qué
   interesas?
¿En qué te ofendo, cuando sólo
   intento
poner bellezas° en mi entendimiento°
y no mi entendimiento en las bellezas?

5 Yo no estimo° tesoros ni riquezas,°
y así, siempre me causa más contento
poner riquezas en mi pensamiento
que no mi pensamiento en las riquezas.

Y no estimo hermosura° que, vencida,
10 es despojo civil de las edades,
ni riqueza me agrada° fementida,°

teniendo por mejor, en mis verdades,
consumir vanidades° de la vida
que consumir la vida en vanidades.

1. perseguir: molestar, atormentar.
3. bellezas: juego de palabras; aquí, conocimiento o erudición; en el verso 4, cosas hermosas o armonía física o artística que inspira admiración.
3. entendimiento: inteligencia, razón.
5. estimo: aprecio, deseo.
5. riquezas: juego de palabras; aquí, cosas de lujo, objetos de gran valor, dinero; en el verso 7, conocimiento o erudición.

9. hermosura: belleza del aspecto físico.
11. agrada: gusta, complace.
11. fementida: engañosa, falsa.
13. vanidades: juego de palabras; aquí ilusión, vana representación o palabra insustancial; en el verso 14, cosas vanas y frívolas.

■ Actividades

Comprensión del texto

1. ¿Qué describen los poetas en las dos primeras estrofas de «En tanto que de rosa y azucena» y «Mientras por competir con tu cabello»? ¿Cómo cambia el enfoque de los sonetos en la tercera estrofa?

2. ¿Cómo se siente el poeta del soneto «Miré los muros de la patria mía»? ¿Qué palabras o imágenes revelan sus emociones?

3. En el soneto «En perseguirme, Mundo, ¿qué interesas?», ¿a quién o qué se dirige la poeta y cuál es su actitud? ¿Qué opina la poeta en cuanto a lo material y lo intelectual?

Análisis del texto

1. ¿Cómo describirías la estructura de los sonetos? ¿Qué patrón se puede observar en la rima? ¿De qué manera cambia la estructura del soneto entre la segunda y la tercera estrofa? ¿Cambia la temática allí también?

2. Se conoce a Quevedo por su fuerte crítica a la sociedad de su época. ¿En qué se basa la crítica social en «Miré los muros de la patria mía»? ¿Qué recursos se usan para expresar esa crítica?

3. A lo largo del soneto «En perseguirme, Mundo, ¿qué interesas?» Sor Juana alterna ciertas palabras dentro de un verso. Al alternar esas palabras, ¿cómo cambia su significado? ¿De qué manera debe el poema su estructura a esta alternancia?

4. En cada poema, los autores hablan de la decadencia natural de las cosas como forma de ilustrar su sentir con el paso del tiempo, con el *tempus fugit*. ¿Cuál es la actitud de cada uno ante esta decadencia? ¿Qué hay en el tono o el lenguaje que ayude a identificar sus actitudes?

5. El *culteranismo* se caracteriza por el uso de lenguaje y sintáxis complejos y alusiones oscuras. En cambio, el *conceptismo* tiene más que ver con el juego de palabras, la paradoja y el doble sentido. De los tres poemas barrocos «Mientras por competir con tu cabello», «Miré los muros de la patria mía» y «En perseguirme, Mundo, ¿qué interesas?», ¿qué elementos son culteranistas? ¿cuáles son conceptistas?

Más allá del texto

1. ¿Cuáles son las imágenes que se asocian hoy en día con las mujeres bellas? ¿Cómo se diferencia este concepto actual de la belleza ideal del Renacimiento? ¿Qué otros aspectos, además de lo físico, contribuyen a la belleza de una persona?

2. El soneto es muy característico del Renacimiento porque su forma permitía que los poetas impusieran orden sobre los sentimientos y pensamientos. ¿Por qué crees que el soneto ya no es el modelo poético preferido? En tu opinión, ¿qué otras formas de expresión tienen la misma resonancia en la cultura de hoy en día?

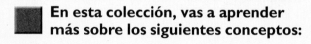

COLECCIÓN 3

El frágil medio ambiente

■ **En esta colección, vas a aprender más sobre los siguientes conceptos:**

Lectura
Elementos de literatura: Poesía
Estrategias para leer: Establecer diferencias entre hechos y opiniones

Cultura
Cultura y lengua: Chile
Panorama cultural: ¿De dónde eres? ¿Qué piensas de tu ciudad? ¿Es un lugar ideal para vivir y trabajar?
Comunidad y oficio: Oportunidades en el mercado nacional e internacional

Comunicación
Así se dice: Para aclarar un punto de vista; para hablar de la naturaleza usando comparaciones; para contrastar dos ideas; para hablar de lo que se debe hacer; para reflexionar sobre un trabajo escrito
Vocabulario: El lenguaje figurado
Gramática: Los usos de **se**; la voz pasiva
Comparación y contraste: La voz pasiva y activa en español e inglés

Escritura
Ortografía: Las letras **b** y **v**; los diptongos y los hiatos
Taller del escritor: Artículo informativo

⚡ internet

MARCAR: go.hrw.com
PALABRA CLAVE:
WN3 AMBIENTE

Wally Findlay Galleries, New York/Super Stock

Full Moon Gossip (Chismes bajo la luna llena) de Gustavo Novoa.

ANTES DE LEER
de La fiesta del árbol

Punto de partida

La ciudad ideal

¿Te podrías imaginar un mundo sin árboles? En la siguiente lectura, la poeta chilena Gabriela Mistral habla acerca de la necesidad de mantener un vínculo estrecho con la naturaleza. También cree que los jóvenes deberían crecer en lugares donde se encuentren en contacto con ella.

Evalúa la importancia de la naturaleza en tu vida y responde a las siguientes preguntas. Anota tus respuestas en el cuaderno de notas.

- ¿Cuántos parques hay en tu vecindario o en los alrededores?

- ¿Con qué frecuencia visitas los parques? ¿Casi nunca? ¿A menudo?

- ¿Te parece suficiente el número de parques que hay en tu comunidad?

- Sin contar los parques, ¿en qué otras partes de tu comunidad hay árboles?

- ¿Crees que hace falta que se siembren más árboles en tu comunidad? ¿Por qué?

- En una escala del 1 al 5, ¿en qué medida dirías que tienes contacto con la naturaleza? El número 1 representa el grado mínimo y el 5, el máximo.

Caracas, Venezuela

Estrategias para leer

Analiza un ensayo sobre problemas y soluciones

A menudo, la gente escribe ensayos para considerar un problema o un tema concreto. El de Mistral puede considerarse un ensayo con un problema y una solución, pues ambos elementos están expuestos y desarrollados a través del texto. Para analizar correctamente un ensayo, necesitas identificar el problema de que se trata y lo que propone el autor para darle solución. Un análisis de este tipo de ensayo conlleva preguntarte hasta qué punto resuelve el problema la solución presentada en él. Una manera de hacerlo es pensando en qué situaciones podrían no producirse los resultados que el escritor espere. Si te parece que la solución propuesta no logra resolver el problema en ciertas situaciones, entonces podrías decir que el ensayo merece una calificación baja.

Santiago de Chile

de La fiesta del árbol

Gabriela Mistral

La ciudad de Panamá

Vi a mi paso por Panamá algo que yo había soñado muchas veces: lo que sería la ciudad ideal.

En el sitio elegido para hacer el Panamá norteamericano,[1] había vegetación espléndida. Se hicieron solamente claros en el bosque para las casas; se trazó una red de caminos rurales, y aquello fue una población, sin haber dejado de ser el campo. Se respetaron las palmeras magníficas, los cedros[2] espesos, los luminosos bananeros. Los civilizadores —aquí la palabra es verdadera—, en vez de desposeer a la vegetación, sólo le pidieron su amparo para alzar sus casas.

1. el Panamá norteamericano: Se refiere a la Zona del canal de Panamá, construido en 1914, en donde vivían los ciudadanos estadounidenses hasta que fue devuelto a Panamá en 1999.
2. cedro: tipo de árbol.

Afortunadamente, empieza a nacer en nosotros un nuevo sentido de la vida. No es la vuelta a la Naturaleza que quería Rousseau,[3] violenta y absurda; es una especie de transacción entre la vida moderna y la vida antigua. Con todo el refinamiento contemporáneo, queremos plantar la casa en el campo, gozar como el primitivo el aura[4] de la tierra, sin desprendernos de las ventajas que nos ha dado la época, como son la

3. Rousseau: Jean-Jacques Rousseau (1712 – 1778), filósofo francés en cuya obra *Confesiones* se aprecia la perspectiva romántica a través de la cual veía a la naturaleza.
4. aura: energía, aliento.

ADUÉÑATE DE ESTAS PALABRAS

vegetación *f*.: conjunto de todas las plantas de una región.
trazó, de **trazar** *v*.: delinear o diseñar.
desposeer *v*.: despojar a alguien de lo que posee.
refinamiento *m*.: esmero, cuidado, perfección.

El parque de Palermo, Buenos Aires, Argentina

facilidad en el trabajo y la comunicación rápida entre los hombres. Y éste es el acuerdo, que nunca debió <u>quebrantarse</u>, la alianza[5] que Dios quiere entre las criaturas.

Los hombres hemos mirado con exceso este mundo como campo de explotación. Fuimos puestos en la Naturaleza no sólo para aprovecharla, sino para contemplarla y <u>velar</u> por ella con amor. Somos la conciencia en medio de la Tierra, y esa conciencia pide la conservación matizada[6] con el aprovechamiento, la ternura mezclada con el servicio.

Yo deseo que la ciudad futura sea solamente el conjunto de los palacios levantados para el comercio, la masa de las fábricas, el agrupamiento necesario de las oficinas públicas. Las casas de los hombres, que queden lejos de esa mancha de humo y de ese vértigo de agio.[7] Así, el rico y el obrero tendrán, al caer la tarde, sobre sus espíritus, la misericordia del descanso verdadero y el ofrecimiento suave del paisaje. Así, ellos poseerán los dos hemisferios de la vida que hacen al hombre completo: la diaria acción y el recogimiento.

Pero sobre todo, yo deseo que desaparezca el tipo de nuestras ciudades por una cosa: por la infancia, que se desarrolla monstruosamente

5. **alianza:** unión entre personas o cosas para un mismo fin.
6. **matizada:** mezclada, unida.
7. **vértigo de agio:** mareo producido por el trabajo.

en las poblaciones fabriles. El niño debe crecer en el campo; su imaginación <u>se anula</u> o se hace morbosa[8] si no tiene, como primer alimento, la tierra verde, el horizonte límpido, la perspectiva de montañas. El niño criado en el campo entra en la ciudad con un capital de salud; lleva todas sus facultades vivas y ricas, y posee dos virtudes profundas, que son las del campesino en todo el mundo: la fuerza y la serenidad, que <u>emanan</u> de la tierra y del mar.

Yo soy uno de los inadaptados de la urbe, uno de los que han transigido[9] sólo parcialmente con la tiranía[10] de su tiempo. Mi trabajo está siempre en las ciudades; pero la tarde me lleva a mi casa rural. Llevo a mi escuela al otro día un pensamiento y una emoción llenos de la frescura y la espontaneidad del campo. Se me

El parque de la Alameda, la ciudad de México

8. **morbosa:** enferma, moralmente insana.
9. **transigido:** que ha sido tolerante en parte con lo que uno está en desacuerdo.
10. **tiranía:** abuso del poder, dominio excesivo.

ADUÉÑATE DE ESTAS PALABRAS

quebrantarse de **quebrantar** v.: romper; violar una ley u obligación.
velar v.: cuidar mucho de algo o alguien.
se anula, de **anularse** v.: eliminarse, suprimirse.
emanan, de **emanar** v.: provenir, venir, salir, surgir.

----

disminuye o se me envenena la vida del espíritu cuando quebranto el pacto.

Plantaremos hoy los árboles que no hemos de gozar, que no sombrearán para nuestro reposo. Somos generosos: damos a los que vendrán lo que no recibimos. Los grandes pueblos se hacen con estas generosidades de una generación hacia la siguiente. Las instituciones, la legislación, todo lo que se hace para beneficio de los que vienen, son también plantaciones de bosques, cuyas resinas no serán fragancia que aroma nuestra dicha.

CONOCE A LA ESCRITORA

Gabriela Mistral (1889–1957) es el seudónimo de la famosa poeta chilena cuyo nombre verdadero era Lucila Godoy Alcayaga. Sus primeros años de vida fueron duros y dolorosos. Su padre abandonó a la familia cuando ella era aún muy pequeña. Lucila pasaba la mayor parte del tiempo fuera de casa, admirando el paisaje. Era una niña tranquila y bastante tímida, lo cual le costaba la burla de sus compañeros de clase. Cuando tenía once años, dejó la escuela. Había comenzado a escribir poesía y a publicar algunos de sus trabajos bajo diferentes seudónimos. A la edad de quince años, se enamoró de un muchacho que trabajaba en la estación de ferrocarril de la ciudad. Al morir el muchacho de repente, quedó destrozada.

En 1914 participó en un concurso de poesía en Santiago de Chile, con poemas que había escrito tras la muerte del hombre que amaba. Utilizó por primera vez el nombre de Gabriela Mistral, tal vez haciendo referencia al arcángel Gabriel y al *mistral,* un fuerte viento proveniente del norte que sopla en el sur de Francia, o un homenaje a los poetas Gabriele D'Annunzio y Frédéric Mistral. Sus «Sonetos de la muerte» ganaron el primer premio.

Aunque nunca se casó ni tuvo hijos, dedicó su vida a trabajar en favor de los niños, especialmente de las zonas marginales. En los años veinte, Mistral trabajó como consejera de José Vasconcelos, ministro mexicano de educación. Viajó mucho por zonas rurales, creó escuelas y actuó como promotora de la enseñanza en ciudades remotas. Su experiencia en educación, así como su renombre como escritora, llevó a que la nombraran embajadora y diplomática de Chile en lugares tan diversos como Nápoles (Italia), París (Francia) y Madrid (España). Participó en misiones que ayudaron a mejorar las vidas de los niños en muchos lugares. Sus artículos sobre América Latina y su poesía fueron leídos y admirados por muchos lectores, y gran parte del resto de su vida la empleó en viajes y servicios dedicados a los niños, los pobres y los desamparados.

Con el tiempo, la poesía de Mistral paulatinamente evolucionó desde la desesperación de su primer libro, *Desolación* (1922), a una mayor fe y esperanza. En 1945 ganó el Premio Nobel de Literatura. Se la recuerda como una de las mayores poetas de todos los tiempos y una trabajadora infatigable por un mundo mejor. Tal vez te guste leer su libro *Ternura* (1924), que trata de temas como la maternidad y la esperanza.

CREA SIGNIFICADOS

Cuaderno de práctica, págs. 45–46

Así se dice

Para aclarar un punto de vista

Puedes usar estas expresiones para hacer el **Repaso del texto** de **Crea significados.**

Según tengo entendido, Ud. opina que... ¿Es eso cierto?

¿Es verdad que Ud. está de acuerdo con... ?

¿Me equivoco al deducir que Ud. está a favor de... ?

En otras palabras, Ud. considera que...

¿Quiere Ud. decir que... ?

¿Diría Ud. que... es un ejemplo de... ?

Repaso del texto

Imagina que eres un periodista que entrevista a la autora. El objetivo de tu entrevista es aclarar si has comprendido sus puntos de vista en «La fiesta del árbol». Escribe cinco preguntas que te gustaría hacerle. Intercambia tu lista de preguntas con un(a) compañero(a). Trata de responder a sus preguntas como lo haría Mistral.

Primeras impresiones

1. Basándote en tus respuestas a las preguntas que aparecen antes de la lectura, ¿hay suficientes zonas verdes en tu comunidad?

Interpretaciones del texto

2. Describe la noción que tiene la autora de la ciudad ideal.

3. ¿Por qué piensa la autora que el término «los civilizadores» es apropiado para referirse a quienes construyeron la ciudad de Panamá?

4. Según la autora, ¿que tipo de relación debe existir entre el hombre y la naturaleza?

5. ¿Cómo dice Mistral que sufren los niños si no crecen rodeados por la naturaleza? ¿Qué propone para resolver este problema?

Preguntas al texto

6. ¿Estás de acuerdo con que los hogares de la gente deberían estar lejos de los lugares donde trabajan? ¿Por qué?

Más allá del texto

7. ¿Cómo imaginas la ciudad ideal? ¿Es como la que imagina Mistral? ¿Cómo difiere tu ciudad ideal de la de Mistral?

Cuaderno del escritor

1. Compilación de ideas para un artículo informativo

Elige algún aspecto que te interese de la conservación de la naturaleza o la preocupación por el medio ambiente. Por ejemplo, puedes elegir algunos de los asuntos que se presentan en el cuaderno de la derecha.

Una vez hayas escogido los temas, reúnete con otros compañeros e intercambien ideas sobre lo que saben o lo que les gustaría averiguar de los temas escogidos. Toma algunos apuntes y guárdalos.

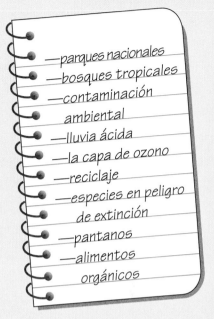

—parques nacionales
—bosques tropicales
—contaminación ambiental
—lluvia ácida
—la capa de ozono
—reciclaje
—especies en peligro de extinción
—pantanos
—alimentos orgánicos

Investigación y presentación

2. Realizar una encuesta

¿Crees que la mayoría de la gente opina, al igual que la autora, que los seres humanos deberían establecer una relación estrecha con la naturaleza? Escribe un cuestionario para averiguar qué piensa la gente de la idea de tener más zonas naturales en su comunidad. Distribuye el cuestionario entre tus familiares y amigos. Presenta el resultado en clase. Siempre que te sea posible, utiliza gráficas que ilustren el porcentaje de gente que da una respuesta concreta a determinada pregunta.

Crear modelos

3. Construir la comunidad ideal

Antes de la construcción definitiva, los arquitectos y los urbanistas crean maquetas (modelos en miniatura) para mostrar a la gente el aspecto de sus edificios, vecindarios y ciudades. Utiliza materiales adecuados, como cartón y pintura, para crear una maqueta de la comunidad que la autora podría considerar como ideal. Si lo prefieres, crea un modelo basado en tus propias nociones de lo que sería un lugar ideal para que viva y trabaje la gente.

Escribir cartas

4. Expresa tu punto de vista

Si el ensayo de Mistral te ha inspirado, tal vez te interese escribirle una carta al alcalde con ideas para mejorar tu comunidad o ciudad. Si estás de acuerdo con Mistral, podrías recomendar la construcción de más parques, el mejoramiento de los actuales o la siembra de más árboles en zonas comerciales y residenciales.

ESTRATEGIAS PARA LEER

Establecer diferencias entre hechos y opiniones

Cuando leas ensayos u otro tipo de narrativa que no sea ficción, te encontrarás con comentarios que pueden ser hechos u opiniones. En «La fiesta del árbol», Gabriela Mistral expresa sus opiniones sobre la relación ideal entre los seres humanos y la naturaleza. Es cierto que el ensayo contiene información sobre el Panamá norteamericano que se considera real y comprobable, ya que la autora ha observado la ciudad de la Zona del Canal y ha registrado los hechos. Por ejemplo, escribe: «Se hicieron solamente claros en el bosque para las casas». Sin embargo, los juicios a los que llega a causa de sus esperanzas para una generación futura son obviamente opiniones. Leyendo el ensayo, se da cuenta uno inmediatamente de que la autora está fervientemente a favor de que los seres humanos respeten la naturaleza.

Un **hecho** es algo que puede comprobarse y que está basado en un razonamiento coherente. Las **opiniones,** en cambio, son creencias o actitudes que varían de una persona a otra. Por ejemplo, el comentario de que las abejas producen miel es un hecho. Esta información puede ser confirmada a través de una enciclopedia u otro material de consulta u observando a las abejas. El comentario de que la miel sabe muy bien cuando se mezcla con cereal, por otro lado, es una opinión. Aunque tú estés de acuerdo en que la miel sabe bien mezclada con cereal, a tu amigo, por el contrario, la combinación puede resultarle desagradable.

Determina qué oraciones en el siguiente párrafo son hechos y cuáles son opiniones:

> Las abejas son criaturas sorprendentes. Como saben adaptarse con facilidad, sobreviven como especie desde hace mucho tiempo. El fósil de abeja más antiguo, el cual se dice que tiene 80 millones de años, se encontró atrapado en ámbar. Sin embargo, los científicos han descubierto recientemente en Arizona abejas fosilizadas en maderos petrificados, que se convirtieron en piedra hace por lo menos 220 millones de años. Como puedes ver, las abejas llevan viviendo desde prácticamente el inicio de los tiempos y merecen por ello tanto respeto como los dinosaurios, si no más.

El alerce Este hermoso árbol, oficialmente declarado «Monumento natural» de Chile, puede alcanzar hasta 50 metros de altura. El árbol más longevo del país, el alerce puede alcanzar edades de 3.000 a 4.000 años. Existen extensos bosques de alerce (también conocido como «lahuán») en las cordilleras del sur de Chile.

Antes de leer
Árbol adentro
Paisaje
Meciendo

Punto de partida

La naturaleza y el poeta

¿Has contemplado alguna vez una puesta de sol? ¿Has estado alguna vez en la playa y has cerrado los ojos para escuchar el sonido del mar? ¿Has realizado alguna vez una excursión a una montaña donde hayas visto a un ciervo y su cervatillo alimentarse de moras silvestres? ¿Recuerdas cómo te sentiste y lo que pensaste en un momento como aquéllos?

La simple acción de contemplar la naturaleza afecta a los seres humanos de maneras diferentes. Algunos pueden sentir sorpresa, otros tristeza, y algunos una alegría increíble. Son los poetas y los artistas los que se destacan por tratar de plasmar esos sentimientos en sus obras. Al leer los tres poemas que aparecen a continuación, piensa si alguna vez has experimentado lo expresado en ellos.

Comparte tus ideas

Crea un juego de palabras con tus compañeros. Cada estudiante debe hacer una lista de elementos de la naturaleza, como árboles, mares, bosques y animales. Mientras uno menciona uno de los elementos de su lista, otro debe entonces anotar con qué cosas lo asocia. Después de haber terminado con una de las listas, los compañeros deben intercambiar sus trabajos. Las respuestas sobre estas asociaciones de palabras pueden guardarse para futuros proyectos de creación de portafolios.

Árbol adentro

Octavio Paz

Creció en mi frente un árbol,
Creció hacia dentro.
Sus raíces son venas,
nervios sus ramas,

5   sus confusos <u>follajes</u> pensamientos.
Tus miradas lo encienden
y sus frutos de sombra
son naranjas de sangre,
son granadas° de lumbre.

10   Amanece
en la noche del cuerpo.
Allá adentro, en mi frente,
el árbol habla.

             Acércate, ¿lo oyes?

9. granada: fruto del árbol del granado que tiene cientos de semillas carnosas de color rojo y de sabor agridulce.

ADUÉÑATE DE ESTAS PALABRAS

follaje *m.:* conjunto de hojas de árboles y plantas.

PAISAJE

Federico García Lorca

El campo
de olivos
se abre y se cierra
como un abanico.
5 Sobre el olivar
hay un cielo hundido
y una lluvia oscura
de <u>luceros</u> fríos.
Tiembla junco° y <u>penumbra</u>
10 a la orilla del río.
Se riza el aire gris.
Los olivos
están cargados
de gritos.
15 Una bandada
de pájaros cautivos,
que mueven sus larguísimas
colas en lo <u>sombrío</u>.

9. junco: planta de color verde oscuro con
tallos derechos que crece en lugares húmedos.

ADUÉÑATE DE ESTAS PALABRAS

lucero *m.:* brillo; estrella grande y brillante.
penumbra *f.:* sombra, entre la luz y la oscuridad.
sombrío, -a *adj.:* de poca luz, oscuro; triste.

MECIENDO

Gabriela Mistral

El mar sus millares de olas
mece, divino.
Oyendo a los mares amantes,
mezo a mi niño.

5   El viento <u>errabundo</u> en la noche
mece a los trigos.
Oyendo a los vientos amantes,
mezo a mi niño.

Dios Padre sus miles de mundos
10   mece sin ruido.
Sintiendo su mano en la sombra,
mezo a mi niño.

- -

ADUÉÑATE DE ESTAS PALABRAS

errabundo, -da *adj.:* vagabundo, que va de una
parte a otra.

- -

CONOCE A LOS ESCRITORES

Octavio Paz (1914–1998) nació en la Ciudad de México en el seno de una familia de intelectuales y escritores. Llegó a ser poeta, ensayista y filósofo de renombre internacional y dedicó su vida a la poesía, la historia y a la política. Comenzó a escribir poesía cuando tenía siete años e inició su carrera literaria a los diecisiete, al colaborar en la fundación y dirección de la revista literaria *Barandal*. En 1932 empezó a estudiar Derecho y publicó su primer libro de poemas, *Luna silvestre*. En 1937 Paz viajó al Yucatán para organizar una escuela para los hijos de trabajadores y campesinos. Fue allí donde la magia de las ruinas mayas en la selva lo inspiró a componer el conocido poemario *Entre la piedra y la flor* (1941). En 1938 ayudó a fundar y dirigir la revista *Taller,* a través de la cual se dio paso a una nueva generación de escritores mexicanos.

Como resultado de su poema «¡No pasarán!», escrito en 1937, Paz fue invitado a España por el famoso poeta chileno Pablo Neruda. Allí se reunió en un congreso internacional con otros escritores que se oponían a la rebelión militar que desencadenó la Guerra Civil Española (1936–1939).

En 1945 Paz entró en el servicio diplomático mexicano y durante casi veinticinco años trabajó en las embajadas de Francia, de India, de Suiza y de Japón. Abandonó la carrera diplomática en 1968 en protesta contra el gobierno mexicano por el asesinato de estudiantes en la Plaza de las Tres Culturas, en Tlatelolco. Desde aquella fecha, se concentró

principalmente en su trabajo como escritor y como catedrático en diversas universidades de Inglaterra y de Estados Unidos. También publicó dos revistas dedicadas al arte y a la política, *Plural* y *Vuelta*. Los numerosos premios que recibió incluyen el Gran Internacional de Poesía (1963). En 1982 le fue otorgado el Cervantes, el premio literario más prestigioso del mundo hispanohablante, y en 1990 Paz fue el primer mexicano en obtener el Premio Nobel de Literatura.

Entre las muchas obras de Paz se destacan cuatro libros de ensayos: *¿Águila o sol?* (1951), que es un estudio del surrealismo; *El arco y la lira* (1956), sobre la teoría literaria; *Sor Juana Inés de la Cruz o las trampas de la fe* (1982), sobre la célebre poeta mexicana del siglo XVII; y *El laberinto de la soledad* (1950), un profundo análisis del carácter mexicano. Su producción poética incluye *Libertad bajo palabra: Obra poética, 1935–1957* (1960), que constituye una búsqueda de la identidad personal por medio del mito; *Piedra del sol* (1957), una colección traducida a la mayoría de las lenguas occidentales; y *Árbol adentro (1976–1987)* (1987), una reflexión sobre la vida interior.

Federico García Lorca (1898–1936) nació en Andalucía, región del sur de España. Hijo de un granjero y una maestra, pasó sus primeros diez años en su pueblo natal, Fuente Vaqueros. Los ritmos de la vida rural —la tranquilidad, el aislamiento, la convivencia con la naturaleza— además de las leyendas, las tradiciones y el lenguaje de los campesinos andaluces, figurarían más tarde en su poesía y en su drama.

En 1909 la familia se mudó a Granada, donde García Lorca cursó estudios de secundaria en una escuela progresista y luego ingresó en la Universidad de Granada. En 1918 se publicó su primer libro, *Impresiones y paisajes,* y un año más tarde García Lorca se trasladó a la Universidad de Madrid, donde pasaría los próximos diez años. Allí conoció a varios poetas y artistas vanguardistas españoles como Salvador Dalí, Luis Buñuel, Rafael Alberti y a Pedro Salinas.

Entre 1921 y 1922, escribió el *Poema del cante jondo,* un libro de versos inspirados en el «cante jondo» o la canción profunda de los gitanos andaluces. Con su tono doloroso y sus temas populares, estos versos presagiaban ya la creación de su obra poética más célebre, *Romancero gitano* (1928). El lenguaje evocador de García

Lorca, su fértil imaginación y su íntima comprensión de los sentimientos humanos convirtieron los dieciocho poemas del *Romancero* en pequeñas obras maestras.

García Lorca pasó parte del año 1930 en Harlem, donde escribió los versos surrealistas de *Poeta en Nueva York.* De regreso en España, fundó con un grupo de actores universitarios la compañía teatral La Barraca, cuya meta era la renovación del teatro español. También por esos años escribió las tragedias campesinas que componen su famosa trilogía dramática: *Bodas de sangre, Yerma* y *La casa de Bernarda Alba.* En 1934, apareció el *Llanto por Ignacio Sánchez Mejías,* considerado una de las más bellas elegías de la literatura mundial.

Los grandes temas literarios de García Lorca —el amor y el deseo, la violencia y la muerte— se ven reflejados en su propia vida. Sospechoso de tener ideas izquierdistas, por ser partidario de los marginados tanto en el ámbito social como económico, este hombre de gran pasión y compasión murió a manos de los franquistas en 1936, al principio de la Guerra Civil Española. Se cree que fue enterrado bajo unos olivos en la tierra que tanto amaba, la tierra del poema «Paisaje».

CREA SIGNIFICADOS

Cuaderno de práctica, págs. 47–48

Primeras impresiones

1. Si te pidieran que recitaras de memoria uno de los poemas que acabas de leer, ¿cuál aprenderías? ¿Por qué?

Interpretaciones del texto

2. Compara lo que sabes sobre la estructura del cuerpo humano y la estructura de un árbol. ¿Tiene sentido la comparación que hace Octavio Paz entre el árbol y el cuerpo humano? ¿Por qué?

3. ¿Crees que el poeta de «Árbol adentro» se dirige a una persona importante para él? ¿Cómo lo sabes?

4. ¿Qué palabras describirían mejor las emociones que te produjeron las imágenes de «Paisaje»?

5. ¿Qué ideas o impresiones sobre la naturaleza trata de comunicar García Lorca en su poema?

6. En «Meciendo», ¿cuáles son las tres fuerzas que impulsan a la madre a mecer al niño? ¿Qué fuerza le parece más poderosa a la madre? ¿Por qué?

7. ¿Cómo caracterizarías la relación de la madre con la naturaleza?

Más allá del texto

8. La naturaleza parece ser la fuente de inspiración de los tres poemas que acabas de leer. ¿Por qué crees que la naturaleza es un tema popular entre los poetas?

Así se dice

Para hablar de la naturaleza usando comparaciones

Puedes usar estas expresiones para preparar el **Cuaderno del escritor** en la siguiente página.

La noche oscura y silenciosa como...

La inmensidad de... similar a...

Una multitud de estrellas cual...

Plantas y animales exóticos, parecidos a...

La tibia arena de la playa, al igual que...

Montañas altas y majestuosas, semejantes a...

El vaivén de las olas, de igual manera que...

OPCIONES: Prepara tu portafolio

Cuaderno del escritor

1. La naturaleza como inspiración

Escribe un poema sobre tus experiencias con la naturaleza, tales como acampar al aire libre, observar las estrellas, ir a la playa o al zoológico. Describe los pensamientos y emociones que te produjo esa visión de la naturaleza y utiliza metáforas y símiles para ayudar al lector a visualizar tus comentarios de una forma vívida e interesante. Por último, organiza una reunión de lectura de poesía en la que varios estudiantes lean sus poemas en voz alta.

Publicación y poesía

2. Cómo convertirse en un editor de poesía

Si te pidieran que publicaras una colección de poesía de la naturaleza, ¿qué poemas escogerías? Busca antologías de poesía en tu biblioteca y elige por lo menos cinco poemas que te gusten. Tal vez quieras incluir algunos poemas tuyos. ¿Cómo presentarías los poemas en un libro? ¿Pondrías ilustraciones o diseños en cada página? En la introducción de tu libro, asegúrate de explicar las razones que te llevaron a elegir estos poemas y de decir algo acerca de cada uno de los poetas.

Arte

3. Ilustración de un poema

Escoge uno de los poemas que has leído en esta colección. Trata de representar

por medio de un dibujo o una pintura las imágenes que evoca ese poema. Organiza una exposición de arte con todos los trabajos de los estudiantes que hayan participado en este proyecto.

Chile

Nombre oficial:
República de Chile

Población: 15.211.000

Área: 756.626 km^2

Capital: Santiago

Principales exportaciones:
Productos minerales e industriales, madera y derivados, fruta y vegetales, productos químicos, pescado

Geografía: 2.085 volcanes, de los cuales 55 están activos

Problemas medioambientales en Chile

Chile es una larga y angosta faja de tierra ubicada entre la cordillera de los Andes y el océano Pacífico. Esta peculiar geografía da lugar a una vasta y diversa riqueza de recursos naturales y paisajes. En el norte del país se encuentra uno de los desiertos más áridos del mundo, el desierto de Atacama, zona rica en recursos minerales. El centro de Chile es conocido por sus valles fértiles donde crecen variadas frutas y se produce el famoso vino chileno. El sur es el hogar de bosques lluviosos, volcanes y lagos que constituyen el hábitat para una fauna y flora diversa, que forma una increíble reserva ecológica. Por último, los 6.434 kilómetros de borde costero abrigan una abundante variedad de productos marinos. Pero a pesar de esta riqueza de recursos naturales, el medio ambiente de este país se encuentra hoy en una situación vulnerable.

Esta vulnerabilidad se debe, en parte, a las políticas del libre mercado adoptadas hace 25 años, las cuales le han permitido a Chile mantener un nivel de crecimiento sostenido. Desafortunadamente, este crecimiento ha resultado, por un lado, en una escasa intervención y regulación estatal en la protección del medio ambiente, y por otro, en la sobreexplotación de los recursos naturales.

Un área donde la sobreexplotación de recursos ha traído consigo problemas es en la agricultura. La industria de exportación agrícola ha crecido mucho en los últimos años. Hoy en día, Chile cultiva y exporta productos como uvas, manzanas, kiwis, peras y vino. Mientras tanto, en el norte del país, el corte de la vegetación ha causado la salinización y desertificación de gran parte de la escasa tierra arable. En el centro, mucha de la tierra cultivable ha sido erosionada por la sobreexplotación y el uso intensivo de pesticidas y fertilizantes, que comprometen la productividad de la

internet

MARCAR: go.hrw.com
PALABRA CLAVE:
WN3 AMBIENTE-CYL

go.
hrw
.com

tierra y la salud de los trabajadores y sus familias. Todo esto ha acelerado el éxodo campesino hacia la capital, aumentándose así los problemas de contaminación y sobrepoblación que afectan a Santiago.

Otra área extremadamente sensible es la pesca. Si bien la cantidad y diversidad de peces y mariscos en Chile es sorprendente, su extracción masiva ha comenzado a poner en peligro la existencia de muchas especies. Por ejemplo, el promedio de pesca anual de los últimos años ha superado el máximo que se propone para asegurar la sustentabilidad de los recursos marinos.

La deforestación ha causado otro grave conflicto ecológico. Una considerable porción de la superficie total del país está cubierta por bosques que hoy están en peligro debido a la gran demanda de tipos específicos de madera. Gran parte de este patrimonio forestal ha sido cortado para hacer espacio a especies más rentables como el pino y el eucalipto. Si bien se estima que actualmente 11 especies nativas de árboles están en peligro de extinción y otras 26 son consideradas vulnerables, las leyes sólo prohíben el corte de la araucaria y el alerce, dos de las especies nativas más típicas. La débil intervención estatal se debe, en parte, a que una gran porción del bosque nativo se encuentra en manos de empresas privadas. De acuerdo con el Banco Mundial, este bosque podría desaparecer en 20 años si no se aplican medidas urgentes.

La magnitud de estos problemas ha llevado a que diversas organizaciones no gubernamentales, grupos indígenas y partidos políticos se preocupen, por un lado, de crear un mayor nivel de conciencia y organización entre la comunidad y, por otro, de exigir una protección ambiental más efectiva por parte del gobierno. Hoy en día, organizaciones del medio ambiente se reúnen periódicamente con oficiales del gobierno y el congreso para debatir el tema y se encargan de producir publicaciones académicas, dar conferencias y también de coordinar manifestaciones políticas y actos culturales para informar a la comunidad. Poco a poco, la participación ciudadana está logrando, a través de estas organizaciones, que el estado, el sector privado y la población en general tengan más conciencia de la importancia de proteger el rico patrimonio natural de Chile.

Contaminación atmosférica

Santiago es hoy por hoy la sexta ciudad del mundo con mayor contaminación atmosférica. Se han aplicado diversas medidas para mejorar la calidad del aire: restricción vehicular, construcción de líneas de transporte férreo y control de emisiones domiciliarias e industriales. Aún así, los índices de contaminación se mantienen altos, creando problemas de respiración en la población.

El lago Llanquihue y el volcán Osorno El lago
Llanquihue constituye un escenario de increíble belleza natural. La gente suele acudir a sus riberas para disfrutar de la pesca, la natación o los deportes acuáticos aunque este lago, como muchos otros del país, está empezando a mostrar los efectos de la sobreexplotación de la flora y fauna locales. Además, lagos como el Llanquihue sufren los efectos de la contaminación vertida por el deficiente sistema de alcantarillado de los pueblos cercanos.

Pescador en el sur de Chile La enorme variedad de
recursos marinos de este país hacen de la cocina chilena una delicia. Entre los productos más famosos a nivel mundial están la corvina, el salmón, los ostiones y las algas. El auge de la exportación de productos de mar ha creado la necesidad de criar peces y mariscos y de cultivar algas en granjas especiales. Desgraciadamente, los desechos de estas granjas están afectando los ecosistemas marinos y contaminando las reservas de agua del sur de Chile.

Bosque en el Parque Nacional Alerce Andino

Si bien un gran porcentaje del bosque nativo está en manos de empresas privadas, es posible todavía visitar parte de esta increíble reserva ecológica en algunos de los parques nacionales del centro y sur del país. Tanto los chilenos como los turistas norteamericanos y europeos disfrutan caminar a la sombra de especies milenarias como las araucarias, los raulíes y los alerces. Aunque tales árboles están hoy en peligro de extinción, la creciente preocupación por conservar el bosque nativo permite abrigar esperanzas de que futuras generaciones continúen disfrutando de tales especies.

Indígenas chilenos

Los indígenas han organizado numerosos actos culturales y manifestaciones políticas exigiendo que el gobierno proteja los bosques de la cuenca alta del río Bío-Bío, zona del sur de Chile donde se están construyendo represas para generación eléctrica. Estas represas amenazan los ecosistemas que rodean el río, poniendo en peligro no sólo a la flora y fauna nativas sino también a la comunidad pehuenche que históricamente ha habitado sus orillas. Conflictos como el del Bío-Bío han comenzado, lentamente, a despertar el interés de la ciudadanía por la defensa del medio ambiente.

Para contrastar dos ideas
Puedes usar estas expresiones para
hacer la actividad de esta página.

En estas circunstancias yo propongo...

Opino que debemos...

Para empezar, diré...

Por una parte... Por otra...

Si bien es cierto que...

Según mi entender...

Actividad

Reúnete con dos compañeros para
debatir las preguntas planteadas a
continuación, y presenten un resumen
de su debate a la clase. ¿En que áreas
te parece más grave la sobreexplotación de recursos naturales en Chile?
¿Por qué? ¿Reconoces algunos de
los problemas medioambientales de
Chile en tu país? ¿Qué soluciones
propondrías para resolver el problema en tu país? ¿Cuáles propondrías
para Chile? ¿Son diferentes para cada
caso? ¿Por qué?

Modismos y regionalismos

Algo que define el modo de hablar de los chilenos es el sobreuso de diminutivos, ya sea
como muestra de cariño o simplemente por énfasis. Por ejemplo, en lugar de tomarse un
«café», los chilenos se toman un «cafecito». Otra característica interesante es la falta de
pronunciación de la s y la d en las sílabas finales. *Estamos cansados* se diría «*Estamo cansao*».
Es también peculiar la alteración que sufre la segunda persona (*tú*) en el presente de los
verbos. Por ejemplo, *estás* se transforma en *estai* y *tienes* en *tenís* (pronunciado «*tení*»).

A lo chileno

cachar entender
choreado enojado, molesto
fome aburrido
mochilear viajar con mochila

movida plan
no estoy ni ahí no me gusta, no me interesa
taco congestión vehicular
ya po ya pues

—No aguanto más Santiago.
—Ya **caché**. Estai **choreao** con los **tacos** y el smog. Pero, ¿qué podemos hacer?
—Vámonos este verano a **mochilear** al norte. Podemos visitar unas playitas en Arica o La Serena.
—No, qué **fome, no estoy ni ahí** con las playas. Mejor pasamos por los lagos y de ahí pasamos
a Chiloé a comernos un curantito o un pescao frito.
—**Ya po,** me gustó la **movida.**

Elementos de literatura

POESÍA: Recursos de sonido e imágenes

Los poetas han sido a menudo comparados con los magos: usan su arte para convertir lo común en algo extraordinario. Para este fin, los poetas usan diversas imágenes y efectos sonoros que cautivan nuestros sentidos.

Música en la poesía: Rima

Muchos lectores asocian la poesía con la **rima.** Además de su agradable sonido, la rima puede destacar las palabras clave y las relaciones entre los diferentes versos. El **tipo de rima** también da forma al poema.

La mayoría de las rimas aparecen al final de los versos. En la **rima consonante o total,** como en este ejemplo tomado de «La muralla», de Nicolás Guillén, los sonidos de las vocales y de las consonantes del segundo y cuarto verso se repiten de manera idéntica:

una muralla que vaya
desde la playa hasta el m**onte,**
desde el monte hasta la playa, bien,
allá sobre el horiz**onte.**

En la **rima asonante o parcial,** sólo se repite el sonido de las vocales, como en los versos 2 y 4 de esta estrofa de «Meciendo» de Gabriela Mistral:

Dios Padre sus miles de mundos mece sin ru**ido.**
Sintiendo su mano en la sombra mezo a mi n**iño.**

Ritmo

En la música, identificamos el **ritmo** como el compás (tempo) de una canción. El **ritmo** es especialmente importante en la poesía, ya que tiene diferentes efectos.

Al igual que la rima, el ritmo da a la poesía cierta cualidad musical agradable. El ritmo puede servir también para imitar una acción que es descrita y así ayuda a expresar esa imagen. El ritmo también interviene en el tono (ánimo) o efecto general de un poema.

El ritmo se aprecia mejor cuando el poema se lee en voz alta. Lee la siguiente estrofa en voz alta, donde Nicolás Guillén imita el sonido africano de los tambores de Cuba:

¡Yambambó, yambambé!
Repica el congo solongo,
repica el negro bien negro;
congo solongo del Songo
baila yambó sobre un pie.
—*Sóngoro Cosongo*

El ritmo es una combinación de diferentes elementos: rima, sílabas acentuadas y número de sílabas en un verso.

No todos los poemas tienen rima y a veces ni siquiera un ritmo regular. En «Naranjas» (página 91), por ejemplo, Gary Soto utiliza el **verso libre,** poesía sin rima fija ni esquema rítmico.

Repetición y paralelismo

Los poetas se valen de la repetición para destacar palabras clave y versos. La repetición que usa Soto de las palabras «naranjas» y «chocolate» ayuda a crear la estructura básica de «Naranjas».

El **paralelismo** es la repetición de frases o de oraciones completas que son similares en la estructura o en el sonido. En «Árbol adentro», Octavio Paz emplea el paralelismo para sugerir la intensidad de los ojos que lo miran:

son naranjas de sangre,
son granadas de lumbre.

Otros efectos sonoros:
Onomatopeya

Se llama **onomatopeya** al uso de palabras cuyos sonidos imitan o sugieren su significado. El poeta puede utilizar una sola palabra o una serie de palabras para imitar un sonido. A continuación encontrarás algunos ejemplos de onomatopeya. Cuando leas las palabras en voz alta, nota cómo los sonidos sugieren su significado.

miau	roncar
runrún	borbotón
rataplán	silbar
susurrar	

¿Qué ejemplos puedes añadir a esta lista?

Aliteración

La **aliteración** es la repetición de sonidos similares en un grupo de palabras. La aliteración es un recurso musical atrayente y efectivo. Al igual que la rima, la aliteración puede servir de ayuda para memorizar o para añadir énfasis a un grupo de palabras y crear el tono.

En la siguiente estrofa de «Meciendo», ¿qué ejemplos de aliteración encuentras?

El mar sus millares de olas
mece, divino.
Oyendo a los mares amantes,
mezo a mi niño.

Imágenes

Las **imágenes** son un conjunto de palabras o frases que cautivan cualquiera de los cinco sentidos: vista, oído, tacto, gusto u olfato. Las imágenes no sólo se encuentran en la poesía sino que también son una parte muy importante de toda buena obra de literatura descriptiva. Federico García Lorca usa numerosas imágenes vívidas en «Paisaje»

(página 158). Es en la poesía donde encontramos las imágenes más sorprendentes. Al cautivar nuestros sentidos, los poetas nos animan a leer de una manera más activa e imaginativa.

En este pasaje de «Naranjas» encontrarás una imagen dirigida a un sentido específico.

yo pelé mi naranja
que brillaba tanto contra
el gris de diciembre
que, desde cierta distancia,
alguien podría haber pensado
que encendía un fuego en mis
manos.

¿Puedes identificar el sentido despertado por esta imagen?

POESÍA: Figuras retóricas y de estilo

Los poetas utilizan varias técnicas para dar forma al idioma y ofrecernos nuevas perspectivas de la experiencia humana, con respecto al mundo y la naturaleza. En la sección anterior estudiaste los recursos de sonido y el uso de imágenes. Ahora vas a estudiar el **hipérbaton** y las **figuras retóricas.**

Hipérbaton

El **hipérbaton** es una alteración del orden normal y lógico de una oración para conseguir un efecto especial. Los poetas a veces utilizan un orden diferente para enfatizar una palabra o una idea. En las líneas siguientes del poema «Meciendo», de Gabriela Mistral (página 159), por ejemplo, el objeto directo «sus miles de mundos» precede al verbo «mece». El hipérbaton marca el contraste entre la inmensidad y el clamor del universo y la calma y el silencio de las acciones de Dios:

Dios Padre sus miles de
   mundos
mece sin ruido.

Figuras retóricas

Una expresión que describe una cosa como si fuera otra, sin que el autor pretenda que se entienda como una verdad literal, se denomina **figura retórica.** Los expertos en la literatura han identificado unas 250 **figuras retóricas** diferentes, pero aquí solamente trataremos cinco: símil, metáfora, personificación, símbolo e hipérbole. Recuerda que tanto los prosistas como los poetas utilizan figuras retóricas.

Un **símil** es una comparación entre dos cosas mediante el uso de las palabras «como», «igual que», «más que» o «parecido». Federico García Lorca comienza su poema «Paisaje» con un símil (página 158):

El campo
de olivos
se abre y se cierra
como un abanico.

Una comparación entre dos cosas por medio de la cual una cosa se identifica con otra se llama **metáfora.** Las metáforas se distinguen de los símiles porque no usan palabras específicas del tipo «como» o «igual que» para establecer comparaciones. Octavio Paz utiliza metáforas en los siguientes renglones de «Árbol adentro» (página 157):

Sus raíces son venas
nervios sus ramas.

La **personificación** es una figura retórica por medio de la cual se atribuye a un objeto o un animal sentimientos, pensamientos o actitudes humanas. En «Meciendo», Gabriela Mistral personifica al viento:

El viento errabundo en la
   noche
mece a los trigos.

García Lorca emplea una personificación de los olivos en estos renglones de «Paisaje»:

Los olivos
están cargados
de gritos.

¿Cuál es un ejemplo de personificación en «Árbol adentro»?

Un **símbolo** es una persona, lugar, objeto o suceso que, aunque tiene un significado literal, está representando en ese momento otro concepto. Algunos símbolos son convencionales y muy conocidos: por ejemplo, una paloma blanca simboliza la paz. Otros símbolos los inventan los escritores al hacer que los objetos representen ideas. Por ejemplo, en este pasaje del poema «La muralla», Nicolás Guillén combina la personificación y el simbolismo:

— ¡Tun, tun!
— ¿Quién es?
— Una rosa y un clavel...
— ¡Abre la muralla!
— ¡Tun, tun!
— ¿Quién es?
— El sable del coronel...
— ¡Cierra la muralla!

En este contexto, una rosa y un clavel simbolizan la paz, mientras que el sable del coronel simboliza la guerra.

Los símbolos pueden ser más complejos que la simple correspondencia entre un concepto y otro. Puede haber más niveles de significado, o pueden sugerir diferentes asociaciones a lectores distintos. Para hacer la prueba, vuelve a leer el poema «Naranjas» y presta especial atención a los últimos renglones. Luego, comenta el poema en un grupo pequeño. ¿Qué simboliza para el poeta la única naranja que le queda? En el poema de Rosalía de Castro «Dicen que no hablan las plantas» (página 186), ¿qué simboliza la escarcha?

La **hipérbole** es una exageración que logra un efecto especial, como en estas líneas de «¿Puedes?», otro poema de Nicolás Guillén:

¿Tal vez podrías venderme
  cinco pesos de viento,
o más, quizás venderme una
  tormenta?
. . . .
La tierra tuya es mía.
Todos los pies la pisan.
Nadie la tiene, nadie.

La hipérbole se utiliza a menudo para lograr un tono divertido. Otras veces, la hipérbole se usa para crear un tono serio. ¿Qué tipo de efecto trata de lograr Nicolás Guillén con el uso de la hipérbole en las líneas mencionadas?

Ahora que sabes más acerca de las diferentes técnicas utilizadas por los poetas para dar forma al lenguaje literario, trata de descubrir estos elementos en los poemas que leas de ahora en adelante.

ANTES DE LEER
Las abejas de bronce

Punto de partida

La tecnología y la naturaleza

Todos los animales buscan en la naturaleza los alimentos que necesitan para sobrevivir; los seres humanos no son ninguna excepción. De hecho, han sido particularmente hábiles para desarrollar tecnologías eficaces para cultivar, aprovechar y procesar los recursos naturales. Ejemplo de esto es la agricultura y la minería.

La historia que vas a leer a continuación, que es un tipo de fábula moderna en la que intervienen animales, utiliza el ejemplo de la elaboración de la miel para ilustrar los peligros de una tecnología demasiado avanzada.

Lluvia de ideas

Ciertos recursos naturales que los seres humanos consumen en grandes cantidades escasean cada vez más. Con un(a) compañero(a), piensen en algunos de los recursos naturales que están escaseando debido a su consumo excesivo por parte de los seres humanos. Preparen una lista y compárenla con la de otros estudiantes.

Elementos de literatura

Fábulas

Una **fábula** es una narración corta con una moraleja sobre la conducta humana. El tipo más común de fábula es la fábula de animales, en la cual los protagonistas son animales que hablan y actúan como seres humanos. Cuando leas «Las abejas de bronce», fíjate en qué se parecen los animales de la historia a los seres humanos. Comenta las posibles moralejas de la historia.

> Una **fábula** es una narración corta que ilustra una lección moral o práctica.
>
> *Para más información, ver el GLOSARIO DE TÉRMINOS LITERARIOS.*

Las abejas de bronce

Marco Denevi

Desde el principio del tiempo el Zorro vivió de la venta de miel. Era, aparte de una tradición de familia, una especie de <u>vocación</u> hereditaria. Nadie tenía la <u>maña</u> del Zorro para tratar a las Abejas (cuando las Abejas eran unos animalitos vivos muy irritables) y hacerles rendir al máximo. Esto por un lado.

Por otro lado el Zorro sabía entenderse con el Oso, gran consumidor de miel y, por lo mismo, su mejor cliente. No resultaba fácil llevarse bien con el Oso. El Oso era un sujeto[1] un poco brutal, un poco salvaje, al que la vida al aire libre, si le <u>proporcionaba</u> una excelente salud, lo volvía de una <u>rudeza</u> de maneras que no todo el mundo estaba dispuesto a tolerarle.

1. **sujeto:** persona, individuo.

Incluso el Zorro, a pesar de su larga práctica, tuvo que sufrir algunas experiencias desagradables en ese sentido. Una vez, por ejemplo, a causa de no sé qué cuestión baladí,[2] el Oso destruyó de un zarpazo la balanza para pesar la miel. El Zorro no se inmutó[3] ni perdió su sonrisa. (*Lo enterrarán con la sonrisa puesta,*

2. **baladí:** insignificante, sin importancia.
3. **inmutó:** alteró, se sintió afectado.

ADUÉÑATE DE ESTAS PALABRAS

vocación *f.*: inclinación a cualquier actividad o profesión.
maña *f.*: astucia, habilidad.
proporcionaba, de **proporcionar** *v.*: dar.
rudeza *f.*: falta de educación o cortesía, tosquedad.

decía de él, desdeñosamente, su tío el Tigre.) Pero le hizo notar al Oso que, conforme a la ley, estaba obligado a indemnizar[4] aquel <u>perjuicio</u>.

—Naturalmente —se rió el Oso— te indemnizaré. Espera que corro a indemnizarte. No me alcanzan las piernas para correr a indemnizarte.

Y lanzaba grandes carcajadas y se golpeaba un muslo con la mano.

—Sí —dijo el Zorro con su voz tranquila—, sí, le aconsejo que se dé prisa, porque las Abejas se impacientan. Fíjese, señor.

Y haciendo un <u>ademán</u> teatral, un ademán estudiado, señaló las colmenas. El Oso se fijó e instantáneamente dejó de reír. Porque vio que millares de abejas habían abandonado los panales y con el rostro rojo de cólera, el <u>ceño</u> fruncido y la boca crispada, lo miraban de hito en hito[5] y parecían dispuestas a atacarlo.

—No aguardan sino mi señal —agregó el Zorro, dulcemente—. Usted sabe, detestan las <u>groserías</u>.

El Oso, que a pesar de su fuerza era un fanfarrón,[6] palideció de miedo.

—Está bien, Zorro —<u>balbuceaba</u>—, repondré la balanza. Pero por favor, dígales que no me miren así, ordéneles que vuelvan a sus colmenas.

—¿Oyen, queriditas? —dijo el Zorro muy melífluo,[7] dirigiéndose a las Abejas—. El señor Oso nos promete traernos otra balanza.

Las Abejas zumbaron a coro. El Zorro las escuchó con expresión respetuosa. De tanto en tanto asentía con la cabeza y murmuraba:

—Sí, sí, conforme. Ah, se comprende. ¿Quién lo duda? Se lo transmitiré.

El Oso no cabía en su vasto pellejo.

—Qué es lo que están hablando, Zorro. Me tienen sobre ascuas.

El Zorro lo miró fijo.

—Dicen que la balanza deberá ser flamante.[8]

—Claro está, flamante. Y ahora, que se vuelvan.

—Niquelada.

—De acuerdo, niquelada.[9]

—Fabricación extranjera.

—¿También eso?

—Preferentemente suiza.

—Ah, no, es demasiado. Me extorsionan.

—Repítalo, señor Oso. Más alto. No lo han oído.

—Digo y sostengo que... Está bien, está bien. Trataré de complacerlas. Pero ordéneles de una buena vez que regresen a sus panales. Me ponen nervioso tantas caras de abeja juntas, mirándome.

El Zorro hizo un ademán raro, como un ilusionista, y las Abejas, después de lanzar al Oso una última mirada amonestadora,[10] desaparecieron dentro de las colmenas. El Oso se alejó, un tanto mohíno y con la vaga sensación de que lo habían engañado. Pero al día siguiente reapareció trayendo entre sus brazos una balanza flamante, niquelada, con una chapita de bronce donde se leía: *Made in Switzerland*.

Lo dicho: el Zorro sabía manejar a las Abejas y sabía manejar al Oso. Pero ¿a quién no sabía manejar ese zorro del Zorro?

Hasta que un día se inventaron las abejas artificiales.

Sí. Insectos de bronce, dirigidos electrónicamente, a control remoto (como decían los prospectos[11] ilustrativos), podían hacer el mismo trabajo que las abejas vivas. Pero con enormes ventajas. No se fatigaban, no se extraviaban, no

---

9. **niquelada:** cubierta con níquel, un mineral color blanco grisáceo.
10. **amonestadora:** que advierte o reprocha.
11. **prospectos:** folletos, papeles que acompañan a ciertos productos.

ADUÉÑATE DE ESTAS PALABRAS

perjuicio *m.*: daño, pérdida.
ademán *m.*: gesto.
ceño *m.*: espacio entre las cejas en la frente.
grosería *f.*: acto descortés.
balbuceaba, de **balbucear** *v.*: hablar con dificultad.

---

4. **indemnizar:** pagar a alguien lo debido por la pérdida sufrida.
5. **de hito en hito:** mirar fijamente.
6. **fanfarrón:** presumido, vano, imprudente.
7. **melífluo:** suave, dulce.
8. **flamante:** brillante, nueva.

quedaban atrapadas en las redes de las Arañas, no eran devoradas por los Pájaros; no se alimentaban, a su vez, de miel, como las Abejas naturales (miel que en la contabilidad[12] y en el alma del Zorro figuraba con grandes cifras rojas[13]); no había, entre ellas, ni reinas, ni zánganos; todas iguales, todas obreras, todas dóciles, obedientes, fuertes, activas, de vida ilimitada, resultaban, en cualquier sentido que se considerase la cuestión, infinitamente superiores a las abejas vivas.

El Zorro en seguida vio el negocio, y no dudó. Mató todos sus enjambres,[14] demolió[15] las colmenas de cera, con sus ahorros compró mil abejas de bronce y su correspondiente colmena también de bronce, mandó instalar el tablero de control, aprendió a manejarlo, y una mañana los animales presenciaron, <u>atónitos</u>, cómo las abejas de bronce atravesaban por primera vez el espacio.

El Zorro no se había equivocado. Sin levantarse siquiera de su asiento, movía una palanquita, y una nube de abejas salía rugiendo hacia el norte, movía otra palanquita, y otro grupo de

12. **contabilidad:** manejo de las cuentas.
13. **cifras rojas:** dinero que falta; deudas.
14. **enjambres:** grupos de abejas.
15. **demolió:** destrozó, rompió.

abejas disparaba hacia el sur, un nuevo movimiento de palanca, y un tercer enjambre se lanzaba en dirección al este, *et sic de ceteris.*[16] Los insectos de bronce volaban raudamente,[17] a velocidades nunca vistas, con una especie de zumbido amortiguado que era como el eco de otro zumbido; se precipitaban como una flecha sobre los cálices,[18] sorbían rápidamente el néctar, volvían a levantar vuelo, regresaban a la colmena, se incrustaba cada una en su alvéolo,[19] hacían unas rápidas contorsiones, unos ruiditos secos, *tric, trac, cruc,* y a los pocos instantes destilaban la miel, una miel pura, limpia, dorada, incontaminada, aséptica; y ya estaban en condiciones de recomenzar. Ninguna distracción, ninguna fatiga, ningún capricho, ninguna cólera. Y así las veinticuatro horas del día. El Zorro se frotaba las manos.

La primera vez que el Oso probó la nueva miel puso los ojos en blanco, hizo chasquear la lengua y, no atreviéndose a opinar, le preguntó a su mujer:

—Vaya, ¿qué te parece?

—No sé —dijo ella—. Le siento gusto a metal.

—Sí, yo también.

Pero sus hijos protestaron a coro:

—Papá, mamá, qué disparate. Si se ve a la legua[20] que esta miel es muy superior. Superior en todo sentido. ¿Cómo pueden preferir aquella otra, elaborada por unos insectos tan sucios? En cambio ésta es más limpia, más higiénica, más moderna y, en una palabra, más miel.

El Oso y la Osa no encontraron razones con qué <u>rebatir</u> a sus hijos y permanecieron callados, pero cuando estuvieron solos insistieron:

16. *et sic de ceteris:* del latín. «Y las demás igual».
17. **raudamente:** rápidamente; con diligencia.
18. **cálices:** cubierta externa de una flor en su base, generalmente verde.
19. **alvéolo:** hueco, celdilla en el panal de abejas.
20. **legua:** medida que indica gran distancia.

- -

ADUÉÑATE DE ESTAS PALABRAS

atónito, -ta *adj.:* asombrado a causa de un evento extraordinario.

rebatir *v.:* refutar, rechazar las razones que dan otros.

- -

—Qué quieres, sigo prefiriendo la de antes. Tenía un sabor...

—Sí, yo también. Hay que convenir, eso sí, en que la de ahora viene pasteurizada. Pero aquel sabor...

Tampoco se atrevieron a decirlo a nadie, porque, en el fondo, se sentían orgullosos de servirse en un establecimiento donde trabajaba esa octava maravilla de las abejas de bronce.

—Cuando pienso que, bien mirado, las abejas de bronce fueron inventadas exclusivamente para nosotros...— decía la mujer del Oso.

El Oso no añadía palabra y aparentaba indiferencia, pero por dentro estaba tan <u>ufano</u> como su mujer.

De modo que por nada del mundo hubieran dejado de comprar y comer la miel destilada por las abejas artificiales. Y menos todavía cuando notaron que los demás animales también acudían a la tienda del Zorro a adquirir miel, no porque les gustase la miel, sino a causa de las abejas de bronce y para alardear[21] de modernos.

Y, con todo esto, las ganancias del Zorro crecían como un incendio en el bosque. Tuvo que tomar a su servicio un ayudante y eligió, después de meditarlo mucho, al Cuervo, sobre todo porque le aseguró que <u>aborrecía</u> la miel. Las mil abejas fueron pronto cinco mil; las cinco mil, diez mil. Se comenzó a hablar de las riquezas del Zorro como de una fortuna fabulosa. El Zorro se sonreía y se frotaba las manos.

Y entretanto los enjambres iban, venían, salían, entraban. Los animales apenas podían seguir con la vista aquellas ráfagas[22] de puntos dorados que cruzaban sobre sus cabezas. Las únicas que, en lugar de admirarse, pusieron el grito en el cielo, fueron las arañas, esas <u>analfabetas</u>. Sucedía que las abejas de bronce atravesaban las telarañas y las hacían pedazos.

—¿Qué es esto? ¿El fin del mundo? —chillaron las damnificadas la primera vez que ocurrió la cosa.

21. **alardear:** presumir.
22. **ráfagas:** nubecillas; golpes de luz.

Pero como alguien les explicó luego de qué se trataba, amenazaron al Zorro con iniciarle pleito[23] por daños y perjuicios. ¡Qué estupidez! Como decía la mujer del Oso:

—Es la eterna lucha entre la luz y la sombra, entre el bien y el mal, entre la civilización y la barbarie.

También los Pájaros se llevaron una sorpresa. Porque uno de ellos, en la primera oportunidad en que vio una

23. **iniciarle pleito:** entablar una demanda.

---

abeja de bronce, abrió el pico y se la tragó. ¡Desdichado! La abeja metálica le desgarró las cuerdas vocales, se le embutió en el buche[24] y allí le formó un tumor, de resultas del cual falleció al poco tiempo, en medio de los más crueles sufrimientos y sin el consuelo del canto, porque había quedado mudo. Los demás Pájaros <u>escarmentaron</u>.

Y cuando ya el Zorro paladeaba[25] su prosperidad, comenzaron a aparecer los inconvenientes. Primero una nubecita, después otra nubecita, hasta que todo el cielo amenazó tormenta.

La cadena de desastres quedó inaugurada[26] con el episodio de las peonías[27] de la Gansa. Una tarde, al vaciar una colmena, el Zorro descubrió entre la miel rubia unos goterones grises, opacos, repugnantes. Los probó con la punta del dedo y los halló amargos y de un olor nauseabundo. Tuvo que tirar toda la miel restante, que había quedado contaminada. Y estaba en eso cuando la Gansa entró como un huracán.

—Zorro —silabeó—, ¿recuerdas aquellas peonías artificiales con que adornaba el *porch*[28] de mi casa y que eran un recuerdo de mi finado marido? ¿Las recuerdas? Y bien: mira lo que tus abejas han hecho de mis peonías.

Alzó una mano. El Zorro miró, vio una masa informe, comprendió y, como buen comerciante, no anduvo con rodeos.

—¿Cuánto? —preguntó.

—Veinte pesos —respondió la Gansa.

—Quince.

—Veinticuatro.

—Dieciséis.

—Veintiocho.

—¿Estás chiflada? Si crees que esto es la Bolsa...

—No creo que sea la Bolsa. Pero hago correr los intereses.

—¡Basta! Toma tus veinte pesos.

—Treinta y dos.

—Está bien, no sigas, me rindo.

Cuando la Gansa, recontando su dinero, hubo desaparecido, el Zorro se abandonó a todos los excesos del furor. Se paseaba por la tienda, daba patadas en

el suelo, golpeaba con el puño las paredes, gritaba, aunque entre dientes:

—La primera vez, la primera vez que alguien me saca dinero. Y miren quién, esa imbécil de Gansa. Treinta y dos pesos por unas peonías artificiales que no valen más de cuarenta. Y todo por culpa de las abejas de bronce, malditas sean. La falta de instinto les hace cometer equivocaciones. Han confundido flores artificiales con flores naturales. Las otras jamás habrían caído en semejante error. Pero quién piensa en las otras. En fin, no todo es perfecto en esta vida.

---

24. **se le embutió en el buche:** se le metió entre el estómago y la garganta.
25. **paladeaba:** saboreaba.
26. **inaugurada:** iniciada, empezada.
27. **peonías:** flores grandes rojas o rosáceas.
28. ***porch:*** palabra del inglés que significa «porche».

Otro día, una abeja, al introducirse como una centella[29] en la corola[30] de una azucena,[31] degolló a un Picaflor que se encontraba allí alimentándose. La sangre del pájaro tiñó de rojo la azucena. Pero como la abeja, insensible a olores y sabores, no atendía sino sus impulsos eléctricos, libó[32] néctar y sangre, todo junto. Y la miel apareció después con un tono rosa que alarmó al Zorro. Felizmente su empleado le quitó la preocupación de encima.

—Si yo fuese usted, Patrón —le dijo con su vocecita ronca y su aire de solterona—, la vendería como miel especial para niños.

—¿Y si resultase venenosa?

—En tan desdichada hipótesis yo estaría muerto, Patrón.

—Ah, de modo que la ha probado. De modo que mis subalternos[33] me roban la miel. ¿Y no me juró que la aborrecía?

—Uno se sacrifica, y vean cómo le pagan —murmuró el Cuervo, poniendo cara de dignidad ultrajada—. La aborrezco, la aborreceré toda mi vida. Pero quise probarla para ver si era venenosa. Corrí el riesgo por usted. Ahora, si cree que he procedido mal, despídame, Patrón.

¿Qué querían que hiciese el Zorro, sino seguir el consejo del Cuervo? Tuvo un gran éxito con la miel rosa especial para niños. La vendió íntegramente. Y nadie se quejó. (El único que pudo quejarse fue el Cerdo, a causa de ciertas veleidades[34] poéticas que asaltaron por esos días a sus hijos. Pero ningún Cerdo que esté en su sano juicio es capaz de relacionar la extraña locura de hacer versos con un frasco de miel tinta en la sangre de un Picaflor.)

El Zorro se sintió a salvo. Pobre Zorro, ignoraba que sus <u>tribulaciones</u> iban a igualar a sus abejas.

Al cabo de unos días observó que los insec-tos tardaban cada vez más tiempo en regresar a las colmenas.

Una noche, encerrados en la tienda, él y el Cuervo consideraron aquel nuevo enigma.

—¿Por qué tardan tanto? —decía el Zorro—. ¿A dónde diablos van? Ayer un enjambre demoró cinco horas en volver. La producción diaria, así, disminuye, y los gastos de electricidad aumentan. Además, esa miel rosa la tengo todavía atravesada en la garganta. A cada momento me pregunto: ¿Qué aparecerá hoy? ¿Miel verde? ¿Miel negra? ¿Miel azul? ¿Miel salada?

—Accidentes como el de las peonías no se han repetido, Patrón. Y en cuanto a la miel rosa, no creo que tenga de qué quejarse.

—Lo admito. Pero ¿y este misterio de las demoras? ¿Qué explicación le encuentra?

—Ninguna. Salvo...

—¿Salvo qué?

El Cuervo cruzó gravemente las piernas, juntó las manos y miró hacia arriba.

—Patrón —dijo, después de reflexionar unos instantes—. Salir y vigilar a las abejas no es fácil. Vuelan demasiado rápido. Nadie, o casi nadie, puede seguirlas. Pero yo conozco un pájaro que, si se le unta la mano,[35] se ocuparía del caso. Y le doy mi palabra que no volvería sin haber averiguado la verdad.

—¿Y quién es ese pájaro?

—Un servidor.

El Zorro abrió la boca para cubrir de injurias[36] al Cuervo, pero luego lo pensó mejor y optó por aceptar. Pues cualquier recurso era preferible a quedarse con los brazos cruzados, contemplando la progresiva e implacable disminución de las ganancias.

El Cuervo regresó muy tarde, jadeando como si hubiese vuelto volando desde la China.

---

29. **centella:** relámpago, rayo.
30. **corola:** conjunto de pétalos de una flor.
31. **azucena:** flor grande, blanca y muy olorosa.
32. **libó:** chupó.
33. **subalternos:** personas que están bajo el mando de alguien.
34. **veleidades:** deseos, antojos.

35. **si se le unta la mano:** si se le paga cierta cantidad de dinero.
36. **injurias:** ofensas, insultos.

ADUÉÑATE DE ESTAS PALABRAS
tribulación *f.:* pena, disgusto o preocupación.

(El Zorro, de pronto, sospechó que todo era una farsa y que quizá su empleado conocía la verdad desde el primer día.) Su cara no hacía presagiar[37] nada bueno.

—Patrón —balbuceó—, no sé cómo decírselo. Pero las abejas tardan, y tardarán cada vez más, porque no hay flores en la comarca y deben ir a libarlas en el extranjero.

—Cómo que no hay flores en la comarca. ¿Qué tontería es ésa?

—Lo que oye, Patrón. Parece ser que las flores, después que las abejas les han sorbido el néctar, se doblan, se debilitan y se mueren.

—¡Se mueren! ¿Y por qué se mueren?

—No resisten la trompa de metal de las abejas.

—¡Diablos!

—Y no termina ahí la cosa. La planta, después que las abejas le asesinaron las flores...

—¡Asesinaron! Le prohíbo que use esa palabra.

—Digamos mataron. La planta, después que las abejas le mataron sus flores, se niega a florecer nuevamente. Consecuencia: en toda la comarca no hay más flores. ¿Qué me dice, Patrón?

El Zorro no decía nada. Nada. Estaba alelado.

Y lo peor es que el Cuervo no mentía. Las abejas artificiales habían devastado las flores del país. Entonces pasaron a los países vecinos, después a los más próximos, luego a los menos próximos, más tarde a los remotos y lejanos, y así, de país en país, dieron toda la vuelta al mundo y regresaron al punto de partida.

Ese día los Pájaros se sintieron invadidos de una extraña congoja,[38] y no supieron por qué. Algunos, inexplicablemente, se suicidaron. El Ruiseñor quedó afónico y los colores del Petirrojo palidecieron. Se dice que, por ejemplo, los ríos dejaron de correr y las fuentes, de cantar. No sé. Lo único que sé es que, cuando las abejas de bronce, de país en país, dieron toda la vuelta al mundo, ya no hubo flores en el mundo, ya no hubo flores ni en el campo, ni en las ciudades, ni en los bosques.

Las abejas volvían de sus viajes, anidaban en sus alvéolos, se contorsionaban, hacían *tric, trac, cruc*, pero el Zorro no recogía ni una miserable gota de miel. Las abejas regresaban tan vacías como habían salido.

37. presagiar: anunciar, indicar.

38. congoja: tristeza, angustia.

El Zorro se desesperó. Sus negocios <u>se desmoronaron</u>. Aguantó un tiempo gracias a sus reservas. Pero incluso estas reservas se agotaron. Debió despedir al Cuervo, cerrar la tienda, perder la clientela.

El único que no se resignaba era el Oso.

—Zorro —vociferaba—, o me consigues miel o te levanto la tapa de los sesos.

—Espere. Pasado mañana recibiré una partida del extranjero —le prometía el Zorro. Pero la partida del extranjero no llegaba nunca.

Hizo unas postreras tentativas. Envió enjambres en distintas direcciones. Todo inútil. El *tric, trac, cruc* como una burla, pero nada de miel.

Finalmente, una noche el Zorro desconectó todos los cables, destruyó el tablero de control, enterró en un pozo las abejas de bronce, recogió sus dineros y al favor de las sombras huyó con rumbo desconocido.

Cuando iba a cruzar la frontera escuchó a sus espaldas unas risitas y unas vocecitas de vieja que lo llamaban.

—¡Zorro! ¡Zorro!

Eran las arañas, que a la luz de la luna tejían sus telas prehistóricas.

El Zorro les hizo una mueca obscena y se alejó a grandes pasos.

Desde entonces nadie volvió a verlo jamás.

CONOCE AL ESCRITOR

Marco Denevi (1922–1998) nació en Sáenz Peña, Argentina, el último de siete hermanos. Quería ser músico, pero en cambio estudió leyes y trabajó en un banco hasta 1954, cuando escribió su primera novela. Al año siguiente, participó en un concurso convocado por la prestigiosa firma editorial de Guillermo Kraft. Su novela, una obra de misterio llamada *Rosaura a las diez*, ganó el premio. La obra fue publicada, y se convirtió en un éxito de ventas y posteriormente en película, obra de teatro y serie de televisión, y ha sido traducida a varios idiomas. Denevi, que nunca antes había publicado, se hizo un escritor muy conocido en un breve periodo de tiempo. Cinco años después de su triunfo, su novela corta *Ceremonia secreta* se impuso a otras 3.000 obras presentadas en un concurso de la revista *Life*. Este libro se convirtió también en película.

En 1968, Denevi abandonó su trabajo para concentrarse en la literatura. Desde entonces publicó novelas, cuentos y obras de teatro y también escribió para revistas y diarios. Vivió casi recluido en Buenos Aires, manteniendo su independencia como escritor y periodista. Los únicos actos a los que asistía eran sus propios «Sábados con mis amigos», en los cuales seis u ocho de sus mejores amigos se reunían a hablar. El resto del tiempo lo dedicaba a leer y escribir. Escribió dos obras para jóvenes, *Robotobor* y *Furmila la hermosa*.

CREA SIGNIFICADOS

Cuaderno de práctica, págs. 49–50

Repaso del texto

En «Las abejas de bronce», varios sucesos importantes tienen una relación causal. En otras palabras, un suceso causa el siguiente. Escoge cinco sucesos de la lectura e ilustra, como en este diagrama, su relación de causa y efecto.

CAUSA	EFECTO
Las abejas de bronce parecen ser muy eficientes.	El Zorro reemplaza las abejas vivas por abejas de bronce.

Primeras impresiones

1. Utiliza cinco palabras para describir el carácter del Zorro.

Interpretaciones del texto

2. ¿Consideras que el Zorro es un buen comerciante? ¿Por qué?

3. ¿Qué problemas surgen cuando el Zorro comienza a utilizar las abejas de bronce? ¿Por qué crees que las sigue utilizando a pesar de todo?

4. ¿De qué manera muestra la fábula las ventajas y las desventajas de la innovación tecnológica?

5. ¿Cuál es la moraleja de la fábula?

Preguntas al texto

6. Según el autor, ¿qué impacto pueden tener las innovaciones tecnológicas en el agotamiento de los recursos naturales? ¿Estás de acuerdo?

Así se dice

Para hablar de lo que se debe hacer

Puedes usar estas expresiones para la actividad **Escribir un panfleto informativo,** en la siguiente página.

> Es necesario que la gente tome conciencia de…
>
> Más vale que todos conservemos… porque si no…
>
> Es importante tener en cuenta…
>
> Hay que tratar de…
>
> Uno debe interesarse por…

¿Te acuerdas?

Tanto el subjuntivo como el infinitivo se usan después de expresiones impersonales. Si se está hablando de un sujeto específico, se usa la expresión seguida por **que** y el subjuntivo:

*Es indispensable **que el gobierno promueva** la conservación de los recursos naturales.*

Si se está hablando en términos generales, se omite el **que** y se usa el infinitivo:

*Es importante **promover** la conservación de los recursos naturales.*

OPCIONES: Prepara tu portafolio

Cuaderno del escritor

1. Compilación de ideas para un artículo informativo

TRABAJO EN CURSO

¿Está justificado el miedo que la gente les tiene a las abejas? Realiza una investigación en la biblioteca sobre la conducta de las abejas o de otra especie que provoque a menudo temor o aprensión. Presenta tus hallazgos a la clase en forma de afirmaciones verdaderas o falsas y, en cada caso, ofrece un comentario y una explicación más detallada del asunto. Guarda tus apuntes en caso de que desees ampliar tu investigación y convertirla en un artículo informativo.

La abeja y la avispa pertenecen a la misma especie. ¿Verdadero o falso? La abeja asesina es la mayor subespecie de las abejas. ¿Verdadero o falso?

Dramatización

2. Representa una obra dramática

Convierte «Las abejas de bronce» en una obra de teatro con la colaboración de otros estudiantes. Dividan la obra en escenas y, cuando sea necesario, añadan escenas con diálogo y acción para reemplazar el material descriptivo. Decidan qué tipo de vestuario y música de fondo piensan usar.

Escribir un panfleto informativo

3. Ayuda a la madre naturaleza

Investiga la manera en que la gente puede conservar la naturaleza o contribuir a un medio ambiente más limpio. Escribe un panfleto con consejos prácticos que pueda seguir la gente en su vida diaria para conservar los recursos naturales y evitar la contaminación, y distribúyelo entre amigos y familiares.

Escritura

4. Fábulas

Escribe por tu cuenta una fábula moderna. Piensa en un dicho como: «Haz bien sin mirar a quién». Luego, selecciona los animales que protagonizarán tu historia, y describe en ella qué ocurre cuando no se cumple con este principio o regla.

Si te interesa, podrías escribir una fábula que ilustre, como «Las abejas de bronce», los peligros de tratar de reemplazar con tecnología la capacidad productiva de la naturaleza.

¿De dónde eres? ¿Qué piensas de tu ciudad? ¿Es un lugar ideal para vivir y trabajar?

Gabriela Mistral habla de la necesidad de poner en equilibrio la vida de la ciudad con la vida del campo. Con el crecimiento de las ciudades, las zonas verdes han sido reemplazadas por carreteras y más edificaciones, y la gente ha ido perdiendo toda oportunidad de estar en contacto con la naturaleza. Según estos jóvenes, ¿sucede así en la ciudad donde viven? En tu opinión, ¿hay un equilibrio entre las zonas urbanizadas y las zonas verdes donde vives?

 ## Efrén González
Cuba

Mi ciudad es mágica. Está estacionada en los años 40 ó 50. Ese casco histórico en La Habana es muy precioso. Se conservan las construcciones, se conserva el estilo barroco o gótico. [Está] llena de música, de movimiento, de tiempos de la colonia española, las iglesias, la catedral, el Malecón. Tiene influencia del mar. Entonces se vive un ambiente rico de alegría, de sabor, de cosas muy lindas de mi ciudad, La Habana.

¿Y tu ciudad es un lugar ideal para vivir y trabajar?
Yo diría que sí. Tiene los dos componentes porque tiene mar... y el mar permite que la vida sea no tan estresada, sino [que] se puede compartir con la naturaleza y el trabajo en un equilibrio perfecto... Diría que Cuba, La Habana, tiene esa magia, esa dulzura, ese realismo de mi patria, Cuba.

Paulina Sámper
Ecuador

Mi ciudad es una ciudad muy linda... No es muy grande, pero es super colonial y es antigua... Hay edificios nuevos, pero siempre hay parte que conserva el estilo colonial que tiene Quito. Es bonito. El cielo casi siempre está azul y no está contaminado. La ciudad está entre las montañas, entonces todo el tiempo es [de] subida [y de] bajada. Uno puede estar en una parte más alta y se ve todo Quito. Es super bonita. A mí me encanta mi ciudad.

¿Y tu ciudad es un lugar ideal para vivir y trabajar?
Yo creo que sí. Para vivir yo creo que es muy buena porque la gente es amable y la ciudad es bonita. Es chiquitita, entonces puedes conocerlo todo... Si uno se esfuerza y en verdad quiere trabajar bien, es una ciudad buena. La gente es muy amable y te ayuda en el trabajo que tú quieres hacer o en lo que tú trabajas.

Para pensar y hablar

A. ¿En qué época dice Efrén que está «estacionada» La Habana? ¿Qué se ha conservado? ¿En qué estructuras se ve la herencia colonial? Según Efrén, ¿qué efecto tiene el mar en la gente? ¿Estás de acuerdo con él?

B. ¿De qué ciudad es Paulina? ¿Cómo la describe? ¿Dónde está ubicada? ¿Cómo se caracteriza la geografía local? ¿Por qué dice que es una ciudad buena para trabajar?

C. Con un(a) compañero(a), compara las dos respuestas. ¿Cómo describen la arquitectura de sus ciudades? ¿La arquitectura de tu ciudad refleja también lo antiguo y lo moderno? ¿Qué importancia tiene el conservar la arquitectura antigua de una ciudad?

D. Escucha otra entrevista con Carolina, una joven chilena. Contesta las siguientes preguntas según lo que ella dice.
  1. ¿Por qué le gusta la ciudad de Santiago a Carolina?
  2. ¿Qué hay alrededor de Santiago?
  3. Según Carolina, ¿en qué lugares vive la gente normalmente? ¿Dónde se encuentra más movimiento?

PARACIÓN
AP
PRÁCTICA

A leer
por tu cuenta

Cuaderno
de práctica,
págs. 51–53

Dicen que no hablan las plantas

Rosalía de Castro

Dicen que no hablan las plantas, ni las fuentes, ni los pájaros,
ni la onda con sus rumores, ni con su brillo los astros,
lo dicen, pero no es cierto, pues siempre cuando yo paso
de mí murmuran y exclaman: —Ahí va la loca, soñando
5 con la eterna primavera de la vida y de los campos,
y ya bien pronto, bien pronto, tendrá los cabellos <u>canos</u>,
y ve temblando, <u>aterida</u>, que cubre la <u>escarcha</u> el prado.

—Hay canas en mi cabeza, hay en los prados escarcha,
mas yo <u>prosigo</u> soñando, pobre, incurable <u>sonámbula</u>,
10 con la eterna primavera de la vida que se apaga
y la <u>perenne</u> frescura de los campos y las almas,
aunque los unos <u>se agostan</u> y aunque las otras <u>se abrasan</u>.

Astros y fuentes y flores, no murmuréis de mis sueños;
sin ellos, ¿cómo admiraros, ni cómo vivir sin ellos?

ADUÉÑATE DE ESTAS PALABRAS

cano, -na *adj.:* con canas; blanco.
aterida, -do *adj.:* helado; rígido por el frío, el miedo u otro sentimiento.
escarcha *f.:* capa de hielo que se forma en las madrugadas de invierno.
prosigo, de **proseguir** *v.:* seguir en un mismo estado o actitud, o con lo que
    se había empezado a hacer.
sonámbula, -lo *adj.:* que anda o hace cosas mientras duerme.
perenne *adj.:* perpetuo, que dura indefinidamente.
se agostan, de **agostarse** *v.:* secarse las plantas con el excesivo calor o frío.
se abrasan, de **abrasarse** *v.:* quemarse.

MEDIO AMBIENTE

CONOCE A LA ESCRITORA

Rosalía de Castro (1837–1885) nació en Santiago de Compostela, una ciudad de la región de Galicia al noroeste de España. Aunque vivió una infancia pobre y enfermiza, logró cursar estudios primarios y gustaba de leer libros de la más diversa índole. Pasó una breve temporada en Madrid, donde publicó su primer libro de versos y donde también conoció en 1857 al escritor gallego Manuel Murguía, con quien se casó en 1859. Debilitada por la *morriña,* la fuerte nostalgia por la tierra gallega, volvió con su esposo a Galicia, donde tuvieron siete hijos, dos de los cuales murieron a una temprana edad. A pesar de sus muchas obligaciones familiares, escribió cinco libros de poesía, cinco novelas y varios ensayos. Después de una vida llena de sufrimiento físico y emocional, Castro murió de cáncer en su amada Galicia a los cuarenta y ocho años.

Castro es conocida principalmente por tres volúmenes de poesía, dos de los cuales escribió en gallego, la lengua de su región. Galicia siempre influyó mucho en la poeta, y en su obra literaria se distingue la influencia del verde paisaje de Galicia y el calor de su gente. En sus poemas, Castro describe a los aldeanos con el mismo entusiasmo con que describe las montañas brumosas, los valles profundos y las rías bajas. *Cantares gallegos* (1863) demuestra su gran amor por su tierra natal a través de poemas llenos de gente y de lugares plácidos, hermosos y acogedores. En *Follas novas* (1880), un libro de versos caracterizado por el dolor y la melancolía, se inició el gallego moderno como lengua literaria; en aquel tiempo era considerada sólo como una lengua rural y local. *En las orillas del Sar* (1884), su único libro de poesía escrito en castellano, Castro sigue retratando a Galicia y examinando temas universales como la angustia, el desamparo y la soledad. De este último volumen viene el poema «Dicen que no hablan las plantas».

📶 internet

MARCAR: go.hrw.com
PALABRA CLAVE:
WN3 AMBIENTE-CYO

Oportunidades en el mercado nacional e internacional

Hoy día el dominio del español les permite al hombre y a la mujer de negocios ocupar un papel importante en el comercio internacional y aprovechar el creciente mercado hispano en Estados Unidos. Como presidente del *Overseas Private Investment Corporation,* una organización con cartera de aproximadamente $18 mil millones, **George Muñoz** facilita la inversión de capital privado de Estados Unidos en más de 140 países en vías de desarrollo. Originario de Brownsville, Texas, con doctorados en leyes, comercio y política pública, domina el español y dice que su bilingüismo le ha sido muy útil; comenta que muchos jefes de estado de países latinoamericanos le hablan con frecuencia, lo cual no harían si él no fuera hispanohablante. Según Muñoz, muchas empresas latinoamericanas buscan asociarse con empresas estadounidenses con el propósito de favorecer su economía y mejorar la calidad de sus productos.

El mercado hispano en Estados Unidos sobrepasa $348 mil millones. Es un mercado lucrativo, pero sólo para las empresas que saben dirigir su mercadeo. **Isabel Valdés** es co-presidenta de *Santiago and Valdes Solutions,* compañía que fundó por su convicción de que hace falta realizar investigaciones hechas a la medida del mercado hispano. Valdés, nativa de Chile y con títulos en comunicaciones y publicidad, lleva a cabo trabajos que abarcan todos los aspectos del mundo de los negocios. Por ejemplo, ha identificado los elementos en el diseño de casas que llaman la atención del consumidor hispano y los factores que atraen turismo hispano a la Florida. El desarrollo de técnicas de segmentación del mercado hispano basadas en la orientación lingüística se considera su aportación más destacada.

INVESTIGACIONES

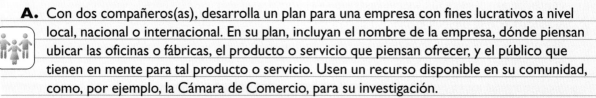

A. Con dos compañeros(as), desarrolla un plan para una empresa con fines lucrativos a nivel local, nacional o internacional. En su plan, incluyan el nombre de la empresa, dónde piensan ubicar las oficinas o fábricas, el producto o servicio que piensan ofrecer, y el público que tienen en mente para tal producto o servicio. Usen un recurso disponible en su comunidad, como, por ejemplo, la Cámara de Comercio, para su investigación.

B. Con un(a) compañero(a), redacta una carta comercial a George Muñoz en OPIC o a Isabel Valdés en CAG. En una carta a la OPIC se podría pedir la garantía de una inversión o plantear la instalación de una fábrica en Bolivia. En una a la CAG, podrían solicitar información publicitaria para la venta de productos a los hispanohablantes de Nueva Jersey. Para información sobre cómo redactar una carta comercial, ver el MANUAL DE COMUNICACIÓN.

Vocabulario

Cuaderno de práctica, págs. 54–55

■ Vocabulario en contexto

A. Faltan palabras «La fiesta del árbol»

Completa las oraciones sobre este cuento con la palabra correcta entre paréntesis.

1. Se (alzaron/pintaron) las casas en los (declives/claros) del bosque.
2. Queremos vivir en el campo sin (desprendernos/ocuparnos) de los avances de las comunicaciones.
3. La vivienda de las personas debe quedar lejos del comercio, las oficinas públicas y la (masa/calidad) de las fábricas.
4. La imaginación (se enriquece/se anula) cuando no está en contacto con la naturaleza.
5. Cuando (se quebranta/se rehace) el pacto entre el hombre y la naturaleza, (se disimula/se envenena) la vida del espíritu.
6. Los árboles que plantemos hoy (fastidiarán/sombrearán) el reposo de las generaciones venideras.

B. Nuevos contextos «La fiesta del árbol»

¿Con qué palabra del cuadro se podrían asociar más lógicamente las siguientes ideas?

recogimiento	emanar	trazar	obrero
contemplar	aprovechar	urbe	velar

1. un hermoso amanecer
2. un ejercicio de yoga
3. una fuente cristalina
4. un mapa de caminos
5. un conjunto de rascacielos inmensos
6. el trabajo duro y agotador
7. las oportunidades
8. un niño huérfano

C. ¿Qué significa? «Árbol adentro», «Paisaje» y «Meciendo»

Escoge el significado que mejor corresponde a las palabras subrayadas. Usa las pistas del contexto y vuelve a las lecturas si es necesario.

1. Sus raíces son venas, nervios sus <u>ramas</u>...
   - **a.** tallos
   - **b.** hojas
2. ... sus <u>confusos</u> follajes pensamientos.
   - **a.** colgados
   - **b.** enredados
3. ... y sus frutos de sombra... son granadas de <u>lumbre</u>.
   - **a.** sabor
   - **b.** luz
4. ... se abre y se cierra como un <u>abanico</u>...
   - **a.** utensilio para hacer circular aire
   - **b.** utensilio para cargar agua

5. Sobre el olivar hay un cielo <u>hundido</u>...

    a. nublado   **b.** sumergido

6. <u>Se riza</u> el aire gris.

    a. se forman ondas   **b.** se forman nubes

7. Sintiendo su mano en la <u>sombra</u>...

    a. superficie   **b.** oscuridad

8. ... <u>mezo</u> a mi niño.

    a. mover de lado a lado   **b.** cantar canciones de cuna

D. Faltan palabras «Las abejas de bronce»

Completa las oraciones sobre este cuento con las palabras que faltan. Cambia la forma de la palabra si es necesario.

desmoronarse	rudeza	zarpazo	reponer
grosería	ascuas	extraviarse	alelado
precipitarse	sorber	tragarse	fallecer
alimentarse	maña	devastado	enterrar

1. El Zorro tenía muy buena ===== para tratar a las abejas e inclusive al oso, a pesar de su =====.

2. El Oso destruyó de un ===== la balanza para pesar la miel y la tuvo que =====.

3. Las abejas no toleraban las =====. Tantas abejas juntas, mirándolo, lo tenían en =====.

4. La ventaja de las abejas metálicas era que no ===== ni ===== de miel como las abejas naturales.

5. Los insectos de bronce ===== sobre las flores, ===== su néctar y a gran velocidad regresaban a su colmena.

6. Un Pájaro ===== una de las abejas, lo que le causó un tumor en el estómago, del que ===== al poco tiempo.

7. El Zorro escuchaba ===== cómo las abejas habían ===== las flores alrededor del mundo.

8. Finalmente, los negocios del Zorro =====. ===== las abejas de bronce en un pozo y huyó con rumbo desconocido.

E. ¡A escuchar! «La fiesta del árbol» y «Las abejas de bronce»

A continuación, vas a escuchar una serie de oraciones sobre los dos cuentos. Identifica a qué personaje se refiere cada una de las oraciones.

Personajes: la narradora, el Zorro, el Oso, otro(s) animal(es)

■ Mejora tu vocabulario

El lenguaje figurado

En el lenguaje oral y escrito se pueden expresar las ideas en dos niveles: uno literal, en el que se toma el significado exacto de la palabra, y otro **figurado,** en cuyo caso se sugieren las ideas a través de vocabulario o símbolos que evocan diferentes ideas y sentimientos. La palabra *otoño,* tomada literalmente, significa la estación del año en que los árboles dejan caer sus hojas. Si decimos que *alguien estaba en el otoño de su vida,* se está tomando la palabra en un sentido figurado, atribuyendo las cualidades de la estación a la vejez.

Este cambio de sentido se puede realizar por medio de figuras literarias como el símil o la comparación, la metáfora, la hipérbole o exageración y la personificación, entre otras. A continuación se presentan algunos ejemplos tomados de «Las abejas de bronce»:

Símil o comparación: *La abeja se introdujo como una centella en la corola de una azucena.*

Metáfora: *Apenas podían seguir con la vista aquellas ráfagas de puntos dorados.*

Hipérbole o exageración: *Lo enterrarán con la sonrisa puesta.*

Personificación: *Y lo peor es que el Cuervo no mentía.*

El saber interpretar el sentido figurado de las palabras es de gran utilidad en la lectura. En la escritura, el uso del lenguaje figurado le da más vida y expresión a lo que se quiere comunicar.

F. El lenguaje figurado de «Las abejas de bronce»

Busca la interpretación que mejor corresponde a las palabras subrayadas. Luego di si las figuras literarias son metáforas, símiles, hipérboles o personificaciones.

1. Las abejas metálicas se precipitaban <u>como una flecha</u> sobre los cálices.
2. ... en un establecimiento donde trabajaba esa <u>octava maravilla</u> de las abejas de bronce.
3. Las ganancias del Zorro crecían <u>como un incendio en el bosque</u>.
4. Se dice que ... <u>los ríos dejaron de correr y las fuentes, de cantar.</u>
5. Las únicas que pusieron el grito en el cielo fueron las arañas, esas <u>analfabetas</u>.
6. Primero una nubecita, después otra nubecita, hasta que <u>todo el cielo amenazó tormenta</u>.
7. <u>La cadena</u> de desastres quedó inaugurada con el episodio de las peonías de la Gansa.
8. Entonces, entró la Gansa <u>como un huracán</u>.

a. súbita e impetuosamente
b. algo magnífico
c. la sucesión
d. entre problemita y problemita se formó una crisis
e. con gran velocidad y precisión
f. ignorantes
g. se perdió la armonía de la naturaleza
h. con rapidez

G. Frases hechas

Completa las siguientes oraciones con la expresión del cuadro que mejor corresponda a las palabras subrayadas. Cambia las expresiones si es necesario.

MODELO Mi madre <u>sintió alivio</u> al saber que todos llegaron sin inconveniente.
A ella ═════.

Escribes A ella *le volvió el alma al cuerpo.*

caer la cara de vergüenza	no caber ni un alfiler
tragárselo(la) la tierra	llover a cántaros
ir viento en popa	volverle el alma al cuerpo
como caído del cielo	abrir mi corazón
al romper el día	un mar de confusiones

1. <u>Nunca se volvió a saber de él</u>, parece que ═════.

2. No te imaginas <u>el gentío que había</u>. Te aseguro que allí ═════.

3. <u>No sabía qué pensar</u> cuando se enteró de la verdad. Quedó sumida en ═════.

4. Le ═════ y le <u>confié</u> todos mis secretos.

5. ═════, <u>en plena madrugada</u>, los campesinos empezaban su jornada en el campo.

6. Ayer ═════. Fue tal la <u>abundancia de agua</u> que las calles quedaron inundadas.

7. <u>Estoy tan apenada</u>. Cuando lo vuelva a ver, se me va a ═════.

8. Parece que <u>ha tenido mucho éxito</u>. Según dicen, sus negocios ═════.

9. Me pagaron en <u>el momento más oportuno</u>. Me llegó la plata ═════.

■ Aplicación

H. ¡Adivina la palabra!

Divide las siguientes listas de palabras con un(a) compañero(a). Para cada una de tus palabras, escribe una oración que explique el significado de esa palabra en el contexto del cuento. Luego lee tus oraciones a tu compañero(a) para que adivine a qué palabra corresponde tu oración.

Palabras de «La fiesta del árbol»: fabriles, refinamiento, urbe, obrero

Palabras de «Las abejas de bronce»: rebatir, ademán, tribulación, extraviarse

MODELO desmoronarse

Tú Es lo que le pasó a los negocios del Zorro.

Tu compañero(a) ¿Se desmoronaron?

Tú ¡Sí!

I. ¡A escribir! «La fiesta del árbol», «Paisaje» y «Las abejas de bronce»

Contemplar un amanecer, el mar o la vegetación de un bosque inspira sentimientos diferentes en cada persona. Escribe un párrafo en el que describas el paisaje o aspecto de la naturaleza que más te haya impresionado y lo que te hizo sentir. Incluye las siguientes palabras en cualquier orden y consulta el glosario si hace falta.

En la penumbra del crepúsculo me quedé atónito(a) contemplando...

Palabras: lucero, penumbra, sombrío, vegetación, contemplar, sombrear, reponer, vocación, alelado, atónito, devastado

J. Figuras literarias

Determina si las figuras literarias subrayadas en las siguientes oraciones son metáforas, hipérboles o personificaciones y luego explica su significado.

MODELO De «La fiesta del árbol»: <u>Las instituciones, la legislación... son también plantaciones de bosques</u>, cuyas resinas no serán fragancia que aroma nuestra dicha.

Escribes La figura literaria subrayada es una metáfora.

Se hace una comparación implícita (sin la palabra *como*) entre la creación de leyes e instituciones y la siembra de árboles ya que las dos tienen en común que se hacen con el propósito de favorecer a las generaciones venideras.

De «La fiesta del árbol»

1. <u>Se me envenena la vida del espíritu</u> cuando quebranto el pacto.

2. Su imaginación se anula... si no tiene como <u>primer alimento</u>... la perspectiva de las montañas.

3. El niño criado en el campo entra en la ciudad con <u>un capital de salud</u>.

De «Meciendo»

4. <u>El viento errabundo</u> en la noche...

5. El mar sus <u>millares de olas</u>...

6. Oyendo a los <u>mares amantes</u>...

Para la lista de **Vocabulario esencial** Ver la página 215

De «Árbol adentro»

7. Tus <u>miradas lo encienden</u>...

8. ... y sus <u>frutos de sombra</u>...

9. ... son <u>granadas de lumbre</u>.

Ampliación

• Más sobre **se** como pronombre de complemento indirecto
Hoja de práctica 3-A

■ Los usos de *se*

La palabra **se** adquiere varios significados o usos dependiendo del verbo y del contexto de las oraciones en que se usa:

*El niño ya **se** viste solo.* (acción reflexiva)

*Pedro y Amanda **se** vieron después de mucho tiempo.* (acción recíproca)

*Me pidió el libro, y yo **se** lo traje.* (sustituto del complemento indirecto **le**)

***Se** me cayó el vaso.* (acción inesperada)

***Se** necesita un jardinero.* (expresión impersonal)

Se en acciones reflexivas y recíprocas

1. El pronombre reflexivo **se** se usa con las formas de tercera persona de muchos verbos transitivos, generalmente para indicar que el sujeto y el complemento del verbo son iguales:

*Juan **se considera** el mejor jugador del equipo.*

*Se **golpeó** el brazo al salir.*

El **se** reflexivo también se usa con verbos intransitivos para indicar que la acción se origina y acontece en el mismo sujeto:

*Carlos **se rió**.*

*Los niños **se durmieron** temprano.*

2. El pronombre **se** también se usa para indicar que la acción es **recíproca** entre dos sujetos:

*Las dos amigas **se enviaban** cartas.*

*Memo y Chuy no pueden **verse** ni en pintura.*

Se impersonal

En las **expresiones impersonales,** el énfasis recae en la acción y no en el agente. Fíjate que el verbo impersonal que acompaña a **se** siempre está en singular:

Sujeto específico	Sujeto impersonal
***Rita** trabaja mucho.*	*Aquí **se** trabaja mucho.*
***Ellos** comen a las tres.*	*Se **come** a las tres.*

En algunos contextos, se puede sustituir **se** por **uno, alguien,** e incluso por la forma verbal correspondiente a **ellos/ellas,** o, más informalmente, a **tú.**

*A México **se** puede ir en autobús.*
Se capturó al ladrón.
Se contrató a dos orquestas.
Se come bien en ese restaurante.

*A México **uno** puede ir en autobús.*
***Alguien** capturó al ladrón.*
***Contrataron** a dos orquestas.*
***Comes** bien en ese restaurante.*

Se en acciones inesperadas o involuntarias

Es muy frecuente el uso de se en construcciones que se refieren a acciones inesperadas o involuntarias. En estas oraciones, **se** acompaña al verbo para indicar que la acción sucede en el complemento, más allá de la intención o las expectativas de la persona implicada. Debe seguir a **se** un segundo pronombre obligatorio de complemento indirecto **(se me, se te, se le, se nos, se os, se les)** que señala la persona afectada por el evento.

> Se *nos agotó el dinero.*
>
> Se *me rompieron las copas.*

> Al policía se *le escaparon los presos.*
>
> Se *le olvidó mi dirección.*

Se como sustituto del pronombre de complemento indirecto

En las siguientes oraciones, se emplea **se** como pronombre de complemento indirecto, reemplazando a **le** o **les** cuando también hay un pronombre de complemento directo:

> **Le** *traje un libro a Luz.* ⟶ *Yo* **se** *lo traje.*
>
> **Le** *traje una revista a Luz.* ⟶ *Yo* **se** *la traje.*
>
> **Le** *traje unos libros a Luz.* ⟶ *Yo* **se** *los traje.*
>
> **Le** *traje unas revistas a Luz.* ⟶ *Yo* **se** *las traje.*
>
> **Les** *traje unos libros a Luz y a Matilde.* ⟶ *Yo* **se** *los traje.*
>
> **Les** *traje unas revistas a Luz y a Matilde.* ⟶ *Yo* **se** *las traje.*

Práctica

A. Indica a cuál uso de **se** *(a, b, c, d o e)* corresponde cada una de las siguientes oraciones.

a. acción reflexiva

b. acción inesperada o involuntaria

c. **se** impersonal

d. **se** como sustituto del complemento indirecto

e. acción recíproca

MODELO   Se le cayeron los platos.

  Escribes   b. acción inesperada o involuntaria

1. Romeo y Julieta se miraron el uno al otro.
2. Se obtuvo permiso de las autoridades escolares.
3. Se puso los zapatos nuevos.
4. Mi abuela y su hermana de México se escribían muy a menudo.
5. Se me descompuso el carro.
6. La propuesta de Juan Carlos se aprobó anoche.
7. Lucas no pudo encontrar su trompeta porque yo se la escondí.
8. Las chicas se prepararon un pastel delicioso.
9. Inés y Rodolfo se sentaron en otra mesa.
10. ¿Quieren esos juguetes? Bueno, se los compraremos.
11. Se nos acabaron los refrescos.

B. Julio y Clara tienen un hijo, Miguel, de doce años. Primero escribe lo que ellos dicen al recordar las cosas que hacían por Miguel cuando él sólo tenía cuatro años y lo llamaban Miguelito. Luego di lo que hace Miguel por sí mismo ahora que es mayor. Escribe por lo menos seis oraciones usando los verbos del cuadro.

amarrar(se)	bañar(se)	buscar(se)	comprar(se)
conseguir(se)	escoger(se)	peinar(se)	poner(se)
preparar(se)	vestir(se)		

MODELO   comprar(se)

Escribes   Antes, cuando era Miguelito, nosotros le comprábamos sus tiras cómicas.

Ahora que es Miguel, él se compra las tiras cómicas y las revistas que le gustan.

C. Hace cinco años que Maite no ve a Luz ni a Laura, dos compañeras de colegio. Por eso ha decidido organizar un reencuentro. La reunión será en uno de los restaurantes que solían frecuentar en esa época. Imagina los preparativos que hizo Maite y luego lo que pasó en la reunión de las tres amigas. Escribe diez oraciones, usando al menos cinco verbos reflexivos y cinco verbos de acción recíproca. Puedes usar más verbos de los que hay en el cuadro.

abrazar(se)	acordar(se)	comprometer(se)	contar(se)
despedir(se)	encontrar(se)	hablar(se)	llamar(se)
mirar(se)	poner(se)	prometer(se)	regalar(se)
reír(se)	sentar(se)	sorprender(se)	traer(se)
ver(se)			

D. Vuelve a escribir las siguientes oraciones usando expresiones impersonales con el pronombre **se**.

MODELO   Viviendo aquí puedes ir a la playa o a las montañas en el mismo día.

Escribes   Viviendo aquí se puede ir a la playa o a las montañas en el mismo día.

1. Uno encuentra frecuentemente discos usados pero buenos en esa tienda.

2. Puedes comprar hasta tres revistas con ese dinero.

3. Uno no debe andar solo muy tarde por la noche.

4. Despidieron a los familiares con un picnic junto al río.

5. Aquí es donde uno baja del metro para ir al cine Paramount.

6. Cerrarán el estadio a las cuatro.

7. Alguien avisó a la policía que los semáforos no estaban funcionando.

E. En cada una de las siguientes situaciones sucede algo inesperado o involuntario. Para cada una, escribe una oración usando **se,** de acuerdo a las instrucciones en letra cursiva.

MODELO   Juan llega a clase y se da cuenta de que no ha traído el libro que necesita. *(¿Qué dice Juan?)*
   Escribes   ¡Se me olvidó el libro!

1. Lucía sale a recoger el correo de su buzón y la puerta se cierra. *(Describe lo que pasó.)*
2. Al ir a pagar la cuenta, Pedro ve que su billetera no está en su bolsillo. *(¿Qué dice Pedro?)*
3. Alfonso y Fito tienen que empujar el carro porque no tiene gasolina. *(Describe la situación.)*
4. Natalia tiene una idea para solucionar el problema. *(Describe la situación.)*
5. Ramiro y Gustavo no encuentran el disco compacto que quieren escuchar. *(¿Qué dicen los dos?)*
6. Cuando estás caminando, empieza a llover, y luego tienes los zapatos mojados. *(¿Qué dices?)*
7. Tú y tus amigos corren a la esquina, pero cuando llegan ya se ha ido el autobús. *(¿Qué dices?)*
8. Claudia y Pedro llaman a casa para avisar que el carro está descompuesto. *(¿Qué le dicen a su padre?)*

F. Contesta las siguientes preguntas, sustituyendo los objetos implicados con un pronombre.

MODELO   ¿Quién le puso ese vestido tan lindo a la niña?
   Escribes   Se lo puso su tía.

1. ¿Quién le compuso el carro a tu papá?
2. ¿Quién les trajo esas camisetas tan originales a los chicos?
3. ¿Quién les dio las instrucciones a los estudiantes?
4. ¿Quién les sugirió ese libro a las chicas?
5. ¿Quién les recordó a ellos los capítulos que debían leer?
6. ¿Quién le vendió las entradas a Salvador?
7. ¿Quién les abrió la puerta a los policías?
8. ¿Quién le dio las noticias a Florencia?

G. El siguiente es un correo electrónico que Alicia le envía a Santiago. Identifica las oraciones con **se,** y luego clasifícalas de acuerdo a las categorías presentadas anteriormente.

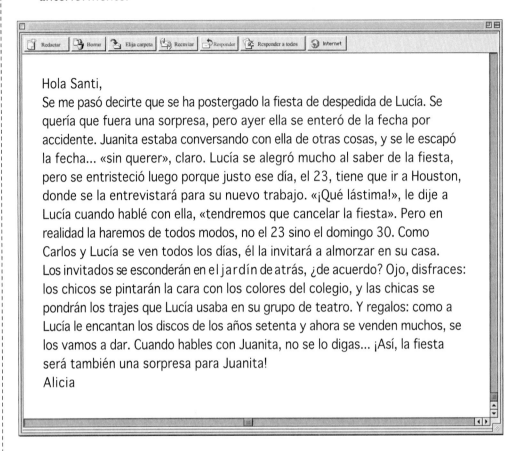

Hola Santi,

Se me pasó decirte que se ha postergado la fiesta de despedida de Lucía. Se quería que fuera una sorpresa, pero ayer ella se enteró de la fecha por accidente. Juanita estaba conversando con ella de otras cosas, y se le escapó la fecha... «sin querer», claro. Lucía se alegró mucho al saber de la fiesta, pero se entristeció luego porque justo ese día, el 23, tiene que ir a Houston, donde se la entrevistará para su nuevo trabajo. «¡Qué lástima!», le dije a Lucía cuando hablé con ella, «tendremos que cancelar la fiesta». Pero en realidad la haremos de todos modos, no el 23 sino el domingo 30. Como Carlos y Lucía se ven todos los días, él la invitará a almorzar en su casa. Los invitados se esconderán en el jardín de atrás, ¿de acuerdo? Ojo, disfraces: los chicos se pintarán la cara con los colores del colegio, y las chicas se pondrán los trajes que Lucía usaba en su grupo de teatro. Y regalos: como a Lucía le encantan los discos de los años setenta y ahora se venden muchos, se los vamos a dar. Cuando hables con Juanita, no se lo digas... ¡Así, la fiesta será también una sorpresa para Juanita!

Alicia

H. Escribe un párrafo de por lo menos quince oraciones sobre algún evento en tu colegio que te haya llamado la atención; podría ser un evento deportivo, un baile, un concierto, una obra de teatro, u otro suceso digno de recordar. Cuenta lo que sucedió y qué se hizo, incluyendo por lo menos diez oraciones con **se,** en sus diferentes significados.

■ La voz pasiva

En el caso de verbos transitivos, cuando el sujeto de la oración realiza la acción, se dice que la oración está en **voz activa:** *Amalia recogió los paquetes.* La oración cambia a la **voz pasiva** cuando el receptor de la acción se convierte en el sujeto de la oración: ***Los paquetes*** *fueron recogidos por Amalia.*

Formas de la voz pasiva

I. La voz pasiva con ser se forma con la secuencia *sujeto (Los paquetes)* + **ser** *(fueron)* + *participio pasado (recogidos)* + **por** *agente (Amanda).* Esta forma de la voz pasiva se usa para hacer énfasis en el receptor, en el agente, o en ambos:

Oraciones activas	**Oraciones pasivas**
Inés **escribió** el mejor ensayo.	El mejor ensayo *fue escrito* por Inés.
Luis **revisará** las llantas.	Las llantas *serán revisadas* por Luis.
La editorial Nuevo Siglo **publica** esta revista.	Esta revista *es publicada* por la editorial Nuevo Siglo.
El gobierno **ha construido** tres edificios nuevos.	Tres edificios nuevos *han sido construidos* por el gobierno.

2. En muchos casos no es necesario ni posible mencionar al agente, ya sea porque éste es desconocido, o porque en general la acción no es deliberada. En tales casos se usa la **voz pasiva con se** o la voz activa. Nota que la voz pasiva con **se** a veces sugiere una acción casi rutinaria o de ocurrencia casi natural:

Aquí *es cultivado* el maíz.	Aquí **se cultiva** el maíz.
La casa *fue destruida* por la lluvia.	**Se destruyó** la casa con la lluvia.
Las plantas *eran regadas* por Carla.	**Se regaban** las plantas cada mañana.
El césped *fue cortado* por mi hermano.	**Se cortó** el césped para la fiesta.

Observa que en la pasiva con **se** el verbo concuerda con un complemento inanimado:

Esa reunión *fue cancelada.*	**Se canceló** esa reunión.
Esas películas *fueron comentadas* en el periódico del domingo.	**Se comentaron** esas películas en el periódico del domingo.

Si se trata de un complemento animado o humano, el verbo permanece en singular:

El cantante *fue contratado.*	**Se contrató** al cantante.
Los empleados *fueron contratados.*	**Se contrató** a los empleados.

Se usa la voz pasiva con *ser*...

1. Al hablar o escribir en estilo formal para enfatizar al receptor de la acción: *El testigo fue llevado a la corte.* En estilo informal, especialmente para enfatizar la acción en sí misma, se usa la voz pasiva con **se** o la activa: *Se llevó al testigo. Llevaron al testigo.*

2. Para poner énfasis en el agente de la acción: *Este cuadro fue pintado por Alfredo.* En estilo informal, se prefiere la activa: *Este cuadro lo pintó Alfredo.*

3. Para sugerir que se trata de una acción intencional, aunque no se mencione un agente: *La sesión fue suspendida. No fui invitado a la fiesta.* En estilo informal, se usa la activa: *Suspendieron la sesión. No me invitaron a la fiesta.*

¡Ojo! La voz pasiva con **ser** se restringe al estilo formal, especialmente escrito. En estilo informal, ya sea oral o escrito, se prefieren las formas equivalentes de la voz activa, que suenan más naturales. Además, si se usa la voz pasiva se prefiere la voz pasiva con **se**: *Se construyó una nueva biblioteca en nuestro barrio.*

Práctica

I. Lee las siguientes oraciones e indica si el sujeto realiza o recibe la acción.

1. Las tiendas fueron cerradas temprano por la tarde debido al mal tiempo.
2. Diversos productos son transportados de México a Estados Unidos.
3. Los exploradores establecieron su campamento por la mañana.
4. Nuevas especies fueron encontradas por los exploradores.
5. Suspendieron la función por motivos desconocidos.
6. El pastel fue preparado por la tía de Juan.
7. ¡Juan se comió todo el pastel él solo!
8. Si Alana pregunta por mí, dile que no estoy.

J. Las siguientes oraciones usan la voz pasiva con **se.** Vuelve a escribirlas usando la pasiva con **ser.**

MODELO   La piscina se cerró cuando empezó a llover.
   Escribes   La piscina fue cerrada cuando empezó a llover.

1. Ayer se transportaron cinco toneladas de ropa para las víctimas.
2. Antes, el correo a Europa se enviaba por barco.
3. Las presentaciones se organizan con mucha anticipación.
4. En abril se encontraron más restos de dinosaurios en Oklahoma.
5. Todos los libros se destruyeron en el incendio.
6. Se escogerá a los participantes de acuerdo con sus méritos.
7. Se recibirán las donaciones hasta las diez de la noche.
8. Se buscó a los turistas perdidos durante todo el día.
9. Se llevarán a los perros sin dueño a la perrera municipal.
10. Los resultados de las elecciones se publicarán mañana.

K. Las siguientes oraciones usan la voz pasiva con **ser.** Vuelve a escribirlas usando la pasiva con **se.**

MODELO   Los bosques fueron protegidos del desarrollo urbano.
   Escribes   Se protegieron los bosques del desarrollo urbano.

1. La solución fue encontrada fácilmente mediante el intercambio de opiniones.
2. Varias razones fueron dadas a los turistas por la cancelación de la visita al lago.
3. Debido a la remodelación, el palacio no será abierto hasta el próximo lunes.
4. Las fotos de los acusados fueron omitidas del artículo.
5. La propuesta del gobernador fue discutida hasta la medianoche.
6. Varias especies de árboles serán sembradas en la avenida.
7. Cuando era niño, las entradas eran vendidas a precios más baratos.
8. No creo que esos candidatos sean aceptados.
9. En la sesión de anoche, fueron escuchados los reclamos de los vecinos.
10. Los invitados fueron atendidos en el jardín trasero de la casa.

L. Las cuatro primeras oraciones tienen un estilo más formal y hacen uso de la voz pasiva. Vuelve a escribirlas en un estilo más informal, combinando las diferentes opciones que has aprendido. Luego haz lo contrario con las cuatro últimas oraciones, escribiéndolas en un estilo más formal.

> **MODELO** Las joyas fueron vendidas a un precio muy alto.
> *Escribes* Se vendieron las joyas a un precio muy alto.
> Vendieron las joyas a un precio muy alto.

1. América fue descubierta en 1492.
2. Los estudiantes fueron transportados al estadio en autobuses.
3. El motor fue arreglado por el piloto.
4. La nueva biblioteca fue inaugurada ayer.
5. Encontraron los documentos que habían desaparecido del archivo.
6. Estas bebidas las trajo Ricardo.
7. Capturaron a los sospechosos.
8. Se recibirá a los estudiantes de intercambio con una gran fiesta.

M. Carlos debe escribir una breve nota para el periódico de su colegio, informando acerca de una nueva publicación para jóvenes. Como es su primera contribución, Carlos quiere escribir correctamente, pero exagera demasiado el tono formal de sus oraciones. Identifica cada caso de la voz pasiva con **ser**, volviendo a escribir el texto usando la voz activa o la voz pasiva con **se.**

Ayer fue presentada la nueva revista de cultura y actualidades *Época Actual.* Antes de lanzar la revista, muchas encuestas fueron enviadas a posibles lectores para pedirles su opinión. Los resultados fueron procesados y analizados, y, como consecuencia, algunas decisiones fueron tomadas acerca del contenido y el público de la revista. Los jóvenes entre los 16 y los 26 años han sido escogidos como el grupo al que la revista será orientada. Especial atención será dada a las personas que viven en las ciudades, aunque los editores de la revista informaron que una sección especial será dedicada a las zonas alejadas de las ciudades grandes del país, considerando que hoy el Internet es usado ampliamente para conectar a los jóvenes de todas las edades y regiones, y que la revista podrá ser leída en computadora.

N. Escribe un artículo periodístico en el que informes acerca de la misteriosa desaparición de una figura de cine. Puedes referirte a los chismes que circulan acerca de las circunstancias de la desaparición, las versiones sobre los planes del actor o de la actriz, y también las actividades de la policía. En el texto debe haber una combinación de la voz activa y (cuando sea posible o necesario) de la voz pasiva.

> **MODELO** Se informó anoche que la famosa estrella de cine venezolana...

■ Comparación y contraste

La voz pasiva y activa en español e inglés

1. La voz pasiva del inglés comunica un sentido impersonal. En español ese sentido se expresa con la voz pasiva con **se** o con el plural impersonal del verbo:

   Se me dijo que el grupo no tocaría.

   Me dijeron que el grupo no tocaría.

   I was told that the band was not playing.

2. Para enfatizar la acción y la persona afectada o beneficiada, en inglés se usa la voz pasiva. Este énfasis se expresa en español por medio del pronombre de complemento indirecto, en referencia a la persona implicada, y usando el plural del verbo:

   Le robaron la cartera a María.   *Maria's purse was stolen.*

   Le ofrecieron el puesto a Gonzalo.   *Gonzalo was offered the job.*

   A Marcos le quitaron la bicicleta.   *Marcos had his bike taken away from him.*

3. En inglés, el complemento indirecto (en vez del directo) puede ser el sujeto de la oración pasiva. En español esto es imposible; es necesario usar la voz activa o la voz pasiva con **se:**

   Le dieron un premio a la niña.

   Se le dio un premio a la niña.

   The girl was given a prize.

   La siguiente construcción sigue la del inglés y no existe en español:
   La niña fue dada un premio. (El asterisco señala que la oración no es correcta.)

4. El inglés usa la voz pasiva para poner énfasis en el receptor o resultado de la acción. Para cumplir la misma función en español se utiliza la voz activa, y se repite el receptor mediante un pronombre:

   Pedro wrote this song. ⟶ *This song was written by Pedro.*

   Pedro compuso esta canción. ⟶ *Esta canción la compuso Pedro.*

5. En algunos casos en español se usa el infinitivo para comunicar acciones que el inglés presenta en forma pasiva:

   Luis mandó arreglar el carro.   *Luis sent the car to be fixed.*

   Mandaron sembrar unos árboles.   *They had some trees planted.*

   Hice poner la alarma para las 8.   *I had the alarm set for 8.*

   Hicieron pintar la casa.   *They had the house painted.*

Práctica

A. Traduce las siguientes oraciones del español al inglés.

1. Se espera un aumento en el número de turistas a Puerto Varas.
2. Se nos había dicho que no se requería permiso para entrar al parque.
3. Se ha hablado mucho de esa película pero pocos la han visto.
4. A Gabriela Mistral se le otorgó el Premio Nobel de Literatura en 1945.
5. A Nicolás le demoraron el vuelo a Punta Arenas.
6. Estas fotos de volcanes y lagos las sacó Ofelia en el sur de Chile.
7. Mandaron limpiar las alfombras.
8. Se la vio en la fiesta.
9. El rey mandó construir un nuevo palacio.
10. Nos demoraron el vuelo.

B. Combina las frases y palabras para formar oraciones completas, siguiendo las pautas de **Comparación y contraste.** Usa el tiempo pasado.

> **MODELO**   decirle/a Juan/no/haber/clases/hoy
> *Escribes*   Le dijeron a Juan que no habría clases hoy./Se le dijo a Juan que no habría clases hoy.

1. papá/mandar/reparar/su reloj suizo ayer
2. a los niños/les/quitar/la pelota
3. estos cuadros de Miró/comprar/un multimillonario chileno
4. darles/un aumento de salario a todos
5. la novia/pensar/hacer/retocar/el traje de su mamá
6. darnos/una oportunidad para salir adelante

C. Traduce las siguientes oraciones del inglés al español.

1. He is said to have climbed to the top of Cerro Aconcagua.
2. This dish was prepared by a Chilean cook.
3. This portrait was painted by Goya in 1790.
4. Much more rain is needed to overcome the extreme drought.
5. The scientists were provided with all the information they needed.
6. We were given a free copy of the book.
7. This house was bought by Neruda in the 1930s.
8. She had the grass cut on Saturday.
9. I was charged ten dollars more than the regular price.
10. The judge had the defendant brought into the room.
11. They were told the truth.

Ortografía

Cuaderno de práctica, págs. 64–65

■ Letra y sonido

Las letras *b* y *v*

Ampliación

- Las letras **b, d** y **g** intervocálicas
  Hoja de práctica 3-B
- Confusión entre los sonidos /p/ o /k/ y /b/ o /g/
  Hoja de práctica 3-C
- Metátesis de diptongos
  Hoja de práctica 3-D

Tanto la letra **v** como la **b** representan un sonido suave que se pronuncia juntando los labios sin cerrarlos: *hubo, iba, Cuba, una bata, tuvimos, cueva, lavar, la ventana*. Sin embargo, las mismas letras pueden representar un sonido duro que se pronuncia cerrando los labios por completo: *hombre, Bolivia, un bote, enviar, Vicente, un vaso*. El uso del sonido suave o el sonido duro no se basa en el significado de la palabra sino en las letras circundantes. El sonido suave se encuentra entre vocales (*hubo, lavar*) mientras que el duro se oye más al principio de la oración, o tras **m** o **n.** Por lo tanto, el uso de **b** o **v** en español no es un reflejo de la pronunciación sino de las normas ortográficas. De hecho hay pares de palabras completamente homófonas cuyo significado se distingue no por su pronunciación sino única y exclusivamente por su ortografía: *tubo, tuvo; botar, votar; bienes, vienes; beta, veta*.

En inglés, el que la pronunciación de la **b** y la **v** sea distinta sirve como guía en el manejo correcto de la ortografía. En español, en cambio, la única manera de aprender a escribir las palabras es mediante la memorización de la ortografía de las mismas.

Se escribe la *b*...

1. Tras la **m** y en las combinaciones **br** y **bl:** *cambiar, tambor, cobre, invisible, pueblo*.

2. En las sílabas **bu-, bur-** y **bus-:** *butaca, burbuja, buscar*.

3. En las palabras que empiezan por **abo-, abu-** y **alb-** (menos *alvéolo*): *abogado, abuelo, alba*.

4. En las terminaciones **-bundo** y **-bilidad** (menos *movilidad* y *civilidad*): *vagabundo, habilidad*.

5. En los prefijos **ab-, ob-, sub-, biblio-, bio-, bis-, ben-, bene-** y **bien-:** *absoluto, obtener, submarino, biblioteca, biología, bisabuela, bendecir, beneficio, bienestar*.

6. En los verbos terminados en **-ber** (menos *prever, precaver*), **-brir, -buir** y **-bir** (menos *servir, vivir* y *hervir*): *saber, debías, cubrir, abierto, contribuyeron, escribirá*.

7. En el imperfecto del indicativo del verbo **ir** y de todos los verbos terminados en **-ar:** *íbamos, paseábamos, jugaban, mirabas*.

Se escribe la v...

1. Después de la **n,** la **d** y la **b:** *conversación, advertir, subversivo.*

2. Después de las sílabas **ad-, di-, le-, pre-** y **pri-** (menos *preboste, dibujo* y sus derivados): *adverbio, dividir, levantar, previo, privado.*

3. Después de la combinación **ol:** *polvo, resolver, olvidado.*

4. En las palabras compuestas con **vice-** y **villa-:** *vicecanciller, villancico.*

5. En las palabras que empiezan por **ave-, avi-, eva-, eve-, evi-** y **evo-:** *avenida, avisar, evaporar, evento, evitar, evolución.*

6. En las palabras que empiezan por **lla-, lle-, llo-** y **llu-:** *llave, llevo, llover, lluvia.*

7. En las palabras que empiezan por **na-, ne-, ni-** y **no-** (menos *noble* y sus derivados): *Navidad, nevera, nivel, novia.*

8. En las palabras que empiezan por **sal-, se-, sel-, ser-, sil-, sol-** (menos *sebo* y *silbar* y sus derivados): *salvaje, severo, selvático, servidor, silvestre, solvente.*

9. En los adjetivos que terminan en **-avo, -ave** (menos *árabe*), **-eve, -evo, -ive** e **-ivo** y sus derivados: *octavo, suave, breve, nuevo, inclusive, activo, positivamente.*

10. En el presente del indicativo y subjuntivo y en el imperativo del verbo **ir:** *voy, vaya, vete.*

11. En las formas del pretérito del indicativo y el imperfecto del subjuntivo de los verbos **andar, estar** y **tener:** *anduve, anduviera, estuviste, estuviera, tuvo.*

12. En los nombres de algunos números y estaciones del año: *veinte, nueve, noventa, invierno, verano, primavera.*

Práctica

A. Trabaja con un(a) compañero(a). Hagan una lista de palabras que contengan estas combinaciones de letras. Incluyan por lo menos tres palabras por cada una.

1. -br-   3. sub-   5. vice-   7. -ivo   9. -nv-
2. -bilidad   4. -bir   6. ave-   8. nov-

B. Completa las oraciones con **b** o **v,** según las reglas de uso.

1. El Zorro sa⎯ía entenderse con el Oso, que era un poco sal⎯aje y ⎯rutal.

2. Una prima⎯era, se in⎯entaron las abejas de ⎯ronce.

3. Estos insectos eran la octa⎯a mara⎯illa: no se fatiga⎯an y no eran devorados por las a⎯es.

4. Las abejas volaban con un zum⎯ido poco ⎯ullicioso en ⎯usca de néctar.

5. Cuando regresa⎯an al al⎯éolo de la colmena, destila⎯an una miel pura pero horri⎯le.

6. El Zorro o⎯servó que los insectos tarda⎯an más en regresar y lo atri⎯uyó a los incon⎯enientes de la tecnología.

C. Escoge la definición que corresponde a cada una de las palabras. Luego escribe una oración completa con cada una de ellas.

1. barón		**a.** remueva la tierra	
2. varón		**b.** título nobiliario	
3. bello		**c.** hermoso	
4. vello		**d.** calzado	
5. bota		**e.** entra dentro de una cosa	
6. vota		**f.** pelo fino	
7. cabe		**g.** da un voto	
8. cave		**h.** hombre	

■ La acentuación

Los diptongos y los hiatos

El **hiato** es la pronunciación de dos vocales contiguas en dos sílabas distintas:

tra-e-mos	le-al	**tí-a**	bo-a	con-ti-nú-a
ca-í-da	po-se-er	**pri-ís-ta**	hé-ro-e	in-si-nú-e
a-or-ta	le-í-do	**va-cí-o**	o-í-do	flú-or
a-ta-úd	pe-or		co-o-pe-rar	
	tran-se-ún-te			

Si se une una vocal fuerte **(a, e** u **o)** con una débil **(i** o **u)** o si se unen dos débiles, las dos vocales pueden formar un **diptongo,** o sea la pronunciación de dos vocales juntas en una sola sílaba. Hay catorce combinaciones que forman diptongo. Observa que una de las vocales es siempre **i** o **u,** sin acento:

ai o **ay:** *ai-re, hay*	**ia:** *ma-gia*	**oi** u **oy:** *oi-go, soy*	**ui** o **uy:** *rui-do, muy*
au: *jau-la*	**ie:** *sien-te*	**ou:** *Sou-za*	**uo:** *an-ti-guo*
ei o **ey:** *pei-nar, rey*	**io:** *vio-le-ta*	**ua:** *cuan-do*	
eu: *Eu-ro-pa*	**iu:** *ciu-dad*	**ue:** *cuen-to*	

Nota que si se acentúa una de las vocales **i** o **u,** no existe diptongo y se separa de la otra vocal: *pa-ís, rí-o, Ra-úl.*

La acentuación de diptongos y vocales en hiato

1. Cuando el acento tónico cae en una sílaba con diptongo, la vocal lleva acento escrito o no según las reglas generales. Si es el caso que lleva acento escrito, éste se pone en la vocal fuerte: *sien-do, duer-mes, huér-fa-no, trái-ga-lo, Juá-rez.*

> **¡Ojo!** Como la **h** es muda, ésta no impide la formación de un diptongo: *prohi-bir.* Tampoco afecta el rompimiento de un diptongo por una vocal débil tónica: *bú-ho, pro-hí-be.*

2. Si un diptongo tónico **ui** o **iu** debe llevar acento escrito, éste se coloca sobre la última vocal: *hui-mos, dis-tri-buir, cuí-den-se, sus-ti-tuí.*

3. Cuando el acento cae en una vocal fuerte que está en hiato con otra fuerte, se pone acento escrito o no, según las reglas generales: *se-an, pro-a, le-ón, fe-o, le-al-tad, po-é-ti-co.*

4. Si la vocal tónica en hiato es una **i** o **u,** siempre lleva acento escrito: *ra-íz, Ma-rí-a, fre-ír, pú-a.*

Práctica

D. Trabaja con un(a) compañero(a). Vuelvan a «La fiesta del árbol» u otra lectura de esta colección. Encuentren y escriban por lo menos diez palabras que contengan diptongo. Subrayen los diptongos.

E. Las siguientes palabras aparecen en las lecturas de esta colección. Con un(a) compañero(a), separa las palabras en sílabas e indica si cada palabra tiene diptongo o hiato. Luego pongan el acento escrito cuando sea necesario.

1. desposeer	**6.** lluvia	**11.** rodeos
2. comercio	**7.** sintiendo	**12.** veinte
3. tirania	**8.** teatral	**13.** igualar
4. crecio	**9.** vuelo	**14.** prohibo
5. sombrio	**10.** higienica	**15.** cautivos

F. Todas estas palabras tienen hiato o diptongo. Escríbelas en otro papel, divídelas en sílabas e indica si tienen hiato o diptongo. Luego pon el acento escrito en las sílabas que lo necesiten.

MODELO   sequia
Escribes   Tiene hiato: se–quí–a

1. suerte	**5.** habia	**9.** caemos
2. vendieron	**6.** silencio	**10.** comio
3. sabiamos	**7.** traido	**11.** baul
4. cuarto	**8.** oeste	**12.** leiste

■ Dictado

A. Vas a escuchar una serie de oraciones basadas en «La fiesta del árbol». Escribe lo que oyes, prestando especial atención a las letras **b** y **v.**

B. Vas a escuchar un párrafo basado en «Las abejas de bronce». Escribe lo que oyes, prestando especial atención a la acentuación de diptongos y hiatos.

Taller del escritor

PREPARACIÓN AP PRÁCTICA

Tarea
Escribe un artículo informativo.

Instrucciones para escoger un tema
Usa estas instrucciones para explorar algunos posibles temas:

- Escoge algo que hagas bien o que te interese mucho.
- Escoge algo que tenga valor o que sea atractivo para los demás.
- Escoge algo que no sea ni demasiado amplio («cómo funciona el gobierno») ni muy limitado («cómo secar la vajilla»).

LA EXPOSICIÓN

ARTÍCULO INFORMATIVO

En un artículo informativo, tu objetivo es explicar a tus lectores un tema determinado de una manera interesante. Con frecuencia, para dar información es necesario explicar cómo funciona algo o cómo se hace, o en otras palabras, describir un proceso. En esta tarea, tendrás la posibilidad de organizar una explicación detallada sobre un tema que te interese.

Antes de escribir

1. Cuaderno del escritor

A fin de encontrar un buen tema para tu informe, comienza por revisar los apuntes que tomaste en tu CUADERNO DEL ESCRITOR. ¿Te sirven para escribir un ensayo que explique cómo hacer algo o de qué manera funciona un proceso?

TRABAJO EN CURSO

2. Preguntas

Otra manera de encontrar un tema es hacerse preguntas de este tipo:

- ¿Qué aficiones tengo?
- ¿Qué hago bien?
- ¿Cómo funciona un/una _____? [Llena la parte en blanco]
- ¿Qué procesos naturales despiertan mi curiosidad?

3. Piensa en los lectores y en la idea principal

Después de haber anotado algunas preguntas sobre posibles temas, piensa en los lectores a los que está dirigido tu artículo. ¿Por qué deberían interesarles los hechos que les presentas? ¿Por qué puede ser interesante o valioso para los demás el tema escogido?

Después de asegurarte de que el tema escogido es interesante para los lectores a los que te diriges, trata de resumir en una oración la **idea principal.** Por ejemplo, si estás escribiendo sobre cómo sembrar árboles y ocuparse de ellos en una ciudad, podrías formular tu idea principal de la siguiente forma: «Para convertir el vecindario en un lugar más agradable se puede sembrar árboles».

4. Enumera los pasos y los materiales

Cuando expliques un proceso, como el sembrar y cuidar de los árboles, debes presentar los pasos del proceso y enumerar los materiales necesarios.

Tema: Cómo lograr que crezcan los árboles en un lugar rodeado de cemento

Pasos	Materiales
1. A fines de la primavera y a lo largo de todo el verano, riega los retoños con 15 a 20 galones de agua a la semana. Deja que el agua penetre lentamente en el suelo.	1. Un recipiente grande donde puedas cargar al menos un galón de agua.
2. Coloca sobre la tierra una capa de dos pulgadas de humus. El humus o tierra vegetal enriquece y desapelmaza la tierra, y deja que el agua penetre libremente hasta llegar a las raíces del árbol.	2. Humus
3. Cubre la tierra con una capa (2 ó 3 pulgadas de espesor) de paja o de maderitas, para ayudar a mantener la humedad, evitar el crecimiento de maleza y mejorar la fertilidad.	3. Paja y maderitas

El borrador

1. Organización

Ahora ha llegado el momento de poner por escrito todos tus datos. Recuerda que el primer borrador te ofrece la oportunidad de pensar en lo que tienes que decir y de organizar tu material. Como guía para el **cuerpo** de tu ensayo, utiliza el cuadro que hiciste antes de escribir. Para el resto del escrito, trata de seguir un esquema como el que aparece a la izquierda.

2. Relaciona ideas

Usa el **orden cronológico** o **temporal** para explicar los pasos o etapas del proceso en la secuencia exacta en que deben realizarse. A continuación aparece una lista con algunas **palabras de enlace** útiles para relacionar ideas:

después	en primer lugar	antes
finalmente	a continuación	en segundo lugar
entonces	en tercer lugar	cuando

Evaluación y revisión

1. Intercambio entre compañeros

Reúnete con un grupo pequeño de compañeros. Túrnense para leer sus primeros borradores en voz alta. Después de cada lectura, cada uno de los miembros del grupo puede reaccionar a lo leído por medio de alguna de las siguientes oraciones:

- ¡Estupendo! Me gustaría intentar este proceso porque...

- Me hubiera gustado saber más sobre...

- Un término que no comprendí fue...

Escucha los comentarios y preguntas del grupo. Apunta las partes de tu escrito que te gustaría ampliar, eliminar o cambiar.

2. Autoevaluación

Utiliza la guía siguiente para revisar tu escritura. Añade, elimina o reorganiza los detalles. Haz también los cambios que sean necesarios en el orden de las palabras o en la organización general del escrito.

Pautas de evaluación

1. ¿Capto desde el comienzo el interés del lector?

2. ¿Describo con claridad el proceso y hago expresa la idea principal?

3. ¿Enumero en el ensayo todos los materiales que se necesitan?

4. ¿Presento todos los pasos en el orden apropiado?

5. ¿He definido los términos poco comunes?

6. ¿Termino con una conclusión efectiva?

Técnicas de revisión

1. Comienza con una cita interesante o un detalle sorprendente.

2. Especifica el tema y la idea principal sobre el proceso en una o dos oraciones.

3. Incluye una lista de los materiales que se necesitan antes de explicar el proceso.

4. Incluye los detalles que hayas olvidado y elimina los que sean innecesarios. Asegúrate de haber presentado los pasos en el orden correcto.

5. Define los términos que el público desconozca.

6. Resume tu idea principal; vuelve a enunciar las ventajas del proceso.

Compara las dos versiones siguientes del párrafo introductorio de un artículo informativo.

MODELOS

Borrador 1

Me hicieron sembrar y ocuparme de este árbol a las puertas de mi edificio. ¿Acaso me dijeron que sería muchísimo trabajo? No, por supuesto que no, pero eso fue lo único que hice durante todo el verano. Varias veces pensé que me iba a desmayar del calor que hacía. Y entonces, un día, descubrí el árbol. Me hizo tan feliz mirarlo que no me importó haber perdido peso sudando para sacarlo adelante.

Evaluación: Este primer párrafo no logra captar la atención del lector. El escritor no explica claramente el proceso ni establece la idea principal.

Borrador 2

«Ricardo, tienes que ocuparte de este árbol. Si le ocurre algo, con él se muere el orgullo del 1515 de Clearview Lane.» Mientras el Sr. Santiago me decía estas palabras, el retoño larguirucho y descolorido parecía marchitarse ante mis ojos. Luego descubrí que los vecinos de nuestra calle habían decidido sembrar árboles, y por alguna razón misteriosa, me habían elegido para que me ocupara del que iba a estar frente a nuestro edificio. Fue un montón de trabajo. Mientras el árbol, al que bauticé «Flaquito», crecía cada vez más alto y grueso, yo perdí unas diez libras. Pero una mañana miré a la calle y allí estaba mi árbol, que llegaba a mi ventana del segundo piso. ¿Cómo sé que un árbol merece todo el trabajo duro que exige ocuparse de él? Lo único que tengo que hacer es mirar el rostro de la gente cuando pasea por nuestra calle y entonces me doy cuenta de que es así.

Evaluación: Mejor. El escritor comienza con una cita que llama la atención y luego continúa el párrafo especificando el tema e incluyendo la idea principal.

Corrección de pruebas

Revisen los ensayos entre compañeros. Presten atención al orden de los pasos y a la claridad de la información.

Publicación

Evalúa los métodos siguientes para publicar o compartir tu artículo informativo:

- Ilustra tu informe con dibujos, diagramas u otros gráficos que se ajusten al tema y luego colócalo en el tablero de la clase.

- Presenta tu ensayo en un concurso de composición.

Reflexión

Sigue las pautas que aparecen al margen para escribir tu reflexión.

A ver si puedo...

A. Escoge el ejemplo que mejor corresponde a cada uno de los siguientes elementos de la poesía. Puedes consultar los poemas en las páginas indicadas si es necesario.

1. aliteración
2. metáfora
3. símbolo
4. paralelismo

a. —La paloma y el laurel... (pág. 112)
b. Coged de vuestra alegre primavera / el dulce fruto... (pág. 141)
c. Al corazón del amigo, abre la muralla; / al veneno y al puñal, / cierra la muralla. (pág. 112)
d. [Y] paseo y respiro y acaricio / la corteza rugosa de los árboles. (pág. 300)

B. Vuelve a leer «La fiesta del árbol» (págs. 149–151) y encuentra dos oraciones que expresen hechos y dos que expresen opiniones.

C. Contesta las siguientes preguntas con oraciones completas.

1. ¿Cómo es la geografía del norte de Chile? ¿del centro? ¿del sur?
2. ¿Cuáles son algunos de los productos que se cultivan en Chile y que se exportan?
3. ¿Qué problemas ecológicos hay en Chile? Nombra por lo menos tres.
4. ¿Quiénes están trabajando para resolver los problemas medioambientales de Chile?

D. Explica el significado de las siguientes palabras dentro del contexto de los cuentos. Después escribe una oración propia con cada una de ellas.

de **«La fiesta del árbol»** y **«Meciendo»:** aprovechar, quebrantar, mecer, errabundo

«Árbol adentro» y **«Paisaje»:** follaje, venas, rizarse, hundido

«Las abejas de bronce»: proporcionar, mohíno, tener en ascuas, fallecer

E. Usa lenguaje figurado para escribir una oración con cada una de las siguientes ideas. Puedes hacerlo por medio de metáforas, comparaciones, hipérboles o personificaciones.

1. una persona joven de pelo rubio
2. un anciano canoso
3. un hombre inteligente
4. un animal desprotegido
5. un paisaje impresionante
6. un lugar muy antiguo y oscuro

¿Sabes distinguir los usos de *se*? Págs. 194–198

F. Lee las siguientes oraciones e identifica el uso de **se** como **a.)** acción reflexiva, **b.)** acción inesperada o involuntaria, **c.) se** impersonal, **d.) se** como sustituto del complemento indirecto, o **e.)** acción recíproca.

1. ¡Ay, se me perdieron las llaves del carro!
2. Se dice que Juan e Isa, después de no haberse visto por doce años, se vieron un día por la calle y se casaron al día siguiente.
3. No era el libro que ella quería, pero se lo compré de todos modos.
4. Quiso ponerse los guantes pero no le quedaban, así que se los puso a su hermanito.
5. Se preocupó cuando se enteró de que se le escapó el perrito.

¿Sabes usar la voz pasiva en español? Págs. 198–203

G. Las primeras tres oraciones están escritas en un estilo formal. Vuelve a escribirlas en un estilo menos formal, combinando las diferentes opciones que has aprendido. Luego haz lo contrario con las últimas tres oraciones.

1. El presupuesto fue aprobado el viernes pasado.
2. Todas las fotos fueron destruidas en el incendio.
3. Todos los platos fueron preparados por los estudiantes.
4. Antes se vendían chocolates franceses en esta tienda.
5. Se conoce a esta mujer por su ingenio.
6. Se inscribieron tres nuevos alumnos en la clase.

Escritura
¿Sabes distinguir entre la *b* y la *v*? Págs. 204–206

H. Completa estos versos de Federico García Lorca y de Gabriela Mistral con **b** o **v.**

1. El campo de oli⊟os se a⊟re y se cierra como un a⊟anico.
2. So⊟re el oli⊟ar hay un cielo hundido y una llu⊟ia oscura.
3. Tiem⊟la junco y penum⊟ra a la orilla del río.
4. Una ⊟andada de pájaros cauti⊟os, que mue⊟en sus larguísimas colas en lo som⊟río.

¿Sabes identificar el diptongo y el hiato? Págs. 206–207

I. Identifica los hiatos y diptongos en estas palabras y pon el acento escrito donde haga falta.

1. centroamericana
2. iniciacion
3. poesia
4. biologia
5. curiosear
6. prehistoria

¿Sabes escribir un artículo informativo? Págs. 208–212

J. Imagina que tienes que escribir un artículo sobre cómo preparar espaguetis en salsa de tomate. Repasa el TALLER DEL ESCRITOR para contestar estas preguntas y redactar el artículo.

1. ¿Qué detalles se deben incluir y cómo se deben ordenar?
2. ¿Qué preguntas se deben hacer para evaluar y revisar el artículo?

Vocabulario esencial

Ampliación

• Vocabulario adicional
  Colección 3

«La fiesta del árbol» pág. 149

alzar *v.*
anularse *v.*
aprovechar *v.*
claro *m.*
contemplar *v.*
desposeer *v.*
desprenderse *v.*

emanar *v.*
envenenarse *v.*
fabril *adj.*
masa *f.*
obrero, -ra *m. y f.*
quebrantar *v.*
recogimiento *m.*

refinamiento *m.*
sombrear *v.*
trazar *v.*
urbe *f.*
vegetación *f.*
velar *v.*

«Árbol adentro», «Paisaje», «Meciendo» págs. 157–159

abanico *m.*
confuso, -sa *adj.*
errabundo, -da *adj.*
follaje *m.*
hundido, -da *adj*

lucero *m.*
lumbre *f.*
mecer *v.*
penumbra *f.*
rama *f.*

rizarse *v.*
sombra *f.*
sombrío, -bría *adj.*

«Las abejas de bronce» pág. 174

aborrecer *v.*
ademán *m.*
alelado, -da *adj.*
alimentarse *v.*
analfabeto, -ta *adj.*
átonito, -ta *adj.*
balbucear *v.*
ceño *m.*
desmoronarse *v.*
devastado, -da *adj.*
enterrar *v.*

escarmentar *v.*
extraviarse *v.*
fallecer *v.*
grosería *f.*
maña *f.*
mohíno, -na *adj.*
palanca *f.*
perjuicio *m.*
poner el grito en el cielo *v.*
precipitarse *v.*
proporcionar *v.*

rebatir *v.*
reponer *v.*
rudeza *f.*
sorber *v.*
tener en ascuas *v.*
tragarse *v.*
tribulación *f.*
ufano, -na *adj.*
vocación *f.*
zarpazo *m.*

■ Mejora tu vocabulario pág. 191

abrir el corazón *v.*
al romper el día
    expresión adv.
amenazar *v.*
cadena *f.*
caérsele la cara de
    vergüenza *v.*

como caído del cielo
    expresión adv.
flecha *f.*
huracán *m.*
ir viento en popa *v.*
llover a cántaros *v.*
mar de confusiones *n.*

no caber ni un alfiler *v.*
ráfaga *f.*
tragárselo la tierra *v.*
volverle el alma al cuerpo *v.*

Enlaces literarios
La poesía del siglo XIX

El Romanticismo

El siglo diecinueve fue un periodo de intensa actividad política e intelectual en España y Latinoamérica. En la primera mitad del siglo, los liberales españoles disputaron el valor del absolutismo monárquico y los latinoamericanos se independizaron de España, la «madre patria». Fue una época de rebelión y renovación que encontró su voz literaria en España en el Romanticismo, un movimiento que ya se había establecido en Francia con Víctor Hugo y en Inglaterra con William Wordsworth. El Romanticismo (cuyo nombre viene del *romance* medieval, poesía o prosa de tema y escena idealizados) exalta al individuo aislado frente a una sociedad corrupta, y se caracteriza por el desbordamiento y fervor en la expresión de emociones, tales como el amor, el terror, la nostalgia y el apego a la naturaleza. La libertad lo es todo, en tema y en estilo. Uno de los máximos representantes del movimiento en España es **Gustavo Adolfo Bécquer,** con sus *Rimas y Leyendas* (1871)[1]. A Bécquer a veces se le considera posromántico, ya que se aleja de la dramática expresión de emociones fuertes para centrarse en anhelos melancólicos e intimistas, tanto en sus poemas amorosos como en sus meditaciones sobre la sensibilidad poética.

El Modernismo

El Modernismo se inició como el primer movimiento literario propiamente latinoamericano. Surgió en el último tercio del siglo XIX con el cubano **José Martí,** autor de *Versos sencillos* (1891) y *Versos libres* (1892), y llegó a su cumbre con el nicaragüense **Rubén Darío,** autor de *Prosas profanas* (1896) y *Cantos de vida y esperanza* (1905). El Modernismo atrajo atención internacional a partir de la publicación en 1888 de *Azul* de Darío. Inspiró, entre otros, a Juan Ramón Jiménez y a Ramón del Valle-Inclán, ambos de la Generación del 98 española, así como a los poetas angloparlantes T.S. Eliot y Wallace Stevens. Los modernistas se apartaron de los desbordamientos subjetivos y formales del romanticismo español y se inspiraron en «el arte por el arte», es decir, el arte por su belleza y no por su utilidad didáctica o sentimental. Tuvieron como modelo a los franceses: los poetas parnasianos (como Leconte de Lisle) con su interés por la antigüedad grecorromana, y los simbolistas (como Baudelaire, Mallarmé, Rimbaud y Verlaine) con su preocupación por la palabra misma y su poder de inspiración. Por eso, dieron énfasis a la imagen exótica y detallada, llena de luz y color, a la musicalidad y a la forma elegante.

1. publicación póstuma

No digáis que agotado su tesoro
Rima XXXIX

Gustavo Adolfo Bécquer

Gustavo Adolfo Bécquer (1836–1870) era un hombre soñador que, irónicamente, vivió en un matrimonio desgraciado. Delicado de salud y de carácter melancólico, se ganó la vida como escritor y traductor. El poema que sigue es un himno a la mujer, a la belleza y a la poesía, temas inseparables en la obra becqueriana.

No digáis que agotado su tesoro,
de asuntos falta, enmudeció° la lira.°
Podrá no haber poetas; pero siempre
    habrá poesía.
5 Mientras las ondas de la luz al beso
    palpiten encendidas;
mientras el sol las desgarradas° nubes
    de fuego y oro vista;
mientras el aire en su regazo° lleve
10   perfumes y armonías;
mientras haya en el mundo primavera,
    ¡habrá poesía!
Mientras la ciencia a descubrir no alcance
    las fuentes de la vida,
15 y en el mar o en el cielo haya un abismo
    que al cálculo resista;
mientras la humanidad, siempre avanzando,
    no sepa a do° camina;
mientras haya un misterio para el hombre
20   ¡habrá poesía!
Mientras sintamos que se alegra el alma,
    sin que los labios rían;
mientras se llore sin que el llanto acuda
    a nublar la pupila;

25 mientras el corazón y la cabeza
    batallando prosigan;
mientras haya esperanzas y recuerdos,
    ¡habrá poesía!
Mientras haya unos ojos que reflejen
30   los ojos que los miran;
mientras responda el labio suspirando
    al labio que suspira;
mientras sentirse puedan en un beso
    dos almas confundidas;
35 mientras exista una mujer hermosa
    ¡habrá poesía!

2. enmudeció: calló, quedó mudo.
2. lira: instrumento de cuerda usado en la Grecia antigua para acompañar a cantores y recitadores.
7. desgarradas: rotas, hechas pedazos.
9. regazo: aquí, lo profundo del ser.
18. do: donde.

Clotilde y Elena en las rocas, Jávea de Joaquín Sorolla y Bastida. Óleo sobre lienzo.

Yo soy un hombre sincero

José Martí

The Granger Collection, New York

José Martí (1853–1895) tuvo una vida activa como patriota y revolucionario, periodista, cuentista y poeta. Se le conoce como el «Libertador de Cuba» y como un gran defensor de los derechos humanos. Sobresale en el siguiente poema su entusiasmo por todo lo que le ofreció la vida.

Yo soy un hombre sincero
de donde crece la palma,
y antes de morirme quiero
echar mis versos del alma.
5 Yo vengo de todas partes,
y hacia todas partes voy:
arte soy entre las artes;
en los montes, monte soy.
Yo sé los nombres extraños
10 de las hierbas y las flores.
Y de mortales engaños,
y de sublimes dolores.
Yo he visto en la noche oscura
llover sobre mi cabeza
15 los rayos de lumbre pura
de la divina belleza.
Alas nacer vi en los hombros
de las mujeres hermosas:
y salir de los escombros°
20 volando las mariposas.
He visto vivir a un hombre
con el puñal° al costado,
sin decir jamás el nombre
de aquella que lo ha matado.
25 Rápida como un reflejo,
dos veces vi el alma, dos:
cuando murió el pobre viejo,
cuando ella me dijo adiós.

Temblé una vez —en la reja,
30 a la entrada de la viña—
cuando la bárbara abeja
picó en la frente a mi niña.
Gocé una vez de tal suerte
que gocé cual nunca: cuando
35 la sentencia de mi muerte
leyó el alcaide° llorando.
Oigo un suspiro, a través
de las tierras y la mar,
y no es un suspiro, es
40 que mi hijo va a despertar.
Si dicen que del joyero
tome la joya mejor,
tomo a un amigo sincero
y pongo a un lado el amor.

36. alcaide: juez; director de una prisión.

19. escombros: restos; ruinas.
22. puñal: navaja, arma de acero puntiaguda.

Christie's Images

Paisaje con vacas (1882) de Esteban Chartrand. Óleo sobre lienzo.

45   Yo he visto al águila herida
volar al azul sereno,
y morir en su guarida°
la víbora del veneno.
    Yo sé bien que cuando el mundo
50 cede, lívido, al descanso,
sobre el silencio profundo
murmura el arroyo manso.
    Yo he puesto la mano osada,
de horror y júbilo yerta,
55 sobre la estrella apagada
que cayó frente a mi puerta.
    Oculto en mi pecho bravo
la pena que me lo hiere:
el hijo de un pueblo esclavo

60 vive por él, calla y muere.
    Todo es hermoso y constante,
todo es música y razón,
y todo, como el diamante,
antes que luz es carbón.
65   Yo sé que al necio se entierra
con gran lujo y con gran llanto
y que no hay fruta en la tierra
como la del camposanto.°
    Callo, y entiendo, y me quito
70 la pompa del rimador:
cuelgo de un árbol marchito
mi muceta° de doctor.

47. guarida: sitio abrigado que le sirve a un animal para vivir o esconderse.

68. camposanto: cementerio.
72. muceta: prenda académica.

Canción de otoño en primavera

Rubén Darío

Rubén Darío (1867–1916) era un hombre de acción que luchó por causas liberales y trabajó también como bibliotecario y periodista. Los versos que siguen son un canto de esperanza frente a las tristezas y las desilusiones que experimenta el ser humano.

Editorial La Muralla, S.A.

    Juventud, divino tesoro,
¡ya te vas para no volver!
Cuando quiero llorar, no lloro...
y a veces lloro sin querer.
5   Plural ha sido la celeste
historia de mi corazón.
Era una dulce niña, en este
mundo de duelo y aflicción.

    Miraba como el alba pura;
10 sonreía como una flor.
Era su cabellera oscura
hecha de noche y de dolor.
    Yo era tímido como un niño.
Ella, naturalmente, fue,
15 para mi amor hecho de armiño,°
Herodías y Salomé...

15. armiño: animal parecido a la comadreja; se usa su piel para ropa ceremonial.

Juventud, divino tesoro,
¡ya te vas para no volver!...
Cuando quiero llorar, no lloro,
20 y a veces lloro sin querer...
    La otra fue más sensitiva,
y más consoladora y más
halagadora° y expresiva,
cual no pensé encontrar jamás.
25   Pues a su continua ternura
una pasión violenta unía.
En un peplo° de gasa° pura
una bacante° se envolvía...
    En sus brazos tomó mi ensueño,
30 y lo arrulló como a un bebé...
Y le mató, triste y pequeño,
falto de luz, falto de fe...
    Juventud, divino tesoro,
¡te fuiste para no volver!
35 Cuando quiero llorar, no lloro,
y a veces lloro sin querer...
    Otra juzgó que era mi boca
el estuche° de su pasión
y que me roería, loca,
40 con sus dientes el corazón
    poniendo en un amor de exceso
la mira° de su voluntad,
mientras eran abrazo y beso
síntesis de la eternidad:
45   y de nuestra carne ligera
imaginar siempre un Edén,
sin pensar que la Primavera
y la carne acaban también...
    Juventud, divino tesoro,
50 ¡ya te vas para no volver!

Cuando quiero llorar, no lloro,
¡y a veces lloro sin querer!
    ¡Y las demás!, en tantos climas,
en tantas tierras, siempre son,
si no pretexto de mis rimas,
fantasmas de mi corazón.
55   En vano busqué a la princesa
que estaba triste de esperar.
La vida es dura. Amarga y pesa.
¡Ya no hay princesa que cantar!
    Mas a pesar del tiempo terco,
60 mi sed de amor no tiene fin;
con el cabello gris me acerco
a los rosales del jardín...
    Juventud, divino tesoro,
¡ya te vas para no volver...!
65 Cuando quiero llorar, no lloro,
y a veces lloro sin querer...
¡Mas es mía el Alba de oro!

---

23. halagadora: agradable, deleitable, lisonjera.
27. peplo: túnica griega antigua.
27. gasa: tela fina y clara.
28. bacante: persona a quien le gusta celebrar festivamente; viene del Baco mitológico, el dios del vino y de la diversión.
38. estuche: caja para guardar objetos.
42. mira: pieza que en ciertos instrumentos sirve para dirigir la vista a un punto determinado; aquí, intención u objetivo.

Kunsthistorisches Museum, Vienna, Austria/Bridgeman Art Library, New York/London

Love (Amor) (1895) de Gustav Klimt. Óleo sobre lienzo.

■ Actividades

Comprensión del texto

1. Según Bécquer en la «Rima XXXIX», ¿qué condiciones son necesarias para que exista la poesía? El poeta hace un inventario de cuatro de ellas, comenzando cada serie con «mientras», tres palabras o expresiones, y una palabra que lo resume todo. La primera serie se compone de «ondas», «sol» y «aire» y, por fin, «primavera». ¿Cuáles son las otras tres series? ¿Qué efecto tiene la última palabra de la cuarta serie?

2. ¿A qué se refieren las palabras «otoño» y «primavera» en el título del poema de Darío? ¿Qué tipo de figura retórica representan las dos palabras?

Análisis del texto

1. Existe anáfora, o repetición de un elemento léxico al comienzo de una frase, en toda la «Rima XXXIX». ¿Qué adverbio repite Bécquer y con qué modo verbal lo usa? ¿Qué efecto produce la combinación?

2. En «Yo soy un hombre sincero», Martí celebra la vida, pero también habla de la muerte. Haz una lista de las alusiones a la muerte y explica su importancia dentro del poema.

3. Darío describe la juventud a lo largo de su «Canción» como un «divino tesoro» que ya se ha perdido. Al final del poema, dice que es suya «el Alba de oro». ¿Qué simboliza esta «Alba»?

Más allá del texto

1. El soneto XVIII de Shakespeare, «Shall I compare thee to a summer's day?», es semejante a la rima «No digáis que agotado su tesoro» de Bécquer. Lee el soneto inglés y luego describe en qué se parecen y diferencian los dos poemas en cuanto al tema.

2. A Martí se le conoce por su ideología política y por el abundante simbolismo de su poesía. También se distingue por la calidad autobiográfica de sus versos. Busca en Internet u otros recursos una biografía de Martí. ¿Qué puntos podrían contener referencias autobiográficas en «Yo soy un hombre sincero»? ¿Crees que Martí habla de sí mismo? ¿Cómo lo sabes?

3. Tanto Martí como Darío describen y analizan los eventos de su propia vida. Busca ejemplos de la poesía en inglés que también tengan este punto de vista retrospectivo y reflexivo.

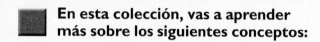

COLECCIÓN 4

Pruebas

En esta colección, vas a aprender más sobre los siguientes conceptos:

Lectura

Elementos de literatura: Drama
Estrategias para leer: Hacer un resumen

Cultura

Cultura y lengua: México
Panorama cultural: ¿Alguna vez te has enfrentado con un dilema que te haya obligado a tomar una decisión difícil?
Comunidad y oficio: La superación por medio de la educación

Comunicación

Así se dice: Para referirse a condiciones reales; para relatar las consecuencias de un suceso histórico; para referirse a condiciones hipotéticas; para reflexionar sobre un trabajo escrito
Vocabulario: Los regionalismos
Gramática: Las cláusulas de relativo y los pronombres relativos; los usos de los pronombres relativos
Comparación y contraste: Las cláusulas de relativo en español e inglés

Escritura

Ortografía: Las letras **m** y **n**; el cambio de acentuación por medio de sufijos
Taller del escritor: Ensayo sobre problemas y soluciones

internet

MARCAR: go.hrw.com
PALABRA CLAVE:
WN3 PRUEBAS

© Licensed by the Orozco Villadares family through VAGA, NY, NY/The Granger Collection, New York

Zapatistas (1931) de José Clemente Orozco.
Óleo sobre lienzo.

ANTES DE LEER
El anillo del general Macías

Punto de partida

Hacer lo que se debe

¿En qué consiste una prueba de valor, de fe o de lealtad? ¿Alguna vez te han sometido a alguna prueba de este tipo? Si un amigo te pidiera que lo ayudaras a hacer trampa en un examen, ¿qué harías? Éste es un caso en el que se pondrían a prueba tus principios de lealtad y de honestidad. ¿En qué otro caso se pondrían a prueba los valores y principios morales de una persona?

La literatura que presentamos en esta colección demuestra que, con frecuencia, las circunstancias de la vida someten a prueba a los seres humanos y su escala de valores. Cuando enfrentamos dilemas que nos obligan a tomar decisiones difíciles, no sólo solemos aprender del problema en sí sino que también descubrimos bastante sobre nosotros mismos.

Lluvia de ideas

Haz una lista de valores y principios que te parezcan importantes. Honestidad, diligencia, lealtad a los amigos y respeto a los mayores son sólo algunos ejemplos. Luego, ordena los principios según su importancia. No es fácil decidir si un principio es más importante que otro, pero como podrás observar en *El anillo del general Macías,* a veces se producen situaciones que obligan a una persona a establecer prioridades.

Telón de fondo

Literatura e historia

La obra de teatro que vas a leer a continuación tiene lugar durante la Revolución mexicana. A principios de siglo, México fue gobernado por el general Porfirio Díaz, quien no sólo tenía bajo su control al ejército sino que también, abusando de su poder, tomó algunas decisiones en contra de la constitución mexicana, como, por ejemplo, ejecutar, encarcelar o deportar a sus enemigos.

En sus esfuerzos por mejorar la economía mexicana, Díaz enfocó sus esfuerzos en el sector minero, los yacimientos petrolíferos y la construcción de ferrocarriles. Además, mantuvo los salarios bajos y aplastó a los sindicatos. Bajo su mandato, los grandes terratenientes se apropiaron de tierras que pertenecían a los pueblos indígenas y aprovecharon la situación para explotar a los campesinos. A pesar del mejoramiento económico del país, la mayoría de los mexicanos permanecían en la pobreza y bajo la opresión de los grandes terratenientes, lo cual creó una situación de inconformidad que finalmente condujo a la unión del pueblo, bajo el liderazgo de Francisco I. Madero, en oposición a la dictadura de Díaz. La lucha por derribar al gobierno de Díaz se convirtió en lo que se conoce hoy como la Revolución mexicana (1910–1921).

Diálogo con el texto

Al leer una obra de teatro te conviertes de repente en director. Comienzas a «escuchar» los diálogos y a imaginar el vestuario y las expresiones y gestos de cada uno de los actores. Cuando leas *El anillo del general Macías,* toma apuntes sobre cómo montarías cada escena y cómo guiarías a los actores si fueras el director.

Estrategias para leer

Hacer un resumen

Los resúmenes nos ayudan a recordar los elementos esenciales de una historia. También utilizamos resúmenes, ya sean orales o escritos, para comunicar información de una forma condensada. En la página 249 aprenderás más sobre la técnica de resumir.

El anillo del general Macías

Josefina Niggli

Personajes

Mariana, hermana del general Macías, un general federal
Raquel, esposa del general Macías
Andrés de la O, capitán del Ejército Revolucionario
Cleto, un soldado raso del Ejército Revolucionario
Basilio Flores, capitán del Ejército Federal

Escena LUGAR: Las afueras de la Ciudad de México; HORA: Una noche de abril de 1912, durante la Revolución mexicana.[1]

El salón de la casa del general MACÍAS *está lujosamente amueblado en el dorado y ornamental estilo Luis* XVI. *En la pared de la derecha hay puertaventanas que dan al patio. A los lados de estas ventanas hay estanterías bajas. En la pared del fondo hay, a la derecha, la puerta de un armario; y en el centro, una mesa donde están colocadas una garrafa[2] de vino y copas. La pared de la derecha tiene una puerta hacia el fondo del escenario y al frente del escenario hay un escritorio con una silla recta. Cerca del escritorio hay una butaca. Al frente del escenario, a la derecha, hay un sofá pequeño, con una mesa que sostiene una lámpara al fondo. En las paredes hay cuadros. El salón tiene un aspecto* abarrotado *y revela poco uso. Cuando se abre el telón, el escenario está oscuro excepto por la luz de la luna que entra por las puertaventanas. Entonces se abre la puerta de la casa y una joven en bata entra furtivamente. Lleva en la mano una vela encendida. Por un momento permanece cerca*

Me pregunto cómo era México durante la Revolución.

La gente que vive aquí está bien económicamente.

«...tiene un aspecto abarrotado y revela poco uso». Creo que sé lo que Niggli quiere decir con esta descripción.

---

1. **Revolución mexicana:** La Revolución comenzó en el año 1910 y culminó en 1920 con la creación de una república constitucional.
2. *garrafa:* vasija con un cuello largo y estrecho para servir bebidas.

ADUÉÑATE DE ESTAS PALABRAS
abarrotado, -da *adj.:* lleno en exceso.

---

de la puerta, escuchando el ruido de un posible perseguidor, y luego avanza rápidamente hacia la estantería de la derecha, al frente. Coloca la vela encima de la estantería y luego comienza a buscar entre los libros. Finalmente encuentra lo que está buscando: una botellita. Mientras está buscando, se abre la puerta de la casa silenciosamente y entra una mujer, también en bata. (Estas batas siguen la última moda parisiense.) La mujer avanza en silencio a través de la habitación hacia la mesa cercana al sofá, y cuando la joven se da la vuelta con la botella, la mujer enciende la luz. La chica da un pequeño grito y retrocede, asustada. La luz revela que es bastante joven —no más de veinte años— una criatura tímida, frágil como una paloma. La mujer tiene un aire regio,[3] e independientemente de si es bella o no, la gente piensa que lo es. Tiene unos treinta y dos años.

Mariana (trata de esconder la botellita detrás de ella). ¡Raquel! ¿Qué haces aquí?

Raquel. ¿Qué tienes escondido tras los libros, Mariana?

Mariana (intenta una risa forzada). ¿Yo? Nada. ¿Por qué piensas que tengo algo?

Raquel (avanza un paso hacia ella). Dámelo.

Mariana (retrocede). No. No lo haré.

Raquel (alarga su mano). Te pido que me lo des.

Mariana. Tú no tienes derecho a darme órdenes. Soy una mujer casada. Yo...Yo... (Comienza a sollozar y se arroja al sofá.)

Raquel (más amablemente). No deberías estar levantada. El médico te dijo que te quedaras en la cama. (Se inclina sobre MARIANA y suavemente le quita la botellita de la mano.) Era veneno. Lo sabía.

Mariana (asustada). No se lo dirás al cura, ¿verdad?

Raquel. El suicidio es un pecado, Mariana. Un pecado contra Dios.

---

3. *regio*: magnífico, con actitud de rey o reina.

Mariana. Lo sé. Yo... (*Agarra la mano de* RAQUEL.) Oh, Raquel, ¿por qué tenemos que tener guerras? ¿Por qué los hombres tienen que ir a la guerra y morir?

Raquel. Los hombres tienen que pelear por lo que creen que está bien. Es algo muy honroso morir como soldado por tu país.

Mariana. ¿Cómo puedes decir eso mientras Domingo está por ahí luchando también? ¿Y luchando contra quién? Contra hombres que ni siquiera son hombres. Campesinos, esclavos de los ranchos. Hombres a quienes no les deberían permitir luchar.

Raquel. Los campesinos son hombres, Mariana. No son animales.

Mariana. Hombres. Siempre los hombres. ¿Y qué pasa con las mujeres? ¿Qué ocurre con nosotras?

Raquel. Podemos rezar.

Mariana (*con amargura*). Sí, podemos rezar. Y entonces llega la noticia terrible, y rezar no sirve ya de nada. El motivo de nuestros rezos está muerto. ¿Por qué tengo que seguir viviendo si Tomás está muerto?

Raquel. El vivir es una obligación.

Mariana. ¿Cómo puedes ser tan fría, tan dura? Eres una mujer dura y fría, Raquel. Mi hermano te adora. No ha vuelto a mirar a ninguna mujer desde el primer día en que te vio. ¿Acaso sabe cuán fría y dura eres?

Raquel. Domingo es — mi reverenciado marido.

Mariana. Llevas diez años casada. Y yo he estado casada por tres meses. Si matan a Domingo, no será lo mismo para ti. Has tenido diez años. (*Llora terriblemente.*) Yo no he tenido nada... nada en absoluto.

Raquel. Tuviste tres meses, tres meses de risas. Y ahora tienes lágrimas. Qué suerte la tuya. Tienes lágrimas. Tal vez cinco meses de lágrimas. Nada más. Solamente tienes veinte años. Y en cinco meses Tomás se convertirá en un hermoso recuerdo.

Mariana. Recordaré a Tomás toda mi vida.

Raquel. Por supuesto, pero estará distante y muy lejos. Pero tú eres joven... y los jóvenes necesitan reír. Los jóvenes no pueden vivir llorando. Y un día en París, o Roma, o incluso en la Ciudad de México, conocerás a otro hombre. Te casarás de nuevo y en tu casa habrá hijos. Qué suerte tienes.

Mariana. Nunca me volveré a casar.

Raquel. Solamente tienes veinte años. Pensarás de una manera diferente cuando tengas veintiocho, o veintinueve, o treinta.

Mariana. ¿Qué harás tú si matan a Domingo?

Raquel. Estaré muy orgullosa de que haya muerto con coraje... con toda la grandeza de un héroe.

Mariana. Pero no llorarías, ¿verdad? ¡No tú! No creo que tengas ninguna lágrima.

Raquel. No, no lloraría. Me sentaría en esta casa vacía y esperaría.

Mariana. ¿Esperarías a qué?

Raquel. Al cascabeleo[4] de sus espuelas mientras camina por el corredor enlosado. Al sonido de su risa en el patio. Al eco de su voz cuando grita al mozo de cuadra que guarde su caballo. Al tacto de su mano...

Mariana (*grita*). ¡Para!

Raquel. Lo siento.

Mariana. Tú le amas, ¿verdad?

Raquel. No creo que ni siquiera él sepa cuánto.

Mariana. Pensaba que después de diez años la gente dejaba de amarse. Pero tú y Domingo, vaya. Eres lo único en lo que él piensa. Cuando no está a tu lado no hace más que hablar de ti. Una vez le escuché decir que cuando tú estabas fuera de su vista era como un hombre sin ojos ni oídos ni manos.

Raquel. Lo sé. Yo también conozco esa sensación.

Mariana. Entonces, ¿cómo pudiste dejar que se marchara a la guerra? Tal vez para morir. ¿Cómo pudiste?

Raquel (*abruptamente*). Mariana, tú eres de la familia de los Macías. Tu familia es una familia de grandes guerreros. Un Macías estaba con Fernando cuando los moros fueron expulsados

de España. Un Macías estaba con Cortés cuando los aztecas se rindieron.[5] Tu abuelo luchó en la guerra de la independencia. Tu propio padre fue ejecutado a menos de 30 kilómetros de esta casa por los franceses. ¿Debe su hijo ser menos valiente porque ama a una mujer?

Mariana. Pero Domingo te amaba lo bastante como para olvidar todo aquello. Si se lo hubieras pedido, no se habría marchado a la guerra. Se habría quedado aquí contigo.

Raquel. No, no se habría quedado. Tu hermano es un hombre de honor, no un cobarde quejica[6] y rastrero.[7]

Mariana (*comienza a llorar otra vez*). Yo le rogué a Tomás que no fuera. Se lo rogué.

Raquel. ¿Le habrías amado si se hubiese quedado?

Mariana. No lo sé. No lo sé.

Raquel. Ésa es tu respuesta. Lo habrías despreciado. Lo habrías amado y despreciado. Ahora ven, Mariana, es hora de que te vayas a la cama.

Mariana. No se lo dirás al cura, lo del veneno, quiero decir.

Raquel. No, no se lo diré.

Mariana. Gracias, Raquel. Qué buena eres. Qué amable y buena.

Raquel. Hace un momento era dura y cruel. Qué niña eres. Ahora vete a la cama.

Mariana. ¿Tú no vienes también arriba?

Raquel. No... no he estado durmiendo muy bien últimamente. Creo que voy a leer un rato.

Mariana. Buenas noches, Raquel. Y gracias.

Raquel. Buenas noches, pequeña.

[MARIANA *sale por la puerta de la casa a la izquierda, llevándose la vela.* RAQUEL *mira la botella de veneno que tiene en la mano, y luego la guarda en uno de los pequeños cajones del escritorio. Después escoge un libro de la estantería situada al frente del escenario,*

---

4. cascabeleo: ruido leve y repetido como el que hace un cascabel.

5. Un Macías...cuando los aztecas se rindieron: Los moros fueron expulsados de España a finales del siglo XV por órdenes del rey Fernando de Aragón. México se transformó en colonia española cuando Hernán Cortés venció a los aztecas en 1521.

6. quejica: quejumbroso, débil, que se queja demasiado.

7. rastrero: despreciable, desdichado.

y se sienta en el sofá a leerlo, pero siente frío, se levanta y avanza hacia el armario, al fondo a la derecha, y saca de allí una manta. De vuelta al sofá, se pone cómoda con la manta sobre las rodillas. De pronto, oye un ruido en el patio. Escucha y luego, cuando se convence de que no es nada, vuelve a la lectura. Pero escucha otra vez el ruido. Avanza hacia la puerta del patio y se asoma.]

Raquel *(llama en voz baja).* ¿Quién está ahí? ¿Quién está ahí fuera? ¡Oh! *(Jadea y regresa a la habitación. Dos hombres —o más bien un hombre y un muchacho— vestidos con la ropa de algodón blanca que usan los campesinos mexicanos, con los sombreros caídos sobre sus caras, entran en la habitación.* RAQUEL *se levanta majestuosamente.*

Su voz es fría y autoritaria.) ¿Quiénes son y qué es lo que quieren aquí?

Andrés. Estamos buscando a la esposa del general Macías.

Raquel. Yo soy Raquel Rivera de Macías.

Andrés. Cleto, haz guardia en el patio. Si escuchas algún ruido sospechoso, me lo adviertes enseguida.

Cleto. Sí, mi capitán. *(El muchacho regresa al patio.)*

[*El hombre, con los pulgares sujetos al cinturón, avanza por la habitación, mirando a todas partes. Cuando llega a la mesa que hay al fondo, ve la garrafa de vino. Con una*

pequeña inclinación hacia RAQUEL *se sirve un vaso de vino y lo vacía. Se limpia la boca con el* dorso *de la mano.*]

Raquel. Qué interesante.

Andrés *(soprendido).* ¿Qué?

Raquel. Poder beber vino con ese sombrero puesto.

Andrés. ¿El sombrero? Oh, perdóneme, señora. *(Golpea el ala del sombrero con los dedos para que caiga hacia atrás y cuelgue del cordón a su espalda.)* En el campamento militar uno se olvida de los buenos modales. ¿Le importaría acompañarme a tomar un trago?

Raquel *(sentada en el sofá).* ¿Por qué no? Es mi vino.

Andrés. Y un vino excelente. *(Sirve dos vasos y se lo ofrece a ella mientras habla.)* Diría que es un amontillado de la cosecha del 87.

Raquel. ¿Aprendió eso en un campamento militar?

Andrés. Solía vender vino... entre otras cosas.

Raquel *(tratando de tapar un bostezo ostentosamente).* Estoy desolada.

Andrés *(se sienta en el sillón y se pone cómodo).* No le importa, ¿verdad?

Raquel. ¿Significaría algo si me importara?

Andrés. No. Los federales están buscándonos en las calles y tenemos que quedarnos en algún lugar. Pero las mujeres de su clase parecen esperar siempre ese tipo de pregunta sin sentido.

Raquel. Por supuesto, podría hasta gritar.

Andrés. Naturalmente.

Raquel. Mi cuñada está en el piso de arriba dormida. Y en la parte trasera de la casa hay varios criados, la mayoría hombres. Hombres muy grandes.

Andrés. Muy interesante. *(Bebe el vino a sorbos con gran placer.)*

Raquel. ¿Qué haría usted si me pusiera a gritar?

Andrés *(analizando la pregunta como si fuera otro vaso de vino).* Nada.

Raquel. Me temo que usted me está mintiendo.

Andrés. Las mujeres de su clase parecen esperar pequeñas mentiras educadas.

Raquel. Deje de llamarme «mujer de su clase».

Andrés. Perdóneme.

Raquel. Usted es uno de los campesinos en lucha, ¿no es cierto?

Andrés. Soy un capitán del Ejército Revolucionario.

Raquel. Esta casa es totalmente leal al gobierno Federal.

Andrés. Lo sé. Por eso estoy aquí.

Raquel. Y ahora que usted está aquí, ¿qué espera que yo haga?

Andrés. Espero que nos ofrezca refugio a Cleto y a mí.

Raquel. ¿Cleto? *(Lanza una mirada hacia el patio y añade con sarcasmo.)* Oh, su ejército.

Cleto *(aparece en el vano de la puerta).* Lo siento, mi capitán. Acabo de escuchar un ruido. (*RAQUEL se levanta y* ANDRÉS *avanza con rapidez hacia ella y con sus manos le coge los brazos por la espalda.* CLETO *se da la vuelta y se asoma al patio. Entonces el muchacho se calma.)* Todavía estamos a salvo, mi capitán. Era sólo un conejo. *(Regresa al patio.* RAQUEL *se* zafa *de* ANDRÉS *y se dirige al escritorio.)*

Raquel. Vaya un ejército tan magnífico que usted tiene. Tan inteligente. Estoy segura de que debe obtener muchas victorias.

Andrés. Ciertamente. Y ganaremos la mayor victoria, recuérdelo.

Raquel. La farsa ha durado demasiado. ¿Me haría el favor de recoger su ejército y saltar el muro del patio con él?

Andrés. Ya le dije que hemos venido aquí para que usted nos pueda dar refugio.

Raquel. Mi querido capitán —capitán sin nombre...

ADUÉÑATE DE ESTAS PALABRAS

dorso *m.:* revés o espalda de una cosa.

ostentosamente *adv.:* de una manera excesivamente visible y llamativa.

desolada, -do *adj.:* angustiada, muy preocupada.

se zafa, de **zafarse** *v.:* librarse; escaparse.

farsa *f.:* enredo o trama con el propósito de engañar; obra teatral cómica.

Andrés. Andrés de la O, para servirla. *(Hace una inclinación.)*

Raquel *(asombrada).* ¡Andrés de la O!

Andrés. Me siento <u>halagado</u>. Usted ha oído hablar de mí.

Raquel. Naturalmente. Todo el mundo en la ciudad ha oído hablar de usted. Tiene la reputación de ser un hombre galante, especialmente con las mujeres.

Andrés. Veo que los cuentos sobre mí no han perdido nada a la hora de contarlos.

Raquel. No lo puedo decir. No estoy interesada en los chismes sobre soldados como usted.

Andrés. Entonces déjeme darle algo para aumentar su interés. *(De pronto la coge entre sus brazos y la besa. Ella se pone rígida por un momento, y luego permanece completamente inmóvil. Él se separa de ella.)*

Raquel *(la rabia le obliga a murmurar).* Váyase de aquí, ¡ahora mismo!

Andrés *(mirándola con admiración).* Puedo entender por qué Macías la ama. Antes no podía, pero ahora lo entiendo.

Raquel. Márchese de mi casa.

Andrés *(se sienta en el sofá y saca de la camisa una bolsa pequeña de cuero. Vacía el contenido sobre la mano).* Tan cruel conmigo, señora, y yo que tengo un regalo para usted. He aquí una medalla sagrada. Mi madre me dio esta medalla. Murió cuando yo tenía diez años. Era una mendiga callejera. Murió de hambre. Pero yo no estuve allí. Yo estaba en la cárcel. Había sido condenado a cinco años de cárcel por robar cinco naranjas. El juez pensó que era una broma excelente. Un año por cada naranja. Se rió. Soltó una sonora carcajada. *(Pausa.)* Lo asesiné hace dos meses. Lo colgué del poste del teléfono que había frente a su casa. Y me reí. *(Pausa.)* También solté una sonora carcajada. *(Abruptamente, RAQUEL le da la espalda.)* La otra noche le conté esta historia a una muchacha y pensó que era muy divertida. Pero, por supuesto, era una muchacha campesina, una muchacha que no sabe leer ni escribir. No

había nacido en una gran casa en Tabasco. No tuvo una institutriz inglesa. No fue a la escuela de monjas en París. No se casó con uno de los jóvenes más ricos de la República. Pero pensó que mi historia era muy divertida. Por supuesto, ella podía entenderla. A su hermano lo habían matado a latigazos porque había huido de la hacienda donde era una mera propiedad. *(Deja de hablar y la mira. Ella no se mueve.)* ¿Todavía está enfadada conmigo? ¿Incluso a pesar de que le he traído un regalo? *(Muestra su mano abierta.)* Un regalo muy bonito de... su marido.

Raquel *(se da la vuelta y lo mira asombrada).* ¡Un regalo! ¿De Domingo?

Andrés. No lo conozco tan íntimamente. Yo lo llamo general Macías.

Raquel *(emocionada).* ¿Se encuentra bien? ¿Qué aspecto tiene? *(Horrorizada al entender la situación.)* ¡Está prisionero... es su prisionero!

Andrés. Naturalmente. Por eso es que sé tanto sobre usted. El general Macías menciona a su esposa constantemente.

Raquel. Usted no sabe nada de él. Me está mintiendo.

[CLETO *se asoma a la ventana.*]

Andrés. Le aseguro, señora...

Cleto *(interrumpiendo).* Mi capitán...

Andrés. ¿Qué pasa ahora, Cleto? ¿Otro conejo?

Cleto. No, mi capitán. Hay soldados al final de la calle. Están buscando en todas las casas. Pronto llegarán aquí.

Andrés. No te preocupes. Estamos bastante seguros aquí. Quédate en el patio hasta que te llame.

Cleto. Sí, mi capitán. *(Regresa al patio.)*

Raquel. Usted no está seguro aquí. Cuando esos soldados lleguen le entregaré.

Andrés. Pienso que no.

ADUÉÑATE DE ESTAS PALABRAS

halagado, -da *adj.:* deleitado, satisfecho.

Raquel. No puede escapar. Y ellos no son amables con los prisioneros campesinos. Tienen buenas razones para no serlo.

Andrés. Mire este anillo. *(Muestra su mano abierta, con el anillo en la palma.)*

Raquel. Pues, es un anillo matrimonial.

Andrés. Lea la inscripción que hay dentro. *(Como ella duda, él añade abruptamente.)* ¡Léala!

Raquel *(coge lentamente el anillo. Mientras lee, su voz se convierte en un murmullo).* «D.M. —R.R.—2 de junio de 1902». ¿De dónde lo sacó?

Andrés. El general Macías me lo dio.

Raquel *(firme y claramente).* No este anillo. Nunca le hubiese dado este anillo. *(Con un asomo de horror.)* Está muerto. Se lo robó de su dedo muerto. Está muerto.

Andrés. Todavía no. Pero morirá si yo no regreso mañana sano y salvo al campamento cuando se ponga el sol.

Raquel. No le creo. No le creo. Usted me está mintiendo.

Andrés. Esta casa es famosa por su lealtad al gobierno Federal. Usted me va a esconder hasta que los soldados hayan salido de este distrito. Cuando esté lo suficientemente seguro, Cleto y yo nos marcharemos. Pero si usted me traiciona, su marido será fusilado mañana por la tarde a la puesta del sol. ¿Entiende? *(Sacude el brazo de* RAQUEL. *Ella le mira* aturdida. CLETO *se asoma a la ventana.)*

Cleto. Los soldados se acercan, mi capitán. Están en la casa de al lado.

Andrés *(a* RAQUEL*).* ¿Dónde debemos escondernos? *(*RAQUEL *está aún aturdida.* ANDRÉS *le da otra pequeña sacudida.)* ¡Piense, mujer! Si usted ama algo a su marido, ¡piense!

Raquel. No lo sé. Mariana está arriba, los criados en el resto de la casa, no lo sé.

Andrés. El general se ha jactado de usted con nosotros. Dice que usted es más valiente que muchos hombres. Dice que es muy inteligente. Éste es el momento de ser valiente e inteligente.

Cleto *(señalando el armario).* ¿Adónde da esa puerta?

Raquel. Es un armario... una alacena.

Andrés. Nos esconderemos ahí.

Raquel. Es muy pequeño. No es lo suficientemente grande para los dos.

Andrés. Cleto, escóndete tú allí.

Cleto. Pero, mi capitán...

Andrés. ¡Es una orden! Escóndete.

Cleto. Sí, señor. *(Entra dentro del armario.)*

Andrés. Y ahora, señora, ¿dónde me va a esconder a mí?

Raquel. ¿Cómo convenció a mi marido de que le diera su anillo?

Andrés. Ésa es una historia muy larga, señora, para la que no tenemos tiempo ahora mismo. *(Coloca de nuevo el anillo y la medalla en la bolsa y la mete dentro de su camisa.)* Más tarde estaré encantado de darle todos los detalles. Pero en estos momentos lo único necesario es que usted recuerde que su vida depende de la mía.

Raquel. Sí, sí, por supuesto. *(Pierde su expresión de aturdimiento y parece ponerse cada vez más señorial[8] a medida que se hace cargo de la situación.)* Déme su sombrero. (AN-DRÉS *se encoge de hombros y se lo pasa. Ella lo lleva al armario y se lo entrega a* CLETO.*)* Hay un batín colgado ahí dentro. Démelo. (CLETO *le entrega un batín de terciopelo, que ella ofrece a* ANDRÉS.*)* Póngaselo.

Andrés *(se lo pone y se mira los pies).* Una pena que mis zapatos no sean unas confortables pantuflas.

Raquel. Siéntese en esa silla. *(Señala la butaca.)*

Andrés. Mi querida señora...

Raquel. Si he de salvarle la vida, permítame que lo haga a mi manera. Siéntese. (ANDRÉS *se sienta. Ella recoge la manta del sofá y la coloca sobre las piernas y los pies de* ANDRÉS,

---

8. **ponerse cada vez más señorial:** asumir dignidad.

ADUÉÑATE DE ESTAS PALABRAS

aturdida, -do *adj.*: confundida, sin entender lo que pasa.
se ha jactado, de **jactarse** *v.*: alardear, presumir.

doblándola cuidadosamente para cubrir su cuerpo hasta la cintura.) Si alguien le habla, no responda. No gire la cabeza. Para usted no hay nadie en esta habitación, ni siquiera yo. Simplemente mire hacia adelante y...

Andrés *(cuando ella se detiene).* ¿Y qué?

Raquel. Iba a decir «y rece», pero ya que usted es miembro del Ejército Revolucionario, supongo que no cree en Dios ni en la oración.

Andrés. Mi madre me dejó una medalla sagrada.

Raquel. Oh, sí, ya recuerdo, una historia muy entretenida. *(Llega un sonido de voces de hombres en el patio.)* Los soldados federales ya están aquí. Si usted puede rezar, pídale a Dios que Mariana se quede arriba. Es muy joven y

muy estúpida. Le traicionará antes de que yo pueda callarle la boca.

Andrés. Yo...

Raquel. ¡Silencio! Mire hacia adelante y rece. *(Avanza hacia la puertaventana y habla en voz alta con los soldados.)* ¡Realmente! ¿Qué significa todo este ruido?

Flores *(fuera de escena).* No se alarme, señora. *(Llega a la habitación. Viste el uniforme de soldado federal.)* Soy el capitán Basilio Flores, para servirle, señora.

Raquel. ¿Qué quiere usted hacer, invadiendo mi casa y haciendo tanto ruido a estas horas de la noche?

Flores. Estamos buscando a dos espías. Uno de

ellos es el famoso Andrés de la O. Usted a lo mejor ha oído hablar de él, señora.

Raquel (*mirando a* ANDRÉS). Considerando lo que le hizo a mi primo... sí, he escuchado hablar de él.

Flores. ¿Su primo, señora?

Raquel (*avanza hacia* ANDRÉS *y le coloca la mano en el hombro. Él mira inmóvil hacia adelante*). Felipe fue su prisionero antes de que el pobre muchacho consiguiera escapar.

Flores. ¿Es posible? (*Avanza hacia* ANDRÉS.) Capitán Basilio Flores, a su servicio. (*Saluda.*)

Raquel. Felipe no le puede oír. Ni siquiera sabe que usted se encuentra en la habitación.

Flores. Eh, es algo triste.

Raquel. ¿Tienen que hacer tanto ruido sus hombres?

Flores. La búsqueda debe continuar, señora. Y ahora, si algunos de mis hombres pueden registrar el resto de la casa...

Raquel. ¿Por qué?

Flores. Pero ya se lo dije, señora. Estamos buscando a dos espías...

Raquel (*hablando rápido a causa de su nerviosismo controlado*). ¿Y piensa usted que yo los tengo escondidos en alguna parte, yo, la esposa del general Macías?

Flores. ¡El general Macías! No sabía...

Raquel. Ahora que lo sabe, le sugiero que saque a sus hombres y a su ruido de inmediato.

Flores. Lo siento, señora, pero todavía tengo que registrar la casa.

Raquel. Le puedo asegurar, capitán, que he estado sentada aquí toda la tarde, y ningún espía campesino ha pasado delante de mí ni ha entrado al resto de la casa.

Flores. Varias habitaciones dan al patio, señora. No necesitan haber pasado por aquí.

Raquel. Entonces... usted piensa que yo escondo espías en esta casa. Entonces regístrela de todas formas. Mire debajo del sofá... bajo la mesa. En los cajones del escritorio. Y no deje de mirar ese armario, capitán. Dentro de ese armario está escondido un feroz y malvado espía.

Flores. Por favor, señora...

Raquel (*avanza hacia la puerta del armario*). ¿O usted prefiere que yo la abra por usted?

Flores. Sólo estoy cumpliendo con mi obligación, señora, y usted me lo está haciendo muy difícil.

Raquel (*calmándose y apoyándose contra la puerta del armario*). Lo siento. Mi cuñada está arriba. Acaba de recibir la noticia de que su marido ha muerto. Se casaron hace tres meses. Solamente tiene veinte años. No quería...

Mariana (*llamando fuera de escena*). Raquel, ¿qué es todo ese ruido abajo?

Raquel (*va hacia la puerta de la casa y grita*). No es nada. Regresa a la cama.

Mariana. Pero escucho voces de hombres en el patio.

Raquel. Son solamente soldados federales que buscan a dos espías campesinos. (*Se da la vuelta y habla rápidamente a* FLORES.) Si baja aquí, no debería ver a mi primo. Felipe escapó, pero su marido fue asesinado. El doctor dice que el ver a mi pobre primo podría trastornarle. ¿Entiende?

Flores. Ciertamente, señora. Qué cosa más triste.

Mariana (*todavía fuera de escena*). ¡Raquel, tengo miedo! (*Trata de entrar en la habitación empujando a* RAQUEL. *Ésta y* FLORES *se colocan entre ella y* ANDRÉS.) ¡Espías! En esta casa. ¡Oh, Raquel!

Raquel. El doctor se enfadará muchísimo si no regresas de inmediato a la cama.

Mariana. Pero estos hombres terribles nos matarán. ¿Qué es lo que ocurre con ustedes dos? ¿Por qué están colocados ahí de esa manera? (*Trata de mirar por encima de ellos, pero los dos se mueven para que no pueda ver a* ANDRÉS.)

Flores. Será mejor que usted regrese a su habitación, señora.

Mariana. ¿Por qué? Arriba estoy sola. Estos hombres terribles me matarán. Sé que me matarán.

Flores. No tema, señora. No hay espías en esta casa.

Mariana. ¿Está usted seguro?

Raquel. Lo que el capitán Flores quiere decir es que ningún espía se atrevería a buscar refugio en la casa del general Macías. ¿No es cierto, capitán?

Flores *(riendo)*. Por supuesto. Todo el mundo conoce al valiente general Macías.

Raquel. Ahora, vuelve a la cama, Mariana. Por favor, hazlo por mí.

Mariana. Ustedes dos están actuando de forma muy extraña. Pienso que tienen algo escondido en esta habitación que no quieren que yo vea.

Raquel *(abruptamente)*. Tienes toda la razón. El capitán Flores ha capturado a uno de los espías. Está sentado en la silla detrás de mí. Está muerto. ¡Ahora vuelve arriba, por favor!

Mariana *(emite un sollozo ahogado)*. ¡Oh! Que una cosa tan terrible pueda ocurrir en esta casa. *(Sale de la habitación, todavía sollozando.)*

Flores *(preocupado)*. ¿Fue <u>atinado</u> contarle una historia así, señora?

Raquel *(tensa, con un alivio reprimido)*. Mejor que la verdad. Buenas noches, capitán, y muchas gracias.

Flores. Buenas noches, señora. Y no se preocupe. Esos espías no la molestarán. Si estuvieran en algún lugar de este distrito, mis hombres los habrían encontrado.

Raquel. Estoy segura de ello.

[*El capitán la saluda, mira hacia* ANDRÉS *y lo saluda, luego sale al patio. Se le puede escuchar llamando a sus hombres. Ni* ANDRÉS *ni* RAQUEL *se mueven hasta que las voces se apagan en la lejanía. Luego* RAQUEL *se tambalea y casi se cae, pero* ANDRÉS *la agarra a tiempo.*]

Andrés *(llamando suavemente)*. Se han marchado, Cleto. (ANDRÉS *lleva a* RAQUEL *al sofá mientras* CLETO *sale del armario.*) Tráeme un vaso de vino. Rápido.

Cleto *(mientras alcanza el vino)*. ¿Qué pasó?

Andrés. No es nada. Sólo un desmayo. *(Coloca el vino en sus labios.)*

Cleto. Ésta es una gran dama. Cuando quiso abrir la puerta del armario, mis rodillas estaban temblando, se lo puedo decir.

Andrés. Mis propios huesos estaban tocando una hermosa canción.

Cleto. ¿Por qué cree usted que se casó con Macías?

Andrés. El amor es algo especial, Cleto.

Cleto. No lo entiendo.

Raquel *(emite un quejido y se sienta)*. ¿Se han... se han marchado?

Andrés. Sí, se han marchado. *(Besa su mano.)* No he conocido una mujer más valiente.

Raquel *(alejando su mano)*. ¿Quiere marcharse ahora, por favor?

Andrés. Tendremos que esperar hasta que se marchen del distrito, pero si usted quiere escribir una carta a su marido mientras esperamos...

Raquel *(sorprendida ante su amabilidad)*. ¿Se la llevaría? ¿Realmente se la llevaría?

Andrés. Por supuesto.

Raquel. Gracias. *(Va hacia el escritorio y se sienta.)*

Andrés *(se dirige a* CLETO, *que ha estado mirando a* RAQUEL *fijamente todo ese tiempo)*. Tú quédate aquí con la señora. Yo voy a averiguar si el distrito está <u>despejado</u>.

Cleto *(mirando aún a* RAQUEL*)*. Sí, mi capitán.

[ANDRÉS *se marcha por las puertaventanas.* CLETO *sigue mirando a* RAQUEL *mientras ella comienza a escribir. Después de un rato, se da la vuelta hacia él.*]

Raquel *(irritada)*. ¿Por qué no dejas de mirarme?

Cleto. ¿Por qué se casó usted con un hombre como ése, señora?

Raquel. Eres muy impertinente.

Cleto *(tímidamente)*. Lo siento, señora.

Raquel *(después de una breve pausa)*. ¿Qué quieres decir con «un hombre como ése»?

Cleto. Bueno, usted es muy valiente, señora.

Raquel *(gentilmente)*. ¿Y tú no crees que el general es muy valiente?

ADUÉÑATE DE ESTAS PALABRAS

atinado, -da *adj.*: acertado, apropiado; de buen juicio.

despejado, -da *adj.*: sin obstáculos, sin peligro.

Cleto. No, señora. No mucho.

Raquel *(mirándolo con asombro).* ¿Qué es lo que estás tratando de decirme?

Cleto. Nada, señora. No es asunto mío.

Raquel. Ven aquí. *(Él se acerca a ella lentamente.)* Dime lo que piensas.

Cleto. No sé, señora. No lo entiendo. El capitán dice que el amor es algo especial, pero yo no lo entiendo.

Raquel. Cleto, ¿el general le dio voluntariamente el anillo a tu capitán?

Cleto. Sí, señora.

Raquel. ¿Por qué?

Cleto. El general quería salvar su vida. Dijo que la amaba a usted y que quería salvarse la vida.

Raquel. ¿Y de qué manera se habría salvado la vida el general dando ese anillo a tu capitán?

Cleto. El general debía ser fusilado mañana al atardecer. Pero ha hablado mucho sobre usted, y cuando mi capitán supo que teníamos que venir a la ciudad, pensó que quizás podíamos refugiarnos aquí si los federales se enteraban de nuestra presencia. Entonces fue a ver al general y le dijo que si arreglaba eso y nosotros podíamos estar a salvo aquí, mi capitán le salvaría del pelotón de fusilamiento.

Raquel. Este viaje de ustedes a la ciudad, ¿era muy importante... para la causa de ustedes, me refiero?

Cleto. Claro que sí, señora. El capitán consiguió mucha información. Esto significa que ganaremos la próxima gran batalla. Mi capitán es un hombre muy inteligente, señora.

Raquel. ¿Sabía el general toda esta información cuando le dio el anillo a tu capitán?

Cleto. No veo cómo podría dejar de saberlo, señora. Nos escuchó hablar bastante sobre ello.

Raquel. ¿Quién sabe sobre este trato para salvar la vida del general además de ti y tu capitán?

Cleto. Nadie, señora. El capitán no es de los que hablan y yo no he tenido tiempo aún.

Raquel *(mientras el muchacho habla, ella parece haber perdido completamente la vitalidad).* ¿Cuántos años tienes, Cleto?

Cleto. No lo sé, señora. Creo que tengo veinte, pero no lo sé.

Raquel *(hablando más con ella misma que con él).* Tomás tenía veinte.

Cleto. ¿Quién es Tomás?

Raquel. Estaba casado con mi cuñada. Cleto, ¿tú piensas que mi marido es un cobarde, verdad?

Cleto *(con vergüenza).* Sí, señora.

Raquel. ¿Tú no crees que ninguna mujer lo vale, verdad? Quiero decir, que vale el precio de una gran batalla.

Cleto. No, señora. Pero como dice el capitán, el amor es una cosa muy especial.

Raquel. Si tu capitán amase a una mujer tanto como el general me ama, ¿le habría dado su anillo al enemigo?

Cleto. Ah, pero el capitán es un gran hombre, señora.

Raquel. Y también mi marido es un gran hombre. Es de la familia Macías. Todos en esta familia han sido grandes hombres. Todos ellos, hombres valientes y honorables. Siempre han creído que su honor era más importante que sus vidas. Es una tradición en su familia.

Cleto. Tal vez ninguno de ellos amara a mujer como usted, señora.

Raquel. Qué extraño eres. Yo te salvé de los federales porque quería salvar la vida de mi marido. A mí me llamas valiente y sin embargo a él le llamas cobarde. No hay ninguna diferencia en lo que hemos hecho.

Cleto. Pero usted es una mujer, señora.

Raquel. Entonces, ¿una mujer tiene menos honor que un hombre?

Cleto. No, señora. No sé cómo decirlo. El general es un soldado. Tiene una obligación con su propia causa. Usted es una mujer. Usted tiene una obligación con su marido. Está bien que usted trate de salvarlo. Pero no está bien que él trate de salvarse a sí mismo.

Raquel *(torpemente).* Sí, por supuesto. Está bien que yo deba salvarlo. *(Volviéndose otra vez una mujer práctica.)* Tu capitán se ha marchado hace un buen rato, Cleto. Mejor averigua si se encuentra a salvo.

Cleto. Sí, señora. *(Cuando llega a las puerta-ventanas, ella le detiene.)*

Raquel. Espera, Cleto. ¿Tienes madre... o una esposa, tal vez?

Cleto. Oh, no señora. No tengo a nadie más que al capitán.

Raquel. Pero el capitán es un soldado. ¿Qué harás si lo matan?

Cleto. Es muy simple, señora. Yo moriré también.

Raquel. Hablas sobre la muerte con tanta calma. ¿No tienes miedo, Cleto?

Cleto. No señora. Es como dice el capitán... morir por lo que uno cree... ésa es la mejor muerte que hay.

Raquel. ¿Y tú crees en la causa revolucionaria?

Cleto. Sí, señora. Yo soy un pobre campesino, es verdad. Pero a pesar de ello tengo el derecho a vivir como un hombre, con mi propio suelo, mi propia familia y mi propio futuro. *(Abruptamente deja de hablar.)* Lo siento, señora. Usted es una gran dama. No comprende estas cosas. Me debo ir y encontrar a mi capitán. *(Sale.)*

Raquel *(descansa la cara contra su mano).* Es tan joven. Pero Tomás no era mayor. Y no tiene miedo. Lo dijo. ¡Oh, Domingo, Domingo!

[*Rápidamente se endereza, alcanza la botella de veneno del cajón del escritorio y la observa detenidamente. Luego avanza hacia la mesa donde está la garrafa y mezcla el vino con el veneno. Vuelve rápidamente al escritorio y está muy ocupada escribiendo cuando regresan* ANDRÉS *y* CLETO.]

Andrés. Tendrá que darse prisa con esa carta. El distrito ya está despejado.

Raquel. Terminaré en un momento. Ustedes pueden si quieren terminar el vino mientras esperan.

Andrés. Gracias, es una idea excelente. *(Se sirve un vaso de vino. Mientras lo levanta hacia los labios ella habla.)*

Raquel. ¿Por qué no le da un poco a... Cleto?

Andrés. Es un vino muy fino para desperdiciarlo en un muchacho.

Raquel. Probablemente nunca volverá a tener otra oportunidad para probar un vino así.

Andrés. Muy bien, sírvete un vaso, Cleto.

Cleto. Gracias. *(Se sirve.)* A su salud, mi capitán.

Raquel *(rápidamente).* Bébetelo fuera, Cleto. Quiero hablar con tu capitán. *(El muchacho mira a* ANDRÉS, *que mueve su cabeza hacia el patio.* CLETO *afirma con la cabeza y se va.)* Quiero dar a mi marido un mensaje. Pero no lo puedo escribir. Tendrá que recordarlo. Pero primero, déme también un vaso de vino.

Andrés *(sirviendo el vino).* Sería más fácil para él si usted lo escribiera.

Raquel. Creo que no. *(Alcanza el vaso.)* Quiero que le diga que hasta esta noche nunca supe cuánto lo amaba.

Andrés. ¿Eso es todo?

Raquel. Sí. Dígame, capitán, ¿usted cree que es posible amar demasiado a una persona?

Andrés. Sí, señora, lo creo.

Raquel. Yo también. Hagamos un brindis, capitán, por el honor. Por el brillante y reluciente honor.

Andrés *(levanta su vaso).* Por el honor.

[*Él vacía su vaso. Ella levanta el suyo casi hasta los labios y después lo baja. Desde el patio llega un grito apagado.*]

Cleto *(llamando apagadamente en un grito que termina en el silencio).* Capitán. Capitán.

[ANDRÉS *se tambalea, tratando de pasarse la mano por el rostro como si quisiera entender algo. Cuando escucha a* CLETO, *trata de avanzar hacia la ventana pero se tambalea y no puede llegar. Agarrándose de la mesa que hay cerca del sofá, la mira acusadoramente. Ella retrocede hacia el sillón.*]

Andrés *(con la voz debilitada por el veneno).* ¿Por qué?

Raquel. Porque lo amo, ¿no lo puede entender?

Andrés. Ganaremos. La revolución ganará. Usted no podrá detenerlo.

Raquel. Sí, ganarán. Ahora lo sé.

Andrés. Esa muchacha… pensó que mi historia era divertida… sobre el ahorcamiento. Pero usted no…

Raquel. Me alegro de que usted lo hubiera colgado. Me alegro.

[ANDRÉS *la mira y trata de sonreír. Consigue sacar la bolsa de su camisa y se la trata de entregar, pero se cae de su mano.*]

Raquel *(corre hacia la puertaventana y grita).* ¡Cleto, Cleto!

[*Momentáneamente oculta su rostro entre las manos, luego regresa hacia donde está* ANDRÉS. *Se arrodilla a su lado y recoge la bolsa de cuero. La abre, saca el anillo y se lo pone en el dedo. Luego ve la medalla. La recoge y, arrancándose la cadena de la garganta, coloca la medalla en la cadena. Luego camina hacia el sofá y se hunde en él.*]

Mariana *(llamando fuera de escena).* ¡Raquel! ¡Raquel! (RAQUEL *apaga la lámpara de un tirón y deja la habitación a oscuras.* MARIANA *abre la puerta de la casa. Lleva una vela a la que hace pantalla con la mano. La luz es muy tenue como para mostrar el cadáver de* ANDRÉS.) ¿Qué haces aquí en la oscuridad? ¿Por qué no vienes a la cama?

Raquel *(haciendo un esfuerzo para hablar).* Voy en un momento.

Mariana. ¿Pero qué estás haciendo, Raquel?

Raquel. Nada. Sólo escucho… escucho el sonido de una casa vacía.

Se cierra el telón.

—Traducción de Carlos Perellón

CONOCE A LA ESCRITORA

Josefina Niggli (1910–1983) nació en Monterrey, México. Durante la Revolución mexicana, que comenzó en 1910, a Niggli, que contaba entonces solamente tres años de edad, la enviaron en tren a San Antonio, Texas con sólo la muda de ropa que llevaba puesta. Su familia pasó los siete años siguientes viajando de un lugar a otro, por lo que se le hizo difícil asistir a la escuela. En 1925 enviaron a Niggli de nuevo a San Antonio, ya con edad esta vez para matricularse en la escuela superior.

Niggli se inscribió entonces en el College of the Incarnate Word, donde comenzó a interesarse por la escritura. Las revistas *Ladies' Home Journal* y *Mexican Life* publicaron sus primeras narraciones y poemas. Su primer libro de poesía, *Mexican Silhouettes*, fue publicado en una edición limitada. En 1931 se graduó de la universidad y estudió arte dramático en San Antonio antes de asistir a la Universidad de Carolina del Norte. Varias de sus obras fueron representadas por el grupo Carolina Players en los años treinta. Cuando se consolidó su reputación, recibió premios y becas para estudiar en Europa, donde también dio clases. Trabajó como docente principalmente en la Universidad de Western Carolina, donde dio clases hasta su muerte. Además de obras dramáticas y poesía, escribió novelas y ensayos. Su obra más conocida es *Mexican Village* (1945), un libro de narraciones cortas sobre sus experiencias en Hidalgo. Si te gustó *El anillo del general Macías*, seguramente disfrutarás también de *Soldadera*, otra obra que tiene lugar durante la Revolución mexicana.

With much love to the Playmakers, [signature]

CREA SIGNIFICADOS

Cuaderno
de práctica,
págs. 67–68

Así se dice

Para referirse a condiciones reales

Puedes usar estas expresiones para hacer la cuarta actividad de **Crea significados.**

Si decide..., encarcelan (matan) a...

Si opta por..., saldrá libre
(victorioso(a))...

Si trata de..., pondrá en peligro
(arriesgará)...

... sufrirá las consecuencias si ella
resuelve...

¿Te acuerdas?

La posibilidad de que algo suceda basándose en una condición real se expresa usando *si* y el indicativo en la cláusula subordinada, y el imperativo, presente o futuro de indicativo en la cláusula principal:

Si alguien le **habla,** no **responda.**

Si escuchas algún ruido sospechoso, me lo **adviertes** en seguida.

Morirá si yo no **regreso** mañana.

Primeras impresiones

1. ¿Con qué personaje de la obra te identificaste más? ¿Por qué?

Interpretaciones del texto

2. En los diálogos, se refleja mucho acerca de la personalidad del que habla. Escribe varias oraciones del texto que de alguna forma revelen algo importante del carácter de los personajes.

3. ¿Qué tensiones entre los ricos y los pobres se revelan en la conversación que sostienen Raquel y Andrés?

4. ¿Qué opciones le quedan a Raquel al saber que su marido será fusilado si ella no sigue las órdenes de Andrés? ¿Cuáles pueden ser las consecuencias de sus acciones? Completa un cuadro como éste para ilustrar su dilema.

Opciones	Consecuencias
1.	→ 1.
	2.
2.	→ 1.
	2.

5. ¿Qué quiere decir Raquel con su frase final: «... escucho el sonido de una casa vacía»?

Conexiones con el texto

6. Considera el dilema de Raquel y la forma en que lo resuelve finalmente. ¿Qué alternativas tenía? Si te hubiera pedido un consejo, ¿qué le habrías sugerido que hiciera?

Cuaderno del escritor

1. Compilación de ideas para un ensayo sobre problemas y soluciones

A continuación aparece una lista de algunos de los interrogantes que podrían haberse hecho los personajes de *El anillo del general Macías*. ¿Te recuerdan estos problemas los retos que alguien que conozcas haya tenido que enfrentar en la vida real? Toma apuntes en tu CUADERNO DEL ESCRITOR y guárdalos para su uso en el futuro.

- ¿En quién podemos confiar?

- ¿En qué caso, si es que lo hay, podrían justificarse la violencia, la crueldad y la mentira?

- En su lucha por la justicia, ¿hasta dónde puede llegar una persona?

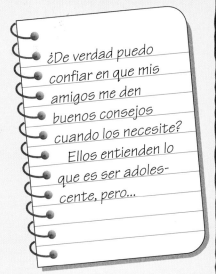

¿De verdad puedo confiar en que mis amigos me den buenos consejos cuando los necesite? Ellos entienden lo que es ser adolescente, pero...

Periodismo

2. Explorar puntos de vista opuestos

Imagina que las acciones descritas en la obra se publican en los diarios de México. ¿De qué manera la noticia publicada en un diario partidario del Ejército Federal reflejaría una posición política diferente de la que aparecería en un periódico clandestino que apoyara la causa revolucionaria? Escribe un artículo que refleje la posición del diario oficial, así como la interpretación que da Raquel a los sucesos. Luego escribe otro artículo para el diario clandestino pro-revolucionario. Recuerda incluir en cada artículo un titular y citas de cada una de las fuentes.

Escena teatral y representación

3. Tres años después

En grupos de tres o cuatro, escriban una escena en la que aparezca Raquel tres años después. Tal vez quieran hacerse algunas de las siguientes preguntas: ¿Qué sucesos han ocurrido desde la muerte de Andrés? ¿De qué manera ha cambiado la situación política y cómo ha afectado la vida de Raquel? Además de escribir la escena, preparen una representación para el resto de la clase.

Arte y publicidad

4. Creación de un cartel

Imagina que te piden que prepares un cartel publicitario para anunciar una nueva producción de *El anillo del general Macías*. ¿Qué tipo de arte gráfico y de textos pondrías en el cartel? Utilizando como ejemplo los anuncios de obras de teatro y de películas que aparecen en los diarios, crea un cartel que anime al público a ver la obra.

Nombre oficial:
Estados Unidos
Mexicanos

Población:
98.881.000
habitantes

Área:
1.958.201 km^2

Capital:
Ciudad de México

**Principales
exportaciones:**
productos indus-
triales y agrícolas,
petróleo

La Revolución mexicana

El 20 de noviembre de 1910 señala el comienzo de uno de los eventos más notables de la historia de México—la Revolución mexicana. La revolución se extendió con rapidez por toda
la nación como un movimiento armado que buscaba terminar con el mandato dictatorial del
general Porfirio Díaz, quien se había mantenido en el poder por más de 30 años con el apoyo
del ejército, de la Iglesia católica y de la aristocracia. Si bien es cierto que durante este periodo
el país alcanzó un alto nivel de desarrollo industrial y económico, también es cierto que dicho
progreso se logró mediante la esclavitud y la servidumbre de una vasta mayoría que poco o
nada obtenía de beneficio. En estas condiciones, la revolución surgía con un gran ímpetu popular contenido desde hacía muchos años, dado que su objetivo fundamental, la restitución de
las tierras al campesino, seguía siendo el mismo que había impulsado las dos revoluciones anteriores: la guerra de la Independencia (1810–1821) contra España, poseedor del territorio; y la
guerra de la Reforma (1858–1860) contra el clero mexicano, poseedor de la riqueza nacional.

Con Francisco I. Madero al frente, la insurrección pronto adquirió fuerza política, y Díaz se
vio obligado a renunciar al poder en mayo de 1911. Al mes siguiente, Madero hacía su entrada
triunfal en la Ciudad de México en medio de una gran exaltación popular, resultando luego en
su elección como presidente constitucional. La democracia parecía haberse restaurado con este
hombre de nobles ideales y espíritu conciliatorio, pero su mandato duró poco. A los quince
meses de gobernar, fue asesinado por órdenes del general porfirista Victoriano Huerta, quien
luego se proclamó presidente de la nación. Se impuso nuevamente la dictadura, pero esta vez la

iniciativa maderista ya había logrado despertar la conciencia democrática del pueblo mexicano, pues para este entonces, en todas las regiones del país la gente sabía y se sentía partícipe de esta lucha.

Venustiano Carranza emprendió entonces el liderazgo constitucional. Sin embargo, al asumir él la presidencia a mediados de 1914, varios líderes, entre ellos Francisco (Pancho) Villa —jefe de la división del Norte— y Emiliano Zapata —jefe de la revolución del Sur—, no estuvieron totalmente de acuerdo con sus decisiones políticas, en las que no se trataba el problema de la tierra. En seguida Villa y Zapata tomaron control de la Ciudad de México, aunque sin llegar a formar en lo sucesivo una alianza militar. De hecho, ni siquiera contemplaron asumir el gobierno de la nación. Querían lograr la justicia social, no el poder político.

Las contiendas revolucionarias continuaron y cada facción, con sus propios intereses e ideologías, trató de mejorar las condiciones de los obreros y campesinos. A pesar de los esfuerzos de los revolucionarios, el hambre y la incertidumbre de los combatientes hicieron que muchos desertaran o se pasaran a otra facción o bando. Ya para fines de 1915 los enfrentamientos en el norte del país empezaron a disminuir debido a importantes triunfos de los ejércitos constitucionalistas de Álvaro Obregón, Adolfo de la Huerta y Plutarco Elías Calles sobre las fuerzas villistas, cada vez más debilitadas. Este hecho facilitó el retorno de Venustiano Carranza a la Ciudad de México hacia mediados de 1916. Esta vez Carranza aseguró el triunfo constitucionalista convocando a un congreso de amplia representación social, incluyendo a periodistas, poetas, negociantes, militares, profesores y más, con el propósito de expedir una serie de reformas a la vieja Constitución de 1857.

La nueva Constitución de 1917 incluía la expropiación de latifundios y la creación de pequeñas propiedades para comunidades y pueblos, la nacionalización del subsuelo y sus riquezas, así como la regularización del derecho a propiedades inmuebles. Con respecto al trabajo, se dio el derecho de asociación de obreros y empleadores como garantía a la protección de sus intereses, y se fijó la jornada diaria de trabajo en ocho horas y un día de descanso a la semana. Surgieron en adelante nuevas asociaciones de campesinos y obreros, aunque también nuevas rebeliones armadas de índole laboral, religiosa y política, esta vez sin consecuencias graves.

Durante los gobiernos de Obregón (1920–1924) y Calles (1924–1928) se enfatizó la reforma educativa prestándose especial atención a las artes, como la pintura y la literatura. El petróleo y la industria metalúrgica, mayormente en manos extranjeras, recobraron su importancia como elementos de progreso económico. Aparecieron también nuevos grupos de poder y, con ello, un ambiente de corrupción que invadió no sólo al país sino hasta al propio Calles, quien llegó a olvidar casi por completo las promesas de la Constitución de 1917. Esta situación cambió durante la presidencia de Lázaro Cárdenas (1934–1940), quien finalmente emprendió el verdadero cambio revolucionario al llevar a cabo, entre otras cosas, la reforma agraria con un extraordinario reparto de tierras y la increíble empresa de la nacionalización del petróleo, obra que asentó las bases para el inicio de la era moderna en la historia de México.

Monumento a la Revolución, la Ciudad de México

Francisco I. Madero (1873–1913)

Francisco I. Madero se presenta rodeado por una gran multitud el día de su inauguración. Su prestigio había crecido enormemente, pues además de haber desafiado al gobierno de Porfirio Díaz, había logrado la hazaña de salir triunfante. Fue un verdadero apóstol de la democracia, siempre apegado a la legalidad constitucional. La nobleza fue su don, pero también su mala fortuna, pues el confiar en ciertos elementos conservadores le costó la vida.

Francisco (Pancho) Villa (1878–1923) y Emiliano Zapata (1883–1919)

Villa y Zapata comparten la silla presidencial, aparentemente muy grande y no ambicionada por ninguno de los dos. El evento representa la sagacidad de su ímpetu revolucionario, ya que ambos surgieron como figuras de la lucha social por la justicia, la paz y el orden, pero no por el poder político. A pocos días de dicho acontecimiento, Villa partió hacia Guadalajara y Zapata hacia Puebla para seguir combatiendo contra las fuerzas constitucionalistas.

La restitución de las tierras

En 1910, el 97% de los campesinos no poseía la tierra que trabajaba, mientras el 90% de la tierra estaba en poder de un 1% de los terratenientes. Dicha realidad condujo a un sinnúmero de campesinos a desplazarse al norte para unirse a Villa o al sur para apoyar a Zapata. La restitución de las tierras al campesino fue una promesa inscrita en la Constitución de 1917 que no se hizo realidad sino hasta años más tarde, bajo la presidencia de Lázaro Cárdenas.

El muralismo

En el mural «Tres revoluciones» Diego Rivera presenta algunas de las figuras más destacadas de la historia de México y de la Revolución, tales como Emiliano Zapata, Álvaro Obregón y Plutarco Elías Calles. En la pancarta se puede ver el lema de los zapatistas: «Tierra y libertad». El muralismo surgió de la Revolución como un arte estético y una ideología nacionalista con contenido socio-político sobre la historia y la realidad mexicana. Su firme propósito consistía en ser expuesto en lugares públicos como nueva forma de fomentar y facilitar la educación de las masas. José Clemente Orozco y David Alfaro Siqueiros fueron otros muralistas destacados que incluyeron en sus murales temas tan diversos como la historia de México y el hambre que padecía el pueblo mexicano.

The Granger Collection, New York.

Las soldaderas Algunas mujeres mexicanas fueron «soldaderas» combatientes y compañeras de los soldados. Al integrarse al movimiento revolucionario, estas mujeres soldados no se limitaron al campo de batalla y el quehacer culinario. Trabajaron como enfermeras, telegrafistas, conspiradoras, secretarias e inclusive oficiales militares. Con su aporte a esta lucha por la justicia, la mujer mexicana también hizo valer sus derechos de igualdad social. La lírica popular de ese entonces se encargó de transmitir, hasta nuestros tiempos, su condición de patriota e imprescindible compañera del hombre en corridos como «La Adelita» y «La Valentina».

Así se dice

Para relatar las consecuencias de un suceso histórico

Es importante señalar (que)...

Uno de los resultados más destacados de... fue...

Esto produjo (llevó a)...

Dichos sucesos provocaron...

Esta situación trajo como consecuencia...

A causa de lo ocurrido...

Con base en ..., se puede deducir que...

Actividad

Con dos o tres compañeros, investiguen un tema que les interese de la Revolución mexicana o sus efectos, tales como la dictadura de Porfirio Díaz, las batallas de Pancho Villa y Emiliano Zapata, las soldaderas, el muralismo o la reforma agraria llevada a cabo por Lázaro Cárdenas. Pensando en la política, la economía y la población, identifiquen el papel que desempeñó durante la Revolución mexicana y anoten por lo menos tres efectos que tuvo en el país. Luego presenten los resultados a la clase.

Estrategias para leer

Hacer un resumen

Los buenos resúmenes tienen detalles importantes, muestran cómo se relaciona cada elemento con los demás y a menudo ofrecen información complementaria. Responder a las preguntas del diagrama que aparece a continuación sobre *El anillo del general Macías* te ayudará a elegir qué partes de la obra son importantes.

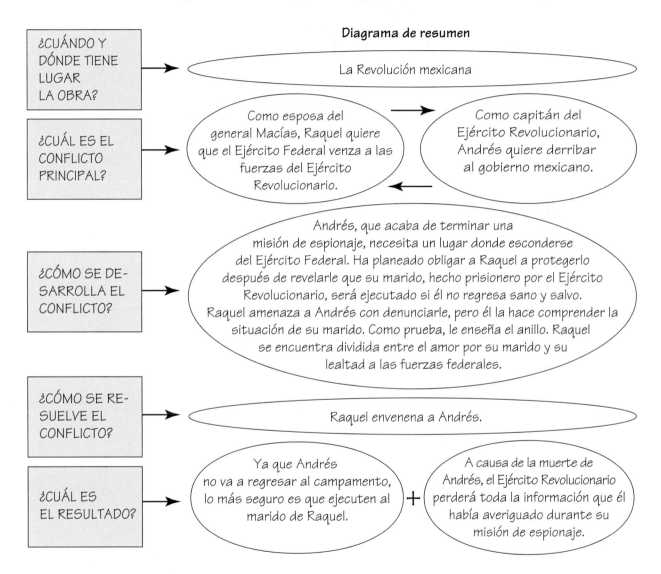

Diagrama de resumen

¿CUÁNDO Y DÓNDE TIENE LUGAR LA OBRA? → La Revolución mexicana

¿CUÁL ES EL CONFLICTO PRINCIPAL? → Como esposa del general Macías, Raquel quiere que el Ejército Federal venza a las fuerzas del Ejército Revolucionario. → Como capitán del Ejército Revolucionario, Andrés quiere derribar al gobierno mexicano.

¿CÓMO SE DESARROLLA EL CONFLICTO? → Andrés, que acaba de terminar una misión de espionaje, necesita un lugar donde esconderse del Ejército Federal. Ha planeado obligar a Raquel a protegerlo después de revelarle que su marido, hecho prisionero por el Ejército Revolucionario, será ejecutado si él no regresa sano y salvo. Raquel amenaza a Andrés con denunciarle, pero él la hace comprender la situación de su marido. Como prueba, le enseña el anillo. Raquel se encuentra dividida entre el amor por su marido y su lealtad a las fuerzas federales.

¿CÓMO SE RESUELVE EL CONFLICTO? → Raquel envenena a Andrés.

¿CUÁL ES EL RESULTADO? → Ya que Andrés no va a regresar al campamento, lo más seguro es que ejecuten al marido de Raquel. + A causa de la muerte de Andrés, el Ejército Revolucionario perderá toda la información que él había averiguado durante su misión de espionaje.

Cuando elijas los detalles para un resumen, utiliza un diagrama como el de arriba. Hazte preguntas sobre los siguientes aspectos, ya sea de una obra, una película o un cuento: los objetivos de los personajes, los conflictos, las acciones y las consecuencias de estas acciones. Al escribir tu resumen, no te olvides de eliminar detalles sin importancia, quitar oraciones repetitivas e incluir una oración que presente el tema principal de cada párrafo.

Elementos de literatura

DRAMA

Un **drama** es una historia escrita para ser representada por actores y actrices que desempeñan el papel de personajes específicos. Algunos elementos del drama coinciden con los del cuento y de la poesía, mientras que otros son exclusivos de este género literario.

Representación

La palabra «drama» proviene de la palabra griega que significa «acción». Cuando leemos una obra de teatro, debemos imaginar a los personajes que dan vida a la acción en una representación. El texto escrito o guión es solamente el punto de partida.

En una representación dramática hay tres elementos esenciales: los actores, el público o espectadores, y un espacio específico para la representación. Este espacio para la representación, que no siempre es un escenario, es el sitio que tanto los actores como el público reconocen como el lugar donde se desarrolla la acción de la obra.

Para la mayoría de las obras se prepara una **escenografía**, que representa una habitación, un paisaje u otro lugar donde transcurre la acción. La hora, el lugar y el ambiente de la acción pueden sugerirse por medio de la **iluminación,** que a menudo cambia sutilmente a lo largo de una escena. Finalmente, en la mayoría de las representaciones dramáticas el **vestuario** y el **maquillaje** contribuyen a que los actores puedan ofrecer una imagen más realista de sus personajes.

Argumento

Las obras de teatro se parecen a los cuentos y a las novelas en que tienen un **argumento,** es decir, presentan una serie de sucesos relacionados. La acción de una obra de teatro puede representarse de la siguiente forma:

La **exposición** de una obra de teatro presenta a los personajes principales y la situación básica. El elemento más importante de un drama es el **conflicto** —las luchas internas de uno o varios personajes, o las luchas entre ellos—. Incluso en una obra de teatro breve como *El anillo del general Macías* pueden desarrollarse varios conflictos diferentes, tanto externos como internos. En tu opinión, ¿cuál de estos conflictos es el más importante en la obra de Josefina Niggli?

Igual que en un cuento o una novela, la acción de la obra alcanza un **clímax,** o un punto de mayor tensión. ¿Cuál es el clímax de *El anillo del general Macías?*

El **desenlace** de un drama revela su resolución. Esta parte de la obra puede ser muy breve, como en el texto de Niggli.

Diálogo

El **diálogo,** o la conversación entre los personajes, es otro elemento importante del

drama. En una obra de teatro, el diálogo sirve para hacer progresar la acción, revelar el carácter de los personajes y establecer el ambiente. Aparte de las acotaciones escénicas, una obra consiste completamente en diálogo.

Acotaciones escénicas

La instrucciones que el dramaturgo escribe sobre el decorado y la representación se llaman **acotaciones escénicas.** Estas partes del texto de una obra se imprimen normalmente en letra cursiva. Al comienzo de *El anillo del general Macías,* por ejemplo, las acotaciones escénicas describen la escenografía y ofrecen detalles específicos sobre el vestuario y los movimientos de Mariana y Raquel, los dos personajes que participan en la escena inicial.

Las acotaciones escénicas también son útiles para el director de la obra, que es quien ayuda a los actores a interpretar sus papeles. El director utiliza las acotaciones escénicas del dramaturgo para tomar decisiones sobre el momento en que se debe iniciar un diálogo, sobre su ritmo y la forma en que los actores y actrices deben actuar cuando dialogan.

Las acotaciones escénicas también son importantes para el ambiente y la acción de un drama. Por ejemplo, las acotaciones escénicas señalan que el capitán Flores debe saludar a Andrés como si creyera que el oficial es en realidad Felipe, el pobre primo de Raquel. La ironía de esta escena tiene un efecto humorístico. Hacia el final de la obra, las acotaciones escénicas desempeñan un papel esencial al indicar lo que hace Raquel con el veneno.

Utilería

La **utilería** es el conjunto de objetos que se emplea en un escenario teatral. En *El anillo del general Macías,* algunos de estos objetos adquieren un papel importante en la acción; entre otros, la vela de Mariana, la medalla sagrada que la madre de Andrés le había entregado, el anillo de boda, la manta, la carta y la botella de veneno. A veces, un objeto de la utilería es tan importante que se convierte en un **símbolo,** un objeto que tiene un significado propio y a la vez representa algo más allá de sí mismo. En tu opinión, ¿qué parte de la utilería de *El anillo del general Macías* es simbólica? Explica tu punto de vista.

ANTES DE LEER
Cajas de cartón

Punto de partida

El deseo de aprender

La vida de un trabajador migratorio exige un esfuerzo constante. Para el muchacho de «Cajas de cartón», la continua necesidad de su familia de trasladarse en busca de trabajo le impide hacer algo tan simple como ir a la escuela.

Toma apuntes sobre lo que sabes o imaginas que puede ser la vida de un joven en una familia de trabajadores migratorios del campo. Luego, piensa de qué manera este tipo de trabajo afecta aspectos de su vida como la vivienda, la educación, la salud y los amigos. Con las ideas que se te ocurran sobre estos asuntos, haz una constelación como la que aparece a continuación.

continuas
mudanzas

salud   vivienda

Vida de
un joven
trabajador
migratorio

no siempre
puede
asistir

amigos   escuela

Elementos de literatura

Tema

Cuando hablamos del tema de una historia, no resumimos su argumento. Lo que hacemos es referirnos a la idea central de la historia. Cuando leas «Cajas de cartón» y trates de plantear su tema, piensa en lo siguiente:

1. Presta atención al título del relato y su posible relación con el tema.

2. Si el personaje descubre algo acerca de sí mismo, este hecho seguramente tiene que ver con el tema de la historia.

3. Cuando puedas formular el tema, asegúrate de que guarde relación con los sucesos principales de la historia. Si algo contradice tu noción de la idea general de la historia, comienza de nuevo.

> El **tema** es la idea general o la revelación sobre la experiencia humana que el autor intenta comunicar en su obra.
>
> *Para más información, ver el GLOSARIO DE TÉRMINOS LITERARIOS.*

CAJAS DE CARTÓN

Francisco Jiménez

Era a fines de agosto. Ito, el contratista, ya no sonreía. Era natural. La cosecha de fresas terminaba, y los trabajadores, casi todos braceros, no recogían tantas cajas de fresas como en los meses de junio y julio.

Cada día el número de braceros disminuía. El domingo sólo uno —el mejor pizcador— vino a trabajar. A mí me caía bien. A veces hablábamos durante nuestra media hora de almuerzo. Así es como aprendí que era de Jalisco,[1] de mi tierra natal. Ese domingo fue la última vez que lo vi.

1. **Jalisco:** estado de México.

Cuando el sol se escondía detrás de las montañas, Ito nos señaló que era hora de ir a casa. «Ya hes horra», gritó en su español mocho.[2] Ésas eran las palabras que yo ansiosamente esperaba doce horas al día, todos los días, siete días a la semana, semana tras semana, y el pensar que no las volvería a oír me entristeció.

Por el camino rumbo a casa, Papá no dijo una palabra. Con las dos manos en el volante miraba fijamente hacia el camino. Roberto, mi hermano mayor, también estaba callado. Echó para atrás la cabeza y cerró los ojos. El polvo que entraba de fuera lo hacía toser repetidamente.

Era a fines de agosto. Al abrir la puerta de nuestra chocita, me detuve. Vi que todo lo que nos pertenecía estaba empacado en cajas de cartón. De repente sentí aún más el peso de las horas, los días, las semanas, los meses de trabajo. Me senté sobre una caja, y se me llenaron los ojos de lágrimas al pensar que teníamos que mudarnos a Fresno.

Esa noche no pude dormir, y un poco antes de las cinco de la madrugada Papá, que a la cuenta tampoco había pegado los ojos en toda la noche, nos levantó. A los pocos minutos los gritos alegres de mis hermanitos, para quienes la mudanza era una gran aventura, rompieron el silencio del amanecer. Los ladridos de los perros pronto los acompañaron.

Mientras empacábamos los trastes del desayuno, Papá salió para encender la «Carcanchita». Ése era el nombre que Papá le puso a su viejo Plymouth negro del año '38. Lo compró en una agencia de carros usados en Santa Rosa en el invierno de 1949. Papá estaba muy orgulloso de su carro. «Mi Carcanchita» lo llamaba cariñosamente. Tenía derecho a sentirse así. Antes de comprarlo, pasó mucho tiempo mirando otros carros. Cuando al fin escogió la «Carcanchita», la examinó palmo a palmo.[3] Escuchó el motor, inclinando la cabeza de lado a lado como un perico, tratando de detectar cualquier ruido que

2. **español mocho:** el español no hablado muy bien.
3. **palmo a palmo:** detenidamente.

pudiera indicar problemas mecánicos. Después de satisfacerse con la apariencia y los sonidos del carro, Papá insistió en saber quién había sido el dueño. Nunca lo supo, pero compró el carro de todas maneras. Papá pensó que el dueño debió haber sido alguien importante porque en el asiento de atrás encontró una corbata azul.

Papá estacionó el carro enfrente a la choza y dejó andando el motor. «Listo», gritó. Sin decir palabra, Roberto y yo comenzamos a acarrear las cajas de cartón al carro. Roberto cargó las dos más grandes, y yo las más chicas. Papá luego cargó el colchón ancho sobre la <u>capota</u> del carro y lo amarró con lazos para que no se volara con el viento en el camino.

Todo estaba empacado menos la olla de Mamá. Era una olla vieja y galvanizada[4] que había comprado en una tienda de segunda en Santa María el año que yo nací. La olla estaba llena de abolladuras y <u>mellas</u>, y mientras más abollada estaba, más le gustaba a Mamá. «Mi olla» la llamaba orgullosamente.

Sujeté abierta la puerta de la chocita mientras Mamá sacó cuidadosamente su olla, agarrándola por las dos asas para no derramar los frijoles cocidos. Cuando llegó al carro, Papá tendió las manos para ayudarle con ella. Roberto abrió la puerta posterior del carro y Papá puso la olla con mucho cuidado en el piso detrás del asiento. Todos subimos a la «Carcanchita». Papá suspiró, se limpió el sudor de la frente con las mangas de la camisa, y dijo con cansancio: «Es todo».

Mientras nos alejábamos, se me hizo un nudo en la garganta. Me volví y miré nuestra chocita por última vez.

Al ponerse el sol llegamos a un campo de trabajo cerca de Fresno. Ya que Papá no hablaba inglés, Mamá le preguntó al capataz si necesitaba más trabajadores. «No necesitamos a nadie», dijo él, rascándose la cabeza. «Pregúntele a Sullivan. Mire, siga este mismo camino

hasta que llegue a una casa grande y blanca con una cerca alrededor. Allí vive él».

Cuando llegamos allí, Mamá se dirigió a la casa. Pasó por la cerca, por entre filas de rosales hasta llegar a la puerta. Tocó el timbre. Las luces del portal se encendieron y un hombre alto y <u>fornido</u> salió. Hablaron brevemente. Cuando el hombre entró en la casa, Mamá se apresuró hacia el carro. «¡Tenemos trabajo! El señor nos permitió quedarnos allí toda la temporada», dijo un poco <u>sofocada</u> de gusto y apuntando hacia un garaje viejo que estaba cerca de los establos.

El garaje estaba gastado por los años. <u>Roídas</u> de <u>comejenes</u>, las paredes apenas sostenían el techo agujereado. No tenía ventanas y el piso de tierra suelta ensabanaba todo de polvo.

Esa noche, a la luz de una lámpara de petróleo, desempacamos las cosas y empezamos a preparar la habitación para vivir. Roberto enérgicamente se puso a barrer el suelo; Papá llenó los agujeros de las paredes con periódicos viejos y con hojas de lata. Mamá les dio de comer a mis hermanitos. Papá y Roberto entonces trajeron el colchón y lo pusieron en una de las esquinas del garaje. «Viejita», dijo Papá, dirigiéndose a Mamá, «tú y los niños duerman en el colchón. Roberto, Panchito y yo dormiremos bajo los árboles».

Muy tempranito por la mañana al día siguiente, el señor Sullivan nos enseñó dónde estaba su cosecha y, después del desayuno, Papá, Roberto y yo nos fuimos a la viña a pizcar.

A eso de las nueve, la temperatura había subido hasta cerca de cien grados. Yo estaba empapado de sudor y mi boca estaba tan seca que parecía como si hubiera estado masticando un pañuelo. Fui al final del surco, cogí la jarra de

---

4. **galvanizada:** cubierta con una capa de metal.

ADUÉÑATE DE ESTAS PALABRAS

capota *f.:* techo o parte superior de un automóvil.
mella *f.:* hendidura.
fornido, -da *adj.:* fuerte, recio.
sofocada, -do *adj.:* que le falta la respiración.
roída, -do *adj.:* carcomida, desgastada, corroída.
comején *m.:* insecto que come madera.

agua que habíamos llevado y comencé a beber. «No tomes mucho; te vas a enfermar», me gritó Roberto. No había acabado de advertirme cuando sentí un gran dolor de estómago. Me caí de rodillas y la jarra se me <u>deslizó</u> de las manos.

Solamente podía oír el zumbido de los insectos. Poco a poco me empecé a recuperar. Me eché agua en la cara y el cuello y miré el lodo negro correr por los brazos y caer a la tierra que parecía hervir.

Todavía me sentía mareado a la hora del almuerzo. Eran las dos de la tarde y nos sentamos bajo un árbol grande de nueces que estaba al lado del camino. Papá apuntó el número de cajas que habíamos pizcado. Roberto trazaba diseños en la tierra con un palito. De pronto vi palidecer a Papá que miraba hacia el camino. «Allá viene el camión de la escuela», susurró alarmado. Instintivamente, Roberto y yo corrimos a escondernos entre las viñas. El camión amarillo se paró frente a la casa del señor Sullivan. Dos niños muy limpiecitos y bien vestidos se apearon. Llevaban libros bajo sus brazos. Cruzaron la calle y el camión se alejó. Roberto y yo salimos de nuestro escondite y regresamos a donde estaba Papá. «Tienen que tener cuidado», nos advirtió.

Después del almuerzo volvimos a trabajar. El calor oliente y pesado, el zumbido de los insectos, el sudor y el polvo hicieron que la tarde pareciera una eternidad. Al fin las montañas que rodeaban el valle se tragaron el sol. Una hora después estaba demasiado obscuro para seguir trabajando. Las parras tapaban las uvas y era muy difícil ver los racimos. «Vámonos», dijo Papá señalándonos que era hora de irnos. Entonces tomó un lápiz y comenzó a figurar cuánto habíamos ganado ese primer día. Apuntó números, borró algunos, escribió más. Alzó la cabeza sin decir nada. Sus tristes ojos sumidos estaban humedecidos.

Cuando regresamos del trabajo, nos bañamos afuera con el agua fría bajo una manguera. Luego nos sentamos a la mesa hecha de cajones

de madera y comimos con hambre la sopa de fideos, las papas y tortillas de harina blanca recién hechas. Después de cenar nos acostamos a dormir, listos para empezar a trabajar a la salida del sol.

Al día siguiente, cuando me desperté, me sentía <u>magullado</u>; me dolía todo el cuerpo. Apenas podía mover los brazos y las piernas. Todas las mañanas cuando me levantaba me pasaba lo mismo hasta que mis músculos se acostumbraron a ese trabajo.

ADUÉÑATE DE ESTAS PALABRAS

se deslizó, de **deslizarse** *v.*: resbalarse sobre una superficie lisa o mojada.
magullado, -da *adj.*: adolorido.

Era lunes, la primera semana de noviembre. La temporada de uvas se había terminado y yo ya podía ir a la escuela. Me desperté temprano esa mañana y me quedé acostado mirando las estrellas y saboreando el pensamiento de no ir a trabajar y de empezar el sexto grado por primera vez ese año. Como no podía dormir, decidí levantarme y desayunar con Papá y Roberto. Me senté cabizbajo frente a mi hermano. No quería mirarlo porque sabía que él estaba triste. Él no asistiría a la escuela hoy, ni mañana, ni la próxima semana. No iría hasta que se acabara la temporada de algodón, y eso sería en febrero. Me froté las manos y miré la piel seca y manchada de ácido enrollarse y caer al suelo.

Cuando Papá y Roberto se fueron a trabajar, sentí un gran alivio. Fui a la cima de una pendiente cerca de la choza y contemplé a la «Carcanchita» en su camino hasta que desapareció en una nube de polvo.

Dos horas más tarde, a eso de las ocho, esperaba el camión de la escuela. Por fin llegó. Subí y me senté en un asiento desocupado. Todos los niños se entretenían hablando o gritando.

Estaba nerviosísimo cuando el camión se paró delante de la escuela. Miré por la ventana y vi una <u>muchedumbre</u> de niños. Algunos llevaban libros, otros juguetes. Me bajé del camión,

----

ADUÉÑATE DE ESTAS PALABRAS

muchedumbre *f.*: reunión de muchas personas.

----

metí las manos en los bolsillos, y fui a la oficina del director. Cuando entré oí la voz de una mujer diciéndome: «*May I help you?*» <u>Me sobresalté</u>. Nadie me había hablado inglés desde hacía meses. Por varios segundos me quedé sin poder contestar. Al fin, después de mucho esfuerzo, conseguí decirle en inglés que me quería matricular en el sexto grado. La señora entonces me hizo una serie de preguntas que me parecieron <u>impertinentes</u>. Luego me llevó a la sala de clase.

El señor Lema, el maestro de sexto grado, me saludó cordialmente, me asignó un pupitre, y me presentó a la clase. Estaba tan nervioso y tan asustado en ese momento cuando todos me miraban que deseé estar con Papá y Roberto pizcando algodón. Después de pasar la lista, el señor Lema le dio a la clase la asignatura de la primera hora. «Lo primero que haremos esta mañana es terminar de leer el cuento que comenzamos ayer», dijo con entusiasmo. Se acercó a mí, me dio su libro y me pidió que leyera. «Estamos en la página 125», me dijo. Cuando lo oí, sentí que toda la sangre se me subía a la cabeza, me sentí mareado. «¿Quisieras leer?», me preguntó en un tono indeciso. Abrí el libro a la página 125. Mi boca estaba seca. Mis ojos se me comenzaron a aguar. El señor Lema entonces le pidió a otro niño que leyera.

Durante el resto de la hora me empecé a enojar más y más conmigo mismo. Debí haber leído, pensaba yo.

Durante el recreo me llevé el libro al baño y lo abrí a la página 125. Empecé a leer en voz baja, pretendiendo que estaba en clase. Había muchas palabras que no sabía. Cerré el libro y volví a la sala de clase.

El señor Lema estaba sentado en su escritorio. Cuando entré me miró sonriéndose. Me sentí mucho mejor. Me acerqué a él y le pregunté si me podía ayudar con las palabras desconocidas. «Con mucho gusto», me contestó.

El resto del mes pasé mis horas del almuerzo

estudiando ese inglés con la ayuda del buen señor Lema.

Un viernes durante la hora del almuerzo, el señor Lema me invitó a que lo acompañara a la sala de música. «¿Te gusta la música?», me preguntó. «Sí, muchísimo», le contesté entusiasmado, «me gustan los corridos mexicanos».[5] El sonido me hizo estremecer. Me encantaba ese sonido. «¿Te gustaría aprender a tocar este instrumento?», me preguntó. Debió haber comprendido la expresión en mi cara porque antes que yo respondiera, añadió: «Te voy a enseñar a tocar esta trompeta durante las horas del almuerzo».

Ese día casi no podía esperar el momento de llegar a casa y contarles las nuevas a mi familia. Al bajar del camión me encontré con mis hermanitos que gritaban y brincaban de alegría. Pensé que era porque yo había llegado, pero al abrir la puerta de la chocita, vi que todo estaba empacado en cajas de cartón...

5. **corridos mexicanos:** tipo de música mexicana.

- -

ADUÉÑATE DE ESTAS PALABRAS

me sobresalté, de **sobresaltarse** *v.*: asustarse.
impertinente *adj.*: inadecuado, inoportuno, molesto.

- -

Un héroe del pueblo

Miles de trabajadores agrícolas migratorios de California experimentaron dificultades parecidas a las que se describen en «Cajas de cartón». Entre ellos estaba César Chávez (1927–1993). Como los personajes del cuento, Chávez viajó con su familia de región en región y trabajó largas horas por salarios muy bajos. Solamente podía acudir a la escuela cuando la cosecha lo permitía y tuvo que abandonarla después del octavo grado.

Chávez creía que los trabajadores agrícolas migratorios necesitaban un sindicato que les ayudara a conseguir salarios y condiciones de trabajo justos. En 1962, junto con Dolores Huerta, organizó la National Farm Workers Association (más tarde llamada United Farm Workers of America). La huelga del sindicato contra los productores de uva de California, la cual duró cinco años, recibió apoyo de todo el país.

Cuando algunos trabajadores recurrieron a la violencia, Chávez inició una huelga de hambre de veinticinco días para demostrar su creencia en métodos pacíficos. «Nuestra lucha no es fácil», dijo una vez, «pero tenemos nuestros cuerpos y nuestros espíritus y la justicia de nuestra causa como armamento».

CONOCE AL ESCRITOR

El cuento «Cajas de cartón» está basado en hechos verdaderos de la vida de **Francisco Jiménez** (1943–   ). Nació en San Pedro Tlaquepaque, en el estado de Jalisco, México, y su familia se instaló en California cuando él tenía cuatro años. A los seis años comenzó a trabajar en el campo, y como su familia tenía que trasladarse de un lugar a otro, Jiménez no pudo aprender inglés y no le fue muy bien en la escuela primaria. Sin embargo, cuando llegó a la secundaria se empeñó en dominar el inglés y en convertirse en un estudiante excelente. Su perseverancia fue premiada, ya que recibió una beca para estudiar en la universidad, donde cursó estudios avanzados de literatura española y latinoamericana.

Jiménez ha obtenido numerosos premios, entre ellos, el premio anual del *Arizona Quarterly* por «Cajas de cartón» en 1973. Toda su vida ha trabajado para aumentar la comprensión entre las culturas y para ayudar a que la educación sea accesible a todos. Ha colaborado también en muchas antologías y revistas.

En una entrevista, Jiménez explicó sus metas como escritor y educador: «Mi principal objetivo al escribir... es satisfacer la necesidad de entendimiento cultural y humano, sobre todo entre los Estados Unidos y México. Escribo en inglés y en español. El idioma que uso depende del periodo de mi vida sobre el que estoy escribiendo. Ya que el español era el idioma dominante durante mi infancia, por lo general escribo sobre esas experiencias en español... Ya que soy bilingüe y bicultural, puedo moverme con facilidad entre las culturas americana y mexicana...».

CREA SIGNIFICADOS

Cuaderno de práctica, págs. 69–70

Así se dice

Para referirse a condiciones hipotéticas

Puedes usar estas expresiones para hacer la quinta actividad de **Crea significados.**

> Si yo fuera él, trataría de...
>
> Si yo estuviera en su lugar, me preocuparía por...
>
> Si pudiera... estaría en capacidad de...
>
> Si fuera imposible... tendría que...

¿Te acuerdas?

La posibilidad de que algo suceda basándose en una condición hipotética se expresa usando *si* y el imperfecto del subjuntivo en la cláusula subordinada y el condicional en la cláusula principal:

> Panchito **podría** dedicarse a sus estudios si no **tuviera** que trabajar en el campo.

Primeras impresiones

1. Apunta varias palabras que describan lo que sentiste cuando supiste que Panchito y su familia tenían que trasladarse otra vez.

Interpretaciones del texto

2. ¿Cómo describirías la personalidad de Panchito? Haz dos columnas como las del dibujo a continuación. En la columna de la izquierda, anota los sucesos principales de la historia, y en la de la derecha, anota lo que has aprendido de la personalidad de Panchito en esos episodios.

Sucesos	Lo que aprendí de Panchito
1.	
2.	

Repaso del texto

Anota las dificultades que Panchito y su familia sufrieron cuando eran trabajadores agrícolas migratorios. Luego, vuelve a examinar la constelación que creaste en la página 252. ¿Cómo podrías mejorarla después de haber leído la historia?

3. Vuelve a examinar el gráfico de la pregunta número 2. ¿Qué episodios del relato revelan que Panchito es valiente, resuelto y paciente?

4. Trata de descubrir y formular el tema de «Cajas de cartón». Considera el título, los sucesos principales de la historia y la conclusión a la que llegaría Panchito al final de la historia acerca de su vida.

Conexiones con el texto

5. ¿Cuáles crees que son los objetivos de Panchito en la vida? Si estuvieras en su lugar, ¿qué harías para lograr tus objetivos?

OPCIONES: Prepara tu portafolio

Cuaderno del escritor

1. Compilación de ideas para un ensayo sobre problemas y soluciones

¿Qué tipo de problemas de la vida real te sugiere este relato? Reúnete con un pequeño grupo de compañeros e intercambien ideas sobre «Cajas de cartón». He aquí algunos temas que podrían utilizar para iniciar el debate:

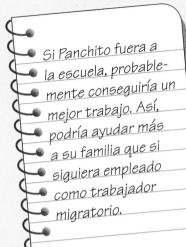

Si Panchito fuera a la escuela, probablemente conseguiría un mejor trabajo. Así, podría ayudar más a su familia que si siguiera empleado como trabajador migratorio.

- los efectos de las mudanzas familiares

- las condiciones de vida de los trabajadores migratorios

- la importancia de asistir a la escuela

Toma notas durante el debate y guárdalas para tus escritos.

La literatura y la historia actual

2. Los trabajadores migratorios de hoy en día

¿Qué sabes de los trabajadores migratorios de hoy en día? Trabaja con un(a) compañero(a). Comparen lo que saben sobre el tema con la información obtenida de libros o de Internet. Su investigación puede abarcar elementos como salarios, calidad de vida y educación. Presenten sus resultados ante la clase, utilizando gráficos u otras ilustraciones como ayuda para presentar el material.

Traducción

3. Un enfoque bilingüe

Cuando Jiménez tradujo «Cajas de cartón» al inglés, decidió que había palabras que preferiría dejar en español. ¿Por qué crees que quiso hacerlo? Examina uno de tus propios escritos. Si lo fueras a traducir al inglés, ¿qué palabras te gustaría dejar en español? Trata de traducir al inglés uno o dos párrafos de tu trabajo. ¿Qué palabras o expresiones no se traducen directamente al inglés?

Escribe un folleto

4. Aprender para vivir

Prepara un folleto para los estudiantes nuevos en el que expliques cómo se hacen las cosas en tu escuela, ofreciendo sugerencias para que se ajusten a su nuevo ambiente. Puedes incluir también información para ayudarles a conocer el vecindario, por ejemplo, dónde se encuentran las librerías, las tiendas y los lugares de diversión.

¿Alguna vez te has enfrentado con un dilema que te haya obligado a tomar una decisión difícil?

Para Raquel, la esposa del general Macías, la decisión entre salvar el honor de la familia y salvar la vida de su esposo no puede haber sido una decisión fácil de tomar. Sin embargo, lo hace, pues para ella lo más importante es el honor. Estos jóvenes nos cuentan de momentos difíciles cuando se encontraban entre la espada y la pared.

Francisco Cavillo
Guatemala

Creo que he tenido muchísimas decisiones que tomar pero la más difícil que me sigue doliendo hasta entonces es haber sacrificado [a] mi familia. Yo soy extranjero; soy guatemalteco. Vivo en México [desde] hace dos años. Viví tres meses en España antes. Y el sacrificio de dejar a mi familia, a mi gente que ya te conoce, sabe de tus raíces, de lo que puedes o no hacer, y mi mascota que adoro con toda mi alma, mi perrito. Haberlo dejado por venir a buscar mi crecimiento personal y profesional como artista... el precio es muy alto... y la decisión de irme para siempre, porque prácticamente lo haces para siempre. No puedes irte a buscar un crecimiento a otro país para regresar al tuyo luego. Lo puedes hacer por temporadas pero no volver a vivir en tu lugar de origen. Y esa decisión ha sido la más difícil y creo que la más difícil para cualquier extranjero.

Daniela Ruz
Chile

Yo tengo una convicción en la vida y ésa es que lo más importante de todo es el amor. Pero no definía el amor a qué exactamente, y eso me trajo un problema. Yo tenía un novio al cual yo quería mucho y él estaba lejos y yo quería verlo. Pero yo también amo otra cosa, que es la política. Mi novio iba a tener un día muy especial, el día de su confirmación religiosa, y él quería que yo estuviera con él. Pero ese mismo día, yo tenía una oportunidad única en el ámbito político. Era muy complejo y no sabía qué hacer. Finalmente opté por quedarme aquí y asistir al evento político. Era una decisión que hasta el día de hoy me resulta polémica porque no dejo de pensar qué hubiera pasado si hubiera tomado la otra decisión. Pero bueno, tal vez todos los caminos conducen a un mismo punto... no lo sabemos.

Claudia Patricia Meraz
México

En una ocasión yo tenía un proyecto importante de teatro y para el mismo llamé a un amigo muy cercano para que dirigiera el mismo. Entonces, yo llamé a él y a otra serie de gentes para formar el equipo. Empezamos a trabajar y después de un tiempo nos dimos cuenta que mi amigo estaba teniendo una actitud muy tiránica, le faltaba el respeto a la gente, gritaba, etcétera. Yo empecé a tener discusiones con él por su trato con la gente y para conmigo también. Y al cabo de un rato tuvimos una junta en la cual él me pidió que lo apoyara, que estuviera de su lado. Pero yo no podía porque parecía que era una actitud inclusive antiprofesional. Al cabo de un tiempo la discusión se hizo aun más grande. Entonces yo decidí abandonar a mi amigo. Decidí no apoyar esa actitud. Me salí del proyecto y junto conmigo salió la gente que me apoyaba. Y fue bastante difícil porque la amistad finalmente se puso en juego.

 Javiera Casanova
Venezuela

Fue cuando tomé la decisión de irme a vivir a Venezuela, porque vivía con mi mamá en Chile y quería cambiar de ambiente. Quería vivir la experiencia de estar con mi papá porque no pasaba mucho tiempo con él. Y ésa fue una decisión realmente difícil porque dejar a mi mamá, dejar a mis amigas que ya había hecho y volver a empezar todo otra vez allá... fue una difícil decisión que tomé.

Para pensar y hablar

A. ¿Cuánto tiempo hace que Francisco vive fuera de Guatemala? ¿Cómo es su relación con su mascota? ¿Qué profesión quiere ejercer en el futuro? ¿Serías capaz de hacer lo que hizo él? Justifica tu respuesta.

B. ¿Qué le interesa mucho a Daniela? ¿Por qué decidió no participar en el día especial de su novio? ¿Se arrepiente de haberlo hecho? Estando en la posición del novio, ¿habrías entendido la decisión de Daniela?

C. ¿Qué tipo de proyecto tenía Claudia Patricia? ¿Qué parte quería ella que tuviera su amigo en el proyecto? ¿Qué actitud mostró dicha persona? ¿Qué hizo Claudia Patricia al final y por qué?

D. ¿Dónde vivía el padre de Javiera? ¿Por qué se fue a vivir con él? ¿Por qué le fue tan difícil esta decisión?

 E. Con un(a) compañero(a), compara los cuatro relatos. ¿Cuál de las decisiones les parece más difícil? ¿De cuál de los jóvenes se compadecen más y por qué? Para Uds., ¿hay algo más importante que la familia, el amor o la amistad? Expliquen.

 F. Escucha una entrevista con Agnés, una joven española. Contesta las siguientes preguntas según lo que ella dice.

   1. ¿Qué quería hacer su amiga?

   2. ¿Qué decidió hacer Agnés y por qué le resultó difícil esta decisión?

   3. ¿Cómo se resolvió la situación?

LOS DOS REYES Y LOS DOS LABERINTOS

Jorge Luis Borges

Cuentan los hombres dignos de fe (pero Alá[1] sabe más) que en los primeros días hubo un rey de las islas de Babilonia que <u>congregó</u> a sus arquitectos y magos y les mandó construir un laberinto tan perplejo y sutil que los varones más prudentes no se aventuraban a entrar, y los que entraban se perdían. Esa obra era un escándalo, porque la confusión y la maravilla son operaciones propias de Dios y no de los hombres. Con el andar del tiempo vino a su corte un rey de los árabes, y el rey de Babilonia (para hacer burla de la simplicidad de su huésped) lo hizo penetrar en el laberinto, donde vagó afrentado[2] y confundido hasta la declinación de la tarde. Entonces imploró socorro divino y dio con la puerta. Sus labios no <u>profirieron</u> queja

---

1. **Alá:** nombre del dios único de los musulmanes.
2. **afrentado:** avergonzado.

ADUÉÑATE DE ESTAS PALABRAS

congregó, de **congregar** *v.:* reunir.
profirieron, de **proferir** *v.:* decir, articular palabras o sonidos.

---

ninguna, pero le dijo al rey de Babilonia que él en Arabia tenía otro laberinto y que, si Dios era servido, se lo daría a conocer algún día. Luego regresó a Arabia, juntó sus capitanes y sus alcaides[3] y <u>estragó</u> los reinos de Babilonia con tan <u>venturosa</u> fortuna que derribó sus castillos, rompió sus gentes e hizo cautivo al mismo rey. Lo amarró encima de un camello veloz y lo llevó al desierto. Cabalgaron tres días, y le dijo: «¡Oh, rey del tiempo y substancia y cifra del siglo!, en Babilonia me quisiste perder en un laberinto de bronce con muchas escaleras, puertas y muros; ahora el Poderoso <u>ha tenido a bien</u> que te muestre el mío, donde no hay escaleras que subir, ni puertas que forzar, ni <u>fatigosas</u> galerías que recorrer, ni muros que te <u>veden</u> el paso».

Luego le desató las ligaduras y lo abandonó en mitad del desierto, donde murió de hambre y de sed. La gloria sea con Aquel que no muere.

3. alcaides: En la Edad Media eran personas encargadas de defender un castillo.

ADUÉÑATE DE ESTAS PALABRAS

estragó, de **estragar** *v.*: arruinar, destruir.
venturosa, -so *adj.*: feliz, afortunado.
ha tenido a bien, de **tener a bien** *v.*: estimar justo o conveniente.
fatigosa, -so *adj.*: que causa fatiga o cansancio.
veden, de **vedar** *v.*: prohibir.

CONOCE AL ESCRITOR

Jorge Luis Borges (1899–1986), aunque nació en Buenos Aires, Argentina, aprendió a leer primero en inglés, gracias al amor a la lectura fomentado por su abuela inglesa. Se familiarizó a temprana edad con los muchos clásicos literarios que poseía su padre, quien le animó a leer y también a escribir. A los seis años el niño precoz anunció que quería ser escritor. Cuando tenía siete años hizo un resumen de la mitología griega en inglés. A los ocho años escribió un cuento original, «La visera fatal», basado en un episodio de *Don Quijote*. Es de notar que leyó este clásico español y otros en inglés antes de leerlos en español. Sus primeras experiencias literarias influyeron mucho en el escritor, a tal punto que de adulto llegó a decir: «Si se me preguntara cuál ha sido el mayor acontecimiento de mi vida, diría que la biblioteca de mi padre».

Cuando estalló la Primera Guerra Mundial en 1914, la familia Borges se encontraba viviendo en Suiza, un país neutral. Allí Borges aprendió francés, latín y alemán, e incluso escribió algunos poemas en francés. Entre 1918 y 1921 estuvo en España, donde tuvo contacto con la poesía experimental que buscaba nuevos temas y estilos.

Al volver a Argentina en 1921, e inspirado por el vanguardismo español, fundó con otros poetas jóvenes la revista *Martín Fierro*. En 1923 Borges publicó su primer libro de poesía, *Fervor de Buenos Aires*. En 1925 se publicó el ensayo *Inquisiciones,* primer indicio escrito de su interés por lo metafísico. Más tarde publicó dos colecciones de cuentos que añadieron un fuerte elemento

autorreflexivo a su preocupación: *Ficciones* (1944) y *El Aleph* (1945). Borges escribió cuentos como «El jardín de senderos que se bifurcan» (1941) y «Las ruinas circulares» (1941), en los cuales entremezcló el sueño y la realidad y empezó a utilizar la imagen del laberinto como una metáfora de la vida. En los últimos veinte años de su vida, volvió a la poesía. *Elogio de la sombra* (1969), como un ejemplo, es un retrato emocionante inspirado en la casi total ceguera física de su autor.

Borges recibió muchos premios literarios, entre los cuales se destaca el premio Miguel de Cervantes, conocido por todo lector serio en el mundo hispanohablante. Además, numerosos escritores han expresado su gratitud personal hacia este autor que compartió sus ideas y su talento con tanta generosidad. Al incorporar la fantasía y el misterio en su mundo de ficción, Jorge Luis Borges mostró nuevas formas de entender el mundo real.

Comunidad y oficio

internet

MARCAR: go.hrw.com
PALABRA CLAVE:
WN3 PRUEBAS-CYO

La superación por medio de la educación

Hoy más que nunca, la preparación académica o la falta de ella determina en gran medida el futuro de una persona y en muchos casos se tiene que luchar bastante para conseguirla.

«El saber es poder» dice **Felipe López,** indígena zapoteco que inmigró a Los Ángeles, California desde Oaxaca, México a los dieciséis años. López cursó seis años de primaria, pero aprendió muy poco, pues la enseñanza era en español y él sólo hablaba zapoteco. Trabajando en restaurantes, aprendió a conversar en inglés y en español; esto lo animó a inscribirse en clases de *ESL* (el inglés como segunda lengua). Abandonó el programa por vergüenza al darse cuenta de que le faltaban los conocimientos básicos. Con la idea de aprender éstos por cuenta propia, se compró un libro de gramática y se puso a estudiar. Regresó a la escuela y con el tiempo obtuvo el *GED* (título de equivalencia de los estudios secundarios).

«El obstáculo más grande ha sido creer en mí. A veces no puedo creer que estoy sacando el doctorado». Actualmente es candidato para el doctorado de planificación urbana en UCLA. «Mi experiencia negativa la he podido convertir en algo positivo. Muchos piensan que un inmigrante no tiene lo que se necesita para salir adelante».

Felipe López ha publicado, junto con la profesora Pamela Munro, un diccionario trilingüe de inglés-español-zapoteco San Lucas Quiavini. Es la primera vez que se escribe su lengua materna.

«La importancia del diccionario es revalorar las lenguas indígenas. A partir de su publicación he visto dentro de la comunidad oaxaqueña un orgullo de tener algo único».

Al terminar el doctorado, piensa trabajar con su propia comunidad, motivando a la juventud para que siga con sus estudios: «A través de los conocimientos pueden tener ese poder de dirigir su propia comunidad, su propio destino».

INVESTIGACIONES

A. Haz una lista de los problemas que pudieran enfrentar los inmigrantes que quieren adquirir una educación. Investiga uno de los programas que ofrecen las agencias comunitarias, el gobierno o las iglesias.

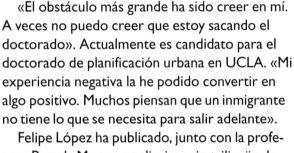

B. Entrevisten a una persona, posiblemente de un programa que ya investigaron. ¿Qué impacto ha tenido la educación en el curso de su vida? ¿Se ha superado más que sus padres o sus compañeros debido a su preparación académica? ¿Cree que sus hijos tendrán aun mejores oportunidades? Si pueden, graben la entrevista y saquen una foto de la persona para preparar una presentación a la clase.

Vocabulario

Cuaderno
de práctica,
págs. 74–75

■ Vocabulario en contexto

A. Faltan palabras *El anillo del general Macías*

Completa las oraciones sobre este drama con las palabras que faltan. Cambia la forma de la palabra si es necesario.

matrimonial	fusilar *execute*	farsa	despreciar
esconder	rezar *pray*	veneno	*group* pelotón de
refugio	armario	coraje	fusilamiento
detener	traicionar *betray*	tambalearse	
halagado *flatter*	galante *gallant*	enderezarse	

1. Si su esposo muriera en la batalla con el ===== y la grandeza de un héroe, Raquel se sentiría orgullosa.

2. Mariana habría ===== a Tomás si él, por cobardía, no se hubiera marchado a la guerra.

3. Andrés se siente ===== de que Raquel haya oído hablar de él, pues tiene la fama de ser un hombre ===== , sobre todo con las mujeres.

4. Raquel le pide a Andrés que acabe con la ===== , recoja su ejército y se marche.

5. Como prueba de que el general está cautivo, Andrés le entrega a Raquel su anillo ===== .

6. Si Raquel ===== a Andrés, el general será ===== a la puesta del sol.

7. Al llegar los federales a la casa, Raquel hace que Cleto se esconda en un ===== .

8. A Andrés le ordena que sólo mire hacia adelante y ===== , si es que cree en Dios.

9. Raquel le asegura al capitán Flores que ella no tiene ===== a ningún espía en su casa.

10. Para salvarse del ===== , el general ofreció su casa como ===== para los revolucionarios.

11. Raquel ===== , alcanza la botella de ===== y la mezcla con el vino de la garrafa.

12. ===== antes de morir, Andrés le advierte que la revolución ganará y Raquel no lo podrá ===== , pero ella ya lo sabe.

B. Palabras parecidas *El anillo del general Macías*

Para cada grupo de palabras, escoge el sinónimo de la palabra en negrilla y explica su similitud con la palabra dada. Consulta un diccionario si es necesario.

MODELO **desolada** desmayada angustiada frustrada
  Escribes *Desolada* y *angustiada* son sinónimos. Describen un sentimiento de gran
  preocupación.

1. **aturdida**	avergonzada	calmada	asombrada
2. **jactarse**	humillarse	ufanarse	incomodarse
3. **ostentosamente**	claramente	sencillamente	espectacularmente
4. **atinado**	astuto	acertado	errado
5. **sollozar**	suspirar	lloriquear	vociferar
6. **mendiga**	enemiga	pordiosera	insolente
7. **zafarse**	soltarse	aferrarse	atenerse
8. **retroceder**	estirarse	deslizarse	retirarse

C. Faltan palabras «Cajas de cartón»

Completa el resumen de este cuento con las palabras que faltan. Cambia la forma de las palabras si es necesario.

trastes	pizcar	entusiasmado
mudanza	madrugada	agujereado
roído	cosecha	empacado
cartón	magullado	
temporada	acarrear	

La ___1.___ de fresas terminaba y al volver a casa me di cuenta de que todo lo que nos pertenecía ya estaba ___2.___. ___3.___ las cajas y todos nuestros ___4.___ al carro y nos alejamos a la ___5.___ en medio de los gritos de mis hermanitos, para quienes la ___6.___ siempre era una gran aventura. En Fresno conseguimos un trabajo y nos quedamos a vivir en un garaje viejo de paredes ___7.___ y techo ___8.___. Muy tempranito, al día siguiente, nos fuimos a la viña a ___9.___. El calor y el trabajo eran agotadores, y por muchos días al levantarme me sentí ___10.___. La primera semana de noviembre, al terminar la ___11.___, pude finalmente asistir a la escuela, donde el señor Lema prometió enseñarme a tocar la trompeta. Yo estaba muy ___12.___ pero al llegar a casa, descubrí con pesar que todo estaba de nuevo empacado en cajas de ___13.___.

D. ¿Qué significa? «Cajas de cartón»

Escoge el significado que mejor corresponde a las palabras subrayadas. Usa las pistas del contexto y vuelve a la lectura si es necesario.

1. Papá puso el ancho colchón sobre la capota del carro y lo amarró con un lazo.
   a. el techo   **b.** el baúl

2. —¡Tenemos trabajo!— dijo mi madre sofocada, apuntando hacia el viejo garaje.
   a. sin respiración   **b.** sin entusiasmo

3. Las paredes roídas de comejenes apenas podían sostener el techo.
   a. telarañas   **b.** insectos

4. Del camión amarillo se apearon dos niños limpiecitos y bien vestidos.
   a. se bajaron   **b.** se resbalaron

5. En el camión de la escuela había una muchedumbre de niños.
   a. una gran cantidad   **b.** un grupo pequeño

6. Me sobresalté al oír a la mujer, pues nadie me había hablado inglés en meses.
   a. Me emocioné   **b.** Me asusté

7. La señora me hizo una serie de preguntas que me parecieron impertinentes.
   a. molestas   **b.** indispensables

E. ¡A escuchar! *El anillo del general Macías* y «Cajas de cartón»

Vas a escuchar una serie de oraciones sobre las dos selecciones. Identifica a qué personaje se refiere cada una de las oraciones.

Personajes: el general, Raquel, Andrés, el narrador

■ Mejora tu vocabulario

Los regionalismos

El español se caracteriza por ser un idioma muy variado, especialmente en cuanto se refiere al léxico que se usa en los diferentes países e inclusive en distintas regiones dentro de un mismo país. Los **regionalismos** son esas palabras o expresiones cuyo uso se limita solamente a algunas regiones y que algunas veces no se entienden en otros lugares. Por ejemplo, para irse de fiesta, los mexicanos *se van de parranda* mientras los cubanos *se van de rumba* y todos la pasan *padrísimo* y *chévere* respectivamente. Con la diversidad de hispanohablantes que residen en los Estados Unidos, es muy común oír toda clase de regionalismos en el lenguaje cotidiano. En lugar de pensar que sólo una palabra o expresión es la correcta, se debe tener en cuenta que esta variedad de léxico resulta en el enriquecimiento del idioma. Si bien es cierto que el estar familiarizado con los regionalismos de diferentes países es de gran utilidad, también es importante recordar que para poder hacerse entender en cualquier país de habla hispana algunas veces es mejor recurrir al uso del vocabulario más generalizado del idioma oficial.

F. ¿Qué significa? Regionalismos de México, Cuba y Puerto Rico

Busca la definición que corresponde a los regionalismos subrayados en las siguientes oraciones. Consulta el glosario si es necesario.

dormir la siesta	niños	amigo
tratar con severidad	altanera	muy activo
autobús o carro público	pretender, ser	cordones de los
a todo dar	pretencioso	zapatos

de México:
1. La casa se mantenía llena de <u>escuincles</u> riéndose y corriendo por todas partes.
2. Me encanta trabajar con él. Es muy buen <u>cuate</u>.
3. Si ella no fuera tan <u>sangrona</u>, tendría más amigos.

de Cuba:
4. Francamente, no hay quien lo aguante. No hace más que <u>darse lija</u>.
5. El calor es insoportable. Creo que es hora de <u>echar un pestañazo</u>.
6. Ese niño es el más <u>eléctrico</u> de la clase. Su maestra tiene que prestarle atención constantemente.
7. Para su aniversario, hicieron una fiesta <u>con todos los hierros</u>.

de Puerto Rico:
8. No la deberías <u>abanicar</u>. Ya la pobre se siente bastante mal.
9. Amárrate los <u>cabetes</u> o te vas a ir de cabeza.
10. Si tuviera un carro no me tendría que ir al trabajo en <u>guagua</u>.

■ Aplicación

G. ¡Adivina la palabra! *El anillo del general Macías* y «Cajas de cartón»

Divide la lista de palabras con un(a) compañero(a). Para cada una de tus palabras, escribe una oración que explique el significado de esa palabra en el contexto del cuento. Luego lee tus oraciones a tu compañero(a) para que adivine a qué palabra corresponde tu oración.

Palabras: refugio, modales, hacer guardia, veneno, roídas, trastes, mellas, cosecha, desempacar

MODELO	pelotón de fusilamiento
Tú	Así se llama al grupo de personas que se encargará de ejecutar al general.
Tu compañero(a)	¿Es *pelotón de fusilamiento*?
Tú	¡Sí!

H. ¡A contestar! Los regionalismos

Contesta las siguientes preguntas con oraciones completas. Al escribir tus respuestas presta atención a los regionalismos mexicanos subrayados y trata de adivinar su significado por medio del contexto. Consulta el glosario si es necesario.

1. ¿Es eficiente el servicio de <u>combi</u> en tu ciudad?
2. Si tuvieras que cuidar a los <u>chamacos</u> de tu hermana, ¿qué podrías hacer para entretenerlos?
3. Si fueras a acampar con tus amigos, ¿qué cosas empacarías en tu <u>morral</u>?
4. Ibas a salir con tu amiga, pero al pasar a recogerla te das cuenta que está muy <u>achicopalada</u>. ¿Qué le puedes decir?
5. Si fueras a ayudar a un amigo a mudarse, ¿cuántas cajas cabrían en la <u>cajuela</u> de tu carro?
6. Ya está todo listo para la fiesta de los niños, pero no te alcanzan los <u>popotes</u> para las malteadas. ¿Dónde los puedes comprar?
7. Viste una película que te pareció <u>padrísima</u>. ¿Se la recomendarías a tus amigos?
8. Cuando un amigo tuyo <u>se agüita</u> por algo, ¿qué haces para levantarle el ánimo?
9. ¿Qué prefieres comer de postre, <u>nieve</u> o galletas?
10. ¡Qué calor hace! ¿Hay una <u>alberca</u> que esté cerca de aquí donde podamos bañarnos?

I. ¡A escribir! *El anillo del general Macías* y «Cajas de cartón»

Hay decisiones y cambios en la vida que nos afectan profundamente, por ejemplo el dejar a todos nuestros amigos al mudarnos de casa o de colegio. Escribe una anécdota sobre este tema o un tema parecido y explica el problema que tuviste que afrontar, las decisiones que tuviste que tomar y el impacto que esto tuvo en tu vida. Incluye las siguientes palabras en el orden que quieras y consulta el glosario si es necesario.

Palabras: desolado, farsa, halagado, jactarse, atinado, sollozar, coraje, rezar, leal, sobresaltarse, empacado, temporada

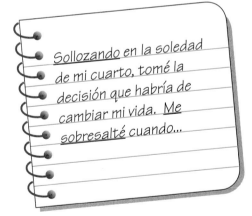

Sollozando en la soledad de mi cuarto, tomé la decisión que habría de cambiar mi vida. Me sobresalté cuando...

Para la lista de Vocabulario esencial
Ver la página 295

Gramática

Ampliación

* Más sobre el pronombre relativo **cuyo**
  Hoja de práctica 4-A

■ Las cláusulas de relativo y los pronombres relativos

Cuaderno de práctica, págs. 76–85

Un sustantivo puede ser modificado por un adjetivo

> *Elena tiene un perro* **muy grande**

o por una cláusula

> *...y un gato* **que se esconde de él.**

El sustantivo *perro* se ve modificado por un sintagma adjetivo, *muy grande,* mientras al sustantivo *gato* lo sigue una cláusula subordinada, *que se esconde de él,* que cumple también esa misma función modificadora del adjetivo. Este tipo de cláusulas subordinadas se denominan **cláusulas adjetivas** o **de relativo.**

Se forma una cláusula de relativo uniendo dos oraciones que comparten un sustantivo; la oración en la que se modifica al sustantivo se convierte en una cláusula de relativo:

> *Elena tiene un gato. El gato se esconde de su perro.*
> *Elena tiene un gato que se esconde de su perro.*

¿Se te ha olvidado?
las cláusulas
Ver la página R95

La unión se realiza por medio de un **pronombre relativo.** El pronombre relativo une la cláusula de relativo a la oración principal, reemplazando al sustantivo al que se refiere. Este sustantivo se llama **antecedente.** En el ejemplo anterior, el pronombre relativo *que* se refiere al antecedente *gato* y toma su lugar en la cláusula subordinada, en la cual cumple la función de sujeto:

> *Elena tiene un* **gato** *que se esconde de su perro.*

Los pronombres relativos *que, quien, el que* y *el cual*

1. El pronombre relativo **que** es invariable:

> *Él es el* **chico** *que conocí en la fiesta.*
>
> *Ellas son las* **chicas** *que conocí en la fiesta.*

¡Ojo! No se debe confundir la conjunción **que** con el pronombre relativo **que.** En la oración *La mujer dijo* **que** *vendría,* **que** es una conjunción. En *La mujer* **que** *viste ayer no vino,* **que** es un pronombre relativo. Se refiere al antecedente **mujer.**

2. El pronombre relativo **quien** concuerda en número con su antecedente:

> *El* **atleta** *a quien dieron el premio es amigo mío.*
>
> *Los* **músicos** *a quienes dieron el premio son amigos míos.*

3. Los pronombres **el que** y **el cual** concuerdan en género y en número con el antecedente:

> *En Europa desconocían* **el maíz y la papa,** *los cuales llegaron en el siglo XVI.*
>
> *Esperanza, con la cual tenía yo mucha amistad, no me habla desde hace mucho.*

Otros pronombres relativos

4. Los pronombres neutros **lo que** y **lo cual** se usan cuando el antecedente no es un sustantivo concreto, sino toda una idea o situación. En el siguiente ejemplo, el antecedente es toda la oración principal que precede a **lo cual:**

   *Llevo tres años viviendo aquí y **mi vecino aún no me saluda,** lo cual no me gusta nada.*

   Otro uso importante de estos pronombres es para referirse a una cosa cuyo género no se especifica o que no se ha mencionado todavía:

   *Yo lo que quiero es **una limonada.***

5. El pronombre posesivo **cuyo** concuerda en genero y número con el sustantivo que lo sigue (no con el antecedente):

   La chica cuyo proyecto ganó el premio dio un discurso.

6. Los interrogativos **donde, cuando** y **como** a veces actúan como pronombres relativos:

   La ciudad donde nací ha entrado en decadencia.

Cláusulas especificativas y explicativas

Entre las cláusulas de relativo hay que distinguir dos tipos. Las cláusulas **especificativas** ayudan a identificar el sustantivo al que modifican:

*El arquitecto **que construyó el Museo Guggenheim** es brillante.*

En esta oración, la cláusula *que construyó el Museo Guggenheim* nos ayuda a identificar o especificar de qué arquitecto hablamos.

Por otro lado, las cláusulas **explicativas** no distinguen al sustantivo al que modifican, sino que añaden información acerca de ese sustantivo:

*Frank Gehry, **que construyó el Museo Guggenheim de Bilbao,** es un gran arquitecto.*

En esta oración, la cláusula de relativo *que construyó el Museo Guggenheim de Bilbao* no ayuda a distinguir entre distintos Frank Gehrys, sino que añade información sobre este arquitecto. La cláusula explicativa se escribe entre comas, lo cual indica que en el habla hay una pausa o cambio de tono cuando se dice esta oración.

Práctica

A. Identifica las cláusulas de relativo en las siguientes oraciones. Luego identifica el pronombre relativo y su antecedente en la oración principal.

1. Todos los vecinos de Ignacia, que en realidad es muy simpática, están muy molestos con ella.
2. Los problemas de los que se quejan son bastante válidos.
3. Ignacia deja que su jardín, al que le sobran los flamencos de plástico, esté lleno de maleza.

4. Por otra parte, Ignacia tiene unos amigos que contrató para su conjunto de rock.

5. Estos amigos, con los que siempre viajan tres perros, hacen mucho ruido por las noches.

6. También molestan a los vecinos, quienes no saben qué hacer para que se callen.

7. A veces los vecinos bloquean la calle, en medio de la cual dejan sus carros, para que no puedan estacionarse los amigos de Ignacia.

8. Sin embargo, Ignacia tiene otra puerta, por la parte de atrás, por la que entran sus amigos cuando la calle está bloqueada.

B. Identifica las cláusulas de relativo en las siguientes oraciones y el pronombre relativo de cada una. Luego di si cada cláusula de relativo es explicativa o especificativa.

1. Ayer fuimos a ver a los «Presuntos Inocentes», que dieron un par de conciertos en Caracas, los cuales atrajeron una gran cantidad de público.

2. El concierto que vimos nosotros fue más largo que el del día anterior, cuando las guitarras que tocaban los del grupo se estropearon.

3. Después de eso, no pudieron seguir tocando, lo cual irritó mucho al público, que había pagado mucho dinero por las entradas. ¡Ni siquiera rompieron las guitarras en el escenario!

4. Un amigo nuestro que había ido al concierto, con quien pudimos hablar más tarde, estaba disgustado: —El cantante al que más admiro sólo cantó un par de canciones, que además eran todas antiguas —, dijo él.

5. En definitiva, hubo muchas dificultades, a pesar de las cuales se volverá a llenar el auditorio la próxima vez que ese conjunto venga a Caracas.

■ Los usos de los pronombres relativos

El pronombre relativo *que*

El pronombre relativo **que** se usa en la mayoría de las cláusulas especificativas, tanto si el antecedente es humano como si no:

El explorador **que** *hizo trabajos de botánica en las selvas de Panamá es muy conocido.*

La selva **que** *pudimos observar desde el aire cubre 380 kilómetros cuadrados.*

Se usa también en cláusulas especificativas en las que siguen a una preposición simple como **a, de, con** y **en,** cuando el antecedente es inanimado:

La pluma con **que** *quiero escribir no tiene tinta.*

Nota que no se usa **que** después de preposiciones que no sean **a, de, con** o **en.**

- ## El pronombre relativo *el que (la que, los que, las que)*

Se usa este pronombre sólo después de una preposición, tanto si el antecedente es animado como si es inanimado. Es preferible a **que** en casos de lenguaje más formal o en los que la preposición es larga (de dos sílabas o más):

> El muchacho **al que** le dieron el premio se graduó de la escuela antes que los demás.
> Los pueblos por **los que** pasamos eran muy pintorescos.
> La playa hacia **la que** caminábamos quedaba detrás del monte.
> La nueva profesora, a **la que** vimos en el supermercado, es bastante exigente.

El pronombre relativo *quien(es)*

El pronombre **quien** tiene un uso mucho más restringido. En general, puede sustituir a **que** o **el que...**

1. Cuando sigue a una preposición, o es complemento indirecto de la cláusula subordinada. En el habla cotidiana **el que** es más común:

   > Ésa es la florista a **quien** compré las flores. (...a **la que** compré flores)
   > Jorge Luis Borges, a **quien** le otorgaron el premio Cervantes, murió en 1986.
   > (**al que** le otorgaron...)

2. En cláusulas explicativas que se refieren a una persona. Sin embargo, incluso en estos casos, **que** es más común:

   > Emilio y Leticia, **quienes** asistieron a los Juegos Olímpicos, tienen muchas historias que contarnos. (..., **que** asistieron...,)

No se usa **quien** en las cláusulas especificativas si no sigue a una preposición:

> INCORRECTO *La señora **quien** me llevó a la escuela es mi tía.*
> CORRECTO *La señora **que** me llevó a la escuela es mi tía.*

El pronombre relativo *el cual (la cual, los cuales, las cuales)*

Este pronombre indica un registro de lenguaje mucho más formal y es poco común en el lenguaje hablado. Como tal, se puede usar tras preposiciones o en todo tipo de cláusulas explicativas. Se prefiere su uso cuando el pronombre relativo sigue a una preposición larga o compuesta:

> Al cocinero **del cual** te di referencias le gustaría venir a trabajar a tu restaurante.
> Los objetivos por **los cuales** lucharon esos soldados son muy nobles.
> Esa sala, a través de **la cual** se llega a la habitación, está llena de muebles antiguos.

No se usa **el cual** en las cláusulas especificativas si no sigue a una preposición:

> INCORRECTO *La pintora **la cual** creó estas obras es de Aguascalientes.*
> CORRECTO *La pintora **que** creó estas obras es de Aguascalientes.*

El siguiente cuadro resume las posibilidades de uso de los pronombres relativos más comunes.

	Cláusulas especificativas	**Cláusulas explicativas**
Sin preposición Antecedente animado	**que** *Las dependientas **que** hicieron huelga no serán sancionadas.*	**que** / quien / el cual *Mis parientes, **que / quienes / los cuales** acaban de llegar de Colombia, han tenido un viaje larguísimo.*
Sin preposición Antecedente inanimado	**que** *Los juguetes **que** le prestó Julia a Ramiro son los más originales que hayamos visto.*	**que** / el cual *Aquí están los resultados de los experimentos, **que / los cuales** nos han costado mucho tiempo y esfuerzo.*
Con preposición Antecedente animado	**el que** / quien / el cual *Las profesoras con **las que / quienes / las cuales** almorzamos tienen muchos años de experiencia.*	**el que** / quien / el cual *Quiero que salgas con el hijo del empresario Hernández, para **el que / quien / el cual** trabaja toda esta gente.*
Con preposición Antecedente inanimado	**el que** / que / el cual *La experiencia de **la que / que / la cual** te hablé fue la más emocionante de mi vida.*	**el que** / el cual *Lo llevaron al médico para hacerle pruebas, mediante **las que / las cuales** consiguieron por fin saber de qué padecía.*

El pronombre relativo *cuyo (cuya, cuyos, cuyas)*

El pronombre **cuyo** se usa en casos de posesión, para formar una estructura elegante propia del lenguaje escrito:

> *Los hermanos son muy buenos carpinteros. Su casa es de madera y forja.*
> *Esos hermanos, **cuya** casa es de madera y forja, son muy buenos carpinteros.*

> *La señora es ingeniera y tiene varios hijos. Todos sus hijos asisten a mi colegio.*
> *La señora **cuyos** hijos asisten todos a mi colegio es ingeniera.*

Donde, como y *cuando* como pronombres relativos

En ciertos casos se puede usar **donde** como pronombre relativo, en lugar de **en el que / en el cual:**

> *La posada **donde** dormimos era muy antigua. (...en **la que** dormimos...)*
> *Había mucha gente asomada a las ventanas, desde **donde** se veía muy bien el desfile. (...desde **las cuales**...)*

También **como** se puede usar como pronombre relativo, cuando el antecedente es la palabra **forma** o **modo,** y **cuando** puede funcionar de relativo si el antecedente es temporal:

> *La forma **como** me lo dijo me ofendió.*
> *Parece que fue ayer **cuando** te conocí.*

Práctica

C. Completa las oraciones con el pronombre relativo adecuado e indica si cada cláusula de relativo es explicativa o especificativa.

1. Me gusta que te hayas hecho amiga de la chica (que / cual) llegó el mes pasado.

2. En este capítulo aprenderás muchos conceptos, por medio de (los cuales / las cuales) comprenderás mejor la gramática.

3. El escritor a (quien / quienes) llaman El Cojo no es candidato al Premio Nobel de Literatura.

4. Por fin se comieron el pastel, (quien / que) estaba listo desde hacía mucho tiempo.

5. Resuelve los ejercicios de matemáticas (los que / que) te asignó la profesora.

6. Lucía y Marisa, (los cuales / quienes) juegan muy bien al fútbol, son también muy buenas para el tenis.

7. Dagoberto era siempre el amigo (de lo que / del que) se reían todos.

8. Quiero ir al Museo del Prado a ver *Las Meninas,* (quienes / que) es un cuadro muy famoso de Velázquez.

9. Las mujeres (quien / que) respeta Elsa son las más valientes y emprendedoras.

10. Aquel chico con (la que / el que) salías no te convenía, hija mía.

11. Lekeitio es un pueblo (cuyo / cuyas) fiestas patronales son muy famosas.

D. Completa el párrafo escogiendo el pronombre relativo más adecuado de los que están entre paréntesis. Luego explica el por qué de tu elección, y la diferencia de uso si los dos son posibles. Si ambos son posibles, explica la diferencia de uso entre ellos.

Ya llega el autobús ____1.____ (que / el que) tomamos para ir a casa. Las personas con ____2.____ (las que / quienes) viajo en el autobús tienen preocupaciones de ____3.____ (las que / las cuales) me hablan constantemente. Evarista, por ejemplo, tiene un novio ____4.____ (que / quien) a veces llega tarde a sus citas, y en medio de ____5.____ (que / las cuales) también se marcha de repente. Las amigas de Evarista, ____6.____ (las que / las cuales) la conocen bien, no entienden por qué sigue saliendo con su novio, a ____7.____ (que / quien) ellas dejarían al instante si estuvieran en su lugar. Yo siempre le digo a Evarista — : Un hombre ____8.____ (cuyo / cuya) única preocupación es su propio bienestar no te hará feliz, así que deja a tu novio de una vez.

E. Las siguientes oraciones están basadas en la obra *El anillo del general Macías*. Completa cada una con el pronombre relativo adecuado. Da todas las respuestas posibles para los casos en que haya más de una. Ten cuidado con las contracciones *al* y *del*.

1. Mariana era hermana del general Macías, ══════ estaba casado con Raquel.

2. Andrés era un hombre sencillo ══════ se convirtió en revolucionario.

3. Robó cinco naranjas, por ══════ lo condenaron a cinco años de cárcel.

4. Mariana bajó a la sala a buscar una botellita ══════ contenía veneno.

5. Mariana se lamenta de la muerte de Tomás, con ══════ sólo llevaba casada tres meses.

6. Andrés y Cleto tienen un anillo por medio de ══════ esperan poder librarse de los soldados federales.

7. El capitán Flores quiere encontrar a dos espías, a ══════ busca en la casa del general Macías.

8. Raquel está a punto de abrir la puerta del armario detrás de ══════ se encuentra escondido Cleto.

9. Raquel le dice a Mariana que el capitán Flores ha capturado al espía ══════ está sentado en la silla.

10. Cleto piensa que el general Macías, ══════ esposa les dio refugio de los federales, es un cobarde.

11. Andrés ha obtenido información importante, mediante ══════ los revolucionarios ganarán la próxima batalla.

12. Raquel decide que con el vino, a ══════ le echa veneno, podrá librarse de Andrés y de Cleto, y también del cobarde de Domingo.

F. Combina cada par de oraciones en una sola por medio de un pronombre relativo. Di después si la cláusula es especificativa o explicativa, y explica por qué elegiste el pronombre que usaste en cada caso.

MODELO La mujer es mi mamá. Hablaste con ella ayer.

Escribes *La mujer con la que hablaste ayer es mi mamá.*
(especificativa; *la que* (o *quien*) es preferible después de una preposición en una cláusula especificativa con antecedente humano)

1. Clara es amiga de Eloísa. Eloísa tiene un resfriado horrible.
2. Los autores del libro se han hecho famosos. Yo los conozco bien.
3. El carro estaba delante del banco. El banco fue atracado ayer.
4. Rómulo no quiso entrar en las aguas frías. En esas aguas había pulpos.
5. La empresaria llegó tarde a la reunión. Su carro se había averiado.
6. El agua está compuesta de oxígeno e hidrógeno. Estos son dos de los elementos químicos más comunes.
7. Me compré un sombrero. Pienso protegerme del sol con ese sombrero.

8. Había gente que quería talar el bosque. En aquel bosque vivían muchas especies en peligro de extinción.

9. Felipe le mandó unas azucenas a Paquita. Quiso demostrarle su amor por medio de las azucenas.

10. Llegaron a las seis a Zaragoza. En Zaragoza había un partido de fútbol muy importante aquel fin de semana.

11. Mi novio me dejó. Yo había escrito este poema de amor para mi novio.

G. Escribe esta historia en un tono más formal o elevado, usando los pronombres relativos más formales, como **quien, el cual** y **cuyo**. Elimina también los pronombres redundantes, si los hay.

> Conozco a una chica. Su madre tiene una tienda de abarrotes con que se gana la vida. Esa chica es muy atlética. Ayer mismo participó en una carrera en que corrieron más de diez mil personas. Las circunstancias climáticas de lluvia constante bajo las que se desarrolló esta competición atlética no fueron las mejores, según informó la policía, que ayudó a controlar el tráfico por las calles que pasaba la carrera. Al primer corredor que llegó a la meta le hicieron varias entrevistas. El primer corredor dijo que todos los corredores se habían preparado mucho para la carrera, que es una de las más duras del país. Él se había entrenado con varios amigos, que tenían todos como objetivo derrotar a la chica atlética. El nombre es Carmen. Sin embargo, la gente que la conoce bien no se sorprendió demasiado por la derrota de Carmen. La preparación de Carmen se basa en correr sólo cuando hace buen tiempo.

H. Escribe un párrafo describiendo alguna foto en la que haya un grupo de gente que conozcas bien. Puede ser una foto de tu familia (incluyendo tíos, primos, abuelos, etc.) o de un grupo de amigos. Debes usar por lo menos seis pronombres relativos, y al menos tres de ellos deben seguir a una preposición.

MODELO   Éste es mi primo Tomás, con el que juego al baloncesto.

I. Escribe un artículo sobre alguna situación difícil que haya ocurrido en tu comunidad o en el mundo hace poco. Describe a los participantes y las circunstancias, usando cláusulas explicativas. Imagina que se va a publicar en el periódico y que requiere un tono formal. Usa al menos una forma de cada uno de los pronombres relativos *que, el que, el cual, quien, donde, lo que, lo cual* y *cuyo*.

MODELO   La delincuencia, que nunca fue un problema muy grave en nuestra ciudad, está en aumento actualmente...

■ Comparación y contraste

Las cláusulas de relativo en español e inglés

1. En español, si el complemento directo es una persona siempre lleva **a**:

Patricia llevó a Miguel al cine.   *Patricia took Miguel to the movies.*

Así, cuando el complemento directo de la cláusula de relativo es personal, se deben usar *a quien, al que, al cual*. En cláusulas explicativas, el español emplea uno de estos pronombres mientras que el inglés emplea *who(m)*:

Ese chico es Miguel, a quien /   *That boy is Miguel, who(m) Patricia*
al cual **Patricia lleva al**   *sometimes takes to the movies.*
cine de vez en cuando.

Sin embargo, si se trata de una cláusula especificativa se puede usar **que** sin **a.** En inglés, se usa *who(m)* o *that*, o se omite el pronombre relativo:

El chico que / al que / a quien   ⎧ *The boy who(m) / that you saw running*
viste corriendo por el   ⎪ *through the park is my brother.*
parque es mi hermano.   ⎨ *The boy you saw running through the park*
                             ⎩ *is my brother.*

2. Si la persona cumple la función de complemento indirecto, la preposición **a** es obligatoria, y no se puede usar el pronombre relativo **que**:

Aquélla es la cineasta a la   ⎧ *That's the filmmaker to whom they gave*
que / a quien / a la cual   ⎪ *the award.*
le otorgaron el premio.   ⎨ *That's the filmmaker (that/who) they*
                             ⎩ *gave the award to.*

3. En español, la preposición siempre va con el pronombre relativo y no es posible separarlos, a diferencia del inglés. En español, tampoco se puede omitir el pronombre relativo:

Es la muchacha con quien   ⎧ *She's the girl with whom I went to the*
fui al baile.   ⎪ *dance.*
                             ⎨ *She's the girl (who/that) I went to the*
                             ⎩ *dance with.*

Si el verbo de la cláusula de relativo es un infinitivo, la posible omisión del pronombre relativo en inglés da una estructura distinta a la del español:

Necesito un cuchillo. Parto   *I need a knife. I'll cut the cake with that*
el pastel con ese cuchillo.   *knife.*

Necesito un cuchillo con que   *I need a knife with which to cut the*
partir **el pastel.**   *cake. (...to cut the cake with.)*

4. En español, si el antecedente del pronombre relativo es indefinido o negativo (*algo, alguien, nada, nadie*, etc.), éste se puede omitir en ciertos casos. En estos casos el subjuntivo o el infinitivo aparece en la cláusula de relativo mientras que en inglés se da el indicativo, un modal (*can, could, will, would, may, might*, etc.) o el infinitivo.

No hay (nadie) quien lo aguante.	There isn't anybody *who can stand him.*
No tengo (a nadie) con quien hablar.	I have *no one to talk to.*
Eso les dará (algo) de que hablar.	That will give them *something to talk about.*

Práctica

A. Indica si las traducciones de las frases subrayadas son posibles o no dentro del contexto.

1. I want a desk <u>to put my books on</u>.
   - **a.** en que poner mis libros
   - **b.** a poner mis libros
2. They don't have <u>anyone to talk to</u>.
   - **a.** nadie para hablar
   - **b.** con quien hablar
3. That professor <u>I said hello to</u> is also a well-known writer.
   - **a.** que saludé
   - **b.** a la que saludé
4. Ése es el señor <u>al que vi</u> en la fiesta anoche.
   - **a.** I saw
   - **b.** that I saw
5. Ese chico, <u>a quien he visto</u> varias veces, nunca se acuerda de mí.
   - **a.** whom I've seen
   - **b.** I've seen
6. No tengo <u>con que preparar la comida</u>.
   - **a.** anything to make the meal with
   - **b.** with which to make the meal

B. Traduce al español.

1. The football players he trains are much bigger than he is.
2. The students I lent my books to did not give them back.
3. Sor Juana, whom everybody in Mexico admires, was a gifted poet.
4. The woman he fell in love with was from Lima.
5. After Beto moved away, Juan didn't have anyone to play with.
6. My grandmother needed a pillow to sit on while she drove.
7. I don't have anyone to help me with this.
8. That's the clerk I gave my credit card to.

C. Traduce al inglés.

1. La pobre muchacha no tiene quien le escriba.
2. Es muy fácil confundir a Santiago con el hombre que atracó el banco.
3. Fue Diego a quien le quitaron la bicicleta.
4. A Octavio Paz, a quien tuve la oportunidad de escuchar en vivo, le otorgaron el Premio Nobel.
5. Este libro, el cual me gustó mucho, lo escribió Isabel Allende.
6. Le da mucha pena a Anita no tener con quien salir a almorzar.

Ortografía

Cuaderno de práctica, págs. 86–87

Ampliación

• Más grupos consonánticos
  Hoja de práctica 4-B

■ Letra y sonido

Las letras *m* y *n*

La letra **n** se pronuncia con el sonido /m/ cuando va delante de ciertas consonantes: *envía, un beso*. Por eso, las letras **m** y **n** pueden confundirse al escribir palabras que tienen el sonido /m/ más consonante. Las reglas a continuación pueden ayudar a eliminar dudas ortográficas entre estas dos letras.

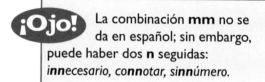

¡Ojo! Muchos hablantes del Caribe, Centroamérica y las regiones andinas pronuncian la **n** al final de las palabras como /ng/: *andéng* (andén), *bang* (van), *eng agua* (en agua).

Se escribe la *m:*

1. Delante de la **b** y la **p**: *ambos, asombrar, compartir, empapar, empresa, hambre, imponer, romper.*

2. Delante de la **n** en palabras sin prefijos (menos *perenne*): *alumno, himno, insomnio, solemne.*

Se escribe la *n:*

1. Delante de cualquier consonante que no sea la **p** o la **b**: *invierno, enfriar, enviar, andar, mentira.*

2. En muchas palabras compuestas de los prefijos **con-, en-** o **in-** más una raíz que empieza con **n-**: *connatural, connivencia, ennegrecer, ennoblecer, innato, innavegable, innoble, innovar, innumerable.*

¡Ojo! La combinación **mm** no se da en español; sin embargo, puede haber dos **n** seguidas: *innecesario, connotar, sinnúmero.*

3. En palabras compuestas de los prefijos **in-, en-** o **con-** más una raíz que empieza con **m-**: *inmaduro, inmediato, inmenso, inmigrante, inmortal, inmóvil, inmune, enmarcar, enmendar, enmudecer, enmugrecer, conmemorar, conmoción, conmover.*

Práctica

A. Trabaja con un(a) compañero(a). En voz alta, túrnense para leer las siguientes oraciones tomadas de *El anillo del general Macías*. Determinen en qué palabras la letra **n** suena como /m/.

1. ¿Todavía está enfadada conmigo?
2. El general Macías menciona a su esposa constantemente.

3. Están buscando en todas las casas.

4. Mientras lee, su voz se convierte en un murmullo.

5. Él mira inmóvil hacia adelante.

6. El doctor se enfadará muchísimo si no regresas de inmediato a la cama.

7. Hagamos un brindis, capitán, por el honor.

B. Las siguientes oraciones están basadas en «Cajas de cartón». Completa cada una con **m** o **n.**

1. El papá e≡cendió el carro viejo y lo estacionó e≡frente de la choza.

2. Había co≡prado el carro en el i≡vierno de 1949.

3. En un ca≡po, cerca de Fresno, se acercaron a una casa y tocaron el ti≡bre.

4. La te≡peratura era de cien grados y estaban e≡papados de sudor.

5. Comieron con ha≡bre sopa de fideos y al día siguiente, e≡pezaron a trabajar.

6. Durante esa te≡porada de cosecha, Fra≡cisco fue a la escuela.

7. El maestro le iba a e≡señar a tocar la tro≡peta.

8. Él estaba muy e≡tusiasmado, pero al llegar a casa lo vio todo e≡pacado en cajas de cartón.

C. Utiliza prefijos del primer cuadro y raíces o palabras del segundo para formar al menos diez nuevas palabras. Haz cualquier cambio ortográfico que haga falta. Luego escribe una oración completa con cada palabra que formes.

MODELO con- + -strucción

Escribes construcción: La <u>construcción</u> de la catedral se tardó más de sesenta años.

con-	-barrar	-navegar	-prender
en-	-ferencia	-número	-puesto
in-	-formar	-poner	-scribir
circum-	-migrante	-portar	-stancia
sin-	-mover	-posible	-strucción

■ La acentuación

El cambio de acentuación por medio de sufijos

Lee el siguiente fragmento de *El anillo del general Macías,* fijándote en las palabras con acento escrito:

Raquel *(rápidamente).* Bébetelo fuera, Cleto. Quiero hablar con tu capitán.

¿Cómo se escribe *bébetelo* sin los pronombres *te* y *lo*? ¿Cómo se escribe el plural de *capitán*? Algunas palabras pierden o adquieren el acento escrito cuando se les añade un sufijo. Este sufijo puede ser **-es** (para formar el plural) o un **pronombre enclítico** (es decir, un pronombre, como *te* o *lo,* que se añade al verbo formando una sola palabra). Esto ocurre porque el sufijo cambia el número de sílabas y, por lo tanto, la clasificación de la palabra a llana, esdrújula o sobresdrújula.

La pluralización

1. Las palabras agudas que terminan en **-n** o **-s** pierden el acento escrito en la forma plural. Se convierten estas palabras en llanas:

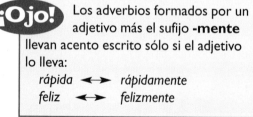

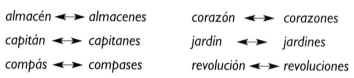

almacén	←→ almacenes	corazón	←→ corazones
capitán	←→ capitanes	jardín	←→ jardines
compás	←→ compases	revolución	←→ revoluciones

2. Algunas palabras llanas terminadas en **-n** adquieren un acento escrito al pasar al plural, puesto que se convierten en esdrújulas:

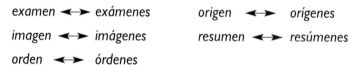

examen	←→ exámenes	origen	←→ orígenes
imagen	←→ imágenes	resumen	←→ resúmenes
orden	←→ órdenes		

Las formas verbales con pronombres enclíticos

1. Si los verbos con pronombres enclíticos se convierten en palabras esdrújulas o sobresdrújulas, éstos adquieren acento escrito.

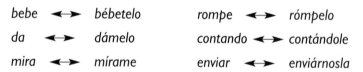

bebe	←→ bébetelo	rompe	←→ rómpelo
da	←→ dámelo	contando	←→ contándole
mira	←→ mírame	enviar	←→ enviárnosla

2. Las formas verbales agudas que llevan acento escrito en su forma original no lo conservan a menos que se les añada más de un pronombre enclítico:

¡Ojo! Los adverbios formados por un adjetivo más el sufijo **-mente** llevan acento escrito sólo si el adjetivo lo lleva:

    rápida ←→ rápidamente
    feliz ←→ felizmente

está	←→ estate	
dé	←→ dele	←→ déselo

Práctica

D. Vuelve a escribir cada una de las siguientes palabras, cambiándolas de la forma singular a plural o de la forma plural a singular. Haz cualquier cambio ortográfico que sea necesario.

1. obligación	**6.** capaz	**11.** balones
2. sensación	**7.** habitaciones	**12.** holandeses
3. razones	**8.** cajones	**13.** canción
4. interés	**9.** andén	**14.** batín
5. jóvenes	**10.** copiones	**15.** portales

E. Lee el siguiente párrafo, explicando por qué cada palabra subrayada lleva o no acento escrito.

Diríase que Don Ramón es un sabelotodo. Es de origen portugués y ha leído más de un millón de libros. Se sabe todo sobre los reyes portugueses, los nombres de millones de insectos y es más, sobre los orígenes del hombre. Pregúntale cualquier cosa y verás.

F. Usa los pronombres enclíticos para completar las oraciones, colocando acentos escritos y haciendo cambios ortográficos donde sea necesario.

MODELO ¿No vas a leer / me / lo?
Escribes ¿No vas a leérmelo?

1. ¡Está / te quieto, Esteban!
2. Vamos a preguntar / le al tío Marcos.
3. Quico se salió gritando / la.
4. Íbamos contemplando / lo.
5. Voy a contar / se / lo.
6. Dé / me / las, por favor.
7. ¡Agarren / se bien!
8. Van a mandar / me la carta.
9. Sentemos / nos aquí.
10. ¡Guarda / te / lo!
11. La situación sigue empeorando / se.
12. Si te sabes un chiste, di / nos / lo.

■ Dictado

A. Vas a escuchar unas oraciones basadas en *El anillo del general Macías*. Escribe lo que oyes, prestando especial atención a las letras **m** y **n**.

B. Vas a escuchar una serie de oraciones. Escribe lo que oyes, prestando especial atención a los acentos escritos.

Taller del escritor

Tarea

Escribe un ensayo sobre problemas y soluciones.

Objetivos de un ensayo sobre problemas y soluciones

1. Describir un problema significativo
2. Explorar las posibles soluciones
3. Proponer y respaldar la mejor solución

LA PERSUASIÓN

ENSAYO SOBRE PROBLEMAS Y SOLUCIONES

El objetivo de un ensayo sobre **problemas y soluciones** es interesarse por un problema, para luego presentarlo y ofrecer la mejor solución. Este tipo de escritura de persuasión a menudo aparece en editoriales de periódicos y artículos de revistas. Ahora tendrás la oportunidad de escribir un ensayo sobre problemas y soluciones de algún asunto que te parezca importante.

Antes de escribir

1. Cuaderno del escritor

Comienza por revisar los apuntes que has tomado en tu CUADERNO DEL ESCRITOR. ¿Te gustaría explorar uno de los problemas que describiste en aquellas tareas? He aquí algunas pautas útiles para evaluar los posibles temas de un ensayo:

- ¿Me afecta el problema solamente a mí o tiene un impacto en los demás?
- ¿Están conscientes de la gravedad del problema las personas afectadas por él?
- ¿Tiene solución el problema?

2. Examina los medios de comunicación

Otra estrategia al escoger un tema para un ensayo sobre problemas y soluciones es examinar los medios de comunicación: periódicos, revistas, radio, televisión y, si tienes acceso a ellos, servicios de comunicación por computadora. Hojea algunos periódicos recientes para hallar un problema que te preocupe: por ejemplo, la seguridad en las escuelas, el presupuesto para un parque en tu ciudad, las condiciones de un refugio local para animales o el problema de los desamparados sin hogar.

3. Explora un problema y su solución

Una vez que hayas escogido un problema que te interese, estúdialo con más profundidad tomando apuntes sobre cuestiones como las que aparecen a continuación:

- su historia

- su alcance

- sus causas

- sus efectos

- su relación con otros problemas

Cuando estés seguro(a) de que entiendes completamente el problema que has elegido, puedes inventar posibles **soluciones.** Hazte preguntas como las que aparecen en la lista a la derecha. A medida que encuentres posibles soluciones, examina sus ventajas y desventajas, así como las posibilidades de ponerlas en práctica. Toma apuntes en un cuadro como el que aparece a continuación.

Preguntas para encontrar soluciones

- ¿Qué soluciones se han intentado antes?
- ¿Fueron eficaces?
- ¿Qué ideas se han propuesto ahora?
- ¿Funcionaría mejor alguna de las soluciones por sí sola? ¿Por qué?
- ¿Qué solución sería la mejor para el mayor número de personas?

Problema: Explotación de menores en las fábricas de alfombras

Posibles soluciones	Ventajas	Desventajas
1. Prohibir la importación de alfombras fabricadas a mano de países donde se sabe que se utiliza la mano de obra de menores.	1. Los fabricantes buscarán empleados mayores de edad.	1. Es prácticamente imposible de llevar a cabo.
2. Exigir que todas las alfombras importadas procedan de fábricas que no empleen la mano de obra de menores.	2. Será difícil vender alfombras hechas por niños.	2. Podría generar un mercado negro de alfombras.
3. Inventar una máquina que ate los nudos de las alfombras tan bien como los seres humanos.	3. Las máquinas sustituirán a los niños trabajadores.	3. Es difícil obligar a las fábricas a comprar maquinaria cara.

- Un **hecho** es algo que ha ocurrido o puede comprobarse. Los hechos pueden verificarse en libros de consulta como enciclopedias, almanaques o atlas.
- Una **opinión** es algo que expresa una creencia o un juicio que no se ha comprobado.

Esquema para un ensayo sobre problemas y soluciones

I. Introducción
  A. Capta la atención del lector.
  B. Presenta el problema.
II. Cuerpo
  A. Explica la gravedad del problema.
  B. Analiza las posibles soluciones.
  C. Plantea y respalda la mejor solución.
III. Conclusión
  A. Resume la propuesta.
  B. Pide que se tomen medidas.

4. Busca y respalda la mejor solución

¡Recuerda que los problemas no serían problemas si fueran fáciles de resolver! La mejor solución a un problema puede ser imperfecta y puede requerir algún tipo de acuerdo. En un ensayo sobre problemas y soluciones no solamente debes proponer una solución sino que también debes utilizar argumentos convincentes que la respalden. Para respaldar tu propuesta, haz una lista de detalles que puedas utilizar como evidencia de apoyo, como pueden ser hechos, razones, anécdotas, ejemplos, estadísticas y opiniones de expertos.

Mientras recopiles la evidencia, ten en cuenta la diferencia fundamental entre **hecho** y **opinión.**

El borrador
Organiza un borrador

En la **introducción** del ensayo, utiliza un hecho, una anécdota o una cita impactante para captar la atención del lector. Por ejemplo, si estuvieras tratando el problema de la explotación a que se someten los menores en el trabajo, podrías emplear la cita de una entrevista o un artículo sobre la situación de cierto joven que está obligado a realizar un trabajo difícil. Podrías también comenzar el ensayo con una serie de datos o estadísticas de un informe acerca de la Convención de la Organización de las Naciones Unidas sobre los Derechos del Niño.

En el **cuerpo** de tu ensayo, asegúrate de que tus lectores comprendan el significado y el alcance del problema. Luego debate los puntos a favor y en contra de las posibles soluciones. Finalmente, formula la mejor solución y apóyala con evidencias concretas.

Utiliza la **conclusión** de tu ensayo para volver a formular la mejor y más práctica solución al problema. En tu última oración, pide a los lectores que apoyen la solución con las medidas adecuadas.

Evaluación y revisión
1. Intercambio entre compañeros

Intercambia borradores con un(a) compañero(a). Luego completen una evaluación como la que sigue:

2. Autoevaluación

Emplea la guía siguiente para revisar tu trabajo. Añade, elimina o vuelve a escribir detalles de tu ensayo y haz cualquier otro cambio que haga falta en el empleo de las palabras o en la organización.

Pautas de evaluación

1. ¿Capto desde el principio la atención del lector?

2. ¿He formulado claramente el problema y su alcance?

3. ¿He analizado los puntos a favor y en contra de las posibles soluciones?

4. ¿He planteado y respaldado con claridad la mejor solución?

5. ¿Termino con una conclusión sólida?

Técnicas de revisión

1. Comienza con una cita, un hecho o una anécdota impactante.

2. Incluye hechos y razones que muestren la gravedad del problema.

3. Incluye detalles sobre posibles soluciones y analízalos.

4. Plantea la solución y respáldala con evidencias concretas.

5. Convence a tus lectores que apoyen tu propuesta con las medidas adecuadas.

Pautas para redactar
Siempre que sea posible, emplea palabras de enlace para indicar la relación que tienen las ideas de tu ensayo.

Compara las dos versiones siguientes del borrador de un párrafo de un ensayo que plantea problemas y soluciones.

MODELOS

Borrador 1

La explotación de menores en las fábricas es una práctica desagradable. Muchos niños sufren bajo condiciones miserables en fábricas por todo el mundo. Alguien debería poner fin a esto.

Evaluación: Este párrafo formula el problema, pero no expresa su gravedad de una manera sólida y enérgica.

Borrador 2

Las dos manos del niño tienen grietas verdes y moradas. Tiene la espina dorsal doblada, y por ello apenas puede caminar erguido. El esfuerzo ha perjudicado su visión y está a punto de perder el trabajo. El pobre Rahul tiene trece años. Trabaja en las fábricas de alfombras desde hace siete años y, a pesar de eso, cuando deje de ser útil, lo van a echar a la calle: prácticamente ha perdido la vida debido a los horrores a que se someten los menores que trabajan en las fábricas. Nuestro país se debe unir con otras naciones para tratar de eliminar esta explotación en todas sus formas.

Evaluación: Mejor. Este párrafo comienza con una imagen impresionante. El escritor utiliza la imagen para formular el problema y señalar su gravedad.

Corrección de pruebas

Intercambia tus apuntes con un(a) compañero(a) y corrijan detenidamente sus respectivos ensayos. Señalen cualquier error de gramática, ortografía o puntuación.

Publicación

He aquí algunos métodos para publicar o compartir tu escrito:
- Adapta tu ensayo a modo de discurso para dirigirlo a tu clase, tu escuela o a algún grupo en la comunidad.
- Presenta tu ensayo al periódico de la escuela o de tu ciudad como columna de opinión.
- Envía tu ensayo con una carta de presentación a una escuela o a algún grupo en la comunidad que esté preocupado por el problema.
- Emplea tu ensayo como «declaración de intenciones» en una mesa redonda en la que participen otros estudiantes interesados en resolver el problema.

Reflexión

Escribe una respuesta breve a una de estas preguntas:
- Al escribir tu ensayo, ¿qué aprendiste sobre las soluciones prácticas a los problemas de la vida real?
- ¿Qué aprendiste al tratar de convencer a los demás?

Así se dice

Para reflexionar sobre un trabajo escrito

A veces una imagen impresionante puede despertar nuestra preocupación por los demás...

Traté de plasmar, como en una fotografía, imágenes...

Pienso que el haber comenzado mi ensayo con esta imagen lo hizo más convincente...

A ver si puedo...

A. Contesta las siguientes preguntas según la información presentada en ELEMENTOS DE LITERATURA.
1. ¿Qué es un drama? ¿Qué significa la palabra «drama»?
2. ¿Cuáles son los cuatro elementos del argumento de una obra de teatro? ¿Puedes escribir una definición de cada uno de ellos?
3. ¿Para qué sirve el diálogo en una obra de teatro?

B. Piensa en un drama que hayas visto o leído. Escribe un breve resumen de cinco o seis oraciones, haciéndote las cinco preguntas de la página 249 para decidir qué partes de la obra son importantes.

C. Explica la importancia de las siguientes cosas, personas y fechas en la Revolución mexicana.
1. 1910
2. Porfirio Díaz
3. Francisco I. Madero
4. Victoriano Huerta
5. Venustiano Carranza
6. Francisco (Pancho) Villa y Emiliano Zapata
7. la Constitución de 1917
8. Lázaro Cárdenas

D. Explica el significado de las siguientes palabras dentro del contexto de los cuentos. Después escribe una oración original con cada una de ellas.
El anillo del general Macías: jadear, dorso, zafarse, tambalearse, enderezarse
«Cajas de cartón»: fornido, apearse, agujereado, deslizarse, pizcar

E. Explica el significado de los siguientes regionalismos y escribe una oración con cada uno de ellos.
Regionalismos: cabetes, agalludo, achicopalarse, abanicar, pana, guagua

F. Completa las siguientes oraciones con el pronombre relativo adecuado, dando todas las respuestas posibles para los casos en que haya más de una.
1. Mi prima Catalina, a ===== conociste en la fiesta, se va mañana para México.
2. La señora Verástegui es una historiadora renombrada ===== ha publicado varios libros.
3. El anciano, ===== tiene ciento cinco años, dice haber sido soldado en la Revolución mexicana.

4. Gustavo y Claudia no han llegado todavía, ===== me preocupa.

5. El pueblo está situado a la orilla de un lago cristalino, al otro lado de ===== se ve un volcán alto y nevado.

6. El martes será la boda de Joaquín, después de ===== habrá una gran recepción en el club campestre de Tres Montes.

G. Combina estas oraciones en una sola, por medio de un pronombre relativo. Di después si la cláusula es especificativa o explicativa.

1. Mi hermana es la chica altísima. Jugaste al baloncesto con ella el jueves.

2. El pastel para el cumpleaños de Juan lleva chocolate y coco. El chocolate y el coco son sus favoritos.

3. Mi papá es policía en la ciudad de Nueva York. Nueva York es la ciudad más grande de Estados Unidos.

4. Elena Rubio es una famosa cantante. Yo la conozco muy bien.

5. Mis tíos tienen una casa nueva en las montañas. Pienso pasar las vacaciones allí.

6. La manifestación tuvo lugar en frente del Ministerio de Relaciones Exteriores. Había más de dos mil personas.

Escritura

¿Sabes deletrear palabras con las letras *m* y *n*? Págs. 284–285

H. Completa las siguientes oraciones basadas en el cuento «Los dos reyes y los dos laberintos» con **m o n.**

1. El rey de Babilonia co===struyó un laberinto de bro===ce casi i===navegable que se co===sideraba un escá===dalo.

2. Este rey hizo burla de la si===plicidad de un rey árabe por medio del truco i===noble de hacerlo penetrar en el laberinto.

3. El rey árabe anduvo afre===tado y confu===dido hasta que i===ploró socorro divino.

4. El rey árabe se ve===gó del rey de Babilonia al destruir el reino de éste y aba===donarlo en medio del i===menso desierto.

¿Sabes usar los acentos ortográficos con los sufijos? Págs. 285–287

I. Vuelve a escribir cada una de las siguientes palabras, cambiándolas de singular a plural o viceversa. Haz cualquier cambio ortográfico que haga falta.

1. irlandés   **4.** imagen   **7.** pudines

2. acotaciones   **5.** corazones   **8.** galeses

3. razón   **6.** camión   **9.** jóvenes

¿Sabes escribir un ensayo sobre problemas y soluciones? Págs. 288–292

J. Contesta las siguientes preguntas acerca de la preparación de un ensayo sobre problemas y soluciones.

1. ¿Cuáles son dos maneras de presentar el problema que quieres tratar?

2. ¿De qué manera puedes explorar un problema?

3. Después de presentar una solución, ¿cómo la puedes respaldar?

Vocabulario esencial

Ampliación

• Vocabulario adicional
  Colección 4

• *El anillo del general Macías* pág. 225

abarrotado, -da *adj.*
armario *m.*
atinado, -da *adj.*
aturdido, -da *adj.*
coraje *m.*
desolado, -da *adj.*
despejado, -da *adj.*
despreciar *v.*
detener *v.*
dorso *m.*
enderezarse *v.*
esconder *v.*
farsa *f.*

fusilar *v.*
galante *adj.*
hacer guardia *v.*
halagado, -da *adj.*
hundirse *v.*
jactarse *v.*
jadear *v.*
leal *adj.*
matrimonial *adj.*
mendigo, -ga *m. y f.*
modales *m. pl.*
ostentosamente *adv.*
pelotón de fusilamiento *m.*

refugio *m.*
retroceder *v.*
rezar *v.*
salvarse *v.*
sano y salvo *expresión adv.*
sollozar *v.*
tambalearse *v.*
traicionar *v.*
veneno *m.*
zafarse *v.*

«Cajas de cartón» pág. 253

acarrear *v.*
agujereado, -da *adj.*
apearse *v.*
bracero *m.*
capota *f.*
cartón *m.*
comején *m.*
cosecha *f.*
desempacar *v.*

deslizarse *v.*
empacado, -da *adj.*
entusiasmado, -da *adj.*
fornido, -da *adj.*
impertinente *adj.*
madrugada *f.*
magullado, -da *adj.*
mella *f.*
muchedumbre *f.*

mudanza *f.*
pizcar *v.*
roído, -da *adj.*
sobresaltarse *v.*
sofocado, -da *adj.*
temporada *f.*
trastes *m. pl.*

■ Mejora tu vocabulario pág. 271

abanicar *v.*
achicopalado, -da *adj.*
agüitarse *v.*
alberca *f.*
cabete *m.*
cajuela *f.*
chamaco, -ca *m. y f.*

combi *m.*
con todos los
      hierros *expresión adv.*
cuate *m.*
darse lija *v.*
echar un pestañazo *v.*
eléctrico, -ca *adj.*

escuincle *m. y f.*
guagua *f.*
morral *m.*
nieve *f.*
padrísimo, -ma *adj.*
popote *m.*
sangrón, -ona *adj.*

Enlaces literarios

La poesía latinoamericana del siglo XX

Soledad, compañía e ironía

La primera mitad del siglo XX fue una época de muchos cambios políticos y sociales de gran trascendencia en Latinoamérica. El industrialismo resultó en un gran éxodo del campo hacia las ciudades que a su vez trajo consigo la fragmentación social. Además, surgió un nacionalismo que buscaba realzar la singularidad de la sociedad latinoamericana y que terminó rechazando parcial o completamente los modelos europeos que habían servido como base política-social. Este rechazo influyó mucho en las bellas artes, sobre todo en la poesía. Aunque algunos poetas conservaban elementos del Romanticismo y del Modernismo, otros experimentaron con las nuevas tendencias vanguardistas que surgieron. Del ultraísmo adoptaron un léxico moderno y tecnológico que evitaba adornos lingüísticos y un lenguaje metafórico que huía de lo sentimental. Mediante los recursos surrealistas, como la asociación libre y los sueños, los poetas exploraron y expresaron los impulsos reprimidos del subconsciente. En el ambiente incierto e inquietante de la posguerra, también influyeron las ideas de Freud y Jung acerca del inconsciente y la psicología del individuo, y las de Nietzsche y Schopenhauer acerca del valor dudoso de la existencia. Tal preocupación existencial fomentó un interés en el papel de la mujer dentro de la sociedad. Varias poetas se dedicaron a tratar temas feministas en su poesía, en tanto que algunos poetas, sin promover la causa feminista, empezaron a explorar, de manera muy íntima y personal, las relaciones entre hombres y mujeres. Así que lo que vincula a los tres poetas destacados en esta colección es la preocupación por el individuo, hombre o mujer, dentro y fuera de la sociedad moderna. **Pablo Neruda,** poeta chileno galardonado con el Premio Nóbel en 1971, incorporó las imágenes sensoriales del Modernismo y la soledad existencial del Romanticismo en su célebre colección *Veinte poemas de amor y una canción desesperada* (1924). Su éxito se debe en gran parte a la naturaleza reflexiva, íntima y melancólica de su obra. **Alfonsina Storni,** poeta argentina, utilizó las técnicas y los temas surrealistas en *Mascarilla y trébol, círculos imantados* (1938), pero en *El dulce daño* (1918) hizo énfasis tanto en los efectos negativos de la modernización en la gente como en la soledad de la mujer y su deseo de independencia. La publicación de esta colección la estableció como feminista por excelencia. **Rosario Castellanos,** poeta mexicana, muy pronto se estableció como poeta intimista de gran preocupación por la soledad y el feminismo, los cuales la llevaron a crear una escritura femenina que daría voz tanto a las mujeres como a los indígenas y a otros marginados. La recopilación de sus doce colecciones, *Poesía no eres tú* (1972) muestra la trayectoria de su desarrollo poético. Aunque Neruda, Storni y Castellanos difieren en su expresión del estado del individuo frente a los otros y a sí mismo, los tres establecen una dinámica «tú» y «yo» que expresa su soledad esencial y su irónica necesidad de compañía en un mundo de solitarios.

Me gustas cuando callas

Pablo Neruda

Desde *Veinte poemas de amor y una canción desesperada* (1924) hasta *Jardín de invierno* (1974), **Pablo Neruda** (1904–1973) publicó poemas sobre, entre otros temas, la soledad, dirigidos a la mujer como objeto silencioso de su deseo y contemplación.

Díptico: Escena interior con una pareja (1991) de Gonzalo Cienfuegos.

Me gustas cuando callas porque estás como ausente,°
y me oyes desde lejos, y mi voz no te toca.
Parece que los ojos se te hubieran volado
y parece que un beso te cerrara la boca.

5 Como todas las cosas están llenas de mi alma
emerges de las cosas, llena del alma mía.
Mariposa de sueño, te pareces a mi alma,
y te pareces a la palabra melancolía.

1. **ausente:** que no está presente, alejada.

Me gustas cuando callas y estás como distante.
10 Y estás como quejándote, mariposa en arrullo.°
Y me oyes desde lejos, y mi voz no te alcanza:°
déjame que me calle con el silencio tuyo.

Déjame que te hable también con tu silencio
claro como una lámpara, simple como un anillo.
15 Eres como la noche, callada y constelada.°
Tu silencio es de estrella, tan lejano y sencillo.

Me gustas cuando callas porque estás como ausente.
Distante y dolorosa° como si hubieras muerto.
Una palabra entonces, una sonrisa bastan.
20 Y estoy alegre, alegre de que no sea cierto.

10. **arrullo:** sonido suave que hace la paloma.
11. **alcanza:** llega.
15. **constelada:** de muchas estrellas.
18. **dolorosa:** afligida.

Kactus Foto, Santiago, Chile/SuperStock

Tú me quieres blanca

Alfonsina Storni

Al igual que Neruda, **Alfonsina Storni** (1892–1938) se dirigió a un «tú», en su caso a un hombre, por el cual sintió a la vez amor y desdén. Se expresó como fervorosa partidaria de los derechos de la mujer.

Tú me quieres alba;
me quieres de espumas;
me quieres de nácar,°
Que sea azucena,
5   sobre todas, casta.°
De perfume tenue.
Corola cerrada.

Ni un rayo de luna
filtrado me haya,
10   ni una margarita
se diga mi hermana.
Tú me quieres blanca;
tú me quieres nívea;
tú me quieres casta.

15   Tú, que hubiste todas
las copas a mano,
de frutos y mieles
los labios morados.
Tú, que en el banquete
20   cubierto de pámpanos,°
dejaste las carnes
festejando a Baco.°
Tú, que en los jardines
negros del Engaño,
25   vestido de rojo
corriste al Estrago.°

Tú, que el esqueleto
conservas intacto,
no sé todavía
30   por cuáles milagros
(Dios te lo perdone),
me pretendes° casta
(Dios te lo perdone),
me pretendes alba.

35   Huye hacia los bosques;
vete a la montaña;
límpiate la boca;
vive en las cabañas;
toca con las manos
40   la tierra mojada;
alimenta el cuerpo
con raíz amarga;
bebe de las rocas;
duerme sobre la escarcha;
45   renueva tejidos
con salitre° y agua;
habla con los pájaros
y lévate al alba.
Y cuando las carnes
50   te sean tornadas,
y cuando hayas puesto
en ellas el alma,
que por las alcobas
se quedó enredada,
55   entonces, buen hombre,
preténdeme blanca,
preténdeme nívea,
preténdeme casta.

3. nácar: sustancia blanca, dura y reluciente que producen algunos moluscos.
5. casta: pura.
20. pámpanos: hojas de la vid.
22. Baco: en la mitología grecorromana, el dios del vino y de la diversión.
26. Estrago: daño físico o moral, aquí personificado.

Femme au chapeau blanc (Mujer con sombrero blanco) de Pablo Picasso.

32. me pretendes: me quieres, me cortejas.
46. salitre: nitrato de potasio, sustancia salina.

Autorretrato

Rosario Castellanos

Al igual que Storni, **Rosario Castellanos** (1925–1974) era feminista.
Exploró en sus obras la experiencia y el silencio de la mujer mexicana,
muchas veces mediante el mundo doméstico donde dominaba. Trató
también los temas de la soledad y el amor.

Yo soy una señora: tratamiento
arduo de conseguir, en mi caso, y más útil
para alternar con los demás que un título
extendido a mi nombre en cualquier
    academia.

5 Así, pues, luzco° mi trofeo y repito:
yo soy una señora. Gorda o flaca
según las posiciones de los astros,
los ciclos glandulares
y otros fenómenos que no comprendo.

5. luzco: hago ostentación (de).

Retrato de Lydia Cabrera (entre 1940 y 1949)
de Wilfredo Lam.

The Lowe Art Museum, The University of Miami/SuperStock.

10 Rubia, si elijo una peluca rubia.
O morena, según la alternativa.
(En realidad, mi pelo encanece,
    encanece.)°
Soy más o menos fea. Eso depende mucho
de la mano que aplica el maquillaje.

15 Mi apariencia ha cambiado a lo largo del
    tiempo
—aunque no tanto como dice Weininger°
que cambia la apariencia del genio—. Soy
    mediocre.
Lo cual, por una parte, me exime° de
    enemigos
y, por la otra, me da la devoción
20 de algún admirador y la amistad
de esos hombres que hablan por teléfono
y envían largas cartas de felicitación.
Que beben lentamente whisky sobre las
    rocas
y charlan de política y de literatura.

12. encanece: se vuelve blanco.
16. Weininger: filósofo austriaco cuyo libro *El sexo
y el carácter* (1903) insistía en la superioridad del
hombre ante la mujer.
18. exime: libera.

Amigas... hmmm... a veces, raras veces
y en muy pequeñas dosis.
En general, rehuyo los espejos.
Me dirían lo de siempre: que me visto
     muy mal
y que hago el ridículo
cuando pretendo coquetear° con alguien.

Soy madre de Gabriel: ya usted sabe, ese
     niño
que un día se erigirá° en juez inapelable
y que acaso, además, ejerza de verdugo.°
Mientras tanto lo amo.

Escribo. Este poema. Y otros. Y otros.
Hablo desde una cátedra.°
Colaboro en revistas de mi especialidad
y un día a la semana publico en un
     periódico.

Vivo enfrente del Bosque. Pero casi
nunca vuelvo los ojos para mirarlo. Y
     nunca
atravieso la calle que me separa de él
y paseo y respiro y acaricio
la corteza rugosa de los árboles.

Sé que es obligatorio escuchar música
pero la eludo con frecuencia. Sé

que es bueno ver pintura
pero no voy jamás a las exposiciones
ni al estreno teatral ni al cine-club.

Prefiero estar aquí, como ahora, leyendo
y, si apago la luz, pensando un rato
en musarañas° y otros menesteres.°

Sufro más bien por hábito, por herencia,
     por no
diferenciarme más de mis congéneres°
que por causas concretas.
Sería feliz si yo supiera cómo.
Es decir, si me hubieran enseñado los
     gestos,
los parlamentos, las decoraciones.

En cambio me enseñaron a llorar. Pero
     el llanto
es en mí un mecanismo descompuesto
y no lloro en la cámara mortuoria
ni en la ocasión sublime ni frente a la
     catástrofe.

Lloro cuando se quema el arroz o
     cuando pierdo
el último recibo del impuesto predial.°

25

30

35

40

45

50

55

60

30. coquetear: tratar de atraer la atención de otra persona por vanidad.
32. se erigirá: llegará a ser.
33. verdugo: el que ejecuta las penas de muerte.
36. cátedra: asiento desde donde enseña un(a) profesor(a).

51. en musarañas: estar distraído(a).
51. menesteres: quehaceres.
53. congéneres: semejantes.
63. predial: relacionado con los inmuebles, edificios o cosas que se pueden heredar.

■ Actividades

Comprensión del texto

1. ¿Quién es el narrador en los poemas de Neruda, Storni y Castellanos?

2. ¿A quién se dirige el narrador en estos tres poemas?

3. ¿Cómo se siente el narrador de «Me gustas cuando callas»? ¿Cómo lo afecta el silencio de la mujer a quien se dirige?

4. ¿Cómo se caracteriza el «tú» del poema «Tú me quieres blanca»? ¿Cómo ve él a la narradora? Según ésta, ¿qué cosas ha hecho el «tú» en la vida? A partir del verso 35 hay una sección del poema en la cual la narradora le exige que haga ciertas cosas. ¿Por qué quiere que él «tú» cumpla con estos mandatos?

5. ¿Cómo es el mundo en que vive la narradora de «Autorretrato»? ¿Cuáles son algunas de las actividades u obligaciones que menciona? ¿Cómo va caracterizándose por medio de estas actividades?

6. ¿En qué difieren los poemas de Castellanos y Storni en cuanto a la dinámica «tú–yo»?

Análisis del texto

1. ¿Qué letra forma la aliteración principal en «Me gustas cuando callas»? ¿Qué función sirve?

2. ¿Qué sinónimos para «blanco» usa Storni en «Tú me quieres blanca»? ¿Qué simboliza este conjunto de palabras? ¿Qué papel tienen los diferentes tonos de rojo en el poema?

3. Anáfora, es decir, la repetición de una palabra o frase al principio de un verso, figura mucho en «Tú me quieres blanca». ¿Por qué crees que la poeta utiliza este recurso literario?

4. Al principio del poema, Castellanos se describe a sí misma usando la palabra «soy». Al final, se describe usando la palabra «escribo». ¿Qué significa este cambio de verbos?

5. ¿Cómo describirías el tono en «Autorretrato»? ¿Qué reacción provoca este tono en el lector?

6. En la ironía verbal, un escritor o hablante dice una cosa con un sentido muy diferente al que aparenta. Busca tres ejemplos de ironía en los poemas y explica su significado verdadero en el contexto de cada uno.

Más allá del texto

1. ¿Conoces algún poeta estadounidense que escriba sobre su propio estado en el mundo? ¿que trate el tema de la soledad? ¿que use la ironía para este tema?

2. Si escribieras tu propio autorretrato, ¿qué dirías sobre ti mismo(a)? ¿A quién te dirigirías?

COLECCIÓN 5

Mitos

En esta colección, vas a aprender más sobre los siguientes conceptos:

Lectura

Elementos de literatura: Mitos, leyendas y cuentos populares

Estrategias para leer: Hacer una evaluación

Cultura

Cultura y lengua: Los mayas

Panorama cultural: Si pudieras poner en una cápsula del tiempo algo que diera testimonio del avance de nuestra civilización, ¿qué pondrías?

Comunidad y oficio: La conservación de la tradición oral popular

Comunicación

Así se dice: Para evaluar un texto literario: para hacer conjeturas; para establecer comparaciones; para evaluar un trabajo escrito; para reflexionar sobre un trabajo escrito

Vocabulario: Las voces indígenas

Gramática: Repaso de las cláusulas de relativo; el modo en las cláusulas de relativo; el subjuntivo en las cláusulas adverbiales

Comparación y contraste: Las cláusulas de relativo con antecedentes indefinidos en español e inglés

Escritura

Ortografía: El sonido /s/; las formas verbales

Taller del escritor: La evaluación

internet

MARCAR: go.hrw.com
PALABRA CLAVE:
WN3 MITOS

Reproducción autorizada por el Instituto Nacional de Bellas Artes y Literatura.

Ilustración para el *Popol Vuh* (detalle) (1931) de Diego Rivera. «...así fue la creación de la tierra, cuando fue formada por el corazón del cielo, el corazón de la tierra...»

ANTES DE LEER
del *Popol Vuh*

Punto de partida

El *Popol Vuh* es el libro sagrado de los mayas quiché. Estás a punto de leer el comienzo del *Popol Vuh,* donde se describe la creación del mundo. Del mismo modo que los mitos de la creación en otras culturas, este libro explica también cómo se creó el mundo y quién fue el responsable de su creación. En esta historia se presenta a los dioses Tepeu y Gucumatz, quienes, según los mayas, crearon el universo y todo lo que se encuentra en él.

Escritura libre

¡Imagina que pudieras crear algo que nadie haya visto, pensado ni imaginado antes! Describe en un párrafo breve lo que te gustaría crear.

Telón de fondo

Los mayas quiché

El reino maya se extendía sobre el territorio que hoy en día ocupan Guatemala, Belice, el sureste de México y las regiones occidentales de Honduras y El Salvador. Entre los mayas se hablaban muchas lenguas diferentes, aunque relacionadas, entre ellas el quiché, propia de la gente que creó el *Popol Vuh*. En la actualidad, los mayas quiché habitan aún el territorio que se describe en el *Popol Vuh*.

El idioma original de los mayas, el que encontraron a su llegada los conquistadores españoles en el siglo XVI, era escrito en jeroglíficos, que son imágenes y símbolos que representan un sonido o un significado. Hoy en día se conservan sólo cuatro libros mayas de jeroglíficos, ya que cientos de textos de este tipo fueron destruidos por los invasores europeos.

Aún así, los europeos no lograron eliminar del todo la literatura maya, siendo ellos, de hecho, quienes enseñaron a los mayas un nuevo método de hacer manuscritos. Como los misioneros querían que los mayas aprendieran oraciones y sermones cristianos, adaptaron el alfabeto latino a los sonidos de la lengua quiché y enseñaron a leer y a escribir quiché a los mayas en este alfabeto. De esta forma, los mayas empezaron a usar el alfabeto romano para copiar su propia literatura jeroglífica. A principios del siglo XVIII, un cura llamado Francisco Ximénez descubrió, copió y tradujo un manuscrito quiché. Gracias a la copia del Padre Ximénez ha llegado hasta nuestros días el *Popol Vuh*.

Elementos de literatura

Mitos

Entre los muchos tipos de mitos, se destacan los de la creación. Otros tipos de mitos relatan hechos heroicos, cuentan hazañas de personajes legendarios o explican fenómenos naturales como el origen del sol y de la luna.

Los **mitos** son historias que nos ayudan a explicar el por qué de las cosas.

Para más información, ver el GLOSARIO DE TÉRMINOS LITERARIOS.

Diálogo con el texto

Al leer esta selección, prepara un diagrama que muestre la secuencia de sucesos que tienen lugar en la creación del mundo maya.

DIARIO DEL LECTOR

del POPOL VUH

VIDEO

Versión de Jorge Luis Arriola

CAPÍTULO PRIMERO

Éste es el primer libro escrito en la antigüedad, aunque su vista está oculta al que ve y piensa. Admirable es su aparición y el relato (que hace) del tiempo en el cual acabó de formarse todo (lo que es) en el cielo y sobre la tierra, la cuadratura y la cuadrangulación de sus signos,[1] la medida de sus ángulos, su alineamiento y el establecimiento de las paralelas en el cielo y sobre la tierra, en los cuatro extremos, en los cuatro puntos cardinales,[2] como fue dicho por El Creador y El Formador, La Madre, El Padre de la Vida, de la existencia, aquel por el cual se respira y actúa, padre y vivificador de la paz de los pueblos, de sus vasallos[3] civilizados. Aquel cuya sabiduría ha meditado la excelencia de todo lo que hay en el cielo y en la tierra, en los lagos y en el mar.

Éste es el relato de cómo todo estaba en suspenso, todo estaba en calma y en silencio; todo estaba inmóvil, todo tranquilo, y vacía la inmensidad de los cielos.

Ésta es, pues, la primera palabra y el primer relato. No había aún un solo hombre, un solo animal; no había pájaros, peces, cangrejos,

DIARIO DEL LECTOR

¿Quién es el que escribe esta historia?

¿Serán éstos los nombres de los dioses?

Me volvería loco(a) si el mundo estuviera vacío.

bosques, piedras, barrancas, hondonadas, hierbas ni sotos;[4] sólo el cielo existía.

La faz de la tierra no se manifestaba todavía; sólo el mar apacible y todo el espacio de los cielos.

No había nada que formara cuerpo; nada que se asiese a otra cosa; nada que se moviera, que produjese el más leve roce, que hiciese (el menor) ruido en el cielo.

No había nada erguido. (No había) sino las tranquilas aguas; sino el mar en calma y solo, dentro de sus límites, pues no había nada que existiera.

No había más que la inmovilidad y el silencio en las tinieblas, en la noche. Estaba también solo El Creador, El Formador, El Dominador, El Serpiente cubierto de Plumas.[5] Los que engendran, los que dan la vida, están sobre el agua como una luz creciente.

Están cubiertos de verde y azul, y he ahí por qué el nombre de ellos es Gucumatz, cuya na-

---

1. **la cuadratura... de sus signos:** localización de los cuerpos celestes.
2. **puntos cardinales:** norte, sur, este y oeste.
3. **vasallos:** personas que están bajo la autoridad de un rey o gobernante.
4. **barrancas, hondonadas... sotos:** Las barrancas y hondonadas son irregularidades en el terreno. Un soto es un lugar poblado de árboles.
5. **El Creador... de Plumas:** Otras versiones del *Popol Vuh* identifican a «Tepeu» como El Dominador y a El Serpiente como «Gucumatz». Se cree que El Dominador (Tepeu) y Gucumatz (El Serpiente) son títulos alternativos para designar a la pareja de la creación, El Creador y El Formador. Las palabras del quiché que designan a esta pareja se traducen como «madre» y «padre».

---

turaleza es de grandes sabios. He aquí cómo existe el cielo; cómo existe igualmente El Corazón del Cielo;[6] tal es el nombre de Dios, así como se le llama. Entonces, fue cuando su palabra llegó aquí con El Dominador y Gucumatz, en las tinieblas y en la noche, y habló con El Dominador, El Gucumatz.

Y ellos hablaron, y entonces se consultaron y meditaron; se comprendieron y unieron sus palabras y sus pensamientos.

Entonces se hizo el día mientras se consultaban y al <u>alba</u> se manifestó el hombre, cuando ellos tenían consejo sobre la creación y crecimiento de los bosques y de los bejucos;[7] sobre la naturaleza de la vida y de la humanidad (creadas) en las tinieblas y en la noche por aquel que es El Corazón del Cielo, cuyo nombre es Hurakán.

El Relámpago es el primer signo de Hurakán; el segundo, El Surco del Relámpago; el tercero, El Rayo que Golpea, y los tres son El Corazón del Cielo.

Luego vinieron ellos con El Dominador, El Gucumatz; entonces tuvieron consejo sobre la vida del hombre; cómo se harían las siembras, cómo se haría la luz; quién sería sostén y mantenedor de los dioses.

—¡Que así sea hecho! ¡Fecundaos!,[8] (fue dicho). Que esta agua se retire y <u>cese</u> de estorbar, a fin de que la tierra exista aquí; que se

---

6. **El Corazón del Cielo:** El Corazón del Cielo, conocido también como Hurakán, es un gran dios que incorpora a tres deidades, El Relámpago, El Surco del Relámpago y El Rayo que Golpea, en una sola divinidad. El Corazón del Cielo y la pareja que componen El Dominador y Gucumatz unen sus fuerzas para crear el mundo.
7. **bejucos:** plantas largas que se extienden por el suelo.
8. **¡Fecundaos!:** ¡procread!

- -

ADUÉÑATE DE ESTAS PALABRAS

alba *f.:* amanecer, primeras horas de la mañana.
cese, de **cesar** *v.:* parar, detener.

- -

Vista del templo del Gran Jaguar de Tikal, Guatemala.

afirme y presente para ser sembrada, y que brille el día en el cielo y en la tierra, pues no habrá gloria, ni honor de todo lo que hemos creado y formado, hasta que no exista la criatura humana, la criatura <u>dotada</u> de razón.

Así hablaron mientras la tierra era creada por ellos.

Así fue en verdad como se hizo la creación de la tierra.

—¡Tierra!, dijeron, y al instante se formó.

Como una neblina, o como una nube se formó en su estado material, cuando semejantes a cangrejos aparecieron sobre el agua las montañas y en un momento existieron las grandes montañas.

Sólo una potencia[9] y un poder maravillosos pudieron hacer lo que fue resuelto (sobre la existencia) de los montes y de los valles, y la creación de los bosques de ciprés y de pino (que aparecieron) en la superficie.

Y así Gucumatz se alegró. ¡Bienvenido seas (exclamó) oh, Corazón del Cielo, oh, Hurakán oh, Surco del Relámpago, oh, Rayo que Golpea!

—Lo que hemos creado y formado tendrá su término, respondieron ellos.

Primero se formaron la tierra, los montes y los valles. El curso de las aguas fue dividido. Los arroyos comenzaron a serpentear entre las montañas. En ese orden existieron las aguas, cuando aparecieron las altas montañas.

Así fue la creación de la tierra cuando fue formada por El Corazón del Cielo y el Corazón de la Tierra que así son llamados los que primero la fecundaron cuando el cielo y la tierra, todavía <u>inertes</u>, estaban suspendidos en medio del agua.

Tal fue su fecundación cuando ellos la formaron mientras meditaban acerca de su composición y perfeccionamiento.

ADUÉÑATE DE ESTAS PALABRAS

dotada, -do *adj.:* que posee ciertos dones o talentos, equipada.
inerte *adj.:* sin vida o movimiento.

---

9. **potencia:** fuerza, facultad.

LITERATURA Y ANTROPOLOGÍA

El perfil maya

Si observas el arte maya te darás cuenta de que la mayor parte de la gente está pintada de perfil, lo que significa que se ven de lado. También te darás cuenta de que los sujetos de las pinturas mayas tienen las cabezas puntiagudas, pero no debes pensar que los pintores mayas no sabían dibujar a la gente. Cuando floreció la civilización maya, las cabezas puntiagudas eran un ideal de belleza. Las mujeres mayas moldeaban en punta las cabezas todavía blandas de sus hijos y a veces las sujetaban con un aparato de madera en forma de cuña para que fueran puntiagudas. Los pintores mayas dibujaban a la gente de perfil para mostrar sus cabezas puntiagudas. Incluso cuando muestran un cuerpo de frente, la cabeza está de perfil. Los mayas pensaban que esto representaba la cumbre de la belleza.

Maya Women (Mujeres mayas) (1926) de Enrique Montenegro. Óleo sobre lienzo (31½" x 27½"; 80 x 69.8 cm).

CREA SIGNIFICADOS

Cuaderno de práctica, págs. 89–90

Primeras impresiones

1. Ya que este texto es solamente el comienzo del *Popol Vuh,* tal vez te preguntes qué otras cosas crearon los dioses mayas. ¿Qué otras preguntas se te ocurren sobre la creación del mundo maya?

> ### Repaso del texto
> A partir de los sucesos que incluiste en tu diagrama, prepara una serie de ilustraciones que corresponda con cada suceso de la creación del mundo maya.

Interpretaciones del texto

2. El Dominador y Gucumatz crearon juntos el mundo. ¿Se te ocurre alguna razón para utilizar a dos dioses en una historia de la creación?

3. ¿Por qué crees que los dioses quisieron cambiar el mundo en el que vivían? ¿Crees que conocían las consecuencias que producirían sus cambios?

Conexiones con el texto

4. Casi todos los textos mayas fueron destruidos por los españoles. Si se destruyeran todos los libros que has leído y todas las obras de teatro y películas que has visto en tu vida, ¿qué historias recordarías y cuáles te gustaría que conocieran los demás?

Más allá del texto

5. El mundo maya fue creado por más de un dios. ¿Has formado parte de algún grupo que haya logrado hacer algo que ningún miembro del grupo hubiera podido hacer solo? Si es así, describe la experiencia y explica cómo trabajaron juntos en el grupo.

Así se dice

Para evaluar un texto literario

Puedes usar estas expresiones para preparar el **Cuaderno del escritor** de la siguiente página.

> La obra (El texto) trata de...
>
> El argumento (La trama) se desarrolla de manera genial (insólita, obvia, complicada).
>
> Se presenta...
>
> Los temas (Las cuestiones) que se plantean son...
>
> En el desenlace, se revela...

OPCIONES: Prepara tu portafolio

Cuaderno del escritor

1. Compilación de ideas para una evaluación

Evaluar un trabajo literario significa juzgar su calidad. Para realizar una evaluación convincente, debes desarrollar **criterios** o normas para emitir un juicio. Dado que los mitos son también un tipo de narración, para su evaluación puedes utilizar las mismas normas que aplican para un cuento. Reúnete con un pequeño grupo de compañeros y establezcan normas para evaluar el *Popol Vuh* y otros mitos. Utilicen como punto de partida los apuntes que aparecen a la derecha.

Criterios para una evaluación

1. Argumento—¿Está claro el transcurso de los sucesos en la narración?

2. Tema—¿Revela el mito alguna verdad importante?

3. Caracterización

4. Ambiente

Arte

2. Postales desde el pasado

Medita sobre el mundo que crearon los dioses mayas. Si vivieras en ese mundo, ¿qué mensaje enviarías en una postal? Dibuja una postal que vaya con la época, redacta tu mensaje y no te olvides de incluir un sello.

Presentación

3. El rostro cambiante de la belleza

Tal vez te sorprendió la forma puntiaguda de las cabezas en el arte maya hasta que supiste que se consideraban bellas. El concepto de belleza difiere en distintas culturas y a través de los tiempos. Con un pequeño grupo de compañeros, realiza una investigación sobre las normas de belleza. Estudien los trabajos artísticos de un periodo determinado visitando museos y consultando libros de arte. Lleguen a un acuerdo sobre qué características físicas se consideraban bellas entonces. Comparen estas normas con las de hoy en día o con las de otras culturas y presenten a la clase sus conclusiones, indicando cuáles fueron sus fuentes de información.

Bonampak, estado de Chiapas, México.

Digital reconstruction by Doug Stern based on photography by Enrico Ferorelli and David W. Wooddell/National Geographic Image Collection.

Los mayas

internet

MARCAR: go.hrw.com
PALABRA CLAVE:
   WN3 MITOS-CYL

Los mayas a lo largo de la historia

En lo que hoy es Guatemala y el sureste de México floreció la cultura maya, una de las más desarrolladas en la historia de la humanidad. Algunos de sus logros matemáticos sobrepasaron los de los antiguos griegos y romanos, y sus cálculos astronómicos fueron sumamente precisos. Los mayas empezaron a practicar una agricultura elaborada mil años antes de que los aztecas llegaran al Valle de México y lograron mantenerse independientes de los españoles hasta entrado el siglo XVII.

A pesar de todos sus avances, la gran civilización maya fue una de las más olvidadas desde la misma conquista española, y aún hasta nuestros días. Sólo tres códices (papeles pintados con glifos y símbolos que narran eventos históricos) y dos crónicas (el *Popol Vuh* y el *Chilam Balaam*) sobrevivieron la conquista. A principios del siglo XIX, sus mayores ruinas eran completamente desconocidas y nadie tenía idea de cómo descifrar los fascinantes glifos presentes en los códices.

Hasta ahora, y gracias al trabajo minucioso de muchos estudiosos en todas partes del mundo, se ha logrado formar un cuadro bastante amplio y detallado de la antigua vida maya. El cimiento de la civilización maya fue la agricultura. Para el año 1000 a.C. o antes, los mayas ya disfrutaban de un sofisticado sistema agrícola, caracterizado por el riego, la rotación de cultivos, el desarrollo de una variedad de productos como el maíz, el frijol, la calabaza, el aguacate y otras plantas nutritivas, y un entendimiento detallado y exacto de las estaciones del año, así como su relación con los eventos astronómicos. Construyeron una sociedad especializada y estratificada que empezó a florecer en las grandes y bellas ciudades de la Edad Clásica a partir del año 200 d.C. La sociedad Clásica estaba dividida en varios estratos: la familia real, una pequeña pero prestigiosa nobleza, un poderoso grupo de mercaderes, diestros artesanos y una amplia base de campesinos, los *macehualob,* que sostenían toda esta estructura con su trabajo y su astuta ciencia agrícola.

Fue en el periodo Clásico (entre 200 d.C. y 900 d.C. aproximadamente) cuando los mayas refinaron su cultura y ampliaron su esfera de influencia por todo lo que hoy es el sur de México, Guatemala, Belice y Honduras. El centro de poder fue fluctuando entre unas 50 ó 60 grandes ciudades que se iban sucediendo en el dominio comercial y militar de territorios regionales sin acabar de organizarse en un único centro imperial absoluto. Los centros de poder y prosperidad empezaron en ciudades como Tikal y Uaxactún, pasando más tarde a centros como Calakmul y Palenque. Las ciudades tenían centros ceremoniales donde se practicaban la astronomía divina y el sacrificio humano. Los nobles se desangraban para obtener visiones místicas de sus dioses y predecir el futuro. Toda la antigua vida maya se organizaba en torno a una religión profundamente ligada a la naturaleza, a sus ciclos temporales y a la relación de éstos con los elementos básicos de la vida diaria—el agua, los cultivos, la guerra, la vida y la muerte.

Después de 900 d.C., comenzó un periodo caracterizado por su dinamismo político y por sus rápidos cambios culturales. Alrededor de este año los centros culturales Clásicos sucumbieron con una rapidez asombrosa, pasando el poder a nuevas ciudades. Todavía no se saben las causas de esta crisis, pero parece ser que hubo problemas de sobrepoblación, guerras constantes o posiblemente largas sequías e invasiones de tribus del norte.

Entre 900 y 1440 d.C., las batallas entre los mayas se recrudecieron. Los mayores centros de esta época eran Chichén Itzá y después la ciudad de Mayapán, que floreció hasta 1440, tiempo en que la civilización maya empezó a desintegrarse, entrando en franca decadencia. Los mayas que quedaban a la llegada de Cortés en 1519 mantenían todavía los conceptos religiosos de sus ancestros, sus cono-cimientos agrícolas y su grado de alfabetización, pero ya habían abandonado las antiguas ciudades con sus grandes templos, y sólo prestaban lealtad a caciques de reducida influencia política.

Durante la época colonial, los españoles siguieron sujetando a los mayas al nuevo sistema de gobierno y convirtiéndolos a la fe católica. Desde entonces las comunidades mayas se han tenido que adaptar a la situación política que se les ha impuesto. Aún a pesar de la fuerte represión que han sufrido en Guatemala y los agudos conflictos con las autoridades mexicanas, los mayas han logrado mantener viva su cultura.

En la actualidad hay entre 4 y 6 millones de mayas, que siguen habitando las mismas zonas donde floreció su antigua cultura. Siguen apegados a su propia forma de vida y hablan una veintena de idiomas mayas. Algunos aún practican artes tradi-cionales como los textiles, que no han cambiado de estilo en más de mil años. Otros han asimilado la cultura moderna, y practican la ingeniería química o la ciencia informática. La gran mayoría practica en escala reducida la agricultura tropical que desarrollaron sus ancestros y mantienen muchas de sus costumbres originales, como la música ceremonial y ciertas prácticas medicinales y religiosas. Durante más de tres mil años, los mayas han mantenido una perspectiva cultural única que ha sobrevivido a través del tiempo y que se mantiene aún viva en el siglo XXI.

Una familia maya de Chichicastenango

El arte maya En este dintel tallado de un edificio de Yaxchilán, México, el Rey Escudo-Jaguar ilumina con una antorcha a una de sus esposas, la poderosa Dama Xoc, quien atraviesa su lengua con una cuerda con espinas atadas. Se desangra para conmemorar así el nacimiento del heredero del rey, a quien dio a luz una esposa rival, la Dama Estrella Vespertina. Semejantes monumentos constituyen unos de los documentos más importantes para la comprensión de la cosmología y la compleja historia política de los reinos mayas.

Palenque, Chiapas, México La arquitectura maya demuestra una profunda integración entre la devoción religiosa y las artes prácticas como la ingeniería, la administración y la albañilería. En los grandes templos los mayas de todos los estratos sociales podían contemplar la grandeza de sus líderes, el orgullo de sus artesanos, los triunfos de los guerreros de su pueblo y el significado que impartían los dioses a todas sus actividades diarias.

Los cenotes En Yucatán el agua de lluvia se acumula en pozos llamados *cenotes,* cavernas verticales formadas por hundimientos naturales en el terreno calizo de la península. Dada la falta de ríos y lagunas, el agua de los cenotes era un recurso sumamente apreciado por los mayas. En algunos de ellos debían descender hasta 20 metros bajo la superficie de la tierra para alcanzar el agua. Los mayas creían que los cenotes eran portales que comunicaban este mundo con Xibalba, el Más Allá de los poderes divinos. Antiguamente dejaban ofrendas hundidas en los cenotes e incluso sacrificaban a víctimas humanas en ellos para asegurar la buena voluntad divina.

Los lazos con el pasado   La agricultura es la base de la vida cotidiana para los mayas modernos, quienes, al igual que sus antepasados, celebran las cosechas y los cambios de estaciones. Las técnicas agrícolas practicadas por los mayas desde la antigüedad, como la quema antes de volver a sembrar, se mantienen aún en nuestros días mezcladas con otras como la rotación de cultivos.

Un mercado maya   En el pueblo de Chichicastenango en Guatemala tiene lugar el más famoso mercado maya de nuestros días. Aquí se observa en colores vivos y con movimientos dinámicos la mezcla de mitos paganos con ritos cristianos, de artes antiguas con textiles y tintes modernos, de indios, ladinos y criollos con turistas de todas partes del mundo. Este mercado ha sido el tema de innumerables fotografías, obras de arte y crónicas, y sigue siendo una de las grandes atracciones de Guatemala.

Cuatro milenios de vida maya   Pedro Rafael González, de los maya-tzutujil, expresa la continuidad cultural de su pueblo por medio de sus pinturas al óleo. Los temas de sus obras son tradicionales: los cultivos, las fiestas, las artes y las costumbres de su pueblo. En esta pintura, «Día de ceremonias en Chichicastenango», se ven las sagradas escaleras de la iglesia de Santo Tomás, cercanas al mercado maya.

Arte Maya Tz'utuhil. Collection of Peter Bomba.

Así se dice

Para hacer conjeturas

Puedes usar estas expresiones para hacer la actividad de esta página.

Según las fotos, parece que...

Me imagino que...

A lo mejor...

Se podría concluir que...

Yo diría que...

Es (im)probable que...

Por lo visto, los mayas serán...

Actividad

En parejas, miren las fotografías en las páginas 314–315, prestando atención a los mayas contemporáneos que aparecen en ellas. ¿En qué elementos ven reflejado el pasado antiguo y colonial de los mayas? ¿Cuáles de estos elementos piensan Uds. que perdurarán y cuáles no? ¿Por qué? ¿Qué otros aspectos culturales que no son visibles en las fotos podrían perdurar en la vida de los mayas? ¿En qué forma creen que las costumbres antiguas pueden ayudar a una persona a vivir en la edad moderna?

Lengua

El idioma maya hoy y ayer

Hoy en día más de 4 millones de personas hablan algún idioma maya. La gran mayoría de estas personas son bilingües en maya y español; se cree que sólo el cinco por ciento habla maya exclusivamente. Hay entre veinte y treinta idiomas que pertenecen al grupo del maya moderno, incluyendo el yucatec en la península de Yucatán (también denominado maya), el quiché y el cakchiquel en Guatemala y otros dialectos como el tzeltal y el tzotzil en el estado de Chiapas, México. Las diferencias entre los diversos idiomas mayas son parecidas a las que existen entre los distintos idiomas romances, como el español, el francés y el italiano.

Aunque los mayas modernos hablan un idioma bastante parecido al de sus antepasados, sólo algunos expertos han logrado entender el sistema de glifos que usaron los mayas antiguos. Los antropólogos tardaron en descifrar los textos antiguos hasta que comprendieron que los glifos debían leerse de arriba hacia abajo y de izquierda a derecha. Otro gran logro fue el reconocer que la misma palabra podía ser representada por tres tipos de glifos:

1) pictográficos: por ejemplo, la cara de un jaguar para representar 'jaguar'
2) fonéticos (por sílabas): por ejemplo, los signos 'ba', 'la', y 'm(a)' = *balaam*, o 'jaguar'
3) glifos híbridos que combinaban los dos tipos de símbolos

BALAM

ba   la

—m(a)

ba   BALAM

—m(a)

Este sistema jeroglífico sobrepasó a cualquier otro sistema de escritura de la América antigua. A pesar de la destrucción de muchísimas crónicas mayas, se ha logrado construir una imagen que, si bien informativa, es tristemente incompleta de esta intrigante civilización.

Elementos de literatura

Mitos, leyendas y cuentos populares

Las historias de la **tradición oral** son narraciones que se transmiten de boca en boca y de generación en generación. Estas historias comprenden tres tipos principales de narrativa tradicional: mitos, leyendas y cuentos populares.

Un **mito** es una historia antigua en la que generalmente participan seres sobrenaturales y que sirve para explicar un fenómeno natural. En casi todas las culturas se han creado mitos sobre la creación del mundo, el origen del mar, de las montañas, de los desiertos y de otros elementos naturales del paisaje.

Los mitos suelen incorporar las tradiciones y las creencias más importantes de las personas que los cuentan: dioses, historias sagradas, héroes y el sentido de la vida. Las cuatro historias de esta colección son ejemplos de mitos. En todas encontramos a personajes sobrenaturales y todas tratan de acontecimientos cósmicos.

El origen exacto de la mayoría de los mitos es desconocido y el mismo mito existe a menudo en versiones diferentes. Los mitos de una cultura se conocen colectivamente como **mitología.** Los académicos que estudian los mitos han descubierto numerosas y fascinantes coincidencias entre mitos de culturas muy diferentes. Por ejemplo, muchos pueblos del mundo cuentan la historia de una inundación devastadora en tiempos prehistóricos. Sin duda, muchos mitos responden a las experiencias y preocupaciones más básicas y generalizadas de la raza humana.

Las **leyendas** son historias sobre hechos o sucesos extraordinarios, heredadas del pasado. Una leyenda se centra normalmente en torno a un acontecimiento histórico: por ejemplo, una batalla, un viaje, o la fundación de una nación o una ciudad. Las leyendas suelen presentar héroes humanos, en lugar de los dioses de los mitos. Los corridos ofrecen numerosos ejemplos de personajes históricos, como Gregorio Cortez, que se han convertido en figuras legendarias.

Un **cuento popular** es una historia tradicional que a menudo incorpora personajes irreales, como gigantes, dragones y animales que hablan. Algunos cuentos populares originarios de Europa, como las historias de La cenicienta o La bella durmiente, se conocen como **cuentos de hadas.** Como los mitos, estos cuentos existen en diferentes versiones, y es posible encontrar historias similares en culturas muy distintas. Por ejemplo, entre los zuñi, una comunidad indígena del estado de Nuevo México, hay una versión de la historia de La cenicienta que se ha transmitido durante sucesivas generaciones por el suroeste de Estados Unidos.

ANTES DE LEER
Tres mitos latinoamericanos

Punto de partida

Dioses y el hombre

Los mitos que vas a leer a continuación provienen de tres grandes civilizaciones precolombinas. «Precolombino» significa «anterior a Cristóbal Colón». Las civilizaciones azteca, maya e inca existían en Centro y Sudamérica antes de la llegada de Colón a las Américas. En estos tres mitos se presenta tanto a dioses como a seres humanos.

Lluvia de ideas

En este momento, probablemente ya sabes algunas cosas de las civilizaciones precolombinas. Prepara un cuadro como el que aparece a continuación y rellena las columnas «Lo que ya sé» y «Lo que quiero saber». Guarda tu trabajo, y al terminar esta colección, vuelve al cuadro y rellena la columna: «Lo que he aprendido».

Telón de fondo

Aztecas e incas

Los imperios azteca e inca florecían en América cuando llegaron los españoles. Los aztecas dominaban la zona donde se asienta hoy el centro de México. Su civilización basaba gran parte de su poderío en sus técnicas avanzadas de agricultura. Para cultivar la mayor cantidad de tierra posible, los aztecas obtuvieron agua de las lagunas y construyeron canales de irrigación, logrando producir alimentos para mantener a una enorme población. Cuando sucumbió ante el ejército del conquistador español Hernán Cortés en 1521 d.C., el imperio azteca contaba con aproximadamente seis millones de habitantes.

A lo mejor has escuchado que los europeos no tuvieron problemas para conquistar la América indígena porque tenían armas de fuego y trajeron consigo enfermedades (como la gripe), contra las cuales los habitantes nativos no tenían inmunidad. Sin embargo, hay otra razón por la cual Cortés pudo conquistar con facilidad a los aztecas: Moctezuma II, emperador de los aztecas, pensó que Cortés, barbudo y de piel pálida, era Quetzalcóatl, dios blanco de la mitología azteca, que regresaba a la tierra.

El imperio inca ocupaba gran parte de América del Sur. Su encuentro con los españoles tuvo lugar en 1532, y ya para 1535 había sucumbido. El ingenioso y moderno sistema de caminos construidos por los incas facilitó la tarea de los españoles, quienes pudieron destruir sin mayores dificultades un estado que se extendía desde la parte norte de los Andes cerca de Quito, en Ecuador, hasta el sur de lo que es hoy en día Santiago de Chile. Dos caminos recorrían el imperio de norte a sur y se extendían a lo largo de unas 2.250 millas cada uno. Uno de los caminos recorría la costa y el otro, las montañas de los Andes. En esta red de caminos había muchos túneles y puentes colgantes, sostenidos por medio de enredaderas. Probablemente hayas visto puentes de diseño similar donde se ha utilizado un cable de acero en lugar de enredaderas.

Lo que ya sé	Lo que quiero saber	Lo que he aprendido
1.	1.	1.
2.	2.	2.
3.	3.	3.
4.	4.	4.

Civilizaciones precolombinas

The Art Archive/Archaeological Museum Lima/Mirelle Vautier.

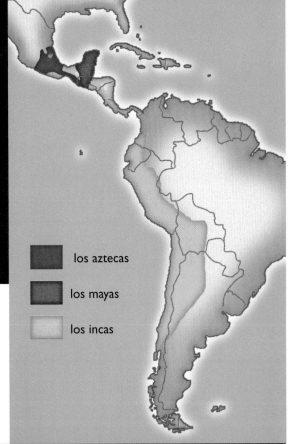

los aztecas

los mayas

los incas

Arriba: El oro de los incas se usaba no sólo para adornar las ricas vestiduras de los nobles, sino también para decorar altares y edificaciones. Esta llama de oro es una figura votiva.

Abajo izquierda: En esta pintura de las ruinas de Bonampak, Chiapas, se pueden ver, entre otras, imágenes de la nobleza maya en hilera, luciendo vestidos de telas finas.

Abajo derecha: Este escudo azteca de plumas muestra una imagen del dios del agua. Sus colores y diseños simbolizan elementos de la naturaleza así como los puntos cardinales.

Digital reconstruction by Doug Stern based on photography by Enrico Ferorelli and David W. Woodell/National Geographic Image Collection.

Explorer/SuperStock.

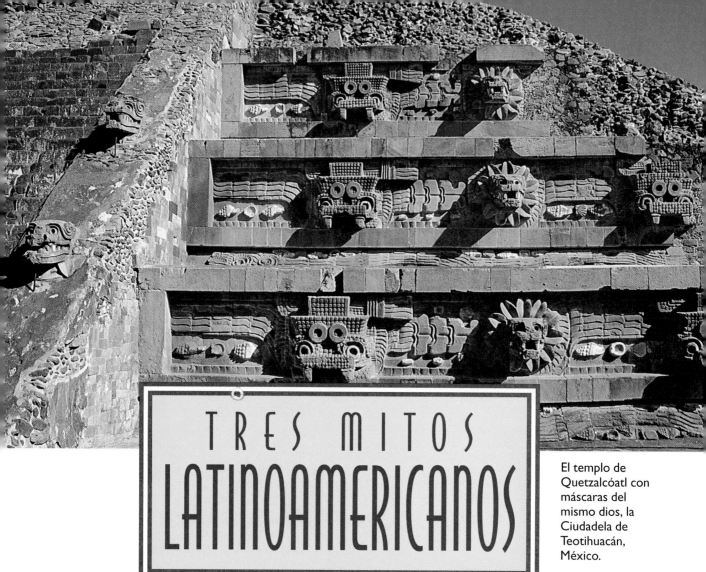

TRES MITOS LATINOAMERICANOS

El templo de Quetzalcóatl con máscaras del mismo dios, la Ciudadela de Teotihuacán, México.

Versión de Douglas Gifford

La historia de Quetzalcóatl

AZTECA

Quetzalcóatl, la serpiente con plumas, fue quizás el dios más significativo de entre aquellos a los cuales rindieran culto[1] los aztecas. En sus distintas formas aparecía como dios del cielo y del sol, como dios de los vientos, de la estrella de la mañana, y también como el benefactor de la humanidad. Su nombre proviene de la palabra *quetzal*, nombre de un raro pájaro que tenía una larga cola de plumas, y de *cóatl*, palabra con la que se designaba a la serpiente. Bajo diferentes denominaciones fue adorado a lo largo y a lo ancho de México y de la América Central. En su honor se hicieron las grandes pirámides de los templos de México, y se levantó la ciudad sagrada de Cholula, así como un templo circular en la corte de Tenochtitlán.

Quetzalcóatl era hijo de Coatlicue, diosa de la tierra. Un día se encontraba ella en lo alto de una colina, haciendo penitencia con sus hermanas, cuando a su lado cayó del cielo una pluma. La

---

1. **rindieran culto:** alabaran, glorificaran.

cogió y la puso junto a su pecho, y quedó encinta. A su debido tiempo nació su hijo.

Quetzalcóatl fue un niño bueno y dócil, que tenía tan buen corazón que apenas se atrevía a tocar una flor para no hacerle daño. Cuando se le pidió que hiciera sacrificios rehusó, ofreciendo en su lugar pan, flores y perfumes. Sin embargo, era muy duro consigo mismo, y para hacer penitencia se flagelaba[2] la espalda con espinas de cactus, hasta que le brotaba sangre.

A medida que fue creciendo descubrió muchos secretos y <u>destrezas</u>, que enseñó a la humanidad. Encontró el escondite del maíz, se enteró del valor de las piedras preciosas, del oro y de la plata, de las conchas marinas de colores y las plumas de los pájaros, y aprendió a usar las distintas plantas.

La bondad e integridad de Quetzalcóatl irritaron al gran dios Tezcatlipoca, el Espejo de Humo, que era todo lo contrario a él. Se decía que era <u>liviano</u>, y tan rápido, que podía descender de los cielos bajando por una cuerda hecha con la tela de una araña. Era el dios de la alegría; pero, a la vez, era el dios de la <u>discordia</u> y de la hechicería,[3] de la prosperidad y de la destrucción, además de un gran tramposo, que exigía a los hombres sacrificios humanos y muertes para <u>sustentarse</u>.

Un día Tezcatlipoca se acercó a donde se encontraba Quetzalcóatl y le puso frente a los ojos un espejo para que se viera. Quetzalcóatl, horrorizado, vio entonces qué viejo era, y sus ojos se entristecieron. Pensó que defraudaría a su gente si lo contemplaban así, por lo que de inmediato tapó su rostro y marchó a ocultarse. Tezcatlipoca, sin embargo, corrió tras él y lo convenció de que se mirase nuevamente en el espejo. Entonces, por el contrario, le dio un rico vestido adornado con las plumas de un *quetzal*, y una máscara azul que representaba a una serpiente hecha de finas turquesas. Com-

placido por su visión, Quetzalcóatl volvió a permitir que su gente lo contemplara.

Tezcatlipoca, no obstante, quedó insatisfecho con aquella demostración de su poder; en realidad quería destruir al puro Quetzalcóatl por com-

Serpiente emplumada (Quetzalcóatl). Museo Misionario Etnológico, Museos del Vaticano, El Vaticano.

Scala/Art Resource, New York.

2. **flagelaba:** azotaba.
3. **hechicería:** brujería.

Quetzal resplandeciente.

pleto. Así pues, simulando ser su amigo, ofreció a Quetzalcóatl una copa de *pulque*, una especie de vino hecho con la savia[4] fermentada de la pita.[5] Al principio Quetzalcóatl rehusó beber; pero al fin metió un dedo en la copa para probar aquel vino. Después se echó un trago, luego otro, y otro más, y acabó cogiéndole gusto. Como estaba muy alegre mandó llamar a su hermana, y juntos siguieron bebiendo hasta embriagarse[6]...

Desde entonces Quetzalcóatl y su hermana llevaron una vida disipada,[7] olvidándose ambos de su anterior pureza, así como del cumplimiento de sus obligaciones religiosas. Pasado un tiempo, sin embargo, sus mentes volvieron a recuperar la cualidad de pensar con claridad, y entonces comprendieron la magnitud de su falta. Arrepentido de sus pecados, Quetzalcóatl ordenó a sus criados que le hicieran un ataúd[8]

4. **savia:** sustancia líquida que circula por las plantas.
5. **pita:** planta de hojas gruesas proveniente de México.
6. **embriagarse:** beber demasiado alcohol.
7. **disipada:** malgastada, desordenada.
8. **ataúd:** caja en la cual se entierra a una persona muerta.

de piedra, y allí se metió durante cuatro días y cuatro noches para hacer penitencia. Después pidió a su gente que lo siguiera hasta la orilla del mar. Y una vez allí hizo una gran pira[9] funeraria; entonces, vestido con sus brillantes plumas, y luciendo la máscara que representaba a la serpiente de turquesas, se arrojó a las llamas.

La gran hoguera <u>crepitó</u> durante toda la noche; y, cuando se hizo de día, el cuerpo de Quetzalcóatl, convertido ya en cenizas, empezó a desperdigarse,[10] saliendo de entre las llamas cual una bandada de pájaros. Sus criados, que se hallaban desconsolados junto a la pira, viendo cómo desaparecía su dios, pudieron ver una estrella nueva que brillaba en el cielo recién despejado de la mañana: El corazón de Quetzalcóatl se había convertido en la estrella de la mañana.

9. **pira:** fogata para sacrificios.
10. **desperdigarse:** esparcirse.

ADUÉÑATE DE ESTAS PALABRAS
crepitó, de **crepitar** *v.*: producir un ruido repetido, como cuando algo se quema.

LITERATURA Y ANTROPOLOGÍA

¡Chocolate!

Hernán Cortés no sólo fue el conquistador de México, de hecho también fue el primer europeo en tomar chocolate. En la corte del emperador azteca Moctezuma le sirvieron a Cortés una bebida amarga elaborada con semillas de cacao, conocida como *xocolatl*. Cortés llevó consigo semillas de cacao al regresar a España en 1528, y allí los españoles aprendieron a endulzar la amarga bebida añadiendo vainilla y canela. Esta deliciosa bebida no llegó a Italia hasta 1606, pues los españoles habían conseguido ocultar el secreto del chocolate ¡durante casi cien años!

Equilibrio: Balance de noche y día (1995) de Orlando Agudelo-Botero. Técnica mixta sobre lienzo.

El casamiento del Sol

MAYA

Érase una vez un hombre que tenía una hermosa hija. Día a día, mientras tejía, veía pasar por delante de su puerta a un joven cazador camino al bosque. A la caída de la noche, el cazador volvía con un ciervo sobre sus hombros.

Un día estaba la muchacha lavando un poco de maíz, para hacer luego la comida, y vació el agua en el sendero que había delante de la choza de su padre. El agua de maíz dejó el sendero muy resbaladizo, y cuando el joven cazador pasó por allí se cayó. El ciervo que llevaba sobre los hombros también cayó, y la muchacha vio que no se trataba de un animal recién cazado, sino de una piel rellena de cenizas calientes que <u>se desparramaron</u> por el suelo, todavía rojas y humeantes. El joven no

----

ADUÉÑATE DE ESTAS PALABRAS

se desparramaron, de **desparramarse** *v.*: esparcirse, extenderse por muchas partes.

----

era un cazador común, era el Sol. Avergonzado entonces de haber quedado en evidencia, se convirtió en un colibrí[1] y partió volando tan velozmente como le fue posible.

El hombre Sol, sin embargo, se acordaba mucho de la muchacha que había descubierto su secreto, y volvió al día siguiente, en forma de colibrí, a alimentarse con las flores de su jardín.

—Cógeme ese adorable pajarillo —pidió la muchacha a su padre, y éste, haciendo uso de su honda,[2] <u>derribó</u> al pájaro. La muchacha lo tomó entre sus manos, y así, manteniéndolo tibio, lo tuvo durante todo el día. A la llegada de la noche, cuando su padre la encerró en la parte más <u>cálida</u> de la choza, la muchacha llevó consigo al colibrí.

En el calor del cuartucho, el colibrí revivió y vio a la muchacha, que dormía profundamente, junto al fuego. Adoptó entonces, de nuevo, su forma humana, y despertó a la joven.

—Mira, soy yo. Vámonos —susurró.

1. **colibrí:** pájaro muy pequeño con un pico largo.
2. **honda:** instrumento para lanzar piedras.

La joven, que reconoció de inmediato al joven cazador, se puso muy contenta.

—Me iría contigo, pero mi padre ha cerrado la puerta, y si huimos nos perseguirá y nos matará.

—No podrá hacerlo —replicó el cazador—, porque cambiaré nuestras formas.

—Pero mi padre tiene un lente mágico, con el que podrá ver a dónde nos dirigimos —dijo ella.

—No te preocupes —dijo el joven cazador—. Tomaré mis <u>precauciones</u> al respecto.

En un instante, ambos cambiaron de formas y se fueron a través del ojo de la cerradura de la puerta. Al poco tiempo, estaban muy lejos de la casa en donde vivía la muchacha.

El padre, a la mañana siguiente, descubrió que su hija había desaparecido y de inmediato adivinó lo que había pasado.

ADUÉÑATE DE ESTAS PALABRAS

derribó, de **derribar** *v.:* hacer caer, tirar al suelo.
cálida, -do *adj.:* caliente.
precaución *f.:* cuidado; lo que se hace para prevenir un daño.

Eclipse lunar, Códice Florentino, vol. 11, folio 233 r.

Biblioteca Medicea Laurenziana, Firenze, Rome.

—¡No era un colibrí cualquiera! —exclamó—. Ha debido de embrujar a mi hija.

Tomó, pues, su lente mágico y se la puso en el ojo para ver a dónde se habían marchado. Pero no le sirvió de nada. El joven cazador había espolvoreado el lente con polvos de chile picante, que le hicieron picar y llorar los ojos tanto que el padre apenas podía ver.

Entonces salió de la choza y llamó al volcán que se alzaba sobre la aldea.

—¡Volcán, volcán! ¡Detén a mi hija y al joven que ha escapado con ella! ¡Deténlos y destrúyelos!

Una lluvia de fuego y de <u>centellas</u> surgió de repente de la boca del volcán, persiguiendo con su rugido a la pareja que huía. Justo cuando iban a ser alcanzados, el cazador vio, a la vera del camino, una tortuga.

—¡Préstame tu caparazón! —le suplicó.

—¿Cómo voy a dejártelo? —le dijo entonces la tortuga, con aspereza—. Si apenas quepo yo.

Pero el joven cazador poseía la facultad de <u>transmutarse</u> y, haciéndose muy pequeño, buscó cubierta bajo la tortuga. Cuando pronunciaba las palabras que reducirían a la muchacha a un tamaño semejante al suyo, la lluvia de fuego la envolvió, deshaciéndola en miles de fragmentos.

Después de la lluvia de fuego se produjo una inundación, y, cuando el joven cazador salió de su escondite, vio los restos de la muchacha desparramados sobre un gran lago. Mandó a recoger sus pedazos y meterlos en agua y guardarlos en pellejos, pucheros y todo tipo de recipientes. Luego lo metió todo en una bolsa que llevó a un posadero,[3] diciéndole que en el plazo de dos semanas volvería a recogerla. El posadero, días después, quedó horrorizado al ver que la bolsa se movía, y cuando regresó el joven le preguntó qué había dentro.

—No te preocupes —dijo el joven—. Mira.

Cuando abrió la bolsa, todos los pellejos, botellas y cacharros que allí había estaban llenos de pequeños animales; y, en un frasco, reducida a un tamaño mínimo, estaba la muchacha. Cuando vio al joven sonrió, demostrando así la alegría que experimentaba; había recobrado la vida.

No quedaba más que restituirla a su tamaño normal, cosa que el joven hizo merced a[4] sus mágicos poderes. El joven cazador volvió a asumir sus obligaciones como Sol, y, poco después de desposada,[5] ella se convirtió en su Luna.

3. **posadero:** dueño de una posada, un lugar donde se hospeda a viajeros.

4. **merced a:** gracias a.
5. **desposada:** casada.

ADUÉÑATE DE ESTAS PALABRAS

centella f.: chispa de fuego.
transmutarse v.: transformarse; convertirse una cosa en otra.

LITERATURA Y ANTROPOLOGÍA

La nutrición en la antigüedad

En «El casamiento del Sol» una muchacha prepara maíz para que lo coma su familia. En la época de los mayas, como hoy en día, el maíz, las habichuelas, los chiles y la calabaza formaban parte de los productos básicos de la alimentación en América Central. Pero los primeros mayas nunca podrían haber sustentado a su población de no haber descubierto una forma especial de preparar el maíz que cultivaban, el cual, si no se preparaba de la forma adecuada, perdía su valor nutritivo. Quienes dependían de este producto para su alimentación y no sabían prepararlo sufrían de desnutrición. Para resolver el problema, los mayas hervían los granos de maíz con cal blanca, conservando así las proteínas más importantes de la planta. Los indígenas de América del Norte, cuya dieta dependía también del maíz, utilizaban ceniza en lugar de cal con el mismo objetivo.

Los primeros incas

Las primeras crónicas que los españoles escribieron acerca de los mitos y leyendas de los indios recogían versiones diferentes de la creación del mundo y del nacimiento de los incas. Según una de ellas, Viracocha, el gran Dios Creador, decidió crear un mundo donde vivirían los hombres. Primero hizo la tierra y el cielo. Después creó la gente que habitaría la tierra, esculpiendo para ello gigantescas figuras de piedra, a las que dio luego vida. Al principio todo fue muy bien, pero al cabo de un tiempo los gigantes de piedra se negaron a trabajar, y dieron en luchar unos con otros. Viracocha decidió destruirlos. A algunos los volvió a convertir en estatuas de piedra, que todavía hoy existen en Tiahuanaco y Pucará; y el resto pereció ahogado en una gran inundación. Los lagos Titicaca y Poopó son restos de aquel diluvio; aún es posible encontrar caracolas y conchas en las colinas del altiplano, a una altura de 3.600 metros sobre el nivel del mar.

Viracocha salvó del diluvio a dos de los gigantes de piedra, y con su ayuda creó una nueva raza de su propio tamaño. El mundo aún estaba a oscuras, y Viracocha, por ello, no podía entregarse a la contemplación de lo que había creado, por lo cual bajó al fondo del lago Titicaca y de allí sacó al sol y a la luna. A partir de entonces el mundo tuvo luz durante el día, y mucha más claridad durante la noche, pues en aquellos tiempos la luna poseía más luz que el sol. Sólo cuando el sol sintió celos y le arrojó a la luna un puñado de ceniza, la cara de la luna se tornó tal cual hoy la contemplamos.

Luego Viracocha decidió crear una raza de hombres superiores a todos los que había creado hasta entonces, y en un lugar llamado Paqaritambo, en donde hay tres cuevas pequeñas, hizo salir una nueva raza de hombres y de mujeres. De las dos cuevas laterales salieron los antepasados de los aldeanos incas; y de la cueva del centro, cuatro hermanos y cuatro hermanas, que serían los fundadores de la familia imperial inca.

Tras instruirles acerca de cómo fundar un poderoso Imperio, Viracocha envió a los hermanos y a las hermanas a lo largo y a lo ancho del mundo. Viajaron lentamente por todo el país, permaneciendo un año en un lugar, dos años en otro, y así, aprendiéndolo todo acerca del mundo. Muy pronto uno de los hermanos, Ayar Kachi, que significa «la sal», empezó a crear problemas. Era el más fuerte de los cuatro, y gustaba de jugar con grandes piedras y rocas, arrojándolas monte abajo y abriendo así grandes barrancos.

—Ayar Kachi es demasiado fuerte —dijeron sus hermanos—. Destruirá del todo la región.

So pretexto de que había un magnífico tesoro en la cueva de una montaña, metieron allí a Ayar Kachi y cerraron la entrada.

Después, el segundo hermano, Ayar Ucho, cuyo nombre quiere decir «la pimienta», tomó la decisión de quedarse en la aldea de Huanacauri.

—Aquí haré un santuario y, convertido de nuevo en piedra, como un ídolo, seré inmortal —dijo.

El tercer hermano, Ayar Sauca, que significa «el regocijo», decidió quedarse entre los campesinos, cuidando de los sembrados y las cosechas y así lo honraron como espíritu de los campos.

El cuarto hermano, Ayar Manco, finalmente, encaminó sus pasos al lugar en donde hoy se alza Cuzco.[1] Con él iban las hermanas.

—Aquí levantaremos la capital del Imperio —dijo Mama Ocllo, una de las hermanas, y clavaron en el suelo una vara de oro, para determinar con exactitud cuál sería el centro de la ciudad. En cuanto empezaron la edificación de la misma

---

1. Cuzco: la antigua capital del imperio de los incas.

- -

ADUÉÑATE DE ESTAS PALABRAS

esculpiendo, de **esculpir** v.: labrar a mano una escultura.
pereció, de **perecer** v.: morir.
diluvio m.: lluvia abundante, inundación.
inmortal adj.: que tiene vida eterna.

- -

resultó obvio que la tarea no iba a ser fácil. No había colinas alrededor del solar escogido, que no tenía, por ello, protección. El viento soplaba con furia día y noche, y ni siquiera las piedras ofrecían resistencia a su fuerza.

Ayar Manco decidió que la única solución era la de capturar al viento y meterlo en la jaula de una llama, hasta que la ciudad estuviera en pie, y eso fue lo que hizo, no sin grandes dificultades. Un día, sin embargo, el hermano que había decidido quedarse en los campos, escuchó el rugido del viento cuando trataba de escapar.

—¿Qué has hecho con mi viento? —preguntó—. No puedes encerrar así a un espíritu libre.

—¿Qué otra cosa puedo hacer? —se disculpó Ayar Manco—. Siempre que trato de levantar una casa o un templo el viento me la derriba.

Ayar Sauca amaba al viento y lo consideraba como cosa propia, pues siempre lo tenía junto a sí en su tierra, y lo echaba de menos. A pesar de ello comprendió las razones de su hermano, y le dijo:

—Muy bien, permitiré que tengas al viento preso un día en la jaula de la llama, nada más; después lo dejaremos en libertad. En el transcurso de ese día deberás levantar Cuzco y el gran Templo del Sol.

La desesperación hizo presa en Ayar Manco. ¿Cómo podía levantar una gran ciudad y un templo en el plazo de un día? Entonces tuvo una idea. Tras hacerse con una gran soga, escaló el pico de una montaña; y, una vez alcanzada la cumbre, le echó el lazo al sol cuando pasaba por encima. Amarró el cabo de la cuerda a una gran roca, y dejó al sol atado al cielo, para que no concluyera su diario trayecto. De esa forma prolongó el día durante semanas y hasta meses; y en todo ese tiempo nunca se hizo de noche ni se puso el sol. A partir de entonces, la gran roca que se eleva sobre la ciudad de Machu Picchu lleva el nombre de «Parada del Sol».

A su tiempo, dejó en libertad al sol; entonces, levantada ya la ciudad de Cuzco y construido el Templo del Sol en su mismo centro, el día volvió a tener fin. Entonces Ayar Manco abrió la jaula de la llama y el viento voló hacia las montañas. Para mantenerlo lejos de la nueva ciudad, Ayar Manco levantó montañas que le impidieran el paso, y que impidieran también la destrucción de lo que fuera creado por la mano del hombre.

—Traducción de José Luis Moreno

Cuzco, Perú, la antigua capital del imperio inca.

CREA SIGNIFICADOS

Cuaderno
de práctica,
págs. 91–92

Así se dice

Para establecer comparaciones

Puedes usar estas expresiones para hacer la quinta actividad de **Crea significados** y para preparar el **Cuaderno del escritor** de la siguiente página.

Quetzalcóatl y... se parecen en que los dos...

Los dos relatos difieren en que...

Ayar Manco es más (menos)... que...

El *Popol Vuh* es un relato tan... como...

En «Los primeros incas» se cuenta (se relata)..., mientras que en...

Faetón (Ayar Manco, Quetzalcóatl) es el más... de todos.

¿Te acuerdas?

Usa las siguientes fórmulas para hacer comparaciones:

tan + *adjetivo* + **como**
menos + *adjetivo* + **que**
más + *adjetivo* + **que**
el (la) más + *adjetivo* + **de**

*Ayar Manco es **tan** persistente **como** Faetón.*

Primeras impresiones

1. ¿Crees que los dioses de estos mitos trabajan mejor en equipo que la gente común? Explica tu respuesta.

Interpretaciones del texto

2. Algunos dioses de estos mitos pueden cambiar de aspecto. Elige un dios y recuerda por qué cambió. ¿Qué aprendió al transformarse en una criatura de aspecto diferente?

3. Los hermanos y las hermanas de Ayar Kachi decidieron encerrarlo en una montaña porque causaba problemas. ¿Te parece justo que hayan hecho esto con su hermano? Explica tu respuesta.

Conexiones con el texto

4. En «La historia de Quetzalcóatl» aprendemos tanto la historia de ese dios como su lado humano. ¿Por qué se presenta un aspecto más humano del dios? ¿Qué se puede aprender de ello?

Más allá del texto

5. Quizás te hayas dado cuenta de que los dioses aztecas, mayas e incas actúan de una manera parecida a la de los dioses de los mitos de otras culturas. Haz una lista de figuras míticas, investiga algunas de éstas y compáralas con los dioses de esta colección. Podrías preguntarte lo siguiente: ¿En qué se parece Quetzalcóatl a Prometeo, el Titán griego? ¿En qué se parecen Ayar Manco y Faetón, el hijo del dios griego del sol?

Laurie Platt
Winfrey, Inc.

Quetzalcóatl (figura divina mítica de la cultura
tolteca) bailando, en un cuadro del códice mixteca.

OPCIONES: Prepara tu portafolio

Cuaderno del escritor

1. Compilación de ideas para una evaluación

Compara la descripción de la creación del *Popol Vuh* con la narración «Los primeros incas». Anota tres puntos en los que estas dos historias difieren, y también toma apuntes sobre algunas semejanzas.

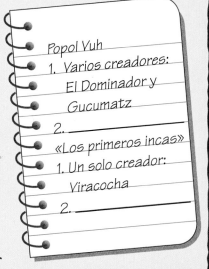

Popol Vuh

1. Varios creadores:
   El Dominador y
   Gucumatz

2. _____

«Los primeros incas»

1. Un solo creador:
   Viracocha

2. _____

Carteles

2. Crea rostros

Haz un dibujo tamaño cartel de los dioses sobre los que has estado leyendo. El tener un retrato impactante frente a ti puede permitirte recordar lo distintas que eran las personalidades de los dioses.

Escritura creativa

3. Una receta para prolongar el tiempo

En el mito inca, cuando Ayar Manco se da cuenta de que no puede terminar la construcción de la ciudad y el templo en un solo día, logra alargar el día. ¿Has tenido alguna vez el deseo de alargar algún día? Escribe una historia sobre un personaje que decide que un día no es lo suficientemente largo. No te olvides de mencionar por qué tu personaje quiere que el día sea más largo y cómo lo logra. Al final, ¿tu personaje será feliz o infeliz por lo que ha hecho?

Drama

4. ¡Coloca el sol de nuevo sobre el cielo!

En pequeños grupos de trabajo, representen uno de los mitos en una obra de teatro. Pueden pensar en hacer máscaras para los dioses. Piensen cómo lograr algunos de los «efectos especiales» que relatan estos mitos.

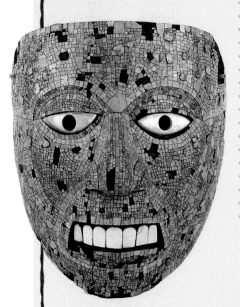

El dios Quetzalcóatl o Tonatiuh, ca. 1500 d.C. Mosaico de turquesa con ojos de nácar montado en resina sobre madera. Mixteco-azteca, México-Ethno St. 400.

The British Museum, London.

PANORAMA CULTURAL

Si pudieras poner en una cápsula del tiempo algo que diera testimonio del avance de nuestra civilización, ¿qué pondrías?

En este siglo se han encontrado ruinas de monumentos, pirámides y hasta ciudades enteras que nos dan testimonio de la cultura de civilizaciones precolombinas como las de los mayas, los aztecas y los incas. ¿Qué crees que encontrarán los historiadores del futuro que dé testimonio de nuestra civilización?

 Jéssica Rangel
México

Yo pondría a la mujer, porque creo que es de unos años para acá que la mujer ha tenido un avance en la sociedad. Para mí, es un orgullo. ¿Por qué? Porque la mujer da vida al ser humano y eso es un avance más que tecnológico, moral y sicológico en las personas. La mujer el día de hoy puede ocupar cualquier puesto si es que así lo quiere. La mujer puede salir a trabajar y puede cuidar a sus hijos. Eso es lo que yo pondría en una cápsula del tiempo, para que supieran el trabajo que costó conseguir eso.

 Yiliana Boyzo
México

Habría muchísimas cosas que poner. Pero si me dieran a escoger, yo grabaría en compactos de alta densidad voces de diferentes personas, tanto de hombres como de mujeres.

¿Hablas de testimoniales?
Sí, como testimonio precisamente del avance de nuestra civilización, de la tecnología [y] de nuevas técnicas. También dejaría fotos de los lugares más bellos del mundo. Dejaría una prueba del avance de la humanidad [y] de la naturaleza... testimonios de la ecología.

Fernando Delfino
Argentina

Yo pondría dos cosas. La primera sería una computadora, como símbolo de nuestros avances tecnológicos... con información geográfica, cultural, técnica, Internet.... Estaría llena de información esa computadora. Pero pondría una segunda cosa, que sería un libro. Ese libro que yo pondría sería una constitución, para que vean que, más [que] nuestros avances técnicos, uno de nuestros más grandes logros fue el intento de lograr una mejor y más armonizada sociedad... donde predomine el respeto hacia las personas [y] el entendimiento de las diferencias culturales, étnicas y religiosas.

Para pensar y hablar

A. ¿Por qué quiere Jéssica poner evidencia de la mujer en una cápsula del tiempo? Según Jéssica, ¿qué avances ha logrado la mujer en la sociedad contemporánea?

B. ¿Qué cosas incluiría Yiliana en una cápsula del tiempo? De todas ellas, ¿cuál crees que es la más importante? ¿Por qué?

C. ¿Por qué dice Fernando que pondría una computadora y un libro en una cápsula del tiempo? ¿Qué tendría la computadora? ¿De qué trataría el libro? ¿Qué piensa Fernando que representaría ese libro? ¿Estás de acuerdo con él?

 D. Con un(a) compañero(a), compara las tres entrevistas. ¿Qué idea les parece mejor? ¿Por qué? Si vivieran en el futuro y les tocara abrir las cápsulas de Jéssica, de Yiliana y de Fernando, ¿cómo reaccionarían a cada una? ¿Qué conclusiones sacarían sobre las civilizaciones que dejaron esas cosas?

 E. Escucha una entrevista con Andrés, un joven colombiano. Contesta las siguientes preguntas según lo que él dice.
   1. ¿Qué pondría Andrés en una cápsula del tiempo?
   2. ¿Qué hace este aparato?
   3. Según Andrés, ¿cómo ha cambiado la civilización humana con este aparato?

ESTRATEGIAS PARA LEER

Hacer una evaluación

¿Sabías que cuando lees haces una evaluación? Lo haces siempre que te preguntas:

- si te gustó o no una historia

- si un personaje es o no es creíble

- si un personaje posee un carácter heroico

No siempre tienes que estar seguro de por qué juzgas algo de una forma determinada, pero tienes que hacer un esfuerzo para ser consciente de tus evaluaciones. Necesitas saber cuáles son tus criterios a la hora de decidir si una historia es buena o si un personaje es creíble.

El darte cuenta de cómo y por qué haces una evaluación te ayudará a ser mejor estudiante y una persona más reflexiva.

Prepara un diagrama de evaluación, similar al que aparece en esta página, para las historias que has leído. ¿Por qué son «buenas» las historias? ¿Son creíbles los personajes?

Situación de «En la noche»:
La mujer rema durante un día y una noche enteros para salvar a su marido, que se está muriendo a causa de la picadura de una raya. Es una mujer valiente que se niega a perder el ánimo. La aventura de los dos y su supervivencia son extraordinarias.

↓

Evaluación: «En la noche» es una buena historia.

↓

¿Por qué?
Esta narración es muy interesante y llena de imágenes vívidas.

Boltin Picture Library

Tocado de cabeza tipo Medusa con serpientes retorciéndose; usado por la antigua civilización nazca de Perú en sus ceremonias religiosas.

El corrido de GREGORIO CORTEZ

Versión de Américo Paredes

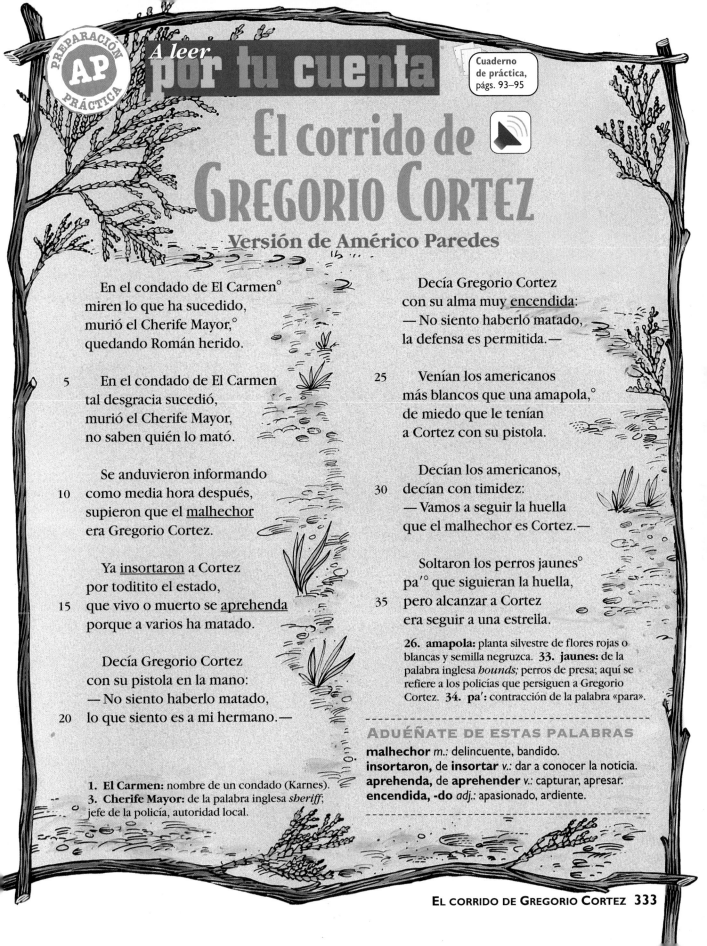

En el condado de El Carmen°
miren lo que ha sucedido,
murió el Cherife Mayor,°
quedando Román herido.

5   En el condado de El Carmen
tal desgracia sucedió,
murió el Cherife Mayor,
no saben quién lo mató.

Se anduvieron informando
10 como media hora después,
supieron que el <u>malhechor</u>
era Gregorio Cortez.

Ya <u>insortaron</u> a Cortez
por toditito el estado,
15 que vivo o muerto se <u>aprehenda</u>
porque a varios ha matado.

Decía Gregorio Cortez
con su pistola en la mano:
— No siento haberlo matado,
20 lo que siento es a mi hermano.—

Decía Gregorio Cortez
con su alma muy <u>encendida</u>:
— No siento haberlo matado,
la defensa es permitida.—

25 Venían los americanos
más blancos que una amapola,°
de miedo que le tenían
a Cortez con su pistola.

Decían los americanos,
30 decían con timidez:
— Vamos a seguir la huella
que el malhechor es Cortez.—

Soltaron los perros jaunes°
pa'° que siguieran la huella,
35 pero alcanzar a Cortez
era seguir a una estrella.

26. amapola: planta silvestre de flores rojas o blancas y semilla negruzca. **33. jaunes:** de la palabra inglesa *hounds;* perros de presa; aquí se refiere a los policías que persiguen a Gregorio Cortez. **34. pa':** contracción de la palabra «para».

ADUÉÑATE DE ESTAS PALABRAS

malhechor *m.:* delincuente, bandido.
insortaron, de **insortar** *v.:* dar a conocer la noticia.
aprehenda, de **aprehender** *v.:* capturar, apresar.
encendida, -do *adj.:* apasionado, ardiente.

----

1. El Carmen: nombre de un condado (Karnes).
3. Cherife Mayor: de la palabra inglesa *sheriff*, jefe de la policía, autoridad local.

Tiró con rumbo a González°
sin ninguna timidez:
— Síganme, rinches° cobardes,
40 yo soy Gregorio Cortez.—

Se fue de Belmont al rancho,
lo alcanzaron a rodear,
poquitos más de trescientos,
y allí les brincó el corral.

45 Cuando les brincó el corral,
según lo que aquí se dice,
se agarraron a balazos
y les mató otro cherife.

Decía Gregorio Cortez
50 con su pistola en la mano:
— No corran, rinches cobardes,
con un solo mexicano.—

Salió Gregorio Cortez,
salió con rumbo a Laredo,°
55 no lo quisieron seguir
porque le tuvieron miedo.

Decía Gregorio Cortez:
—¿Pa′ qué se valen de planes?
No me pueden agarrar
60 ni con esos perros jaunes.—

Decían los americanos:
— Si lo alcanzamos ¿qué hacemos?
Si le entramos por derecho°
muy poquitos volveremos.—

65 Allá por El Encinal,°
según lo que aquí se dice,
le formaron un corral
y les mató otro cherife.

Decía Gregorio Cortez
70 echando muchos balazos:
— Me he escapado de aguaceros,
contimás° de nublinazos.°—

Ya se encontró un mexicano,
le dice con altivez:
75 — Platícame qué hay de nuevo,
yo soy Gregorio Cortez.

— Dicen que por culpa mía
han matado mucha gente,
pues ya me voy a entregar
80 porque eso no es conveniente.—

Cortez le dice a Jesús:
— Ora° si lo vas a ver,
anda díles a los rinches
que me vengan a aprehender.—

85 Venían todos los rinches,
venían que hasta volaban,
porque se iban a ganar
diez mil pesos que les daban.

Cuando rodearon la casa
90 Cortez se les presentó:
— Por la buena sí me llevan
porque de otro modo no.—

65. El Encinal: pueblo del sur de Texas,
situado entre San Antonio y Laredo.
72. contimás: contracción de «cuanto
más». **nublinazos:** llovizna. **82. ora:**
contracción de la palabra «ahora».

37. González: pueblo de Texas. **39.
rinches:** de la palabra inglesa *rangers;*
hombres armados que imponen la ley.
54. Laredo: ciudad fronteriza con
México. **63. entramos por derecho:**
le atacamos.

Decía el Cherife Mayor
como queriendo llorar:
95 — Cortez, entrega tus armas,
no te vamos a matar. —

Decía Gregorio Cortez,
les gritaba en alta voz:
— Mis armas no las entrego
100 hasta estar en <u>calaboz'</u>. —

Decía Gregorio Cortez,
decía en su voz divina:
— Mis armas no las entrego
hasta estar en bartolina.° —

105 Ya agarraron a Cortez,
ya terminó la cuestión,
la pobre de su familia
lo lleva en el corazón.

Ya con ésta me despido
110 a la sombra de un <u>ciprés</u>,
aquí se acaba el corrido
de don Gregorio Cortez.

104. bartolina: significa lo mismo que
un calabozo.

ADUÉÑATE DE ESTAS PALABRAS

calaboz' de **calabozo** *m.*: lugar generalmente oscuro
y sombrío donde se encierra a los presos.
ciprés *m.*: árbol frondoso y alargado de madera rojiza
y olorosa.

CONOCE AL FOLCLORISTA

En 1958 **Américo Paredes** (1915–1999)
publicó una obra pionera en su género,
*With His Pistol in His Hand: A Border Ballad
and Its Hero,* en la cual recogía diversas

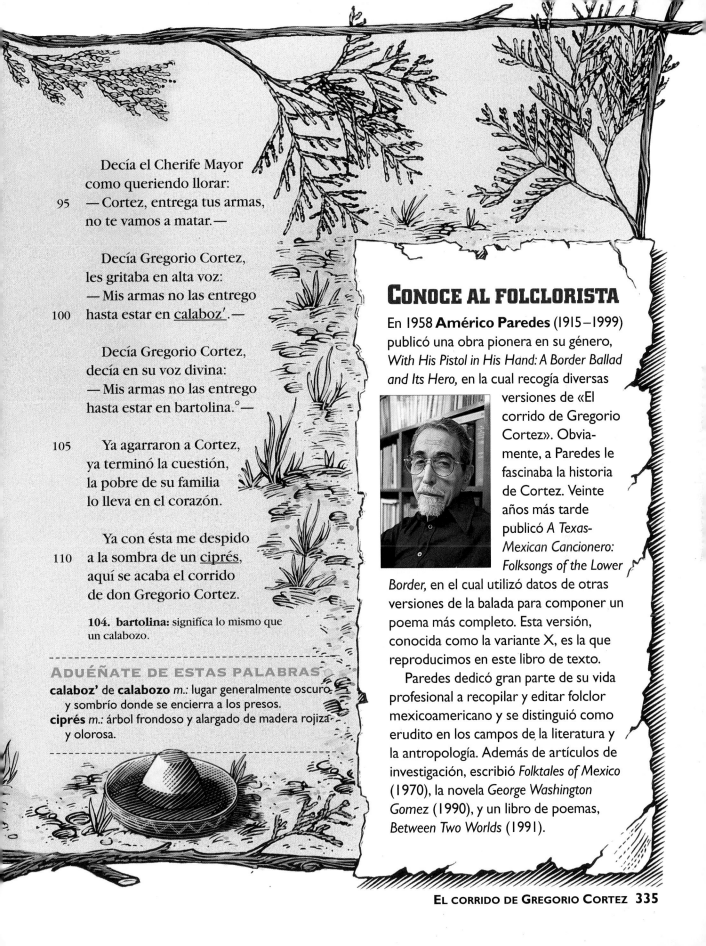

versiones de «El
corrido de Gregorio
Cortez». Obvia-
mente, a Paredes le
fascinaba la historia
de Cortez. Veinte
años más tarde
publicó *A Texas-
Mexican Cancionero:
Folksongs of the Lower
Border,* en el cual utilizó datos de otras
versiones de la balada para componer un
poema más completo. Esta versión,
conocida como la variante X, es la que
reproducimos en este libro de texto.

Paredes dedicó gran parte de su vida
profesional a recopilar y editar folclor
mexicoamericano y se distinguió como
erudito en los campos de la literatura y
la antropología. Además de artículos de
investigación, escribió *Folktales of Mexico*
(1970), la novela *George Washington
Gomez* (1990), y un libro de poemas,
Between Two Worlds (1991).

Comunidad y oficio

internet

MARCAR: go.hrw.com
PALABRA CLAVE:
WN3 MITOS-CYO

La conservación de la tradición oral popular

Dados los cambios constantes en la sociedad actual, la tradición oral ya no es «el pan de cada día». Sin embargo, existen aún quienes que se dedican a mantener viva la importante historia oral del pueblo.

«Con su pluma en su mano, corazón de fiel chicano...» Así comienza la canción de **Tish Hinojosa** en homenaje a Américo Paredes, con la que reconoce la labor de recopilación de la tradición oral que realizó Paredes. Estas líneas se basan en el famoso *Corrido de Gregorio Cortez*, del cual salió su obra más conocida, *With His Pistol in His Hand*. Américo Paredes dedicó su vida al estudio y a la enseñanza de la cultura mexicoamericana como profesor de antropología y folclor en la Universidad de Texas en Austin.

Los corridos florecieron entre 1836 y 1940, una época de cambios violentos en la frontera de Texas con México. Tratan de los muchos conflictos de la región fronteriza; cantan los triunfos, tragedias e injusticias que enfrentaban los trabajadores migratorios y los vaqueros que se vieron obligados a trabajar dentro del territorio estadounidense. Muchas de las leyendas de dicha región provienen de los corridos; los corridos, a su vez, mantienen vivas las figuras heroicas de las leyendas.

Paredes quiso asegurar que sus conocimientos del folclor musical de la frontera no murieran con él, grabando así los corridos, décimas y coplas que conocía para Tish Hinojosa.

Tish, la menor de trece hijos de una familia inmigrante, creció en San Antonio, Texas, donde

oía la música tradicional de México y la música de conjunto. Su música se distingue por la combinación de canciones originales con canciones bilingües y tradicionales. En su disco *Frontejas,* que dedicó a Américo Paredes, ha dado nueva vida con su voz a la música tradicional que tanto quiso el profesor.

INVESTIGACIONES

A. Trabaja con un(a) compañero(a). Piensen en respuestas a las siguientes preguntas: ¿Por qué no desempeña la tradición oral en nuestra sociedad el mismo papel que desempeñaba en otras épocas y lugares? En su opinión, ¿tiene valor esa tradición? ¿Por qué?

B. Trabaja con dos o tres compañeros(as). Busquen a alguien que les cuente una historia de la tradición oral, algo que no se haya conservado por escrito. Puede referirse a la vida cotidiana, a alguna figura o evento heroico, o a un triunfo o tragedia de trascendencia. Hagan una grabación de la historia, o transcríbanla para que se conserve. Presenten la narración a la clase.

Cuaderno de práctica, págs. 96–97

■ Vocabulario en contexto

A. Faltan palabras «La historia de Quetzalcóatl»

Completa el resumen de este cuento con las palabras que faltan. Cambia la forma de la palabra si es necesario.

cumplimiento	simular	echarse	tramposo
pluma	arrepentido	taparse	sustentarse
ocultarse	crepitar	dócil	discordia
ceniza	arrojarse	despejado	

Quetzalcóatl, la serpiente emplumada, fue adorado por los aztecas de todo México. Desde niño era ____1.____, obediente y de buen corazón. Su bondad irritó al gran Tezcatlipoca, dios de la alegría, la ____2.____ y la hechicería, quien además era un ____3.____ y farsante que exigía sacrificios humanos para ____4.____. Tezcatlipoca engañó a Quetzalcóatl haciéndole ver en un espejo cuán viejo era. Éste se entristeció y ____5.____ el rostro. Luego, para que su gente no lo contemplara así y se defraudara, marchó a ____6.____. No fue suficiente. Tezcatlipoca quería destruirlo por completo, así que ____7.____ ser su amigo, le ofreció de beber una especie de vino. Quetzalcóatl ____8.____ un trago y muchos más, y de ahí en adelante, cambió su vida y se olvidó del ____9.____ de sus obligaciones religiosas. Más tarde, ____10.____ de sus pecados, hizo hacer una pira funeraria a la orilla del mar, y vestido con sus brillantes ____11.____ y la máscara de la serpiente, ____12.____ a las llamas. La hoguera ____13.____ durante toda la noche y las ____14.____ de su cuerpo se desperdigaron por el aire al tiempo que una nueva estrella brillaba en el cielo ____15.____ de la mañana.

B. Faltan palabras *Popol Vuh*

Completa las oraciones sobre esta historia con la palabra correcta entre paréntesis.

1. Es el primer relato de la (antigüedad/catástrofe), de cuando no existía nada ni nadie sobre la (faz/historia) de la tierra.
2. No había nada que se (asiera/refiriera) a otra cosa, que se moviera o produjera el más leve (rigor/roce) en los cielos.
3. Sólo se oía el silencio en las (tinieblas/quejas) de la noche.
4. Gracias a la (depresión/sabiduría) de los dioses, se creó todo lo que hay en el cielo y en la tierra.

5. Y se ordenó que el agua (cesara/continuara) de (estorbar/afligir) para que existiera la tierra.

6. Se formaron los montes y los valles, y los arroyos empezaron a (serpentear/secarse) entre las montañas.

7. Hasta que no existiera la criatura humana (dotada/privada) de razón, no habría gloria ni honor en lo creado.

8. Se hizo el día mientras se consultaban y al (enfadarse/alba) se manifestó el hombre.

C. Faltan palabras «El casamiento del sol»

Completa las oraciones sobre esta leyenda con las palabras que faltan. Cambia la forma de la palabra si es necesario.

partir	derribar	reconocer	centella
desparramar	alcanzar	resbaladizo	detener
deshacer	restos	transmutarse	recobrar
revivir	envolver		

1. Al pasar enfrente de la casa de la hermosa joven, el cazador se cayó en el sendero ══════. Lleno de vergüenza, se transformó en un colibrí y ══════ velozmente.

2. El padre de la joven ══════ al colibrí con su honda. En el calor de su cuarto, ella lo cuidó hasta que el pájaro ══════.

3. El colibrí adoptó de nuevo su forma humana y la joven ══════ en él al cazador.

4. Al darse cuenta de que los jóvenes habían huido, el padre le ordenó al Volcán que los ══════.

5. Una lluvia de fuego y de ══════ brotó de la boca del Volcán.

6. Justo antes de que el fuego ══════ a la pareja, el cazador ══════ y se escondió bajo el caparazón de una tortuga.

7. La lluvia de fuego ══════ a la muchacha y la ══════ en miles de fragmentos.

8. El cazador reunió los ══════ de la muchacha, que se habían ══════ sobre un gran lago, y los puso en una bolsa.

9. Gracias a sus poderes mágicos, ella ══════ la vida. El cazador volvió a asumir sus obligaciones como Sol y ella como su esposa se convirtió en la Luna.

D. ¿Qué significa? «Los primeros incas»

Escoge el significado que mejor corresponde a la palabra subrayada. Usa las pistas del contexto y vuelve a la lectura si es necesario.

1. Casi todos los gigantes perecieron ahogados en una inundación.

   a. murieron   **b.** sobrevivieron

2. Viracocha salvó <u>del diluvio</u> a dos de los gigantes y con su ayuda creó una nueva raza.

    a. de la inundación   **b.** de la sequía

3. Todos los hermanos siguieron diferentes rumbos y Ayar Manco <u>encaminó sus pasos</u> hacia el lugar donde se alza hoy la ciudad de Cuzco.

    a. retrocedió   **b.** se dirigió

4. Para poder construir la capital del imperio, Ayar Manco tuvo que capturar al viento y meterlo en una <u>jaula</u>.

    a. armazón de madera o barras de hierro   **b.** botella

5. Ayar Sauca, el hermano amigo del viento, escuchó su <u>rugido</u> y vino a rescatarlo.

    a. canto   **b.** bramido

6. Ayar Sauca hizo que su hermano prometiera que el viento estaría <u>preso</u> solamente un día.

    a. libre   **b.** cautivo

7. Ayar Manco le echó <u>un lazo</u> al sol y lo dejó atado al cielo para prolongar el día.

    a. una cuerda   **b.** un vistazo

8. Al acabar su tarea, Ayar Manco dejó libre al sol, soltó al viento y levantó montañas para que <u>impidieran</u> la destrucción de lo que fuera creado por el hombre.

    a. promovieran   **b.** dificultaran

E. ¡A escuchar! «Tres mitos latinoamericanos»

Vas a escuchar una serie de oraciones sobre las tres selecciones. Identifica a qué personaje se refiere cada una de las oraciones.

Personajes: Quetzalcóatl, el Sol, los fundadores del imperio inca

■ Mejora tu vocabulario

Las voces indígenas

Con la llegada de los españoles al continente americano, se hizo necesaria la incorporación al español de muchísimas **voces indígenas,** como *hamaca, cacahuete, piraña* y *pampa,* que venían de las lenguas de las civilizaciones precolombinas ya establecidas en varias regiones de Latinoamérica. Muchos vocablos, especialmente los relacionados con la fauna y la flora, se incorporaron totalmente al español ya que no había equivalentes en esta lengua. El arahuaco, el taíno y el caribe de las Antillas, el náhuatl de México y el quechua y el aymara de los Andes son algunas de las lenguas indígenas que más términos aportaron al español. A continuación se presenta una lista de palabras provenientes de algunas de estas lenguas:

del náhuatl	del arahuaco	del quechua o del aymara
achiote	cacique	alpaca
cacahuete	canoa	choclo
cacao	colibrí	cóndor
chicle	hamaca	llama
chocolate	huracán	pampa
coyote	maíz	papa
tamal	papaya	puma
tomate	yuca	vicuña

F. ¿Qué significa? Voces indígenas

En una hoja aparte, escribe la palabra del cuadro que mejor corresponde a cada una de las siguientes definiciones y luego escribe una oración con cada una de las palabras.

1. ======== Llanura extensa con vegetación pero desprovista de árboles

2. ======== Planta americana cuya raíz se prepara y se come de manera similar a la papa, o se usa para elaborar una harina alimenticia

3. ======== Fruta tropical, grande, carnosa, anaranjada y hueca, con pequeñas semillas en el interior

4. ======== Mazorca tierna de maíz

5. ======== Nombre dado a ciertas aves de América de tamaño pequeño y pico largo que se hunden en las flores para absorber su néctar

6. ======== Mamífero rumiante de la cordillera de los Andes que en la actualidad sólo se encuentra en forma doméstica

7. ======== Árbol pequeño cuyo fruto se usa para condimentos y de cuyas semillas se saca un tinte rojo vivo

G. Palabras parecidas

Escoge el sinónimo que corresponde a cada una de las siguientes palabras.

1. papa
2. ají
3. hamaca
4. canoa
5. cacique
6. huracán
7. cacahuete

a. jefe
b. balsa
c. patata
d. maní
e. ciclón
f. dormilona
g. chile

■ Aplicación

H. ¡Adivina la palabra! «Tres mitos latinoamericanos»

Divide la lista de palabras con un(a) compañero(a). Para cada una de tus palabras, escribe una oración que explique el significado de esa palabra en el contexto del cuento. Luego lee tus oraciones a tu compañero(a) para que adivine a qué palabra corresponde tu oración.

Palabras: tramposo, arrepentido, hoguera, tejer, caparazón, cazador, inmortal, ahogado, prolongar

MODELO jaula
     Tú   En ese lugar encerró Ayar Manco al viento para poder acabar de construir su ciudad.
Tu compañero(a)   ¿Es *jaula*?
     Tú   ¡Sí!

I. ¡A escribir! *Popol Vuh* y «Tres mitos latinoamericanos»

Mucho se ha escrito sobre la creación del universo. Ahora te toca a ti. Escribe un párrafo en el que describas la creación de tu propio mundo. Ten en cuenta las siguientes preguntas: ¿Cómo será este mundo, parecido o radicalmente diferente al nuestro? ¿Qué o quiénes lo habitarán primero? Incluye las siguientes palabras en el orden que quieras y consulta el glosario si es necesario.

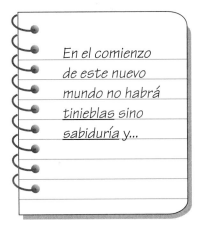

En el comienzo de este nuevo mundo no habrá tinieblas sino sabiduría y...

Palabras: transmutarse, engendrar, sabiduría, tinieblas, relámpago, inmortal, habitar, sembrado, restos, dotado, sustentarse, liviano

J. ¡A investigar! Voces indígenas

Muchas palabras del náhuatl, el quechua, el arahuaco y el guaraní son parte del español que se habla hoy en día. Consulta una enciclopedia y haz una lista de diez voces indígenas provenientes de alguno de estos idiomas. Luego busca su significado en el diccionario y escribe una oración con cada una de ellas.

Para la lista de Vocabulario esencial Ver la página 363

MODELO petate (del náhuatl *petlati,* estera)
Significado: Esterilla de palma que se usa en los países cálidos para dormir sobre ella.
   Oración: Los niños extendieron sus petates y se acostaron a dormir la siesta.

Gramática

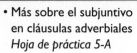

Ampliación

• Más sobre el subjuntivo
en cláusulas adverbiales
Hoja de práctica 5-A

■ Repaso de las cláusulas de relativo

Cuaderno de práctica, págs. 98–107

Una cláusula de relativo comienza con un pronombre relativo (*que, quien,* etc.), y cumple las funciones de un adjetivo. Así, los adjetivos pueden ser sustituidos por cláusulas de relativo:

*¿Quieres probar un plato **nuevo**?*	*¿Quieres probar un plato **que no hayas comido antes**?*
*El estudiante **francés** se llama Pierre.*	*El estudiante **que llegó de Francia** se llama Pierre.*
*El vestido **azul** te queda muy bien.*	*El vestido **que llevaste a la fiesta** te queda muy bien.*

¿Se te ha olvidado?
las cláusulas
Ver la página R95

El sustantivo modificado por la cláusula de relativo se llama **antecedente.** Por ejemplo, en la siguiente oración, *El mito* es el antecedente y *que leímos en clase* es la cláusula de relativo que lo modifica: *El mito que leímos en clase es de los mayas.*

Práctica

A. Forma una oración compuesta uniendo los siguientes pares de oraciones simples por medio de un pronombre relativo.

> **MODELO** Tú me recomendaste una película. Vi esa película ayer.
> *Escribes* Ayer vi la película que tú me recomendaste.

1. Ayer me encontré con un amigo. Yo fui a la escuela primaria con ese amigo.
2. Pablo me habló de una revista. Voy a una tienda a comprar esa revista.
3. Las chicas del equipo de voleibol sacaron una fotografía. La fotografía era muy chistosa.
4. El profesor nos pidió un ensayo. Escribiré el ensayo sobre los mitos mexicanos.
5. La mamá de María Luisa le regaló un vestido celeste. María Luisa se puso el vestido celeste.
6. Prefiero estos libros. Estos libros tienen ilustraciones.
7. Saqué las fotografías con esta cámara. Encontré la cámara.
8. Santi acaba de leer un libro. Dice que ese libro es el mejor que ha leído.
9. La maleta era de Elenita. Esa maleta pesaba muchísimo.
10. Mis abuelos viven en una casa en las afueras. Desde su casa se oye mucho el ruido de los aviones.
11. Hoy hace un día primaveral. Este día es perfecto para dar un paseo por la orilla del río.

■ El modo en las cláusulas de relativo

1. En la oración *El vestido que llevaste a la fiesta te queda muy bien,* el hablante tiene en mente cierto vestido. Por otro lado, en la oración *Cualquier vestido que lleves a la fiesta te quedará muy bien,* no está claro a qué vestido se refiere el hablante; es decir, el antecedente del pronombre relativo *que* es indefinido e indeterminado. En este caso el verbo en la cláusula de relativo aparece en subjuntivo *(lleves).* Lo mismo sucede si la cláusula de relativo se refiere a personas u objetos cuya existencia es incierta:

Los estudiantes que hayan terminado la tarea se pueden ir a casa.
No encontré ningún carro que tuviera menos de 50.000 millas.
Cómprense cualquier pastel que les guste.

2. El subjuntivo se usa también cuando el antecedente es algo o alguien desconocido, inexistente o que aparece en una pregunta:

¿En la clase hay alguien que sepa portugués?
En esta clase no hay nadie que sepa portugués.
No hay mal que por bien no venga.
Lourdes no tiene quien le ayude con los quehaceres.

En la respuesta afirmativa, por otro lado, se usa el indicativo para establecer que el antecedente existe:

Sí, en esta clase hay alguien que sabe portugués.

> **¡Ojo!** Cuando se trata de una persona de existencia indefinida, se omite la preposición **a** (el «a personal») que normalmente aparece delante de un complemento directo cuando es un ser humano:
>
> *¿Conoces **algún chico** que quiera ser parte del equipo?*
>
> Sin embargo, se usa **a** delante de un pronombre indefinido referido a un ser humano, cuando funciona como complemento directo:
>
> *¿Encontraste **a alguien** que quisiera comprar el boleto?*

El cambio entre subjuntivo e indicativo comunica estos matices, que dependen del grado de conocimiento del hablante.

3. El tiempo del verbo de la cláusula de relativo debe corresponder al tiempo del verbo principal y a la secuencia de los eventos en la realidad:

¿Se te ha olvidado? la secuencia de tiempos verbales Ver la página R58

*No **encontré** un candidato que me gustara.*
***Compraba** la ropa que fuera más barata.*
***Compraré** el libro que parezca más interesante.*
***Dame** los datos que hayas recogido.*
***Queríamos** ir a algún restaurante que no hubiéramos probado.*

Práctica

B. Identifica la cláusula de relativo y su antecedente en las siguientes oraciones y luego explica por qué se usa el subjuntivo o el indicativo.

> **MODELO** María buscaba una casa que diera al mar, pero no encontró ninguna.
> *Escribes* «Que diera al mar» es la cláusula de relativo; «casa» es el antecedente; el antecedente es indefinido, pues en el momento en que se realiza la acción, no se trata de una casa en concreto, sino de cualquiera que diera al mar. Por eso se usa el subjuntivo.

1. No existe ninguna criatura que tenga tres cabezas.

2. Llame, por favor, a la estudiante que habla alemán.

3. Mi mamá quiere comprar una casa que esté cerca de su trabajo.

4. Los pasajeros que ya tengan su equipaje pueden subir al autobús.

5. Tengo un perro que es muy juguetón.

6. ¿Hay alguien que haya visto la película?

7. No hay ninguna librería que tenga el libro que busco.

8. Trate de encontrar, por favor, a una estudiante que hable ruso.

9. Mi hermano quiere comprar un carro que no consuma mucha gasolina.

10. Yo quería comprar una camisa que tuviera colores fuertes.

C. Pedro es presidente del comité que organiza la recolección de fondos para la fiesta de graduación de su clase. A continuación cuenta los planes de los diferentes miembros, y los problemas que han tenido para llegar a un acuerdo. Completa el párrafo con la forma adecuada de los verbos.

Es difícil decidir con este comité. La semana pasada Carlos pensaba que la fiesta debía ser en un hotel que tuviera salas de juegos, y ahora Marité me dice que debe ser en una mansión que ___1.___ (tener) piscina. En la reunión pasada, Alfredo insistió en una fiesta que comenzara al mediodía y terminara a la medianoche, pero Félix dice ahora que no habrá ninguna banda que ___2.___ (tocar) a esas horas. Ramón dice que debe ser una fiesta a la que ___3.___ (venir) mucha gente, además de los estudiantes, pero Pamela me acaba de decir que a la fiesta sólo deben asistir personas muy allegadas a los estudiantes. Claro, todos están de acuerdo en que tiene que ser la mejor fiesta que ___4.___ (haber), para que sea recordada por mucho tiempo en el colegio. Ahora, para las actividades pro-fondos también ha sido difícil ponerse de acuerdo. Algunos miembros quieren que todos los estudiantes participen, especialmente los que no ___5.___ (participar) hasta ahora. Alfredo piensa que debemos concentrarnos en los estudiantes que se sabe que ___6.___ (tener) interés realmente. Marité insiste en actividades que nos _____7._____ (producir) más fondos, pero Félix prefiere las actividades que nos _____8._____ (hacer) sentir mejor. Claro, Luis dijo: «¿Y cómo nos vamos a sentir mejor si no tenemos los fondos que queremos?» ¡Esa pregunta me complicó las cosas más todavía!

D. Completa las oraciones con la forma correcta del verbo que está entre paréntesis.

¿Se te ha olvidado?
el imperfecto del subjuntivo
Ver la página R57

1. Alfonso quería una camisa que ===== (costar) 25 dólares, pero no la que costaba 45.

2. Mi familia vive en una casa que ===== (estar) muy lejos del colegio, por lo que mis padres están buscando una casa que esté más cerca.

3. Necesitábamos a alguien que tuviera un taller de carros importados. Al no encontrar a nadie, llevamos mi carro a un mecánico que sólo ===== (saber) arreglar carros nacionales.

4. Para viajar, Luisa quería una maleta que ===== (cerrarse) con llave. Finalmente, partió con una que se cerraba con clave secreta.

5. Dame ideas que me ayuden a resolver el problema. Esos consejos que me das no me ===== (servir) para nada.

6. Alfredo busca un abrigo que ===== (tener) forro de lana, pues la chaqueta que tiene es muy delgada.

7. Todos los chicos que trabajamos en el restaurante «La Parrilla Argentina» estamos en el turno de día, y el dueño necesita empleados que ===== (trabajar) por la noche.

8. Ya incluí en mi informe entrevistas con estudiantes que ===== (haber viajado) a México. Ahora necesito entrevistas con algunos que ===== (haber viajado) a Perú.

9. ¿Encontraste algunos zapatos que te ===== (sentar) bien?

10. Isabel, Marta y Catalina quedaron en buscar un restaurante que les ===== (gustar) a las tres.

11. Este disco compacto ya lo escuchamos diez mil veces. Vamos a poner algunos que no ===== (haber escuchado) antes, ¿sí?

12. Yo sé muy bien que esta comida es poco saludable. La próxima vez pediré algo que ===== (llevar) menos sal y grasa.

13. Cansados de vivir apiñados en un apartamento con solamente tres habitaciones, se decidieron a buscar uno que ===== (tener) más espacio.

14. En esta computadora no se puede tener abiertas más de tres aplicaciones a la vez. La próxima vez escogeremos una que ===== (tener) más memoria.

E. Completa el borrador de la composición que ha escrito Magdalena para su clase de historia. Presta especial atención al tiempo y a la secuencia de eventos.

Mi profesor de historia nos ha pedido que leamos cualquier mito latino-americano que ___1.___ (hablar) de la creación del mundo y de la fundación de una cultura, y que hagamos un resumen que ___2.___ (describir) a los personajes principales y los eventos más importantes. Puede ser un mito que ___3.___ (nosotros, escuchar) de la gente antes, o sobre el que ___4.___ (nosotros, leer) en los libros. Yo escogí el mito de «Los hermanos Ayar y los primeros incas», porque ___5.___ (ser) muy conocido y de gran importancia en la región andina. En mi resumen quiero hacer énfasis en las criaturas que ___6.___ (crear) Viracocha y en lo que fue de ellas. Viracocha decidió crear un mundo en el que ___7.___ (haber) seres humanos. Primero creó un grupo de gigantes de piedra, los cuales ___8.___ (negarse) a trabajar. Viracocha los destruyó, pues él quería una raza que ___9.___ (cultivar) la tierra. Más tarde decidió crear un grupo de seres humanos que ___10.___ (ser) superiores a los anterio-res, y creó a los cuatro hermanos Ayar, que ___11.___ (resultar) ser los ancestros de los reyes incas del Cuzco. En su viaje por la región andina, Ayar Kachi fue el hermano que les ___12.___ (causar) más problemas, por ser demasiado fuerte, y ___13.___ (acabar) encerrado en una cueva. Ayar Ucho se cansó pronto y decidió quedarse en Huanacauri y construir un santuario que ___14.___ (servir) de homenaje al sol. Ayar Sauca fue el ancestro que les ___15.___ (enseñar) la agricultura a los aldeanos. Finalmente, Ayar Manco y Mama Ocllo, su esposa, fundaron el Cuzco.

F. Reflexiona sobre los siguientes temas, y escribe un párrafo corto acerca de cada uno. Describe lo que sería tu ideal para cada tema, poniendo énfasis en las características que busques y aquellas que quieras evitar. Como referencia para cada tópico, compara ese ideal con algo que ya conoces.

MODELO el(la) amigo(a)
Escribes Tengo un buen amigo a quien puedo contar mis problemas. Creo que un buen amigo debe ser alguien que me acompañe en mis buenos y en mis malos momentos...

1. la cita
2. el colegio
3. la fiesta
4. las vacaciones
5. la mascota
6. el(la) amigo(a)
7. el equipo (de fútbol, baloncesto, voleibol, etc.)

El subjuntivo en las cláusulas adverbiales

Una cláusula adverbial cumple la función principal de un adverbio: modificar un verbo. Así, la cláusula adverbial indica el momento, la manera y otras circunstancias en que se realiza la acción del verbo, así como sus propósitos. Las cláusulas adverbiales se introducen por medio de diversas conjunciones (*como, antes de que,* etc.):

Copia el texto **con cuidado.**

Entró **antes de su turno.**

Comeré **a las ocho.**

Copia el texto **como tú sabes.**

Entró **antes de que lo llamaran.**

Comeré **cuando la comida esté lista.**

Con las siguientes conjunciones se usa el indicativo o el subjuntivo dependiendo de si la cláusula adverbial modifica a una acción concreta, habitual o conocida, o a una acción futura, dudosa o hipotética:

Indicativo	Subjuntivo
Me busca **cuando tiene tiempo.**	Búscame *cuando tengas tiempo.*
Nos llamaron **en cuanto lo supieron.**	Ellos llamarán *en cuanto lo sepan.*
Vino **tan pronto como pudo.**	Vendrá *tan pronto como pueda.*
Cantó **después de que te fuiste.**	Cantará *después de que te vayas.*
Trabajé **mientras hubo luz.**	Seguiré trabajando *mientras haya luz.*
Trabajó **hasta que se cansó.**	Trabajará *hasta que se canse.*
Deja los libros **donde estaban.**	Deja los libros *donde hayan estado.*
Lo hizo **como pudo.**	Hazlo *como puedas.*
Vino, **aunque no tenía tiempo.**	Irá contigo *aunque no tenga tiempo.*

Las siguientes conjunciones introducen acciones posteriores o que aún no han sucedido, y acciones hipotéticas o incluso inexistentes. Les sigue el subjuntivo:

Anoté su dirección *antes de que se me olvidara.*

Llámalo *para que no se preocupe.*

Te voy a servir un sándwich *a menos que ya hayas almorzado.*

Saldremos a las seis, *salvo que tú tengas otra idea.*

Me dio permiso *con tal de que regresara antes de la medianoche.*

Usa tu diccionario *en caso de que no entiendas una palabra.*

Me han enviado una revista *sin que yo la haya pedido.*

Las cláusulas adverbiales y la secuencia de los tiempos

Como se ve en los ejemplos anteriores, se puede usar el indicativo o el subjuntivo en las cláusulas adverbiales, incluso si las acciones suceden en el pasado. Se usa el subjuntivo si la acción no se ha realizado en el momento indicado por el verbo principal, y el indicativo si esa acción es percibida como habitual o ya realizada:

Indicativo	Subjuntivo
Los músicos tocan **cuando se lo piden.**	Los músicos tocarán *cuando se lo pidan.*
Los músicos tocaban **cuando se lo pedían.**	Los músicos iban a tocar *cuando se lo pidieran.*

Práctica

G. Completa las siguientes oraciones con la forma adecuada del verbo. Observa atentamente la secuencia de acciones en la realidad.

1. Yo ya comí, pero cuando ══════ (tener/tú) hambre, avísame, y te preparo algo.

2. Los niños hicieron el primer ejercicio como yo les ══════ (decir), pero harán el segundo como tú se lo digas.

3. Cuando estés en casa, llámame, que quiero enseñarte los vasos que compré cuando ══════ (estar) en Guadalajara.

4. Elena partió tan pronto como pudo y dijo que te llamaría tan pronto como ══════ (llegar/ella).

5. Mientras esperaba a los chicos después del partido, pensé en todas las cosas que todavía podíamos hacer mientras ══════ (estar/nosotros) en el colegio.

6. Él insistió en ir a ese restaurante aunque le ══════ (decir/yo) que era malo; y seguirá insistiendo aunque le digan que es el peor restaurante de la ciudad.

7. Ya decoramos la sala como queríamos; ahora tú puedes decorar el dormitorio como te ══════ (gustar).

8. Llegó después de que te fuiste, pero te llamará en cuanto le ══════ (dar/ellos) los resultados.

H. Los estudiantes de tu clase quieren darle una sorpresa a su profesora de música porque hoy es el día de su cumpleaños. Han hecho una recolección para comprarle un ramo de flores y un regalo, y le darán la sorpresa cuando ella entre en la clase. Imagina que eres Juan, el chico que cuenta la historia, y completa los espacios en blanco con la forma adecuada del verbo.

Además de comprarle el ramo de flores, teníamos que conseguir un regalo que le ___1.___ (gustar) realmente a nuestra profesora de música, la señora Guzmán. Así que ayer fuimos de compras con Raúl y Tina. Como ella es música, queríamos comprarle algo especial, aunque el regalo ___2.___ (ser) un poco caro. Tina propuso una armónica, a menos que ___3.___ (nosotros, tener) otras ideas. Estuvimos de acuerdo en que compraríamos la armónica, con tal de que nos ___4.___ (alcanzar) el dinero. Era tarde y tratamos de llegar al centro comercial antes de que ___5.___ (cerrar), pero no fue posible. Alguien nos dijo que las tenían en una pequeña tienda especializada en el otro lado de la ciudad, y nosotros decidimos buscarla hasta que ___6.___ (cansarse). Gracias a Dios, la encontramos cuando todavía estaba abierta. El dueño fue muy amable, y nos dijo que nuestra profesora podría cambiar la armónica por otra, en caso de que ___7.___ (preferir, ella) otro modelo.

Ahora estamos esperando a la señora Guzmán en el salón de clases. Cuando ___8.___ (entrar), alguien encenderá las luces, otros sacarán los carteles con saludos. Después de que un estudiante ___9.___ (hablar) por todos, le entregaremos las flores. Tan pronto como ___10.___ (recibir) el regalo, todos empezaremos a cantar una canción que ella ha compuesto y que hemos practicado sin que ella lo ___11.___ (saber).

I. Completa los pensamientos de Pablo en los espacios en blanco. Observa atentamente el tiempo y la secuencia de eventos.

Mi mamá me dijo que podría ver la televisión después de que ___1.___ (terminar) de leer estos cuentos. Pero no importa, pues yo puedo leer muchos mitos y leyendas, con tal de que ___2.___ (ser) tan entretenidos como el de Quetzalcóatl. Este mito fue escrito en jeroglíficos antes de que ___3.___ (llegar) los españoles a América. Mi libro dice que muchas de las pirámides de México y América Central fueron construidas para que los sacerdotes ___4.___ (rendir) homenaje a Quetzalcóatl. Coatlicue, la madre de Quetzalcóatl, sabía que quedaría encinta cuando del cielo ___5.___ (caer) una pluma. Y así fue, y nació el dios de la serpiente emplumada. Más tarde, Tezcatlipoca, un dios de la alegría y la discordia, puso un espejo frente a los ojos de Quetzalcóatl para que ___6.___ (mirarse) y ___7.___ (asustarse) porque ya era viejo. Tan pronto como ___8.___ (ver) su cara en el espejo, Quetzalcóatl ___9.___ (entristecerse) y huyó. Más tarde, se arrepintió de su vida disipada, y cuando se arrojó a las llamas, de sus cenizas salieron pájaros quetzales, y de su corazón una estrella. Ahora que ya conozco el mito de Quetzalcóatl, cada vez que ___10.___ (ver) un quetzal me acordaré de este mito, y cuando ___11.___ (brillar) una estrella grande en el cielo pensaré que es el corazón de ese dios.

J. ¡Cómo cambia la vida, y también los planes! Escribe un breve ensayo en el que compares los planes que tienes para tu futuro ahora, con las ideas que tenías hace unos años. Usa varias conjunciones del cuadro.

MODELO Antes, quería ser jugador de fútbol cuando terminara el colegio. Ahora pienso ir a la universidad cuando termine mis estudios.

a menos que	con tal de que	en cuanto
antes de que	cuando	hasta que
aunque	después de que	mientras
como	donde	sin que

■ Comparación y contraste

Las cláusulas de relativo con antecedentes indefinidos en español e inglés

En inglés no se usa el verbo de la cláusula de relativo para indicar si el antecedente es definido o indefinido, conocido o desconocido, existente o inexistente. En muchos casos, aunque el verbo aparece en indicativo o en infinitivo, el contexto indica esas características del antecedente. En otros casos, el inglés expresa estos detalles de significado mediante verbos auxiliares como *might, will, may, could, can.*

Busco una tienda que venda estos repuestos.

I am looking for a store that might sell these parts.

No hay nadie aquí que conozca a Luis.

There is no one here who knows Luis.
There is no one here who would know Luis.

No hay nadie aquí que me ayude.

There is no one here to help me.

¿Hay alguien aquí que me ayude?

Is there anybody who could help me?

Práctica

A. Traduce las oraciones del español al inglés, prestando atención a las cláusulas de relativo y al carácter definido o indefinido que el contexto le da al antecedente.

1. Para su viaje, Luisa quería conseguir una maleta muy buena, que se cerrara con dos candados.

2. No conozco estudiantes que quieran sesiones de repaso después de clase.

3. Para subir su promedio, Lucho quería tomar un curso que no le exigiera mucho esfuerzo.

4. Cuando veas a Fernando, dile algo que le levante el ánimo.

5. Ese gobierno no hace nada que proteja el medio ambiente.

6. Si pudiera decir algo que le convenciera, se lo diría.

B. Indica si las traducciones de las frases subrayadas son posibles o no dentro del contexto.

1. Didn't you see any books <u>that you liked?</u>

    a. que te gustaron   **b.** que te gustaran

2. There wasn't anyone at the window <u>to take my money.</u>

    a. que me cobrara   **b.** para cobrarme

3. I don't know of anyone <u>who would do that.</u>

    a. que lo haría   **b.** que lo haga

4. Isn't there anyone here <u>who might have seen something?</u>

    a. que hubiera visto algo   **b.** que podría haber visto algo

5. Andy was looking for some shoes <u>that would fit him better.</u>

    a. que le quedarían mejor   **b.** que le quedaran mejor

6. There isn't any newspaper <u>that will print that story.</u>

    a. que publicará ese artículo   **b.** que publique ese artículo

7. I want to live somewhere <u>where it won't get too hot.</u>

    a. donde no haga mucho calor   **b.** donde no hará mucho calor

C. Traduce las oraciones del inglés al español, prestando atención a las cláusulas de relativo y al carácter definido o indefinido que el contexto le da al antecedente.

1. We want a dog that won't bark all the time.

2. The old woman was looking for someone to help her with the yard.

3. Is there anybody here who would know how to drive?

4. Don't talk so much. Just give me some advice that will help me.

5. In my school, there isn't anybody who wants to take that class.

6. My older brother didn't do anything to help me!

7. I'm looking for a shirt that will go with these pants.

8. I've never heard any of these songs... well, none that I can recall.

Ortografía

Cuaderno de práctica, págs. 108–109

Ampliación

• La aspiración
Hoja de práctica 5-B

■ Letra y sonido

El sonido /s/

Pronuncia la siguiente oración: *Visitaron el centro de la ciudad de Cuzco.* Si pronuncias la **z** y **c** (ci, ce) como **s**, entonces hablas como la mayoría de los hispanohablantes que practica el **seseo.**

Para saber cuándo escribir **c, s** o **z,** sigue estas reglas principales.

> **¡Ojo!** Los hablantes de muchas regiones de España pronuncian la **z** y **c** (ci, ce) como la *th* de inglés (/θ/): *athuthenas* (azucenas).
>
> La **s** la pronuncian con la lengua más atrás que la de la mayoría de los latinoamericanos. En las regiones andinas de Colombia y de Bolivia se pronuncia la **s** más o menos de la misma manera, mientras que se pronuncian la **z** y **c** (ci, ce) como /s/.

Se escribe la *c*...

1. En las terminaciones **-acio, -acia, -ancia, -encia, -uncia, -icia, -icie, -icio** (menos *ansia, gimnasia, Asia* y *Hortensia*): *palacio, farmacia, tolerancia, paciencia, denuncia, avaricia, inicie, oficio.*

2. En los diminutivos **-cillo(a), -cito(a), -cico(a):** *nubecilla, pobrecita, grandecico.*

3. En los plurales de palabras cuyo singular termina en **-z:** *peces, raíces, lápices, coces.*

4. En verbos terminados en **-cer, -cir** (menos *coser, toser* y *asir*): *ofrecer, mecer, lucir.*

5. En los sustantivos terminados en **-ción** que se derivan de adjetivos terminados en **-to** y **-do:** *atención* (de atento), *bendición* (de bendito), *civilización* (de civilizado).

Se escribe la *s*...

1. En las terminaciones **-esto(a), -erso(a), -ismo** e **-ista:** *honesto, diversa, mismo, bromista.*

2. En los adjetivos terminados en **-oso(a), -sivo(a)** (menos *nocivo*) y el grado superlativo **-ísimo(a):** *lujoso, expresiva, buenísimo.*

3. En las terminaciones **-és** y **-ense** que indican nacionalidad u origen: *irlandés, estadounidense.*

4. En los sustantivos terminados en **-sión** que se derivan de verbos terminados en **-der, -dir, -ter, -tir** y **-sar,** a menos que el verbo conserve la sílaba **-sa** como en *conversación: expansión* (de expandir), *conversión* (de convertir), *expresión* (de expresar).

> **¡Ojo!** Muchas veces, en conversación, la **x** delante una consonante suena como **s:** *estraño, estraordinario* (extraño, extraordinario).
>
> Es útil recordar que los prefijos **ex-** y **extra-** se escriben con **x.**

Se escribe la z...

1. En muy pocas palabras con **ze** o **zi**: *zigzag, zeta, Zeus, zinc.* Por lo general, la **z** sólo va delante de **a, o, u**: *zapato, zorro, zumbar.*

2. En el sufijo **-azo(a)** que denota aumento o golpe, y el sufijo **-azgo** (menos *rasgo*): *hombrazo, golazo, flechazo, hallazgo, noviazgo.*

3. En los sustantivos abstractos terminados en **-ez, -eza** y **-anza**: *vejez, belleza, esperanza.*

4. En las terminaciones **-az, -oz, -iz, -izo** de sustantivos y adjetivos: *audaz, veloz, cicatriz, enfermizo.*

5. En algunas palabras en que el sonido /s/ precede al sonido /k/ (menos *casco* y *vasco*): *conduzcamos, crezco.*

Práctica

A. Explica por qué cada una de las siguientes palabras se escribe con **c, s** o **z.**

1. creación	5. faz	9. maravilloso	13. contradecir
2. división	6. naturaleza	10. peces	14. versión
3. conozco	7. aparecer	11. resbaladizo	15. holandés
4. comenzamos	8. potencia	12. fogoso	16. portazo

B. Completa las oraciones con **c, s** o **z.**

1. La dio⹀a de la tierra estaba haciendo peniten⹀ia cuando quedó en⹀inta de Quet⹀alcóatl.

2. Éste era un buena⹀o: hone⹀to y bondado⹀o.

3. Tezcatlipoca, en compara⹀ión, era un bromi⹀ta que exigía sacrifi⹀ios humanos.

4. Con mali⹀ia le ofre⹀ió un espejo para que viera su veje⹀ y se entriste⹀iera.

5. En consecuen⹀ia, empe⹀ó a lu⹀ir una máscara de plumas precio⹀as.

6. Durante su embriague⹀, se olvidó de su pure⹀a y no cumplió con sus obliga⹀iones religio⹀as.

C. Escribe una oración con cada par de homófonos (palabras que se pronuncian de la misma manera pero que tienen diferente significado). Consulta un diccionario si no estás seguro(a) del significado de alguno de ellos.

MODELO   El siervo puso el ciervo a asar.

asar, azar	cede, sede	ciervo, siervo	cierra, sierra
casar, cazar	ciento, siento	cocer, coser	risa, riza

D. Usa las palabras siguientes para escribir seis oraciones. Puedes usar cualquier forma de las palabras. Trata de usar dos o tres de las palabras dadas en cada oración.

> **MODELO** hallazgo, holandés, paciencia, bebecito
> *Escribes* El hallazgo de la estatua del bebecito de oro se debe a la paciencia y tesón del arqueólogo holandés.

atención	conocer	holandés	paciencia
audaz	egoísta	impaciencia	parecer
bebecito	enfermizo	lucir	pececito
belleza	gracioso	mecer	perezoso
confianza	hallazgo	ofrecer	portazo

■ La acentuación

Formas verbales

Las mismas reglas de acentuación que has aprendido con los diptongos y hiatos se aplican también en el caso de las formas verbales. Hay verbos que llevan acento escrito en algunas conjugaciones y en otras no:

> Tú **continúas** hablando y nosotros **continuamos** escuchando.

> Yo **me reí** mucho pero Alicia no **se rio** para nada.

La colocación del acento escrito depende de las reglas generales de acentuación. En el caso de *continúas,* la **u** lleva acento escrito porque es una vocal tónica en hiato, mientras que *continuamos* no lleva acento escrito porque es una palabra llana terminada en **s.**

Práctica

E. Con un(a) compañero(a), examina la siguiente lista de verbos. Conjúguenlos en el tiempo presente para determinar cuáles llevan acento escrito en sólo algunas conjugaciones. Luego deduzcan una regla sobre la colocación del acento escrito en esos verbos.

bailar	emplear	reunirse
broncear	enviar	sonreír
creer	habituar	vaciar

F. Las siguientes oraciones están basadas en «Los primeros incas». Complétalas con el pretérito de los verbos que están entre paréntesis.

1. Viracocha ===== una nueva raza de su propio tamaño. (crear)

2. Viracocha ===== a los hermanos a lo largo del mundo. (enviar)

3. Ayar Ucho ===== la decisión de quedarse en la aldea de Huanacauri. (tomar)

4. Los hermanos ===== la edificación de la ciudad. (empezar)

5. El viento ===== derribando las casas y los templos. (continuar)

6. Entonces los hermanos ===== al viento a la jaula. (enviar)

7. Nosotros ===== cuando el día volvió a tener un fin. (sonreír)

G. Las siguientes oraciones están basadas en «El casamiento del Sol». Vuelve a escribirlas, cambiando el sujeto al pronombre que está entre paréntesis y haciendo cualquier otro cambio que sea necesario.

MODELO El colibrí revivió y vio a la muchacha. (ellas)
Escribes Ellas revivieron y vieron a la muchacha.

1. El Sol partió volando velozmente. (ellos)
2. La muchacha se llevó consigo al colibrí. (tú)
3. La joven reconoció de inmediato al cazador. (nosotros)
4. Descubrieron que la muchacha había desaparecido. (él)
5. Nosotros salimos de la choza y llamamos al volcán. (yo)
6. Fuego y centellas persiguieron a la pareja. (él)
7. Al final, la muchacha se convirtió en la Luna. (ellas)

■ Dictado

A. Vas a escuchar un párrafo sobre la creación del hombre según los aztecas. Escribe lo que oyes, prestando especial atención a las letras **c, s** y **z**.

B. Vas a escuchar una serie de verbos. Escribe lo que oyes, prestando especial atención al uso del acento escrito.

Taller del escritor

Tarea
Escribe una evaluación.

LA PERSUASIÓN

EVALUACIÓN

Cuando **evalúas** un libro o una película, te basas en ciertos criterios para juzgar su calidad. En algunas evaluaciones **comparas** y **contrastas** dos trabajos diferentes mediante una explicación de sus semejanzas y sus diferencias. Luego evalúas los objetivos de tu ensayo ofreciendo un juicio sobre su calidad y defendiéndolo.

TRABAJO EN CURSO

Antes de escribir

1. Cuaderno del escritor

Revisa los apuntes que tomaste en tu CUADERNO DEL ESCRITOR. Busca dos obras que se puedan evaluar, teniendo en cuenta que deben tener algún parecido tanto en la forma como en el contenido, así como también diferencias significativas.

2. Prepara un cuadro

Otra estrategia útil para encontrar obras para una evaluación es hacer un cuadro como el que aparece a continuación.

Compara	Semejanzas
de *Autobiografía de un esclavo* con «Trabajo de campo»	Ambos son episodios autobiográficos.
El anillo del general Macías con «En la noche»	En las dos obras los personajes se ven obligados a enfrentarse con situaciones difíciles o peligrosas.
«Los primeros incas» con del *Popol Vuh*	Ambos son mitos que tratan de la creación del mundo.

Si ninguna de las ideas del cuadro te llama la atención, examina la lista de obras que aparece en la página R114 de este libro de texto y prepara tu propio cuadro comparativo. Presta especial atención a las semejanzas y diferencias de los mitos presentados en esta colección.

3. Establece criterios para emitir un juicio

Después de elegir un par de trabajos para comparar y contrastar, determina los **criterios** que vas a utilizar para evaluarlos.

Si estás evaluando trabajos de dos géneros diferentes, como un libro y una película, hazte preguntas como éstas:

* ¿Qué elementos son básicos en un buen libro?
* ¿Qué elementos son básicos en una buena película?
* ¿Qué cualidades deben tener ambos?

El borrador

1. Comienza la evaluación

En la **introducción,** intenta captar la atención del lector con una cita impactante de uno de los dos trabajos que estás evaluando. No te olvides que aquí debes formular tu idea principal.

En el **cuerpo** de tu ensayo, concéntrate en mostrar con claridad las semejanzas y las diferencias entre los trabajos. Puedes utilizar uno de los dos métodos siguientes para organizar los detalles en esta etapa del ensayo. La guía que aparece abajo muestra **el método de bloque** y **el método punto por punto** para presentar la información en un ensayo sobre «En la noche» y *El anillo del general Macías*.

Método de bloque

Trabajo 1: «En la noche»
Punto 1: Punto de vista
Punto 2: Imágenes
Punto 3: Ambiente
Trabajo 2: *El anillo del general Macías*
Punto 1: Punto de vista
Punto 2: Imágenes
Punto 3: Ambiente

Método punto por punto

Punto 1: Punto de vista
Trabajo 1: «En la noche»
Trabajo 2: *El anillo del general Macías*
Punto 2: Imágenes
Trabajo 1: «En la noche»
Trabajo 2: *El anillo del general Macías*
Punto 3: Ambiente
Trabajo 1: «En la noche»
Trabajo 2: *El anillo del general Macías*

Esquema para una evaluación

I. Introducción
   A. Capta la atención.
   B. Escoge los trabajos.
   C. Formula la idea principal.
II. Cuerpo
   A. Compara los trabajos y muestra sus semejanzas.
   B. Contrasta los trabajos y muestra sus diferencias.
   C. Utiliza los criterios para evaluar los trabajos.
   D. Defiende la evaluación con razonamientos y pruebas.
III. Conclusión
   A. Vuelve a resumir el juicio.
   B. Recomienda uno de los trabajos o ambos.

Ten en cuenta que debes presentar las razones y las pruebas de tu evaluación en orden de importancia: coloca los detalles más importantes al comienzo o al final.

En el cuerpo de tu ensayo debes incluir tu evaluación o juicio de los dos trabajos. Ya que tu juicio es una opinión, debes defenderlo convincentemente con normas, razones y otras pruebas. Puedes utilizar uno o más de los siguientes elementos como pruebas:

- experiencias personales
- ejemplos de los trabajos que estás evaluando
- comparaciones con otros trabajos relacionados

Por ejemplo, en un ensayo donde se comparen estas dos historias, el escritor puede defender su opinión de que *El anillo del general Macías* es una obra más violenta, basándose en el hecho de que Raquel decide quitarles la vida a dos hombres.

En la **conclusión** de tu ensayo, recuerda volver a formular tu idea principal. Luego, puedes recomendarle al público uno o los dos trabajos.

2. Desarrolla tu propio estilo: Connotaciones

Además de sus significados literales según el diccionario, o denotaciones, las palabras y oraciones tienen **connotaciones,** o sentidos relacionados. Cuando compares, contrastes y evalúes los trabajos que has escogido, trata de estar lo más atento(a) posible al tono del lenguaje que uses. Piensa en las connotaciones de las palabras en cursiva. ¿Qué oración sugiere una mayor emoción?

El hombre *contó su historia con una lentitud monótona.*	La historia *brotaba tediosamente de los labios del hombre.*

Evaluación y revisión

1. Intercambio entre compañeros

Intercambia borradores con un(a) compañero(a). Después de leer el borrador de tu compañero(a), completa una o más de las oraciones que aparecen a la izquierda.

Así se dice

Para evaluar un trabajo escrito

Me parece que la idea principal de esta evaluación es...

Me gustaría que el (la) escritor(a) diera más detalles sobre...

La evaluación me convence (no me convence) porque...

Yo pondría mayor énfasis en...

2. Autoevaluación

Emplea las pautas siguientes para revisar tu trabajo. Añade, elimina o vuelve a escribir detalles de tu ensayo, y haz otros cambios que hagan falta.

Pautas de evaluación	**Técnicas de revisión**
1. ¿Capto desde el comienzo la atención del lector?	1. Comienza con una cita o anécdota impactante.
2. ¿He formulado claramente la idea principal?	2. Incorpora una o dos oraciones que resuman tu juicio de los trabajos.
3. ¿He presentado los detalles en orden lógico?	3. Utiliza el método de bloque o el de punto por punto en el cuerpo de tu ensayo.
4. ¿He defendido mi evaluación de un modo convincente?	4. Apóyate en los criterios que estableciste o añade otras razones o pruebas.
5. ¿Termino con una conclusión sólida?	5. Vuelve a formular la idea principal.

Compara las dos versiones siguientes de una evaluación de «El corrido de Gregorio Cortez» (página 333) y la película *The Ballad of Gregorio Cortez*.

MODELOS

Borrador 1

Hay un corrido sobre un hombre llamado Gregorio Cortez del que han hecho una película. Yo leí el corrido en la clase y luego todos fuimos a ver la película. Ambas obras, tanto la película como la canción, tienen sus ventajas. La película cuenta una historia más larga y llegamos a averiguar más detalles sobre lo que le ocurrió a Cortez. El corrido, sin embargo, es también bueno, pero de una manera diferente. Hace que Cortez parezca más heroico.

Evaluación: Este párrafo menciona algunas semejanzas entre los dos trabajos, pero la escritura no es interesante y el escritor debería ser más explícito sobre su idea principal.

Borrador 2

Tanto «El corrido de Gregorio Cortez» como la película <u>The Ballad of Gregorio Cortez</u> cuentan la historia de un hombre que tuvo problemas con la ley en Texas. Aunque el tema es el mismo, la película cubre un periodo más extenso de la vida de su protagonista. Por ejemplo, nos cuenta los sucesos exactos en torno al asesinato del alguacil y del hermano de Cortez. La versión cinematográfica también cubre el juicio.

Al mostrar más detalles de su vida, la película ofrece un retrato más completo de Cortez. La película subraya el hecho de que Cortez era un hombre sencillo. El corrido, por su parte, pinta a un héroe legendario. En un momento dado, los americanos dicen: «Si le entramos por derecho muy poquitos volveremos».

Creo que la forma del corrido se presta a hacer un retrato más exagerado. Una canción debe ser interesante y emotiva en un espacio corto de tiempo. Se entiende, entonces, que el corrido enfatice más la habilidad de Cortez para esquivar a sus perseguidores. Como resultado, el corrido trata a Cortez como una figura mítica, mientras que la película lo muestra más como una persona real.

Evaluación: Mejor. El escritor resume con claridad las semejanzas y las diferencias. La formulación de la idea principal indica que las diferencias entre los dos trabajos son más importantes que sus similitudes.

Corrección de pruebas

Intercambia trabajos con un(a) compañero(a). Corrijan con cuidado sus respectivos ensayos.

Publicación

- Presenta tu evaluación al diario o a la revista de la escuela a modo de reseña.
- Con otros compañeros, haz una antología de evaluaciones.

Reflexión

Reflexiona sobre tu experiencia al escribir una evaluación. Quizás te sea útil usar las pautas para reflexionar que aparecen a la izquierda.

Así se dice

Para reflexionar sobre un trabajo escrito

La parte más difícil de escribir esta evaluación fue...

Lo que mejor me salió fue...

Al escribir esta evaluación comprendí que la mejor manera de convencer a la gente es...

Pensándolo más a fondo, creo que cambiaría...

A ver si puedo...

A. Contesta las siguientes preguntas basadas en la información presentada en ELEMENTOS DE LITERATURA.

  1. ¿A qué tradición literaria pertenecen los mitos, las leyendas y los cuentos populares?

  2. ¿Qué es un mito? Da un ejemplo que no se encuentre en el libro.

  3. ¿Qué es una leyenda? Da un ejemplo que no se encuentre en el libro.

  4. ¿Qué es un cuento popular? Da un ejemplo que no se encuentre en el libro.

B. Piensa en algún cuento que hayas leído y que te haya gustado o impresionado mucho. Escribe una breve evaluación de cinco o seis oraciones, basándote en los tres criterios en la página 332 para comunicar tu opinión sobre la obra.

C. Explica la importancia de los siguientes conceptos en la cultura de los mayas.

  1. la agricultura   **4.** los centros del poder

  2. el maíz   **5.** la religión maya

  3. el periodo Clásico   **6.** la época colonial

D. Explica el significado de las siguientes palabras dentro del contexto de los cuentos. Después escribe una oración con cada una de ellas.
Popol Vuh: asirse, cesar, inerte, erguido, engendrar
«Tres mitos latinoamericanos»: sustentarse, arrojarse, perecer, regocijo, desparramarse

E. Busca en un diccionario el significado y el origen de las siguientes voces indígenas. Luego escribe una oración con cada una de ellas.
Voces indígenas: piragua, manatí, alpaca, ananás, ñandú, ceiba

F. Completa las oraciones con las formas correspondientes de los verbos que están entre paréntesis. Luego identifica las cláusulas relativas y, observando el antecedente, explica por qué se usa el subjuntivo o el indicativo.

  1. ¿Encontraste a alguien que ===== (querer) comprar el boleto? Pues tengo una amiga que ===== (pensar) regalárselo a su hermano.

  2. La señora Ito siempre compraba la ropa que ===== (ser) más cara y no la que le ===== (quedar) mejor.

3. Buscábamos un estudiante que ═══ (hablar) japonés, pero lo único que encontramos fue una chica que ═══ (saber) alemán.

4. Mi amiga juega al fútbol, un deporte que ═══ (exigir) que se entrene todos los días. Piensa practicar otro deporte para el cual no ═══ (tener) que entrenarse tanto.

5. Dame algunas ideas que me ═══ (ayudar) a terminar este ensayo. Estas oraciones que me diste no me ═══ (servir) para nada.

¿Sabes usar el subjuntivo en las cláusulas adverbiales? Págs. 347–350

G. Escribe un breve resumen de uno de los mitos que hayas leído en esta colección. Usa al menos seis conjunciones como *antes de que, tan pronto como, después de que, para que, donde, sin que,* etc.

> **MODELO** Los dioses de los incas querían crear un mundo donde hubiera cielo y tierra para que la gente lo habitara...

Escritura
¿Sabes deletrear palabras con las letras *z, s* y *c*? Págs. 352–354

H. Completa las siguientes oraciones con **z, s** o **c.**

1. ¡Ten pacien═ia! Ya llegamos al alma═én donde vas a poder comprar tanto lápi═es como ═apatos.

2. Me encanta la expre═ión y la belle═a que ha logrado ese artista canadien═e. Presta mucha aten═ión a los detalles.

3. Hay pocas esperan═as de que el niño enfermi═o se mejore pronto, pobre═ito.

¿Sabes qué formas verbales llevan acento? Págs. 354–355

I. Completa las siguientes oraciones con la forma adecuada del verbo que está entre paréntesis, poniendo un acento donde haga falta.

1. Antes yo ═══ que el Viejo Pascuero existía, pero ahora es mi hermana menor la que todavía ═══ en él. (creer)

2. El año pasado ella ═══ mucho al ver el oso de peluche que «él» le había regalado. Aún ═══ cada vez que lo mira. (sonreír)

3. Mi madre nos decía antes que el Viejo Pascuero ═══ con sus duendes en noviembre para prepararlo todo. Como ahora le parece difícil a Ana que acaben con todo en un mes, mi madre le dijo que hoy en día los duendes ═══ en marzo. (reunirse)

¿Sabes escribir una evaluación? Pág. 356

J. Contesta las siguientes preguntas acerca de la preparación de un ensayo evaluativo.

1. ¿Cuál es el propósito de un ensayo evaluativo?

2. ¿Qué criterios se deben considerar al evaluar dos obras?

3. ¿Cómo se puede desarrollar una evaluación? ¿Cómo se respalda el juicio?

Vocabulario esencial

Ampliación

• Vocabulario adicional
Colección 5

del *Popol Vuh* pág. 305

alba *m.*

antigüedad *f.*

apacible *adj.*

asirse *v.*

cesar *v.*

dotado, -da *adj.*

engendrar *v.*

estorbar *v.*

faz *f.*

inerte *adj.*

oculto, -ta *adj.*

relámpago *m.*

roce *m.*

sabiduría *f.*

serpentear *v.*

tinieblas *f. pl.*

Tres mitos latinoamericanos: «La historia de Quetzalcóatl», «El casamiento del Sol», «Los primeros incas» pág. 320

ahogado, -da *adj.*

alcanzar *v.*

arrepentido, -da *adj.*

arrojarse *v.*

cálido, -da *adj.*

caparazón *f.*

cazador *m.*

ceniza *f.*

centella *f.*

crepitar *v.*

cumplimiento *m.*

derribar *v.*

deshacer *v.*

desparramarse *v.*

despejado, -da *adj.*

destreza *f.*

detener *v.*

diluvio *m.*

discordia *f.*

dócil *adj.*

echarse *v.*

encaminar sus pasos *v.*

entristecerse *v.*

envolver *v.*

esculpir *v.*

habitar *v.*

hoguera *f.*

impedir *v.*

inmortal *adj.*

jaula *f.*

lazo *m.*

liviano, -na *adj.*

ocultarse *v.*

partir *v.*

perecer *v.*

pluma *f.*

precaución *f.*

preso, -sa *m. y f.*

prolongar *v.*

recobrar *v.*

reconocer *v.*

regocijo *m.*

resbaladizo, -za *adj.*

restos *m. pl.*

revivir *v.*

rugido *m.*

sembrado *m.*

simular *v.*

soplar *v.*

sustentarse *v.*

taparse *v.*

tejer *v.*

tramposo, -sa *adj.*

transmutarse *v.*

■ Mejora tu vocabulario pág. 339

achiote *m.*

ají *m.*

alpaca *f.*

cacahuete *m.*

cacao *m.*

cacique *m.*

canoa *f.*

chicle *m.*

choclo *m.*

colibrí *m.*

cóndor *m.*

hamaca *f.*

huracán *m.*

llama *f.*

pampa *f.*

papaya *f.*

piraña *f.*

puma *m.*

vicuña *f.*

yuca *f.*

Enlaces literarios

La nueva narrativa latinoamericana del siglo XX

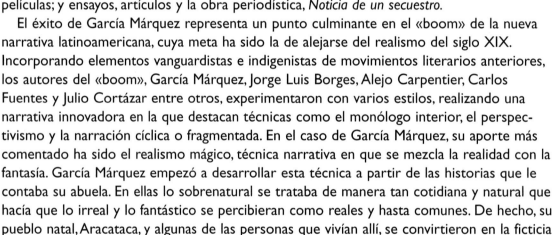

El autor en su contexto

Entre los autores latinoamericanos de mayor renombre se encuentra Gabriel García Márquez (1928–), cuya novela *Cien años de soledad* ha sido aclamada en el mundo entero. Publicada en 1967, fue tanta la acogida recibida que la Academia Sueca le otorgó a García Márquez el Premio Nóbel de literatura en 1982. La popularidad de García Márquez ha perdurado y su obra literaria se ha multiplicado a lo largo de los años. Ha publicado colecciones de cuentos; novelas como *La hojarasca, El coronel no tiene quien le escriba, El amor en los tiempos del cólera* y *El general en su laberinto;* guiones de películas; y ensayos, artículos y la obra periodística, *Noticia de un secuestro.*

El éxito de García Márquez representa un punto culminante en el «boom» de la nueva narrativa latinoamericana, cuya meta ha sido la de alejarse del realismo del siglo XIX. Incorporando elementos vanguardistas e indigenistas de movimientos literarios anteriores, los autores del «boom», García Márquez, Jorge Luis Borges, Alejo Carpentier, Carlos Fuentes y Julio Cortázar entre otros, experimentaron con varios estilos, realizando una narrativa innovadora en la que destacan técnicas como el monólogo interior, el perspectivismo y la narración cíclica o fragmentada. En el caso de García Márquez, su aporte más comentado ha sido el realismo mágico, técnica narrativa en que se mezcla la realidad con la fantasía. García Márquez empezó a desarrollar esta técnica a partir de las historias que le contaba su abuela. En ellas lo sobrenatural se trataba de manera tan cotidiana y natural que hacía que lo irreal y lo fantástico se percibieran como reales y hasta comunes. De hecho, su pueblo natal, Aracataca, y algunas de las personas que vivían allí, se convirtieron en la ficticia población de Macondo, escena de *Cien años de soledad* y otras obras suyas.

La obra

En los cuentos de García Márquez son evidentes los diferentes temas y estilos narrativos que han marcado las diversas etapas de su obra literaria. En la primera colección, *Los funerales de la Mamá Grande* (1962), predomina el tema de la política y un estilo realista, mientras que en *La increíble y triste historia* de la cándida Eréndira y su abuela desalmada (1972) el autor retoma las técnicas del realismo mágico. Por medio de acontecimientos irreales, «Un señor muy viejo con unas alas enormes» nos da una perspectiva de la soledad que resulta del descuido de la sociedad hacia los menos afortunados.

Un señor muy viejo con unas alas enormes

Gabriel García Márquez

Al tercer día de lluvia habían matado tantos cangrejos dentro de la casa, que Pelayo tuvo que atravesar su patio anegado[1] para tirarlos en el mar, pues el niño recién nacido había pasado la noche con calenturas[2] y se pensaba que era a causa de la pestilencia. El mundo estaba triste desde el martes. El cielo y el mar eran una misma cosa de ceniza, y las arenas de la playa, que en marzo fulguraban[3] como polvo de lumbre, se habían convertido en un caldo de lodo y mariscos podridos. La luz era tan mansa al mediodía, que cuando Pelayo regresaba a la casa después de haber tirado los cangrejos, le costó trabajo ver qué era lo que se movía y se quejaba en el fondo del patio. Tuvo que acercarse mucho para descubrir que era un hombre viejo, que estaba tumbado boca abajo en el lodazal,[4] y a pesar de sus grandes esfuerzos no podía levantarse, porque se lo impedían sus enormes alas.

Asustado por aquella pesadilla, Pelayo corrió en busca de Elisenda, su mujer, que estaba poniéndole compresas[5] al niño enfermo, y la llevó hasta el fondo del patio. Ambos observaron el cuerpo caído con un callado estupor. Estaba vestido como un trapero.[6] Le quedaban apenas unas hilachas[7] descoloridas en el cráneo pelado y muy pocos dientes en la boca, y su lastimosa condición de bisabuelo ensopado[8] lo había desprovisto de toda grandeza. Sus alas de gallinazo grande, sucias y medio desplumadas, estaban encalladas[9] para siempre en el lodazal. Tanto lo observaron, y con tanta atención, que Pelayo y Elisenda se sobrepusieron muy pronto del asombro y acabaron por encontrarlo familiar. Entonces se atrevieron a hablarle, y les contestó en un dialecto incomprensible pero con una buena voz de navegante. Fue así como pasaron por alto el inconveniente de las alas, y concluyeron con muy buen juicio que era un náufrago solitario de alguna nave extranjera abatida por el temporal. Sin embargo, llamaron para que lo viera a una vecina que sabía todas las cosas de la vida y la muerte, y a ella le bastó con una mirada para sacarlos del error.

—Es un ángel —les dijo—. Seguro que venía por el niño, pero el pobre está tan viejo que lo ha tumbado la lluvia.

Al día siguiente todo el mundo sabía que en casa de Pelayo tenían cautivo un ángel de carne y hueso. Contra el criterio de la vecina sabia, para quien los ángeles de estos tiempos eran sobrevivientes fugitivos de una conspiración celestial, no habían tenido corazón para matarlo a palos. Pelayo estuvo vigilándolo toda la tarde desde la cocina, armado con su garrote de alguacil,[10] y antes de acostarse lo sacó a rastras del lodazal y lo encerró con las gallinas en el gallinero alambrado.[11] A media noche, cuando terminó la lluvia, Pelayo y Elisenda seguían matando cangrejos. Poco después el niño despertó sin fiebre y con deseos de comer. Entonces se sintieron magnánimos y decidieron poner

---

1. **anegado:** inundado.
2. **calenturas:** fiebre.
3. **fulguraban:** brillaban, resplandecían.
4. **lodazal:** sitio lleno de lodo.
5. **compresas:** lienzos mojados que se usan para aplicar calor o frío.
6. **trapero:** persona que tiene por oficio recoger trapos, basuras y deshechos.
7. **hilacha:** porción insignificante de hilo, aquí se refiere a pelo.
8. **ensopado:** empapado.

9. **encalladas:** plantadas, inmóviles, atascadas.
10. **garrote de alguacil:** palo de un oficial menor con el que se castiga a la gente.
11. **alambrado:** rodeado de alambre.

al ángel en una balsa con agua dulce y provisiones para tres días, y abandonarlo a su suerte en altamar. Pero cuando salieron al patio con las primeras luces, encontraron a todo el vecindario frente al gallinero, retozando[12] con el ángel sin la menor devoción y echándole cosas de comer por los huecos de las alambradas, como si no fuera una criatura sobrenatural sino un animal de circo.

El padre Gonzaga llegó antes de las siete alarmado por la desproporción de la noticia. A esa hora ya habían acudido curiosos menos frívolos que los del amanecer, y habían hecho toda clase de conjeturas sobre el porvenir del cautivo. Los más simples pensaban que sería nombrado alcalde del mundo. Otros, de espíritu más áspero, suponían que sería ascendido a general de cinco estrellas para que ganara todas las guerras. Algunos visionarios esperaban que fuera conservado como semental[13] para implantar en la tierra una estirpe[14] de hombres alados y sabios que se hicieran cargo del Universo. Pero el padre Gonzaga, antes de ser cura, había sido leñador[15] macizo. Asomado a las alambradas repasó en un instante su catecismo,

12. retozando: saltando y brincando con alegría y entusiasmo.

13. semental: animal macho que se destina a procrear.
14. estirpe: raza, linaje.
15. leñador: persona fuerte que tiene por oficio talar árboles.

y todavía pidió que le abrieran la puerta para examinar de cerca a aquel varón de lástima que más bien parecía una enorme gallina decrépita entre las gallinas absortas. Estaba echado en un rincón, secándose al sol las alas extendidas, entre las cáscaras[16] de frutas y las sobras[17] de desayunos que le habían tirado los madrugadores. Ajeno a las impertinencias del mundo, apenas si levantó sus ojos de anticuario y murmuró algo en su dialecto cuando el padre Gonzaga entró en el gallinero y le dio los buenos días en latín. El párroco tuvo la primera sospecha de su impostura[18] al comprobar que no entendía la lengua de Dios ni sabía saludar a sus ministros. Luego observó que visto de cerca resultaba demasiado humano: tenía un insoportable olor de intemperie, el revés de las alas sembrado de algas parasitarias y las plumas mayores maltratadas por vientos terrestres, y nada de su naturaleza miserable estaba de acuerdo con la

16. **cáscaras:** corteza exterior de las frutas.
17. **sobras:** restos, comida que queda después de comer.

18. **impostura:** engaño con apariencia de verdad.

egregia dignidad de los ángeles. Entonces abandonó el gallinero, y con un breve sermón previno a los curiosos contra los riesgos de la ingenuidad. Les recordó que el demonio tenía la mala costumbre de recurrir a artificios de carnaval para confundir a los incautos.[19] Argumentó que si las alas no eran el elemento esencial para determinar las diferencias entre un gavilán[20] y un aeroplano, mucho menos podían serlo para reconocer a los ángeles. Sin embargo, prometió escribir una carta a su obispo, para que éste escribiera otra a su primado y para que éste escribiera otra al Sumo Pontífice,[21] de modo que el veredicto final viniera de los tribunales más altos.

Su prudencia cayó en corazones estériles. La noticia del ángel cautivo se divulgó con tanta rapidez, que al cabo de pocas horas había en el patio un alboroto de mercado, y tuvieron que llevar la tropa con bayonetas para espantar el tumulto que ya estaba a punto de tumbar la casa. Elisenda, con el espinazo torcido de tanto barrer basura de feria, tuvo entonces la buena idea de tapiar el patio y cobrar cinco centavos por la entrada para ver al ángel.

Vinieron curiosos hasta de la Martinica. Vino una feria ambulante con un acróbata volador, que pasó zumbando varias veces por encima de la muchedumbre,[22] pero nadie le hizo caso porque sus alas no eran de ángel sino de murciélago sideral. Vinieron en busca de salud los enfermos más desdichados del Caribe: una pobre mujer que desde niña estaba contando los latidos de su corazón y ya no le alcanzaban los números, un jamaicano que no podía dormir porque lo atormentaba el ruido de las estrellas, un sonámbulo que se levantaba de noche a deshacer dormido las cosas que había hecho despierto, y muchos otros de menor gravedad. En medio de aquel desorden de naufragio que hacía temblar la tierra, Pelayo y Elisenda estaban felices de cansancio, porque en menos de una semana atiborraron[23] de plata los dormitorios y todavía la fila de peregrinos que esperaban turno para entrar llegaba hasta el otro lado del horizonte.

El ángel era el único que no participaba de su propio acontecimiento. El tiempo se le iba en buscar acomodo en su nido prestado, aturdido por el calor de infierno de las lámparas de aceite y las velas de sacrificio que le arrimaban a las alambradas. Al principio trataron de que comiera cristales de alcanfor,[24] que, de acuerdo con la sabiduría de la vecina sabia, era el alimento específico de los ángeles. Pero él los despreciaba, como despreció sin probarlos los almuerzos papales que le llevaban los penitentes, y nunca se supo si fue por ángel o por viejo que terminó comiendo nada más que papillas de berenjena.[25] Su única virtud sobrenatural parecía ser la paciencia. Sobre todo en los primeros tiempos, cuando le picoteaban[26] las gallinas en busca de los parásitos estelares que proliferaban en sus alas, y los baldados le arrancaban plumas para tocarse con ellas sus defectos, y hasta los más piadosos le tiraban piedras tratando de que se levantara para verlo de cuerpo entero. La única vez que consiguieron alterarlo fue cuando le abrasaron el costado con un hierro de

19. **incautos:** personas ingenuas, que no tienen cautela.
20. **gavilán:** ave rapaz, tipo de pájaro que caza.
21. **Sumo Pontífice:** el Papa.
22. **muchedumbre:** multitud de personas.

23. **atiborraron:** llenaron a tope o en exceso.
24. **alcanfor:** sustancia de olor fuerte que se usa como medicamento o para proteger la ropa de polillas.
25. **papillas de berenjena:** pasta espesa hecha de una verdura morada.
26. **picoteaban:** golpeaban o herían las aves con el pico.

marcar novillos,[27] porque llevaba tantas horas de estar immóvil que lo creyeron muerto. Despertó sobresaltado, despotricando[28] en lengua hermética y con los ojos en lágrimas, y dio un par de aletazos que provocaron un remolino de estiércol de gallinero y polvo lunar, y un ventarrón[29] de pánico que no parecía de este mundo. Aunque muchos creyeron que su reacción no había sido de rabia sino de dolor, desde entonces se cuidaron de no molestarlo, porque la mayoría entendió que su pasividad no era la de un héroe en uso de buen retiro sino la de un cataclismo en reposo.

El padre Gonzaga se enfrentó a la frivolidad de la muchedumbre con fórmulas de inspiración doméstica, mientras le llegaba un juicio terminante sobre la naturaleza del cautivo. Pero el correo de Roma había perdido la noción de la urgencia. El tiempo se les iba en averiguar si el convicto tenía ombligo, si su dialecto tenía algo que ver con el arameo, si podía caber muchas veces en la punta de un alfiler, o si no sería simplemente un noruego con alas. Aquellas cartas de parsimonia[30] habrían ido y venido hasta el fin de los siglos, si un acontecimiento providencial no hubiera puesto término a las tribulaciones del párroco.

Sucedió que por esos días, entre muchas otras atracciones de las ferias errantes del Caribe, llevaron al pueblo el espectáculo triste de la mujer que se había convertido en araña por desobedecer a sus padres. La entrada para verla no sólo costaba menos que la entrada para ver al ángel, sino que permitían hacerle toda clase de preguntas sobre su absurda condición, y examinarla al derecho y al revés, de modo que nadie pusiera en duda la verdad del horror. Era una tarántula espantosa del tamaño de un carnero[31] y con la cabeza de una doncella triste. Pero lo más desgarrador[32] no era su figura de disparate,[33] sino la sincera aflicción con que contaba los pormenores de su desgracia: siendo casi una niña se había escapado de la casa de sus padres para ir a un baile, y cuando regresaba por el bosque después de haber bailado toda la noche sin permiso, un trueno pavoroso abrió el cielo en dos mitades, y por aquella grieta[34] salió el relámpago de azufre que la convirtió en araña. Su único alimento eran las bolitas de carne molida que las almas caritativas quisieran echarle en la boca. Semejante espectáculo, cargado de tanta verdad humana y de tan temible escarmiento[35] tenía que derrotar sin proponérselo al de un ángel despectivo que apenas si se dignaba mirar a los mortales. Además los escasos milagros que se le atribuían al ángel revelaban un cierto desorden mental, como el del ciego que no recobró la visión pero le salieron tres dientes nuevos, y el del paralítico que no pudo andar pero estuvo a punto de ganarse la lotería, y el del leproso a quien le nacieron girasoles en las heridas. Aquellos milagros de consolación que más bien parecían entretenimientos de burla, habían quebrantado ya la reputación del ángel cuando la mujer convertida en araña terminó de aniquilarla.[36] Fue así como el padre Gonzaga se curó para siempre del insomnio, y el patio de Pelayo volvió a quedar tan solitario como

27. **novillos:** toros o vacas de tres o cuatro años.
28. **despotricando:** hablando sin consideración, quejándose, maldiciendo.
29. **ventarrón:** viento que sopla con mucha fuerza.
30. **parsimonia:** moderación, cautela, prudencia.

31. **carnero:** macho de oveja.
32. **desgarrador:** doloroso, que despierta compasión.
33. **disparate:** atrocidad, cosa absurda.
34. **grieta:** abertura, rotura.
35. **escarmiento:** arrepentimiento o castigo para enmendar una culpa.
36. **aniquilar:** destruir por completo.

en los tiempos en que llovió tres días y los cangrejos caminaban por los dormitorios.

Los dueños de la casa no tuvieron nada que lamentar. Con el dinero recaudado construyeron una mansión de dos plantas, con balcones y jardines, y con sardineles muy altos para que no se metieran los cangrejos del invierno, y con barras de hierro en las ventanas para que no se metieran los ángeles. Pelayo estableció además un criadero de conejos muy cerca del pueblo y renunció para siempre a su mal empleo de alguacil, y Elisenda se compró unas zapatillas satinadas de tacones altos y muchos vestidos de seda tornasol, de los que usaban las señoras más codiciadas en los domingos de aquellos tiempos. El gallinero fue lo único que no mereció atención. Si alguna vez lo lavaron con creolina[37] y quemaron las lágrimas de mirra[38] en su interior, no fue por hacerle honor al ángel, sino por conjurar la pestilencia de muladar[39] que ya andaba como un fantasma por todas partes y estaba volviendo vieja la casa nueva. Al principio, cuando el niño aprendió a caminar, se cuidaron de que estuviera muy cerca del gallinero. Pero luego se fueron olvidando del temor y acostumbrándose a la peste, y antes de que el niño mudara dientes se había metido a jugar dentro del gallinero, cuyas alambradas podridas se caían a pedazos. El ángel no fue menos displicente con él que con el resto de los mortales, pero soportaba las infamias más ingeniosas con una mansedumbre de perro sin ilusiones. Ambos contrajeron la varicela[40] al mismo tiempo. El médico que atendió al niño no resistió la tentación de auscultar[41] al ángel, y le encontró tantos soplos en el corazón y tantos ruidos en los riñones, que no le pareció posible que estuviera vivo. Lo que más le asombró, sin embargo, fue la lógica de sus alas. Resultaban tan naturales en aquel organismo completamente humano, que no podía entenderse por qué no las tenían también los otros hombres.

Cuando el niño fue a la escuela, hacía mucho tiempo que el sol y la lluvia habían desbaratado[42] el gallinero. El ángel andaba arrastrándose por acá y por allá como un moribundo[43] sin dueño. Parecía estar en tantos lugares al mismo tiempo, que llegaron a pensar que se desdoblaba, que se repetía a sí mismo por toda la casa, y la exasperada Elisenda gritaba fuera de quicio[44] que era una desgracia vivir en aquel infierno lleno de ángeles. Apenas si podía comer, sus ojos de anticuario se le habían vuelto tan turbios que andaba tropezando, y ya no le quedaban sino las últimas plumas. Pelayo le echó encima una manta y le hizo la caridad de dejarlo dormir en el cobertizo, y sólo entonces advirtieron que pasaba la noche con calenturas delirantes en trabalenguas de noruego viejo. Fue esa una de las pocas veces en que se alarmaron, porque pensaban que se iba a morir, y ni siquiera la vecina sabia había podido decirles qué se hacía con los ángeles muertos.

Sin embargo, no sólo sobrevivió a su peor invierno, sino que pareció mejor con los primeros soles. Se quedó inmóvil

---

37. creolina: tipo de desinfectante.
38. mirra: resina aromática que se valoraba mucho en la antigüedad.
39. muladar: lugar donde se echa el estiércol o basura de la casa.
40. varicela: enfermedad contagiosa caracterizada por erupciones en la piel.

41. auscultar: aplicar el oído a la pared torácica o abdominal a fin de explorar los ruidos que hacen los órganos.
42. desbaratado: deshecho o arruinado.
43. moribundo: que está a punto de morir.
44. fuera de quicio: muy alterado, descontrolado.

muchos días en el rincón más apartado del patio, donde nadie lo viera, y a principios de diciembre empezaron a nacerle en las alas unas plumas grandes y duras, plumas de pajarraco viejo, que más bien parecían un nuevo percance[45] de la decrepitud. Pero él debía conocer la razón de esos cambios, porque se cuidaba muy bien de que nadie los notara, y de que nadie oyera las canciones de navegantes que a veces cantaba bajo las estrellas. Una mañana, Elisenda estaba cortando rebanadas de cebolla para el almuerzo, cuando un viento que parecía de altamar se metió en la cocina. Entonces se asomó por la ventana, y sorprendió al ángel en las primeras tentativas del vuelo.

Eran tan torpes, que estuvo a punto de desbaratar el cobertizo con aquellos aletazos indignos que resbalaban en la luz y no encontraban asidero[46] en el aire. Pero logró ganar altura. Elisenda exhaló un suspiro de descanso, por ella y por él, cuando lo vio pasar por encima de las últimas casas, sustentándose de cualquier modo con un azaroso[47] aleteo de buitre[48] senil. Siguió viéndolo hasta cuando acabó de cortar la cebolla, y siguió viéndolo hasta cuando ya no era posible que lo pudiera ver, porque entonces ya no era un estorbo en su vida, sino un punto imaginario en el horizonte del mar.

45. percance: dificultad, contratiempo, desgracia.

46. asidero: sitio donde agarrarse.
47. azaroso: vacilante, incierto.
48. buitre: ave rapaz que se alimenta de la carne corrompida de animales muertos.

■ Actividades

Comprensión del texto

1. ¿Qué hace Pelayo cuando descubre al hombre viejo? ¿Cómo reacciona?

2. ¿Qué pensaban hacer Pelayo y Elisenda con el viejo? ¿Por qué no lo hacen?

3. ¿Cuál es la opinión del padre Gonzaga acerca del hombre viejo? ¿De qué le previno el padre al vecindario?

4. ¿Por qué se pierde por fin el interés en el hombre? Después de que se va la muchedumbre, ¿cuál es la relación entre Pelayo, Elisenda y el señor viejo? ¿Lo tratan ellos de forma distinta?

5. ¿Qué hace el señor viejo al final del cuento? ¿Cómo se siente Elisenda? ¿Cuánto tiempo crees que pasa el señor con ellos? ¿Logran comunicarse o entenderse?

Análisis del texto

1. ¿Qué tipo de personas se presentan en el cuento? ¿Cómo reaccionan ante el «ángel»? ¿Son reacciones verosímiles, dada la situación? ¿Ves alguna crítica social por medio de la representación de ciertos personajes? Justifica tu respuesta.

2. «Fue así como pasaron por alto el inconveniente de las alas...». Según esta oración, ¿qué actitud prevalece hacia el hombre viejo a lo largo del cuento? ¿De qué manera afecta esta actitud al comportamiento de los demás con respecto a él?

3. ¿Cómo se caracteriza al señor viejo con alas? ¿Por qué crees que aguanta tanto abuso?

4. ¿Cuáles son los acontecimientos irreales o sobrenaturales que ocurren en el cuento? ¿Hasta qué punto sorprenden a los personajes?

5. ¿Qué tono se usa para relatar el episodio entre el padre Gonzaga y el «ángel»? ¿Por qué crees que el autor incluyó este episodio y el de la respuesta del Papa?

6. El tema de la soledad predomina en muchas obras de García Márquez. ¿Te parece que se aborda en este cuento? Justifica tu respuesta.

Más allá del texto

1. Vuelve a escribir el cuento desde el punto de vista del señor viejo. ¿Qué piensa él de los otros personajes y sus actitudes? ¿Qué crees que les diría si pudiera comunicarse con ellos?

2. Compara este cuento con uno de los cuentos de *Los funerales de la Mamá Grande*. ¿En qué se parecen y en qué difieren? Incluye información sobre el tema, el ambiente, el tono y el estilo narrativo.

3. Usando Internet u otros recursos, busca el discurso («La soledad de Latinoamérica») que dio Gabriel García Márquez al recibir el Premio Nóbel. ¿Qué temas se destacan? ¿Se repiten estos temas en otros cuentos de García Márquez o de otros autores que conozcas?

Perspectivas humorísticas

En esta colección, vas a aprender más sobre los siguientes conceptos:

Lectura

Elementos de literatura: La novela
Estrategias para leer: Cadenas de causa y efecto

Cultura

Cultura y lengua: España
Panorama cultural: ¿Alguna vez has hecho algo que, al momento de hacerlo, te dio vergüenza, pero que ahora te hace reír?
Comunidad y oficio: El bilingüismo en el campo jurídico

Comunicación

Así se dice: Para hablar de situaciones hipotéticas en el pasado; para hablar de las artes; para hacer conjeturas; para evaluar un trabajo escrito; para reflexionar sobre un trabajo escrito
Vocabulario: Las palabras cultas
Gramática: El aspecto; el aspecto perfectivo; el aspecto imperfectivo; el aspecto progresivo
Comparación y contraste: El imperfecto y el pretérito progresivo en español y sus equivalentes en inglés

Escritura

Ortografía: Los verbos que terminan en **-ear;** pares mínimos
Taller del escritor: Especulación sobre causas o efectos

internet

MARCAR: go.hrw.com
PALABRA CLAVE:
WN3 PERSPECTIVAS

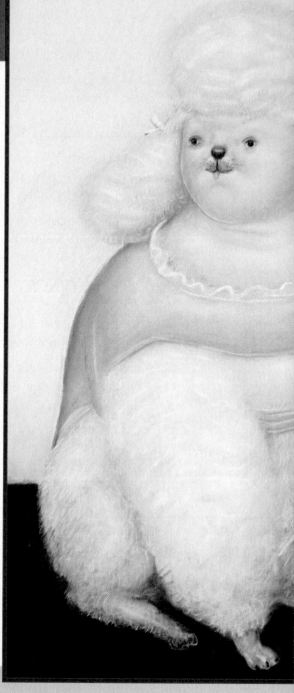

Courtesy of the Artist.

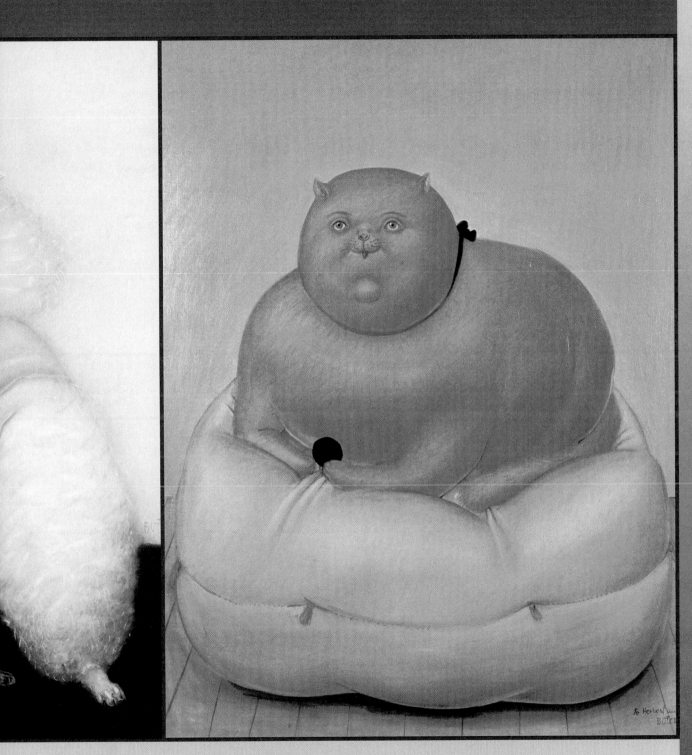

French Poodle (Caniche) y *Gato* de Fernando Botero.
Óleo sobre lienzo.

ANTES DE LEER
de **Don Quijote de la Mancha**

Punto de partida

En lucha contra los molinos de viento

¿Alguna vez te ha inspirado tanto un libro de aventuras o una película que empezaste a creerte un personaje de la historia? En cierta medida, eso es lo que le pasa a don Quijote, el héroe de la famosa novela de Miguel de Cervantes. Después de leer únicamente libros de caballería, don Quijote decide vivir como un caballero en busca de aventuras, y a medida que su imaginación se llena de los ideales de los libros de caballería, va perdiendo el sentido de la realidad. Su imaginación hace que olvide que los caballeros andantes ya no existen y que su mundo es muy diferente al de los caballeros que defendían el honor. Como puedes imaginar, a causa de todo ello, don Quijote se ve envuelto en situaciones cómicas.

Comparte tus ideas

En el episodio que vas a leer, don Quijote y Sancho Panza, su escudero, se encuentran con unos molinos de viento. Intenta imaginar posibles situaciones basadas en lo que ya sabes acerca del carácter de don Quijote. Dibuja un molino parecido al de abajo, escribe tus ideas en las aspas del molino y comparte tus apuntes con un(a) compañero(a).

Elementos de literatura

Parodia

A menudo se dice que *Don Quijote* es una **parodia** de los libros de caballería. Algunas historias sobre los caballeros eran tan exageradas que resultaban completamente absurdas. Es así como, al escoger como protagonista de sus aventuras a un hombre de cincuenta años, en vez de a un hombre joven, y al hacer que su caballero padezca de una imaginación tan viva, Cervantes, de cierta manera, se burla de esas historias exageradas.

> **La parodia** es una imitación cómica de una obra literaria.
>
> *Para más información, ver el GLOSARIO DE TÉRMINOS LITERARIOS.*

de Don Quijote de la Mancha

Miguel de Cervantes

En esto, descubrieron treinta o cuarenta molinos de viento que hay en aquel campo, y así como don Quijote los vio, dijo a su escudero:[1]

—La ventura va guiando nuestras cosas mejor de lo que acertáramos a desear; porque ves allí, amigo Sancho Panza, donde se descubren treinta, o pocos más, <u>desaforados</u> gigantes, con quien pienso hacer batalla y quitarles a todos las vidas, con cuyos despojos comenzaremos a enriquecer, que ésta es buena guerra, y es gran servicio de Dios quitar tan mala simiente[2] de sobre la faz de la tierra.

—¿Qué gigantes? — dijo Sancho Panza.

—Aquellos que allí ves — respondió su amo — de los brazos largos, que los suelen tener algunos de casi dos leguas.

—Mire vuestra merced — respondió Sancho — que aquellos que allí se parecen[3] no son gigantes, sino molinos de viento, y lo que en ellos parecen brazos son las aspas,[4] que, volteadas del viento, hacen andar la piedra del molino.

—Bien parece — respondió don Quijote — que no estás cursado en esto de las aventuras: ellos son gigantes; y si tienes miedo, quítate de ahí, y ponte en oración en el espacio que yo voy a entrar con ellos en fiera y desigual batalla.

Y diciendo esto, dio de espuelas a su caballo Rocinante, sin <u>atender</u> a las voces que su escudero Sancho le daba, advirtiéndole que, sin duda alguna, eran molinos de viento, y no gigantes, aquellos que iba a acometer.[5] Pero él iba tan puesto en que eran gigantes, que ni oía las voces de su escudero Sancho, ni echaba de ver, aunque estaba ya bien cerca, lo que eran; antes iba diciendo en voces altas:

—Non fuyades,[6] cobardes y viles criaturas; que un solo caballero es el que os acomete.

Levantóse[7] en esto un poco de viento, y las grandes aspas comenzaron a moverse, lo cual visto por don Quijote, dijo:

—Pues aunque mováis más brazos que los del gigante Briareo,[8] me lo habéis de pagar.

Y en diciendo esto, y encomendándose de todo corazón a su señora Dulcinea, pidiéndole que en tal trance le socorriese, bien cubierto de su rodela,[9] con la lanza en el ristre,[10] arremetió a todo el galope de Rocinante y embistió[11] con el primer molino que estaba delante; y dándole una lanzada en el aspa, la volvió el viento con tanta furia, que hizo la lanza pedazos, llevándose tras sí al caballo y al caballero, que fue rodando muy <u>maltrecho</u> por el campo. Acudió Sancho Panza a socorrerlo, a todo el correr de su asno, y cuando llegó halló que no se podía menear:[12] tal fue el golpe que dio con él Rocinante.

—¡Válame Dios! — dijo Sancho —. ¿No le dije yo a vuestra merced que mirase bien lo que hacía, que no eran sino molinos de viento, y no lo podía ignorar sino quien llevase otros tales en la cabeza?[13]

—Calla, amigo Sancho — respondió don Quijote —; que las cosas de la guerra, más que otras, están sujetas a continua mudanza; cuanto más, que yo pienso, y es así verdad, que aquel sabio Frestón[14] que me robó el aposento

7. **levantóse:** se levantó. En el español antiguo los pronombres inacentuados no podían empezar una oración y entonces se decían y se escribían después del verbo.

8. **Briareo:** según la mitología griega, un Titán que tenía cien brazos.

9. **rodela:** escudo pequeño.

10. **ristre:** parte de la armadura de un caballero donde se pone la lanza.

11. **embistió:** atacó.

12. **menear:** mover.

13. **otros tales en la cabeza:** quien está confundido o pensando en otras cosas.

14. **Frestón:** mago que don Quijote consideraba su enemigo.

ADUÉÑATE DE ESTAS PALABRAS

desaforado, -da *adj.*: que actúa sin ley ni fuero, desenfrenado.

atender *v.*: prestar atención.

maltrecho, -cha *adj.*: maltratado, lastimado.

---

1. **escudero:** persona que lleva las armas de un caballero.
2. **simiente:** semilla.
3. **parecen:** se ven.
4. **aspa:** brazos del molino de viento.
5. **acometer:** atacar.
6. **non fuyades:** no huyáis. La letra «f» se convirtió en «h» en el español moderno.

Don Quijote y el molino de Gustave Doré. Bibliothèque Nationale, París, Francia.

y los libros ha vuelto estos gigantes en molinos, por quitarme la gloria de su vencimiento: tal es la <u>enemistad</u> que me tiene; mas al cabo al cabo, han de poder poco sus malas artes contra la bondad de mi espada.

—Dios lo haga como puede —respondió Sancho Panza.

Y, ayudándole a levantar, <u>tornó</u> a subir sobre Rocinante, que medio despaldado[15] estaba. Y, hablando en[16] la pasada aventura, siguieron el camino del Puerto Lápice, porque allí decía don Quijote que no era posible dejar de hallarse muchas y diversas aventuras, por ser lugar muy pasajero,[17] sino que iba muy <u>pesaroso</u>, por haberle faltado la lanza.

15. **despaldado:** tenía la espalda herida.
16. **hablando en:** hablando de.
17. **pasajero:** transitado; que pasa mucha gente por dicho lugar.

ADUÉÑATE DE ESTAS PALABRAS

enemistad *f.:* odio, antipatía.
tornó, de **tornar** *v.:* dar vuelta, regresar.
pesaroso, -sa *adj.:* arrepentido, triste, preocupado.

Don Quijote de Honoré Daumier.

CONOCE AL ESCRITOR

Cuenta la leyenda que el rey Felipe III de España vio una vez a un hombre leyendo un libro que le hacía reír de tal forma que incluso lloraba. El rey dijo: «Ese hombre está loco o está leyendo *Don Quijote*».

El autor de esta obra maestra, **Miguel de Cervantes Saavedra** (1547–1616), nació en Alcalá de Henares, una pequeña ciudad cerca de Madrid, el cuarto hijo de una familia pobre. Nunca asistió a la universidad, pero desde pequeño mostró un marcado interés por los libros. Publicó su primer poema en 1569, y ese mismo año viajó a Nápoles, Italia, donde se alistó en el ejército español. En 1571, participó en una de las batallas navales más famosas de su época, cuando una enorme flota bajo el mando de don Juan de Austria luchó contra la flota de los turcos cerca de Lepanto, una ciudad de Grecia. Aunque el día de la batalla Cervantes se encontraba enfermo, insistió en luchar y se distinguió por su valentía. Sin embargo, fue herido por una bala y como consecuencia perdió el uso de la mano izquierda. Por esa razón también se le conoce como «El manco de Lepanto».

Habiéndose recuperado, Cervantes pasó varios años en Nápoles, antes de navegar hacia España llevando consigo cartas de recomendación para el rey. Nunca llegó a su destino.

En alta mar, su barco fue capturado por piratas, que vendieron a Cervantes como esclavo en el norte de África. Las cartas que llevaba convencieron a sus captores de que podrían obtener un buen rescate por él. Volvió a casa en 1580, después de haber estado cinco años en prisión mientras su familia pudo recaudar el dinero necesario para pagar su liberación. Durante el resto de su vida, se desempeñó como funcionario público de menor rango, siempre en apuros de dinero. Cervantes estuvo varias veces en la cárcel por demandas menores y nunca obtuvo ningún provecho económico de sus escritos. La publicación de la primera parte de *Don Quijote* en 1605 tampoco cambió su suerte porque desgraciadamente había vendido todos los derechos de autor.

Hoy en día, Cervantes es conocido en el mundo entero. Generaciones de lectores han reído y llorado con el noble (aunque confundido) don Quijote y su compañero de aventuras, Sancho Panza, a medida que enfrentan peligros imaginarios y reales. Varios artistas y escritores han producido pinturas, obras de teatro, películas, dramas musicales y ballets inspirados en la novela. Los personajes creados por Cervantes han sido admirados por muchos, sobre todo aquéllos dispuestos a pelear contra molinos de viento.

Editorial La Muralla, S.A.

CREA SIGNIFICADOS

Cuaderno de práctica, págs. III–II2

Así se dice

Para hablar de situaciones hipotéticas en el pasado

Puedes usar estas expresiones para hacer la cuarta actividad de **Crea significados.**

Si hubiera vivido en la época de..., habría sido...

Si hubiera sido..., habría luchado (defendido)...

Si me hubieran perseguido (atacado), habría...

Si hubiera estado en el lugar de..., habría actuado (realizado)...

¿Te acuerdas?

Para hablar de situaciones hipotéticas en el pasado, se usa el pluscuamperfecto del subjuntivo en la cláusula subordinada y el condicional perfecto en la cláusula principal:

*Si a don Quijote le **hubiera faltado** imaginación, no **habría vivido** aventuras tan emocionantes.*

Primeras impresiones

1. Elige cinco palabras que expresen tu opinión sobre el personaje de don Quijote.

Interpretaciones del texto

2. ¿Qué puedes inferir de la relación entre don Quijote y Sancho Panza a partir de su diálogo?

3. Cuando don Quijote dice que está seguro de que los gigantes que atacó fueron convertidos en molinos de viento por el mago Frestón, ¿piensas que realmente lo cree? ¿Cuáles motivos podrían indicar que realmente lo cree y cuáles no?

Repaso del texto

Resume lo que le sucede a don Quijote durante su encuentro con los molinos de viento por medio de una tira cómica.

Conexiones con el texto

4. Piensa en tus héroes predilectos, en sus hazañas y en la época en que vivieron. ¿En qué aventuras te habrías embarcado tú si hubieras estado en su lugar (por ejemplo, si hubieras sido don Quijote, Robin Hood o Juana de Arco)?

Más allá del texto

5. Don Quijote y Sancho Panza forman una de las parejas más famosas de la literatura. Piensa en otra pareja famosa de la literatura o del cine. Compara su relación con la de don Quijote y Sancho Panza.

OPCIONES: Prepara tu portafolio

1. Compilación de ideas para una especulación sobre causas o efectos

TRABAJO EN CURSO

En *Don Quijote,* Cervantes explora las posibilidades de una situación interesante: ¿Qué sucede cuando alguien se cree caballero? Al preguntarte «¿qué sucedería si...?», empiezas a pensar sobre las consecuencias o efectos de esas situaciones. Inventa varias situaciones del tipo «¿Qué sucedería si...?» y especula sobre qué efectos podrían tener.

> ¿Qué sucedería si una nave extraterrestre aterrizara en el patio de la escuela?
>
> Efectos positivos
> Nuestra escuela se haría famosa.
>
> Efectos negativos
> Nuestra escuela se llenaría de gente que querría ver la nave espacial.

Escritura y dibujo creativos

2. Lo que pensaría Sancho

Te habrás preguntado qué estaría pensando Sancho Panza cuando don Quijote salió a atacar a los molinos de viento. Intenta ilustrar los pensamientos de Sancho Panza. Puedes dibujar una tira cómica y escribir sus pensamientos a medida que transcurre la acción.

Arte

3. Don Quijote en el presente

Imagina qué aventuras le sucederían a un don Quijote de nuestros días en una gran ciudad. Por ejemplo, ¿qué pasaría la primera vez que subiera a un autobús? ¿Qué historia se desarrollaría en esa situación? Narra tu historia por medio de textos e ilustraciones.

Contar cuentos

4. Otras aventuras de don Quijote

Después de leer este fragmento de *Don Quijote,* quizá sientas curiosidad acerca del resto de las aventuras, como cuando don Quijote es armado caballero o sus numerosas batallas con personajes malvados. Lee un episodio que te llame la atención y luego, con tus compañeros, cuéntense lo que leyeron. Cada uno debe contar la historia que ha leído, imitando a los personajes, exagerando la entonación y haciendo todo lo necesario para divertir a los oyentes.

Don Quijote (1955) de Pablo Picasso. Musée d'Art et d'Histoire, St. Denis, Francia.

España

El Siglo de Oro

internet

MARCAR: go.hrw.com
PALABRA CLAVE:
WN3 PERSPECTIVAS-CYL

La expresión «Siglo de Oro» se refiere al periodo de la historia cultural española en el que llegaron a su cumbre la energía creadora de España y su aporte a la cultura europea. Aunque el Siglo de Oro se extiende desde principios del siglo XVI hasta mediados del XVII, sus orígenes se sitúan a finales del siglo XV, en el año 1492. En efecto, esta fecha histórica marca tres acontecimientos de especial significado: la total unificación del territorio español con la conquista del reino árabe de Granada, el descubrimiento del continente americano por Cristóbal Colón y la publicación de la *Gramática castellana,* de Antonio de Nebrija. Con estos tres acontecimientos se establecen la unidad política y cultural de España y su empuje expansionista.

Desde el punto de vista político, a la unificación del territorio español bajo los Reyes Católicos, Fernando e Isabel, siguió una época de expansión europea. Paralelamente, los conquistadores establecieron la presencia española en vastas extensiones de Norte y Sudamérica. Otros navegantes exploraron también las islas del océano Pacífico y porciones de lo que hoy son Indonesia y las Filipinas. Estos acontecimientos moldearon gradualmente un sentido de destino nacional y de apogeo cultural.

España disfrutó también de un considerable desarrollo económico; crecieron la industria y la agricultura, y la Península se convirtió en un punto de importante confluencia comercial en Europa. Sin embargo, tanto las riquezas producidas en la Península como las que provenían de los territorios coloniales se utilizaron en su mayoría para defender los intereses políticos y religiosos del país.

Durante el Siglo de Oro España proyectó su influencia no sólo política y económicamente sino culturalmente también. El deseo y la necesidad de extender su poderío impulsaron a la Iglesia, la Corona y la nobleza a apoyar y a fomentar las artes. Fue, consecuentemente, un periodo de florecimiento para todos los géneros artísticos y literarios. Surgió la novela moderna occidental con *El ingenioso hidalgo don Quijote de la Mancha* de Miguel de Cervantes, y con las comedias de Félix Lope de Vega y Carpio (1562–1635), el teatro alcanzó su época de esplendor. Este escritor, conocido por su afán de agradar al público, escribió varias obras maestras de este género, entre las cuales vale la pena destacar *El caballero de Olmedo* y *Fuenteovejuna.*

El Siglo de Oro es también el gran momento en España para la arquitectura y la pintura. El Escorial, palacio-monasterio de Felipe II, es epítome de la grandiosidad y la severidad que caracterizan a la España imperial. Grandes pintores de la época como Doménikos Theotokópoulos, llamado el Greco, (1542–1614) y Diego Velázquez (1599–1660), crearon obras maestras que reflejaban una extraordinaria agudeza artística.

Sin embargo, ni las mejoras económicas ni el oro y plata de América fueron suficientes para costear las incesantes guerras sostenidas por España en defensa de la fe católica y de su política. Durante el reinado de Felipe II, la Corona se vio forzada a declararse en bancarrota varias veces. Sin embargo, aunque el poder de España empezó a decaer a partir de la muerte de dicho monarca, su esplendor artístico y literario continuó durante más de medio siglo, con las obras dramáticas de Pedro Calderón de la Barca (1600–1681), la poesía de Francisco de Quevedo (1580–1645) y Luis de Góngora (1561–1627), la pintura de Bartolomé Esteban Murillo (1617–1683) y Diego de Velázquez (1599–1660) y con el aporte de muchos otros artistas sobresalientes.

El Escorial

La construcción de este impresionante palacio-monasterio de Felipe II, principalmente a cargo de Juan de Herrera, duró veintiún años. La obra fue terminada en 1584. La austeridad de sus líneas, su doble función política y religiosa, y su localización en la sierra de Guadarrama, cerca de Madrid, forman una imagen del carácter y la política del rey. Su construcción conmemora el martirio de San Lorenzo y reafirma la tradición católica. Al mismo tiempo, su grandiosa severidad proyecta el poderío y la austeridad de Felipe II, defensor del imperio español y la fe católica.

Iglesia Santo Tomé, Toledo, Spain/SuperStock

El entierro del conde de Orgaz

Este cuadro se halla hoy día en la iglesia de Santo Tomé, en Toledo. Don Gonzalo Ruiz de Toledo, conde de Orgaz y noble de Castilla, pagó la reconstrucción de esta misma iglesia. Pintado por el Greco en 1586, el cuadro conmemora la milagrosa asistencia de San Agustín—centro derecha—y San Esteban—centro izquierda, los dos en vestiduras eclesiásticas doradas, al entierro del conde de Orgaz, en 1323. Los santos sostienen el cuerpo del conde, vestido de armadura con adornos de oro. En esta obra llegan a su más alta síntesis la técnica y la visión del pintor.

Las meninas Este cuadro, pintado por Diego Velázquez en 1655, es un retrato triple. Representa a la infanta Margarita, en el centro, entre sus dos «meninas» o damas; es también un autorretrato del pintor y, al mismo tiempo, un retrato de los reyes, Felipe IV y su esposa, Mariana de Austria, que aparecen en el espejo del fondo. Esta obra es a la vez un cuadro realista y un estudio del arte pictórico.

Scala/Art Resource, NY

©Archivo Iconográfico, S.A./CORBIS

San Diego de Alcalá da de comer a los pobres Este cuadro fue pintado por Bartolomé Esteban Murillo en 1646. El cuadro ilustra el fuerte realismo característico de la pintura española del siglo XVII. Es de notar el individualismo de cada figura y en particular, la dignidad personal que emana de los pobres.

El Corral de las Comedias Este teatro, construido en el pueblo de Almagro a principios del siglo XVII, es uno de los pocos teatros restantes de los que siempre permanecieron abiertos al público durante el Siglo de Oro. La gente común—*los mosqueteros*—que se quedaba de pie durante la representación, podía entrar al corral a bajo precio. En los balcones a cada lado se sentaba la gente de bien.

Así se dice

Para hablar de las artes

Puedes usar estas expresiones para hacer la actividad en esta página.

Admiro el arte (la arquitectura, la obra) de...

Es un escritor (pintor, arquitecto) digno de estima (respetable) debido a...

Su obra es importante (significativa) porque...

Me interesa la literatura (el arte, la arquitectura)...

Esto permitió (facilitó, ayudó)...

Se considera una obra maestra porque...

Actividad

Investiga por Internet u otros recursos a un artista, un escritor, un dramaturgo o a un arquitecto del Siglo de Oro que te interese. Incluye información biográfica, información de su obra y por qué fue importante tanto en su época como a lo largo de la historia de España. Luego presenta tu informe a la clase. Si deseas, puedes presentar la información en un cartel.

La lengua del Siglo de Oro

La publicación de la *Gramática castellana* de Nebrija en 1492 constituyó un paso importante en la unificación y expansión de la lengua. Dada la variedad dialectal de España, Nebrija propuso una unificación en torno al castellano como norma a seguir para convertirse en la lengua nacional. Con base en este interés político, Nebrija sistematizó las categorías gramaticales del castellano para facilitar que los hablantes de otros idiomas lo aprendieran. Su obra fue trascendental, ya que reflejaba la unidad política y cultural que quería establecer el imperio. Fue también importante punto de referencia durante el Siglo de Oro, cuando floreció la literatura en castellano.

La rápida expansión política de España a partir de 1492 se vio reflejada en el vocabulario del castellano. Como era la sede de un gran imperio, España fue recibiendo y adoptando vocablos de diversas culturas y civilizaciones con las que tenía contacto en las Américas y en Europa. Palabras como *canoa, huracán, patata* y *tabaco* son términos provenientes de América; *esbelto* y *novela* provienen del italiano; y *estar a pique de,* como en «estar a pique de caer», es decir, a punto de caer, es una expresión que viene del francés.

Del teatro subsisten expresiones como *llevar a las tablas,* de cuando el escenario era un tablado y que significa «producir una pieza de teatro»; la palabra *balcón,* de origen italiano, también entró en la lengua entonces; en los balcones del teatro se sentaba la gente de bien y de mayores recursos económicos.

También es importante recordar que muchos términos de procedencia árabe, como *almacén, almohada, gabán, barrio* y *alguacil,* fueron paulatinamente incorporados al español moderno durante esta época, y son el legado de la presencia musulmana en la Península durante más de setecientos años.

ANTES DE LEER
El libro talonario

Punto de partida

¡Sorpresa!

En el humor, el elemento sorpresa es esencial. Mira la tira cómica de arriba. Lo inesperado a menudo resulta divertido.

Otro elemento importante en el humor es la exageración. Un escritor puede exagerar de manera absurda situaciones y personajes. Don Quijote, una de las más grandes creaciones de la literatura, es una combinación de cualidades personales exageradas e insólitas.

En la historia que vas a leer a continuación, «El libro talonario», conocerás a un personaje memorable llamado el tío Buscabeatas. Él nos hace reír porque es un hombre excéntrico que hace cosas sorprendentes para cuidar de las calabazas de su cosecha.

Toma nota

Piensa en la experiencia más divertida que hayas tenido. ¿Crees que otros la encontrarían igualmente cómica? Escribe lo que recuerdes de esa experiencia, y después utiliza tus apuntes para desarrollar una historieta o para dibujar una tira cómica basada en esa situación.

Diálogo con el texto

Presta atención a los elementos cómicos de «El libro talonario», como, por ejemplo, el uso de la exageración, los divertidos nombres que el escritor les da a sus personajes y el desenlace inesperado.

Elementos de literatura

La trama cómica

Si has leído «Una carta a Dios» (página 101), te habrá sorprendido y divertido el inesperado final de la historia, cuando el jefe de correos lee la segunda carta de Lencho, en la cual éste acusa a los empleados de la oficina de correos de ladrones.

En la **trama cómica** el final es una sorpresa total. En las comedias románticas, el protagonista encuentra mil obstáculos que al final vence por casualidad o debido a su inesperada buena suerte.

> Un final sorprendente es una parte muy importante de la **trama cómica.**
>
> *Para más información, ver el GLOSARIO DE TÉRMINOS LITERARIOS.*

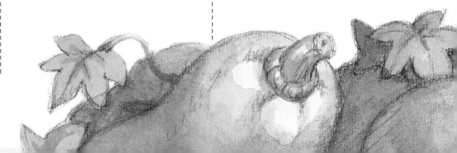

El libro talonario

Pedro Antonio de Alarcón

La acción comienza en Rota. Rota es la más pequeña de aquellas lindas poblaciones que forman el gran semicírculo de la bahía de Cádiz;[1] pero a pesar de ser la menor, el gran duque de Osuna la prefirió, construyendo allí su famoso castillo que yo podría describir piedra por piedra... Pero no se trata aquí de castillos ni de duques, sino de los campos que rodean a Rota y de un humildísimo <u>hortelano</u>, a quien llamaremos el tío *Buscabeatas,* aunque no era éste su verdadero nombre.

De los fértiles campos de Rota, particularmente de las huertas, salen las frutas y legumbres que llenan los mercados de Huelva[2] y de Sevilla.[3] La calidad de sus tomates y calabazas es tal que en Andalucía[4] siempre llaman a los roteños[5] *calabaceros* y *tomateros,* nombres que ellos aceptan con orgullo.

Y, a la verdad, razón tienen para sentir orgullo; pues es el caso que aquella tierra de Rota que tanto produce, es decir, la tierra de las huertas, aquella tierra que da tres o cuatro cosechas al año, no es tierra, sino arena pura y limpia, salida del océano, soplada por los furiosos vientos del Oeste y <u>esparcida</u> así sobre toda la región roteña.

1. **Cádiz:** ciudad y puerto en el sur de España.
2. **Huelva:** provincia y pueblo en el sur de España.
3. **Sevilla:** ciudad en el sur de España y capital de la región de Andalucía.
4. **Andalucía:** región del sur de España.
5. **roteños:** personas de la pequeña ciudad de Rota.

ADUÉÑATE DE ESTAS PALABRAS

hortelano *m.:* persona que cultiva una huerta.
esparcida, -do *adj.:* distribuida sobre un área, desparramada.

DIARIO DEL LECTOR

Tengo que localizar la bahía de Cádiz en un mapa.

Si el escritor no quiere hablar acerca del castillo, ¿por qué lo menciona?

Me pregunto si los tomates y las calabazas se recolectan durante la misma época.

¿Cómo puede cosecharse algo en pura arena?

Pero la ingratitud de la naturaleza está allí más que compensada por la constante <u>laboriosidad</u> del hombre. Yo no conozco, ni creo que haya en el mundo, labrador que trabaje tanto como el roteño. Ni siquiera un pequeño arroyo corre por aquellos melancólicos campos... ¿Qué importa? ¡El calabacero ha hecho muchos pozos de donde saca el precioso líquido que sirve de sangre a sus legumbres! ¡El tomatero pasa la mitad de su vida buscando substancias que puedan servir de abono! Cuando tiene ambos elementos, el agua y el abono, el hortelano de Rota empieza a fertilizar pequeñísimos trozos de terreno, y en cada uno de ellos siembra un grano de tomate o una pepita de calabaza, que riega luego a mano, como quien da de beber a un niño.

Desde entonces hasta la cosecha, cuida diariamente una por una las plantas que allí nacen, tratándolas con un cariño sólo comparable al de los padres por los hijos. Un día le añade a tal planta un poco de abono; otro le echa un jarro de agua; hoy mata los insectos que se comen las hojas; mañana cubre con cañas y hojas secas las que no pueden resistir los rayos del sol o las que están demasiado expuestas a los vientos del mar. Un día cuenta los tallos, las flores y hasta los frutos de las más <u>precoces</u>, otro día les habla, las acaricia, las besa, las bendice y hasta les pone expresivos nombres para distinguirlas e individualizarlas en su imaginación.

Sin exagerar; es ya un <u>proverbio</u> (y lo he oído repetir muchas veces en Rota) que el hortelano de aquel país *toca por lo menos cuarenta veces al día con su propia mano cada planta de tomates que nace en su huerta.* Y así se explica que los hortelanos de aquella localidad lleguen a quedarse encorvados hasta tal punto, que sus rodillas casi le tocan la barba.

* * *

Pues bien; el tío *Buscabeatas* era uno de estos hortelanos.

Principiaba a encorvarse en la época del suceso que voy a referir. Tenía ya sesenta años...y había pasado cuarenta labrando una huerta próxima a la playa.

Aquel año había criado allí unas enormes calabazas que ya principiaban a ponerse amarillas, lo cual quería decir que era el mes de junio. Conocíalas perfectamente el tío *Buscabeatas* por la forma, por su color y hasta por el nombre, sobre todo las cuarenta más gordas y amarillas, que ya estaban diciendo *guisadme.*[6]

—¡Pronto tendremos que separarnos!—es decía con ternura mientras las miraba melancólicamente.

6. **guisadme:** mandato afirmativo del verbo «guisar» en la forma de «vosotros».

- -

ADUÉÑATE DE ESTAS PALABRAS

laboriosidad *f.*: aplicación al trabajo.
precoz *adj.*: que madura antes de tiempo.
proverbio *m.*: refrán.

- -

Al fin, una tarde se resolvió al sacrificio y pronunció la terrible sentencia.

—Mañana —dijo— cortaré estas cuarenta y las llevaré al mercado de Cádiz. ¡Feliz quién se las coma!

Se marchó luego a su casa con paso lento y pasó la noche con las angustias de un padre que va a casar una hija al día siguiente.

—¡Pobres calabazas mías! —suspiraba a veces sin poder dormirse. Pero luego reflexionaba, y concluía por decir—: Y ¿qué he de hacer, sino venderlas? ¡Para eso las he criado! ¡Valdrán por lo menos quince duros![7]

Figúrese, pues, cuál sería su asombro, cuánta su furia y cuál su desesperación, cuando, al ir a la mañana siguiente a la huerta, halló que, durante la noche, le habían robado las cuarenta calabazas. Púsose a calcular fríamente, y comprendió que sus calabazas no podían estar en Rota, donde sería imposible venderlas sin peligro de que él las reconociese.

7. **duro:** moneda española que vale cinco pesetas.

—¡Como si lo viera, están en Cádiz! —se dijo de repente—. El ladrón que me las robó anoche a las nueve o a las diez se ha escapado en el *barco de la carga*... ¡Yo saldré para Cádiz hoy por la mañana en el *barco de la hora,* y allí cogeré al ladrón y recobraré a las hijas de mi trabajo!

Así diciendo, permaneció todavía unos veinte minutos en el lugar de la catástrofe, contando las calabazas que faltaban, hasta que, a eso de las ocho, partió con dirección al muelle.

Ya estaba dispuesto para salir el *barco de la hora,* pequeña embarcación que conduce pasajeros a Cádiz todas las mañanas a las nueve, así como el *barco de la carga* sale todas las noches a las doce, llevando frutas y legumbres. Llámase *barco de la hora* el primero, porque en una hora, y a veces en menos tiempo, cruza las tres leguas que hay entre Rota y Cádiz.

* * *

Eran, pues, las diez y media de la mañana cuando se paraba el tío *Buscabeatas* delante de un puesto de verduras del mercado de

Cádiz, y le decía a un policía que iba con él:

—¡Éstas son mis calabazas! ¡Coja usted a ese hombre! Y señalaba al vendedor.

—¡Cogerme a mí! —contestó éste, lleno de sorpresa—. Estas calabazas son mías: yo las he comprado...

—Eso podrá usted decírselo al juez —contestó el tío *Buscabeatas.*

—¡Que no!

—¡Que sí!

—¡Tío ladrón!

—¡Tío tunante![8]

—¡Hablen ustedes con más educación! ¡Los hombres no deben insultarse de esa manera! —dijo con mucha calma el policía, dando un puñetazo en el pecho a cada uno.

En esto ya se habían acercado algunas personas, y entre ellas estaba el jefe bajo cuya autoridad están los mercados públicos. Informado el jefe de todo lo que pasaba, preguntó al vendedor con majestuoso acento:

—¿A quién le ha comprado usted esas calabazas?

—Al tío Fulano, vecino de Rota... —respondió el vendedor.

—¡Ése había de ser! —gritó el tío *Buscabeatas*—. ¡Cuando su huerta, que es muy mala, le produce poco, roba en la del vecino!

—Pero, suponiendo que a usted le hayan robado anoche cuarenta calabazas —dijo el jefe, dirigiéndose al hortelano—, ¿cómo sabe usted que éstas, y no otras, son las suyas?

—¡Vamos! —replicó el tío *Buscabeatas*—. ¡Porque las conozco como conocerá usted a sus hijas, si las tiene! ¿No ve usted que las he criado? Mire usted: ésta se llama *Rebolanda*; ésta, *Cachigordeta*; ésta, *Barrigona*; ésta, *Coloradilla*; ésta, *Manuela*..., porque se parecía mucho a mi hija menor.

Y el pobre viejo se echó a llorar como un niño.

—Todo eso está muy bien —dijo el jefe—; pero la ley no se contenta con que usted re-

conozca sus calabazas. Es necesario que usted las identifique con pruebas indisputables... Señores, no hay que sonreírse... ¡Yo soy abogado!

—¡Pues verá usted qué pronto le pruebo yo a todo el mundo, sin moverme de aquí, que esas calabazas se han criado en mi huerta! —dijo el tío *Buscabeatas.*

Y echando al suelo un saco que llevaba en la mano, se arrodilló y empezó a desatarlo tranquilamente. La curiosidad de todos los que le rodeaban era grande.

—¿Qué va a sacar de ahí? —se preguntaban todos.

Al mismo tiempo llegó otra persona a ver qué pasaba en aquel grupo, y al verla el vendedor exclamó:

—¡Me alegro de que llegue usted, tío Fulano! Este hombre dice que las calabazas que me vendió usted anoche son robadas. Conteste usted...

El recién llegado se puso más amarillo que la cera, y trató de irse, pero los demás se lo impidieron, y el mismo jefe le mandó quedarse.

En cuanto al tío *Buscabeatas*, ya se había encarado con el supuesto ladrón diciéndole:

—¡Ahora verá usted lo que es bueno!

El tío Fulano, recobrando su sangre fría, le replicó:

—Usted es quien ha de ver lo que habla; porque, si no prueba su acusación, como no podrá hacerlo, irá a la cárcel. Estas calabazas eran mías; yo las he criado, como todas las que he traído este año a Cádiz, en mi huerta, y nadie podrá probarme lo contrario.

—¡Ahora verá usted! —repitió el tío *Buscabeatas*, acabando de desatar el saco.

Rodaron entonces por el suelo una multitud de tallos verdes, mientras que el viejo hortelano, sentado sobre sus pies, hablaba así al pueblo allí reunido:

—Caballeros: ¿no han pagado ustedes nunca contribución?[9] ¿Y no han visto aquel libro verde que tiene el recaudador, de

---

8. **tunante:** bribón; sinvergüenza.

9. **contribución:** impuesto que pagan las personas por ciertos servicios.

donde va cortando recibos, dejando siempre pegado en el libro un pedazo para poder luego probar si tal recibo es falso o no lo es?

—Lo que usted dice se llama el libro talonario, —dijo gravemente el jefe.

—Pues eso es lo que yo traigo aquí: el libro talonario de mi huerta, o sea los tallos a que estaban unidas estas calabazas antes de que me las robara ese ladrón. Y, si no, miren ustedes. Este tallo es de esta calabaza... Nadie puede dudarlo... Éste otro...ya lo están ustedes viendo...es de ésta otra... Éste más ancho...es de aquélla... ¡Justamente! Y éste de ésta... Ése, de ésa...

Y mientras que hablaba, iba pegando el tallo a las calabazas, una por una. Los espectadores veían con asombro que, efectivamente, los tallos correspondían exactamente a aquellas calabazas, y entusiasmados por tan extraña prueba todos se pusieron a ayudar al tío *Buscabeatas* exclamando:

—¡Nada! ¡Nada! ¡No hay duda! ¡Miren ustedes! Éste es de aquí... Ése es de ahí... Aquélla es de éste... Ésta es de aquél...

Las carcajadas de los hombres se unían a los silbidos de los chicos, a los insultos de las mujeres, a las lágrimas de triunfo y de alegría del viejo hortelano y a los empujones que los policías daban al convicto ladrón.

Excusado es decir que además de ir a la cárcel, el ladrón tuvo que devolver los quince duros que había recibido al vendedor, y que éste se los entregó al tío *Buscabeatas,* el cual se marchó a Rota contentísimo, diciendo por el camino:

—¡Qué hermosas estaban en el mercado! He debido traerme a *Manuela,* para comérmela esta noche y guardar las pepitas.

Editorial La Muralla, S.A.

CONOCE AL ESCRITOR

Pedro Antonio de Alarcón (1833–1891) nació en Guadix, en la provincia de Granada. Estudió para hacerse sacerdote, pero ya en su adolescencia empezó a tomarse en serio su afición por la literatura. A la edad de veinte años dejó su hogar y se trasladó a Madrid, donde comenzó a editar un periódico que ridiculizaba a la reina Isabel II. Este periódico antimonárquico no sólo aumentó su fama como escritor, sino que también le causó verse envuelto en retos y duelos. En 1860 se alistó en el ejército como voluntario y fue enviado a África, donde resultó herido.

Alarcón se inspiró en sus experiencias de la guerra para escribir *Diario de un testigo en la guerra de África.* El éxito que alcanzó con este libro le permitió viajar a Italia. Sus viajes le sirvieron también de inspiración para su siguiente libro, *De Madrid a Nápoles.*

En 1874 se manifestó públicamente a favor de la restauración de Alfonso XII y en reconocimiento de este gesto fue nombrado consejero de estado. Pudo entonces dedicarse con entera libertad a la literatura, y así escribió algunas de las novelas más queridas y encantadoras de la literatura española, entre las cuales se encuentran *El sombrero de tres picos* (1875), *El niño de la bola* (1880), *El capitán Veneno* (1881) y *La pródiga* (1882). Con estas novelas cautivó a los lectores por su imaginación y su comprensión de la naturaleza humana.

CREA SIGNIFICADOS

Cuaderno
de práctica,
págs. 113–114

Primeras impresiones

1. ¿Es «El libro talonario» una historia
verosímil? Explica tu respuesta.

Interpretaciones del texto

2. ¿Por qué los hortelanos de Rota «tienen
razones para estar orgullosos»?

3. Al principio de la historia, ¿cómo usa el
narrador la **exageración** para describir a
los hortelanos de Rota?

4. ¿El tío Buscabeatas se parece a los otros
hortelanos roteños? ¿Cómo describirías
sus sentimientos hacia sus calabazas?

5. ¿Es el final de la historia sorprendente?
¿Hasta qué punto no es una verdadera sorpresa, dado lo que sabemos ya
de la personalidad del tío Buscabeatas?

6. ¿Qué aspectos de «El libro talonario» son típicos de una **trama cómica**
como la descrita en la sección ANTES DE LEER?

Preguntas al texto

7. Antes de empezar su historia acerca del tío Buscabeatas, el autor describe
la región de Rota y a la gente que la habita. Si tú fueras el autor, ¿empezarías
la historia de esa manera? ¿Por qué es necesaria esta información para
entender y apreciar el resto de «El libro talonario»?

8. Si el escritor, Pedro Antonio de Alarcón, te preguntara qué pensabas del
título de la historia, ¿qué le dirías? ¿Qué títulos alternativos podrías sugerirle?

> ### Repaso del texto
> Haz un perfil del tío
> Buscabeatas. Incluye datos
> generales como cuántos años
> tiene, dónde vive y en qué
> trabaja. Incluye también una
> descripción de los rasgos más
> interesantes de su persona-
> lidad. Cuando hayas termi-
> nado, compara tu tarea con
> la de otro(a) compañero(a)
> de clase.

Así se dice

Para hacer conjeturas
Puedes usar estas expresiones para preparar el **Cuaderno del escritor**
en la siguiente página.

Tal vez... haya creído (pensado) que...

Puede ser que... se haya asustado
(sorprendido) cuando...

Es probable que... haya exigido
(reclamado)... porque...

Quizá... haya sabido (anticipado) que...

¿Te acuerdas?

Para especular sobre un hecho que ya ha
tenido lugar se puede usar una expresión
de posibilidad en la cláusula principal y
el presente perfecto del subjuntivo en la
cláusula subordinada:
Es posible que el vendedor **haya dicho**
la verdad.

OPCIONES: Prepara tu portafolio

1. Compilación de ideas para una especulación sobre causas o efectos

El hacer deducciones acerca de las razones ocultas del comportamiento de una persona te ayudará a entender mejor a la gente, tanto en la literatura como en la vida real. Reúnete con un grupo pequeño de compañeros y especulen sobre las causas por las cuales los personajes se comportan de cierta manera en «El libro talonario». Después llenen el cuadro que aparece a la derecha.

Causa(s)/Razón(es)	Efectos/Acciones
1._____	1. El tío Buscabeatas sabe que las calabazas estarán en Cádiz.
2._____	2. El tío Fulano se pone amarillo y trata de escapar.
3._____	3. El inspector insiste en ver las pruebas.
4._____	4. El tío Buscabeatas ha traído los tallos.

Escritura creativa

2. Historias cómicas

Escribe una historia cómica usando la exageración y añadiendo al final un elemento de sorpresa. Empieza con un bosquejo de la historia. ¿Quién será el protagonista? ¿En qué dificultades se encontrará? ¿Qué acontecimiento inesperado resolverá el problema? Utiliza sucesos de tus propias experiencias o inventa la historia desde el principio.

Representación

3. Marionetas

Reúnete con otros estudiantes y adapten el texto de «El libro talonario» para representarlo con marionetas. Hagan títeres del tío Buscabeatas y de otros personajes de la historia. También pueden construir un pequeño teatro de marionetas. Revisen su obra, añadiendo detalles para hacerla más atractiva al público.

Escritura informativa

4. Preparar un folleto

Al igual que los hortelanos de Rota, que estaban orgullosos de su buena mano para los cultivos, tú también debes ser bueno(a) haciendo algo. ¿Qué es lo que sabes hacer bien? ¿Preparar algún postre? ¿Sacar fotografías? ¿Reparar un carro? ¿Diseñar una página en la Red? Sea lo que sea, habla de tus habilidades en un folleto informativo.

Estrategias para leer

Cadenas de causa y efecto

El estudiar la **relación de causa y efecto** en una historia te ayuda a entender a los personajes y el desarrollo de la acción. Aunque nos gustaría preguntarles a los personajes de los libros por qué actúan de cierta manera, la realidad es que no podemos hacerlo. Al contrario, tenemos que razonar las causas y los efectos de las acciones de cada uno de los personajes. Por medio de un esquema como el que sigue, se puede identificar la relación de causa y efecto en obras literarias:

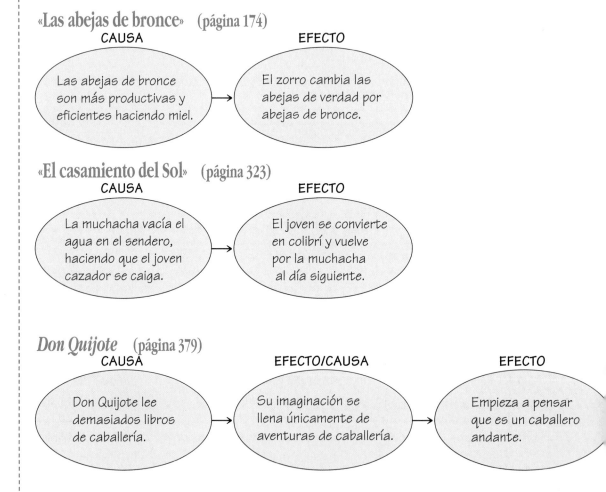

«Las abejas de bronce»   (página 174)

CAUSA	EFECTO
Las abejas de bronce son más productivas y eficientes haciendo miel.	El zorro cambia las abejas de verdad por abejas de bronce.

«El casamiento del Sol»   (página 323)

CAUSA	EFECTO
La muchacha vacía el agua en el sendero, haciendo que el joven cazador se caiga.	El joven se convierte en colibrí y vuelve por la muchacha al día siguiente.

Don Quijote   (página 379)

CAUSA	EFECTO/CAUSA	EFECTO
Don Quijote lee demasiados libros de caballería.	Su imaginación se llena únicamente de aventuras de caballería.	Empieza a pensar que es un caballero andante.

En cualquier historia, se puede identificar el final como el último eslabón de la cadena de causa y efecto. Al principio de esta cadena se encuentra la causa y el resto de la cadena consiste en los **efectos** generados por ésta. Después de leer cualquier historia, puedes dibujar un esquema de las relaciones de causa y efecto para entender mejor el desarrollo de la acción y de los personajes.

Elementos de literatura

LA NOVELA

La **novela** es la forma más popular de prosa literaria hoy en día. Aunque la novela ya se conocía en la Roma y Grecia antiguas, *Don Quijote* (Primera parte, 1605; Segunda parte, 1615), de Miguel de Cervantes, es considerada la primera novela europea de los tiempos modernos.

Las novelas son obras narrativas largas que normalmente tienen más de cien páginas, y comparten todos los elementos del cuento: argumento, personajes, ambiente, punto de vista y tema. A diferencia del cuento, las novelas pueden tener un sinnúmero de personajes, más de un ambiente, varios temas principales y un argumento más complejo. Cuando un novelista usa varias líneas de acción interconectadas, se hace una distinción entre la acción principal y las acciones menos importantes o secundarias.

Las novelas cubren una amplia gama de temas y de formas. Por ejemplo, en la **novela histórica** los lugares y los personajes de un periodo específico de la historia son descritos con gran detalle. En una **novela de ciencia ficción** suceden acontecimientos extraordinarios, generalmente en algún momento del futuro, en un ambiente fantástico pero a la vez creíble. En la **novela psicológica** la atención se concentra en los sentimientos y pensamientos de los personajes. Otras formas de la novela incluyen la **novela policíaca** y la **novela de misterio.**

En las últimas cuatro décadas, los novelistas latinoamericanos han sido los pioneros del **realismo mágico,** un estilo de ficción que enlaza los eventos cotidianos y los personajes de la vida diaria con elementos fantásticos y fabulosos de los mitos, la religión y lo mágico. La ficción del realismo mágico hace borrosa la distinción entre lo real y lo ficticio, pues trata los eventos increíblemente fantásticos con la misma naturalidad que los hechos reales. Por ejemplo, en *Cien años de soledad* de Gabriel García Márquez, son comunes fenómenos extraordinarios como una epidemia de insomnio, la ascensión de una joven al cielo y un sacerdote que se eleva cuando toma chocolate caliente, hechos que son narrados como acontecimientos normales.

Muchas obras del realismo mágico, escritas por novelistas como Juan Rulfo, de México (1918–1986); Miguel Ángel Asturias, de Guatemala (1899–1974); Gabriel García Márquez, de Colombia (1928–   ); e Isabel Allende, de Chile (1942–   ) han tenido repercusión mundial.

Gabriel García Márquez

Cien años de soledad

Editorial Sudamericana

¿Alguna vez has hecho algo que, al momento de hacerlo, te dio vergüenza, pero que ahora te hace reír?

Las aventuras de don Quijote se caracterizan todas por ser bastante cómicas sin que él se dé cuenta. Muchas veces, obligados por las circunstancias, nosotros nos hallamos en medio de situaciones ridículas o vergonzosas, pero al contrario de don Quijote, esto nos produce gran preocupación y angustia. Generalmente, con el paso del tiempo, podemos mirar hacia atrás y reírnos, pues la situación ya no nos afecta tanto. En sus respuestas estos jóvenes comparten sus experiencias al respecto.

Salvador Boyzo
México

Te voy a contar una anécdota que pasó hace como dos años. Primero que nada yo soy cantante y tienen un grupo [en] la escuela y ese día hubo un festival donde fueron los alumnos, sus papás, los amigos. Fue todo el mundo allí de la zona. Imaginarás unas 3.000, 4.000 personas... muchísima gente. Entonces estábamos super emocionadísimos ese día. Empezamos a cantar. Todo iba muy bien; habíamos cantado unas cinco canciones ya. Y seguía una canción donde hay una parte donde se baja la música y la voz casi se quedaba a capella. Empezamos a cantar y en esa parte donde yo cantaba, de repente baja la música y yo super confiadísimo, sin querer se quiebra mi voz y se me sale un gallote. La gente empezó a murmurar y a decir cosas. Cuando bajé, iba caminando. Pasaba allí por los salones y decían: «Ay, el [chico] al que se le salió el gallo». Y yo me moría mucho de la pena. Fue horrible ese día para mí.

Eugenia San Martini
Argentina

Hace unos años, estábamos en la prepa. Mi amiga y yo estábamos enamoradísimas de un chavo de nuestro colegio. Él era más grande que nosotras. Era alto, guapísimo. Lo veíamos pasar por los pasillos y nos quedamos así muertas de amor y un día conseguimos su número telefónico. Entonces nos decidimos a llamarlo por teléfono. Cuando marcamos, nos atiende él. Le decimos: «Hola, Yuri, ¿cómo estás?», con toda una voz muy elegante para que no nos reconociera y él me dice: «Eugenia, ¿sos vos?» Y yo me quedé asombradísima y le digo a mi amiga [que] me reconoció y cortamos. Nos empezamos a reír, porque nunca creímos que nos fuera a reconocer. Hoy me acuerdo y me da mucha vergüenza y mucha risa, porque fue un momento muy adolescente, muy rico.

Para pensar y hablar

A. ¿Qué le gusta hacer a Salvador? ¿Cómo se sentía el día del concierto antes de cantar? ¿Qué le pasó mientras cantaba? ¿Cómo se sintió después?

B. ¿Cómo era el chico que les gustaba a Eugenia y a su amiga? ¿Qué decidieron hacer aquel día las chicas? ¿Qué pasó? ¿Qué siente Eugenia hoy cuando recuerda esa experiencia?

C. Con un(a) compañero(a), compara las dos entrevistas. ¿Cuál de las dos situaciones les parece la más humillante y por qué? En su opinión, ¿cuál de los dos jóvenes siente más vergüenza aún hoy? ¿Alguna vez han tenido Uds. una experiencia parecida? ¿Qué aprendieron de la situación?

D. Escucha una entrevista con Nieves, una joven peruana. Contesta las siguientes preguntas según lo que ella dice.

1. ¿Qué hizo con las galletas?

2. ¿Qué dijeron algunos alumnos?

3. ¿Cómo se sintió Nieves después?

4. ¿Por qué decidió no hacer más travesuras?

El soneto

Lope de Vega

Un soneto me mandó hacer Violante,
y en mi vida me he visto en tal <u>aprieto</u>:
catorce versos dicen que es soneto;
<u>burla</u> <u>burlando</u>, van los tres delante.

5   Yo pensé que no <u>hallara</u> consonante,°
y estoy a la mitad de otro cuarteto;°
mas si me veo en el primer terceto,°
no hay cosa en los cuartetos que me
    <u>espante</u>.

Por el primer terceto voy entrando,
y aun parece que entré con pie
10   derecho,°
pues fin con este verso le voy dando.

Ya estoy en el segundo, y aún <u>sospecho</u>
que estoy los trece versos acabando:
contad si son catorce, y está hecho.

5. consonante: rima consonante. **6. cuarteto:**
combinación de cuatro versos en la cual hay dos
pares de versos de rima consonante distinta.
7. terceto: combinación de tres versos en la cual
hay dos versos de rima consonante más otro verso
de rima consonante distinta que va con el siguiente
terceto. **10. entré con pie derecho:** empecé bien.

- -

ADUÉÑATE DE ESTAS PALABRAS

aprieto *m.:* apuro, conflicto.
burla burlando *expresión adv.:* sin darse cuenta.
hallara, de **hallar** *v.:* dar con alguien o algo que se busca.
espante, de **espantar** *v.:* causar o sentir miedo.
sospecho, de **sospechar** *v.:* creer algo a partir de
  ciertos indicios.

- -

CONOCE AL ESCRITOR

Félix Lope de Vega y Carpio
(1562–1635), una de las figuras más prominentes del Siglo de Oro de la literatura española, escribió numerosos poemas y obras de teatro. Se cree que llegó a escribir 1.800 obras, de las cuales sólo se conservan 400. Sus poemas, por ejemplo, llenan 21 tomos. Cervantes lo llamó un «monstruo de la naturaleza». También se le conoce como «El Fénix de los Ingenios».

© 1973 Editorial La Muralla, S.A.

Nació en Madrid y estudió con el poeta Vicente Espinel antes de entrar en el Colegio Imperial de los Jesuitas de Madrid. Estudió para hacerse sacerdote, pero cambió de idea cuando se enamoró. En 1588 se alistó en la Armada Invencible, una expedición naval contra Inglaterra que terminó en desastre. Trabajó luego como empleado menor de varios nobles mientras escribía para el teatro.

Lope de Vega tenía una habilidad especial para satisfacer el gusto de su época. Fue la figura principal en la renovación del teatro español durante el siglo XVII, al recrear temas populares con los que el público se identificaba. Se le distingue por sus obras de tema amoroso y caballeresco, como, por ejemplo, *El caballero de Olmedo,* y por sus obras basadas en acontecimientos históricos, como *Fuenteovejuna*. Su obra ha ejercido una gran influencia sobre generaciones de dramaturgos españoles.

Comunidad y oficio

El bilingüismo en el campo jurídico

Los que trabajan en el campo jurídico —jueces, abogados, asistentes jurídicos e intérpretes— ayudan a mantener una sociedad civil y democrática. Si dominan más de un idioma, su competencia lingüística les permite proteger los derechos civiles de una sociedad plurilingüe.

Helen Jiménez trabaja como asistente jurídica en Miami, Florida, en el *Volunteer Lawyers Project for the Southern District of Florida*. Hija de refugiados cubanos, nació en Yonkers, Nueva York. Dice: «Mis padres me enseñaron a ser muy patriota porque este país les dio muchas oportunidades». Ella considera que su carrera le dará la oportunidad de vivir de acuerdo con los valores del país y de proteger los derechos de cada persona.

Explica Jiménez: «Aquí ayudamos a las personas indigentes que tienen un caso civil (o relacionado con los derechos constitucionales) en la corte federal. Investigamos el mérito de los casos, y si lo tienen, nos ponemos en contacto con abogados que representan *pro bono* a los clientes. Traduzco las cartas de las personas que no hablan inglés y hago de intérprete en reuniones con el director del proyecto, si es necesario».

El derecho le llama la atención en gran parte porque le permite ayudar a los demás, pero también porque la estimula intelectualmente. Dice que hay necesidad de más profesionales hispanohablantes, ya que hay muchos inmigrantes que no tienen recursos que les permitan el acceso a una representación legal adecuada. También reconoce que el crecimiento del comercio internacional ha creado muchas oportunidades para las personas preparadas que dominan más de una lengua. Dice Jiménez: «Antes de hacer la inversión tan grande de estudiar para ser abogada quise saber si ésta era la carrera para mí. Aquí he podido conocer a muchos abogados y aprender lo que es la ley. Pienso matricularme el año que viene para estudiar derecho internacional».

INVESTIGACIONES

A. Si una persona no habla inglés, necesita no sólo a un abogado que hable su idioma, sino también a un intérprete que esté preparado para trabajar en la corte. Trabajando en grupo, preparen ejemplos de situaciones que requieran un intérprete cualificado. Luego investiguen los programas universitarios que ofrecen un certificado de interpretación jurídica: ¿preparan a los traductores para los tipos de situaciones que Uds. anticiparon?

B. Entrevista a una persona de tu comunidad que use el español en el campo jurídico. ¿Qué profesión ejerce? ¿En qué casos usa el español? ¿Piensa que hay necesidad de más gente bilingüe en las profesiones jurídicas? Presenta los resultados a la clase.

Vocabulario

Cuaderno
de práctica,
págs. 118–119

■ Vocabulario en contexto

A. Faltan palabras *Don Quijote de la Mancha*

Completa las oraciones sobre esta historia con las palabras que faltan. Cambia la forma de la palabra si es necesario.

molino de viento	maltrecho	trance	vil
vencimiento	lanza	estar cursado	quitarse
arremeter	enemistad	socorrer	desaforado

1. Al ver a don Quijote listo para entablar batalla, Sancho trató de hacerle ver que los ===== gigantes eran sólo =====.

2. Don Quijote le recriminó a Sancho el que no ===== en asuntos de aventuras y le ordenó que ===== si es que tenía miedo.

3. Acusándoles de ===== y cobardes, don Quijote ===== contra los susodichos gigantes.

4. Don Quijote se encomendó a su señora Dulcinea y le pidió que lo ===== en este =====.

5. Al embestir el aspa del primer molino, el viento la devolvió con furia enviando al jinete y su caballo por el aire, dejándolo a él ===== y su ===== hecha pedazos.

6. Don Quijote estaba convencido de que Frestón, por pura =====, había convertido a los gigantes en molinos de viento para quitarle la gloria de su =====.

B. ¿Qué significa? *Don Quijote de la Mancha*

Escoge el significado que mejor corresponde a la palabra subrayada. Intenta deducir el significado por el contexto y vuelve a la lectura si es necesario.

1. Según don Quijote la <u>ventura</u> estaba guiando sus pasos mejor de lo que pudiera desear.
    a. desgracia   **b.** suerte

2. Creyó ver en el campo a treinta gigantes con brazos hasta de dos <u>leguas</u>.
    a. medida de longitud   **b.** medida de peso

3. Decidió entrar en <u>fiera</u> y desigual batalla con los gigantes.
    a. violenta   **b.** inútil

4. Las inestables cosas de la guerra están sujetas a continua <u>mudanza</u>.
    a. resolución   **b.** alteración

5. El sabio que le robó el <u>aposento</u> y los libros le tenía mucho odio.
    a. lugar donde se hospeda alguien   **b.** lugar donde trabaja alguien

C. Faltan palabras «El libro talonario»

Completa el resumen de este cuento con las palabras que faltan. Cambia la forma de la palabra si es necesario.

abono	desatar	huerta	reconocer
arroyo	espectador	indisputable	rodar
asombro	fulano	laboriosidad	tallo
criar	hortelano	recobrar	talonario

El tío Buscabeatas era un ____1.____ que cultivaba tomates y calabazas a pesar de que ni siquiera un ____2.____ corría por sus campos. Con gran ____3.____ el humilde hombre cuidaba de su ____4.____, echándoles agua a las plantas, matando los insectos, añadiéndoles un poco de ____5.____ y protegiéndolas de los rayos del sol. Ese año había ya ____6.____ unas calabazas enormes y se disponía a llevarlas al mercado. Cuál no sería su ____7.____ cuando se dio cuenta de que durante la noche se las habían robado. Sabía que el ladrón no podría vender sus calabazas en Rota sin que él las ____8.____ y por tanto partió para Cádiz a ____9.____ las hijas de su trabajo. Ya en el mercado, el tío Buscabeatas encontró a un hombre tratando de vender sus calabazas, pero éste aseguraba habérselas comprado a un ____10.____ vecino de Rota. El jefe de los mercados públicos, que para entonces ya se encontraba presente, dictaminó que a no ser que el tío Buscabeatas tuviera pruebas ____11.____ de que ésas eran sus calabazas, no se podía hacer nada para recobrarlas. Ante el asombro de todos, el tío Buscabeatas ____12.____ un saco que llevaba y tranquilamente hizo ____13.____ por el suelo una cantidad de ____14.____ verdes. Le explicó al policía y a los asombrados ____15.____ que cada tallo correspondía exactamente a cada una de las calabazas que allí se encontraban y que a él le habían robado. Eran, les dijo él, el libro ____16.____ de su huerta.

D. ¡A escuchar! *Don Quijote de la Mancha* y «El libro talonario»

Vas a escuchar una serie de oraciones sobre las dos selecciones. Identifica a qué personaje se refiere cada una de las oraciones.

Personajes: don Quijote, Sancho Panza, el hortelano, el ladrón

E. ¿Qué significa? «El libro talonario»

Busca la definición que corresponde a cada una de las siguientes palabras.

1. pozo
2. sembrar
3. regar
4. encorvado
5. angustia
6. suspirar
7. barco de carga
8. muelle
9. encararse
10. recaudador

a. construcción a la orilla del mar o un río que facilita el embarque de personas y carga
b. echar agua a las plantas
c. persona encargada de cobrar dinero o impuestos públicos
d. estado de gran aflicción y ansiedad
e. hoyo que se hace en la tierra hasta encontrar reservas de agua
f. embarcación en que se transporta mercancía en lugar de pasajeros
g. tener la espalda doblada, muchas veces a causa de la edad
h. hacerle frente a algo o alguien
i. dispersar semillas en la tierra para que crezcan plantas
j. aspirar de una forma que denota ansia, deseo o tristeza

■ Mejora tu vocabulario

Las palabras cultas

El español de hoy en día proviene del latín vulgar, el cual impusieron los romanos durante su ocupación de la Península Ibérica. El uso diario del idioma junto con un periodo de analfabetismo después de la caída del Imperio romano hizo que el idioma convencional sufriera una serie de cambios de gramática, sintaxis, pronunciación y vocabulario. Sin embargo, durante la Edad Media, muchos académicos, clérigos y otra gente culta, todos educados en el latín clásico, comenzaron a escribir sobre nuevas ideas y nuevos conceptos en castellano y, por lo tanto, debieron acudir frecuentemente al léxico del latín para expresarse. Así fueron poco a poco introduciéndose en el castellano vocablos derivados del latín clásico a fin de ampliar las posibilidades de expresión. A consecuencia de esta restauración léxica de la lengua, se produjeron innumerables pares de raíces: unas que provenían del latin vulgar, que formaron parte de palabras que expresaban ideas concretas y cotidianas, y otras raíces provenientes del idioma clásico que se usaban para formar palabras que expresaran lo abstracto, o el mismo concepto en un registro más alto y formal. Por ejemplo, palabras comunes como tras**noch**ar, (pasar la noche sin dormir) y *anoch*ecer (hacerse de noche) tienen en común la raíz vulgar *noch-*, que proviene de la raíz clásica *noct-*. Ambas raíces significan *noche*. Con este conocimiento podrías entonces deducir el significado de palabras con registro más alto como **noct**ámbulo y *per*noct*ar*. A continuación se presenta una lista de raíces latinas comunes que pueden ayudarte a averiguar el significado de palabras no siempre de uso cotidiano.

Raíz latina	Palabras derivadas del latín		Significado de la palabra de registro más alto
	de uso común	de registro alto	
-ámbulo	andar, pasear	son**ámbulo**	Persona que se levanta, anda y habla durante el sueño
ego-	yo	**ego**céntrico	Persona para quien su propia personalidad debe ser el centro de atención
equi-	igual	**equi**valente	Que tiene igual valor
-forme	forma, figura	uni**forme**	Que tiene igual forma
-fugo	huir	pró**fugo**	El que huye de la justicia, fugitivo
lact-	leche	**lác**teo	Perteneciente o parecido a la leche
manu-	mano	**manu**scrito	Documento escrito a mano
multi-	mucho	**multi**dimensional	Que tiene más de tres dimensiones
mut-	mudar	in**mut**able	Que no cambia o no puede ser alterado
radic-	raíz	**radic**al	Fundamental, esencial, de raíz
rect-	derecho	**rect**o	Que tiene forma lineal, sin curvas ni ángulos
terr-	tierra	**terr**ícola	Habitante de la tierra

F. En pares Palabras cultas

Averigua el significado de las siguientes palabras en el diccionario, emparéjalas con las palabras del cuadro de acuerdo con su raíz y compara su significado.

Palabras: multiforme, fugitivo, aterrizar, lactancia, radicar, egoísmo, mutación, rectificar, noctámbulo, equidistante

■ Aplicación

G. ¡Adivina la palabra! *Don Quijote de la Mancha* y «El libro talonario»

Divide la lista de palabras con un(a) compañero(a). Para cada una de tus palabras, escribe una oración que explique el significado de esa palabra en el contexto del cuento. Luego lee tus oraciones a tu compañero(a) para que adivine a qué palabra corresponde tu oración.

Palabras: angustia, muelle, laboriosidad, huerta, socorrer, aposento, maltrecho, molinos de viento, enemistad

MODELO saco

Tú   Allí cargaba el hortelano los tallos que probarían que él era el
dueño de las calabazas.

Tu compañero(a)   ¿Es *saco*?

Tú   ¡Sí!

H. ¡A escribir! *Don Quijote de la Mancha* y «El libro talonario»

Escribe un párrafo sobre una anécdota cómica. Piensa en algo que te haya sucedido
a ti o a alguien que conozcas y que siempre que lo recuerdas te hace reír. Incluye las
siguientes palabras en el orden que quieras y consulta el glosario si es necesario.

Palabras: espectador, encararse, asombro, reconocer, precoz, suspirar, indisputable,
esparcida, atender, pesaroso, trance, desaforado

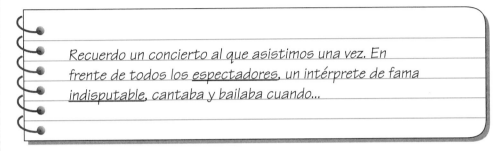

*Recuerdo un concierto al que asistimos una vez. En
frente de todos los espectadores, un intérprete de fama
indisputable, cantaba y bailaba cuando...*

I. ¡A investigar! Palabras cultas

Averigua el significado de las siguientes raíces latinas y escribe dos palabras y sus
significados con cada una de ellas:

Raíces latinas: diurn-, integr-, acua-, gel-, pluri-, pueri-, -cola, -ducto

J. ¡A contestar!

Contesta las siguientes preguntas con oraciones completas. Al escribir tus
respuestas, ten en cuenta el significado de las palabras subrayadas.

1. ¿Preferirías tener un trabajo <u>diurno</u> o nocturno?
2. ¿Por qué es difícil tratar con una persona <u>egotista</u>?
3. ¿Qué deportes <u>acuáticos</u> prefieres?
4. ¿Cómo describirías a una persona <u>íntegra</u>?
5. ¿Qué harías si te volvieras <u>multimillonario</u>?
6. ¿Cuál sería un ejemplo de una figura geométrica <u>equilátera</u>?
7. ¿Prefieres conducir un carro de cambios automáticos o <u>manuales</u>?

Para la lista de
Vocabulario esencial
Ver la página 421

■ El aspecto: repaso y ampliación

Ampliación

• Más sobre el progresivo
  Hoja de práctica 6-A

Aunque están relacionados, el concepto de **aspecto** en el
verbo es diferente del de tiempo. Así, el tiempo depende del momento del habla y
se refiere a si el evento es *anterior, simultáneo* o *posterior*. En cambio, el aspecto se
refiere al desarrollo interno de la acción, y de si se enfoca como *terminada* (es
decir, con **aspecto perfectivo**), o como *durativa,* sin referirse a su conclusión
(es decir, con **aspecto imperfectivo**). El **aspecto progresivo** enfatiza la
continuidad de una acción durante cierto intervalo de tiempo.

Entre los tiempos verbales del español, los tiempos compuestos (*he cantado, había
cantado, habría cantado,* etc.) tienen aspecto perfectivo, así como también lo tiene
el pretérito simple *canté.* Los demás tiempos simples *(canto, cantaba, cantaré,
cantaría)* tienen por lo general aspecto imperfectivo. El aspecto progresivo lo
pueden expresar las perífrasis con *estar: estoy cantando, estaba cantando, estuve
cantando,* etc.

Práctica

A. En las siguientes oraciones identifica el aspecto que expresa cada verbo,
es decir, si es *perfectivo, imperfectivo* o *progresivo.*

1. Oímos que el tren se había descarrilado y nos asustamos.
2. Cuando Luis Carlos enseñaba la lección, todos lo escuchaban atentamente.
3. Ricardo agonizaba cuando llegó la ambulancia que lo llevó al hospital.
4. Ana Celia escribirá cartas después de acabar la tarea.
5. José Cruz y Rita se pelearon todos los días en sus vacaciones.
6. Mi hermana era la que más ganaba de toda la compañía.
7. Viajó dos meses por Asia, pero no le gustó todo lo que vio.
8. —¿Qué pasa? ¿Por qué discuten tus sobrinas?
   —No sé, pero lo que veo es que Laura grita más que Elena.
9. La cena de graduación era el sábado, pero al final no se celebró sino hasta
   el domingo.
10. No pude ver el partido porque las entradas costaban mucho.
11. Sólo entendía las cosas cuando me las explicaban, por eso no entendí
    aquel chiste.

■ El aspecto perfectivo

El **aspecto perfectivo** describe el carácter terminativo o puntual de la acción. La
finalización de un evento depende de que exista un punto concreto que exprese
el final de la acción, o en el que cambie la acción o estado designado por el verbo.

- **El aspecto perfectivo se refiere...**

1. Al final de la acción o evento. Son, en general, acciones finalizadas que se llevaron a cabo:

   Salí del colegio, paseé por la ciudad, entré en varias tiendas y regresé a casa.
      (serie de acciones completas consecutivas)

   Ayer hubo un accidente en la autopista. (acción delimitada en su totalidad ayer)

   Después de la tragedia, los habitantes del pueblo no quisieron abandonar sus casas.
      (y de hecho, no las abandonaron)

   Vivimos en Valladolid hasta 1997. (desde 1997 ya no vivimos en Valladolid)

   Fue muy fácil encontrar el camino por el bosque. (es decir, lo encontramos)

2. Al principio de una acción; es decir, en un punto en el tiempo a partir del cual se empezó a realizar esa acción. El perfectivo es también puntual: hay un momento en el que se da un cambio de situación y tiene lugar un nuevo estado de cosas:

   A las seis y media se puso a llover. (cambio de evento: antes no llovía)

   En aquel momento supe que los Reyes Magos no traían juguetes a los niños.
      (antes no lo sabía, desde entonces ya lo sé)

   Al ver triunfar a su hija se sintió muy feliz. (fue una reacción emocional a esa nueva acción)

   Al ver el conflicto, tuve que hacer de intermediario. (así me convertí en intermediario, cosa que antes no era)

3. A la duración de un evento en su totalidad, aunque haya tenido una duración prolongada. Lo importante es que haya un punto en el tiempo que exprese el fin de la acción o estado designado por el verbo:

   Jugué al fútbol de cinco a siete. (el juego duró, pero tuvo límites precisos)

   Aquel alumno nunca hizo la tarea. (implica que no la hizo en ninguna ocasión)

   Germán fue gimnasta. (durante toda su vida, o durante algún periodo delimitado)

   Aquel verano nos bañamos en el mar todos los días. (acciones repetidas, pero delimitadas en el tiempo por *aquel verano*)

   Aquélla fue la mejor época de mi vida. (la época duró, pero terminó)

■ El aspecto imperfectivo

El aspecto imperfectivo se refiere a eventos o estados que se están desarrollando en un momento dado, que están en mitad de la acción, que se repiten habitualmente, o que están aún por ocurrir.

El aspecto imperfectivo expresa...

1. Eventos que se están desarrollando en el momento al que se refiere la oración, o también estados y condiciones que implican duración:

   Raimundo está enojado porque tiene hambre.

   La Gran Colombia abarcaba los actuales países de Venezuela, Colombia, Ecuador y Panamá.

   Cuando llegué, eran ya las diez, pero nadie estaba en casa todavía.

   Yo sabía todas las respuestas, aunque no las pude escribir.

2. Una serie de eventos o acciones que se repiten o se repetían habitualmente:

Generalmente María almuerza a las dos de la tarde.

De pequeños veraneábamos en un pueblecito de la costa.

Siempre te llevaré flores en nuestro aniversario.

3. Una acción futura o aún por realizarse en el momento a que se refiere:

Dice que llega en seguida.

Dijo que llegaba en unos minutos.

Dijo que el avión saldría más tarde de lo previsto.

No sabía que dábamos una fiesta hoy, cariño.

Práctica

B. Completa este párrafo que describe las experiencias de Anamari un día, tal y como las escribió en una carta electrónica. Decide si debes usar las formas imperfectivas o las perfectivas del pasado, según el contexto.

Redactar | Borrar | Elija carpeta | Reenviar | Responder | Responder a todos | Internet

Hoy ____1.____ (ser) un día bastante ajetreado. ____2.____ (levantarme) a las siete, y al ver el sol de la mañana me dije que el de hoy ____3.____ (poder) ser un gran día. En el autobús ____4.____ (saludar) a Carlos. Antes no me ____5.____ (gustar) nada ese chico, pero cuando él me ____6.____ (sonreír) hoy, ____7.____ (sentir) una emoción nueva, y se me ____8.____ (poner) la carne de gallina. No ____9.____ (poder) concentrarme en toda la clase de gobierno, porque me ____10.____ (volver) a la cabeza el recuerdo de la sonrisa de Carlos. Por suerte, pensé que luego ____11.____ (tener) clase de gimnasia, y que se me olvidaría. ____12.____ (Jugar) al fútbol con mucho entusiasmo durante unas horas, y ya ____13.____ (parecer) que me había olvidado de él, cuando lo ____14.____ (ver) más tarde estudiando en la biblioteca. Recordé las veces en que Carlos me ____15.____ (querer) acompañar a casa después de la escuela, y cómo yo me había reído de él. ____16.____ (Avergonzarme) de lo tonta que había sido. Sin embargo, mientras lloraba en casa esta tarde ____17.____ (sonar) el teléfono, y mi corazón ____18.____ (dar) un vuelco. ____19.____ (Ser) Carlos, que ____20.____ (querer) salir conmigo algún día. Naturalmente, le dije que no.

C. Escribe un párrafo en el que compares lo que hacías en tus vacaciones cuando eras pequeño(a) con lo que hiciste en tus últimas vacaciones. Usa el imperfecto para las acciones habituales de tu niñez, y el pretérito para los eventos del último verano. Usa también el imperfecto para describir las situaciones como se presentaron el verano pasado, y el pretérito para expresar cambios en esas situaciones o emociones.

■ El aspecto progresivo

Dentro de las dos categorías aspectuales anteriores, la duración de un evento y el que esté desarrollándose en un momento dado se puede expresar de forma más explícita por medio de los tiempos progresivos: *No puedo salir porque **está lloviendo**. Como **estaba insistiendo**, acepté la oferta. Yo ya **venía mejorando** en esta clase desde hacía unas semanas.*

1. El **aspecto progresivo** expresa de forma muy explícita que la acción se está desarrollando en el momento actual. Aunque los tiempos verbales con aspecto imperfectivo (como el presente y el imperfecto) también pueden expresar el aspecto progresivo, el uso del aspecto progresivo es preferible en ciertos contextos:

   *No me molestes, que **estoy estudiando**.* (*estudio* no enfatiza el carácter inmediato del desarrollo de la acción)

   *¿Qué hace Mario? Ahora mismo **está tocando** el piano.* (*ahora mismo* requiere la construcción progresiva)

   *Me **estaba enseñando** las fotos de su viaje cuando sonó el teléfono.* (*me enseñaba* no corresponde a una acción en progreso)

   *¿Por qué no contestaste? Porque a esa hora les **estaba contando** un cuento a los niños.* (*contaba* no enfatiza el carácter progresivo)

2. En el pasado, se usa el **imperfecto progresivo** cuando el evento está en su punto medio y puede ser interrumpido por otra acción: *Estábamos jugando al ajedrez (cuando llegaste).* En cambio, el **pretérito progresivo** se usa en aquellos contextos en que una acción demoró un cierto tiempo en llevarse a cabo, pero fue completada en su totalidad. El pretérito progresivo implica una frase adverbial que abarque un periodo completo de tiempo (*toda la noche, dos años, seis minutos,* etc.), o que muestre el punto final de un periodo (con la preposición *hasta*):

   *Los hijos de mi amigo **estuvieron jugando** con el balón toda la tarde.*
   ***Estuvimos esperando** el tren seis horas.*
   *Mis padres y yo **estuvimos tratando** de arrancar el carro, pero no arrancó.*
   ***Estuve leyendo** el libro hasta las siete.*

Las construcciones progresivas se forman juntando el gerundio con una forma de los auxiliares *estar, ir, venir, andar, llevar* o *pasar.* Estos verbos añaden al carácter progresivo de la construcción cierto significado:

1. **Ir** añade la idea de movimiento gradual en el espacio o en el tiempo, un movimiento que se aleja del punto de vista del que habla. El uso de **ir** es compatible con frases adverbiales como **poco a poco, cada vez más (menos)**:

   *Poco a poco **se fue adaptando** al trabajo nuevo.*

   ¿Se te ha olvidado?
   los verbos
   Ver la página R44

2. **Venir** añade la idea de dirección en el tiempo (o el espacio) hacia el presente, o hacia la posición del hablante. Es compatible con frases

- adverbiales que comienzan con **desde hace:** *Ese ciclista **viene siguiéndome** desde hace unos kilómetros.*

3. **Andar** implica movimiento o acciones continuas sin dirección definida: ***Andaba buscando** un restaurante para cenar.*

4. **Llevar** se refiere a un periodo definido de tiempo *(un año, dos días, seis minutos),* que se extiende hasta el momento del habla: ***Llevo** dos horas **esperando** el autobús.*

5. **Pasar** también se refiere a un periodo definido de tiempo, durante el cual se produce un evento con duración limitada: *Siempre **se pasaba** su primer día de vacaciones **durmiendo.***

Práctica

D. Completa el siguiente párrafo con la forma correcta de **estar,** en el imperfecto progresivo o en el pretérito progresivo.

La Sra. Rivera miró a su hija, Noemí, la famosa cantante juvenil. Quería creer la versión de su hija. «Otra vez, hija, quiero que me expliques por qué llegaste a casa a las once. ¿Qué _____1._____ haciendo hasta tan tarde?» Noemí _____2._____ escuchándola atentamente, mientras que su hermanito _____3._____ comiendo sin prestarle atención. Noemí contestó: «Bueno, mami, como ya te dije, primero _____4._____ nadando de cuatro a seis, y luego estuve en la fiesta de mi amiga Catalina hasta las ocho. Como en la fiesta todos _____5._____ bailando, yo me animé también y me puse a bailar en el balcón del apartamento. Me _____6._____ divirtiendo mucho, pero se me ocurrió entrar, y a partir de ese momento una chica misteriosa y sus dos amigos _____7._____ persiguiéndome todo el tiempo. Como estaba asustada, salí corriendo de la fiesta y me metí en mi carro, donde me quedé dormida. En realidad, _____8._____ durmiendo allí hasta las diez y media, hasta que oí unas voces de gente que _____9._____ riéndose, al lado del carro. Eran la chica misteriosa y sus amigos, que me habían reconocido y sólo querían pedirme un autógrafo. Así que _____10._____ huyendo toda la tarde de unas personas que al final terminaron por encontrarme dormida. ¡Qué bochorno! Debí haberles firmado el autógrafo desde el principio».

E. Completa las oraciones con la forma correcta del verbo auxiliar más adecuado: *estar, ir, venir, andar, pasar, llevar.* Como en algunos casos hay más de una posibilidad, decide cuál es la mejor de acuerdo con el contexto.

1. Los niños, según crecen, ===== aprendiendo a cuidarse solos.

2. Ese Juan es un inconsciente, últimamente ===== saliendo con todas las muchachas del barrio, pero con ninguna en serio.

3. Totó la Momposina ===== muchos años recopilando y cantando canciones populares por toda la costa de Colombia.

4. Últimamente el periódico ===== dando consejos útiles acerca de las dietas para adelgazar.

5. Poco a poco Cecilia ===== acostumbrándose a vivir en un país extraño.

6. El jefe ===== redactándole una carta a su secretaria.

7. Ese carro ===== persiguiéndonos desde hace unos minutos.

8. La abuela ===== fumando a escondidas cuando la encontré en el camarote.

9. Yo ===== esperándote dos horas.

10. La joven ===== enviando solicitudes de ingreso a la universidad y hace tiempo ===== preparando sus exámenes de entrada.

F. Completa este párrafo con la mejor forma del verbo entre paréntesis. El verbo puede estar en el presente, el pretérito, el imperfecto, o en cualquiera de los tiempos progresivos (presente progresivo, imperfecto progresivo o pretérito progresivo).

Daniel ___1.___ (leer) sin cesar novelas históricas. Ahora mismo ___2.___ (leer) *La máscara del guerrero cretense,* una historia de un famoso general que ___3.___ (luchar) durante muchos años contra los dorios, invasores de sus tierras. El general ___4.___ (ser) valiente y ___5.___ (tener) a su disposición a muchos voluntarios que ___6.___ (querer) defender la civilización micénica que controlaba Creta. Antes de la guerra, los jefes micénicos ___7.___ (reclutar) soldados entre los campesinos durante varios meses. Como resultado, el general ___8.___ (poder) controlar durante diez años al ejército dorio, que ___9.___ (atacar) continuamente con naves llenas de guerreros fieros y mercenarios. Los cretenses se defendían como ___10.___ (poder), pero un día ___11.___ (haber) una catástrofe. El ejército dorio ___12.___ (sorprender) a los cretenses mientras se ___13.___ (bañar) en las cálidas aguas del mar Egeo. ___14.___ (Ser) un golpe inesperado y desgraciado. Sin embargo, los cretenses ___15.___ (ver) entonces que no ___16.___ (tener) más remedio que rendirse ante la armada doria, la cual a partir de entonces ___17.___ (sentirse) dueña de Creta.

G. Escribe diez oraciones acerca de ti y de tus amigos, combinando uno de los verbos del primer cuadro con alguna de las frases adverbiales del segundo. Asegúrate que el verbo exprese el aspecto que corresponde con la frase adverbial.

MODELO   ser/a partir de entonces
Escribes   En la secundaria me hice amigo de Miguel y Jorge, y a partir de entonces fui muy feliz.

almorzar	gustar	a las cinco	generalmente
discutir	jugar	a partir de entonces	justo en ese momento
entender	llegar	anoche	nunca
entregar	salir	desde hace mucho	siete horas
escuchar	ser	el verano pasado	toda la tarde
exagerar	ver	en seguida	todos los días

H. Mediante las siguientes preguntas sobre «El libro talonario», cuenta cómo era Rota y qué hacían sus campesinos, incluyendo la historia del tío Buscabeatas. Escribe por lo menos quince oraciones, prestando atención al uso de los tres aspectos.

1. ¿Cuántos años tenía el tío Buscabeatas cuando ocurrió esta historia?
2. ¿Cuántas calabazas iba a llevar el tío Buscabeatas al mercado de Cádiz?
3. ¿Qué vio a la mañana siguiente?
4. ¿Cuánto tiempo estuvo contando las calabazas que faltaban? ¿Qué más debió de hacer en ese tiempo?
5. ¿Quién vendía las calabazas del tío Buscabeatas en el mercado de Cádiz?
6. ¿Qué estaban mirando los curiosos cuando llegó el tío Fulano?
7. ¿Qué quiso hacer el tío Fulano cuando vio lo que pasaba?
8. ¿Qué traía el tío Buscabeatas en el saco que se podía comparar a un libro talonario?
9. ¿Qué hicieron todos al ver cómo pegaba los tallos a las calabazas?
10. ¿Qué tuvo que hacer el ladrón al final?

I. Escribe un párrafo acerca de alguna experiencia divertida que te haya ocurrido recientemente, usando los aspectos perfectivo, imperfectivo y progresivo. Explica primero con qué frecuencia se da este evento, y cómo era en general. Después narra lo que ocurrió aquel día. Para cada acción principal, expresa cómo te sentiste. Concéntrate con detalle en el momento culminante de la situación, y describe lo que estaban haciendo los protagonistas en ese momento, y qué les ocurrió. Concluye con unas oraciones que resuman lo narrado.

■ Comparación y contraste

El imperfecto y el pretérito progresivo en español

1. El imperfecto progresivo se usa en situaciones que están en progreso en un momento dado, y pueden ser interrumpidas por otra acción. El pasado progresivo del inglés corresponde bien a este concepto:

En ese momento Andoni estaba leyendo. — *Right then Andoni was busy reading.*

Estaba lloviznando cuando llegamos a Bilbao. — *It was drizzling when we got to Bilbao.*

2. El pretérito progresivo se usa para situaciones que terminaron, pero que se desarrollaron durante algún tiempo. Su traducción al inglés muchas veces requiere el uso de los verbos *spend,* o *keep,* o si no es posible, del pretérito simple, expresando la duración del evento por otros medios (frases adverbiales o, a veces, la repetición del verbo):

Estuve leyendo una hora. — *I spent an hour reading.*

Estuvimos llamándote por teléfono, pero no contestaste. — *We called you several times, but you didn´t answer./We were calling and calling, but you didn't answer.*

Práctica

A. Traduce del español al inglés.

1. Estuve persiguiendo a la tigresa tres horas enteras.
2. Cuando la vi por primera vez, estaba caminando por la selva.
3. Se deslizaba lentamente por entre el follaje sin hacer ruido; sin embargo, se estaba comiendo a su presa al mismo tiempo.
4. Estuvo masticando sin parar hasta que se encontró con su cría.
5. El cachorro estaba gimiendo porque tenía hambre.
6. La madre lo estuvo alimentando media hora. Luego se echó a dormir.
7. El cachorro estuvo jugueteando un rato, hasta que también se durmió.
8. Cuando estaban durmiendo, me fui acercando a ellos y les saqué unas fotos.

B. Traduce al español. Usa el pretérito o el imperfecto progresivo.

1. What did you do in the two hours you were gone?
2. I was listening to you, please go on.
3. I've been calling you for hours! Where were you?
4. He was still trying to put out the fire when the firefighters got there.
5. Miguel Ángel tried and tried to open the jar, but couldn't.
6. I spent my holidays thinking of you.

Ortografía

Cuaderno de práctica, págs. 128–129

■ Letra y sonido

Los verbos que terminan en -*ear*

Muchas veces en el habla popular, la **e** en hiato (que forma una sílaba distinta) se pronuncia como la /i/, formando así un diptongo con la siguiente vocal: *tia-tro* en vez de *te-a-tro; pior* en vez de *pe-or; pa-sias-te* en vez de *pa-se-as-te.* Esta práctica puede causar confusión entre los verbos que terminan en **-ear** y aquellos que terminan en **-iar.** La lista a continuación presenta algunos verbos terminados en **-ear.** Observa que todos se derivan de sustantivos o adjetivos.

bromear (de *broma*)
colorear (de *color*)
emplear (de *empleo*)
falsear (de *falso*)
golpear (de *golpe*)
olfatear (de *olfato*)

ojear (de *ojo*)
pasear (de *paseo*)
patear (de *pata*)
saborear (de *sabor*)
torear (de *toro*)
vagabundear
    (de *vagabundo*)

> **¡Ojo!** Muchos de los verbos nuevos derivados del inglés tienen la terminación **-ear:** *surfear* (de «surf»), *parquear* (de «park»), *escanear* (de «scan») y *chequear* (de «check»), entre otros.

Práctica

A. Completa las siguientes oraciones con la forma correcta del verbo. Consulta un diccionario si hace falta.

  1. Fértiles campos (rodiaban/rodeaban) a la pequeña población de Rota.

  2. El viejo hortelano (acariciaba/acariceaba) y besaba las plantas en su huerta.

  3. Un ladrón le robó las calabazas que había (criado/creado).

  4. El hortelano (vociaba/voceaba): «¡Éstas son mis calabazas!»

  5. El policía (menió/meneó) la cabeza y preguntó: «¿Cómo está seguro?»

  6. El viejo, (lloriquiando/lloriqueando), nombró cada una de sus calabazas.

  7. Todos (apreciaron/aprecearon) la astucia del viejo hortelano.

B. Forma un verbo con la terminación **-ear** a partir de los siguientes sustantivos y adjetivos. Luego escribe una oración con cada verbo.

  MODELO   agujero ⟶ agujerear
    Escribes   Las balas agujerearon la pared.

aire	flor	gota	horno	tonto
brazo	garabato	hoja	sombra	zapato

■ La acentuación

Los pares mínimos

Hay numerosos pares de palabras que se distinguen únicamente por la posición del acento tónico. Lee las siguientes oraciones en voz alta. ¿Cuáles de las palabras son sustantivos? ¿adjetivos? ¿diferentes formas de un verbo?

Celebré mi cumpleaños con el *célebre* mago Lucas.

El perro *amó* mucho a su *amo.*

El *público* se alegró cuando Lázaro *publicó* otro libro.

Hoy *llegué* a las siete. Mañana quieren que *llegue* a las seis.

Práctica

C. Completa el siguiente párrafo sobre don Quijote con las palabras correctas.

Don Quijote y Sancho cabalgaban por el ___1.___ (amplio/amplío) campo cuando se toparon con unos molinos de viento. Según el ___2.___ (calculo/cálculo) de don Quijote, eran treinta o cuarenta gigantes. Sancho ___3.___ (miro/miró) los molinos de viento y ___4.___ (preguntó/preguntó)—: ¿Qué gigantes?

— ___5.___ (Mire/Miré) vuestra merced—le dijo Sancho a don Quijote —que ésos son molinos de viento. Pero don Quijote no le hizo ___6.___ (caso/casó) y ___7.___ (ataco/atacó) el primer molino. Don Quijote ___8.___ (término/terminó) en el suelo. Le dijo a Sancho que las cosas de la guerra están sujetas a ___9.___ (continua/continúa) mudanza, y sin perder el ___10.___ (animo/ánimo), siguió su camino.

D. Escribe oraciones con los siguientes pares mínimos. Puedes escribir una oración con cada palabra o combinar el par en una sola oración.

MODELO llamo/llamó
    Escribes Llamo a Pedro todos los días, pero hoy me llamó él a mí.

I. artículo/articuló   **3.** hablarán/hablaran   **5.** tome/tomé

2. gusto/gustó   **4.** entre/entré   **6.** acabo/acabó

■ Dictado

A. Vas a escuchar una serie de verbos que terminan en **-iar** y **-ear.** Escribe lo que oyes, prestando especial atención a las terminaciones.

B. Vas a escuchar una serie de oraciones. Escribe lo que oyes, prestando especial atención a la acentuación escrita.

Taller del escritor

Tarea
Escribe un ensayo de especulación sobre causas o efectos.

Escritura libre
¿Qué sucedería si una supertienda se instalara en un centro comercial ubicado en las afueras de la ciudad? Es muy probable que bajen los precios de varios artículos, como pantalones, bicicletas y decoraciones para fiestas. ¿Qué pasaría con los empleos?

LA EXPOSICIÓN

ESPECULACIÓN SOBRE CAUSAS O EFECTOS

En esta sección analizarás por qué ocurrió un suceso o una situación y cuáles son las consecuencias lógicas de tal situación. En este tipo de ensayo, las pruebas que presentas desempeñan un papel importante en persuadir al lector de que tu explicación o predicción es correcta.

Antes de escribir

1. Cuaderno del escritor

Para escoger el tema de tu ensayo, empieza por revisar los apuntes que anotaste en el CUADERNO DEL ESCRITOR de esta colección. ¿Te resulta alguno de los apuntes lo suficientemente interesante como para desarrollarlo en una historia? De no ser así, prueba las estrategias que se indican a continuación.

TRABAJO EN CURSO

2. Preguntas y escritura libre

Hazte una o ambas preguntas:

- ¿Por qué funciona_____ de esta manera? (Llena el espacio en blanco con un proceso natural, una costumbre social o el nombre de una institución, como, por ejemplo, un hospital).

- ¿Qué sucedería si_____? (Llena el espacio en blanco con un evento que aún no ha ocurrido en tu comunidad, pero que ha ocurrido en otro lugar).

Después de responder a estas preguntas con el método de escritura libre, vuelve a leer lo que escribiste y escoge la pregunta que más te interese. Si eliges una pregunta que empieza con ¿por qué?, estarás especulando sobre causas probables. Si eliges una pregunta que empieza con ¿qué sucedería si... ?, estarás especulando sobre efectos.

3. Investiga los medios de comunicación

Revisa varios ejemplares recientes de periódicos y revistas. ¿Cuáles son algunas de las tendencias actuales en la moda, los deportes, las artes o las comunicaciones? Muchas publicaciones contienen secciones especiales, artículos y editoriales sobre estas tendencias. Toma apuntes sobre los cambios que más te interesen. ¿Cuáles son las causas y los efectos probables de estos cambios?

4. Explora causas o efectos

Una vez que encuentres un tema apropiado, explora todas las causas o todos los efectos posibles de una situación. Si te concentras en las **causas,** recuerda que un suceso o situación particular a menudo tiene más de una causa. Hazte estas preguntas:

- ¿Cuál es la causa más obvia?
- ¿Qué otras causas hay que sean menos evidentes?
- ¿Hay alguna causa que sea más importante que otra?

Si estás especulando sobre los **efectos,** recuerda que un suceso o una situación particular puede tener tanto efectos positivos como negativos. Trata de hacer un diagrama como el que aparece a la derecha para organizar tus ideas.

5. Recopila pruebas

Tu ensayo debe incluir pruebas que respalden tu especulación sobre causas o efectos. Para persuadir a los lectores de que tu explicación o predicción es coherente, usa pruebas como las que se indican a continuación:

- motivos
- ejemplos
- datos
- opiniones de expertos
- estadísticas
- citas
- escenarios hipotéticos razonables

Diagrama de efectos positivos y negativos

Situación: ¿Qué sucedería si una supertienda se instalara en el centro comercial?

efectos + → efectos −

precios más bajos → afecta negativamente las tiendas de Main Street

más empleos → impersonal

compras →

Esquema para el
ensayo de especulación
sobre causas o efectos

Introducción:
Capta la atención
y describe la
situación.

Causa 1+
pruebas

Efectos
positivos +
pruebas

Causa 2+
pruebas

Efectos
negativos +
pruebas

Causa 3+
pruebas

Conclusión:
Resume los puntos
principales y ofrece
comentarios que
conduzcan al análisis.

Así se dice

Para evaluar un trabajo escrito

La introducción podría haber descrito mejor la situación porque...

Una causa (efecto) que el(la) escritor(a) no mencionó es...

Me gustaría saber de dónde sacó las pruebas para...

Una de las partes que no entendí claramente fue...

El borrador
1. Organización

Considera la posibilidad de usar una anécdota breve, una cita interesante, un dato o una estadística sorprendente en la primera oración de tu **introducción** a fin de captar la atención del lector. Luego, describe la situación o suceso que piensas investigar. Establece claramente si vas a especular sobre causas o efectos.

En la **parte principal o cuerpo** de tu ensayo, plantea tus especulaciones sobre causas o efectos. Tal vez quieras usar un **orden cronológico** para presentar una serie de causas o efectos relacionados. Asimismo, puedes organizar esta parte de tu ensayo en **orden de importancia.** Para seguir este método, se coloca la causa o el efecto más importante al principio o al final para darle más énfasis.

En tu **conclusión,** resume los aspectos principales. Luego, si resulta apropiado, escribe un comentario final que lleve a un análisis de la situación o evento.

2. Desarrolla tu estilo: Tipos de oraciones

En tu análisis de causas o efectos, trata de usar diferentes tipos de oraciones. El tema puede volverse aburrido si todas las oraciones son parecidas. Cuando sea apropiado, utiliza una pregunta o una exclamación.

3. Relaciona ideas

No te olvides de usar **palabras de enlace** para aclarar la relación de ideas en tu escritura. A continuación, hay una lista de palabras de enlace que te pueden resultar útiles en tu ensayo sobre causas o efectos.

Causa	Efecto
como, debido a, en vista de que, para, porque, puesto que, ya que	como resultado, consecuentemente, para que, por lo tanto

Evaluación y revisión
1. Intercambio entre compañeros

Reúnete en un pequeño grupo con otros compañeros y túrnense para leer los borradores en voz alta. Después de cada lectura, dejen tiempo para que los miembros del grupo completen una o más de las frases de la izquierda.

2. Autoevaluación

Usa las siguientes pautas para evaluar tu escritura.

Pautas de evaluación

1. ¿Logro captar la atención del lector?

2. ¿Logro presentar claramente el suceso o la situación?

3. ¿Se incluyen especulaciones sobre las causas y los efectos?

4. ¿Es clara la organización de mi ensayo?

5. ¿Termino con una conclusión eficaz?

Técnicas de revisión

1. Comienza con una pregunta, una orden, un dato o una cita sorprendente.

2. Responde a las preguntas ¿quién?, ¿qué?, ¿dónde?, ¿cuándo? y ¿cómo?

3. Añade detalles y pruebas que respalden tus especulaciones.

4. Usa el orden cronológico o el orden de importancia.

5. Recalca los aspectos principales y agrega un comentario final.

Compara las dos versiones siguientes de un párrafo introductorio sobre la especulación de efectos.

MODELOS

Borrador 1

Si la MaxMart Corporation construye otra tienda de descuentos en nuestra comunidad, seguramente bajarán los precios de varios artículos. Es probable que la compañía decida llevar a cabo sus planes de construcción, porque éste es un buen mercado y puede ganar dinero, aunque venda artículos a precios de fábrica. Puesto que la tienda será enorme, los consumidores tendrán una gran selección de productos. Por supuesto, también habrá efectos negativos. El futuro dirá.

Evaluación: El autor no ofrece suficiente información sobre la situación. Además, este párrafo no hace hincapié ni en la causa ni en el efecto.

Pautas para redactar

Para asegurarte de presentar la situación claramente en tu introducción, averigua si has dado respuesta a las preguntas en que se basan los periodistas para escribir sus artículos: ¿quién?, ¿qué?, ¿dónde?, ¿cuándo? y ¿cómo? (Si especulas sobre causas, responderás al porqué en la parte principal del ensayo.)

Borrador 2

Imagina una supertienda que cubra cinco acres, que esté a tan sólo siete minutos de Main Street en automóvil. Al recorrer los amplios pasillos se puede llenar el carrito con todo tipo de productos: ropa de diseñadores, herramientas para el jardín y calculadoras electrónicas, todo a precios baratísimos. ¿El paraíso de los compradores? No necesariamente, al menos para nuestra comunidad. Los efectos positivos de una nueva tienda de MaxMart en el centro comercial de las afueras de la ciudad no lograrán contrarrestar el impacto negativo que tendrá sobre nuestra forma de vida.

Evaluación: Mejor. El autor comienza con un escenario hipotético para captar la atención. La introducción deja en claro que el autor hará hincapié en los efectos.

Corrección de pruebas

Intercambia trabajos con un(a) compañero(a). Lean detenidamente y marquen los errores gramaticales, de ortografía o de puntuación.

Publicación

Considera estas maneras de compartir o publicar tu ensayo:

- Envía tu ensayo a un experto en la materia. Adjunta una carta de presentación en la que preguntes si él o ella considera que el ensayo es convincente.

- Envía tu ensayo al periódico local o al de la escuela para ser publicado.

- Ilustra tu ensayo con tablas, diagramas o gráficos adecuados y colócalo en la cartelera de la clase.

Reflexión

Utiliza las frases que aparecen al margen para escribir tu reflexión.

Para reflexionar sobre un trabajo escrito

Lo que me resultó más difícil de esta tarea fue...

El escribir este ensayo cambió mi punto de vista sobre...

El especular acerca de causas y efectos es una destreza que también me puede ser útil fuera de la escuela porque...

A ver si puedo...

A. Contesta las siguientes preguntas de acuerdo con la información presentada en ELEMENTOS DE LITERATURA.
 1. ¿Qué es una novela?
 2. ¿Cómo se parecen y en qué difieren la novela y el cuento?
 3. ¿Puedes citar ejemplos de tres tipos de novela?
 4. ¿Qué es el realismo mágico?

B. Contesta las siguientes preguntas según la información presentada en ELEMENTOS DE LITERATURA.
 1. ¿Por qué se estudia la relación de causa y efecto en una historia?
 2. ¿Qué ejemplos de causa y efecto se pueden encontrar en uno de los textos de esta colección? Menciona al menos tres cadenas de eventos.

C. Explica la importancia que las siguientes personas y fechas tuvieron en el Siglo de Oro.
 1. 1492
 2. Fernando e Isabel
 3. Miguel de Cervantes
 4. Félix Lope de Vega y Carpio
 5. Felipe II
 6. Diego Velázquez

D. Explica el significado de las siguientes palabras dentro del contexto de los cuentos. Después escribe una oración propia con cada una de ellas.
 Don Quijote de la Mancha: arremeter, galope, maltrecho, tornar, trance
 «El libro talonario»: encararse, encorvado, precoz, recaudar, rodar

E. Identifica la raíz latina de las siguientes palabras. Luego escribe su significado y una oración con cada palabra.
 Palabras: centrífugo, conforme, deambular, desterrar, equilibrio, manubrio, permutar, rectilíneo

F. Completa las siguientes oraciones con la forma correcta del verbo entre paréntesis. Luego, clasifica el aspecto de cada verbo o frase verbal como perfectivo, imperfectivo o progresivo.
 1. Cuando ═══ (saber) la verdad, los papás de Pablo vieron que su hijo no ═══ (estar) mintiendo.
 2. Yo ═══ (estar) hablando con ella toda la noche, pero a fin de cuentas nosotras no ═══ (resolver) nada.

3. Cuando ═══ (ser) niños, nuestra vecina nos ═══ (comprar) un helado cada vez que ═══ (pasar) el señor que los ═══ (vender).

4. Violeta ═══ (entristecerse) al despedirse de su abuela.

5. Primero los novios ═══ (ir) a Italia, después ═══ (estar) cuatro días en Francia y la última semana del viaje la ═══ (pasar) en España.

¿Sabes usar el aspecto progresivo?
Págs. 413–417

G. Completa las siguientes oraciones con la forma correcta de **estar** en el imperfecto progresivo o el pretérito progresivo. Si hay más de una posibilidad, decide cuál es la mejor según el contexto.

1. Juan Carlos ═══ practicando los pasos del baile toda la semana antes de la fiesta.

2. Mi mamá ═══ regañándome por tres días por no haberla llamado la semana pasada.

3. A mi novio se le olvidó nuestro aniversario porque el día entero ═══ jugando a las cartas con sus amigos.

4. Después de que se nos rompió el florero favorito de la abuela, poco a poco ═══ pegando los pedazos y logramos reconstruirlo.

5. Ella ═══ saliendo de la casa cuando se le cayó encima una rama del árbol.

Escritura
¿Sabes escribir palabras que terminan en -ear?
Pág. 418

H. Forma un verbo con la terminación **-ear** a partir de los siguientes sustantivos y adjetivos. Luego escribe una oración con cada uno.

bronce	sabor	vuelta	rojo
gota	voz	sol	

¿Sabes distinguir entre pares mínimos? Pág. 419

I. Escribe oraciones con estos pares mínimos. Puedes escribir una con cada palabra o combinar el par en una sola oración.

suspiro/suspiró	paseo/paseó	asombro/asombró
regara/regará	desate/desaté	duro/duró

¿Sabes escribir un ensayo sobre causas o efectos?
Págs. 420–424

J. Contesta las siguientes preguntas sobre la preparación de un ensayo en el que se especule sobre causas y efectos.

1. ¿Qué pregunta se puede hacer para identificar la causa de un evento? ¿los efectos?

2. ¿Qué fuentes puedes utilizar como prueba de lo que afirmas?

3. ¿Qué palabras de enlace son apropiadas para un ensayo sobre causas o efectos?

Vocabulario esencial

Ampliación

• Vocabulario adicional *Colección 6*

• *Don Quijote de la Mancha* pág. 379

aposento *m.*
arremeter *v.*
atender *v.*
desaforado, -da *adj.*
enemistad *f.*
estar cursado, -a *v.*
fiero, -ra *adj.*
galope *m.*

lanza *f.*
legua *f.*
maltrecho, -cha *adj.*
molino de viento *m.*
mudanza *f.*
pesaroso, -sa *adj.*
quitarse *v.*
socorrer *v.*

tornar *v.*
trance *m.*
vencimiento *m.*
ventura *f.*
vil *adj.*

«*El libro talonario*» pág. 391

abono *m.*
angustia *f.*
arroyo *m.*
asombro *m.*
barco de carga *m.*
cera *f.*
criar *v.*
desatar *v.*
duro *m.*
encararse *v.*
encorvado, -da *adj.*

esparcida, -do *adj.*
espectador, -ra *m.* y *f.*
fulano, -na *m.* y *f.*
hortelano, -na *m.* y *f.*
huerta *f.*
indisputable *adj.*
laboriosidad *f.*
muelle *m.*
pozo *m.*
precoz *adj.*
proverbio *m.*

recaudador, -ra *m.* y *f.*
recobrar *v.*
reconocer *v.*
regar *v.*
rodar *v.*
saco *m.*
sembrar *v.*
suspirar *v.*
tallo *m.*
talonario *m.*

■ *Mejora tu vocabulario* pág. 407

acuático, -ca *adj.*
aterrizar *v.*
diurno, -na *adj.*
egocéntrico, -ca *adj.*
egoísmo *m.*
egotista *adj.*
equidistante *adj.*
equilátero, -ra *adj.*
equivalente *adj.*
fugitivo, -va *m.* y *f.*

inmutable *adj.*
íntegro, -gra *adj.*
lactancia *f.*
lácteo, -tea *adj.*
manual *adj.*
manuscrito *m.*
multidimensional *adj.*
multiforme *adj.*
multimillonario, -ria *adj.*
mutación *f.*

noctámbulo, -la *m.* y *f.*
pernoctar *v.*
prófugo, -ga *m.* y *f.*
radical *adj.*
radicar *v.*
rectificar *v.*
recto, -ta *adj.*
sonámbulo, -la *adj.*
terrícola *m.* y *f.*
uniforme *adj.*

Enlaces literarios
El teatro latinoamericano del siglo XX

El autor en su contexto

Sergio Vodanovic (1926–2001), nacido en la antigua Yugoslavia, fue, sin embargo, uno de los dramaturgos más importantes de Chile, donde se crió y se hizo abogado. Al mismo tiempo que ejercía su carrera profesional, alimentaba su deseo de ser dramaturgo, participando en producciones de teatro universitario. Aunque sus primeras obras contienen elementos del vodevil y de la farsa, Vodanovic era más conocido por sus obras realistas de crítica social, en las que examinó y denunció los conflictos y la desigualdad entre clases sociales. Sus obras más famosas son *Deja que los perros ladren* (1959), *Viña: tres comedias en traje de baño* (1964) y *Nos tomamos la universidad* (1971). *El delantal blanco,* que forma parte de *Viña,* ejemplifica algunas de las preocupaciones del autor por la injusticia social.

La obra

El delantal blanco es un drama de un acto en el que una señora rica y su humilde criada llevan a cabo un experimento sobre el poder de las apariencias y las realidades sociales. La forma de la pieza es bastante sencilla y se basa primordialmente en el diálogo entre las dos mujeres: la Señora da voz a la clase alta con un lenguaje arrogante e imponente, mientras que su Empleada habla por la clase baja con deferencia y sumisión. En cierto momento a la Señora se le ocurre una idea: quiere ver el mundo desde el punto de vista de sus «subordinados». De allí parte el juego en el que se cuestionan el valor y las consecuencias de las apariencias. Los otros pocos personajes entran sólo para analizar y luego comentar el desenlace irónico. La escasez de personajes y la sencillez del lenguaje y de la trama permiten que el espectador se fije más en las complejidades sociales representadas en esta breve obra.

El delantal blanco

Sergio Vodanovic

> HE SALIDO TAN POCO DE LA CASA...

Acto único

La playa. Al fondo, una carpa.[1] Sentadas frente a ella, LA SEÑORA *y* LA EMPLEADA. LA SEÑORA *lleva, sobre el traje de baño, un blusón de toalla. Su tez está tostada por un largo veraneo.* LA EMPLEADA *viste su delantal[2] blanco.*

La Señora *(gritando hacia su pequeño hijo que se supone está a la orilla del mar).* ¡Alvarito! ¡Alvarito! ¡No le tire arena a la niñita! ¡Métase al agua! ¡Está rica… ! ¡Alvarito, no! ¡No le deshaga el castillo a la niñita! Juegue con ella… Sí, mi hijito…, juegue…

La Empleada. Es tan peleador…

La Señora. Salió al padre… Es inútil corregirlo. Tiene una personalidad dominante que le viene de su padre, de su abuelo, de su abuela… ¡Sobre todo de su abuela!

La Empleada. ¿Vendrá el caballero mañana?

La Señora *(se encoge de hombros con desgano).* No sé. Ya estamos en marzo, todas mis amigas han regresado y Álvaro me tiene todavía aburriéndome en la playa. Él dice que quiere que el niño aproveche las vacaciones, pero para mí que es él

1. **carpa:** tienda de lona usada para cambiarse de ropa en la playa.
2. **delantal:** prenda de vestir de tela que protege los vestidos mientras uno limpia o cocina.

quien está aprovechando. *(Se saca el blusón y se tiende a tomar sol.)* ¡Sol! ¡Sol! Tres meses tomando sol. Estoy intoxicada de sol. *(Mirando inspectivamente a* LA EMPLEADA.*)* ¿Qué haces tú para no quemarte?

La Empleada. He salido tan poco de la casa...

La Señora. ¿Y qué querías? Viniste a trabajar, no a veranear. Estás recibiendo sueldo, ¿no?

La Empleada. Sí, señora. Yo sólo contestaba su pregunta. *(*LA SEÑORA *permanece tendida recibiendo el sol.* LA EMPLEADA *saca de una bolsa de género una revista de historietas fotografiadas y principia a leer.)*

La Señora. ¿Qué haces?

La Empleada. Leo esta revista.

La Señora. ¿La compraste tú?

La Empleada. Sí, señora.

La Señora. No se te paga tan mal; entonces, sí puedes comprarte tus revistas, ¿eh? *(*LA EMPLEADA *no contesta y vuelve a mirar la revista.)* ¡Claro! Tú leyendo y que Alvarito reviente, que se ahogue...

La Empleada. Pero si está jugando con la niñita...

La Señora. Si te traje a la playa es para que vigilaras a Alvarito y no para que te pusieras a leer. *(*LA EMPLEADA *se incorpora para ir donde está* ALVARITO.*)* ¡No! Lo puedes vigilar desde aquí. Quédate a mi lado, pero observa al niño. ¿Sabes? Me gusta venir contigo a la playa.

La Empleada. ¿Por qué?

La Señora. Bueno..., no sé... Será por lo mismo que me gusta venir en el auto, aunque la casa esté a dos cuadras. Me gusta que vean el auto. Todos los días, hay alguien que se detiene para mirarlo y

comentarlo... Claro, tú no te das cuenta de la diferencia. Estás acostumbrada a lo bueno... Dime... ¿cómo es tu casa?

La Empleada. Yo no tengo casa.

La Señora. No habrás nacido empleada, supongo. Tienes que haberte criado en alguna parte, debes haber tenido padres... ¿Eres del campo?

La Empleada. Sí.

La Señora. Y tuviste ganas de conocer la ciudad, ¿eh?

La Empleada. No. Me gustaba allá.

La Señora. ¿Por qué te viniste, entonces?

La Empleada. A papá no le alcanzaba...

La Señora. No me vengas con ese cuento. Conozco la vida de los inquilinos en el campo. La pasan bien. Les regalan una cuadra para que la cultiven, tienen alimentos gratis y hasta les sobra para vender. Algunos tienen hasta sus vaquitas... ¿Tu padre tenía vacas?

La Empleada. Sí, Señora. Una.

La Señora. ¿Ves? ¿Qué más quieren? ¡Alvarito!, no se meta tan allá, que puede venir una ola. ¿Qué edad tienes?

La Empleada. ¿Yo?

La Señora. A ti te estoy hablando. No estoy loca para hablar sola.

La Empleada. Ando en los veintiuno...

La Señora. ¿Veintiuno? A los veintiuno yo me casé. ¿No has pensado en casarte? *(*LA EMPLEADA *baja la vista y no contesta.)* ¡Las cosas que se me ocurre preguntar! ¿Para qué querías casarte? En la casa tienes de todo: comida, una buena pieza, delantales limpios..., y, si te casaras... ¿Qué es lo que tendrías? Te llenarías de chiquillos, no más.

La Empleada *(como para sí).* Me gustaría casarme...

La Señora. ¡Tonterías! Cosas que se te ocurren por leer historias de amor en revistas baratas... Acuérdate de esto: Los príncipes azules ya no existen. No es el color lo que importa, sino el bolsillo. Cuando mis padres no me aceptaban un pololito[3] porque no tenía plata,[4] yo me indignaba, pero llegó Álvaro con sus industrias y sus fundos y no quedaron contentos hasta que lo casaron conmigo. A mí no me gustaba porque era gordo y tenía la costumbre de sorberse los mocos, pero, después, en el matrimonio, una se acostumbra a todo. Y se llega a la conclusión de que todo da lo mismo, salvo la plata. Yo tengo plata, tú no tienes. Esa es toda la diferencia entre nosotras. ¿No te parece?

La Empleada. Sí, pero...

La Señora. ¡Ah! ¿Lo crees? Pero es mentira. Hay algo que es más importante que la plata: la clase. Eso no se compra. Se tiene o no se tiene. Álvaro no tiene clase. Yo, sí la

tengo. Podría vivir en una pocilga[5] y todos se darían cuenta de que soy alguien. No una cualquiera. Alguien.

La Empleada. Sí, señora.

La Señora. A ver... Pásame esta revista. *(LA EMPLEADA lo hace. LA SEÑORA la hojea. Mira algo y se ríe abiertamente.)* ¿Y esto lees, tú?

La Empleada. Me entretengo,[6] señora.

La Señora. ¡Qué ridículo! ¡Qué ridículo! Mira a este roto[7] vestido de *smoking*.[8] Cualquiera se da cuenta que está tan incómodo en él como un hipopótamo con faja.[9] *(Vuelve a mirar en la revista.)* ¡Y es el Conde Lamarquina! ¡El Conde Lamarquina! A ver... ¿Qué es lo que dice el Conde? *(Leyendo.)* «Hija mía, no permitiré jamás que te cases con Roberto. Él es un plebeyo.[10]

3. **pololito:** galán.
4. **plata:** dinero.
5. **pocilga:** lugar sucio y asqueroso.

6. **me entretengo:** me divierto mientras pasa el tiempo.
7. **roto:** aquí, hombre pobre.
8. **smoking:** prenda de vestir con solapas de seda que se usa en comidas y fiestas formales.
9. **faja:** tira larga de lienzo que sirve para apretarse la cintura.
10. **plebeyo:** persona del pueblo, de gustos poco sofisticados.

ES TAN BONITO, SEÑORA, QUE LLEGUEN A PASAR COSAS ASÍ.

Recuerda que por nuestras venas corre sangre azul». ¿Y ésta es la hija del Conde?

La Empleada. Sí. Se llama María. Es una niña sencilla y buena. Está enamorada de Roberto, que es el jardinero del castillo. El Conde no lo permite. Pero..., ¿sabe? Yo creo que todo va a terminar bien. Porque en el número anterior, Roberto le dijo a María que no había conocido a sus padres, y cuando no se conoce a los padres, es seguro que ellos son gente rica y aristocrática que perdieron al niño cuando chico o lo secuestraron...[11]

La Señora. ¿Y tú crees todo eso?

La Empleada. Es tan bonito, señora...

La Señora. ¿Qué es tan bonito?

La Empleada. Que lleguen a pasar cosas así. Que un día cualquiera, uno sepa que es otra persona, que en vez de ser pobre, se es rica; que en vez de ser nadie, se es alguien...

La Señora. ¿Pero no te das cuenta que no puede ser?... Mira a la hija... ¿Me has visto a mí usando alguna vez unos aros[12] así? ¿Has visto a alguna de mis amigas con una cosa tan espantosa? ¿Y el peinado? Es detestable. ¿No te das cuenta que una mujer así no puede ser aristócrata? A ver... ¿Sale fotografiado aquí el jardinero?

La Empleada. Sí. En los cuadros finales. (*Le muestra en la revista.* LA SEÑORA *ríe divertida.*)

La Señora. ¿Y éste crees tú puede ser el hijo de un aristócrata? ¿Con esa nariz? ¿Con ese pelo? Mira... Imagínate que mañana me rapten a Alvarito. ¿Crees tú que, por eso, va a dejar su aire de distinción?

La Empleada. ¡Mire, señora! Alvarito le botó el castillo de arena a la niñita de una patada.[13]

La Señora. ¿Ves? Tiene cuatro años y ya sabe lo que es mandar, lo que es no importarle los demás. Eso no se aprende. Viene en la sangre.

La Empleada (*incorporándose*). Voy a ir a buscarlo.

La Señora. Déjalo. Se está divirtiendo. (LA EMPLEADA *se desabrocha el primer botón de su delantal y hace un gesto en el que muestra estar acalorada.*) ¿Tienes calor?

La Empleada. El sol está picando fuerte.

La Señora. ¿No tienes traje de baño?

La Empleada. No.

La Señora. ¿No te has puesto nunca traje de baño?

La Empleada. ¡Ah, sí!

La Señora. ¿Cuándo?

La Empleada. Antes de emplearme. A veces, los domingos, hacíamos excursiones a la playa en el camión del tío de una amiga.

La Señora. ¿Y se bañaban?

La Empleada. En la playa grande de Cartagena. Arrendábamos[14] trajes de baño y pasábamos todo el día en la playa. Llevábamos de comer y...

La Señora (*divertida*). ¿Arrendaban trajes de baño?

La Empleada. Sí. Una señora que arrienda en la misma playa.

La Señora. Una vez nos detuvimos con Álvaro en Cartagena a echar gasolina al auto y miramos a la playa. ¡Era tan gracioso! ¡Y esos trajes de baño arrendados! Unos eran tan grandes que hacían bolsas por todos los lados, y otros quedaban tan chicos que las mujeres andaban con medio traste afuera. ¿De cuáles arrendabas tú? ¿De los grandes o de los chicos? (LA EMPLEADA *mira*

---

11. **secuestraron:** lo encerraron para exigir dinero por su rescate.
12. **aros:** aretes, pendientes para las orejas.
13. **patada:** golpe dado con la pata o con el pie.

14. **arrendábamos:** alquilábamos.

YA. MÉTETE
EN LA CARPA Y
CÁMBIATE.

al suelo taimada.[15]*)* Debe ser curioso...
Mirar el mundo desde un traje de baño
arrendado o envuelta en un vestido barato
o con un uniforme de empleada, como tú.
Algo parecido le debe pasar a esa gente
que se fotografía para estas historietas:
se ponen un *smoking* o un traje de baile
y debe ser diferente la forma como se
sienten ellos mismos, como miran a los
demás... Cuando yo me puse mi primer par
de medias, el mundo entero cambió para
mí. Los demás eran diferentes, yo era diferente y el único cambio efectivo era que
tenía puesto un par de medias. Dime...
¿cómo se ve el mundo cuando se está
vestida con un delantal blanco?

La Empleada (*tímidamente*). Igual...,
la arena tiene el mismo color..., las nubes
son iguales... Supongo...

15. **taimada:** obstinada, emperrada.

La Señora. Pero no... Es diferente. Mira. Yo, con este traje de
baño, con este blusón de toalla, tendida sobre la arena, sé que estoy en
mi lugar, que esto me pertenece. En
cambio, tú, vestida como empleada,
sabes que la playa no es tu lugar, y
eso te debe hacer ver todo distinto.

La Empleada. No sé.

La Señora. Mira. Se me ha ocurrido algo. Préstame tu delantal.

La Empleada. ¿Cómo?

La Señora. Préstame tu delantal.

La Empleada. Pero..., ¿para
qué?

La Señora. Quiero saber cómo
se ve el mundo, qué apariencia
tiene la playa, vista desde un delantal de empleada.

La Empleada. ¿Ahora?

La Señora. Sí. Ahora.

La Empleada. Pero es que... No tengo
vestido debajo.

La Señora (*tirándole el blusón*). Toma.
Ponte esto.

La Empleada. Voy a quedar en calzones.

La Señora. Es lo suficientemente largo
para cubrirte. Y, en todo caso, vas a mostrar
menos que lo que mostrabas con los trajes
de baño que arrendaban en Cartagena.
(*Se levanta y obliga a levantarse a* LA
EMPLEADA.*) Ya. Métete en la carpa y cámbiate. (*Prácticamente obliga a* LA EMPLEADA
*a entrar a la carpa y luego lanza al
interior el blusón de toalla. Se dirige al
primer plano y le habla a su hijo.*)
Alvarito, métase un poco al agua. Mójese
las patitas siquiera... ¡Eso es! ¿Ve que es
rica el agüita? (*Se vuelve hacia la carpa,
y habla al interior de ella.*) ¿Estás lista?
(*Entra a la carpa. Después de un instante,*

USTED LLEVA EL DELANTAL BLANCO.

sale LA EMPLEADA *vestida con el blusón de toalla. Su aspecto ya difiere*[16] *algo de la tímida muchacha que conocemos. Con delicadeza se tiende sobre la arena. Sale* LA SEÑORA *abotonándose aún su delantal. Se va a sentar delante de* LA EMPLEADA, *pero se vuelve de inmediato.)* No. Adelante no. Una empleada, en la playa, se sienta siempre un poco más atrás que su patrona. *(Se sienta sobre sus pantorrillas*[17] *y mira divertida en todas direcciones.* LA EMPLEADA *cambia de postura con displicencia.*[18] LA SEÑORA *toma la revista de* LA EMPLEADA *y principia a leerla. En un comienzo hay una sonrisa irónica en sus labios que desaparece al irse interesando en la lectura.* LA EMPLEADA, *con naturalidad, toma de la bolsa de playa de* LA SEÑORA *un frasco de aceite bronceador y principia a extenderlo con lentitud por sus piernas.* LA SEÑORA *la ve. Intenta una reacción reprobatoria, pero no atina*[19] *a decir sino...)* ¿Qué haces? *(*LA

EMPLEADA *no contesta.* LA SEÑORA *opta por seguir la lectura, vigilando, de vez en vez, con la vista, lo que hace* LA EMPLEADA. *Ésta se ha sentado ahora, y se mira detenidamente*[20] *las uñas.)* ¿Por qué te miras las uñas?

La Empleada. Tengo que arreglármelas.

La Señora. Nunca antes te había visto mirarte las uñas.

La Empleada. No se me había ocurrido.

La Señora. Este delantal acalora.

La Empleada. Son los mejores y los más durables.

La Señora. Lo sé. Los compré yo.

La Empleada. Le queda bien.

La Señora *(divertida).* Y tú no te ves nada de mal con esa tenida.[21] *(Se ríe.)* Cualquiera se equivocaría. Más de un jovencito te podría hacer la corte...[22] ¡Sería como para contarlo!

16. difiere: es diferente.
17. pantorrillas: el músculo trasero de la parte baja de la pierna, desde la rodilla al tobillo.
18. displicencia: desagrado, desdén, molestia.
19. atina: acierta.

20. detenidamente: con cuidado.
21. tenida: conjunto.
22. hacer la corte: cortejar.
23. desconcertada: confusa, consternada.

La Empleada. Alvarito se está metiendo muy adentro. Vaya a vigilarlo.

La Señora *(se levanta rápidamente y se adelanta).* ¡Alvarito! ¡Alvarito! No se vaya tan adentro. Puede venir una ola. *(Recapacita de pronto y se vuelve desconcertada*[23] *hacia* LA EMPLEADA.) ¿Por qué no fuiste tú?

La Empleada. ¿A dónde?

La Señora. ¿Por qué me dijiste que yo fuera a vigilar a Alvarito?

La Empleada *(con naturalidad).* Usted lleva el delantal blanco.

La Señora. Te gusta el juego, ¿eh? *(Una pelota de goma, impulsada por un niño que juega cerca, ha caído a los pies de* LA EMPLEADA. *Ella mira y no hace ningún movimiento. Luego mira a* LA SEÑORA. *Ésta instintivamente, se dirige a la pelota y la tira en la dirección en que vino.* LA EMPLEADA *busca en la bolsa de* LA SEÑORA *y*

se pone sus anteojos para el sol. LA SEÑORA *dice molesta.)* ¿Quién te ha autorizado para que uses mis anteojos?

La Empleada. ¿Cómo se ve la playa vestida con un delantal blanco?

La Señora. Es gracioso. ¿Y tú, cómo ves la playa ahora?

La Empleada. Es gracioso.

La Señora. ¿Dónde está la gracia?

La Empleada. En que no hay diferencia.

La Señora. ¿Cómo?

La Empleada. Usted con el delantal blanco es la empleada; yo con este blusón y los anteojos oscuros, soy la señora.

La Señora. ¿Cómo? ¿Cómo te atreves a decir eso?

La Empleada. ¿Se hubiera molestado en recoger la pelota si no estuviera vestida de empleada?

La Señora. Estamos jugando.

La Empleada. ¿Cuándo?

La Señora. Ahora.

---

23. **desconcertada:** confusa, consternada.

¡TE VOY A METER PRESA!

La Empleada. ¿Y antes?

La Señora. ¿Antes?

La Empleada. Sí. Cuando yo estaba vestida de empleada...

La Señora. Eso no es un juego. Es la realidad.

La Empleada. ¿Por qué?

La Señora. Porque sí.

La Empleada. Un juego..., un juego más largo..., como el «paco[24]-ladrón». A unos les corresponde ser «pacos»; a otros «ladrones».

La Señora (*indignada*). ¡Usted se está insolentando![25]

La Empleada. No me grites. La insolente eres tú.

La Señora. ¿Qué significa eso? ¿Usted me está tuteando?

La Empleada. ¿Y acaso no me tratas de usted?

La Señora. ¿Yo?

La Empleada. Sí.

La Señora. ¡Basta ya! ¡Se acabó este juego!

La Empleada. ¡A mí me gusta!

La Señora. ¡Se acabó! (*Se acerca amenazadoramente[26] a* LA EMPLEADA.)

La Empleada (*firme*). ¡Retírese![27] (LA SEÑORA *se detiene, sorprendida.*)

La Señora. ¿Te has vuelto loca?

La Empleada. Me he vuelto señora.

La Señora. Te puedo despedir[28] en cualquier momento. (LA EMPLEADA *explota*

en grandes carcajadas como si lo que hubiera oído fuera el chiste más gracioso que jamás haya escuchado.*) ¿De qué te ríes?

La Empleada (*sin dejar de reír*). ¡Es tan ridículo!

La Señora. ¿Qué? ¿Qué es tan ridículo?

La Empleada. Que me despida... ¡Vestida así! ¿Dónde se ha visto a una empleada despedir a su patrona?

La Señora. ¡Sácate esos anteojos! ¡Sácate el blusón! ¡Son míos!

La Empleada. ¡Vaya a ver al niño!

La Señora. Se acabó este juego, te he dicho. O me devuelves mis cosas o te las saco.

La Empleada. ¡Cuidado! No estamos solas en la playa.

La Señora. ¿Y qué hay con eso? ¿Crees que por estar vestida con uniforme blanco no van a reconocer quién es la empleada y quién la señora?

La Empleada (*serena*). No me levante la voz. (LA SEÑORA, *exasperada, se lanza sobre* LA EMPLEADA *y trata de sacarle el blusón a viva fuerza.*)

La Señora (*mientras forcejea*). ¡China![29] ¡Ya te voy a enseñar quién soy! ¿Qué te has creído? ¡Te voy a meter presa![30] (*Un grupo de bañistas han acudido al ver la riña.[31] Lo componen dos jóvenes, una muchacha y un señor de edad madura y de apariencia muy distinguida. Antes que puedan intervenir,* LA EMPLEADA *ya ha dominado la situación manteniendo bien sujeta a* LA SEÑORA *de espalda contra la arena. Ésta sigue*

24. **paco:** vigilante, policía.
25. **insolentando:** se está poniendo grosera o impertinente.
26. **amenazadoramente:** dando la impresión de que quiere hacer daño.
27. **retírese:** apártese, aléjese.
28. **despedir:** echar de un empleo a alguien.

29. **china:** mujer aindiada.
30. **presa:** encarcelada, en prisión.
31. **riña:** disputa.

gritando «ad libitum» expresiones como: «rota cochina», «ya te las vas a ver con mi marido» …«te voy a mandar presa» … «esto pasa por ser considerada», etc.)

Un Joven. ¿Qué sucede?

El Otro Joven. ¿Es un ataque?

La Jovencita. Se volvió loca.

Un Joven. Debe ser efecto de una insolación.[32]

El Otro Joven. ¿Podemos ayudarla?

La Empleada. Sí. Por favor. Llévensela. Hay una posta por aquí cerca…

El Otro Joven. Yo soy estudiante de medicina. Le pondré una inyección para que duerma por un buen tiempo.

La Señora. ¡Imbéciles! ¡Yo soy la patrona! Me llamo Patricia Hurtado. Mi marido es Álvaro Jiménez, el político…

La Jovencita *(riéndose).* Cree ser la Señora.

Un Joven. Está loca.

El Otro Joven. Sólo un ataque de histeria.

Un Joven. Llevémosla.

La Empleada. Yo no los acompaño…Tengo que cuidar a mi hijito. Está ahí, bañándose.

La Señora. ¡Es una mentirosa! ¡Nos cambiamos de vestido sólo por jugar! Ni siquiera tiene traje de baño… ¡Debajo del blusón está en calzones! ¡Mírenla!

El Otro Joven *(haciéndole un gesto al* JOVEN*).* ¡Vamos!

32. **insolación:** enfermedad causada por una exposición excesiva al sol.

Tú la tomas por los pies y yo por los brazos.

La Jovencita. ¡Qué risa! Dice que la Señora está en calzones… *(Los dos* JÓVENES *toman a* LA SEÑORA *y se la llevan mientras ésta se resiste y sigue gritando.)*

La Señora. ¡Suéltenme! ¡Yo no estoy loca! ¡Es ella! ¡Llamen a Alvarito! ¡Él me reconocerá! (Mutis[33] *de los dos* JÓVENES *llevando en peso a* LA SEÑORA. LA EMPLEADA *se tiende sobre la arena como si nada hubiera sucedido, aprontándose[34] para un prolongado baño de sol.)*

El Caballero Distinguido. ¿Está usted bien, señora? ¿Puedo serle útil en algo?

33. **mutis:** acto de salir de escena un actor.

La Empleada *(mira inspectivamente al* CABALLERO DISTINGUIDO *y sonríe con amabilidad).* Gracias. Estoy bien.

El Caballero Distinguido. Es el símbolo de nuestros tiempos. Nadie parece darse cuenta, pero a cada rato, en cada momento, sucede algo así.

La Empleada. ¿Qué?

El Caballero Distinguido. La subversión del orden establecido. Los viejos quieren ser jóvenes; los jóvenes quieren ser viejos; los pobres quieren ser ricos y los ricos quieren ser pobres. Sí, señora. También hay ricos que quieren ser pobres. Mi nuera va todas las semanas a tejer con las mujeres de poblaciones obreras...[35] ¡Y le gusta hacerlo! *(Transición.)* ¿Hace mucho tiempo que está con usted?

La Empleada. ¿Quién?

El Caballero Distinguido. Su empleada.

La Empleada *(dudando. Haciendo memoria).* Poco más de un año.

El Caballero Distinguido. ¡Y así le paga a usted! ¡Pretendiendo hacerse pasar por una Señora! ¡Como si no se reconociera a primera vista quién es quién! *(Transición.)* ¿Sabe usted por qué suceden estas cosas?

La Empleada *(muy interesada).* ¿Por qué?

El Caballero Distinguido *(con aire misterioso).* El comunismo...

La Empleada. ¡Ah!

El Caballero Distinguido *(tranquilizador).* Pero no nos inquietemos. El orden está restablecido. Al final, siempre el orden se restablece. Es un hecho. Sobre eso no hay discusión. Ahora, con su permiso, señora. Voy a hacer mi footing diario. Es muy conveniente a mi edad. Para la circulación, ¿sabe? Y usted quede tranquila. El sol es el mejor sedante. A sus órdenes, señora. *(Inicia el mutis. Se vuelve.)* Y no sea muy dura con su empleada. Después de todo..., tal vez tengamos algo de culpa nosotros mismos... ¿Quién puede decirlo? *(El* CABALLERO DISTINGUIDO *hace mutis. La* EMPLEADA *se tiende de espaldas para recibir el sol en la cara. De pronto, se acuerda de* ALVARITO *y se incorpora. Mira a* ALVARITO *con ternura, y con suavidad le dice.)*

La Empleada. Alvarito... Cuidado al sentarse en esa roca..., se puede hacer una nana... Eso es, corra por la arenita... Eso es, mi hijito..., mi hijito... *(Y mientras* LA EMPLEADA *mira con deleite[36] maternal cómo* ALVARITO *juega a la orilla del mar, se cierra lentamente el telón.[37])*

---

34. aprontándose: preparándose.
35. obreras: dícese de personas que se dedican a algún oficio manual.

36. deleite: placer.
37. telón: lienzo grande que puede subirse y bajarse y se pone en el escenario del teatro.

■ Actividades

Comprensión del texto

1. ¿Qué ropa llevan las dos mujeres en la playa? Describe la personalidad de cada una. ¿Cómo caracteriza el dramaturgo a Álvaro y a su hijo Alvarito?

2. ¿Cómo es la familia de la Empleada? ¿Por qué le parece ridículo a la Señora que su Empleada quiera casarse un día?

3. ¿Qué tipo de revista le gusta a la Empleada? ¿Por qué? ¿Qué opina la Señora de tales revistas? ¿Qué dice ella de los personajes de las fotos?

4. ¿Qué decide hacer la Señora en la playa? ¿Por qué? ¿Cuál es su hipótesis?

5. ¿Cómo cambia el comportamiento de la Empleada con el cambio de ropa? ¿Qué cosas hace ella que enojan a la Señora? ¿Por qué?

6. ¿Qué piensan las otras personas en la playa de la pelea entre las dos mujeres y por qué? ¿Qué hacen con la Señora? ¿Qué opina el Caballero Distinguido?

Análisis del texto

1. ¿Cómo se caracterizan las clases sociales en este drama? ¿Qué representa el delantal blanco?

2. ¿Cuál es el tema principal de esta obra? ¿Hay alguna moraleja? Explica tus respuestas con ejemplos del texto.

3. ¿Por qué crees que los personajes no llevan nombres? ¿Cómo se relaciona este anonimato con el tema? ¿Dirías que *El delantal blanco* es un drama particularmente chileno o más bien universal? ¿Por qué?

4. Explica la función del tuteo en esta obra. ¿Cómo trata la señora a su hijo? ¿Por qué? ¿Y a la Empleada? ¿Qué conclusiones puedes sacar acerca de este elemento sociolingüístico?

Más allá del texto

1. Imagina que vas a dirigir *El delantal blanco* para el teatro. Si pudieras escoger a los actores que quisieras para la representación, ¿a quiénes escogerías para los papeles de la Señora, la Empleada y el Caballero Distinguido? Justifica tus decisiones con base en tu propio entendimiento del texto.

2. Al final de la pieza, todos quedan convencidos de que la Empleada es la Señora. En tu opinión, ¿qué le va a pasar después? Escribe un acto breve que relate las consecuencias de las acciones de la Empleada. Como todo dramaturgo, debes usar el diálogo y acotaciones escénicas para desarrollar tus ideas y la acción.

3. Con un(a) compañero(a), enumera los eventos y detalles más importantes del drama. Luego, improvisen el diálogo entre las dos mujeres, con sus propias palabras. En su conversación, traten de interpretar sus papeles de forma expresiva, tal como imaginan a los personajes.

SECCIONES DE REFERENCIA

ASÍ SE DICE

COLECCIÓN 1

Para expresar emociones y acciones en el pasado

Me dio pesar (coraje, gusto) cuando...

Se sintió atemorizado (desesperado, desengañado) al saber que...

Tuvo que aguantar (sufrir)... porque...

Se vio obligado (forzado) a... puesto que...

Ver la página 12.

Para hablar de causas y efectos

Como resultado (consecuencia) de...

Dado (Puesto) que Cuba dependía de...

La situación actual proviene de...

Este evento ha ocasionado (provocado, producido)...

Si no hubiera sucedido..., el país sería...

Ver la página 18.

Para hacer descripciones en el pasado

Parecían presumidos (arrogantes), pero en realidad...

Antes eran emprendedores (ambiciosos), pero ahora...

Mucho ha cambiado. En aquel entonces era(n)...

De jóvenes, aspiraban a (se esforzaban por)...

Ver la página 30.

Para expresar tu punto de vista

Según mi parecer, ... tiene que ver con (se trata de)...

En mi opinión, otro(a)... que se plantea es...

A mi juicio, el (la)... resulta cuando...

No creo que... esté relacionado(a) con...

No me parece que... sea (deba)...

Ver la página 38.

Para evaluar un trabajo escrito

Lo que más me gustó del episodio fue...

Me gustaría saber más de...

Una parte que no comprendí claramente fue...

Creo que la parte más importante fue...

¿Cómo te sentiste cuando...?

Ver la página 69.

Para reflexionar sobre un trabajo escrito

Lo que más me ayudó a encontrar un tema fue... porque...

Si fuese a cambiar algo en mi relato de este episodio, sería... porque...

El escribir y revisar este trabajo me demostró que soy bueno(a) para... pero debo mejorar en...

Ver la página 70.

COLECCIÓN 2

Para relacionar el aspecto físico con la personalidad

En su forma de vestir se nota que...

A pesar de su edad es bastante...

Tiene una mirada de picardía (melancolía) que...

Cualquiera que lo viera diría que...

Por su manera de expresarse se sabe que...

Se le nota... en todo lo que hace (dice).

A leguas se ve que es una persona...

Actúa como si fuera...

Ver la página 92.

Para presentar y apoyar una opinión

A mi modo de ver...

Estoy convencido(a) de (de acuerdo con) que...

Desde mi punto de vista...

Para mí lo fundamental es...

Se diría que...

Según mi entender...

Ver la página 97.

Para redactar una carta de disculpa

Querido(a)...
  Recordado(a)...
  Con esta carta quiero que te enteres (sepas) que...
  Espero que no estés enojado(a) (dolido(a)) por...
  Dada la situación, te pido que reconsideres
    (reflexiones)...
  Me da tristeza (pesar) que te sientas...
  Te agradezco que quieras (estés dispuesto(a) a)...
Me despido de ti con mucho cariño (amor, aprecio).

Ver la página 106.

Para evaluar un trabajo escrito

A mí lo que más me llamó la atención fue...

Lo más interesante (notable) del personaje es...

Creo que podrías haber descrito mejor a tu
  personaje si hubieras...

Yo que tú le daría más énfasis a...

Una cosa que no entendí bien fue...

Ver la página 135.

Para reflexionar sobre un trabajo escrito

Me resultó difícil determinar exactamente
  por qué...

Lo más difícil (fácil) fue...

Ha sido más... de lo que esperaba.

Reconozco (que)...

Para la próxima tarea, debo tener presente
  (que)...

Ver la página 136.

COLECCIÓN 3

Para aclarar un punto de vista

Según tengo entendido, Ud. opina que... ¿Es eso
  cierto?

¿Es verdad que Ud. está de acuerdo con...?

¿Me equivoco al deducir que usted está a favor de...?

En otras palabras, Ud. considera que...

¿Quiere Ud. decir que...?

¿Diría Ud. que... es un ejemplo de...?

Ver la página 152.

Para hablar de la naturaleza usando comparaciones

La noche oscura y silenciosa como...

La inmensidad de..., similar a...

Una multitud de estrellas, cual...

Plantas y animales exóticos, parecidos a...

La tibia arena de la playa, al igual que...

Montañas altas y majestuosas, semejantes a...

El vaivén de las olas, de igual manera que...

Ver la página 162.

Para contrastar dos ideas

En estas circunstancias yo propongo...

Opino que debemos...

Para empezar, diré...

Por una parte.... Por otra...

Si bien es cierto que...

Según mi entender...

Ver la página 168.

Para hablar de lo que se debe hacer

Es necesario que la gente tome conciencia de...

Más vale que todos conservemos... porque si no...

Es importante tener en cuenta...

Hay que tratar de...

Uno debe interesarse por...

Ver la página 182.

Para reflexionar sobre un trabajo escrito

Escoger un tema para esta tarea fue fácil (difícil) porque...

Escribir y revisar este escrito me demostró que soy bueno(a) para... pero también que debería trabajar más en...

En el desempeño de esta tarea, descubrí que me gustaría averiguar más sobre...

Ver la página 212.

COLECCIÓN 4

Para referirse a condiciones reales

Si decide..., encarcelan (matan) a...

Si opta por..., saldrá libre (victorioso(a))...

Si trata de..., pondrá en peligro (arriesgará)...

...sufrirá las consecuencias si ella resuelve...

Ver la página 242.

Para relatar las consecuencias de un suceso histórico

Es importante señalar (que)...

Uno de los resultados más destacados de... fue...

Esto produjo (llevó a)...

Dichos sucesos provocaron...

Esta situación trajo como consecuencia...

A causa de lo ocurrido...

Con base en..., se puede deducir que...

Ver la página 248.

Para referirse a condiciones hipotéticas

Si yo fuera él(ella), trataría de...

Si yo estuviera en su lugar, me preocuparía por...

Si pudiera..., estaría en capacidad de...

Si fuera imposible..., tendría que...

Ver la página 260.

Para reflexionar sobre un trabajo escrito

A veces una imagen impresionante puede despertar nuestra preocupación por los demás...

Traté de plasmar, como en una fotografía, imágenes...

Pienso que el haber comenzado mi ensayo con esta imagen lo hizo más convincente...

Ver la página 292.

COLECCIÓN 5

Para evaluar un texto literario

La obra (El texto) trata de...

El argumento (La trama) se desarrolla de manera genial (insólita, obvia, complicada).

Se presenta...

Los temas (Las cuestiones) que se plantean son...

En el desenlace, se revela...

Ver la página 310.

Para hacer conjeturas

Según las fotos, parece que...

Me imagino que...

A lo mejor...

Se podría concluir que...

Yo diría que...

Es (im)probable que...

Por lo visto, los mayas serán...

Ver la página 316.

Para establecer comparaciones

Quetzalcóatl y... se parecen en que los dos...

Los dos relatos difieren en que...

Ayar Manco es más (menos)... que...

El *Popol Vuh* es un relato tan... como...

En «Los primeros incas» se cuenta (se relata)..., mientras que en...

Faetón (Ayar Manco, Quetzalcóatl) es el más... de todos.

Ver la página 328.

Para evaluar un trabajo escrito

Me parece que la idea principal de esta evaluación es...

Me gustaría que el (la) escritor(a) diera más detalles sobre...

La evaluación (no) me convence porque...

Yo pondría mayor énfasis en...

Ver la página 358.

Para reflexionar sobre un trabajo escrito

La parte más difícil de escribir esta evaluación fue...

Lo que mejor me salió fue...

Al escribir esta evaluación comprendí que la mejor manera de convencer a la gente es...

Pensándolo más a fondo, creo que cambiaría...

Ver la página 360.

COLECCIÓN 6

Para hablar de situaciones hipotéticas en el pasado

Si hubiera vivido en la época de..., habría sido...

Si hubiera sido..., habría luchado (defendido)...

Si me hubieran perseguido (atacado), habría...

Si hubiera estado en el lugar de..., habría actuado (realizado)...

Ver la página 384.

Para hablar de las artes

Admiro el arte (la arquitectura, la obra) de...

Es un escritor (pintor, arquitecto) digno de estima (respetable) debido a...

Su obra es importante (significativa) porque...

Me interesa la literatura (el arte, la arquitectura)...

Esto permitió (facilitó, ayudó)...

Se considera una obra maestra porque...

Ver la página 389.

Para hacer conjeturas

Tal vez... haya creído (pensado) que...

Puede ser que... se haya asustado (sorprendido) cuando...

Es probable que... haya exigido (reclamado)... porque...

Quizá... haya sabido (anticipado) que...

Ver la página 396.

Para evaluar un trabajo escrito

La introducción podría haber descrito mejor la situación porque...

Una causa (efecto) que el (la) escritor(a) no mencionó es...

Me gustaría saber de dónde sacó las pruebas para...

Una de las partes que no entendí claramente fue...

Ver la pági na 422.

Para reflexionar sobre un trabajo escrito

Lo que me resultó más difícil de esta tarea fue...

El escribir este ensayo cambió mi punto de vista sobre...

El especular acerca de causas y efectos es una destreza que también me puede ser útil fuera de la escuela porque...

Ver la página 424.

GLOSARIO DE TÉRMINOS LITERARIOS

Encontrarás más información sobre las definiciones de este GLOSARIO en las páginas que se citan al final de cada artículo. Por ejemplo, para profundizar en la definición de **Aliteración** el GLOSARIO te remite a la página 170 de este libro.

Algunas referencias que aparecen al final de ciertos artículos remiten a otros artículos del GLOSARIO que contienen información estrechamente relacionada con aquéllos. Por ejemplo, al final de **Autobiografía** hay una referencia a la definición de **Biografía.**

ACOTACIONES ESCÉNICAS En un drama, las instrucciones que el autor escribe sobre la escenografía y la representación se llaman *acotaciones escénicas.* Las acotaciones escénicas pueden desempeñar un papel importante en la acción o en la atmósfera de una obra, como ocurre en algunos momentos de *El anillo del general Macías* de Josefina Niggli (página 225).

Ver la página 251.

ALITERACIÓN La repetición de sonidos parecidos en un grupo de palabras se llama *aliteración.* Por ejemplo, Gabriela Mistral usa la aliteración del sonido **m** en «Meciendo» (página 159):

> Dios Padre sus miles de mundos
> mece sin ruido.
> Sintiendo su mano en la sombra,
> mezo a mi niño.

Ver la página 170.

AMBIENTE El tiempo y lugar en que se desarrolla la acción de una narración constituyen su *ambiente.* Normalmente, el ambiente se establece al principio de una obra literaria: por ejemplo, en «Cajas de cartón» (página 253), Francisco Jiménez describe el ambiente en los primeros párrafos del relato. El ambiente a menudo cumple un papel importante en la acción de un relato, como ocurre en «En la noche» de Horacio Quiroga (página 22). El ambiente también puede contribuir a la atmósfera de un relato: por ejemplo, en dicha obra de Horacio Quiroga, el diálogo entre la mujer y su esposo moribundo crea una atmósfera tensa y de aprieto.

Ver la página 111.

ANTICIPACIÓN Un escritor utiliza la *anticipación* para sugerir que un acontecimiento se producirá más adelante. Por ejemplo, en la escena inicial de *El anillo del general Macías* de Josefina Niggli (página 225), el momento en que Raquel habla con Mariana y hace hincapié en el honor constituye una anticipación de sus acciones en momentos posteriores de la obra.

Ver la página 110.

ARGUMENTO El *argumento* son los sucesos que ocurren en un cuento, drama o novela. La relación de los sucesos entre sí se llama **trama.** Por lo general, la trama consiste en los siguientes elementos relacionados entre sí: exposición, conflicto, clímax y desenlace. Su estructura se puede representar gráficamente de la manera siguiente:

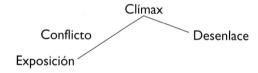

Sin embargo, no todos los relatos ni dramas tienen esta estructura tradicional. Por ejemplo, «En la noche» de Horacio Quiroga (página 22) presenta una estructura poco tradicional, por el uso del *flashback* o narración retrospectiva.

Ver las páginas 110 y 250.
Ver también *Trama.*

ARTÍCULOS Los *artículos de noticias* cuentan acontecimientos importantes de la vida diaria. Normalmente, este tipo de artículos se publica en la primera sección de los periódicos. **Los *artículos de opinión* son textos breves y convincentes**

que presentan la postura de un periódico o una persona sobre algún tema controvertido. Aparecen normalmente en las páginas de opinión de los periódicos.

Ver la página 42.

ATMÓSFERA El carácter general de una obra literaria se llama *atmósfera*. La atmósfera de una obra a menudo se puede describir con uno o dos adjetivos, como *pacífica, tenebrosa* o *nostálgica*. El escritor crea la atmósfera por medio del lenguaje, incluyendo en el texto imágenes, sonidos y descripciones que transmiten una sensación especial.

Ver la página 111.

AUTOBIOGRAFÍA En una *autobiografía* el escritor relata su propia vida. *Autobiografía de un esclavo* de Juan Francisco Manzano (página 4) es un ejemplo de este género de escritura. **En un *episodio autobiográfico*, el escritor describe un incidente de su propia experiencia.** Como ejemplo, podemos citar el fragmento de «Trabajo de campo» de Rose Del Castillo Guilbault (página 33).

Ver la página 42.
Ver también *Biografía*.

BIOGRAFÍA En una *biografía* el autor escribe sobre la vida de otra persona. Las biografías se basan en personajes reales. **Una *semblanza* es una descripción breve de acontecimientos de la vida de alguien y de los rasgos de su personalidad.**

Ver la página 42.

CARACTERIZACIÓN El conjunto de técnicas que utiliza un escritor para crear los personajes de una obra literaria se llama *caracterización*. En el caso de la **caracterización directa,** el escritor cuenta directamente a los lectores cómo es un personaje. Pero es más frecuente que el escritor revele el carácter de un personaje por medio de la **caracterización indirecta,** que incluye las técnicas siguientes:

- mostrar al personaje en acción
- utilizar las palabras del personaje en el diálogo
- describir la apariencia física del personaje
- revelar pensamientos y sentimientos del personaje
- mostrar las reacciones de otras personas hacia el personaje

Por ejemplo, Gary Soto utiliza una combinación de técnicas directas e indirectas para caracterizar a Alfonso en «Cadena rota» (página 83).

Ver la página 111.

CLÍMAX El *clímax* es el momento culminante de un cuento, un drama o una novela, que determina su desenlace. Por ejemplo, en *El anillo del general Macías* de Josefina Niggli (página 225), el clímax es el momento en que Raquel decide envenenar a Andrés y Cleto.

Ver las páginas 110 y 250.
Ver también *Argumento*.

CONFLICTO El elemento central de un cuento, un drama o una novela es el *conflicto*, o la lucha entre dos personajes o fuerzas opuestas. En los *conflictos externos*, un personaje lucha con otra persona, un grupo o una fuerza de la naturaleza. Este tipo de conflicto es el que presenta Horacio Quiroga en su cuento «En la noche» (página 22). **En los *conflictos internos*, la lucha tiene lugar dentro de la mente de un personaje.** Raquel, en *El anillo del general Macías* (página 225), tiene un conflicto interno.

Ver las páginas 110 y 250.

CORRIDO El *corrido* tradicional es normalmente una balada de ritmo rápido que narra una tragedia, una hazaña o una aventura. El personaje central de un corrido es a menudo una persona que lucha por la justicia social o para defender sus derechos, como en «El corrido de Gregorio Cortez» (página 333).

Ver la página 43.

CUENTO Un *cuento* es una obra breve de ficción escrita en prosa, en la que normalmente se presentan uno o dos personajes principales y un solo ambiente central. Horacio Quiroga, el autor de «En la noche» (página 22), fue uno de los maestros del cuento latinoamericano del siglo XX. Un cuento incluye normalmente los siguientes elementos: exposición, conflicto (del cual surgen las complicaciones), clímax y desenlace.

Ver la página 110.
Ver también *Argumento.*

CUENTO POPULAR Un *cuento popular* es una historia tradicional que a menudo tiene personajes irreales, como gigantes, dragones y animales que hablan. Los cuentos populares cuyas versiones más conocidas se originaron en Europa, como las historias de La cenicienta o La bella durmiente, a menudo se llaman *cuentos de hadas.*

Ver la página 317.

DESENLACE En el *desenlace* se resuelven definitivamente los conflictos del relato. En el cuento «Cadena rota» de Gary Soto (página 83), el desenlace se produce en el párrafo final, cuando Alfonso y Sandra se montan en la bicicleta que Ernesto le ha prestado a su hermano. A veces el desenlace de una obra literaria puede ser muy breve, como en la obra *El anillo del general Macías* de Josefina Niggli (página 225), donde el desenlace se limita tan sólo a un pequeño pasaje.

Ver las páginas 110 y 250.

DIÁLOGO La conversación entre los personajes de un cuento, una novela o un drama se llama *diálogo.* El diálogo es especialmente importante en el teatro, ya que por medio de éste se desarrolla la acción y el carácter de los personajes. En las novelas y los cuentos, el diálogo aparece normalmente entre comillas o precedido de una raya. En las obras de teatro, el diálogo aparece sin comillas.

Ver las páginas 68 y 250–251.

DRAMA Un *drama* es una historia que se escribe para ser representada por actores y actrices que desempeñan el papel de los personajes. Es posible apreciar un drama en su versión escrita, pero lo ideal es verlo representado en un escenario. Los elementos básicos de una obra dramática son los mismos que los de las novelas y los cuentos: exposición, conflicto, clímax y desenlace. El texto de una obra teatral contiene normalmente **acotaciones escénicas,** que son instrucciones escritas por el dramaturgo acerca de la escenografía, la forma en que los actores deben interpretar el diálogo, sus gestos y sus movimientos sobre el escenario. La acción de un drama se apoya casi completamente en el **diálogo** (lo que dicen directamente los personajes). La representación se completa con ciertos elementos especiales, como la escenografía, la iluminación, el vestuario, el maquillaje y la utilería.

Ver la página 250.
Ver también *Diálogo* y *Acotaciones escénicas.*

ENSAYO Un *ensayo* es un texto breve escrito en prosa para informar, convencer o entretener al lector. Un **ensayo formal** tiene generalmente un tono serio y reflexivo. Su función es comentar un tema de interés o presentar una idea propia del autor. Un **ensayo personal** es a menudo informal, coloquial o incluso humorístico. Los ensayos personales con frecuencia reflejan los sentimientos o los gustos del autor. Un ejemplo de este tipo de ensayo es «La fiesta del árbol» de Gabriela Mistral (página 149).

Ver la página 42.

EXPOSICIÓN Al comienzo de un cuento o un drama, por medio de la *exposición* se presenta la situación básica al introducir por lo menos a un personaje principal. El primer párrafo de «Cadena rota» de Gary Soto (página 83) compone la exposición del relato, al igual que la escena inicial de *El anillo del general Macías* de Josefina Niggli (página 225).

Ver las páginas 110 y 250.

FÁBULA Una *fábula* es una narración corta que ofrece una lección moral o práctica. En la mayoría de las fábulas, los personajes son animales que hablan y actúan como las personas, como en las antiguas fábulas griegas de Esopo. Un ejemplo de fábula moderna es «Las abejas de bronce» de Marco Denevi (página 174).

Ver la página 173.

FICCIÓN La *ficción* es la invención o producto de la imaginación. En la literatura, la novela y el cuento son géneros de ficción. La ficción puede ser completamente imaginaria, como en «El libro talonario» de Pedro Antonio de Alarcón (página 391), o puede basarse parcialmente en acontecimientos históricos o en las propias experiencias del autor. Sin embargo, en este tipo de ficción realista el autor a menudo altera personajes, hechos o datos para lograr un efecto determinado.

Ver la página 110.

FIGURAS RETÓRICAS Una *figura retórica* hace una variación o combinación especial del lenguaje común para lograr mayor expresividad. Las figuras retóricas más comunes son el **símil** («El viento era como una sinfonía»), la **metáfora** («El viento era un concierto de silbidos y aullidos») y la **personificación** («Los árboles bailaban con la música del viento»).

Ver las páginas 82 y 171.

HIPÉRBATON El *hipérbaton* es una inversión del orden normal y lógico del lenguaje para conseguir un efecto especial. Tanto los poetas como los prosistas invierten el orden normal de las palabras para realzar una palabra o una idea, como en estos versos de «Meciendo» de Gabriela Mistral (página 159):

El mar sus millares de olas mece divino.

Ver la página 171.

HIPÉRBOLE La *hipérbole* es una exageración que tiene como objetivo lograr un efecto especial.

Ver la página 172.

IMÁGENES *Imágenes* son representaciones de cosas o ideas que estimulan cualquiera de los cinco sentidos (vista, oído, tacto, gusto y olfato) por medio del lenguaje. La mayoría de las imágenes son visuales: se basan en el sentido de la vista para crear cuadros en la mente del lector. Por ejemplo, Gary Soto emplea imágenes en «Naranjas» (página 91).

Ver la página 170.

IRONÍA La *ironía* es un contraste entre la apariencia y la realidad. La ironía se da en cuentos, novelas, obras dramáticas, ensayos y poemas. Sus efectos van de lo levemente humorístico a lo perturbador, incluso a lo trágico. Existen tres tipos principales de ironía:

1. Mediante la *ironía verbal,* un escritor o hablante dice una cosa con un sentido muy diferente a lo que aparenta. Por ejemplo, en «Las abejas de bronce» (página 174), Marco Denevi utiliza la ironía verbal con el Oso cuando el Zorro le recuerda que está obligado a pagarle el costo de la balanza que destruyó: —Naturalmente —se rió el Oso— te indemnizaré. Espera que corro a indemnizarte. No me alcanzan las piernas para correr a indemnizarte.

2. La *ironía de sucesos* se produce cuando lo que ocurre es muy diferente de lo que esperamos que suceda. El cuento «Una carta a Dios» de Gregorio López y Fuentes (página 100) ofrece varios ejemplos de ironía de sucesos.

3. La *ironía dramática* se produce cuando el lector sabe algo que un personaje no sabe. En *El anillo del general Macías* (página 225), por ejemplo, el capitán Flores no sabe que Felipe, el «primo» de Raquel, es en realidad el rebelde Andrés, aunque nosotros sabemos la verdad.

Ver la página 100.

LENGUAJE FIGURADO

Ver *Figuras retóricas*.

LEYENDA Las *leyendas* son historias sobre hechos o sucesos extraordinarios, heredadas del pasado.
Las leyendas parten de un hecho real, es decir, están basadas en algo que ocurrió en el pasado. Sin embargo, lo característico de las leyendas es que los hechos que cuentan han sido alterados o exagerados con el paso del tiempo. Así, los heroicos esfuerzos de Gregorio Cortez (página 333) para eludir a las autoridades se hicieron legendarios. Las leyendas antiguas, como las historias sobre la guerra de Troya en la Grecia clásica y las historias sobre la conquista de México y Perú, se transmitieron oralmente de generación en generación antes de ser conservadas por escrito. El **corrido** es uno de tales tipos de narración oral que cantaban las hazañas de individuos como Gregorio Cortez.

Ver la página 317.

METÁFORA La *metáfora* consiste en describir una cosa como si fuera otra.
Las metáforas aparecen en todos los géneros literarios, pero son especialmente importantes en poesía. Las metáforas se diferencian de los símiles, que emplean palabras explícitas de comparación como, por ejemplo, *como* o *igual que*. Octavio Paz emplea varias metáforas en los siguientes versos de «Árbol adentro» (página 157):

Sus raíces son venas,
nervios sus ramas,
sus confusos follajes pensamientos.

Ver la página 171.

MITO Un *mito* es una historia antigua en la que generalmente participan seres sobrenaturales y que sirve para explicar un fenómeno natural.
Por ejemplo, el *Popol Vuh* (página 305) contiene varios mitos de la creación. Los orígenes de la luna se explican en «El casamiento del Sol» (página 323). La mayoría de los mitos se transmiten oralmente durante generaciones antes de ser relatados por escrito. Así, es posible encontrar el mismo mito en varias versiones diferentes. En los mitos a menudo aparecen inconsistencias y saltos que no tienen explicación lógica.

Ver las páginas 305 y 317.

NARRACIÓN RETROSPECTIVA Una *narración retrospectiva* (o un *flashback*) interrumpe la secuencia de la narración, para volver al pasado y contar lo que ocurrió en un tiempo anterior.
Los *flashbacks* pueden variar mucho en su extensión. Gary Soto utiliza una breve narración retrospectiva en el tercer párrafo de «Cadena rota» (página 83). Por otra parte, «En la noche» de Horacio Quiroga (página 22) está estructurado casi en su totalidad como una narración retrospectiva.

Ver la página 111.

NARRADOR El *narrador* es la persona que cuenta la historia.
Por ejemplo, el narrador de «En la noche» (página 22) cuenta la historia de la lucha de una mujer por sobrevivir en un río peligroso. Normalmente nos fiamos de la versión que cuenta el narrador, pero a veces hay motivos para dudar del narrador de un relato. A veces hay algo en la personalidad del narrador que nos hace dudar de su percepción de los hechos o de su dominio de la realidad.

Ver también *Punto de vista*.

NOVELA Las *novelas* son narraciones largas en prosa que normalmente tienen más de 100 páginas.
Las novelas utilizan todos los elementos de los cuentos, como caracterización, ambiente, punto de vista y tema. Puesto que las novelas son más largas que los cuentos, pueden presentar un mayor número de personajes principales y más de un ambiente central. El relato principal se conoce como **argumento principal,** mientras que las líneas narrativas secundarias se llaman **argumentos secundarios.** Muchos consideran que la primera gran novela europea fue *Don Quijote* de Miguel de Cervantes (página 379).

Ver la página 399.

ONOMATOPEYA Se le llama *onomatopeya* al uso de palabras cuyos sonidos imitan o sugieren su significado. Ejemplos de palabras onomatopéyicas son *borbotón*, *ronroneo* y *rataplán*.

Ver la página 170.

PARALELISMO La repetición de palabras o de ideas que son similares en la estructura, en el significado o en el sonido se llama *paralelismo*. Los siguientes versos de «La muralla» de Nicolás Guillén (ver página 112), contienen ejemplos de estos tipos de paralelismo:

> Al corazón del amigo,
> abre la muralla;
> al veneno y al puñal,
> cierra la muralla;
> al mirto y la yerbabuena
> abre la muralla;
> al diente de la serpiente,
> cierra la muralla.

Ver las páginas 169–170.

PARODIA La imitación cómica de una obra literaria se llama *parodia*. A menudo se parodia no sólo una obra literaria, sino también el estilo de un autor, un género o incluso un movimiento literario. En *Don Quijote*, Miguel de Cervantes parodia muchos elementos de los libros de caballería para criticarlos.

Ver la página 378.

PERSONIFICACIÓN Por medio de la *personificación* se le dan características o sentimientos humanos a un animal o a un objeto. En «Dicen que no hablan las plantas», Rosalía de Castro (página 186) usa la personificación cuando se dirige a la naturaleza en estos versos:

> Astros y fuentes y flores, no murmuréis de
> mis sueños;
>> sin ellos, ¿cómo admiraros, ni cómo
>> vivir sin ellos?

Asimismo, Marco Denevi usa la personificación para crear la caracterización de los animales en su fábula «Las abejas de bronce» (página 174).

Ver las páginas 171–172.

POESÍA La *poesía* es un lenguaje que rompe con los significados tradicionales y literales de las palabras por medio de imágenes y figuras retóricas. La poesía se ordena normalmente en versos. A menudo tiene un esquema rítmico fijo y una rima fija. El **verso libre** es poesía que no tiene rima ni un esquema rítmico fijo.

Ver también *Figuras retóricas, Verso libre, Imágenes, Ritmo* y *Rima*.

PROSA La forma escrita que no es poesía se llama *prosa*. Los ensayos, los cuentos, las novelas, los artículos periodísticos y las cartas están todos escritos en prosa.

Ver *Poesía*.

PUNTO DE VISTA El *punto de vista* de una historia es la perspectiva desde la cual está narrada. Los puntos de vista más comunes del relato son el punto de vista en primera persona, el punto de vista omnisciente en tercera persona y el punto de vista limitado en tercera persona.

1. En el *punto de vista en primera persona,* uno de los personajes cuenta la historia utilizando sus propias palabras y el pronombre «yo». Francisco Jiménez utiliza este punto de vista en «Cajas de cartón» (página 253).

2. En el *punto de vista del narrador omnisciente en tercera persona,* el narrador no participa en la historia y sabe todo lo que piensan y dicen los personajes. El punto de vista omnisciente en tercera persona se utiliza en «Las abejas de bronce» de Marco Denevi (página 174).

3. En el *punto de vista limitado en tercera persona,* el narrador no participa en la historia y se concentra en los pensamientos y

sensaciones de un solo personaje, haciendo pocas referencias a lo que piensan los demás. Gary Soto utiliza este punto de vista en «Cadena rota» (página 83), así como Pedro Antonio de Alarcón en «El libro talonario» (página 391).

Ver también *Narrador*.

REALISMO MÁGICO El *realismo mágico* es un estilo literario en el que se enlazan los eventos y los personajes de la vida diaria con elementos fantásticos y fabulosos de los mitos, la religión y lo mágico. La distinción entre la realidad objetiva y la fantasía se vuelve borrosa pues eventos que son increíblemente fantásticos se tratan con la misma naturalidad que los hechos reales. En esta corriente destacan escritores latinoamericanos como Alejo Carpentier, Isabel Allende, Juan Rulfo y Gabriel García Márquez, cuyo cuento «Un señor muy viejo con unas alas enormes» (página 365) es un ejemplo de este estilo narrativo.

Ver la página 399.

RIMA Los dos tipos principales de rima son la **rima consonante** o **total** y la **rima asonante** o **parcial**. En la *rima consonante* o *total* los sonidos de las vocales y las consonantes se repiten. Los versos 1 y 4, y 2 y 3, respectivamente, de «El soneto» de Lope de Vega (página 402) son ejemplos de este tipo de rima:

> Un soneto me mandó hacer Viol**ante**,
> y en mi vida me he visto en tal apri**eto**:
> catorce versos dicen que es son**eto**;
> burla burlando, van los tres del**ante**.

En la *rima asonante* o *parcial* sólo se repite el sonido de las vocales. Por ejemplo, los versos 2 y 4 de la estrofa siguiente de «Meciendo» de Gabriela Mistral (página 159) tienen rima asonante:

> Dios Padre sus miles de mundos
> mece sin ru**ido**.
> Sintiendo su mano en la sombra,
> mezo a mi n**iño**.

Ver la página 169.

RITMO El *ritmo* es un énfasis repetitivo que se escucha en una serie de palabras o sonidos. En la música, identificamos el ritmo con el compás (tiempo) de una canción. El ritmo es especialmente importante en la poesía, aunque no todos los poemas tienen un esquema rítmico fijo. Los siguientes elementos contribuyen a crear el ritmo de un poema: rima, sílabas acentuadas y número de sílabas de un verso. Los efectos del ritmo en un poema son la presencia de una cualidad musical, la imitación de una acción concreta o el logro de un tono o efecto general. La mejor forma de apreciar el ritmo de un poema o de un texto en prosa es leerlo en voz alta.

Ver la página 169.
Ver también *Verso libre*.

SEMBLANZA

Ver la página 42.
Ver también *Biografía*.

SÍMBOLO Un *símbolo* es una persona, un lugar, un objeto o un suceso que representa valores, ideas o conceptos. Todos conocemos muchos símbolos: por ejemplo, una paloma blanca simboliza la paz. En la literatura, los símbolos adquieren por su contexto significados personales y a menudo sorprendentes. Un ejemplo de un símbolo bien logrado es la rosa en el poema «La muralla» de Nicolás Guillén (página 112).

Ver las páginas 172 y 251.

SÍMIL Un *símil* es una comparación entre dos cosas mediante el uso de las palabras *como*, *igual que*, *más que* o *parecido*. Gary Soto utiliza símiles en estos versos sacados de «Cadena rota» (página 83):

> ...tenía **los dientes** chuecos, **como una pila de coches estrellados.**
> **La cadena** colgaba de su mano **como una serpiente muerta.**

Ver la página 171.
Ver también *Metáfora*.

SONETO El *soneto* es una composición poética que tiene 14 versos de once sílabas distribuidos en dos cuartetos seguidos de dos tercetos. Dos ejemplos de sonetos en este libro son «Soneto 149» de Sor Juana Inés de la Cruz (página 44) y «El soneto» de Lope de Vega (página 402).

Ver también *Rima.*

SUSPENSO El *suspenso* es la incertidumbre que siente el lector sobre lo que puede ocurrir en una historia. Una escena dramática de mucho suspenso es el enfrentamiento entre Raquel y el capitán Flores en *El anillo del general Macías* de Josefina Niggli (página 225).

Ver la página 110.

TEMA La idea principal de una obra literaria se llama *tema.* Es importante distinguir entre el tema de una obra literaria, es decir, su mensaje subyacente, y el asunto, es decir, de qué trata la obra a un nivel superficial. A veces los escritores definen el tema explícitamente. Pero lo más frecuente es que el lector tenga que pensar en todos los elementos de la obra y preguntarse lo que quiere decir el autor sobre la vida o la conducta humana.

Ver las páginas 32 y 252.

TONO El *tono* es la actitud que adopta el escritor hacia un asunto. El tono de un escritor puede ser, por ejemplo, serio, humorístico, gozoso, sarcástico o afectuoso. Octavio Paz, en «Árbol adentro» (página 157), adopta un tono apasionado, mientras que en «Las abejas de bronce» de Marco Denevi (página 174), se observa un tono irónico.

TRADICIÓN ORAL Las historias de la *tradición oral* son narraciones que se transmiten de boca en boca y de generación en generación. En muchas culturas del mundo, la tradición oral ha servido para transmitir mitos, leyendas y cuentos populares durante miles de años. En este libro aparecen algunos ejemplos, tales como el relato de la creación del *Popol Vuh* maya (página 305) y el mito azteca «La historia de Quetzalcóatl» (página 320). En el mundo actual, la tradición oral sigue jugando un papel importante en la transmisión de historias de familia y costumbres populares.

Ver la página 317.

TRAMA La relación de los sucesos entre sí y la forma en que el autor los presenta en una obra se llama *trama.*

Ver *Argumento.*

TRAMA CÓMICA En la *trama cómica,* la combinación de los hechos, sucesos y personajes crea un efecto cómico. Muchas veces, el final suele ser una sorpresa. «El libro talonario» de Pedro Antonio de Alarcón (página 391) es un buen ejemplo de un cuento cómico con un final sorprendente.

Ver la página 390.

UTILERÍA La *utilería* es el conjunto de objetos que se emplea en un escenario teatral. En *El anillo del general Macías* (página 225), son elementos importantes de la utilería la medalla consagrada que pertenece a Andrés, el anillo de bodas y el frasco de veneno.

Ver la página 251.

VERSO LIBRE Se llama *verso libre* a la poesía sin rima ni esquema rítmico fijo. El verso libre a menudo emplea ritmos imaginativos. Gary Soto utiliza el verso libre en «Naranjas» (página 91), así como Federico García Lorca en «Paisaje» (página 158) y Octavio Paz en «Árbol adentro» (página 157).

Ver la página 169.

■ MANUAL DE COMUNICACIÓN

EL PROCESO DE LA REDACCIÓN

Las principales etapas de la redacción

El proceso de redactar consta de seis etapas:

- Antes de escribir
- Borrador
- Evaluación y revisión
- Corrección de pruebas
- Publicación
- Reflexión

Los escritores no siempre siguen este orden. Por ejemplo, muchos escritores hacen una corrección de pruebas antes de evaluar y revisar sus borradores. Algunos, en cambio, prefieren revisar sus borradores a medida que los escriben. Al preparar tu portafolio, encontrarás el método que más te conviene.

Escribir con computadora

La computadora te brinda fácil acceso a una gran cantidad de información, a la vez que elimina muchas tareas repetitivas y aburridas. A continuación te ofrecemos algunos consejos para que escribas tus proyectos en la computadora (acuérdate de guardar tu trabajo después de cada paso en el archivo de reserva).

Antes de escribir

- Usa la computadora para anotar tus ideas y los ejercicios de escritura libre.
- Para trabajos de investigación, puedes encontrar información útil en los CD-ROMs de los índices computarizados de publicaciones y en las bases de datos.

Borrador

- Podrás escribir tus ideas más rápidamente en la computadora que escribiendo a mano. Haz tus borradores sin preocuparte por los errores de ortografía o gramática.

Evaluación y revisión

- La computadora te permite revisar tu borrador sin tener que volver a copiarlo o reescribirlo; sólo tienes que añadir, cortar o mover el material según te convenga.
- Puedes imprimir diferentes versiones de tu trabajo y evaluar su contenido, organización y estilo.

Corrección de pruebas y publicación

- Un programa de corrección ortográfica te ayudará a encontrar y corregir muchos errores de ortografía.

- Los diferentes programas para revisar textos te permitirán experimentar y probar diferentes tipos de letras y diseños; la computadora te ayudará a darle a tu trabajo escrito una apariencia profesional.

Símbolos para la revisión y la corrección de pruebas

SÍMBOLO	EJEMPLO	SIGNIFICADO DEL SÍMBOLO
≡	Estados unidos	-Hacer mayúscula una letra minúscula
/	4 de Noviembre	-Hacer minúscula una letra mayúscula
∧	papilería	-Cambiar una letra
∧	en fente	-Poner una palabra, letra o signo de puntuación que no aparece
ℓ	según es parece	-Quitar una palabra, letra o signo de puntuación
↻	deslizzante	-Quitar una letra y cerrar el espacio
(tr)	la anguila entre mis manos se deslizó	-Cambiar de lugar el material dentro del círculo
¶	¶—¡Ay!— gritó.	-Empezar otro párrafo
⊙	Se asomó desde los arbustos⊙	-Poner un punto
∧, ∧	Ernesto, el hermano mayor de Alfonso, apareció.	-Poner una coma

EL PÁRRAFO

La idea principal y su desarrollo

Una de las maneras más comunes de organizar el trabajo escrito es por medio de **párrafos.** Éstos se combinan para producir textos más largos y completos, como un cuento, un artículo periodístico o una carta.

Casi todos los párrafos tienen una **idea principal.** Ésta es la idea alrededor de la cual se organiza el párrafo; todas las oraciones en un párrafo deben relacionarse con ella.

Identificación de la idea principal y la oración principal

La idea principal de un párrafo se puede expresar directa o indirectamente. En el primer caso, la encontramos en la **oración principal.** Ésta se puede colocar en cualquier parte del párrafo, pero generalmente está al principio. Cuando la oración principal se encuentra más adelante, sirve para unir ideas y mostrar al lector qué relación hay entre esas ideas. En el siguiente párrafo de «La fiesta del árbol», observa cómo Gabriela Mistral presenta la idea fundamental en la oración principal, que aparece en letra cursiva, y luego la desarrolla.

> *Yo soy uno de los inadaptados de la urbe, uno de los que han transigido sólo parcialmente con la tiranía de su tiempo.* Mi trabajo está siempre en las ciudades; pero la tarde me lleva a mi casa rural. Llevo a mi escuela al otro día un pensamiento y una emoción llenos de la frescura y la espontaneidad del campo. Se me disminuye o se me envenena la vida del espíritu cuando quebranto el pacto.

Los **párrafos narrativos,** aquellos que cuentan una serie de sucesos, no tienen una oración que exprese directamente la idea principal. En este tipo de párrafo, el lector va juntando detalles para entender la idea principal. En el siguiente ejemplo, los detalles expresan, indirectamente, que Alfonso se siente enfadado y frustrado.

> Alfonso tomó el chicle, lo metió en el bolsillo de su camisa y se retiró de la recámara cabizbajo. Salió azotando la puerta y se fue a sentar en el callejón que estaba detrás de su casa. Un gorrión aterrizó entre la hierba y cuando trató de acercarse, Alfonso le gritó para que se fuera. El gorrión respondió con un gorjeo agudo y alzó el vuelo.
>
> —Gary Soto, «Cadena Rota»

Desarrollo con detalles secundarios

Los **detalles secundarios** explican, prueban o amplían la idea principal de un párrafo. Pueden ser sucesos, hechos, imágenes, ejemplos, razones y citas.

Unidad y coherencia

Un buen párrafo posee **unidad y coherencia.** En un párrafo que tiene unidad, todas las oraciones están relacionadas con la idea principal. Un párrafo es coherente cuando todas las ideas están relacionadas, tienen sentido y su lectura es fácil de seguir.

Para ayudar al lector a seguir tus ideas, utiliza **palabras de enlace** que muestren la coherencia que hay entre las oraciones.

PALABRAS DE ENLACE

De tiempo

al fin	enseguida	mientras
antes	entonces	mientras tanto
cuando	eventualmente	primero
de pronto	finalmente	ya
después	luego	

De lugar

alrededor	debajo	primero
aquí	dentro	segundo
arriba	encima	sobre
a través de	fuera de	
bajo	junto a	

De importancia

además	más importante	principalmente
al menos	para empezar	segundo
entonces	porque	sobre todo
finalmente	por último	
lo más importante	primero	

De comparación

además	igualmente	también
asimismo	otro	y
del mismo modo		

De contraste

a pesar de	incluso	sin embargo
aunque	no obstante	todavía
en lugar de	pero	

De causa

dado que	por	puesto que
debido a	porque	ya que

De efecto

así pues	como resultado	por consecuencia
así que	entonces	por lo que

TÉCNICAS DE ESTUDIO

Uso del diccionario

1. **Entrada.** La entrada nos provee la definición y el significado de la palabra y nos muestra la ortografía correcta. A veces se incluye la pronunciación. También nos indica si lleva mayúscula o si se puede escribir de otras maneras. Los adjetivos se dan generalmente en sus dos formas, masculina y femenina.

2. **Clasificación morfológica.** Estas clasificaciones suelen estar abreviadas y nos indican cómo se usan las palabras en la oración (como

Ejemplos de entrada

① **②**

la-be-rin-to |laʂerínto| **1.** *m.* Lugar lleno de **⑥**
caminos cruzados del que es muy difícil salir:
el Minotauro estaba encerrado en el ~ **⑤**
de Creta; la princesa se perdió en un ~
que había en el jardín del palacio.
2. *fig.* Asunto o situación poco clara o difícil:
el detective ha conseguido pistas para
aclarar el ~ que debía resolver. → **embrollo.**
3. ANAT. Parte del oído interno de los verte-
brados: en el ~ *tiene lugar la recepción de*
los sonidos.

④ **②**

① **la-be-rin-to** (gr. *labyrinthos*) *m.* Lugar formado
de intrincados caminos para que, confundién-
dose el que está dentro, no pueda acertar con la
salida. *2* Composición poética cuyos versos
pueden leerse de maneras distintas. *3* Parte del
oído interno. *4* fig. Cosa confusa y enredada. **⑦**
5 Bizcocho relleno con mermelada y rebozado
con dulce de yema. *6 Perú.* Escándalo, bullicio.

⑨ SIN **2. Dédalo, lit. 4. Enredo, maraña, confusión, lío.**

---

nombre, verbo, adverbio, etc.); con los nombres se da el género. Algunas palabras tienen diferentes funciones y, para éstas, el diccionario ofrece la abreviatura correspondiente antes de cada definición.

3. **Otras formas.** Éstas pueden mostrar formas del verbo o del plural de un nombre.

4. **Etimología.** La etimología de una palabra es su origen e historia. Indica cómo una palabra o parte de ella entró en el idioma español. En el ejemplo *«gr. labyrinthos»* la abreviatura *gr.* indica que *«labe-rinto»* viene de la palabra griega *labyrinthos*.

5. **Ejemplos.** Palabras o frases en cursiva que nos muestran cómo se usa la palabra definida.

6. **Definiciones.** Si la palabra tiene más de un signifi-cado, las distintas definiciones van enumeradas o marcadas con letras.

7. **Otros usos.** Estas especificaciones identifican las palabras que tienen significados especiales o que se usan de un modo diferente en ciertas ocasiones.

8. **Formas derivadas.** Éstas son otras formas de la palabra, creadas generalmente mediante la adición de sufijos o prefijos.

9. **Sinónimos y antónimos.** Algunas veces se enumeran los sinónimos y antónimos al final de la entrada. Puedes encontrar otros sinónimos y antónimos en un tesauro, que es otro tipo de libro de referencia.

Interpretación de mapas, cuadros y gráficos

Tipos de mapas

- Los **mapas topográficos** muestran el paisaje natural de un área. A veces están sombreados para dar una sensación de **relieve** (formaciones tales como montañas, colinas y valles) y se usan colores distintos para mostrar **elevaciones** (la altura sobre o por debajo del nivel del mar).

- Los **mapas políticos** indican unidades políticas, como países y esta-dos. Suelen señalar las fronteras con líneas, las ciudades importantes con puntos y las capitales con estrellas dentro de un círculo. Los mapas políticos se usan también para proporcionar información, tal como cambios territoriales o alianzas militares.

- Los **mapas de usos especiales** presentan información específica, tales como rutas de exploradores, resultados de elecciones y el lugar de determinados cultivos, industrias o poblaciones. Los mapas literarios al principio de este libro son ejemplos de mapas de usos especiales.

Cómo interpretar un mapa

1. **Identifica cuál es el objetivo del mapa.** Su título e indicaciones te mostrarán cuál es el tema y el área geográfica que cubre.

2. **Estudia la leyenda del mapa.** La **leyenda** o **clave** explica el significado de cualquier símbolo, línea, color o sombreado que presente el mapa.

3. **Observa las direcciones y distancias.** Los mapas incluyen a menudo una **rosa de los vientos** o **indicador direccional,** que señala dónde están el norte, el sur, el este y el oeste. Si no hay indicador direccional, da por entendido que el norte se encuentra en la parte superior del mapa, el este a la derecha, etcétera. Muchos mapas también incluyen una escala para ayudarte a comparar las distancias representadas con las reales.

4. **Ten en cuenta el área que rodea la zona cubierta por el mapa.** Los mapas tienen la **latitud** (número de grados al norte o al sur del ecuador) y la **longitud** (número de grados al este o al oeste del meridiano de Greenwich en Inglaterra) de cualquier lugar en la Tierra. Algunos mapas también contienen **mapas de localización,** que muestran la situación del área representada en relación con territorios colindantes o con el mundo. (Encontrarás un mapa de localización en la página vii.)

Tipos de cuadros

- Un **flujograma** refleja una secuencia de acontecimientos o los pasos de un proceso. Estos tipos de cuadros muestran relaciones de causa y efecto.

- Un **diagrama temporal** muestra sucesos históricos en **orden cronológico** (el orden en que sucedieron).

- Un **organigrama** nos muestra la estructura de una organización: la función de cada parte, su importancia y cómo se relacionan las diferentes partes entre sí.

- Por medio de columnas, una **tabla** presenta datos, generalmente estadísticos, en categorías fáciles de entender.

Cómo interpretar un cuadro

1. **Lee el título** para identificar el propósito del cuadro.

2. **Lee los rótulos, secciones e indicaciones** del título para averiguar qué categorías lo forman y qué datos se ofrecen para cada una de ellas.

3. **Analiza los detalles.** Sigue las líneas y flechas para identificar la dirección o el orden de los sucesos o pasos. Lee los números cuidadosamente y toma nota de los datos, los intervalos de tiempo y los incrementos o disminuciones de las cantidades.

Gráfico lineal

Estudiantes de la Bigelow Middle School que hablan más de un idioma

Gráfico de barras

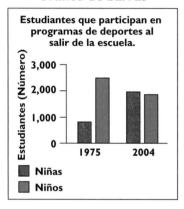

Estudiantes que participan en programas de deportes al salir de la escuela.

Gráfico circular

Lecturas recreativas de los alumnos de octavo grado

Tipos de gráficos

- Los **gráficos lineales** muestran generalmente cambios en cantidades a lo largo del tiempo. Sus componentes básicos son una línea horizontal, llamada eje horizontal, y una vertical, llamada eje vertical. Normalmente, el eje vertical indica números o porcentajes, mientras que el horizontal muestra periodos de tiempo. Los puntos muestran el número o el porcentaje de lo que se mide o se cuenta a través del tiempo. Los puntos se conectan para crear el gráfico.

- Los **gráficos de barras** suelen usarse para comparar cantidades dentro de categorías determinadas.

- Los **gráficos circulares** sirven para ilustrar proporciones; dividen un círculo en secciones de diferentes tamaños, como rebanadas de un pastel.

Estrategias para tomar un examen

Antes de comenzar a responder a un examen, **analízalo.** Observa los elementos que lo componen y decide cómo administrar tu tiempo. Si cada pregunta tiene la misma importancia en la calificación, deja para el final las que más tiempo te tomen.

En las **preguntas de selección múltiple,** debes elegir la respuesta correcta entre una lista de respuestas posibles.

MODELO   Todos estos países se encuentran en Centroamérica, excepto

    A. Honduras   **C.** Colombia

    B. Nicaragua   **D.** Guatemala

Cómo contestar preguntas de selección múltiple

Lee la pregunta o afirmación cuidadosamente.

- Asegúrate de que la comprendes antes de examinar las opciones.

- Busca palabras como *no* o *siempre,* que eliminarán alguna de las opciones.

Lee todas las alternativas antes de seleccionar una respuesta.

- Elimina las que sepas que son incorrectas.

- Piensa cuidadosamente en las opciones restantes y selecciona la que tiene más sentido.

En las **preguntas de cierto/falso,** debes decidir si una afirmación dada es correcta o falsa.

MODELO   C___ F___Francisco Jiménez nació en Estados Unidos, pero se mudó a Jalisco cuando tenía cuatro años.

Cómo contestar preguntas de cierto/falso

Lee la afirmación cuidadosamente: puedes concluir que es falsa si parte de la información lo es.

Busca palabras clave: términos como *siempre* o *nunca* pueden ayudarte a encontrar las respuestas.

Los **ejercicios de relacionar columnas** consisten en emparejar correctamente los elementos de dos listas.

MODELO   Busca la definición que corresponde a cada una de las palabras.

       ___ **1.** conflicto   **A.** historia de la vida de una persona

       ___ **2.** biografía   **B.** conversación entre personajes

       ___ **3.** escisión   **C.** lucha interna o externa

       ___ **4.** diálogo   **D.** ruptura, separación

Cómo hacer ejercicios de relacionar columnas

Lee las instrucciones cuidadosamente: a veces no usarás todos los elementos de una columna, mientras que otros tendrán más de una pareja.

Examina las columnas para identificar elementos relacionados: primero, relaciona los elementos que conoces; luego, evalúa aquéllos sobre los que estás menos seguro.

Completa el resto de las parejas: trata de encontrar las relaciones con más sentido entre los elementos que te quedan.

Los **ejercicios de analogía** te piden que reconozcas la relación que existe entre dos palabras y que identifiques otro par de palabras con una relación similar.

MODELO   Selecciona las palabras que tengan la misma relación que

    ESTROFA : POEMA :: _____

    A. metáfora : símil   **C.** ficción : novela

    B. capítulo : libro   **D.** palabras : música

Hay diferentes tipos de analogías ya que dos conceptos se pueden relacionar de varias maneras.

Cómo hacer ejercicios de analogía

Analiza las primeras palabras: razona cuál es la relación entre ellas (la relación entre una *estrofa* y un *poema* es la de «parte de un todo»; una *estrofa* es parte de un *poema*).

Expresa la analogía en forma de una afirmación o pregunta: por ejemplo, en ESTROFA : POEMA el primer elemento es parte del segundo; ¿en qué otra alternativa sucede lo mismo?

Encuentra la mejor alternativa para completar la analogía: selecciona las palabras que tienen el mismo tipo de relación que las primeras. (Una *estrofa* es parte de un *poema,* del mismo modo que un *capítulo* es parte de un *libro*).

PREGUNTAS DE ENSAYO		
Verbo clave	Tarea o actividad	Ejemplo de pregunta
Analizar	Dividir algo en partes para examinar cómo funciona cada una de ellas.	Analiza el personaje de Alfonso en «Cadena rota».
Comentar	Examinar en detalle.	Comenta el uso del humor en «El libro talonario».
Comparar	Encontrar parecidos (a veces comparar significa «comparar y contrastar»).	Compara el tema de «Paisaje» con el de «Meciendo».
Contrastar	Encontrar diferencias.	Contrasta una leyenda acerca de Gregorio Cortez con un relato histórico sobre él.
Definir	Dar los detalles concretos que caracterizan a algo.	Define el término versos libres.
Describir	Expresar una imagen en palabras.	Describe la apariencia de don Quijote.
Explicar	Dar razones.	Explica por qué una exageración puede ser cómica.
Identificar	Señalar características específicas.	Identifica las figuras retóricas en un poema.
Enumerar	Poner en orden los pasos de un proceso o ciertos detalles sobre un tema.	Enumera las cuatro etapas principales de un drama.
Resumir	Revisar brevemente los puntos principales.	Resume la historia «En la noche».

Cómo contestar preguntas de ensayo

Las **preguntas de ensayo** requieren que escribas respuestas en uno o más párrafos. Antes de comenzar a responder a una pregunta de ensayo, léela e identifica los **verbos clave.** Estos verbos te dicen qué tipo de respuesta se te está pidiendo. También te indican si la respuesta se compone de una o más partes.

Aprendizaje en equipo

Cuando trabajas en equipo con un grupo de compañeros, combinas tus habilidades y conocimientos con los de ellos para aprender más de lo que podrías aprender por tu cuenta. Tu grupo tendrá un propósito específico, como por ejemplo, buscar y compartir ideas o información, resolver un problema, completar un proyecto o presentar conclusiones ante un grupo mayor. Una vez que conozcan el propósito del grupo, consideren cuánto tiempo tienen para cumplir su objetivo. Decidan entonces cómo van a realizar su tarea.

Funciones y responsabilidades

Cada miembro se hace responsable de participar activamente en el trabajo del equipo, escuchando con respeto a los demás y cooperando con el resto para conseguir el objetivo propuesto.

Los miembros del grupo pueden ejercer diferentes funciones. El desempeño de algunas, como las que siguen, se puede prolongar mientras dure el trabajo del equipo:

- **Líder:** Se asegura de que el grupo no se salga del rumbo marcado, anima a cada miembro a participar y ayuda a resolver conflictos.

- **Secretario:** Toma nota de toda información relevante.

Otras funciones se pueden intercambiar entre los miembros del equipo:

- **Vocero:** Comparte una idea o respuesta con el grupo.

- **Ampliador:** Propone preguntas al vocero con el fin de obtener más información.

- **Animador:** Alienta al vocero y al ampliador en sus intervenciones.

Procura estar siempre listo para defender tus comentarios; recuerda que una **opinión válida** está respaldada por hechos y detalles. Por ejemplo, si afirmas que el personaje principal de la historia que tu grupo está comentando es un cobarde, tienes que proveer ejemplos del texto que demuestren su falta de valentía.

A veces te sentirás incómodo al compartir tus pensamientos y sentimientos con el grupo; no te sientas presionado a la hora de expresarlos. Es importante que cada miembro del grupo respete la privacidad de los demás. Intenta hablar de la tarea o del tema sin referirte a ti mismo.

Control de grupo

Después de finalizar una actividad grupal, piensa qué consiguió tu equipo y cuán bien trabajaron juntos. ¿Resolvieron los conflictos de una manera positiva? ¿Tuvo todo el mundo la oportunidad de participar? Traten de completar juntos las siguientes frases:

Creo que hoy hicimos bien _____ .

Podríamos mejorar en _____ .

ESTRATEGIAS DE LECTURA Y PENSAMIENTO CRÍTICO

Parafrasear y resumir

Parafrasear significa expresar las ideas de otros con tus propias palabras, de manera que sean más fáciles de entender. A diferencia de un resumen, una paráfrasis es generalmente tan larga como el texto original.

Cómo escribir una paráfrasis

1. Lee cuidadosamente el texto para identificar la idea principal y los detalles secundarios. Busca en un diccionario las palabras que no conozcas.

2. Vuelve a escribir la idea principal y los detalles secundarios con tus propias palabras. Sigue el mismo orden de las ideas del texto. Trabaja frase por frase, acorta las oraciones o estrofas largas y expresa las ideas complejas de manera clara y sencilla.

3. Asegúrate de que tu paráfrasis diga lo mismo que el original, pero con tus propias palabras. Aquí tienes la paráfrasis de un poema:

«Árbol adentro»
Creció en mi frente un árbol,
Creció hacia dentro.
Sus raíces son venas,
nervios sus ramas,
sus confusos follajes pensamientos.
Tus miradas lo encienden
y sus frutos de sombra
son naranjas de sangre,
son granadas de lumbre.
                    Amanece
en la noche del cuerpo.
Allá dentro, en mi frente,
el árbol habla.
            Acércate, ¿lo oyes?
                —Octavio Paz

Paráfrasis de «Árbol adentro»

En «Árbol adentro», el poeta se compara con un árbol para expresar sus emociones. Dice que en su frente creció un árbol y compara sus venas con las raíces del árbol, sus nervios con las ramas, y sus pensamientos confusos con follajes. Luego, dice que las miradas amorosas de una persona lo encienden. Esto provoca que el hipotético árbol dé naranjas de sangre y granadas de lumbre. Al final, esta luz hace que la noche se convierta en amanecer y que el árbol se anime a hablar. El poeta invita a la persona querida a que se acerque a escucharlo.

Parafrasear es un buen ejercicio para comprobar si has comprendido lo que leíste u oíste. Si el escritor u orador está presente (por ejemplo, en una conferencia o entrevista en la que participan tus compañeros) parafrasea en voz alta cualquier afirmación que no te haya quedado clara y pregunta al escritor u orador si tu interpretación es correcta.

Resumir significa expresar las ideas de un texto en menos palabras.

Cómo escribir un resumen

1. Ojea el texto para encontrar la idea principal.

2. Vuelve a leer el texto más atentamente y toma nota de los detalles secundarios más importantes.

Otras estrategias

Para una discusión de las siguientes estrategias, estudia los ejercicios indicados de ESTRATEGIAS PARA LEER.

3. Escribe de nuevo la idea principal y los detalles importantes con tus propias palabras.

4. Asegúrate de que has cubierto los puntos más importantes con menos palabras.

BÚSQUEDA DE INFORMACIÓN

La biblioteca y el centro de medios audiovisuales

La redacción de informes te permite encontrar más y mejor información sobre temas que te interesan para compartirla con otros. A veces, podrás escoger tu propio tema, otras veces se te asignará. En ambos casos, probablemente necesitarás conseguir información de diferentes fuentes.

Puedes encontrar esta información en las bibliotecas de tu escuela y tu comunidad. Muchas bibliotecas tienen ahora centros de medios audiovisuales. No dejes de consultar otros tipos de fuentes que tu comunidad te puede ofrecer: empresas, museos, oficinas de redacción de periódicos, zoológicos, hospitales, grupos cívicos o asociaciones, como las sociedades históricas, e individuos bien informados a los que puedes entrevistar personalmente.

Cómo encontrar información

La organización de la biblioteca

Las bibliotecas y los centros de medios audiovisuales asignan un **número de clasificación** (un código de letras y números) a cada libro. El número de clasificación te indica dónde encontrar el libro en la biblioteca y cómo fue clasificado.

La mayoría de las bibliotecas y los centros de medios audiovisuales de las escuelas utilizan el **sistema decimal Dewey** como base para la clasificación. Este sistema clasifica y organiza los libros de acuerdo a sus temas. El número de clasificación indica la materia que corresponde al tema del libro; por ejemplo, un libro sobre motores de aviones estará en la sección de tecnología, entre los números 600–699.

Las biografías están, por regla general, en una sección especial de la biblioteca. Se organizan en orden alfabético de acuerdo con el apellido de la persona en la que se basa la biografía. Los libros de ficción tienen generalmente su propia sección y se clasifican alfabéticamente según el apellido del autor. Dos o más libros escritos por el mismo autor se organizan alfabéticamente según las primeras palabras de sus títulos.

La mayoría de las bibliotecas y los centros de medios de información tienen una sección aparte para libros de referencia. Además de enciclopedias, tienen índices biográficos, atlas, almanaques y diccionarios. Muchos están clasificados en orden alfabético; el bibliotecario te explicará la organización de esta sección para ayudarte a encontrar lo que buscas.

El catálogo de fichas

P90 – Estructura y dinámica de la comunicación
internacional

M87 – Murciano, Marcial

– Estructura y dinámica de la comunicación in-
ternacional/por Marcial Murciano.

Barcelona: Bosch Casa Editorial S. A. (1992)
– 252 p.; 22 x 15 cm.
Comunicación internacional—Sociología—Relaciones
Internacionales

Encontrarás el número de clasificación de cualquier libro en la biblioteca o centro de medios buscando en el catálogo de fichas. Por lo general, es un mueble con pequeños cajones que contienen las fichas. Éstas están ordenadas en orden alfabético por título, autor o tema. Sin embargo, en muchas bibliotecas la red de catálogos computarizados ha sustituido al tradicional catálogo de fichas. Esta red tiene estaciones o terminales de computadora con pantalla y teclado, y provee la misma información que el catálogo de fichas. La única diferencia es que la información se da en forma electrónica en vez de impresa.

Todo libro de ficción tiene en el catálogo una ficha por título y otra por autor. Si el libro no es de ficción, tendrá también una ficha por tema.

A la izquierda hay un ejemplo de una ficha para un libro que no es de ficción.

Ésta es la información que contiene una ficha:

1. Número de clasificación — El número asignado a un libro por los sistemas de clasificación de la biblioteca del Congreso de los Estados Unidos o el sistema decimal Dewey.

2. Autor — Nombre completo del autor, comenzando por el apellido.

3. Título — Título y subtítulos completos del libro.

4. Editorial — Lugar y fecha de publicación.

5. Tema — Tema general del libro; la ficha del tema puede tener un encabezamiento más específico.

6. Descripción física — Descripción del libro: tamaño, número de páginas e ilustraciones.

7. Otras referencias — Indican encabezamientos o temas relacionados bajo los que puedes buscar otros libros en la biblioteca.

Otras fuentes

Hoy día las bibliotecas tienen muchas otras cosas además de libros. Pregúntale a tu bibliotecario sobre la disponibilidad de libros en audiocasete, películas en videocasete, discos compactos y otros materiales.

Libros de referencia

La mayoría de las bibliotecas y los centros de medios tienen una sección aparte para libros de referencia, publicaciones que contienen información ordenada para que sea fácil de encontrar. El bibliotecario te puede explicar cómo está organizada esta sección y ayudarte a encontrar el material que buscas. Generalmente, los libros de referencia no se pueden sacar de la biblioteca.

LIBROS DE REFERENCIA	
Tipo y ejemplos	Descripción
Enciclopedias	• Múltiples volúmenes
Enciclopedia Hispánica	• Artículos organizados alfabéticamente por temas
Gran Enciclopedia Visual	• Contiene información general • Puede tener índice en volúmenes separados
Referencias biográficas generales	• Información sobre nacimiento, nacionalidad y logros más importantes de personas sobresalientes
Referencias biográficas especiales	• Información sobre gente conocida por sus logros especiales en diversos campos o por su pertenencia a determinados grupos
Atlas	• Mapas e información geográfica
Almanaques	• Datos actualizados, hechos, estadísticas e información sobre sucesos actuales
Libros de citas	• Citas famosas clasificadas por temas
Libros de sinónimos Diccionarios de sinónimos y antónimos	• Listas de palabras que ayudan a expresar ideas de manera precisa

Bases de datos

Algunas bibliotecas también tienen acceso a bases de datos electrónicas y a amplias colecciones de información en computadora. Los servicios de investigación computarizados te ofrecen acceso a cientos de bases de datos. A veces hay que pagar por estos servicios; pídele a tu bibliotecario que te informe.

Publicaciones periódicas

Los diarios y otras publicaciones también contienen información útil. Pídele a tu bibliotecario que te muestre la lista de publicaciones periódicas que tienen.

También hay disponibles índices computarizados de artículos de periódicos y revistas. InfoTrac, por ejemplo, se actualiza mensualmente y proporciona un catálogo de revistas de interés general publicadas desde 1985. Con frecuencia la computadora provee titulares y un **sumario** (una breve exposición de las ideas principales del artículo); otras veces, el texto original del artículo de un periódico o revista se puede leer en la pantalla o imprimir.

Si el artículo que quieres es de una edición anterior de un periódico o revista, lo puedes encontrar almacenado y miniaturizado en microfilm o microficha. Lo puedes leer con un proyector que aumenta la imagen a un tamaño legible.

Internet

Al hacer investigaciones por Internet, ten en cuenta los siguientes cinco criterios:

- El **alcance** se refiere a la extensión y a la profundidad de la información presentada. ¿Tiene el sitio tal alcance que hace que éste sea la mejor fuente? ¿Podrías conseguir mejor información por medio de libros?

- La **exactitud** se refiere a la fiabilidad de la información presentada. Cualquier persona o grupo puede crear su propio sitio Web; por lo tanto, no hay garantía de que la información sea acertada. Compara lo que encuentres en el sitio con otras fuentes.

- La **autoridad** se refiere a la capacitación del autor del sitio. ¿Es experto en el campo? ¿Ha publicado otros materiales relacionados al tema?

- La **actualización** se refiere a las fechas de creación y revisión del sitio. En muchos casos, los sitios Web no indican cuándo se crearon ni cuándo se actualizaron. Si lo indican, generalmente lo hacen al pie de la página inicial.

- La **objetividad** se refiere al propósito del sitio y al grado de prejuicio que pueda haber en la información presentada. Los sitios Web se crean por varios motivos: para repartir información, para vender algo o para promover una idea. El hecho de que un sitio tenga cierto prejuicio no significa que se deba descartar por completo lo que dice. Pero sí hay que estar consciente del efecto que pueda tener ese prejuicio en la información que se presenta. Por eso, siempre es aconsejable comparar la información de un sitio Web con otras fuentes. Para evaluar la objetividad de un sitio, considera los sitios resumidos en la tabla siguiente:

Tipos de sitio y dominio	Propósitos y características
Sitios de defensa o de promoción Dominios: .org, .com Ejemplo: www.unicef.org	Influenciar las opiniones del público. Pueden ser informativos, pero hay que evaluar su objetividad y distinguir entre los hechos y las opiniones.
Sitios comerciales Dominio: .com Ejemplo: www.hrw.com	Vender o promocionar productos y servicios. Pueden ser fuentes de información útiles. Al evaluar el sitio, determina quién es el patrocinador y ve si las secciones informativas están separadas de los anuncios.
Sitios informativos Dominios: .edu, .gov Ejemplo: www.lanic.utexas.edu	Proveer información. Generalmente provienen de los servidores de agencias gubernamentales o educativas. Nota que el dominio .edu no garantiza la fiabilidad del sitio Web. Como siempre, se debe evaluar la información presentada.
Sitios noticieros Dominios: .com, .org Ejemplo: www.cnnenespanol.com	Presentar noticias. Al evaluar el sitio, determina quién es el patrocinador y ve si las secciones informativas están separadas de los anuncios. Recuerda que los periodistas no siempre son expertos en los asuntos sobre los cuales escriben.
Sitios personales Dominios: Cualquier dominio se puede dar	Suele variar mucho. A veces proveen enlaces útiles pero en general no se deben usar estos sitios como fuentes fidedignas de información.

Documentación de fuentes y toma de apuntes

Al realizar un trabajo de investigación reúnes información de muchas fuentes diferentes. Cada vez que cites directamente o parafrasees las ideas de alguien tienes que documentar tus fuentes, es decir, indicar en qué texto obtuviste la información. Si no lo mencionas, estás cometiendo plagio. Plagiar es usar las palabras e ideas de un autor sin mencionar su nombre; es decir, es copiarse de alguien.

Cuando comiences a investigar para tu trabajo, no pierdas de vista la información que vas encontrando y anótala en **fichas de trabajo.** Éstas son tarjetas de 3" x 5" o media cuartilla de papel de cuaderno. Cuando encuentres un libro, un artículo, una revista, un videocasete u otra fuente de información que quieras usar, dale un número. Empieza con el número uno y escríbelo en la esquina superior derecha de tu ficha. Si tienes cinco fuentes, tendrás cinco fichas, numeradas de 1 a 5. Después de numerarlas, escribe en cada una la información que necesitarás posteriormente para poder documentarla.

La siguiente guía te muestra los datos que necesitas para documentar los diferentes tipos de fuentes. Sigue el uso de mayúsculas y minúsculas, puntuación y orden de la información con exactitud. Usa la información en la ficha de trabajo para preparar una **lista de obras citadas** al final de tu trabajo.

Guía para la documentación de fuentes

Libros: autor, título, ciudad de publicación, editorial y año de edición.
Ejemplo: Fuentes, Carlos. El naranjo. México: Alfaguara Hispánica, 1993.

Revistas y periódicos: Autor, título del artículo, nombre de la revista o del periódico, fecha y números de las páginas. Si no hay autor, se comienza con el título.
Ejemplo: Sierra, Robert. «Miguel Induráin... ¿hombre o máquina?»
El Especial 3–9 de agosto de 1995: 66–67.

Artículos de enciclopedia: autor, título del artículo, nombre de la enciclopedia, año y edición (ed.). Si no tiene autor, se comienza con el título.

Entrevistas: Nombre del experto, las palabras «entrevista personal» o «entrevista telefónica» y fecha.
Ejemplo: Silva, Protasio. Entrevista telefónica. 19 de septiembre de 1995.

Películas y videocasetes: Título de la película o el video, nombre del director o productor, nombre del estudio y año del estreno.
Ejemplo: Zoot suit. Dir. Luis Valdez. Universal Films, 1981.

Toma de apuntes

Cuando tomes apuntes para un trabajo de investigación, prepara un esquema informal o una lista de preguntas de investigación que te guiarán a la hora de recopilar información. Recuerda qué preguntas quieres contestar cuando estudies tus fuentes; añade nueva información cuando la encuentres, siempre y cuando esté relacionada con tus preguntas. Estos consejos te ayudarán a tomar buenas notas:

• Usa una ficha o una hoja de papel de 4" x 6" para cada fuente y para cada apunte.

• Usa abreviaturas y frases cortas, y haz listas; no tienes que escribir oraciones completas.

• Usa tus propias palabras; si copias las palabras exactas de alguien, ponlas entre comillas.

• Incluye en cada ficha u hoja de papel una palabra o frase clave, en la esquina superior izquierda, que refleje cuál es el tema del apunte. Las palabras o frases clave pueden ser tomadas de tu esquema o lista de preguntas de investigación.

• Pon el número de la fuente en la esquina superior derecha de cada ficha.

• Escribe en la esquina inferior derecha de cada ficha el número de la(s) página(s) donde encontraste la información.

La ficha a la derecha, por ejemplo, contiene información sobre el ciclista profesional Miguel Induráin.

núm. 1

La vida de Induráin
—nacido el 16 de julio de 1964 en Villava, España
—de una familia de agricultores
—se hizo profesional en 1985
—ganó su primera Vuelta Ciclista a Francia en 1991

p. 66

Recursos de la comunidad
Búsqueda y contacto con las fuentes

Después de escoger un tema, piensa en miembros de tu comunidad que te puedan ayudar a investigarlo. Estos expertos se encuentran en empresas locales u organizaciones con diversos intereses. Búscalos también en museos, sociedades históricas, periódicos, universidades y oficinas del gobierno local, estatal y federal.

MODELO   Estás investigando la controversia acerca de la calidad del agua de un río local. Este río suministra el agua potable de tu ciudad y es un lugar de recreo frecuentado. Podrías seguir los siguientes pasos:

• **Llama por teléfono** o **escribe** una carta a grupos ecologistas, a un laboratorio de análisis de aguas y a una compañía que venda agua embotellada, y solicita información sobre tu tema.

• **Entrevista,** por ejemplo, a un profesor de biología de la escuela secundaria y a un representante de los departamentos locales que manejan el agua potable de tu ciudad.

• **Averigua** la opinión de la gente que pesca y se baña en el río, y de la gente que bebe su agua.

Entrevistas

Otro modo de recopilar información para un trabajo de investigación es por medio de entrevistas. Una entrevista es una situación especial; a la vez que reúnes información, necesitas escuchar y tratar de comprender el punto de vista de la persona a la cual estás entrevistando. Las entrevistas se pueden realizar en persona o por teléfono.

A continuación, te ofrecemos algunos consejos que te ayudarán a ser un buen entrevistador:

Antes de la entrevista

- Decide qué información es la que más necesitas.
- Prepara una serie de preguntas para la entrevista.
- Haz una cita para un encuentro personal o telefónico. Sé puntual.

Durante la entrevista

- Sé amable y paciente. Dale a la persona entrevistada tiempo para contestar cada pregunta.
- Después de hacer una pregunta, escucha la respuesta. Si no estás seguro de que la comprendiste, haz preguntas de seguimiento.
- Si quieres citar directamente a la persona en tu trabajo, pídele permiso.
- Respeta la opinión del entrevistado. Pídele que te explique su punto de vista, pero sé amable aunque no estés de acuerdo.
- Al final de la entrevista, agradécele a la persona su ayuda.

Después de la entrevista

- Revisa tus apuntes tan pronto como puedas, para asegurarte de que sean claras.
- Redacta un resumen de tus apuntes.
- Escribe una breve carta de agradecimiento a la persona entrevistada.

Redacción de correspondencia comercial

A la hora de escribir una carta comercial, ten muy en cuenta su propósito. Puedes estar solicitando información, quejándote sobre un producto defectuoso o pidiéndole a una empresa que te cambie cierta mercancía. Los siguientes consejos te ayudarán a escribir cartas que logren el efecto que deseas.

Cómo escribir buena correspondencia comercial

- **Usa un tono amable, respetuoso y profesional.** Una carta cortés será efectiva.
- **Usa un lenguaje formal.** Evita el lenguaje vulgar y coloquial. El lenguaje informal que podría ser aceptable en una conversación telefónica o una carta personal no es aceptable en una carta comercial.

- **Ve directo al grano.** Plantea clara y brevemente el propósito de tu carta. Sé amable, pero no divagues.
- **Incluye toda la información necesaria.** Asegúrate de que se entienda por qué escribiste la carta y qué es lo que pides en ella.

La presentación de una carta comercial

Sigue estas sugerencias para escribir cartas comerciales de una forma profesional.

- Usa papel blanco, sin rayas, de 8 1/2" x 11".
- Siempre que puedas escribe la carta a máquina; si no es posible, escribe a mano muy claramente. Usa tinta azul o negra.
- Centra el texto, con márgenes iguales a los lados.
- Usa sólo una cara del papel. Si tu carta no cabe en una página, deja un margen de una pulgada al final de la primera página y escribe por lo menos otras dos líneas en la segunda.

El nivel de formalidad del saludo depende de la relación entre el remitente y el destinatario. Algunos saludos posibles son:

Estimado Sr. Robles:
Apreciada Sra. Ibarra:
Distinguido(s) señor(es):
Muy señor(es) mío(s):

El cuerpo de la carta generalmente empieza con una frase hecha. Algunas expresiones que suelen usarse en esta sección son:

En contestación a su atenta carta del...
Tengo el gusto de comunicarle(s) que...
Acusamos recibo de su atenta (carta) del...
Con relación a su carta del..., le(s) informamos que...
Acabamos de recibir su atenta (solicitud) de...
Me dirijo a usted(es) para preguntar...
Le(s) ruego me informe...
Le(s) agradecería me mandase(n)...
Le(s) adjunto un...

Al igual que el saludo, el cierre o la despedida varía según la relación entre el remitente y el destinatario. Algunas posibilidades son:

Atentamente,
Le(s) saluda respetuosamente,
En espera de sus noticias, quedo atentamente,
Reciba(n) un atento saludo de,
Sinceramente suyo,
Cordialmente,

Encabezamiento	214 S. Juniper Escondido, CA 90025
	17 de noviembre de 2003
Destinatario	Pelican Voyages 6550 Vista Hill Avenue San Diego, CA 92123
Saludo	Estimados Señores:
Cuerpo	Mi familia está planeando un viaje a Perú y Ecuador para el próximo verano. Estamos especialmente interesados en los lugares donde haya hallazgos arqueológicos incas. Por favor, envíenme información sobre sus viajes a estos dos países, así como cualquier folleto ilustrado, guías y mapas que puedan ayudarnos a planear este viaje. Les adjunto un sobre con mi dirección y con el franqueo pagado.
Cierre	Atentamente,
Firma	*Gabriela Estévez* Gabriela Estévez

Las cartas de solicitud de empleo

Las cartas de solicitud de empleo son otro tipo de correspondencia comercial. Se escriben cuando un aspirante, al enterarse de un puesto vacante, manda una carta a la empresa solicitando el empleo. El formato de la carta de solicitud incluye los mismos elementos que otros tipos de correspondencia comercial. Además, es recomendable incluir lo siguiente en la carta:

- el puesto que se solicita
- la fuente de información por la cual se informó del puesto mencionado
- el currículum vitae, adjunto con la carta, y/o los nombres de referencias

1558 NW 71st St.
Miami, FL 33142

8 de abril de 2001

Viajes Nuevo Mundo
1231 Hibiscus Court
Miami Beach, FL 33141

Estimados señores:

Les escribo con relación a su anuncio del 6 del presente mes para un puesto de administradora en su sucursal del centro. En el anuncio se especifica que necesitan a alguien que tenga dos años de experiencia, sea bilingüe y que esté en disposición de trabajar por medio tiempo.

Creo reunir todos los requisitos y les agradecería vieran el currículum que me he permitido adjuntar. Durante los últimos dos años, he trabajado como administradora para una empresa de contabilidad. Actualmente estoy buscando un puesto de tiempo parcial que me permita seguir con mis estudios universitarios.

Me crié en Estados Unidos pero aprendí el español como lengua materna. En mi presente trabajo, atiendo diariamente a clientes hispanohablantes y estoy a cargo de redactar toda la correspondencia en español. Durante mis dos años con la empresa, he ampliado nuestra clientela hispanohablante y he traducido nuestra página Web al español. Les remito dos cartas de referencia, una de mi supervisor y otra de mi profesora de español.

Les agradecería se comunicaran conmigo sobre las posibilidades de empleo en su empresa.

Agradeciéndoles por anticipado la atención que se sirvan prestar a la presente,

Les saluda atentamente,

Elena Victoria Peñas

Elena Victoria Peñas

El cuerpo de la carta generalmente empieza con una frase hecha. Algunas expresiones que suelen usarse en esta sección son:

En contestación a su atenta carta del...
Tengo el gusto de comunicarle(s) que...
Acusamos recibo de su atenta (carta) del...
Con relación a su carta del..., le(s) informamos que...
Acabamos de recibir su atenta (solicitud) de...
Me dirijo a usted(es) para preguntar...
Le(s) ruego me informe...
Le(s) agradecería me mandase(n)...
Le(s) adjunto un(a)...

Cómo hacer un currículum vitae

El primer requisito que se va a presentar en cualquier oferta de trabajo es el del **currículum vitae.** Este término, que viene del latín, significa «curso de la vida». También se le llama **hoja de vida** a este tipo de documento. El currículum vitae es el resumen de la preparación académica y la experiencia laboral del aspirante. Generalmente incluye los datos personales, el puesto que se solicita y la formación y experiencia. En algunos casos, también puede incluir más información personal, cartas de referencia y una lista de publicaciones y/o trabajos realizados por el aspirante. Hay dos formatos comunes de currículum vitae: el formato **cronológico** y el formato **funcional.** A continuación se presentan dos modelos:

El **currículum cronológico** es el modelo más utilizado. Se puede organizar partiendo de lo más antiguo a lo más reciente o viceversa.

Además de la expresión «Formación académica», también se suele usar:

**Estudios realizados
Escolaridad
Antecedentes académicos**

Además de la expresión «Experiencia laboral», también se puede usar:

**Antecedentes profesionales
Experiencia profesional
Antecedentes laborales**

CURRÍCULUM VITAE

María Eugenia Morales Santiago

Datos personales
Apartado 43078   Teléfono: (58)(2) 976-3586
Caracas 1081-A   E-mail: mems@telcet.net.ve
Venezuela

Objetivo profesional
Aspiro al puesto de investigadora para la Fundación Biosfera Centroamericana.

Formación académica
1996–2000   <u>Licenciada en Biología</u>. Universidad Simón Bolívar
1991–1996   <u>Bachillerato en Ciencias</u>. Colegio Sta. Rosa de Lima

Formación complementaria
julio–agosto 2000   Curso: Manejo de Áreas Silvestres y Áreas Protegidas
1999   Participante en Congreso de Manejo de Fauna
                        Amazónica

Idiomas
Español   Lengua materna
Inglés   Alto nivel oral y escrito
Francés   Conocimientos básicos

Informática
Nivel Usuario   Windows: Word, Excel, PowerPoint

Experiencia laboral
octubre 2000–enero 2001 <u>Investigadora y docente</u>. Asociación para la Conservación de Áreas Naturales
                         Funciones: Investigar la densidad de murciélagos en la Cueva Alfredo Jahn. Educar a habitantes de la zona de los beneficios de los murciélagos. Mantener datos de visitantes a la cueva.

octubre 1999–febrero 2000 <u>Práctica profesional</u>. IMPARQUE
                         Funciones: Preparación de folletos educativos sobre la flora y fauna de los parques nacionales con instrucciones para el usuario sobre su protección.

CURRÍCULUM VITAE

Jaime Raúl Santander Velutini

Datos personales

Apartado 4598
Ciudad de Panamá
Panamá

Teléfono: (507) 239-9855
E-mail: jaimesv@orb.net

Objetivo profesional

Aspiro al puesto de reportero para el noticiero matutino en Radio Mía.

Experiencia profesional y laboral

Medios de comunicación

Diseñador de Página Web en *El Siglo* (2000–2002). Funciones: Diseñar, construir y mantener páginas para *El Siglo Digital*. Resolver problemas técnicos. Formular índice digital.

Periodista en *El Siglo* (1998–2000). Funciones: Compilar noticias de la capital. Colaborar con colegas en el desarrollo del enfoque diario de la plana. Escribir artículos. Coordinar con fotógrafos.

Diseño Gráfico

Diseñador Gráfico en Imágenes, S.A. (1996–1998). Funciones: Encargado del diseño de publicidad para importantes empresas nacionales.

Antecedentes académicos

Licenciado en Ciencias de la Comunicación Social

Especialización: Periodismo
Universidad Católica de Santa María La Antigua (1996)

Formación complementaria

Curso de Diseño de Páginas Web (2000)
Curso de Diseño Gráfico (1996)

Idiomas

Inglés   Alto nivel oral y escrito

Informática

Nivel Usuario

Sistema Operativo: Mac OS-8
Word, Photoshop, QuarkXPress,
Adobe GoLive, Dreamweaver

El **currículum funcional** se escribe pensando en un puesto determinado. También es aconsejable usar este modelo si la situación laboral ha sido inestable o con lagunas o periodos de paro.

En Latinoamérica se suele incluir en el currículum vitae el estado civil, la fecha de nacimiento, la nacionalidad y a veces el número de cédula de identidad.

Existen varios términos para el grado de estudios superiores realizados. Varían por país y tienen diferentes significados. Algunos ejemplos son:

Bachiller
Licenciado(a)
Profesor(a)
Ingeniero(a)

Los sustantivos

Los sustantivos son esas palabras que señalan a una persona, un lugar, una cosa o un concepto:

el **profesor**   la **clase**

el **libro**   la **verdad**

El género y el número

Todo sustantivo tiene **género,** el cual puede ser **masculino** o **femenino.** El género de un sustantivo se indica por medio del artículo que le corresponde. Los artículos *el, los, un* y *unos* señalan sustantivos masculinos. Los artículos *la, las, una* y *unas* señalan sustantivos femeninos. El **número** indica si el sustantivo se refiere a uno **(singular)** o a más de uno **(plural):**

	Masculino	**Femenino**
Singular	el profesor un libro	la profesora una clase
Plural	los platos unos bolígrafos	las puertas unas plumas

- La mayoría de los sustantivos de personas son masculinos cuando se refieren a varones *(el profesor)* y femeninos cuando se refieren a hembras *(la profesora).*

- Son masculinos la mayoría de los sustantivos que terminan en **-o, -aje, -ón** (menos **-sión** y **ción**), **-al, -és, -ín, -or** y **-ma** (si éste es de origen griego):

el cas**o**   el ingl**és**

el pais**aje**   el bolet**ín**

el avi**ón**   el ol**or**

el per**al**   el proble**ma**

Algunas excepciones notables son *la mano* y *la labor.*

- Son femeninos la mayoría de los sustantivos que terminan en **-a, -dad, -tad, -tud, -is, -ie** y **-umbre:**

la cas**a**   la dos**is**

la ver**dad**   la ser**ie**

la liber**tad** la muched**umbre**

la vir**tud**

Algunas excepciones notables son *el día, el mapa, el planeta* y *el brindis.*

- Los sustantivos que terminan en las consonantes **-l, -n, -r** y **-z** o en las vocales **-e, -i** o **-u** pueden ser masculinos o femeninos. Hay que aprender de memoria el género de estas palabras:

el árbol	la piel	el aceite	la calle
el corazón	la razón	el buey	la ley
el crimen	la imagen	el espíritu	la tribu
el arroz	la paz		

- Algunos sustantivos que se refieren a personas pueden ser o masculinos o femeninos. El género de estas palabras se determina por medio del contexto o de los artículos que las acompañan, siendo las terminaciones invariables:

  el artista **la** artista

  el adolescente **la** adolescente

- Los sustantivos femeninos que empiezan con **a-** o **ha-** tónicas llevan los artículos **el** o **un.** Sin embargo, el plural de estos sustantivos lleva los artículos **las** o **unas:**

  el agua fría **las** aguas frías

  toda **el** alma **las** almas

  un hada madrina **unas** hadas madrinas

- Los sustantivos adoptan una forma **diminutiva** por medio de las terminaciones **-(c)ito** o **-(c)ico** si son de poco tamaño o si el hablante siente cariño por ellos:

  un moment**ito** un vaso de agü**ita** un rincon**cito**

  una tac**ita** de té una pregunt**ica**

  a la vuelte**cita** mi hij**ito**

- Los sustantivos adoptan una forma **aumentativa** por medio de las terminaciones **-(z)azo, -(z)aco, -ón** o **-(z)ote** si son de gran tamaño o para dar una connotación despectiva o de menosprecio. A veces, los aumentativos dan una connotación positiva:

  un perr**ote** un amig**azo**

  un dolor**zazo** de cabeza un tip**azo**

Los artículos definidos e indefinidos

Los **artículos definidos e indefinidos** señalan sustantivos y tienen cuatro formas que concuerdan en género y número con el sustantivo al que preceden:

	artículos definidos		artículos indefinidos	
	masculino	femenino	masculino	femenino
Singular	el	la	un	una
Plural	los	las	unos	unas

El **artículo definido** señala un sustantivo específico ya mencionado dentro del habla o un sustantivo en un sentido general:

El libro de que hablas es poco interesante.

La democracia se originó en Grecia.

Los pronombres

Los **pronombres** son esas palabras que toman el lugar de un sustantivo para evitar la repetición de éste:

> El primer obstáculo fue convencer a mi padre. **Él** había dicho que no quería que mi madre trabajara. No me puedo explicar cómo **lo** convencimos. Luego **se** ofreció a terminar el trabajo.

Los pronombres personales

Los **pronombres personales** designan a las personas de quienes se habla. Toman el lugar de la persona que habla *(yo)*, la persona a quien se habla *(tú)* o la persona de quien se habla *(él, ella)*.

- Los **pronombres de sujeto** señalan a la persona que realiza la acción en una oración. En algunos casos concuerdan en género y número con la persona a la que reemplazan:

  > ¿Quién habla? **Yo.**
  >
  > ¿Quién hizo la cena? **Él.**

	primera persona	
	masculino	**femenino**
Singular	yo	
Plural	nosotros	nosotras

	segunda persona				
	Latinoamérica			**España**	
	informal	**informal** (algunos países)	**formal**	**informal**	**formal**
Singular	tú	vos*	usted	tú	usted
Plural	ustedes	ustedes	ustedes	vosotros, vosotras	ustedes

*El uso común de **vos** en Latinoamérica se limita a varios países de Centroamérica, Argentina, Uruguay y Paraguay, y a zonas de otros países.

	tercera persona	
	masculino	**femenino**
Singular	él	ella
Plural	ellos	ellas

- El **complemento directo** recibe la acción de un verbo transitivo. Lo puede reemplazar un **pronombre de complemento directo:**

  > ¿Quién hizo la sopa? **La** hizo Juan Antonio.
  >
  > Escribo muchas cartas y **las** escribo a menudo.

	Singular		Plural	
	masculino	femenino	masculino	femenino
primera persona	me		nos	
segunda persona	te		os (Esp.)	
tercera persona	lo	la	los	las

- El **complemento indirecto** recibe el complemento directo o el efecto de la acción verbal. Lo acompaña o lo puede reemplazar un **pronombre de complemento indirecto:**

    Yo *le* escribo cartas a mi prima. Generalmente *le* escribo todas las semanas.

    Es imposible que *te* hayan cancelado el vuelo.

    A mis hermanos *les* gusta escuchar música.

	Singular	Plural
primera persona	me	nos
segunda persona	te	os (Esp.)
tercera persona	le (se)	les (se)

- Los pronombres **le** y **les** cambian a **se** cuando van seguidos por uno de los pronombres de complemento directo **lo, la, los** o **las:**

    ¿Qué hiciste con esos libros y juguetes viejos? **Se los** *di al hospital.*

- Los **pronombres prepositivos** son los pronombres personales que se usan después de las preposiciones:

    Echo de menos a mis primos. Hace mucho que no salgo **con ellos.**

    Mis tías me escriben muchas cartas **a mí** *aunque yo no les escribo* **a ellas** *casi nunca.*

	Singular		Plural	
	masculino	femenino	masculino	femenino
primera persona	mí		nosotros	nosotras
segunda persona	ti usted		ustedes vosotros (Esp.)	ustedes vosotras (Esp.)
tercera persona	él	ella	ellos	ellas

- Nota que la preposición **con** se combina con los pronombres **mí** y **ti** para formar las palabras **conmigo** y **contigo:**

    Salgo ahora. ¿Vienes **conmigo?**

- Los **pronombres reflexivos (me, te, se, nos, os, se)** señalan un complemento cuando éste es el mismo que el sujeto. Pueden funcionar como complemento directo o indirecto:

    Olivia **se** *peinó.* (pronombre reflexivo como complemento directo)

    Nos *compramos un refresco.* (pronombre reflexivo como complemento indirecto)

- Los **pronombres posesivos** toman el lugar de un sustantivo a la vez que se refieren al dueño del mismo. Concuerdan en género y número con el sustantivo que reemplazan:

	Singular		Plural	
	masculino	femenino	masculino	femenino
primera persona	mío(s)	mía(s)	nuestro(s)	nuestra(s)
segunda persona	tuyo(s)	tuya(s)	vuestro(s)	vuestra(s)
tercera persona	suyo(s)	suya(s)	suyo(s)	suya(s)

- Los **pronombres demostrativos** señalan sustantivos con relación específica a la persona que habla. Concuerdan en género y número con el sustantivo que reemplazan. Siempre llevan acento ortográfico:

> No quiero **éste** sino **ésos.**

> **Aquéllas** son buenas pero **éstas** son mejores.

	próximo al hablante		próximo al oyente		próximo a ninguno	
	masculino	femenino	masculino	femenino	masculino	femenino
Singular	éste	ésta	ése	ésa	aquél	aquélla
Plural	éstos	éstas	ésos	ésas	aquéllos	aquéllas

- Los demostrativos adoptan una forma neutra cuando se desconoce el género del sustantivo al que se refiere o cuando se refiere a un concepto abstracto. Éstos nunca llevan acento ortográfico:

> ¿Qué es **esto?**

> **Eso** no se puede hacer.

> **Aquello** fue horrible.

- Los **pronombres interrogativos** son los que reemplazan un sustantivo desconocido acerca del cual se hace una pregunta. Siempre llevan acento ortográfico:

> **¿Qué** pasó?

> **¿Cuál** es tu teléfono?

> **¿Quiénes** son esos muchachos?

- Los **pronombres relativos** introducen una cláusula de relativo a la vez que reemplazan el sustantivo al que se refieren. Concuerdan con el sustantivo que reemplazan en género y en número:

> El plato sabe riquísimo. Tú preparaste el plato.

> El plato **que tú preparaste** sabe riquísimo.

> Mis abuelos son profesores. Quiero mucho a mis abuelos.

> Mis abuelos, **a quienes quiero mucho,** son profesores.

> Las bellas artes son fascinantes. Se aprende mucho por medio de las bellas artes

> Las bellas artes, **por medio de las cuales se aprende mucho,** son fascinantes.

- Los pronombres relativos pueden introducir una **cláusula explicativa** (también llamada **no restrictiva**), la cual presenta información adicional sobre el sustantivo:

> Mi clase de física, **que se reúne a las tres,** es muy difícil. (Sigo una clase de física y esa clase es difícil.)

También pueden introducir una **cláusula especificativa** (también llamada **restrictiva**), la cual restringe el sustantivo a uno específico:

> *Mi clase de física **que se reúne a las tres** es muy difícil. (Sigo varias clases de física. La que se reúne a las tres es la difícil.)*

	cualquier sustantivo		personas	
	masculino	**femenino**	**masculino**	**femenino**
Singular	(el) que el cual	(la) que la cual	quien	quien
Plural	(los) que los cuales	(las) que las cuales	quienes	quienes

Los pronombres relativos **lo que** y **lo cual** pueden referirse tanto a un sustantivo individual como a una cláusula entera. También pueden referirse a un sustantivo que todavía no se haya mencionado:

> ***Lo que*** *vamos a hacer ahora <u>es estudiar para el examen</u>.*

> *<u>Juan no estudió para el examen</u>, **lo cual** explica la mala nota que sacó.*

- Los **pronombres indefinidos y negativos** se refieren a una cosa o a una persona indefinida o no existente:

> *Tenemos que hacer **algo**.*　　　***Algunos** dicen que es bueno.*
> *No tiene **nada** que ver.*　　　***Alguien** me dijo que había un examen hoy.*
> *No hay **nadie** en la cafetería.*

Los adjetivos

Los **adjetivos** modifican a un sustantivo. Concuerdan con el sustantivo en género y en número.

- La mayoría de los adjetivos tienen cuatro formas:

	Masculino		**Femenino**	
Singular	francés mandón	bueno conversador	francesa mandona	buena conversadora
Plural	franceses mandones	buenos conversadores	francesas mandonas	buenas conversadoras

- Otros adjetivos tienen dos formas:

	Masculino y Femenino						
Singular	leal	gris	feliz	azteca	fuerte	iraní	cortés
Plural	leales	grises	felices	aztecas	fuertes	iraníes	corteses

- Los adjetivos se colocan después del sustantivo para referirse a un sustantivo específico dentro de un grupo:

  *un carro **rojo*** (no uno blanco)

  *las ciudades **pequeñas*** (no las grandes)

- Los adjetivos se colocan antes del sustantivo para señalar una cualidad inherente o para describir un sustantivo que es único. También se colocan así en frases o expresiones exclamativas:

  *la **blanca** nieve* (siempre es blanca)

  *mi **querido** abuelo* (abuelo, sólo hay uno, y es querido)

  *¡**Buena** idea!*

  *¡Qué **lindo** día!*

- Los adjetivos que señalan orden (*primero, segundo*, etc.) o cantidad (*mucho, poco, pleno, tanto,* etc.) siempre se colocan antes del sustantivo. También se colocan antes de los artículos definidos e indefinidos, los demostrativos y los posesivos:

***plena** luz*	***nuestras** casas*
***ambas** cosas*	***aquellos** días*

- Los **adjetivos indefinidos y negativos** se refieren a una cosa o a una persona indefinida o no existente. Por la mayor parte, se colocan antes del sustantivo:

  *No tengo **ninguna** prisa.*

  ***Algunas** personas dicen que es bueno.*

- Algunos adjetivos tienen connotaciones distintas según su posición:

	posición anterior	posición posterior
pobre	infeliz, desafortunado	humilde, sin mucho dinero
viejo	conocido desde hace mucho tiempo	entrado en años
ese	demostrativo	de mala fama
gran(de)	muy bueno	de gran tamaño
puro	sólo, nada sino	claro y no contaminado
nuevo	distinto	no usado
alto	de rango superior, digno de respeto	de gran estatura

- Algunos adjetivos tienen formas abreviadas cuando se colocan antes de un sustantivo masculino singular:

*un **buen** amigo*	*el **tercer** examen*
*un **mal** ejemplo*	***algún** día*
*el **primer** día*	***ningún** lugar*

- El adjetivo *grande* se abrevia antes de cualquier sustantivo singular:

  *la **gran** ciudad*

  *el **gran** premio*

- Los **adjetivos posesivos** preceden a un sustantivo a la vez que se refieren al dueño del mismo. Concuerdan en género y número con el sustantivo que reemplazan:

	Singular		Plural	
	masculino	**femenino**	**masculino**	**femenino**
primera persona	mi(s)	mi(s)	nuestro(s)	nuestra(s)
segunda persona	tu(s)	tu(s)	vuestro(s) (Esp.)	vuestra(s) (Esp.)
tercera persona	su(s)	su(s)	su(s)	su(s)

- Los **adjetivos** describen un sustantivo en sí. Los **adjetivos comparativos** lo comparan con otro sustantivo. Pueden hacer comparaciones de igualdad o de desigualdad. La forma comparativa de desigualdad de la mayoría de los adjetivos se forma por medio de las palabras *más* o *menos*. El sustantivo al que se compara algo se señala por medio de las palabras *que* o *de* (ésta se usa si se compara algo con un número específico):

  > Los perros son **más activos que** los gatos.
  > Los perros **son menos ágiles** que los gatos.
  > Las vacunas para los perros cuestan **más de** cincuenta dólares.

- La forma comparativa de igualdad de la mayoría de los adjetivos se forma por medio de las palabras *tan* y *tanto(a)(s)*. El sustantivo al que se compara algo se señala por medio de la palabra *como*:

  > Mi perro tiene **tantos juguetes como** mi gato.
  > Los perros chicos no necesitan **tanta comida como** los grandes.
  > Los perros son **tan inteligentes como** los gatos.

- Se señala la comparación de cantidades mediante *de*:

  > Tiene más **de** cincuenta años.
  > Hay menos **de** diez estudiantes en la clase.

- Si la cantidad la expresa una cláusula (en vez de por un número), para hacer la comparación se utilizan entonces las formas *del que, de la que, de los que* y *de las que*, correspondientes en género y número de la cosa que se compara:

  > Mateo tiene **más** exámenes este semestre **de los que** tengo yo.
  > Carla trabaja **más** horas **de las que** trabaja Marta.

- La forma comparativa *de lo que* se emplea al comparar cantidades abstractas:

  > Los loros son **más** inteligentes **de lo que** tú crees.

- El **adjetivo superlativo** destaca un sustantivo por encima de todos en un grupo:

  > Boris es el perro **más travieso de** todo el barrio.
  > Sara es la estudiante **más aplicada de** la clase.

- Algunos adjetivos adoptan formas comparativas y superlativas irregulares:

adjetivo	comparativo	superlativo
bueno	mejor que	el mejor de
malo	peor que	el peor de
viejo	mayor que	el mayor de
joven	menor que	el menor de

- La **forma intensiva de un adjetivo** pone énfasis en la cualidad del mismo. Se forma añadiendo la terminación *-ísimo:*

  > *Estuve **contentísimo** con mi nota en el examen.*
  >
  > *La película estuvo **buenísima.***

El verbo

El **verbo** es la palabra de una oración que expresa una acción o un estado. Así sirve como el núcleo de una frase. El verbo consta de una raíz, que transmite su sentido semántico, más varias terminaciones, las cuales expresan las seis características gramaticales del verbo: **persona, número, tiempo, modo, aspecto** y **voz.** El proceso de modificar un verbo para expresar estas seis características se conoce como **conjugación,** la cual sigue varios patrones, algunos completamente regulares y predecibles y otros no.

Los verbos se clasifican en tres categorías (o conjugaciones) según la vocal de su infinitivo; es decir, su forma terminada en **-r.** La primera conjugación abarca todos los verbos cuyo infinitivo termina en **-ar,** como *hablar.* Los verbos de la segunda conjugación tienen el infinitivo en **-er,** como *comer.* La tercera la forman los verbos en **-ir,** como *escribir.*

- La **persona** es el sujeto que realiza la acción del verbo. La **primera persona** se refiere al hablante *(**yo** hablo).* La **segunda persona** se refiere al oyente *(**tú** hablas).* La **tercera persona** se refiere a una persona o cosa distinta al hablante y al oyente *(**él** o **ella** habla).*

- El **número** indica si el sujeto que realiza la acción es singular *(**yo** hablo)* o plural *(**nosotros** hablamos).*

- El **tiempo** se refiere al momento en que se realiza la acción. El tiempo abarca el **pasado** *(ayer hablé),* el **presente** *(hoy hablo),* o el **futuro** *(mañana hablaré).*

- El **modo** expresa la manera en que se presenta la acción. El **modo indicativo** expresa los hechos concretos que quedan dentro del conocimiento del hablante. El **modo subjuntivo** ocurre en cláusulas subordinadas para presentar información con un matiz de duda, juicio, conjetura o emoción. El **modo imperativo** expresa un mandato.

  > *Juan siempre **tiene** cuidado.* (indicativo)
  >
  > *Es importante que Juan **tenga** cuidado.* (subjuntivo)
  >
  > *Juan, **ten** cuidado con los platos.* (imperativo)

- El **aspecto** expresa la duración, el desdoblamiento o los límites de una acción o estado. El **aspecto progresivo** señala una acción que se está desarrollando o que está en progreso. El **aspecto imperfectivo** señala una acción habitual o no concluida en el presente, el pasado o el futuro. El **aspecto perfectivo** expresa acciones o estados que comenzaron o terminaron en un punto específico en el pasado.

  > *Juan **está comiendo.*** (aspecto progresivo)
  >
  > *Juan **come** una manzana cada día.* (aspecto imperfectivo en el presente)
  >
  > *Juan **comía** una manzana cada día.* (aspecto imperfectivo en el pasado)
  >
  > *Juan se **comió** una manzana.* (aspecto perfectivo)

- La **voz** indica si el sujeto realiza o recibe la acción de un verbo. La **voz activa** indica que el sujeto realiza la acción. Por otro lado, la **voz pasiva** indica que el sujeto gramatical no realiza la acción, sino que la recibe.

  > *El terremoto **destruyó** la ciudad.* (voz activa)
  >
  > *La ciudad **fue destruida** por un terremoto.* (voz pasiva)

Los tiempos sencillos del indicativo

El **tiempo presente** abarca el momento del habla o el futuro inmediato:

> Me **siento** mal ahora mismo.
> Mañana **salgo** para Madrid.

- Se forma el tiempo presente de los **verbos regulares** añadiendo a la raíz las siguientes terminaciones, correspondientes a persona y número, según la vocal del infinitivo:

	infinitivo en -ar		infinitivo en -er		infinitivo en -ir	
	singular	**plural**	**singular**	**plural**	**singular**	**plural**
primera	hablo	hablamos	como	comemos	escribo	escribimos
segunda	hablas	habláis	comes	coméis	escribes	escribís
tercera	habla	hablan	come	comen	escribe	escriben

- En el tiempo presente, algunos verbos sufren una **alternancia de la raíz** entre una vocal sencilla y un diptongo (combinación de dos vocales en una sílaba), u otra vocal. La alternancia entre **e ↔ ie** y entre **o ↔ ue** puede ocurrir en verbos de cualquiera de las tres categorías. El infinitivo y la primera y segunda personas del plural comparten la misma vocal. Las demás formas contienen el diptongo.

Verbos con alternancia entre e ↔ *ie*

	infinitivo en -ar		infinitivo en -er		infinitivo en -ir	
	singular	**plural**	**singular**	**plural**	**singular**	**plural**
primera	pienso	pensamos	quiero	queremos	miento	mentimos
segunda	piensas	pensáis	quieres	queréis	mientes	mentís
tercera	piensa	piensan	quiere	quieren	miente	mienten

Algunos verbos de uso frecuente que siguen este patrón son *comenzar, empezar, perder, preferir, recomendar* y *sentar.*

Verbos con alternancia entre o ↔ *ue*

	infinitivo en -ar		infinitivo en -er		infinitivo en -ir	
	singular	**plural**	**singular**	**plural**	**singular**	**plural**
primera	recuerdo	recordamos	muevo	movemos	duermo	dormimos
segunda	recuerdas	recordáis	mueves	movéis	duermes	dormís
tercera	recuerda	recuerdan	mueve	mueven	duerme	duermen

Algunos verbos de uso frecuente que siguen este patrón son *acostar, almorzar, costar, doler, encontrar, llover, poder* y *soñar.*

• La alternancia entre **e** ↔ **i** sólo ocurre en verbos en **-ir.** El infinitivo y la primera y segunda personas del plural emplean la **e.** Las demás formas emplean la **i:**

	singular	plural
primera	mido	medimos
segunda	mides	medís
tercera	mide	miden

Algunos verbos de uso frecuente que siguen este patrón son *pedir, reír, seguir, servir* y *vestir.*

• Algunos verbos siguen uno de los patrones anteriormente mencionados, pero cuentan con una forma **irregular en la primera persona del singular:**

	infinitivo en -ar		infinitivo en -er		infinitivo en -ir	
	singular	plural	singular	plural	singular	plural
primera	doy	damos	**tengo**	tenemos	vengo	venimos
segunda	das	dais	tienes	tenéis	vienes	venís
tercera	da	dan	tiene	tienen	viene	vienen

Algunos verbos de uso frecuente con formas irregulares en la primera persona del singular son:

caber: **quepo**	hacer: **hago**	salir: **salgo**	ver: **veo**
conocer: **conozco**	poner: **pongo**	traer: **traigo**	
decir: **digo**	saber: **sé**	valer: **valgo**	

• Algunos verbos cuyas raíces terminan en **i-** o **u-** sufren una **alternancia entre i- y u- tónicas y átonas,** lo cual exige el uso del acento ortográfico en todas las formas del presente menos las primera y segunda personas del plural:

	singular	plural
primera	envío	enviamos
segunda	envías	enviáis
tercera	envía	envían

	singular	plural
primera	gradúo	graduamos
segunda	gradúas	graduáis
tercera	gradúa	gradúan

Algunos verbos de uso frecuente que siguen este patrón son *confiar* y *continuar.*

• Además de las posibles alternancias anteriormente mencionadas, algunos verbos también sufren **cambios ortográficos** en la conjugación:

	infinitivo en -ger		infinitivo en -gir	
	singular	plural	singular	plural
primera	escojo	escogemos	elijo	elegimos
segunda	escoges	escogéis	eliges	elegís
tercera	escoge	escogen	elige	eligen

Algunos verbos de uso frecuente que siguen estos patrones son *proteger, corregir, parecer* y *reconocer.*

	infinitivo en -uir (menos -guir)	
	singular	**plural**
primera	influ**y**o	influ**i**mos
segunda	influ**y**es	influ**í**s
tercera	influ**y**e	influ**y**en

Algunos verbos de uso frecuente que siguen este patrón son *construir, contribuir* y *huir.*

- Un pequeño número de verbos de uso frecuente no siguen ninguno de los patrones ya menciona-dos. Así se consideran completamente **irregulares:**

	ser		ir	
	singular	**plural**	**singular**	**plural**
primera	soy	somos	voy	vamos
segunda	eres	sois	vas	vais
tercera	es	son	va	van

El **tiempo imperfecto** (también conocido como el **pretérito imperfecto** y el **copretérito**) se refiere a una acción o estado en progreso, no concluida o habitual, del pasado:

> **Hacía** la tarea cuando me llamaste.
> Siempre **veía** la televisión los sábados.

- Se forma el tiempo imperfecto de los **verbos regulares** añadiendo a la raíz las siguientes termi-naciones, correspondientes a persona y número, según la vocal del infinitivo:

	infinitivo en -ar		infinitivo en -er		infinitivo en -ir	
	singular	**plural**	**singular**	**plural**	**singular**	**plural**
primera	habl**aba**	habl**ábamos**	com**ía**	com**íamos**	escrib**ía**	escrib**íamos**
segunda	habl**abas**	habl**abais**	com**ías**	com**íais**	escrib**ías**	escrib**íais**
tercera	habl**aba**	habl**aban**	com**ía**	com**ían**	escrib**ía**	escrib**ían**

- Los verbos **ser** e **ir** tienen las siguientes formas en el tiempo imperfecto:

	ser		ir	
	singular	**plural**	**singular**	**plural**
primera	era	éramos	iba	íbamos
segunda	eras	erais	ibas	ibais
tercera	era	eran	iba	iban

El **tiempo pretérito** (también conocido como el **pretérito simple**) se refiere a una acción o estado en el pasado ya concluida, o que se inició o terminó en un momento específico, o que duró un periodo determinado:

> Ayer **hice** toda la tarea.
> Cuando me lo **dijeron, me puse** contento.
> **Estudié** tres horas.

- Se forma el tiempo pretérito de los **verbos regulares** añadiendo a la raíz las siguientes terminaciones, correspondientes a persona y número, según la vocal del infinitivo:

	infinitivo en -ar		infinitivo en -er		infinitivo en -ir	
	singular	plural	singular	plural	singular	plural
primera	hablé	hablamos	comí	comimos	escribí	escribimos
segunda	hablaste	hablasteis	comiste	comisteis	escribiste	escribisteis
tercera	habló	hablaron	comió	comieron	escribió	escribieron

- El tiempo pretérito de algunos verbos sufre una **alternancia de la raíz** entre e ↔ i y entre o ↔ u. Esta alternancia sólo ocurre en los verbos terminados en **-ir** que sufren un cambio de raíz en el tiempo presente. Las formas de la tercera persona singular y plural emplean la **i** o la **u.** Las demás formas emplean la **e** o la **o:**

	alternancia e ↔ i		alternancia o ↔ u	
	singular	plural	singular	plural
primera	serví	servimos	dormí	dormimos
segunda	serviste	servisteis	dormiste	dormisteis
tercera	sirvió	sirvieron	durmió	durmieron

Algunos verbos de uso frecuente que siguen estos patrones son *pedir* y *divertirse*.

- Además de las alternancias anteriormente mencionadas, algunos verbos también sufren **cambios ortográficos** en la conjugación:

	infinitivo en -car		infinitivo en -gar		infinitivo en -zar	
	singular	plural	singular	plural	singular	plural
primera	busqué	buscamos	llegué	llegamos	recé	rezamos
segunda	buscaste	buscasteis	llegaste	llegasteis	rezaste	rezasteis
tercera	buscó	buscaron	llegó	llegaron	rezó	rezaron

Algunos verbos comunes que siguen estos patrones son *sacar, pagar, comenzar* y *empezar*.

infinitivo en -uir (menos -guir)	
	singular	**plural**
primera	influí	influimos
segunda	influiste	influisteis
tercera	influyó	influyeron

- El tiempo pretérito de algunos verbos utiliza una **raíz irregular** junto con terminaciones algo distintas a las que usan los verbos regulares:

	andar		dar		decir	
	singular	**plural**	**singular**	**plural**	**singular**	**plural**
primera	anduve	anduvimos	di	dimos	dije	dijimos
segunda	anduviste	anduvisteis	diste	disteis	dijiste	dijisteis
tercera	anduvo	anduvieron	dio	dieron	dijo	dijeron

	estar		hacer		poder	
	singular	**plural**	**singular**	**plural**	**singular**	**plural**
primera	estuve	estuvimos	hice	hicimos	pude	pudimos
segunda	estuviste	estuvisteis	hiciste	hicisteis	pudiste	pudisteis
tercera	estuvo	estuvieron	hizo	hicieron	pudo	pudieron

	poner		querer		saber	
	singular	**plural**	**singular**	**plural**	**singular**	**plural**
primera	puse	pusimos	quise	quisimos	supe	supimos
segunda	pusiste	pusisteis	quisiste	quisisteis	supiste	supisteis
tercera	puso	pusieron	quiso	quisieron	supo	supieron

	tener		traer		venir	
	singular	**plural**	**singular**	**plural**	**singular**	**plural**
primera	tuve	tuvimos	traje	trajimos	vine	vinimos
segunda	tuviste	tuvisteis	trajiste	trajisteis	viniste	vinisteis
tercera	tuvo	tuvieron	trajo	trajeron	vino	vinieron

• Los verbos **ser** e **ir** comparten las mismas formas en el pretérito:

	singular	plural
primera	fui	fuimos
segunda	fuiste	fuisteis
tercera	fue	fueron

El **tiempo futuro** se usa para referirse al futuro o también para expresar la probabilidad en el presente: *Mañana **saldré** para Madrid. Alguien llama. ¿Quién **será**?*

• Se forma el tiempo futuro de los **verbos regulares** añadiendo las siguientes terminaciones al infinitivo, correspondientes a persona y número:

	infinitivo en -ar		infinitivo en -er		infinitivo en -ir	
	singular	**plural**	**singular**	**plural**	**singular**	**plural**
primera	hablar**é**	hablar**emos**	comer**é**	comer**emos**	escribir**é**	escribir**emos**
segunda	hablar**ás**	hablar**éis**	comer**ás**	comer**éis**	escribir**ás**	escribir**éis**
tercera	hablar**á**	hablar**án**	comer**á**	comer**án**	escribir**á**	escribir**án**

• Se forma el tiempo futuro de los **verbos irregulares** añadiendo las mismas terminaciones no al infinitivo, sino a estas **raíces irregulares**:

	caber		decir		haber	
	singular	**plural**	**singular**	**plural**	**singular**	**plural**
primera	**cabr**é	**cabr**emos	**dir**é	**dir**emos	**habr**é	**habr**emos
segunda	**cabr**ás	**cabr**éis	**dir**ás	**dir**éis	**habr**ás	**habr**éis
tercera	**cabr**á	**cabr**án	**dir**á	**dir**án	**habr**á	**habr**án

	hacer		poder		poner	
	singular	**plural**	**singular**	**plural**	**singular**	**plural**
primera	**har**é	**har**emos	**podr**é	**podr**emos	**pondr**é	**pondr**emos
segunda	**har**ás	**har**éis	**podr**ás	**podr**éis	**pondr**ás	**pondr**éis
tercera	**har**á	**har**án	**podr**á	**podr**án	**pondr**á	**pondr**án

	querer		saber		salir	
	singular	**plural**	**singular**	**plural**	**singular**	**plural**
primera	**querr**é	**querr**emos	**sabr**é	**sabr**emos	**saldr**é	**saldr**emos
segunda	**querr**ás	**querr**éis	**sabr**ás	**sabr**éis	**saldr**ás	**saldr**éis
tercera	**querr**á	**querr**án	**sabr**á	**sabr**án	**saldr**á	**saldr**án

	tener		valer		venir	
	singular	**plural**	**singular**	**plural**	**singular**	**plural**
primera	tendré	tendremos	valdré	valdremos	vendré	vendremos
segunda	tendrás	tendréis	valdrás	valdréis	vendrás	vendréis
tercera	tendrá	tendrán	valdrá	valdrán	vendrá	vendrán

El **condicional** se usa para referirse a acciones o estados potenciales que pueden ocurrir o no, pero que dependen de ciertas circunstancias. También expresa la probabilidad en el pasado:

> ***Viajaría*** *a Madrid pero no tengo suficiente dinero.*
> *Alguien llamó. ¿Quién* ***sería?***

- Al igual que el tiempo futuro, se forma el condicional de los **verbos regulares** añadiendo las siguientes terminaciones al infinitivo, correspondientes a persona y número:

	infinitivo en -ar		infinitivo en -er		infinitivo en -ir	
	singular	**plural**	**singular**	**plural**	**singular**	**plural**
primera	hablaría	hablaríamos	comería	comeríamos	escribiría	escribiríamos
segunda	hablarías	hablaríais	comerías	comeríais	escribirías	escribiríais
tercera	hablaría	hablarían	comería	comerían	escribiría	escribirían

- Se forma el condicional de los **verbos irregulares** añadiendo las mismas terminaciones no al infinitivo, sino a estas **raíces irregulares:**

	caber		decir		haber	
	singular	**plural**	**singular**	**plural**	**singular**	**plural**
primera	cabría	cabríamos	diría	diríamos	habría	habríamos
segunda	cabrías	cabríais	dirías	diríais	habrías	habríais
tercera	cabría	cabrían	diría	dirían	habría	habrían

	hacer		poder		poner	
	singular	**plural**	**singular**	**plural**	**singular**	**plural**
primera	haría	haríamos	podría	podríamos	pondría	pondríamos
segunda	harías	haríais	podrías	podríais	pondrías	pondríais
tercera	haría	harían	podría	podrían	pondría	pondrían

	querer		saber		salir	
	singular	**plural**	**singular**	**plural**	**singular**	**plural**
primera	querría	querríamos	sabría	sabríamos	saldría	saldríamos
segunda	querrías	querríais	sabrías	sabríais	saldrías	saldríais
tercera	querría	querrían	sabría	sabrían	saldría	saldrían

	tener		valer		venir	
	singular	**plural**	**singular**	**plural**	**singular**	**plural**
primera	tendría	tendríamos	valdría	valdríamos	vendría	vendríamos
segunda	tendrías	tendríais	valdrías	valdríais	vendrías	vendríais
tercera	tendría	tendrían	valdría	valdrían	vendría	vendrían

El participio y los tiempos compuestos del indicativo

El **participio pasado** es la forma del verbo que puede servir como adjetivo y que, junto con las formas del verbo auxiliar **haber,** forma los tiempos compuestos:

> *un perro **perdido** en el parque*
> *unas composiciones **escritas** a máquina*
> *¿Dónde **has puesto** las llaves?*
> *No sabía que Tomás ya **había llegado.***

- El **participio pasado de los verbos regulares** se forma quitando la terminación del infinitivo para luego añadir **-ado** si el infinitivo termina en **-ar** o **-ido** si termina en **-er** o **-ir:**

infinitivo en -ar	infinitivo en -er	infinitivo en -ir
hablar → habl**ado**	comer → com**ido**	vivir → viv**ido**

- Algunos verbos tienen **participios pasados irregulares.** Los de uso más frecuente son:

> *abrir: **abierto***   *poner: **puesto***
> *decir: **dicho***   *resolver: **resuelto***
> *descubrir: **descubierto***   *revolver: **revuelto***
> *escribir: **escrito***   *romper: **roto***
> *freír: **frito***   *satisfacer: **satisfecho***
> *hacer: **hecho***   *ver: **visto***
> *morir: **muerto***   *volver: **vuelto***

El tiempo **presente perfecto** (también conocido como el **pretérito perfecto** y el **pretérito compuesto**) expresa acciones o estados que comienzan en el pasado pero cuyo efecto llega justo al momento del habla:

> *Hasta la fecha no **hemos recibido** ninguna noticia de los viajeros.*

- Se forma el tiempo presente perfecto uniendo el tiempo presente del verbo auxiliar **haber** y el participio pasado del verbo:

	infinitivo en -ar		infinitivo en -er		infinitivo en -ir	
	singular	plural	singular	plural	singular	plural
primera	he habl**ado**	hemos habl**ado**	he com**ido**	hemos com**ido**	he viv**ido**	hemos viv**ido**
segunda	has habl**ado**	habéis habl**ado**	has com**ido**	habéis com**ido**	has viv**ido**	habéis viv**ido**
tercera	ha habl**ado**	han habl**ado**	ha com**ido**	han com**ido**	ha viv**ido**	han viv**ido**

El tiempo **pluscuamperfecto** expresa acciones o estados que comienzan y terminan en el pasado, anteriormente a otra acción o estado: *Llegué a las seis, pero ya se **habían ido.***

- Se forma el tiempo pluscuamperfecto uniendo el tiempo imperfecto del verbo **haber** y el participio pasado del verbo:

	singular	plural
primera	había hablado	habíamos hablado
segunda	habías hablado	habíais hablado
tercera	había hablado	habían hablado

El **futuro perfecto** expresa acciones o estados que terminan en el futuro, anteriormente a otra acción o estado en el futuro, o para expresar la probabilidad en el pasado inmediato:

> *Cuando llegue Esteban, ya **habremos comido.***
> *Se me **habrá caído** la billetera en el camino.*

- Se forma el tiempo futuro perfecto uniendo el tiempo futuro del verbo **haber** y el participio pasado del verbo:

	singular	plural
primera	habré hablado	habremos hablado
segunda	habrás hablado	habréis hablado
tercera	habrá hablado	habrán hablado

El **condicional perfecto** expresa acciones o estados en el pasado que ocurrieron o no, debido a las circunstancias. También expresa la probabilidad en el pasado:

> ***Habría ido** a Madrid, pero no tenía suficiente dinero.*
> *Se me **habría caído** la billetera en el camino.*

- Se forma el tiempo condicional perfecto uniendo el tiempo condicional del verbo **haber** y el participio pasado del verbo:

	singular	plural
primera	habría hablado	habríamos hablado
segunda	habrías hablado	habríais hablado
tercera	habría hablado	habrían hablado

El modo de los verbos

El modo **indicativo** presenta hechos concretos de una manera directa:

> Juan **habla** español e inglés.

El modo **imperativo** presenta mandatos e instrucciones directas. Pueden ser afirmativos o negativos:

> **Hábla**me en español.
> No me **hables** así.
> Niños, **hablen** en voz baja.

- El modo **imperativo de los verbos regulares** se basa en la raíz del verbo más las siguientes terminaciones, correspondientes a persona y número:

	infinitivo en -ar		infinitivo en -er		infinitivo en -ir	
	afirmativo	negativo	afirmativo	negativo	afirmativo	negativo
tú	habla	no hables	come	no comas	escribe	no escribas
usted	hable	no hable	coma	no coma	escriba	no escriba
nosotros	hablemos	no hablemos	comamos	no comamos	escribamos	no escribamos
vosotros	hablad	no habléis	comed	no comáis	escribid	no escribáis
ustedes	hablen	no hablen	coman	no coman	escriban	no escriban

- Algunos verbos tienen formas del imperativo irregulares en el afirmativo de la segunda persona del singular informal *(tú)*:

decir: **di**	ir: **ve**	salir: **sal**	tener: **ten**
hacer: **haz**	poner: **pon**	ser: **sé**	venir: **ven**

- Todos los cambios de raíz y de ortografía que ocurren en el tiempo presente del indicativo y del subjuntivo ocurren en el imperativo:

	cambios de raíz				irregulares en la primera persona singular	
	afirmativo	negativo	afirmativo	negativo	afirmativo	negativo
tú	prueba	no pruebes	pide	no pidas	trae	no traigas
usted	pruebe	no pruebe	pida	no pida	traiga	no traiga
nosotros	probemos	no probemos	pidamos	no pidamos	traigamos	no traigamos
vosotros	probad	no probéis	pedid	no pidáis	traed	no traigáis
ustedes	prueben	no prueben	pidan	no pidan	traigan	no traigan

El modo **subjuntivo** ocurre en cláusulas subordinadas o de relativo para presentar información con matices de duda, emoción, juicio, conjetura, posibilidad u opinión. Una **cláusula subordinada** es una oración que se ha unido a otra oración por medio de una conjunción:

> *Juan estudia mucho.*
> *La profesora cree **que Juan estudia mucho.***

- Una **cláusula nominal** es cualquier cláusula subordinada que funciona como sustantivo en la oración. El verbo de la cláusula subordinada puede estar en indicativo o subjuntivo:

> *La profesora cree que Juan estudia mucho.*
> *Es importante que Juan estudie mucho.*

El **modo subjuntivo en cláusulas nominales** resulta cuando el verbo de la cláusula principal expresa influencia, voluntad, duda, negación, emoción, juicio u opinión:

> *Es necesario que todos **estudien.***
> *Es imposible que **llueva** hoy.*
> *Me alegré de que **saliéramos** ayer.*
> *Parece raro que nadie **haya llegado.***

- Una **cláusula adverbial** es cualquier cláusula subordinada que sirve como adverbio en la oración. El verbo de la cláusula subordinada puede estar en indicativo o subjuntivo:

> *Comemos cuando llegan todos.*
> *Vamos a comer cuando lleguen todos.*

El **modo subjuntivo en cláusulas adverbiales** ocurre después de las conjunciones condicionales *a menos (de) que, con tal (de) que, en caso (de) que, para que, a fin de que* y *sin que*:

> *Te ayudo ahora **con tal de que** me **ayudes** después.*
> *Llegó la fecha límite **sin que** nos **diéramos** cuenta.*

También ocurre después de las conjunciones temporales *cuando, después de que, en cuanto, hasta que, mientras* y *tan pronto como,* si la cláusula adverbial modifica a una acción futura. Si la cláusula adverbial trata de una acción cumplida o habitual, entonces se emplea el indicativo:

> *Voy a salir **cuando** me **llame** Pati.*
> *Salgo **cuando llega** Juan.*
> *Salí **cuando llegó** Juan.*
> *Podemos ver el video **después de que termines** de lavar los platos.*
> *Vimos el video **después de que terminé** de lavar los platos.*

Si la conjunción **si** introduce la cláusula adverbial, le sigue el pasado del subjuntivo para indicar algo que es **lo contrario de la verdad.** Si la cláusula adverbial es introducida por la conjunción *como si,* le sigue el pasado del subjuntivo, expresando la manera en que se realiza algo:

> ***Si fuera** presidente, trataría de proteger el medio ambiente.*
> *Nos habla **como si fuéramos** tontos.*

- Una **cláusula de relativo** introduce información adicional sobre un sustantivo en la oración. Así sirve como adjetivo. Siempre la introduce un pronombre relativo, el cual se refiere al sustantivo al que modifica la cláusula:

> *El profesor **que enseña inglés** es de Irlanda.*

El **modo subjuntivo en cláusulas de relativo** ocurre si el sustantivo al que modifica la cláusula es indefinido o no existe:

> *Busco a **alguien que me pueda ayudar.***
> *En esta clase no hay **nadie que sepa hablar ruso.***

Los tiempos sencillos del subjuntivo

Se usa el modo subjuntivo en dos tiempos gramaticales. El tiempo del subjuntivo que se usa se basa en el tiempo de la cláusula principal y el momento en que ocurre la acción. (Ver también **Secuencia de tiempos verbales**.)

- El **presente del subjuntivo de los verbos regulares** se forma quitando la **-o** final de la primera persona del singular del presente del indicativo y añadiendo a la raíz las terminaciones correspondientes a persona y número, y cambiando la vocal del infinitivo (**a → e; e/i → a**):

	infinitivo en -ar		infinitivo en -er		infinitivo en -ir	
	singular	plural	singular	plural	singular	plural
primera	hable	hablemos	coma	comamos	escriba	escribamos
segunda	hables	habléis	comas	comáis	escribas	escribáis
tercera	hable	hablen	coma	coman	escriba	escriban

El tiempo presente del subjuntivo de los verbos que sufren una **alternancia de la raíz** entre **e ↔ i** sigue la regla anteriormente mencionada. Además, si el verbo tiene una forma irregular en la primera persona del singular, esa irregularidad se traslada a todas las formas del presente del subjuntivo:

	alternancia en la raíz entre e ↔ i		irregular en la primera persona singular	
	singular	plural	singular	plural
primera	mida	midamos	traiga	traigamos
segunda	midas	midáis	traigas	traigáis
tercera	mida	midan	traiga	traigan

- El tiempo presente del subjuntivo de los verbos que sufren una **alternancia de la raíz** entre **e ↔ ie** y entre **o ↔ ue** sigue el mismo patrón de diptongos que el presente del indicativo, con la excepción de los verbos en **-ir** de esta clase. En la primera y segunda personas del plural de estos verbos, la vocal de la raíz cambia a **i** o **u**:

	mentir		dormir	
	singular	plural	singular	plural
primera	mienta	mintamos	duerma	durmamos
segunda	mientas	mintáis	duermas	durmáis
tercera	mienta	mientan	duerma	duerman

Hay un pequeño número de verbos irregulares que no siguen las reglas anteriormente mencionadas:

	dar		estar		haber	
	singular	**plural**	**singular**	**plural**	**singular**	**plural**
primera	dé	demos	esté	estemos	haya	hayamos
segunda	des	deis	estés	estéis	hayas	hayáis
tercera	dé	den	esté	estén	haya	hayan

	ir		saber		ser	
	singular	**plural**	**singular**	**plural**	**singular**	**plural**
primera	vaya	vayamos	sepa	sepamos	sea	seamos
segunda	vayas	vayáis	sepas	sepáis	seas	seáis
tercera	vaya	vayan	sepa	sepan	sea	sean

El **imperfecto del subjuntivo** se forma quitando la **-on** final de la tercera persona del plural del pretérito del indicativo y añadiendo las siguientes terminaciones a la raíz. Esta regla se emplea con todo verbo sin ninguna excepción, aun en los verbos que tienen cambios de raíz o de ortografía:

	infinitivo en -ar		infinitivo en -er		infinitivo en -ir	
	singular	**plural**	**singular**	**plural**	**singular**	**plural**
primera	hablara	habláramos	comiera	comiéramos	escribiera	escribiéramos
segunda	hablaras	hablarais	comieras	comierais	escribieras	escribierais
tercera	hablara	hablaran	comiera	comieran	escribiera	escribieran

En la forma alternativa del imperfecto del subjuntivo, se quita la **-on** final de la tercera persona del plural del pretérito del indicativo y se añaden a la raíz las siguientes terminaciones, correspondientes a persona y número:

	infinitivo en -ar		infinitivo en -er		infinitivo en -ir	
	singular	**plural**	**singular**	**plural**	**singular**	**plural**
primera	hablase	hablásemos	comiese	comiésemos	escribiese	escribiésemos
segunda	hablases	hablaseis	comieses	comieseis	escribieses	escribieseis
tercera	hablase	hablasen	comiese	comiesen	escribiese	escribiesen

Los tiempos compuestos del subjuntivo

• El tiempo **presente perfecto del subjuntivo** se forma uniendo el tiempo presente del subjuntivo del verbo **haber** y el participio pasado del verbo:

	singular	**plural**
primera	**haya** hablado	**hayamos** hablado
segunda	**hayas** hablado	**hayáis** hablado
tercera	**haya** hablado	**haya** hablado

- El **tiempo pluscuamperfecto** se forma uniendo el tiempo pasado del subjuntivo del verbo **haber** y el participio pasado del verbo:

	singular	**plural**
primera	hubiera hablado	hubiéramos hablado
segunda	hubieras hablado	hubierais hablado
tercera	hubiera hablado	hubieran hablado

La secuencia de tiempos verbales

La **secuencia de tiempos verbales** se refiere a la concordancia temporal y gramatical entre el verbo de la cláusula principal y el de la cláusula subordinada. El tiempo del verbo de la cláusula subordinada depende del tiempo del verbo de la cláusula principal y también de si la acción es simultánea, posterior o anterior a la del verbo de la cláusula principal. Por ejemplo, es imposible narrar en el pasado sobre un acontecimiento del futuro:

*La profesora **supo** que **estaré** enfermo. (El asterisco indica que la oración no es correcta).

En este ejemplo hay falta de concordancia temporal; es imposible que la profesora supiera en el pasado sobre algo que todavía no ha pasado. También falta concordancia gramatical, porque el tiempo pretérito no concuerda con el tiempo futuro.

Cuando la acción de la cláusula subordinada es **simultánea** o **posterior** a la de la cláusula principal, la secuencia a seguir es:

	Cláusula principal		**Cláusula subordinada (Acción simultánea o posterior)**
Presente	Dice Dirá Ha dicho Dile	que	sale. saldrá mañana. salgamos ya.
Pasado	Dijo Decía Había dicho Diría Habría dicho	que	salió entonces. salía de allí. saldría al día siguiente. saliéramos ya.

Cuando la acción de la cláusula subordinada es **anterior** a la de la cláusula principal, la secuencia a seguir es:

	Cláusula principal		Cláusula subordinada (Acción anterior)
Presente (indicativo)	Dice Dirá Ha dicho Dile	que	ha salido ya. salió ayer. salía ayer.
Presente (subjuntivo)	Le **extraña** Le **extrañará** Le **ha extrañado**	que	hayamos salido ya. saliéramos tan temprano.
Pasado (indicativo)	Dijo Decía Había dicho Diría Habría dicho	que	salió de allí en seguida. salía de allí siempre. había salido corriendo. habría salido ya.
Pasado (subjuntivo)	Le extrañó Le extrañaba Le había extrañado Le extrañaría Le habría extrañado	que	hayas salido ya. hubieras salido ya.

El aspecto

Las formas del verbo también expresan **aspecto.** El aspecto define los límites de la acción o del estado en el tiempo.

- El **aspecto imperfectivo** indica que una acción o estado es habitual o que no tiene límites definidos dentro del tiempo. Los tiempos presente e imperfecto transmiten aspecto imperfectivo:

  *Héctor **trabaja** todos los días.*

  *Beatriz y yo **íbamos** con nuestros hijos al parque los fines de semana.*

- El **aspecto perfectivo** indica que una acción o estado ya concluyó, que duró un periodo definido o que comenzó en un momento específico. El aspecto perfectivo lo comunican el tiempo pretérito y los tiempos compuestos con **haber:**

  *Isabel **ganó** el campeonato y desde aquel día **fue** la mejor atleta del equipo.*

  *Mi tía siempre **ha sido** buena conmigo.*

- El **tiempo imperfecto y el tiempo pretérito** se pueden combinar en una oración para presentar una imagen detallada y descriptiva del pasado. En este caso, el imperfecto presenta la escena o el ambiente y el pretérito presenta los sucesos dentro de ese ambiente. El imperfecto también puede presentar acciones en desarrollo y el pretérito presenta los acontecimientos que las interrumpen:

> **Hacía** muy buen tiempo cuando **llegué** a la costa.
>
> Todos **veían** televisión cuando alguien **tocó** a la puerta.

El gerundio y el aspecto progresivo

El **gerundio** es una forma no personal del verbo que se usa como complemento en una oración, para presentar una acción o estado simultáneo o anterior al verbo principal, o para indicar la manera en que se realiza una acción:

> Lavo los platos **escuchando** música.
>
> Saco buenas notas **estudiando** un poco todos los días.

- El **gerundio de los verbos regulares** se forma quitando la terminación del infinitivo para luego añadir **-ando** si éste termina en **-ar** o **-iendo** si termina en **-er** o **-ir:**

infinitivo en -ar	infinitivo en -er	infinitivo en -ir
habl**ar** → habl**ando**	com**er** → com**iendo**	escrib**ir** → escrib**iendo**

- El **gerundio de los verbos con cambios de raíz o cambios ortográficos** se forma de la misma manera que los verbos regulares, pero también sufren los mismos cambios que sufren en la tercera persona del tiempo pretérito:

> dormir: **durmiendo**
>
> pedir: **pidiendo**
>
> leer: **leyendo**

El **aspecto progresivo** expresa el desarrollo o el desdoblamiento de una acción en el tiempo al que se refiere el verbo auxiliar: *Juan **está** comiendo el almuerzo.* Se forma juntando una forma de uno de los verbos auxiliares *andar, continuar, estar, ir, llevar, pasar, seguir* y *venir,* más el gerundio:

> Todos **andan diciendo** que vas a ganar el premio.
>
> Ana **continuó trabajando** hasta la medianoche.
>
> Carlos **está descansando.**
>
> **Seguirán insistiendo** en sus reclamos.
>
> **Vengo aprendiendo** francés poco a poco.

Las voces activa y pasiva

La forma de **voz activa** de un verbo indica que el sujeto de éste realiza la acción: *El terremoto **destruyó** la ciudad.* La forma de **voz pasiva** de un verbo indica que el sujeto de éste recibe la acción: *La ciudad **fue destruida** por el terremoto.* Por medio de la voz pasiva se pone énfasis no en el actor (agente) de la acción, sino en el receptor. El agente se expresa por medio de la preposición *por,* o se omite por completo.

- La **voz pasiva con *ser*** se forma con la secuencia *sujeto* **(La ciudad)** + *ser* **(fue)** + *participio pasado* **(destruida)** + *por* (agente: **el terremoto**). Con esta forma de la pasiva se pone énfasis en el receptor o en el agente de la acción, o en ambos.

- Otra manera de expresar la voz pasiva es mediante **la voz pasiva con «se»** más la forma activa del verbo: ***Se cerró*** *la tienda a las nueve.* En este caso, el agente o se desconoce o no importa.

- También se expresa **la voz pasiva mediante la tercera persona del plural,** que sirve como sujeto no definido: ***Cerraron*** *la tienda a las nueve.*

El infinitivo

El **infinitivo** es la forma verbal invariable (siempre termina en **-r**) que no especifica a la persona, el número, el tiempo, el modo ni el aspecto de una acción o un estado. Así sirve como sustantivo y, por lo tanto, como complemento de una preposición o de un verbo transitivo auxiliar: *Los alumnos quieren* ***salir*** *para* ***jugar.*** Cuando sirve como sustantivo, se considera masculino y singular: *El* ***hacer*** *ejercicio todos los días es bueno.*

Las conjunciones

Las **conjunciones** son palabras que se utilizan para juntar una palabra a otra, o una oración a otra.

Las conjunciones coordinantes

- La conjunción **y** liga palabras u oraciones para que éstas se consideren un sólo elemento gramatical. También puede ligar dos oraciones si los conceptos de éstos se pueden relacionar. La conjunción **y** se realiza como **e** cuando va seguida por cualquier palabra que comience con **i** o **hi** (menos **hie-**):
    > *El perro* ***y*** *el gato son animales domésticos.*
    > *Marta se comió todo el pastel* ***y*** *luego se sintió mal.*
    > *Roberta es cómica* ***e*** *inteligente.*

- La conjunción **pero** contrasta la palabra u oración que le sigue con la palabra u oración que le precede: *Quiero ir a Perú* ***pero*** *no me alcanza para pagar el viaje.*

- La conjunción **sino** contrasta la palabra que le sigue con una negativa que le precede: *No busco las revistas* ***sino*** *los periódicos.* La conjunción **sino que** contrasta oraciones de la misma manera:
    > *El desconocido no se quedó mucho en la plaza,* ***sino que*** *se marchó casi en seguida.*

- La conjunción **o** liga palabras u oraciones para presentar opciones: *Podemos ir al centro en auto* ***o*** *en metro.* La conjunción **o** se realiza como **u** cuando va seguida por cualquier palabra que comience con **o** u **ho:** *Hay diez* ***u*** *once estudiantes en la clase.*

- Otras conjunciones coordinantes de uso frecuente son *así que, ni* y *pues.*

Las conjunciones subordinantes

Las **conjunciones subordinantes** introducen cláusulas subordinadas, de modo que éstas funcionen como sustantivos o adverbios en una oración.

- Una cláusula nominal puede ser introducida por la conjunción *que:*
    > *Ramón me dijo* ***que*** *iba a venir.*
    > *El profesor insistió en* ***que*** *todos entregaran sus trabajos ayer.*

• Una cláusula adverbial puede ser introducida por estas conjunciones de uso frecuente:

a fin de que	*como*	*después de que*	*porque*
a menos que	*como si*	*hasta que*	*puesto que*
antes de que	*con tal de que*	*mientras*	*si*
aunque	*cuando*	*para que*	*sin que*

Los adverbios

Los **adverbios** modifican a un verbo, a un adjetivo o a otro adverbio. Contestan en general las preguntas «¿cómo?», «¿cuándo?», «¿dónde?» y «¿cuánto?»:

> *Los obreros trabajaron* **incansablemente.** (¿Cómo trabajaron?)
>
> **Pronto** *llegaremos a casa.* (¿Cuándo llegaremos?)
>
> *Martín vive* **lejos.** (¿Dónde vive Martín?)
>
> **Nunca** *he visto esa película.* (¿Cuántas veces?)
>
> *El trabajo es* **muy** *duro.* (¿Cuán duro es?)

• Algunas palabras son **adverbios inherentes:**

ahora	*entonces*	*más*
apenas	*hoy*	*mejor*
ayer	*igual*	*muy*
bien	*luego*	*peor*
casi	*mal*	*siempre*
despacio	*mañana*	*ya*

• Otros adverbios se derivan añadiendo el sufijo **-mente** a la forma femenina singular de un adjetivo:

absolutamente	*evidentemente*
actualmente	*fácilmente*
constantemente	*perfectamente*
desgraciadamente	*rápidamente*
directamente	*sinceramente*

Al añadir el sufijo **-mente,** el acento ortográfico, si lo hay, permanece en su posición original: *fácil* → *fácilmente, rápido* → *rápidamente.*

• Las **frases preposicionales** (compuestas de una preposición más complemento) pueden cumplir la función de adverbio:

> *Vamos* **después de la fiesta.**
>
> *Saltó* **por encima de la valla.**

Las preposiciones

Las **preposiciones** son las palabras o locuciones que sirven para definir las relaciones espaciales y temporales de un sustantivo y otra parte de la oración.

- Las **preposiciones temporales** expresan relaciones de tiempo:

  *la clase que tengo **antes del** almuerzo*

  *la fiesta que dieron **después de** clases*

  *el partido que jugaste **durante** el fin de semana*

- Las **preposiciones locativas** expresan relaciones espaciales entre sustantivos:

  *las flores que están **encima de** la mesa*

  *el libro que encontré **debajo del** escritorio*

  *el paraguas que dejé **al lado de** la puerta*

- Las **preposiciones direccionales** expresan el movimiento de un sustantivo a otro o vice versa:

  *el regalo que compramos **para** mi hermano*

  *el camino **a** San Antonio*

- Las **preposiciones** *por* y *para* tienen usos y significados distintos:

por	para
Espacio (lugar de tránsito): *Caminamos **por** la playa.*	Espacio (dirección, destino): *Salieron **para** la playa esta mañana.*
Tiempo (duración o cantidad de tiempo): *Trabajaré **por** la tarde.* *Vivió en Chile **por** tres años.*	Tiempo (fecha límite): *¿Lo vas a tener listo **para** mañana?* ***Para** esas fechas, ya estaremos en México.*
Causa o motivo: ***Por** ser tu cumpleaños, preparé este pastel.*	Propósito u objetivo: *Preparé este pastel **para** tu cumpleaños.*

LA ACENTUACIÓN

La sílaba

La **sílaba** es la unidad de sonido más pequeña de una palabra que se pronuncia con un solo golpe de voz. Cada sílaba contiene por lo menos una vocal. También puede contener consonantes antes y después de la vocal:

me-sa	*ca-ra*
ha-bla	*be-so*
o-la	*mien-tras*
siem-pre	*a-ú-lla*
cuen-tan	*frí-o*

La división de palabras en sílabas

El saber cómo se dividen las palabras en sílabas ayuda a deletrearlas y pronunciarlas correctamente, y a entender mejor la colocación del acento ortográfico. Se dividen las palabras en sílabas según las siguientes reglas:

- La sílaba generalmente empieza con una consonante: *fe-liz, po-der, cam-pa-na, pe-lí-cu-la.* Si la palabra empieza con una vocal, entonces la primera sílaba empieza con esa vocal: *u-va, on-da, a-fue-ra, e-jem-plo, em-pe-za-ra.*

- En general, cuando hay dos consonantes juntas, la primera consonante va con la sílaba anterior y la segunda consonante va con la próxima sílaba: *gen-te, suer-te, gim-na-sio, e-mer-gen-cia, in-ne-ce-sa-rio, e-lec-ción.* No se puede empezar una sílaba con una **s** seguida por una consonante. La **s** se une a la sílaba anterior: *es-tre-lla, ves-ti-do, es-tor-bar.*

- La **h,** aunque es muda, sigue las mismas reglas que las otras consonantes: *des-hecho, ad-he-si-vo.*

- Hay ciertas combinaciones de letras que nunca se dividen:

bl y **br:** *ha-bló, a-brir*	**ll:** *pa-si-llo, ca-lle*
ch: *le-che, an-cho*	**pl** y **pr:** *a-pli-ca-da, a-pre-tar*
cl y **cr:** *re-cla-mo, es-cri-to*	**qu:** *que-rer, in-quie-to*
dr: *ma-dri-na*	**rr:** *ca-rre-ra, a-bu-rri-do*
fl y **fr:** *a-fli-gir, o-fre-cer*	**tl** y **tr:** *a-tle-ta, o-tro*
gl y **gr:** *i-gle-sia, a-gra-da-ble*	

- Cuando una palabra tiene tres o cuatro consonantes juntas, se divide según las reglas anteriormente presentadas: *cons-trui-do, trans-por-te, obs-truc-ción, am-plia-ción.*

- Dependiendo de cuál es la sílaba acentuada, las combinaciones vocálicas pueden formar una sola sílaba o pueden dividirse en dos sílabas:

pia-no	*de-cí-a*
pien-san	*rí-e*
bue-no	*con-ti-nú-e*
le-gua	*ac-tú-a*
pei-ne	*in-cre-í-ble*

El acento

El acento ortográfico con palabras agudas, llanas, esdrújulas y sobresdrújulas

Cada palabra tiene una **sílaba tónica;** es decir, una sílaba que se pronuncia con mayor intensidad de voz. Según donde esté la sílaba tónica, las palabras pueden ser **agudas, llanas, esdrújulas** o **sobresdrújulas.**

- Las palabras **agudas** llevan la intensidad de voz en la última sílaba: *común, pared, café.* Llevan acento escrito si terminan en vocal o en la consonante **n** o **s:** *empezó, según, inglés.* Sin embargo, si una palabra aguda terminada en **n** o **s** va precedida por otra consonante, no lleva acento escrito (a no ser que fuera otra **n** o **s** como *Orleáns*): *Casals, Isaacs.* Tampoco llevan acento escrito las palabras agudas que terminan en **y:** *Paraguay, convoy, Camagüey.*

- Las palabras **llanas** llevan la intensidad de voz en la penúltima sílaba: *libro, escuela, lápiz.* Llevan acento escrito cuando acaban en consonante que no sea **n** o **s**: *árbol, huésped, Velázquez, automóvil.* Se acentúan algunos casos de palabras llanas acabadas en **n** o **s** cuando esa letra va precedida de otra consonante (a no ser que sea otra **n** o **s** como *Rubens*): *bíceps, fórceps, tríceps.*

- Las palabaras **esdrújulas** llevan la intensidad de voz en la antepenúltima sílaba: *página, médico, teléfono.* En las palabras **sobresdrújulas,** la sílaba tónica es anterior a la antepenúltima: *repítamelo, llévatelo, demuéstraselo.* Todas las palabras **esdrújulas** y **sobresdrújulas** llevan acento escrito sin excepción: *pájaro, mamífero, electrónica, últimamente, kilómetro.*

Los diptongos y los hiatos

De las cinco vocales, **a, e** y **o** se consideran **fuertes** mientras la **i** y la **u** se consideran **débiles.** Cuando dos vocales se encuentran, puede suceder un **hiato** o un **diptongo.**

- El **hiato** es la pronunciación de dos vocales contiguas en dos sílabas distintas:

ca-er	*que-rí-a*
pro-a	*a-ú-lla*
pe-or	*re-ír*
ca-os	*grú-a*
le-al	

- El **diptongo** es la unión de dos vocales contiguas en una sola sílaba. Hay catorce combinaciones vocálicas que forman diptongo. Nota que un diptongo siempre contiene **i** o **u,** sin acento:

ai, ay: *baile, hay*	**iu:** *viuda*
au: *auto*	**oi, oy:** *heroico, soy*
ei, ey: *reina, ley*	**ou:** *Bou*
eu: *reunir*	**ua:** *agua*
ia: *limpia*	**ue:** *fuego*
ie: *piel*	**ui, uy:** *cuidado, muy*
io: *violento*	**uo:** *cuota*

La acentuación de diptongos y vocales en hiato

- Cuando el acento tónico cae en una sílaba que lleva diptongo, el acento escrito se coloca en la vocal fuerte: *huésped, tráigalo, Juárez.*

- Si el diptongo no contiene ninguna vocal fuerte (es decir, si se compone de **ui** o **iu**) el acento escrito se coloca sobre la segunda vocal del diptongo: *cuídense, sustituí.*

- Cuando el acento cae en una vocal fuerte que está en hiato con otra fuerte, la colocación del acento sigue las reglas generales:

  se-an (palabra llana terminada en vocal)
  fe-o (palabra llana terminada en vocal)
  le-ón (palabra aguda terminada en **-n**)
  pe-or (palabra aguda terminada en consonante no **-s** ni **-n**)
  le-al-tad (palabra aguda terminada en consonante no **-s** ni **-n**)
  po-é-ti-co (palabra esdrújula)
  o-cé-a-no (palabra esdrújula)

- Si la vocal tónica en hiato es una **i** o **u**, siempre lleva acento escrito: *ra-íz, Ma-rí-a, fre-ír, pú-a.*
- Si el diptongo se encuentra en una palabra de una sola sílaba, la tendencia es evitar el uso de acento ortográfico (**fui, hui, dio**), el cual no se debe confundir con el acento diacrítico. (Ver también **El acento diacrítico.**)

El acento diacrítico

El **acento diacrítico** se refiere al acento escrito que se usa para distinguir dos o más palabras que suenan igual pero que tienen significados y usos distintos. El uso del acento diacrítico cambia la función y el significado de las siguientes palabras:

aun (conjunción) **aún** (adverbio)	*Aun los viejos amigos me han dicho eso.* *Aún es invierno aunque no haga frío.*
de (preposición) **dé** (del verbo *dar*)	*Juan se mudó de Santiago a La Habana.* *Dé un billete de diez.*
el (artículo) **él** (pronombre)	*El plato que más me gusta son los tostones.* *Fue él quien preparó la cena.*
mas (conjunción) **más** (adverbio)	*Tengo dulces mas no te los puedo dar.* *Hace más calor en la costa que en las montañas.*
mi (adjetivo) **mí** (pronombre)	*Mi casa estaba en una calle cerca del malecón.* *¿No hay ninguna carta para mí?*
se (pronombre) **sé** (de los verbos *ser* o *saber*)	*¿Sabes cómo se escribe su nombre?* *No sé quién fue el autor de esa novela.*
si (conjunción) **sí** (pronombre o afirmación)	*Si quieres, te ayudo con los quehaceres.* *Dije que sí, pero no me oyó.*
solo (adjetivo) **sólo** (adverbio)	*Me concentro mejor cuando estoy solo.* *Sólo faltan dos días más.*
te (pronombre) **té** (sustantivo)	*Te invito a un café, ¿te apetece?* *¿O prefieres tomar té?*
tu (adjetivo posesivo) **tú** (pronombre)	*Lleva tu paraguas, por si acaso.* *Y tú, ¿qué piensas?*

Las siguientes palabras llevan acento diacrítico cuando tienen significado interrogativo o exclamativo:

como / cómo	*Como no sé* **cómo** *se hace, no lo hago.*
cual / cuál	*No sé* **cuál** *es su trabajo, lo* **cual** *me molesta.*
cuando / cuándo	*—¿Cuándo vienes? —Cuando deje de llover.*
cuanto / cuánto	*Te pago en* **cuanto** *sepa* **cuánto** *costó.*
donde / dónde	*—¿Dónde vives? —En la calle Obregón,* **donde** *está la Plaza Cuauhtémoc.*
que / qué	*¡Qué vida es ésta la* **que** *tenemos!*
quien / quién	*No importa* **quién** *sea. Es con ella con* **quien** *queremos hablar.*

Los **adjetivos demostrativos** *este/esta/estos/estas, ese/esa/esos/esas* y *aquel/aquella/aquellos/aquellas* llevan acento diacrítico cuando funcionan como pronombres:

Esta casa es suya; **aquélla** *es mía.*
***Ésos** no saben que* **aquel** *hombre los persigue.*

GLOSARIO

Este glosario contiene las palabras del vocabulario que aparecen en el libro, más otras palabras seleccionadas de las distintas secciones de cada colección. De acuerdo con la Real Academia de la Lengua, que ha determinado que la **ch** y la **ll** no son letras independientes, las palabras que empiezan por dichos grupos consonánticos se han ordenado bajo las letras **c** y **l,** respectivamente.

El número que va entre paréntesis después de cada definición indica la colección en la que aparece el elemento en cuestión, mientras la letra E más número indica la sección de *Enlaces literarios* en la que se encuentra dicho elemento.

Las abreviaturas que se usan en este glosario son:

adj.	adjetivo	*prep.*	preposición
adv.	adverbio, adverbial	*pron.*	pronombre
conj.	conjunción	*v.*	verbo
f.	femenino	*Méx.*	México
m.	masculino	*P.R.*	Puerto Rico
pl.	plural	*S.A.*	Suramérica

a *prep.* expresa movimiento o ubicación de algo en un sentido material o figurado; *at, to, towards, in.* **A oscuras** *expresión adv.* en la oscuridad; *in the dark* (5); **a su manera** *expresión adv.* según su estilo o forma de hacer algo; *in one's own way* (1).

abanicar *v.* tratar con severidad *(P.R.); to treat harshly* (4).

abanico *m.* instrumento para hacer aire; *fan* (3).

abarrotado, -da *adj.* lleno en exceso; *crammed, packed, crowded* (4).

abochornar *v.* avergonzar; *to shame* (1).

abolir *v.* quitar, suprimir; *to abolish* (1).

abolladura *f.* depresión producida por un golpe; *bump, dent* (4).

abono *m.* materia con que se fertiliza la tierra; *fertilizer* (6).

aborrecer *v.* odiar; *to loathe, to abhor* (3).

abrasarse *v.* quemarse; *to burn up* (3).

abrigar *v.* defender del frío, lluvia, viento, etc.; tratándose de ideas o intenciones, tenerlas; *to shelter, to shield, to harbor* (3).

abrir el corazón *v.* confiar los sentimientos más personales a alguien; *to open up one's heart* (3).

acantilado *m.* dícese de la costa cortada verticalmente por la actividad erosiva del mar; *cliff, bluff* (1).

acarrear *v.* transportar en carro; *to drive, to take by car* (4).

acceder *v.* consentir en lo que quiere otra persona; *to agree, to consent* (E1).

accesión *f.* acción y efecto de llegar a alcanzar algo; *accession* (6).

acercarse *v.* aproximarse, arrimarse; *to draw near, to come up to, to approach* (1).

acero *m.* metal hecho de hierro y carbono; *steel* (E4).

acertar *v.* conseguir el fin propuesto; *to hit (the mark), to get right, to succeed.* **Acertar a hacer** *v.* lograr por casualidad; *to manage to do* (6).

achicopalado, -da *adj.* triste, desanimado *(Méx.); glum* (4).

achiote *m.* arbusto cuyo fruto rojo contiene una pulpa llamada bija; *achiote* (5).

acogedor, -ra *adj.* que recibe con sentimiento o manifestación de bienvenida la llegada de personas o hechos; *welcoming, inviting* (3).

acompañar *v.* ir una persona en compañía de otra; *to go along, to accompany* (2).

acontecer *v.* ocurrir, suceder; *to happen* (1).

actualmente *adv.* en el tiempo presente; *currently* (2).

acuático, -a *adj.* que tiene que ver con el agua; *aquatic, pertaining to water* (6).

acudir *v.* ir uno al sitio donde le conviene, frecuentar un sitio; *to come, to go, to gather* (3).

ademán *m.* gesto; *gesture* (3).

advertir *v.* llamar la atención sobre algo, prevenir; *to warn, to advise* (4).

adyacente *adj.* cercano, que está al lado; *next, adjoining, adjacent* (1).

afamado, -da *adj.* famoso; *famous, renowned* (1).

aferrado, -da *adj.* insistente, obstinado; *stubborn* (1).

afición *f.* inclinación hacia alguna persona o cosa; *fondness, liking, leaning* (1).

afligir *v.* causar tristeza o angustia; *to afflict, to distress* (1). **Afligirse** *v.* sufrir, apenarse; *to be distressed, to grieve* (2).

agarrarse *v.* asirse fuertemente; *to hold on, to grasp* (5).

agostarse *v.* secarse las plantas con el excesivo calor o frío; *to become parched, to wilt, to dry up* (3).

agradar *v.* complacer, gustar; *to please, to be to one's liking* (6).

agradecer *v.* dar las gracias; *to thank* (E1).

agrado *m.* gusto, complacencia; *pleasure* (1).

agrietarse *v.* abrir grietas o hendiduras; *to crack* (2).

aguacero *m.* lluvia repentina, abundante y de poca duración; *cloudburst, downpour* (2).

agudeza *f.* percepción, perspicacia del ingenio o de los sentidos; *insight, shrewdness, keenness* (6).

agudo, -da *adj.* dícese de un sonido alto y penetrante; *sharp* (2).

aguijón *m.* parte de ciertos animales que sirve para picar e inyectar veneno; *stinger* (1).

agüitarse *v.* angustiarse, entristecerse (Méx.); *to become sad, to feel down* (4).

agujereado, -da *adj.* con agujeros; *with holes, full of holes* (4).

ahogado, -da *adj.* muerto por asfixia; *suffocated, drowned, smothered, choked* (5).

ahogarse *v.* morir, generalmente bajo el agua, por falta de respiración; *to drown* (1).

ahorcar *v.* matar a uno colgándolo del cuello; *to hang, to lynch* (4).

airadamente *adj.* con enojo; *angrily* (E1).

airado, -da *adj.* de mal genio, lleno de ira, enfurecido; *ill-tempered, angry, wrathful* (E2).

aislamiento *m.* acción y efecto de separar a una persona o grupo del trato de los demás; *isolation* (3).

ají *m.* pimiento muy picante; *chili pepper* (5).

ajustar *v.* poner justo, arreglar; *to fit, to tighten, to pull on* (2).

alabar *v.* elogiar, celebrar con palabras, glorificar; *to praise, to worship* (2).

alacrán *m.* escorpión; *scorpion* (2).

alambrado, -da *adj.* rodeado de alambre; *wired, fenced with wire* (E5).

alba *m.* amanecer, primeras horas de la mañana; *dawn* (5).

albañilería *f.* arte de construir edificios u obras en que se emplea piedra, ladrillo, cal, etc.; *brickwork, masonry* (5).

alberca *f.* piscina (Méx.); *swimming pool* (4).

alcaide *m.* juez, director de una prisión; *warden* (E3).

alcantarillado *m.* conjunto de conductos subterráneos destinados a recoger las aguas sucias o inmundicias, cloaca; *sewers* (3).

alcanzar *v.* ser suficiente una cosa para algún fin, bastar; *to be enough* (3). Llegar (hasta); *to reach* (5).

aldea *f.* pueblecito, población pequeña; *village, hamlet* (5).

aldeano, -na *m. y f.* habitante u originario de una aldea o pueblo, campesino; *villager* (3).

alelado, -da *adj.* hecho tonto, embobado; *bewildered, dazed, stupefied* (3).

alfiler *m.* clavillo de metal con punto por uno de sus extremos y una cabecilla por el otro; *pin*. **No caber ni un alfiler** *v.* no haber espacio para nada más; *to be jam-packed* (3).

aliciente *m.* incentivo; algo que atrae o anima; *incentive* (1).

aliento *m.* respiración, aire que se respira; *breath* (2).

alimentarse *v.* sustentarse, nutrirse; *to feed (on), to live (on)* (3).

alineado, -da *adj.* puesto en línea; *in a row, lined up* (2).

alineamiento *m.* alineación; *alignment* (5).

alistarse *v.* hacerse miembro de un grupo, especialmente de las fuerzas armadas; *to join, to enlist* (6).

alivio *m.* acción y efecto de quitar parte de la carga o peso; *relief* (1).

alma *f.* parte moral, espiritual y emocional de una persona; lo que da aliento y fuerza a alguna cosa; *soul* (2). **Volverle el alma al cuerpo** *v.* aliviarse; *to rest easy, to be relieved* (3).

alpaca *f.* mamífero rumiante de la cordillera de los Andes que en la actualidad sólo se encuentra en forma doméstica; *alpaca* (5).

alquiler *m.* precio por el que se alquila alguna cosa; *rent* (2).

altivez *f.* soberbia, orgullo; *haughtiness, arrogance, pride* (5).

alzar *v.* levantar, edificar; *to raise* (3).

amancillado, -da *adj.* manchado; *stained* (E2).

amanecer *v.* hacerse de día, empezar a manifestarse alguna cosa; *to dawn* (3).

amapola *f.* flor silvestre; *poppy* (5).

amarrar *v.* asegurar por medio de cuerdas o cadenas; sujetar; *to bind, to tie up, to fasten* (1).

ámbito *m.* esfera de influencias o intereses, ambiente; *world, sphere* (4).

amenazadoramente *adv.* dando la impresión de querer hacer daño; *threateningly* (E6).

amenazar *v.* dar a entender que se quiere hacer mal a otro, anunciar la proximidad de algún peligro; *to threaten, to warn* (3).

amortiguado, -da *adj.* moderado, disminuido, hecho menos violento; *muffled, softened* (3).

amparo *m.* abrigo, defensa, auxilio; *shelter, protection, help* (3).

analfabeto, -ta *adj.* que no sabe leer ni escribir; *illiterate* (3).

andrajoso, -sa *adj.* harapiento, viejo y sucio; *tattered* (1).

anegado, -da *adj.* inundado, sumergido; *flooded, inundated* (E5).

angustia *f.* estado de gran aflicción y ansiedad; *anguish* (6).

angustiarse *v.* afligirse, sufrir gran aflicción y ansiedad; *to anguish, to worry* (1).

anidar *v.* hacer nido las aves o vivir en él; *to nest, to make one's nest* (3).

animar *v.* dar ánimo, alentar, incitar; *to encourage, to inspire, to cheer up, to enliven* (4).

aniquilar *v.* destruir por completo; *to wipe out, to destroy* (E5).

ansiar *v.* desear con ansia, codiciar; *to long for, to yearn for* (1).

ansiosamente *adv.* con inquietud violenta, con aflicción; *anxiously* (4).

antepasado, -da *m. y f.* ascendiente, persona de la que otra desciende; *forebear, ancestor* (5).

antigüedad *f.* época remota y antigua; *antiquity, ancient times* (5).

anularse *v.* darse por nulo, cancelar; *to be cancelled* (3).

apacible *adj.* tranquilo; *peaceful* (5).

apearse *v.* bajarse; *to get down (from), to get off (of), to get out* (4).

apegado, -da *adj.* que siente afición, inclinación o cariño hacia algo; *drawn (to), fond (of)* (4).

aplicación *f.* dedicación e interés con que se hace alguna cosa; *diligence* (2).

apogeo *f.* grado máximo que puede alcanzar alguna cosa, como el poder o la gloria; *height, apogee* (6).

aportación *f.* acción y efecto de dar o proporcionar; *contribution* (6).

aporte *m.* aportación; *contribution* (4).

aposento *m.* lugar donde alguien se hospeda; *room, lodging* (6).

aprehender *v.* capturar, apresar; *to capture* (5).

aprieto *m.* apuro, conflicto; *trouble, jam* (6).

aprontarse *v.* prepararse; *to get ready* (E6).

aprovechar *v.* servir de beneficio una cosa, emplear útilmente una cosa; *to take advantage of* (1).

apuesto, -ta *adj.* bien parecido, arreglado; *good-looking, fixed-up* (2).

apuro *m.* aprieto, escasez grande; *tight spot, dire straits, trouble.* **Tener apuros de dinero** *v. to have money troubles* (6).

arable *adj.* dícese de los terrenos que se pueden cultivar; *arable, fit for crops* (3).

arder *v.* consumirse con el fuego una cosa; *to burn up* (2).

ardiente *adj.* apasionado; *burning (of passion)* (E2).

argumento *m.* sucesos que ocurren en un cuento, una obra de teatro o una novela; *plot* (2).

armario *m.* mueble cerrado con puertas, que tiene tablas o perchas para colocar ropa, libros, etc.; *cupboard, cabinet* (4).

armiño *m.* animal parecido a la comadreja; *ermine* (E3).

aro *m.* arete, pendiente para las orejas; *(hoop) earring* (E6).

arrastrar *v.* llevar una cosa por el suelo tirando de ella; *to drag* (1).

arremeter *v.* acometer con ímpetu, atacar; *to attack, to rush upon* (6).

arrendar *v.* alquilar; *to rent, to lease* (E6).

arrepentido, -da *adj.* que se arrepiente; *sorry, repentant, regretful* (5).

arrimar *v.* acercar, unir; *to go near*. **Arrimar el hombro** *v.* unirse para trabajar en grupo; *to pitch in* (1).

arrobado, -da *adj.* extático, en suspenso; *entranced* (1).

arrodillarse *v.* ponerse de rodillas; *to kneel* (6).

arrojarse *v.* precipitarse, dejarse ir con violencia de alto a bajo; *to throw oneself (down)* (5).

arroyo *m.* riachuelo pequeño; *stream, brook* (6).

arrugar *v.* hacer pliegues en la piel o en la superficie del tejido; *to wrinkle* (2).

arrullo *m.* sonido suave que hace la paloma; *cooing* (E4).

artes plásticas *f. pl.* las artes figurativas en las que se plasma o modela una materia blanda; *plastic arts, sculpture or ceramics* (6).

artesano, -na *m. y f.* persona que ejerce un arte u oficio manual; *craftsman, craftswoman, artisan* (5).

asa *f.* parte arqueada y saliente de una vasija, cesta, etc. por donde se toma ésta; *handle* (4).

ascua *f.* pedazo de materia que está ardiendo sin dar llama; *ember, live coal*. **Tener en ascuas** *v.* tener a alguien en una posición difícil, hacer inquieto o sobresaltado; *to have someone on tenterhooks, to have someone on pins and needles* (3).

asearse *v.* lavarse, limpiarse; *to clean oneself* (1).

asesinar *v.* matar; *to murder* (3).

asesinato *m.* acción y efecto de matar a sangre fría a una persona; *murder, killing* (3).

asidero *m.* sitio donde agarrarse; *handle, hold* (E5).

asimismo *adv.* de este o del mismo modo, también, igualmente; *likewise, in the same way, also* (2).

asirse *v.* agarrarse, sujetarse a una cosa; *to grab, to take hold of, to grasp* (5).

asno *m.* burro, animal parecido al caballo, pero más pequeño y de orejas más largas, que suele emplearse como animal de carga; *donkey, ass* (6).

asomarse *v.* empezar a mostrarse alguna cosa, como un cuerpo hacia afuera de un edificio; *to begin to appear, to peek in (out)* (4).

asombrado, -da *adj.* sorprendido; *astonished, amazed* (6).

asombro *m.* sorpresa, extrañeza, gran admiración; *astonishment* (6).

astillado, -da *adj.* hecho fragmento de una cosa que se parte o se rompe, como la madera; *chipped, splintered* (2).

astro *m.* estrella, cuerpo celeste; *star* (3).

asustar *v.* dar susto, miedo; *to startle, to scare* (2).

ataúd *m.* caja en la cual se entierra a una persona muerta; *coffin* (5).

atemorizado, -da *adj.* asustado; *intimidated, frightened* (1).

atender *v.* cuidar de o prestar atención a una persona, satisfacer un deseo, un ruego o mandato; *to see to, to heed, to assist* (2). **Atender al teléfono** *v.* contestar el teléfono; *to answer the phone* (6).

aterido, -da *adj.* helado; rígido por el frío, el miedo u otro sentimiento; *frozen stiff, stunned (from cold or fear)* (3).

aterrizar *v.* tomar tierra; *to land* (6).

atiborrar *v.* llenar a tope o en exceso alguna cosa; *to fill up, to pack, to cram* (E5).

atinado, -da *adj.* acertado, apropiado, de buen juicio; *wise, sound, right* (4).

atinar *v.* lograr o acertar a hacer algo; *to succeed, to be right* (1).

atónito, -ta *adj.* asombrado por un evento extraordinario; *dumbfounded, astonished* (3).

atracar *v.* arrimar las embarcaciones a tierra o a otra nave; *to come alongside, to moor* (1).

atravesar *v.* traspasar, pasar un cuerpo penetrándolo de parte a parte; *to run through, to pierce* (5).

atreverse *v.* determinarse a hacer algo arriesgado; *to dare* (E1).

aturdido, -da *adj.* confundido, sin entender lo que pasa; *stunned, bewildered* (4).

auge *m.* momento de máximo esplendor, intensidad o influencia de algo; *peak, height, boom* (3).

auscultar *v.* aplicar el oído al cuerpo para escuchar los ruidos que hacen los órganos; *to listen (with a stethoscope)* (E5).

autorreflexivo *adj.* que considera con atención su propia existencia; *thoughtful, reflecting on the self* (4).

averiguar *v.* inquirir, indagar la verdad de una cosa; *to find out, to look into* (3).

azaroso, -sa *adj.* vacilante, incierto; *unsteady, difficult* (E5).

azote *m.* látigo o instrumento con que se golpea violentamente; *whip* (1).

azucena *f.* flor blanca y olorosa; *lily* (E2).

bacante *f.* mujer que tomaba parte en las fiestas romanas que celebraban a Baco, dios de la diversión; *bacchanal, bacchante.* Persona a quien le gusta celebrar festivamente; *boisterous or riotous reveler* (E3).

báculo *m.* bastón que sostiene a alguien mientras camina; *walking staff, cane* (E2).

bala *f.* proyectil que disparan las armas de fuego; *bullet* (6).

balazo *m.* golpe de bala disparada con arma de fuego; *gunshot, bullet wound* (5).

balbucear *v.* hablar con dificultad; *to stammer* (3).

banda *f.* costado de un barco; *side (of a ship)* (E3).

bandada *f.* gran número de aves que vuelan juntas; *flock* (3).

barco de carga *m.* embarcación en que se transporta mercancía en lugar de pasajeros; *cargo ship* (6).

barranca *f.* precipicio, irregularidad en el terreno; *gully, cliff* (5).

bastar *v.* ser suficiente; *to be enough* (1).

bata *f.* ropa larga y cómoda que se usa para estar en casa; *robe, housecoat* (4).

beca *f.* ayuda económica que recibe un estudiante, investigador o artista para cursar sus estudios, realizar sus obras, etc.; *scholarship, grant* (4).

belleza *f.* cosa hermosa, armonía física o artística que inspira placer y admiración; *beauty* (E2).

bendecir *v.* invocar la protección divina en favor de una persona o sobre alguna cosa; *to bless* (6).

beneplácito *m.* permiso; *blessing, consent* (E1).

billete *m.* cédula impresa o grabada que representa una cantidad de dinero; *bill* (2).

Bolsa *f.* lugar donde se realizan las operaciones financieras relativas a mercancías, valores mobiliarios, etc.; *Stock Exchange* (3).

bondad *f.* natural inclinación a hacer el bien; *goodness* (6).

bondadoso, -sa *adj.* muy bueno, afectuoso; *kind, good-natured, generous* (2).

bostezo *m.* acto de abrir convulsivamente la boca; *yawn* (4).

bracero *m.* persona que trabaja con las manos; *laborer* (4).

bramido *m.* grito que expresa dolor o enojo; ruido grande que hacen un toro, el aire, el mar; *bray, bellow, roar* (1).

brindis *m.* acción de beber por la salud de alguien; *toast* (4).

brotar *v.* nacer, salir; *to bud, to sprout, to gush* (E4).

brumoso, -sa *adj.* cubierto de bruma o niebla espesa y baja; *foggy, misty, hazy* (3).

bruñido, -da *adj.* pulido, de aspecto brillante; *polished* (E2).

buitre *m.* ave rapaz que se alimenta de la carne corrompida de animales muertos; *buzzard, vulture* (E5).

burgués, -esa *adj.* relativo a las clases medias acomodadas; *bourgeois, middle class* (1).

burla burlando *expresión adv.* sin darse cuenta; *without realizing* (6).

buzón *m.* recipiente para depositar las cartas; *mailbox* (2).

cabalgar *v.* montar a caballo, pasear a caballo; *to ride horseback* (4).

caballeresco, -ca *adj.* relativo a la caballería medieval o las empresas de los caballeros andantes; *knightly, chivalrous* (6).

caballero *m.* miembro de una orden de caballería (institución militar feudal); *knight* (6).

caber *v.* poder contenerse una cosa dentro de otra; *to fit.* **No caber ni un alfiler** *v.* no haber espacio para nada más; *to be jam-packed* (3).

cabete *m.* cordón de un zapato *(P.R.); shoelace* (4).

cabizbajo, -ja *adj.* que va con la cabeza inclinada hacia abajo por melancolía; *sullen, with bowed head, crestfallen* (4).

cabrito *m.* cría de la cabra; *kid (goat)* (2).

cacahuete *m.* semilla que constituye un alimento importante y de la cual se extrae un aceite de muchas aplicaciones; *peanut* (5).

cacao *m.* árbol originario de México cuyo fruto sirve para fabricar el chocolate; *cacao* (5).

cacique *m.* jefe de algunas tribus indígenas de América Central y del Sur; *chieftain* (5).

cadena *f.* eslabones de metal iguales unidos entre sí; *chain* (2).

caducar *v.* perder la fuerza, perder vigencia, acabarse; *to come to an end, to run out, to fall into disuse* (E2).

caer *v.* ir un cuerpo hacia abajo por la acción de su propio peso; *to fall.* **Caérsele la cara de vergüenza** *v.* sentir mucha vergüenza; *to be very ashamed, to die of embarrassment* (3). **Como caído del cielo** *expresión adv.* en el momento más oportuno; *like a gift from Heaven* (3).

cajuela *f.* portamaletas, baúl *(Méx.); trunk (of a car)* (4).

calabaza *f.* fruto de la calabacera, muy variado en su forma, tamaño y color, y lleno de semillas; *squash, pumpkin* (5).

calabozo *m.* lugar generalmente oscuro y sombrío donde se encierra a los presos, mazmorra; *jail cell, dungeon* (5).

calenturas *f. pl.* fiebre; *fever* (E5).

cálido, -da *adj.* caliente, caluroso; *warm, hot* (1).

calizo, -za *adj.* dícese de la tierra que contiene cal; *lime, limestone* (5).

campanilla *f.* campana pequeña; *little bell* (2).

campesino, -na *m. y f.* que vive en el campo, labrador; *farmer, farmhand, peasant* (2).

camposanto *m.* cementerio; *graveyard* (E3).

caña *f.* tallo hueco y flexible de una planta; *reed* (6).

cano, -na *v.* con canas; blanco; *white-haired, gray-haired; white, gray* (3).

canoa *f.* embarcación ligera movida a remo; *canoe* (5).

cántaro *m.* vasija grande de barro o metal de barriga ancha; *pitcher.* **Llover a cántaros** *v.* llover mucho y con mucha fuerza; *to rain cats and dogs* (3).

caparazón *f.* cubierta dura que protege ciertos animales; *shell* (5).

capataz *m.* jefe, persona encargada de un grupo de trabajadores; *foreman, overseer* (1).

capota *f.* techo o parte superior de un automóvil; *hood (of a car)* (4).

caracola *f.* concha de forma cónica; *conch shell* (5).

carcajada *f.* risa violenta y ruidosa; *burst of laughter, guffaw* (4).

carnero *m.* macho de la oveja; *ram, mutton* (E5).

carpa *f.* tienda de lona usada para cambiarse de ropa en la playa; *beach tent, cabana* (E6).

cartón *m.* conjunto de varias hojas superpuestas de pasta de papel endurecido; *cardboard* (4).

cáscara *m.* corteza exterior de los frutos secos o de las frutas; *shell, husk, rind, peel* (E5).

casco *m.* zona central de una población; *central area of a town.* **Casco antiguo** o **histórico** *m.* corazón histórico de un área urbana; *old town, old part of a city* (3).

casillero *m.* estante cerrado o abierto dividido en compartimentos que se usa para guardar libros, prendas de vestir u otras cosas; *locker, cubbyhole* (2).

casto, -ta *adj.* puro; *chaste, pure* (E4).

cátedra *f.* asiento desde donde enseña un(a) profesor(a); *chair of a professor, professorship* (E4).

cazador *m.* que caza; *hunter* (5).

ceguera *f.* falta de visión; *blindness* (4).

celda *f.* aposento destinado al religioso en el convento o al preso en la cárcel; *cell (in convent, prison)* (1).

ceñirse *v.* atarse, sujetarse bien; *to fasten tight* (1).

cenit *m.* punto más alto en el cielo en relación al punto en el que uno se encuentra sobre la Tierra; *zenith* (1).

ceniza *f.* polvo que queda después de una combustión completa; *ash* (5).

ceño *m.* espacio entre las cejas en la frente; *brow* (3).

centella *f.* rayo, chispa de fuego; *spark* (5).

cera *v.* sustancia sólida elaborada por las abejas para formar sus panales; *wax* (3).

cerradura *f.* mecanismo que sirve para cerrar; *lock* (5).

cesar *v.* parar, detener, dejar de hacer lo que se está haciendo; *to cease, to stop* (5).

chamaco, -ca *m. y f.* muchacho, niño *(Méx.); kid* (4).

chamba *f.* empleo, trabajo *(Méx.); work* (1).

chapado a la antigua, -da *adj.* apegado a las costumbres tradicionales; *old-fashioned* (1).

chasquear *v.* producir un ruido al separarse violentamente la lengua del paladar; *to click* (3).

chicle *m.* goma de mascar; *chewing gum* (5).

chillar *v.* gritar haciendo un sonido agudo y desagradable; *to scream, to shriek, to screech* (3).

chisme *m.* noticia, verdadera o falsa, o comentario con que generalmente se pretende indisponer a unas personas con otras; *gossip* (4).

choclo *m.* mazorca tierna de maíz *(S.A.); ear of corn* (5).

choza *f.* cabaña cubierta generalmente de paja; *hut, hovel* (5).

chueco, -ca *adj.* torcido; *crooked, bent* (2).

cicatriz *f.* señal que queda después de curada una herida o llaga; *scar* (1).

cielo *m.* espacio infinito en el que se mueven los astros; *sky, heaven.* **Como caído del cielo** *expresión adv.* en el momento más oportuno; *like a gift from Heaven* (3).

ciervo *m.* género de mamíferos rumiantes, de color pardo rojizo y de cuernos ramosos; *deer* (5).

cima *f.* cumbre de una montaña, de un árbol, etc.; *summit, peak, top* (4).

cimientos *m. pl.* base sobre la que se construye el edificio; *foundation.* Principio y raíz de algo; *beginning, foundation, groundwork* (5).

ciprés *m.* árbol frondoso y alargado de madera rojiza y olorosa; *cypress* (5).

claro *m.* espacio despejado de árboles en un bosque; *clearing* (3).

clavel *m.* flor roja de olor muy dulce; *carnation* (E2).

clero *m.* conjunto de los clérigos, es decir, de los que han recibido las órdenes sagradas; *clergy* (4).

cobrar *v.* recibir una cantidad de dinero como pago de algo; *to take (money), to collect, to charge* (1).

cola de caballo *f.* peinado que consiste en recoger el pelo con una cinta o hebilla a la altura de la nuca, coleta; *ponytail* (2).

colgado, -da *adj.* suspendido en el aire; *hung, hanging* (2).

colgar *v.* suspender una cosa de otra; *to hang* (2).

colibrí *m.* ave de América de pequeño tamaño y pico largo que se hunde en las flores para absorber su néctar; *hummingbird* (5).

colina *f.* elevación de terreno, menor que la montaña; *hill* (5).

colmena *f.* caja de madera, corcho, etc., que sirve de habitación a un enjambre de abejas; *beehive* (3).

colorete *m.* cosmético rojo; *rouge* (2).

comarca *f.* territorio con unos límites precisos que comprende varios pueblos y lugares; *region, area* (3).

combi *m.* autobús o carro público (*Méx.*); *small bus* (4).

comején *m.* insecto que come madera; *termite* (4).

comezón *f.* picazón; inquietud, deseo; *itch; hankering, longing* (1).

como *adv.* denota idea de equivalencia, semejanza o igualdad; *like.* **Como caído del cielo** *expresión adv.*
en el momento más oportuno; *like a gift from heaven* (3); **como le convenga** *expresión adv.* como quiera, a su gusto; *however you like (one likes)* (1).

complacerse *v.* alegrarse; *to be pleased* (1).

compresa *f.* lienzo mojado que se usa para aplicar calor o frío; *compress* (E5).

comprometido, -da *adj.* dedicado a casarse con otro; *engaged* (2).

compromiso *m.* obligación contraída, palabra dada; *commitment* (2).

con *prep.* denota el medio o modo para hacer algo; *with.* **Con todos los hierros** *expresión adv.* a todo dar (*Cuba*); *(going) all out* (4).

concha *f.* parte dura que cubre el cuerpo de muchos moluscos y crustáceos; *shell* (5).

conciencia *f.* característica del ser humano que le permite distinguir entre el bien y el mal; *conscience* (2).

cóndor *m.* ave de rapiña, especie de buitre de América del Sur; *condor* (5).

confianza *f.* certidumbre, esperanza firme que se tiene en una persona o cosa; *trust, confidence* (2).

confuso, -sa *adj.* mezclado, revuelto, enredado, que no puede distinguirse; *confused* (3).

congénere *adj.* semejante; *kindred, fellow* (E4).

congregar *v.* reunir; *to assemble, to bring together* (4).

conjunto *m.* reunión de varias personas o cosas que forman un todo; *whole, set, ensemble* (2).

conocer *v.* averiguar, entender, saber; *to know, to find out, to meet.* **Dar a conocer** *v.* hacer algo conocido; *to make known* (1).

consentimiento *m.* permiso, autorización; *consent, permission* (1).

consolar *v.* aliviar la pena o aflicción, reconfortar; *to console, to comfort* (1).

constelado, -da *adj.* de muchas estrellas; *starry* (E4).

contemplar *v.* considerar con atención; *to contemplate* (3).

contienda *f.* acción de pelear, luchar o competir; *struggle, fight, battle* (4).

contorsionarse *v.* hacer movimientos irregulares por los que el cuerpo adopta una posición forzada o grotesca; *to twist, to writhe, to contort oneself* (3).

contrabandista *m. y f.* que introduce y vende clandestinamente mercancías prohibidas; *smuggler* (1).

contratista *m. y f.* persona que ejecuta una obra por contrato; *contractor* (4).

convenir *v.* ser conveniente o útil; *to be right, to be fitting* (E1). **Como le convenga** *expresión adv.* como quiera, a su gusto; *however you like (one likes)* (1).

convivir *v.* vivir con otra persona, compartir su vida o sus ideas; *to live with* (1).

convocar *v.* llamar a varias personas para que concurran a un lugar o acto determinado; *to call together, to summon, to convoke* (3).

coquetear *v.* tratar de llamar la atención de otra persona por vanidad; *to flirt* (E4).

coraje *m.* irritación, ánimo; valor; *anger; courage* (1).

corazón *m.* órgano principal de la circulación de la sangre; *heart*. **Darle vuelcos el corazón** *v.* angustiarse, sufrir una profunda ansiedad; *to feel sudden alarm or intense emotion* (1).

corral *m.* sitio cerrado y descubierto en las casas o en el campo; *pen, yard* (2).

corresponder *v.* tocarle a uno; *to fall to one, to be one's responsibility* (2).

corretear *v.* andar de calle en calle, correr jugando; *to wander around, to run around* (2).

corte *f.* residencia del soberano; *(royal) court* (5).

corva *f.* parte de la pierna que se halla situada detrás de la rodilla; *back of the knee* (1).

corvo, -va *adj.* arqueado, que no se sostiene muy bien; *bowed, curved* (E2).

cosecha *f.* recolección de frutos de la tierra; *harvest* (2). Conjunto de frutos que se recogen de la tierra; *crop* (4).

costear *v.* pagar los gastos; *to pay* (1).

crepitar *v.* producir un ruido repetido, como cuando algo se quema; *to crackle* (5).

criado, -da *m. y f.* persona cuyo empleo es atender a otra; *servant, maid* (5).

criar *v.* producir algo, alimentar y cuidar; *to raise* (6).

criollo, -lla *adj.* dícese del hispanoamericano nacido de o descendiente de españoles; *person of Spanish descent born in the Americas* (5).

crispado, -da *adj.* contraído o tenso (hablando de los músculos o las emociones); *contracted, tensed, twisted* (3).

cuadra *f.* grupo de casas entre cruces de calles; *block* (2).

cuate *m.* amigo *(Méx.); friend, pal* (4).

cuenta *f.* acción y efecto de contar, cuidado; *account, counting*. **darse cuenta** *v.* percatarse de o percibir algo; *to realize, to notice, to take note of* (2).

cuerpo *m.* parte material de un ser animado; *body*. **Volverle el alma al cuerpo** *v.* aliviarse; *to rest easy, to be relieved* (3).

cumbre *f.* la mayor elevación de una cosa, último grado a que se puede llegar; *peak, top, pinnacle, high point* (6).

cumplimiento *m.* acción y efecto de hacer lo que uno debe; *accomplishment, carrying out* (5).

cumplir *v.* ejecutar, llevar a cabo; *to carry out, to fulfill* (2).

cundir *v.* extenderse, propagarse o difundirse; *to spread, to increase in volume* (1).

damnificado, -da *m. y f.* dícese de las personas o cosas que han sufrido grave daño; *victim* (3).

dar sustento *v.* alimentar; *to give sustenance* (2).

dar *v.* ceder, entregar, hacer, causar; *to give, to deliver, to mean*. **Dar a conocer** *v.* hacer algo conocido; *to make known* (1); **dar de espuelas** *v. to spur* (6); **darle vuelcos el corazón** *v.* angustiarse, sufrir una profunda ansiedad; *to feel sudden alarm or intense emotion* (1); **darse cuenta** *v.* percatarse de o percibir algo; *to realize, to take account of* (2); **darse lija** *v.* pretender, ser pretencioso *(Cuba); to show off, to be pretentious* (4); **darse por vencido** *v.* resignarse, dejar de oponer resistencia; *to give up, to back down* (1).

de *prep.* indica posesión, origen o modo de hacer algo; *of, from*. **De plano** *expresión adv.* claramente, manifiestamente; *clearly* (1).

deambular *v.* pasear, vagar; *to wander around* (2).

decadencia *f.* proceso por el que un estado, cultura, movimiento, etc., tiende a debilitarse y desintegrarse; *decline, fall* (5).

decepcionar *v.* desilusionar, dejar sin cumplir lo prometido; *to disappoint, to let down* (2).

declive *m.* pendiente, cuesta o inclinación del terreno; *slope, descent* (1).

defraudar *v.* frustrar, decepcionar; *to disappoint, to let down* (5).

dejar v. poner; apartarse de una cosa o una persona, abandonarlo; *to leave.* **Dejar en paz** v. no inquietar, mortificar o molestar; *to leave alone, to let be* (1); **dejar plantado** v. no cumplir una cita; *to stand someone up* (2).

delantal m. prenda de vestir que protege los vestidos; *apron, maid's uniform* (E6).

deleite m. placer; *pleasure* (E6).

derecho m. conjunto de leyes, preceptos y reglas a que está sometida la gente; ciencia que estudia las leyes y su aplicación; *law* (6).

derribar v. hacer caer, tirar al suelo; *to knock down* (5).

derrota f. vencimiento completo de un ejército; *defeat* (1).

desaforado, -da adj. que actúa sin ley ni fuero, desenfrenado; *lawless, wild* (6).

desairar v. humillar, desestimar; *to slight, to snub* (E1).

desalentador, -ra adj. que desanima, que quita el deseo de hacer algo; *discouraging* (1).

desamparado, -da adj. abandonado, sin defensa; *helpless, forsaken, homeless* (3).

desamparo m. aflicción; acción y efecto de abandonar o dejar sin defensa; *distress, helplessness* (3).

desangrar v. sacar la sangre a una persona o a un animal; *to bleed, to take blood* (5).

desarrollo m. acción y efecto de desarrollar o crecer poco a poco; *development.* **En vías de desarrollo** expresión adj. dícese de un país subdesarrollado económicamente; *developing* (3).

desatado, -da adj. suelto, que procede sin freno; *loose, untied, wild* (E2).

desatar v. deshacer una atadura; *to untie* (4).

desatorar v. desatascar, descolgar, despejar, librar; *to clear of rubbish or debris* (2).

desbaratado, -da adj. deshecho, arruinado; *ruined* (E5).

desbocado, -da adj. sin dirección ni control alguno; *runaway* (1).

descabellado, -da adj. sin orden ni concierto; contrario a la razón; *wild, crazy* (2).

descifrar v. llegar a leer lo escrito en caracteres o lengua desconocidos; *to decipher, to decode* (5).

descomponerse v. dañarse o estropearse algo; *to be put out of order, to fall apart, to change for the worse* (2).

desconcertado, -da adj. confuso, consternado; *disconcerted, confused* (E6).

desconsolado, -da adj. que no recibe consuelo; *grief-stricken, distressed* (5).

desechos m. pl. residuo que queda de una cosa, después de haber escogido lo mejor; *rubbish, dregs.* Desperdicio de una industria; *wastes* (3).

desempacar v. sacar de los paquetes las mercaderías; *to unload, to unpack* (4).

desencadenar v. soltar al que está amarrado, dejar en libertad una fuerza que estaba contenida; *to unleash, to spark* (3).

desengañado, -da adj. desilusionado; *disillusioned, disappointed* (1).

desengañarse v. reconocer la ilusión o el engaño; *to see the truth, to be disappointed* (E1).

desgarrado, -da roto, hecho pedazos; *torn, ripped* (E3).

desgarrador, -ra adj. doloroso, que despierta compasión; *heart-rending* (E5).

desgracia f. mala suerte, acontecimiento funesto, pérdida de gracia o favor; *disgrace, misfortune* (5).

deshacer v. destruir lo que está hecho; *to undo* (5).

desilusionar v. desengañar, hacer perder la ilusión que se tenía; *to disappoint, to disillusion* (2).

deslizarse v. resbalarse sobre una superficie lisa o mojada; *to slip, to slide* (4).

desmayado, -da adj. inconsciente, sin sentido; *unconscious, having fainted* (1).

desmayo m. acción y efecto de perder el sentido; *fainting spell* (4).

desmoronado, -da adj. arruinado, deshecho en pedazos pequeños; *crumbled, in pieces* (E2).

desmoronarse v. deshacerse y arruinarse; *to crumble, to fall to pieces* (3).

desolado, -da adj. angustiado, muy preocupado; *anguished, heartbroken* (4).

desparramarse v. esparcirse, extenderse por muchas partes; *to spread, to scatter* (5).

despedazado, -da adj. hecho pedazos; *torn to pieces* (E1).

despedir v. echar de un empleo a alguien; *to fire* (E6).

despejado, -da adj. sin obstáculos, sin peligro; *clear (of obstacles)* (4). Libre de nubes; *clear, cloudless* (5).

desperdiciar v. malgastar, emplear mal una cosa; *to waste* (4).

despojo *m.* acción de privar a uno de lo que tiene; *stripping, plunder, dispossession* (1).

despojos *m. pl.* sobras, residuos o materiales aprovechables que quedan de algo que ha sido derribado; *remains, rubble, plunder, booty* (E2).

desposeer *v.* quitar, despojar a alguien de lo que posee; *to dispossess, to divest* (3).

despotricar *v.* hablar sin consideración, decir todo lo que a uno se le ocurre, maldecir; *to rant, to curse* (E5).

despreciar *v.* desdeñar o ridiculizar algo o a alguien; *to scorn, to ridicule* (4).

desprenderse *v.* separarse, privarse de algo; *to separate, to detach* (3).

destacado, -da *adj.* notable; *outstanding, distinguished* (2).

destreza *f.* agilidad, soltura, habilidad, arte; *skill, craft* (5).

destrozado, -da *adj.* hecho pedazos; gravemente dañado moralmente; *smashed, torn up; shattered* (3).

detener *v.* parar; *to stop, to hold up, to detain* (4).

detenidamente *adv.* con cuidado; *carefully* (E6).

determinación *f.* decisión, resolución de hacer algo; *determination, decision, resolve* (2).

deudo *m.* pariente, miembro de la familia; *kin, kinsman* (E1).

devastado, -da *adj.* destruido; *devastated, laid waste* (3).

dicha *f.* felicidad, suerte; *happiness, joy, good luck* (3).

dicho, -cha *adj.* referente a algo que ya se ha mencionado; *aforementioned, said* (2).

diestro *adj.* hábil, experto; *skillful* (5).

diferir *v.* ser diferente; *to differ* (E6).

digno, -na *adj.* que merece; *worthy, deserving* (4).

diligencia *f.* tarea; trámite; *errand* (1).

diluvio *m.* lluvia abundante, inundación; *heavy rain, flood, deluge* (5).

dintel *m.* elemento horizontal de madera, de piedra o de hierro, que cierra la parte superior de una abertura y soporta la carga de la fábrica que queda encima del hueco o vano; *lintel, overdoor, threshold* (5).

dirigirse *v.* encaminarse, ir en dirección a cierto punto; *to go towards, to head to* (5).

discordia *f.* oposición; voluntades y opiniones que están en desacuerdo; *discord, disagreement, disunion* (5).

discreto, -ta *adj.* prudente, sensato; *discreet* (1).

discusión *f.* debate, controversia, disputa; *argument* (2).

diseminado, -da *adj.* esparcido, extendido; *disseminated, scattered, spread* (1).

disminuir *v.* hacer menor la extensión, intensidad o número de una cosa; *to wane, to diminish, to become smaller* (3).

disparate *m.* atrocidad, cosa absurda; *absurdity, nonsense* (E5).

displicencia *f.* desagrado, desdén, molestia; *displeasure, disdain, annoyance* (E6).

disponible *adj.* dícese de todo aquello que se puede utilizar libremente; *available, ready* (3).

dispuesto, -ta *adj.* con ánimo favorable; *willing* (2).

diurno, -na *adj.* relativo al día; *day, daytime* (6).

docente *adj.* que enseña o instruye; *teaching, educational* (4).

dócil *adj.* fácil de conducir o de enseñar; obediente; *docile, tame* (5).

doloroso, -sa *adj.* que causa dolor; *painful.* Afligido; *sorrowful, distressed* (E4).

domiciliario *adj.* relativo a la casa o vivienda donde uno habita, que se cumple en el domicilio; *household, residential* (3)

don *m.* cualidad natural, talento, habilidad; *gift, talent, knack* (4).

dorado, -da *adj.* esplendoroso; *golden* (E2).

dorso *m.* revés o espalda de una cosa; *back, backside, reverse* (4).

dotado, -da *adj.* dado, proveído de cierto don o talento; *endowed, gifted* (1).

dramaturgo, -ga *m. y f.* autor de obras dramáticas; *playwright* (6).

duende *m.* espíritu travieso, diablillo familiar; *elf, fairy, goblin* (2).

duro *m.* sólido, difícil de cortar, romper o doblar; difícil; *hard* (6).

echar *v.* arrojar, lanzar al aire y con fuerza una cosa; *to throw.* **Echar en rostro** *v.* echar en cara, reprochar; *to throw in one's face* (1); **echar un pestañazo** *v.* dormir la siesta *(Cuba); to get some shut-eye, to catch forty winks* (4); **echarse** *v.* arrojarse, tirarse; *to throw oneself* (5).

efectivamente *adv.* en efecto, en realidad, verdaderamente; *really, indeed, in fact* (6).

egocéntrico, -ca *adj.* dícese de la persona que piensa que su propia personalidad debe ser el centro de atención; *self-centered, egocentric* (6).

egoísmo *m.* excesivo amor de sí mismo que hace pensar sólo en el interés personal; *selfishness, egotism* (6).

egotista *adj.* dícese de aquél que habla en exceso de sí mismo; *egotistical* (6).

eléctrico, -ca *adj.* muy activo *(Cuba); very active, lively* (4).

elegía *f.* poema lírico que generalmente expresa sentimientos de tristeza; *elegy* (3).

emanar *v.* provenir, venir, salir, surgir; *to emanate, to issue from* (3).

embarazada *adj.* dícese de la mujer encinta; *pregnant* (2).

embarcación *f.* barco sin cubierta, de remo, de velas o de vapor; *ship, craft, vessel* (1).

embotar *v.* debilitar, disminuir; *to blunt, to dull* (1).

embrujar *v.* hechizar; *to bewitch* (5).

empacado, -da *adj.* puesto en paquetes, cajas o maletas; *packed (up)* (4).

empeñarse *v.* insistir con tesón en algo; *to persist, to insist, to strive* (4).

empezar correspondencia *v.* iniciar comunicación escrita; *to begin writing to* (2).

empleado, -da *m. y f.* persona que desempeña un empleo público o privado; *employee* (2).

emplear *v.* dar trabajo; *to employ* (1).

emprendedor, -dora *adj.* que empieza cosas difíciles, atrevido; *enterprising* (1).

emprender *v.* empezar, comenzar; *to undertake* (1).

empuje *m.* brío, arranque, resolución con que se acomete una empresa; *drive* (6).

empujón *m.* impulso dado con fuerza para mover a una persona o cosa; *shove, push* (6).

en *prep.* expresa relaciones de lugar, tiempo, modo o manera; *in, on, at.* **En realidad** *expresión adv.* realmente, efectivamente, en verdad; *actually, in fact* (2); **en vías de desarrollo** *expresión adj.* dícese de un país subdesarrollado económicamente; *developing* (3).

encallado, -da *adj.* plantado, inmóvil, atascado; *stuck, stranded, run aground* (E5).

encaminar sus pasos *v.* dirigirse; *to make one's way* (5).

encanecer *v.* volverse blanco, ponerse cano; *to get gray hair* (E4).

encararse *v.* hacerle frente a algo o alguien; *to face up to* (6).

encargarse *v.* poner una cosa al cuidado de uno; *to take care of, to take upon oneself* (3).

encender *v.* prender luz o fuego, inflamar, incitar, enardecer; *to light, to arouse* (3).

encendido, -da *adj.* apasionado, ardiente; *burning, ardent, inflamed* (4).

encogerse *v.* agacharse; *to shrink, to draw in.* **Encogerse de hombros** *v.* mover los hombros por no querer responder a lo que se le pregunta o por permanecer indiferente; *to shrug one's shoulders* (1).

encomendarse *v.* entregarse, encargar a alguien que cuide de uno y le dé protección; *to entrust oneself to* (1).

encorvado, -da *adj.* tener la espalda doblada, muchas veces a causa de la edad; *stooped, hunched, bent* (6).

enderezarse *v.* ponerse derecho, erguirse; *to stand up, to straighten up* (1).

endiablado, -da *adj.* perverso, endemoniado; *devilish, very bad* (1).

enemistad *f.* odio, antipatía; *hatred, enmity* (6).

enfadarse *v.* enojarse; *to get angry or annoyed* (2).

enfrentarse *v.* hacerle frente a la situación; *to confront* (2).

engancharse *v.* prenderse en un gancho, clavo u objeto puntiagudo; *to hook* (1).

engendrar *v.* procrear, dar la existencia, producir; *to beget, to give rise to* (5).

enhiesto, -ta *adj.* levantado, erguido; *upright, raised* (E2).

enjambre *m.* grupo de abejas que sale de una colmena con una nueva reina con motivo de fundar otra colmena; *swarm* (3).

enlosado *m.* suelo cubierto de piedras planas o losas; *paved with stones or tiles* (4).

enmudecer *v.* callarse, quedar mudo; *to be silent, to become dumb* (E3).

enriquecer *v.* hacer rica a una persona, país, etc. o hacerse rico uno mismo; *to make or become rich* (6).

ensangrentar *v.* manchar de sangre; *to stain with blood* (E1).

ensopado, -da *adj.* empapado; *soaked* (E5).

entenderse *v.* llevarse bien; *to get along (with)* (3).

entendimiento *m.* inteligencia, razón; *reason, understanding* (E2).

enterarse *v.* darse cuenta, informarse de algo; *to find out* (2).

enterrar *v.* poner debajo de tierra; *to bury* (3).

entregar *v.* poner en poder de otro; *to turn in, to hand something over* (2). **Entregarse** *v.* abandonarse a una pasión, vicio, etc.; *to give oneself over to* (5).

entretener *v.* divertir mientras pasa el tiempo; *to entertain, to distract* (E6).

entristecerse *v.* ponerse triste; *to become sad* (5).

entusiasmado, -da *adj.* que siente exaltación, emoción; *excited, keenly interested* (4).

envenenarse *v.* llenarse de veneno; amargarse o llenarse de resentimiento; *to be poisoned; to become bitter* (3).

envolver *v.* cubrir exactamente una cosa con otra; *to wrap, to cover, to envelop* (5).

envuelto, -ta *m.* cubierto, rodeado o ceñido con algo; *wrapped up, caught up* (6).

equidistante *adj.* que está a la misma distancia de dos sitios; *equidistant* (6).

equilátero, -ra *adj.* dícese de las figuras de lados iguales; *equilateral* (6).

equivalente *adj.* que tiene el mismo valor; *equivalent* (6).

erigirse *v.* levantarse; llegar a ser; *to set oneself up as, to come to be* (E4).

errabundo, -da *adj.* vagabundo, que va de una parte a otra; *vagabond, wandering* (3).

erudito, -ta *m. y f.* sabio, que tiene saber profundo en un tipo de conocimientos; *scholar* (5).

escarcha *f.* capa de hielo que se forma en las madrugadas de invierno; *frost* (3).

escarmentar *v.* aprender una lección después de una experiencia negativa; *to learn one's lesson* (3).

escarmiento *m.* arrepentimiento o castigo para enmendar una culpa; *(hard) lesson, punishment* (E5).

escasez *f.* cortedad, poca cantidad de una cosa; *scarcity, shortage* (1).

escombros *m. pl.* restos, ruinas; *debris, rubble* (E3).

esconder *v.* ocultar; *to hide* (4).

escondite *m.* lugar a propósito para esconder; *hiding place* (4).

escuincle *m. y f.* niño *(Méx.)*; *kid* (4).

esculpir *v.* labrar a mano o con cincel una escultura; *to sculpt, to carve* (5).

esforzarse *v.* hacer esfuerzos física o moralmente con algún fin; *to strive, to make an effort* (1).

espantar *v.* causar miedo; *to scare* (6).

esparcido, -da *adj.* distribuido sobre un área, desparramado; *scattered, spread, strewn* (6).

esparcir *v.* extender, difundir, desparramar; *to scatter, to spread* (E2).

especie *f.* conjunto de cosas a las que conviene una misma definición; *kind, sort, type, species* (3).

espectador, -ra *m. y f.* testigo ocular de un acontecimiento público; *spectator* (6).

esperanza *f.* confianza que se tiene de recibir una cosa; *hope* (2).

espolvorear *v.* esparcir una cosa como el polvo; *to sprinkle* (5).

espuela *f.* espiga de metal terminada en una ruedecita con puntas que sirve para picar al caballo; *spur* (4). **Dar de espuelas** *v.* picar con las espuelas; *to spur* (6).

estantería *f.* juego de estantes; *set of shelves* (4).

estar cursado,- da *v.* estar versado, experimentado; *well-versed, experienced* (6).

estimar *v.* apreciar, desear; *to esteem, to hold in regard* (E2).

estirpe *f.* raza, linaje; *lineage, family* (E5).

estorbar *v.* poner obstáculo, molestar, incomodar; *to bother, to hinder, to be in the way* (5).

estragar *v.* arruinar, destruir; *to ruin, to ravage* (4).

estrago *m.* daño físico o moral; *havoc, damage, ruin* (E4).

estrellarse *v.* chocarse, encontrarse violentamente dos o más cuerpos; *to crash* (2).

estremecer *v.* conmover, temblar repentinamente; *to shake, to shudder, to shiver* (1).

estrenar *v.* hacer uso por primera vez de una cosa, representar por primera vez; *to use or wear for the first time, to debut* (1).

estuche *m.* caja para guardar objetos; *case* (E3).

evidente *adj.* cierto, claro, sin duda; *obvious* (2).

exasperar *v.* agravar o agudizar un estado de ánimo; *to exasperate* (1).

exigir *v.* pedir o reclamar imperiosamente; *to demand, to require* (6).

eximir *v.* liberar; *to exempt, to free* (E4).

expropiación *f.* acción y efecto de quitarle a alguien su propiedad, generalmente según unas formas legales; *seizure (of property), expropriation* (4).

extenuación *f.* cansancio extremo; *exhaustion* (1).

extraviarse *v.* desorientarse, perderse; *to stray, to lose one's way* (3).

fábrica *f.* lugar donde se fabrica algo; *factory* (2).

fabril *adj.* perteneciente o relativo a las fábricas; *of a factory* (3).

faja *f.* tira larga de lienzo que sirve para apretarse la cintura; *sash, girdle* (E6).

fallecer *v.* morir; *to pass away* (3).

farsa *f.* enredo o trama con el propósito de engañar; obra teatral cómica; *farce* (4).

fastidiar *v.* molestar, insistir en algo hasta enojar a alguien; *to nag, to hound, to pester* (2).

fatigoso, -sa *adj.* que causa fatiga o cansancio; *tiring* (4).

faz *f.* rostro, cara o anverso de una cosa; *face* (5). **Faz torva** *f.* cara que se ve fiera o airada; *fierce face* (E1).

fe *f.* confianza; *faith* (2).

fementido, -da *adj.* engañoso, falso; *unfaithful, false* (E2).

férreo *adj.* de hierro, relativo al ferrocarril; *iron, rail* (3).

fiel *adj.* que llena sus compromisos, constante; *faithful* (2).

fiero, -ra *adj.* violento, duro, cruel; *fierce* (6).

fijarse *v.* poner atención en una cosa; *to take notice, to pay attention* (2).

fingir *v.* aparentar, hacer creer; *to pretend* (2).

flacuchento, -ta *adj.* flaco, muy delgado; *skinny* (1).

flecha *f.* dardo con punta afilada, que se dispara con el arco; *arrow* (3).

fogoso, -sa *adj.* ardiente; *fiery, fierce-spirited* (1).

follaje *m.* conjunto de hojas de árboles y plantas; *foliage, leaves* (3).

fondo *m. pl.* parte inferior de una cosa hueca o parte de atrás de una habitación; *bottom, back* (2).

fornido, -da *adj.* fuerte, recio; *robust, sturdy* (4).

fortificar *v.* hacer más seguro, dar fuerza; *to strengthen, to build up* (2).

fracasar *v. pl.* frustrarse un proyecto, salir mal; *to fail* (1).

frenos *m. pl.* aparato ortodontológico que se usa para enderezar los dientes; *braces* (2).

frotarse *v.* restregarse una cosa con otra; *to scrub* (4).

fuera de quicio *expresión adv.* muy irritado o molesto; *mad, worked up, beside oneself* (E5).

fuga *f.* huida, partida; *flight, escape* (1).

fugitivo, -iva *m. y f.* que huye; *fugitive* (6).

fulano, -na *m. y f.* persona indeterminada o imaginaria; *what's his name, what's her name* (6).

fulgurar *v.* brillar, resplandecer; *to flash, to shine* (E5).

funcionario, -ria *m. y f.* persona que desempeña una función pública; *civil servant, official* (6).

fusilar *v.* matar con una descarga de fusilería; *to shoot, to execute* (4).

galante *adj.* atento, obsequioso con las damas; *gallant, courteous* (4).

gallo *m.* nota aguda falsa, dada por el que canta o habla; *crack, to squawk (voice).* **Salirle el gallo a alguien** *v.* hablando de alguien que canta o habla, soltar un gallo; *to crack, to squawk (voice)* (6).

galope *m.* marcha más rápida del caballo; *gallop* (6).

gama *f.* escala, serie continua; *gamut, series* (1).

ganado *m.* conjunto de animales de pasto, especialmente los caballos, reses u ovejas; *livestock, cattle* (E2).

gasa *f.* tela fina y clara; *gauze* (E3).

gavilán *m.* ave rapaz, tipo de pájaro que caza; *sparrow hawk* (E5).

genio *m.* disposición, estado de ánimo habitual; *disposition, temper, nature* (E1).

gentil *adj.* noble, grande, notable; *graceful, remarkable* (E2).

gesticular *v.* hacer muecas, gestos; *to make expressive gestures* (1).

gesto *m.* cara, expresión; *facial expression* (E2).

glifo *m.* cada uno de los signos utilizados en los códices de los antiguos mayas; *glyph* (5).

golpe *m.* choque violento de dos cuerpos, apropiación del poder político por medios ilegales; *blow, strike, coup d'état* (1).

gota *f.* partícula esférica que se separa de un líquido; *drop, droplet* (2).

goterón *m.* gota muy grande de agua u otro líquido; *big drop* (3).

gradería *f.* asientos escalonados, como los que hay en los estadios; *bleachers, stands* (2).

grado *m.* peldaño, escalón, cada una de las divisiones del termómetro; *step, rung, degree, grade (degree in quality)* (2).

granizo *m.* lluvia helada; *hail* (2).

granja *f.* hacienda de campo, con huerta, casería y establo; *farm* (1).

granuja *f.* persona traviesa; *rascal, scoundrel* (E1).

gratuito, -ta *adj.* regalado, sin pagar; *free* (1).

grieta *f.* abertura, rotura; *crack, crevice* (E5).

grito *m.* voz levantada y esforzada; *shout*. **Poner el grito en el cielo** *v.* lamentar o protestar de una manera exagerada; *to complain bitterly, to cry out to the heavens* (3).

grosería *f.* acto descortés; *rude thing, rudeness* (3).

guagua *f.* autobús o carro público *(Cuba, P.R.); bus* (4).

guajiro, -ra *m.* y *f.* campesino *(Cuba); farmer* (1).

guante *m.* prenda de vestir que cubre la mano, con una funda para cada dedo; *glove* (2).

guardar *v.* retener, conservar o cuidar; *to keep, to save, to take care of* (6).

guarida *f.* sitio abrigado que le sirve a un animal para vivir o esconderse; *den, lair, shelter* (E3).

habilidad *f.* capacidad, inteligencia o disposición para cualquier actividad; *skill, talent, ability* (6).

habitar *v.* vivir en un lugar; *to inhabit* (5).

hacer *v.* crear, fabricar, causar; *to make, to do, to cause*. **Hacer guardia** *v.* vigilar; *to watch over* (4); **hacer la corte** *v.* cortejar; *to court, to woo* (E6); **hacer mudanza** *v.* cambiar, alterar; *to change, to become altered* (E2); **hacérsele un nudo en la garganta** *v.* tener deseos de llorar; *to get all choked up, to get a lump in one's throat* (1).

halagado, -da *adj.* deleitado, satisfecho; *pleased, flattered* (4).

halagador, -ra *adj.* agradable, deleitable; *pleasing, flattering, gratifying* (E3).

halagüeño, -ña *adj.* que agrada o deleita; *flattering, pleasing*. Prometedor; *promising* (1).

hallar *v.* dar con alguien o algo que se busca, encontrar; *to find* (E2).

hamaca *f.* red que se cuelga por las extremidades y sirve de cama y columpio; *hammock* (5).

hechicería *f.* brujería; *witchcraft, sorcery* (5).

helado, -da *adj.* muy frío; *frozen* (2).

heredero, -ra *m.* y *f.* que puede heredar los bienes o derechos de otro tras su fallecimiento; *heir* (1).

herido, -da *adj.* sangriento, lastimado; *wounded, injured* (E1).

hermosura *f.* belleza del aspecto físico; *beauty* (E2).

hervir *v.* calentar hasta la ebullición; *to boil* (4).

hígado *m.* víscera de color rojizo que segrega la bilis; *liver* (1).

hilacha *f.* porción insignificante de hilo que se desprende de una tela; *unraveled thread* (E5).

hilera *f.* formación en línea recta, fila; *line, row* (2).

hoguera *f.* porción de materias combustibles que levantan gran llama, fogata; *bonfire* (5).

holgazanear *v.* permanecer desocupado voluntariamente; *to lay about, to lounge* (1).

hombro *m.* lugar donde se unen los brazos y el cuerpo; *shoulder*. **Arrimar el hombro** *v.* unirse para trabajar en grupo; *to pitch in* (1).

homenaje *m.* demostración de admiración o respeto hacia alguien; *homage* (3).

homicida *adj.* que ocasiona la muerte de una persona; *murderous, homicidal* (6).

honrado, -da *adj.* de buena reputación; *honorable* (E1).

hortelano, -na *m.* y *f.* persona que cultiva una huerta, horticultor; *gardener, farmer* (6).

huerta *f.* campo o jardín en que se cultivan verduras, legumbres y árboles frutales; *orchard, vegetable garden* (2).

humilde *adj.* de baja condición social y económica; *poor* (2).

hundido, -da *adj.* metido en lo hondo; *sunken* (3).

hundimiento *m.* acción y efecto de meterse en el agua hasta el fondo; *sinking* (5).

hundirse *v.* meterse en el agua hasta el fondo; *to sink* (4).

huracán *m.* viento violento e impetuoso que gira como torbellino; *hurricane* (3).

hurtar *v.* robar, quitar; *to steal, to rob* (E2).

hurto *m.* robo; *theft* (1).

impedir *v.* dificultar, imposibilitar una cosa; *to hinder, to stop, to impede, to prevent* (5).

impertinente *adj.* inoportuno, que no viene al caso, insolente; *impertinent, annoying, uncalled-for* (1).

implacable *adj.* que no se puede aplacar o calmar; intenso y severo; *inflexible, implacable* (1).

imponerse *v.* predominar, sobresalir; *to prevail, to win* (3).

impostura *f.* engaño con apariencia de verdad; *imposture, fraud, false identity* (E5).

impregnar *v.* penetrar, empapar, meterse en la piel; *to permeate, to soak in, to get into one's skin* (1).

imprescindible *adj.* dícese de aquello a lo que no se puede renunciar; *essential, indispensable* (4).

inadaptado, -da *m.* y *f.* persona que no está adaptada a ciertas circunstancias o a la sociedad; *misfit* (3).

inaudito, -ta *adj.* nunca oído, sorprendente; *unheard-of, extraordinary* (3).

incapaz *adj.* que no tiene la habilidad de hacer algo; *incapable* (1).

incauto, -ta *adj.* ingenuo, que no tiene cautela; *careless, unwary* (E5).

incendiarse *v.* quemarse; *to burn, to catch fire* (1).

incesante *adj.* que ocurre de forma continua, sin parar; *unceasing, incessant, continual* (1).

inclinación *f.* afecto, amor; *liking, affection* (1). Acción de inclinar la cabeza o el cuerpo en señal de aquiescencia o de respeto; *bow, nod* (4).

inconveniente *m.* dificultad, obstáculo o desventaja que ofrece una cosa; *trouble, problem, drawback* (3).

incrustarse *v.* penetrar y quedar adherido un cuerpo en otro, sin formar un todo; *to become embedded* (3).

indisputable *adj.* que no admite debate, irrefutable; *indisputable, unquestionable, irrefutable* (6).

índole *f.* naturaleza y calidad de las cosas; *nature, kind, sort* (3).

indomable *adj.* que no puede domarse o someterse; *untamable, indomitable* (2).

inerte *adj.* sin vida o movimiento; *inert, inactive, lifeless* (5).

infatigable *adj.* que resiste mucho la fatiga o que no se cansa; *tireless, untiring* (3).

ingratitud *f.* desagradecimiento, olvido de los favores recibidos; *ungratefulness* (6).

inmortal *adj.* que tiene vida eterna; *immortal* (5).

inmueble *adj.* dícese de bienes o propiedades como tierras, edificios, construcciones y minas; *having to do with real estate.* **Propiedades inmuebles** *f. pl.* bienes raíces; *real estate* (4).

inmutable *adj.* que no cambia o no puede ser alterado; *unchangeable, immutable* (6).

inquietud *f.* falta de tranquilidad, preocupación; *restlessness, anxiety, concern* (2).

inscribirse *v.* anotar alguien su nombre en un registro para un fin determinado, como para un curso; *to register, to sign up, to enroll* (4).

insolación *f.* enfermedad causada por una exposición excesiva al sol; *sunstroke* (E6).

insolentarse *v.* ponerse grosero o impertinente; *to become insolent or disrespectful* (E6).

insortar *v.* dar a conocer la noticia; *to make known, to spread (the news)* (5).

instar *v.* insistir en una petición o súplica; *to beg, to urge* (1).

íntegro, -gra *adj.* entero; *whole, complete* (6).

inundación *f.* desbordamiento de los ríos o lagos que inunda las comarcas vecinas; *flood* (5).

inutilizarse *v.* dañarse, inhabilitarse; *to break, to become useless* (1).

inversión *f.* acción y efecto de emplear una cantidad determinada de algo, especialmente dinero o tiempo, en alguna cosa; *investment* (6).

ir viento en popa *v.* tener éxito; *to go full steam ahead* (3).

jactarse *v.* alardear, presumir; *to boast, to brag* (4).

jadear *v.* respirar con dificultad o entrecortadamente por efecto del cansancio, del calor, de la enfermedad, etc.; *to pant, to gasp, to be out of breath* (3).

jarra *f.* vasija de barro con asa y de cuello y boca muy anchos; *jar, jug* (4).

jaula *f.* armazón de madera o barras de hierro para encerrar animales o aves; *cage* (5).

jugada *f.* acción de jugar; *play (maneuver in a game)* (2).

junta *f.* reunión de personas pertenecientes a determinada entidad para tratar asuntos de la misma; *meeting* (4). **Junta directiva** *f.* comité que dirige los asuntos de una organización; *board of directors* (2).

laboriosidad *f.* aplicación al trabajo; *industriousness* (6).

labrador, -ra *m. y f.* campesino; *peasant, farmer, farm worker* (6).

lactancia *f.* periodo de la vida en que uno se alimenta principalmente de leche; *nursing, suckling* (6).

lácteo, -tea *adj.* perteneciente o parecido a la leche, que está formado por la leche; *milk, milky, dairy* (6).

ladino, -na *adj.* mestizo que sólo habla español; *Spanish speaker of Spanish and Indian descent* (5).

ladrar *v.* dar ladridos, voz del perro; *to bark* (2).

ladrón, -ona *m. y f.* persona que roba; *thief* (2).

lágrima *f.* líquido salado producido por glándulas situadas junto a los ojos; *tear, teardrop* (6).

lamentación *f.* queja acompañada de llanto, suspiros; viva expresión de dolor; *lament* (2).

langosta *f.* crustáceo marino de gran tamaño, con cinco pares de patas pero sin boca; *lobster.* Insecto ortóptero saltador; *locust* (2).

lanza *f.* arma ofensiva de asta larga y hierro agudo; *spear* (6).

lástima *f.* compasión, pena; *compassion, pity* (1).

latifundio *m.* gran propiedad agrícola explotada extensivamente, en la que el trabajo corre a cargo de campesinos; *large landed estate* (4).

lazo *m.* unión, vínculo; *bond, link* (1). Cuerda; *rope* (5).

leal *adj.* sincero y honrado, que guarda fidelidad; *loyal* (4).

legua *f.* medida que marca gran distancia; *league* (6).

leñador, -ra *m. y f.* persona que tiene por oficio talar árboles; *woodcutter, lumberjack* (E5).

librería *f.* tienda de libros; *bookstore* (2).

ligero, -ra *adj.* inconstante, que cambia sin consideración ni reflexión; *fickle, inconsistent* (E2).

límpido, -da *adj.* limpio, puro, sin mancha; *crystal-clear, limpid* (3).

lío *m.* atado o paquete de ropa o de otras cosas; *bundle, parcel* (1).

lira *f.* instrumento de cuerda usado en la Grecia antigua para acompañar a cantores y recitadores; *lyre* (E3).

liviano, -na *adj.* que pesa poco; *light* (5).

llama *f.* mamífero rumiante de la cordillera de los Andes que en la actualidad sólo se encuentra en forma doméstica; *llama* (5).

llanura *f.* superficie de tierra llana; *plain, flatlands* (1).

llover a cántaros *v.* llover mucho y con mucha fuerza; *to rain cats and dogs* (3).

lodazal *m.* sitio lleno de lodo; *muddy place, mudhole* (E5).

lona *f.* tela con la que se hacen las velas; *canvas* (E3).

lozano, -na *adj.* de mucho vigor, de aspecto sano, orgulloso; *vigorous, strapping, full of life* (E2).

lucero *m.* brillo; estrella grande y brillante; *bright star* (3).

luciente *adj.* brillante, resplandeciente; *bright, shining* (E2).

lucir *v.* resplandecer, distinguirse, sobresalir en algo, vestir bien; *to shine, to excel, to be well-dressed* (2). Hacer ostentación de algo; *to show off, to flaunt* (E4).

lucrativo, -va *adj.* que produce ganancias; *lucrative, profitable* (1).

lumbre *f.* luz; cualquier combustible encendido; *light, fire (of burning coals, wood, etc.)* (3).

luminoso, -sa *adj.* que despide luz o que está muy iluminado; *bright, shining, luminous* (3).

madrugada *f.* horas antes del alba, amanecer, principio del día; *early morning* (4).

mago, -ga *m. y f.* persona que ejerce la magia; *magician* (4).

magullado, -da *adj.* adolorido; *bruised* (4).

majadero *adj.* necio, obstinado; *silly, foolish* (E1).

malentendido *m.* equívoco, mala interpretación; *misunderstanding* (1).

malhechor *m.* delincuente; bandido; *evildoer, criminal* (5).

malhumorado, -da *adj.* de mal humor; *in a bad mood* (2).

maltrecho, -cha *adj.* maltratado, lastimado; *battered, damaged* (6).

maña *f.* astucia, habilidad; *skill, cunning* (3).

mancebo *m.* joven soltero; *young man, bachelor* (E1).

mancha *f.* señal que hace algo en un cuerpo ensuciándolo; *spot, stain* (3).

manco, -ca *adj.* que le falta un brazo o una mano, o los dos, o los tiene inutilizados; *missing one or both hands or arms or the use thereof* (6).

manguera *f.* manga de riego; *garden hose* (4).

manifestación *f.* demostración colectiva, generalmente al aire libre, a favor de una opinión o de una reivindicación; *demonstration, protest* (3).

manifestarse *v.* darse a conocer; *to show oneself* (5).

manillón *m.* pulsera de adorno, joya; *bracelet* (1).

manta *f.* prenda de abrigo de forma cuadrada; *blanket* (4).

mantener *v.* alimentar, sostener, conservar; *to maintain, to support* (1). **Mantenerse al tanto** *v.* saber lo que pasa actualmente; *to keep up with, to stay informed* (1).

manual *adj.* hecho a mano; *manual* (6).

manubrio *m.* pieza de una bicicleta que sirve para dirigirla; *handle bars* (2).

manuscrito *m.* documento, libro o papel escrito a mano; *handwritten document, manuscript* (6).

mar de confusiones *m.* situación caótica y confusa; *a confusing mess* (3).

marchitar *v.* quitar la frescura y hermosura de una flor; *to wilt, to wither* (E2).

marginado, -da *adj.* que se encuentra apartado de la sociedad o excluido de los privilegios de los que disfrutan los demás; *marginalized, outcast, fringe* (2).

masa *f.* agrupación numerosa de personas o cosas; *mass* (3).

masticar *v.* triturar los alimentos en la boca; *to chew* (4).

matricularse *v.* inscribirse en un registro para un curso académico; *to sign up, to enroll, to register* (4).

matrimonial *adj.* relativo al matrimonio; *marital* (4).

mecer *v.* mover o menear acompasadamente; *to rock, to swing, to sway* (3).

mediante *adv.* utilizando lo que a continuación se expresa; *by means of, using* (4).

mediar *v.* interceder o rogar por alguien; *to intercede* (1).

medida *f.* disposición, precaución; *step, measure* (3). Estimación comparativa de una cantidad; *measurement* (5).

melancólico, -ca *adj.* relativo a la tristeza nostálgica y suave; *gloomy, melancholy* (6).

mella *f.* hendidura; *crack, gap, chip* (4).

mendigo, -a *m. y f.* persona pobre que pide dinero u otras cosas; *beggar* (4).

menesteres *m. pl.* quehaceres; *duties* (E4).

menosprecio *m.* poca estimación, desdén; *scorn, contempt* (E2).

menso, -sa *adj.* tonto, necio; *silly, nitwitted* (2).

mercadeo *m.* acción y efecto de hacer trato o comercio de mercancías; estudio de mercados; *trade; marketing* (3).

mercancía *f.* cualquier cosa que se puede comprar o vender; producto; *goods, merchandise* (2).

merecer la pena *v.* justificarse el esfuerzo; *to be worth the trouble* (1).

milenario *adj.* dícese de lo que tiene mil años; *thousand-year-old* (3).

millar *m.* conjunto de mil unidades, gran cantidad; *thousand* (3). **Millares de...** *thousands of..., untold numbers of...* (3).

minar *v.* destruir, aminorar; *to undermine* (2).

mira *f.* pieza que en ciertos instrumentos sirve para dirigir la vista a un punto determinado; *sight (of firearm)* (E3).

mirra *f.* resina aromática que se valoraba mucho en la antigüedad; *myrrh* (E5).

misericordia *f.* compasión que impulsa a ayudar o perdonar; *mercy* (3).

mochado, -da *adj.* cortado; *cut* (2).

modales *m. pl.* comportamiento que se considera correcto por un grupo social; *manners, breeding* (4).

mohíno, -na *adj.* triste, disgustado; *sad, annoyed* (3).

molino de viento *m.* máquina que utiliza el viento para moler ciertas materias; *windmill* (6).

moneda *f.* pieza de metal que sirve de medida común para el precio de las cosas y para facilitar los cambios; *coin, currency* (2).

morado, -da *adj.* de un color de violeta que tiende a azul o rojo; *purple* (E4).

morboso, -sa *adj.* enfermo, moralmente insano; *unhealthy, twisted* (3).

moribundo, -da *adj.* que está a punto de morir; *dying* (1).

moro, -ra *adj.* del norte de África, que profesa la religión islámica; *Moorish* (E1).

morral *m.* saco o talego, mochila; *knapsack, backpack* (4).

mortificado, -da *adj.* muy molesto, irritado; *bothered, irritated* (2).

mortificar *v.* afligir, angustiar; *to annoy* (1).

mostrador *m.* tablero en que se despachan las mercancías a los compradores; *counter* (2).

muchedumbre *f.* reunión de muchas personas, multitud; *crowd, multitude* (4).

muda *f.* cambio de ropa; *change of (clean) clothes* (1).

mudanza *f.* cambio de casa; *move* (4). Alteración, cambio; *change* (6). **Hacer mudanza** *v.* cambiar, alterar; *to change, to alter* (E4).

mueca *f.* gesto o expresión del rostro; *face, grimace* (2).

muelle *m.* construcción a la orilla del mar o de un río que facilita el embarque de personas y carga; *dock, pier* (6).

muladar *m.* lugar donde se echa el estiércol o basura de la casa; *dungheap* (E5).

multidimensional *adj.* que tiene muchas dimensiones; *multidimensional* (6).

multiforme *adj.* que tiene múltiples formas; *multiform, many-shaped* (6).

multimillonario, -ria *adj.* que tiene una gran cantidad de dinero; *multimillionaire* (6).

muralla *f.* fortificación permanente que rodea un territorio o una ciudad; *wall* (2).

muro *m.* pared al aire libre que sirve para separar terrenos o rodear algo, especialmente una ciudad; *(outer) wall* (E2).

mutación *f.* transformación, cambio; *change, mutation* (6).

mutis *m.* acto de salir de escena un actor; *exit (of an actor)* (E6).

mutismo *m.* silencio; *silence* (1).

nácar *m.* sustancia blanca, dura y reluciente que producen algunos moluscos; *mother-of-pearl* (E4).

negar *v.* decir que no es verdad una cosa, no admitir su existencia; *to deny* (2). **Negarse** *v.* rehusar el hacer una cosa; *to refuse to* (5).

nieve *f.* helado *(Méx.); ice cream* (4).

nitidez *f.* claridad, transparencia; *clarity, clearness, sharpness* (1).

no caber ni un alfiler *v.* no haber espacio para nada más; *nothing more will fit* (3).

noctámbulo, -la *m. y f.* persona que se pasea o se divierte de noche; *night-wanderer, night-owl* (6).

notársele *v.* percibirse algo en alguien. **Se le nota que…** *You can tell that …, It shows that …* (2).

novedad *f.* estado o calidad de nuevo, suceso reciente; *news, novelty* (1).

novillo, -lla *m. y f.* toro o vaca de tres o cuatro años; *young bull, heifer* (E5).

nuez *f.* fruto del nogal y de ciertos otros árboles; *walnut, nut* (4).

obra *f.* resultado del trabajo o de la acción; *work* (2).

obrero, -ra *m. y f.* trabajador manual; *blue-collar worker, manual laborer* (3). *Adj.* que se dedica a algún oficio manual; *working, laboring* (E6).

ocultarse *v.* esconderse; *to hide oneself* (5).

oculto, -ta *adj.* que no se puede ver; *hidden* (5).

ofrenda *f.* don que se hace a la divinidad o que se deposita en un templo con una intención religiosa; *offering* (5).

olivar *m.* terreno plantado de olivos; *olive grove* (3).

orondo, -da *adj.* hinchado, satisfecho, lleno de vanidad; *swollen with pride, self-satisfied* (2).

osado, -da *adj.* valiente, atrevido; *bold, daring* (1).

ostentosamente *adv.* de una manera excesivamente visible y llamativa; *ostentatiously, theatrically* (4).

padecer *v.* recibir la acción de algo que causa dolor físico o moral, soportar; *to suffer, to bear* (4).

padrísimo, -ma *adj.* muy grande; estupendo, hermoso, magnífico *(Méx.); great, wonderful, fantastic* (4).

palanca *f.* manecilla para el accionamiento manual de ciertas máquinas; *lever, stick, handle* (3).

pampa *f.* llanura extensa con vegetación pero desprovista de árboles; *pampa* (5).

pámpano *m.* hoja de la vid; *grapevine leaf* (E4).

panal *m.* masa de cera que elaboran las abejas, constituida por una gran cantidad de células donde depositan la miel; *honeycomb* (3).

pantalla *f.* aparato de diversas formas que se coloca delante de la luz para que no haga daño a los ojos; *screen* (4).

pantorrilla *f.* el músculo trasero de la parte baja de la pierna, desde la rodilla al tobillo; *calf* (E6).

papaya *f.* fruta tropical de color amarillo y anaranjado; *papaya* (5).

parador *m.* establecimiento donde se sirven comidas y bebidas; *inn* (2).

paralelo, -la *adj.* dícese de las líneas rectas que están situadas en un mismo plano que nunca se encuentran; *parallel* (5).

parir *v.* dar a luz; *to give birth* (1).

parrilla *f.* utensilio de hierro en forma de rejilla, que se coloca sobre el fuego para asar o tostar los alimentos; *grill* (6).

parsimonia *f.* moderación, cautela, prudencia; *moderation, deliberation, calm* (E5).

partida *f.* cierta cantidad de una mercancía que se entrega o se manda de una vez; *shipment, batch* (3).

partidario, -ria *adj.* dícese de la persona que, por estar de acuerdo con algo o alguien, lo sigue, defiende y ayuda; *follower, supporter* (3).

partir *v.* dividir una cosa en dos o más partes; *to divide* (5).

pasear *v.* andar a pie, en coche o a caballo, por diversión; *to take a walk, ride* (2).

pasillo *m.* pieza de paso, larga y angosta, de cualquier edificio; *hallway* (2).

patada *f.* golpe dado con la pata o con el pie; *kick* (E6).

peinado *m.* forma de arreglarse el pelo o de peinarse; *hairdo* (2).

pelar *v.* quitar la cáscara a la fruta; *to peel* (2).

pellejo *m.* piel de los animales o las frutas; *skin, hide* (5).

pelotón de fusilamiento *m.* grupo de soldados cuya función es la ejecución por fusil de los condenados a muerte; *firing squad* (4).

pena *f.* castigo, dolor, lástima; *pain*. Vergüenza, cortedad; *shame, embarrassment* (6). **Merecer la pena** *v.* justificarse el esfuerzo; *to be worth the trouble* (1).

pendiente *f.* cuesta; *slope* (4).

penumbra *f.* sombra, entre la luz y la oscuridad; *twilight* (3).

pepita *f.* semilla de ciertos frutos; *seed* (6).

percance *m.* dificultad, contratiempo, desgracia; *mishap, setback, drawback* (E5).

perdurar *v.* durar mucho tiempo, persistir; *to endure, to last a long time* (1).

perecer *v.* morir; *to perish* (5).

perenne *adj.* perpetuo, que dura indefinidamente; *perennial, everlasting* (3).

perjudicar *v.* causar daño a alguien; *to hurt, to harm* (1).

perjuicio *m.* daño, pérdida; *harm, damage, injury* (3).

pernoctar *v.* pasar la noche en determinado sitio; *to spend the night* (6).

perpendicularmente *adv.* en un ángulo recto; *at a right angle* (1).

perseguido, -da *adj.* dícese del que huye de otra persona; *pursued, followed* (4).

perseguir *v.* seguir a uno que huye para alcanzarlo; *to chase, to pursue* (5). Molestar, atormentar; *to torment, to persecute* (E2).

perseverar *v.* persistir en el mismo estado de ánimo, con las mismas opiniones; *to persevere, to persist* (1).

pesadilla *f.* sueño angustioso, alucinación; *nightmare* (1).

pesar *m.* sentimiento, pena; *sorrow, grief* (1).

pesaroso, -sa *adj.* arrepentido, triste, preocupado; *sorry, regretful, sad* (6).

pesquero, -ra *adj.* relativo a la pesca; *fishing* (1).

petirrojo *m.* ave de talla pequeña y plumaje marrón, con el cuello y el pecho rojos; *robin* (3).

picadura *f.* acción y efecto de pinchar con una punta; *sting* (1).

picar *v.* quemar la boca o los ojos ciertas cosas; *to sting, to burn* (5).

picotear *v.* golpear o herir las aves con el pico; *to peck at* (E5).

pillo *m. y f.* persona traviesa; *rascal, scoundrel* (E1).

piraña *f.* pez de dientes y mandíbulas fuertes; *piranha* (5).

pisotear *v.* pisar repetidamente una cosa; *to stomp on* (2).

pizcador, -ra *m. y f.* persona que por oficio recoge los frutos de una cosecha; *picker* (4).

pizcar *v.* cosechar, recoger; *to pick (a crop)* (4).

plantear *v.* proponer un tema o cuestión; *to set forth, to raise, to propose* (1).

plata *f.* metal gris y brillante; *silver.* Dinero; *money* (E6).

plazo *m.* periodo de tiempo señalado para hacer algo; *deadline, fixed time or date* (1).

plebeyo, -ya *m. y f.* persona del pueblo, de gustos poco sofisticados; *plebeian* (E6).

pluma *f.* formación de la epidermis de las aves que interviene en el vuelo y proporciona aislamiento y protección; *feather* (5).

pocilga *f.* establo para los cerdos; *pigsty.* Lugar sucio y asqueroso; *pigsty, filthy place* (E6).

polémico, -ca *adj.* controvertido, conflictivo; *controversial, polemical* (4).

ponchado, -da *adj.* desinflado, sin aire *(Méx.); flat, punctured* (2).

poner *v.* colocar, disponer, preparar; *to put, to place, to set, to lay.* **Poner el grito en el cielo** *v.* lamentar o protestar de una manera exagerada; *to complain bitterly, to cry out to heaven* (3); **poner los pelos de punta** *v.* aterrar, asustar; *to frighten, to give one goosebumps* (1).

popa *f.* parte posterior de una embarcación donde se encuentra la cabina y el timón; *stern* (1). **Ir viento en popa** *v.* tener éxito; *to go full steam ahead* (3).

popote *m.* pajita que sirve para tomar líquidos *(Méx.); drinking straw* (4).

por la buena *expresión adv.* de buen grado; *willingly, without reluctance* (5).

porche *m.* espacio exterior cubierto que tiene una casa; *porch* (2).

pordiosero, -ra *m. y f.* mendigo, limosnero; *beggar* (4).

porfiar *v.* insistir en, discutir, obstinarse; *to insist, to persist, to wrangle* (E1).

pormenor *m.* detalle; *detail* (1).

portarse *v.* actuar de cierta manera; *to behave* (E1).

postrarse *v.* arrodillarse a los pies de otro en señal de ruego o respeto; *to kneel down, to prostrate oneself* (1).

postrero, -ra *adj.* que se encuentra el último en una serie de cosas; *last* (3).

potencia *f.* fuerza, facultad; *power, strength* (5).

pozo *m.* hoyo que se hace en la tierra hasta encontrar reservas de agua; *well* (5).

prado *m.* terreno húmedo en el que se deja crecer o se siembra la hierba para pasto del ganado; *meadow, field* (3).

precaución *f.* cuidado; lo que se hace para prevenir un daño; *care, precaution* (5).

precipitarse *v.* arrojarse inconsideradamente a una cosa; *to throw oneself, to hurl oneself* (3).

precolombino, -na *adj.* relativo a las culturas y al arte desarrollados por los pueblos de América antes de la llegada de Cristóbal Colón; *pre-Columbian* (5).

precoz *adj.* que se produce, desarrolla o madura antes de tiempo; *precocious, premature* (4).

premeditado, -da *adj.* planeado o pensado con anticipación; *premeditated* (1).

prenda *f.* alhaja o pieza de vestir; *piece of clothing* (1).

prescindir *v.* no contar con algo, excluir, descartar; *to dispense with, to do without* (1).

presenciar *v.* hallarse presente, asistir a una cosa; *to be present (at), to witness* (1).

preso, -sa *m. y f.* prisionero, cautivo; *prisoner, captive.* Adj. encarcelado, en prisión; *in prison* (5).

prestar *v.* entregar algo a uno con obligación de devolverlo; *to lend* (2).

presumido, -da *adj.* presuntuoso, vano; *conceited, vain* (1).

principiar *v.* empezar, comenzar; *to begin* (6).

proferir *v.* decir, declarar, articular palabras o sonidos; *to utter, to speak, to declare* (4).

prófugo, -ga *m. y f.* dícese del que huye de la justicia, fugitivo; *fugitive* (6).

prolongar *v.* hacer que dure más tiempo una cosa, alargar; *to prolong, to extend* (5).

promedio *m.* punto medio de algo; *average* (2).

proporcionar *v.* disponer una cosa proporcionadamente, poner las cosas en disposición para conseguir lo que se desea; *to supply, to furnish* (1).

proseguir *v.* seguir en un mismo estado o actitud, o con lo que se había empezado a hacer; *to carry on, to keep on (doing)* (3).

provenir *v.* proceder, derivarse, tener su origen; *to come from, to arise from* (5).

proverbio *m.* refrán; *proverb, saying* (6).

provocar *v.* incitar, causar una reacción; *to provoke* (1).

púas *f. pl.* puntas afiladas de hierro; *barbs, sharp points* (2).

puchero *m.* vasija de barro o porcelana que sirve para cocer la comida; *earthenware pot* (5).

pulcro, -a *adj.* limpio, aseado, bien arreglado; *neat, tidy* (1).

pulgar *m.* dedo más grueso de la mano; *thumb* (2).

puma *m.* mamífero carnívoro de América; *puma, cougar, mountain lion* (5).

puñal *m.* arma de acero puntiaguda, cuchillo; *dagger* (2).

puñetazo *m.* golpe dado con el puño; *punch, blow with the fist* (2).

pupitre *m.* mueble de madera en forma de plano inclinado, que sirve para escribir; *desk* (4).

Q

quebrantar *v.* romper, violar una ley u obligación; *to break* (3).

quitarse *v.* apartarse de una cosa; *to get away, to get out of the way* (6).

R

radical *adj.* relativo a la raíz o al principio de una cosa; *root.* Fundamental, esencial, de raíz; *radical* (6).

radicar *v.* arraigar, estar en un lugar, establecerse; *to have roots, to settle* (2).

ráfaga *f.* movimiento violento del viento; *gust* (3).

raíz *f.* órgano de los vegetales que fija la planta al suelo, de donde absorbe el agua; *root* (3).

rama *f.* parte que nace del tronco del árbol o de la planta; *branch* (3).

rango *m.* categoría social, clase; *rank.* **De menor rango** *expresión adj.* de baja categoría; *low-ranking* (6).

rascar *v.* raer con las uñas; *to scratch* (4).

rasurado, -da *adj.* afeitado; *shaven* (2).

raya *f.* especie de pez de cuerpo aplanado en cuya cola se encuentra un aguijón que provoca heridas dolorosas; *stingray* (1).

reacomodar *v.* ajustar, arreglar; *to adjust, to rearrange* (2).

realidad *f.* verdad, lo real; *reality.* **En realidad** *expresión adv.* realmente, efectivamente, en verdad; *actually, in fact* (2).

realizar *v.* llevar a cabo una acción, hacer real o efectiva una cosa; *to accomplish, to carry out, to fulfill* (2).

rebatir *v.* refutar, rechazar las razones que dan otros; *to refute, to rebutt* (3).

recaudador, -ra *m. y f.* persona encargada de cobrar dinero o impuestos públicos; *tax collector* (6).

recaudar *v.* reunir cierta cantidad de dinero en cobros diversos; *to raise, to take, to collect* (6).

rechistar *v.* protestar, hacer ademán de hablar (úsase solamente en expresiones negativas); *to speak, to say a word, to protest* (E1).

recibo *m.* escrito en que afirma uno haber recibido una cosa; *receipt* (1).

recipiente *m.* utensilio para guardar o conservar algo; *container* (5).

reclamar *v.* pedir o exigir con derecho o con insistencia una cosa; *to complain, to demand, to appeal* (6).

recluido, -da *m. y f.* dícese de alguien que vive encerrado o retenido en un lugar; *recluse, shut-in* (3).

recobrar *v.* recuperar lo que se perdió; *to recover, to get back, to regain* (5).

recogimiento *m.* introspección, acción de concentrarse en sí mismo; *withdrawal, shrinking, retreat* (3).

recompensa *f.* premio, retribución; *reward* (1).

reconocer *v.* distinguir por ciertos caracteres; *to recognize* (5).

recopilar *v.* juntar en compendio, recoger o reunir diversas cosas, particularmente varios textos literarios o canciones; *to compile* (5).

rectificar *v.* quitar imperfecciones o errores; *to right, to rectify, to correct* (6).

recto, -ta *adj.* que tiene forma lineal, sin curvas ni ángulos; *straight* (6).

red *f.* conjunto de tuberías, líneas de conducción, de tráfico, etc., que se entrecruzan; *network, web* (3).

refinamiento *m.* esmero, cuidado, perfección; *refinement* (3).

reflexionar *v.* centrar el pensamiento en algo, considerar con atención; *to think, to reflect* (6).

refrenar *v.* detener o reprimir un impulso o la fuerza de algo; *to curb, to check, to restrain* (E2).

refugio *m.* asilo, retiro; *refuge* (4).

refunfuñar *v.* protestar, quejarse en voz baja; *to grumble* (2).

regañar *v.* dar muestras de enojo, reñir; *to gripe, to scold* (2).

regar *v.* echar agua a las plantas; *to water* (6).

regazo *m.* en lenguaje figurado, lo profundo del ser de alguien o algo; *lap* (E3).

regir *v.* gobernar; *to rule* (1).

registrar *v.* examinar con detención una cosa; *to search, to examine* (4).

regocijo *m.* júbilo, goce, recreo; *rejoicing, joy, gladness* (5).

reivindicar *v.* reclamar una cosa que pertenece a uno pero que está en manos de otro; *to reclaim* (2).

reja *f.* barrotes enlazados de metal o madera que se ponen en las ventanas o puertas como medida de seguridad; *bar* (2).

relámpago *m.* resplandor vivísimo que produce el rayo; *lightning* (5).

relumbrar *v.* resplandecer, brillar; *to shine brightly, to sparkle, to gleam, to glitter* (E2).

remontar *v.* navegar hacia arriba en una corriente de agua; *to go up (a river)* (1).

rendir *m.* producir utilidad o provecho; *to yield, to produce* (3).

rendirse *v.* resignarse, dejar de oponer resistencia; *to give up, to give in, to surrender* (1).

renovación *f.* acción y efecto de dar nueva fuerza, actividad, intensidad o validez a algo; *renewal, revival* (6).

rentable *adj.* provechoso, que produce un beneficio; *profitable* (3).

repartir *v.* dividir una cosa entre varias personas; *to hand out, to divide up, to share* (2).

reparto *m.* acción de repartir o entregar a cada uno su parte de una cosa; *distribution, doling out* (4).

reponer *v.* volver a poner, recobrar la salud o la fortuna; *to replace, to restore, to recover* (3).

reposo *m.* descanso; *rest* (3).

repostero, -ra *m. y f.* pastelero que fabrica pastas, dulces, confites, helados; *confectioner, pastry cook* (1).

represa *f.* estanque, contención del agua mediante un muro, obstáculo o barrera; *dam* (3).

resbaladizo, -za *adj.* dícese del paraje en que es fácil deslizarse; *slippery* (5).

rescate *m.* acción y efecto de recuperar a alguien o algo que estaba en poder de otro; *rescue* (6).

resina *f.* sustancia, insoluble en el agua, producida por determinados vegetales, como las coníferas; *resin* (3).

resolverse *v.* tomar una determinación, decidirse; *to make up one's mind, to resolve* (6).

restituir *v.* restablecer; *to restore* (5).

restos *m. pl.* cuerpo o parte del cuerpo de una persona o animal después de muertos; *remains* (5).

restregarse *v.* frotarse, friccionar; *to scrub* (1).

resuelto, -ta *adj.* decidido, muy audaz y atrevido; *resolved, determined* (1).

retirarse *v.* apartarse, alejarse; *to withdraw, to move away* (E6).

reto *m.* amenaza, dicho o hecho con que se amenaza; *threat, challenge* (6).

retozar *v.* saltar y brincar con alegría y entusiasmo; *to romp, to frolic* (E5).

retrasar *v.* atrasar, dejar para después una cosa; *to delay, to postpone* (1).

retroceder *v.* volver atrás, cejar, recular; *to go back, to back up* (4).

revalorar *v.* volver a apreciar el valor, cualidades y méritos de alguien o algo; *to once again see the worth of, to appreciate anew* (4).

reverenciado, -da *adj.* respetado, venerado; *respected, revered* (4).

revivir *v.* volver a la vida, resucitar; *to revive, to come back to life* (5).

rezar *v.* dirigir alabanzas o súplicas a un ser sobrenatural, orar; *to pray* (4).

ribereño, -ña *adj.* perteneciente o relacionado con la ribera, tierra cercana a los ríos; *of a river bank* (1).

riego *m.* acción y efecto de esparcir agua sobre la tierra, las plantas, etc., para beneficiarla; *watering, irrigation* (5).

riesgo *m.* peligro, contingencia de un daño; *risk* (1).

riña *f.* disputa; *quarrel* (E6).

riquezas *f. pl.* cosas de lujo, objetos de gran valor, dinero; *riches* (E2).

rizarse *v.* formar olas pequeñas el viento en el mar; *to ripple* (3).

roce *m.* acción de pasar una cosa tocando ligeramente otra; *rubbing, light touch* (5).

rodar *v.* caer dando vueltas; *to fall down (rolling)* (6).

rodear *v.* estar o colocarse varias personas o cosas alrededor de alguien o algo; *to surround, to wrap* (6).

roído, -da *adj.* carcomido, desgastado, corroído; *worm-eaten, worn, corroded* (4).

romper *v.* hacer trozos una cosa; *to break, to tear.* **Al romper el día** *expresión adv.* al amanecer; *at daybreak* (3).

rostro *m.* cara; *face.* **Echar en rostro** *v.* echar en cara, reprochar; *to throw in one's face* (1).

rudeza *f.* falta de educación o cortesía, tosquedad; *coarseness, rudeness, roughness* (3).

rudo, -da *adj.* poco inteligente; *dull, stupid* (2).

rugido *m.* bramido, ruido muy fuerte; *roar* (5).

rugir *v.* producir un sonido ronco y fuerte, bramar; *to roar* (3).

ruiseñor *m.* ave de plumaje marrón claro, cuyo macho es un cantor notable; *nightingale* (3).

rumbo a *expresión adv.* en camino a algún lugar; *on the way to* (4).

rumor *m.* noticia vaga u oficiosa; *rumor.* Ruido confuso, sordo e insistente; *rustling, whisper* (3).

sabiduría *f.* prudencia, instrucción; *wisdom* (5).

sabio, -bia *adj.* que tiene sabiduría; *wise* (5).

sable *m.* una especie de espada; *sabre* (2).

saco *m.* especie de bolsa abierta por arriba; *sack, bag* (6).

sagacidad *f.* cualidad de agudo, astuto y sutil para descubrir lo oculto de las cosas; *shrewdness, insight* (4).

salitre *m.* nitrato de potasio, sustancia salina; *saltpeter* (E4).

salvarse *v.* librarse de un peligro, evitarlo; *to save oneself* (4).

sangrón, -na *adj.* altanero (Méx.); *haughty, unfriendly, stuck-up* (4).

sano y salvo *expresión adv.* sin daño ni menoscabo; *safe and sound* (4).

sastre *m. y f.* persona que tiene por oficio hacer vestidos; *tailor* (1).

satisfecho, -cha *adj.* contento; *satisfied* (2).

savia *f.* sustancia líquida que circula por las plantas; *sap* (5).

secuestrar *v.* encerrar a alguien para exigir dinero por su rescate; *to kidnap* (E6).

sembrado *m.* campo en el que se ha esparcido semilla para que germine; *sown land* (5).

sembrar *v.* dispersar semillas en la tierra para que crezcan plantas, plantar; *to sow, to plant* (2).

semental *m.* animal macho que se destina a procrear; *stud, stallion* (E5).

señalar *v.* ser o dar la señal de algo que se manifiesta o va a ocurrir; *to mark, to signal, to point out* (4).

sentadillas *f. pl.* ejercicio físico que sirve para desarrollar los músculos abdominales; *situps* (2).

sentencia *f.* proposición, enunciado, resolución judicial; *ruling, sentence* (6).

sequía *f.* falta de lluvia durante un periodo de tiempo prolongado; *drought* (5).

serpentear *v.* andar haciendo curvas u ondulaciones, tener un curso muy sinuoso; *to snake, to meander* (5).

servidor, -ra *m. y f.* persona que habla o escribe refiriéndose a sí misma con humildad; *yours truly, this writer* (3).

silbar *v.* pitar; hacer un sonido muy agudo; *to whistle* (2).

simular *v.* fingir una cosa; *to simulate, to imitate, to pretend* (5).

sin rodeos *expresión adv.* directamente; *not beating about the bush* (1).

sindicato *m.* agrupación de obreros formada para la defensa de intereses económicos comunes; *union* (2).

smoking *m.* prenda de vestir con solapas de seda que se usa en comidas y fiestas formales; *tuxedo* (E6).

sobras *f. pl.* restos, comida que queda después de comer; *leftovers* (E5).

sobresaltarse *v.* asustarse; *to be startled* (4).

socorrer *v.* ayudar, auxiliar, amparar a uno; *to help, to come to someone's aid* (6).

sofocado, -da *adj.* que le falta la respiración; *out of breath* (4).

sofocante *adj.* que hace perder la respiración; *suffocating, stifling* (1).

soga *f.* cuerda; *rope* (5).

solar *m.* terreno que está sin edificar; *plot of land, empty lot* (2).

soler *v.* acostumbrar, hacer ordinariamente u ocurrir con frecuencia; *to usually (do something), to be in the habit of (doing something)* (3).

sollozar *v.* llorar con contracciones espasmódicas del diafragma; *to sob* (4).

soltar *v.* dejar suelto, libre; *to let go of, to let loose* (2).

sombra *f.* silueta no iluminada de un objeto entre la luz y el espacio; *shadow* (3).

sombrear *v.* dar sombra a una cosa; *to shade* (3).

sombrío, -bría *adj.* de poca luz, oscuro; triste; *dark, shaded, somber* (3).

sonámbulo, -la *m. y f.* persona que durante el sueño se levanta, anda y habla; *sleepwalker* (6). *Adj.* que anda o hace cosas mientras duerme; *sleepwalking* (3).

sonoro, -ra *adj.* que suena, que refleja bien el sonido; *sonorous, clear, loud* (4).

soplar *v.* despedir aire con fuerza con la boca; *to blow* (2). Moverse el viento con cierta intensidad; *to blow* (5).

soportar *v.* llevar sobre sí una carga o peso, sufrir una cosa, aguantar; *to bear, to tolerate* (2).

sorber *v.* beber aspirando; *to sip, to suck in* (3).

sorbo *m.* cantidad pequeño de un líquido; *sip* (4).

sosegar *v.* calmar las inquietudes de ánimo; *to calm* (1).

sospechar *v.* creer algo a partir de ciertos indicios; *to suspect* (6).

sostener *v.* mantener firme una cosa, sustentar; *to hold* (2).

súbito, -ta *adj.* sorpresivo, imprevisto, repentino; *sudden* (1).

subsuelo *m.* terreno que está debajo de una capa de tierra; *underground, subsoil* (4).

suceder *v.* venir después, seguir en un sentido espacial o temporal; *to follow, to succeed* (5).

sumido, -da *adj.* hundido; *sunken* (4).

suministro *m.* acción y efecto de proveer a uno de alguna cosa; *provision, supply, supplying* (1).

suplicar *v.* rogar, pedir con instancia y humildad; *to plead, to beg, to beseech* (5).

suponer *v.* dar por sentada una cosa, poner por hipótesis; *to suppose* (2).

surco *m.* hendidura que hace el arado en la tierra; *furrow, groove* (1).

surrealismo *m.* movimiento literario y artístico que surgió después de la Primera Guerra Mundial contra toda forma de orden y de convención lógica, moral y social; *surrealism* (3).

suspirar *v.* aspirar de una forma que denota ansia, deseo o tristeza; *to sigh* (6).

suspiro *m.* aspiración lenta y prolongada que denota generalmente alguna emoción; *sigh* (1).

sustentarse *v.* mantenerse, alimentarse; *to support, to feed, to nourish* (5).

tablero *m.* plancha de material rígido; *panel, board* (3).

tacaño, -ña *adj.* avaro, que guarda en exceso sus propiedades o dinero; *stingy* (2).

taimado, -da *adj.* astuto; *shrewd, sly.* Obstinado, emperrado *(Chile); stubborn* (E6).

tallo *m.* parte de la planta que sostiene las hojas, las flores y los frutos; *stem* (6).

talonario *m.* libro o cuadernillo constituido por cierto número de hojas, las cuales a su vez están divididas en dos partes; *stub book, checkbook* (6).

tambalearse *v.* menearse una cosa como si no estuviera en equilibrio; *to stagger, to totter* (4).

taparse *v.* cerrarse lo que está abierto, cubrirse, abrigarse; *to cover up* (5).

tejer *v.* entrelazar regularmente hilos para formar un tejido, trencillas o esteras; *to weave* (5).

telón *m.* lienzo grande que puede subirse y bajarse y se pone en el escenario del teatro; *(stage) curtain* (E6).

temblar *v.* agitarse una cosa con movimiento frecuente y rápido; *to shake, to tremble, to shiver* (1).

tempestad *f.* fuerte lluvia acompañada de relámpagos y truenos; *storm* (2).

temporada *f.* espacio de tiempo de cierta duración, época; *season* (4).

tendón de Aquiles *m.* en lenguaje figurado, es el punto débil o flaco de algo o alguien; *Achilles' heel* (1).

tener *v.* poseer, sostener, dominar, contener; *to have, to hold.* **Tener a bien** *v.* estimar justo o conveniente; *to approve* (4); **tener apuros de dinero** *v. to have money troubles* (6); **tener correspondencia** *v.* comunicarse por escrito; *to correspond* (2); **tener en ascuas** *v.* tener a alguien en una posición difícil, hacer inquieto o sobresaltado; *to have someone on tenterhooks, to have someone on pins and needles* (3); **tener sentido** *v.* tener entendimiento, juicio o coherencia; *to make sense* (2).

teñirse *v.* pintarse, ponerse color; *to dye* (2).

tenue *adj.* delicado, delgado, de poca importancia; *faint, dim, tenuous* (4).

terciopelo *m.* tela de seda o algodón velluda por una de sus caras; *velvet* (4).

ternura *f.* expresión y actitud de cariño, afecto y amistad; *tenderness* (3).

terrícola *m.* y *f.* persona que habita la Tierra; *Earthling* (6).

tertulia *f.* reunión de personas que se juntan para distraerse y conversar; *social gathering for conversation* (1).

tibio, -bia *adj.* templado, ni frío ni caliente; *lukewarm, tepid* (3).

tinieblas *f. pl.* falta de luz, oscuridad; *darkness* (5).

tinta *f.* líquido de color que sirve para escribir; *ink* (2).

tinte *m.* color o sustancia con que se tiñe; *dye* (5).

titubear *v.* vacilar, no estar seguro; *to waver, to hesitate* (1). Hablar deteniéndose, con inseguridad; *to stammer* (2).

tomar el pelo *v.* burlarse de uno; *to pull one's leg* (2).

tornar *v.* dar vuelta, regresar; *to turn around* (6). **Tornarse** *v.* volverse, hacerse; *to become* (5).

tragarse *v.* hacer pasar una cosa por la garganta; *to swallow* (3). **Tragarse el disgusto** *v.* disimular, ocultar lo que uno siente o padece; *to grin and bear it* (1); **tragárselo la tierra** *v.* desaparecer por completo; *to vanish into thin air* (3).

traicionar *v.* hacer delito del que quebranta la fidelidad o lealtad; *to betray* (4).

traidor, -ra *m.* y *f.* persona que comete un delito que quebranta la fidelidad o lealtad; *traitor* (E1).

tramposo, -sa *adj.* que hace trampas, embustero; *lying, deceiving, cheating* (5).

trance *m.* mal paso, apuro; *trouble* (6).

transcurrir *v.* pasar el tiempo; *to pass, to elapse* (1).

transcurso *m.* paso del tiempo; *passing, course (of time)* (3).

transmutarse *v.* transformarse; convertirse una cosa en otra; *to transform* (5).

trapero *m.* persona que tiene por oficio recoger trapos, basuras y deshechos; *rag dealer* (E5).

traspasar *v.* pasar de un sitio a otro; *to pass, to cross over* (1).

trastes *m. pl.* vajilla, utensilios de comer *(Méx.)*; *dishes, silverware* (4).

trastos *m. pl.* vajilla, utensilios de comer *(S.A.)*; *dishes, silverware* (2).

tratar con *v.* relacionarse, comunicar; *to deal with* (E1).

trato *m.* experiencia en la vida social; *social relations* (1).

trayecto *m.* camino o espacio que se recorre; *way, stretch (of a trip)* (2).

trazar *v.* delinear o diseñar; *to sketch, to draw, to trace* (3).

trecho *m.* parte del camino; *stretch, way, distance* (1).

tregua *f.* descanso temporal en un trabajo, actividad o conflicto; *truce, letup, rest* (1).

tribulación *f.* pena, disgusto o preocupación; *tribulation* (3).

trigo *m.* planta que produce el grano que da origen a la harina; *wheat* (3).

ubicar *v.* situar o instalar en determinado lugar; *to set, to situate* (3).

ufano, -na *adj.* orgulloso, satisfecho, contento; *proud, glad, pleased* (3).

uniforme *adj.* que tiene una igual forma; *uniform, even* (6).

urbe *f.* ciudad grande y populosa; *large city, metropolis* (3).

vagar *v.* andar acá y allá sin fijarse en ningún lugar; *to wander* (1).

vaivén *m.* movimiento alternativo de un cuerpo en una y otra dirección; *coming and going, movement to and fro* (3).

valer *v.* servir, beneficiar; *to be of use* (E1).

vanguardista *adj.* relativo a los movimientos o personas partidarias del avance y exploración en el campo literario, artístico, político, etc.; *avant-garde* (3).

vara *f.* palo largo y delgado; *stick* (5).

varicela *f.* enfermedad contagiosa caracterizada por erupciones en la piel; *chicken pox* (E5).

vasallo *m.* persona que está bajo la autoridad de un rey o gobernante; *subject, vassal* (5).

vedar *v.* prohibir; *to forbid, to ban* (4).

vegetación *f.* conjunto de todas las plantas de una región; *vegetation* (3).

velar *v.* cuidar mucho de algo o alguien; *to watch over, to care for* (3).

vena *f.* vaso que conduce la sangre o la linfa al corazón; *vein* (3).

vencido, -da *adj.* agotado, cansado; *spent, beaten* (E2).

vencimiento *m.* acción de vencer, de derrotar; *defeat* (6).

veneno *m.* cualquier sustancia que destruye o altera las funciones vitales; *poison* (1).

ventarrón *m.* viento que sopla con mucha fuerza; *stiff wind, gale* (E5).

ventura *f.* suerte, buenaventura; *luck, good fortune* (6).

venturoso, -sa *adj.* feliz, afortunado; *happy, lucky* (4).

vera *f.* orilla; *side* (5).

verdugo *m.* el que ejecuta las penas de muerte; *executioner* (E4).

vergonzoso, -sa *adj.* que causa un sentimiento penoso de la propia indignidad, ocasionado por una falta cometida o por una acción o estado humillante; *shameful, very embarrassing,* (6).

vía *f.* camino; *road.* **En vías de desarrollo** *expresión adj.* dícese de un país subdesarrollado económicamente; *developing* (3).

vicuña *f.* mamífero rumiante de la cordillera de los Andes que en la actualidad sólo se encuentra en forma doméstica; *vicuna* (5).

viento *m.* movimiento del aire que se desplaza de una zona a otra; *wind.* **Ir viento en popa** *v.* tener éxito; *to go full steam ahead* (3).

vil *adj.* despreciable, bajo, infame; *vile, despicable* (6).

vivificador, -ra *adj.* que da vida; *enlivening* (5).

vocación *f.* afición, inclinación a cualquier actividad o profesión; *calling, vocation* (3).

volante *m.* aparato de dirección en un automóvil; *steering wheel* (4).

volcar *v.* tumbarse, dar la vuelta una cosa de modo que caiga lo que tiene dentro; *to overturn, to tip over* (1).

voltear *v.* dar vueltas a algo hasta ponerlo al revés de cómo está colocado; *to swing, to turn* (6).

volverle el alma al cuerpo *v.* aliviarse; *to rest easy, to be relieved* (3).

vuelco *m.* acción y efecto de derribar una cosa; *overturning, upset.* **Darle vuelcos el corazón** *v.* angustiarse, sufrir una profunda ansiedad; *to feel sudden alarm or intense emotion* (1).

vulgar *adj.* hablando de la Edad media y la época del Renacimiento, dícese de cualquier idioma hablado por la gente común; *of the common people* (6).

yuca *f.* planta americana cuya raíz se prepara y se come de manera similar a la papa; *cassava, manioc* (5).

yugo *m.* pieza de madera que sirve para sujetar dos animales al frente de un carro; *yoke* (E3).

zafarse *v.* librarse, escaparse; *to escape, to slip away* (4).

zarpazo *m.* zarpada, golpe dado con la zarpa o garra; *blow with a paw, scratch from a paw or claws* (3).

zumbar *v.* producir un sonido continuo y bronco, como el de las abejas; *to buzz, to hum* (3).

zumbido *v.* ruido bronco y continuo de una cosa; *buzzing* (4).

ACENTO DIACRÍTICO El **acento diacrítico** es el acento escrito que se usa para diferenciar una palabra de otra que se escribe igual, pero cuyo significado es diferente: *No sé si Martín se va de viaje el martes o el miércoles.* Se les pone acento diacrítico a ciertas palabras cuando se usan en frases interrogativas o exclamativas: *—¿Dónde nos encontramos? —¿Qué tal en ese café donde vimos a Esteban la vez pasada?*

Ver las páginas 63 y R66.

ACENTO ESCRITO El **acento escrito** es el acento ortográfico que a veces se le pone a una palabra para indicar cuál es la sílaba tónica: *El sábado salí con José. Vimos una película con un título raro: «El árbol japonés».* Al acento escrito también se le llama **acento ortográfico.** El uso del acento escrito depende de la ortografía de la palabra y de las reglas de acentuación.

Ver las páginas 63, 130, 206, 354, 419 y R64.
Ver también *Acento diacrítico, Acento tónico, Palabra aguda, Palabra esdrújula, Palabra llana* y *Palabra sobresdrújula.*

ACENTO TÓNICO En palabras de más de una sílaba, la sílaba que se pronuncia con mayor énfasis (la que recibe el «golpe») es la que lleva el **acento tónico.** A veces, dependiendo de la ortografía de la palabra y de las reglas de la acentuación, hay que marcar el acento tónico con un acento escrito.

Ver las páginas 130, 206 y R64.
Ver también *Palabra aguda, Palabra esdrújula, Palabra llana, Palabra sobresdrújula* y *Sílaba.*

ADJETIVO El **adjetivo** modifica al sustantivo. Siempre concuerda en género y número con el sustantivo al que modifica: *una profesora simpática, los perritos traviesos.* El adjetivo puede colocarse antes o después del sustantivo o formar el predicado: *El rey fue un gran hombre; y también un hombre grande. Sus vecinos son entrometidos.* Los **adjetivos descriptivos** expresan el aspecto físico o moral, o cualidades como la nacionalidad, la religión y la afiliación política. Van después del sustantivo para distinguirlo dentro de un grupo.

Por ejemplo, si se habla de *un carro azul,* el adjetivo *azul* sirve para señalar el carro del que se habla y distinguirlo de otros carros. A veces los adjetivos descriptivos van antes del sustantivo para referirse a una cualidad inherente del mismo, o para describir algo que es único. Esto produce muchas veces un sentido dramático o poético: *la dulce miel, su largo pelo, los aburridos discursos de ese político, nuestra querida profesora.* Estos adjetivos también pueden formar el predicado: *Nuestra ciudad es bonita.* Otra categoría de adjetivo son los **adjetivos determinativos.** Éstos no contrastan el sustantivo con otro, sino que precisan su significado u ofrecen información como orden o cantidad. Incluyen los números ordinales (*primero, segundo,* etc.), los artículos definidos e indefinidos (*el, las, una, unos,* etc.), los adjetivos posesivos (*mi, tus, nuestro,* etc.) y los demostrativos (*este, esa, aquel,* etc.). También incluyen las formas de *mucho, poco, ambos, bastante, demasiado, otro, pleno* y *tanto.* Generalmente van antes del sustantivo: *los niños, primera vez, otro día, esta palabra, nuestros problemas.*

Ver las páginas 120–121, 124 y R41.
Ver también *Concordancia, Género* y *Número.*

ADVERBIO El **adverbio** modifica a un verbo (*Caminó deprisa*), a un adjetivo (*Es bastante joven*) o a otro adverbio (*Se portó muy mal*). Se coloca después de la palabra a la que modifica cuando ésta es un verbo. Si modifica a un adjetivo o a otro adverbio, entonces va antes. Hay **adverbios de modo** (*bien, lento, rápido*), muchos de los cuales terminan con **-mente** (*cuidadosamente, totalmente*). También hay **adverbios espaciales** (*cerca, afuera*), **adverbios temporales** (*ayer, ahora*) y **adverbios de cantidad** (*mucho, poco*). Hay también ciertas cláusulas y sintagmas que cumplen las funciones de un adverbio (*cuando vayamos a clase, por encima de la montaña*).

Ver las páginas 122, 124 y R62.

ANTECEDENTE El **antecedente** es el sustantivo o pronombre al que se refiere un pronombre relativo: *Los únicos programas que veo son los buenos. Las* *tiendas a las que entramos no tenían película. El que está a la derecha es **mi papá**.*

Ver las páginas 274, 342 y 343.
Ver también *Pronombre*.

ARTÍCULO Los **artículos definidos** (*el, la, los, las*) señalan sustantivos específicos y sustantivos en un sentido general: —*¿Has visto **el** artículo sobre **las** elecciones en **el** periódico de hoy? —Para decirte **la** verdad, no me interesa mucho **la** política.* Los **artículos indefinidos** (*un, una, unos, unas*) señalan sustantivos no específicos: *Hace **unos** meses, Talía hizo **un** viaje al Perú. ¡Sacó **unas** fotos extraordinarias!*

Ver las páginas 121 y R37.
Ver también *Concordancia* y *Sustantivo*.

ASPECTO El **aspecto** de un verbo se refiere al desarrollo interno de la acción. Hay tres aspectos en español: **perfectivo** (los tiempos compuestos y el pretérito simple), **imperfectivo** (los demás tiempos simples) y **progresivo** (los tiempos perifrásticos a base del gerundio). El **aspecto perfectivo** se usa para referirse al comienzo o al final de una acción, o a un evento en su totalidad, aunque haya tenido una larga duración: *Me **han explicado** el problema. **Me alegré** mucho. **Estuvo** riquísimo. ¡La película **duró** más de tres horas!* El **aspecto imperfectivo** se refiere a eventos o estados que se están desarrollando en un momento dado, que están en mitad de la acción, que se repiten habitualmente, o que están aún por ocurrir: ***Nevaba** cuando salimos. De niño **me encantaba** montar en bici. **Recorreremos** toda España.* El **aspecto progresivo** expresa, de manera más concreta y mediante los tiempos progresivos, una acción que está desarrollándose en un momento dado: ***Estábamos recogiendo** flores. **Vengo aprendiendo** cada vez más español.*

Ver las páginas 410–414 y R59.

AUMENTATIVO Los **aumentativos** son sufijos especiales que el español usa para darles ciertas connotaciones a las palabras. En general, el aumentativo expresa grandeza pero también se puede usar para darle una connotación exagerada o sarcástica a una palabra: *el carr**azo**, el hombr**ón**, una cas**ona**, una mes**ota**.*

Ver las páginas 126 y R37.
Ver también *Diminutivos*.

CLÁUSULA Las oraciones compuestas constan de dos o más partes que se llaman **cláusulas**. La **cláusula principal**, también llamada la **cláusula independiente**, tiene sentido completo e independencia sintáctica, y no tiene que ser introducida por adverbios o conjunciones, ni vinculada con otros elementos. En el ejemplo que sigue, las palabras en negrita forman la cláusula principal: ***Me aconsejó Ramón** que solicitara ese puesto.* Por el contrario, la **cláusula subordinada**, también conocida como **cláusula dependiente**, está integrada dentro de la oración principal y tiene una función específica dentro de ella. La cláusula subordinada no tendría sentido ni independencia sintáctica si se presentara de forma aislada. En el ejemplo que sigue, las palabras en negrita forman la cláusula subordinada: *Me aconsejó Ramón **que solicitara ese puesto**.* Las cláusulas subordinadas siempre tienen un verbo, su propio sujeto y sus complementos. Generalmente las cláusulas subordinadas están introducidas por pronombres relativos, conjunciones, preposiciones o adverbios. Hay distintas clases de cláusula subordinada: **cláusula nominal, cláusula adverbial, cláusula de infinitivo** y **cláusula de relativo** (también llamada **cláusula adjetiva**).

Ver las páginas 274, 276, 282, 342, 343, 347 y R54.
Ver también *Conjunción, Oración, Secuencia de tiempos verbales* y *Subjuntivo*.

COGNADO Los **cognados** son palabras que comparten el mismo origen, se escriben de una manera similar y tienen significados parecidos en dos idiomas, como *accept* y **aceptar** o *professor* y **profesor**. Los **cognados falsos**, también llamados **términos equívocos**, son las palabras cuya ortografía es muy parecida pero cuyos significados son diferentes en los usos más frecuentes, como *parent* y **pariente**, o *success* y **suceso**.

Ver la página 117.

COMPLEMENTO Un **complemento** es una palabra o grupo de palabras que se añade a otras palabras para completar su sentido. El **complemento directo** es la persona o cosa que recibe la acción del verbo transitivo: *Vi **el avión**.* También se dice que es el **receptor** de la acción del verbo. Puede ser reemplazado por un **pronombre de complemento directo** (*lo, la, los, las*): ***Lo** vi.* El **complemento indirecto** es la persona o cosa que recibe el complemento directo o el efecto de la acción verbal: *Le compré la cartera a **Pedro**.* En esta oración, **Pedro** es el complemento indirecto y **le** es el **pronombre de complemento indirecto**. Complemento también es cualquier elemento que sigue a una preposición: *Esto es para **mis amigos**.* Un **pronombre de complemento preposicional** es un pronombre que se une al resto de una oración mediante una preposición: *Esto es para **ellos**. ¿Vas **conmigo**?*

Ver las páginas 53 y R38–R39.

CONCORDANCIA La **concordancia** es la correspondencia que tiene que haber entre dos o más elementos en una oración. Entre un artículo o un adjetivo y el sustantivo modificado debe haber concordancia de género y número: *la nueva edición, los archivos corruptos, una risa atractiva.* Entre el verbo y el sujeto debe haber concordancia de persona y número: *—¿Cuál **prefieres** tú? —**Prefiero** la roja pero todos los demás **prefieren** la azul.* En las oraciones compuestas, debe haber concordancia de los tiempos verbales entre el verbo de la cláusula principal y el de la cláusula subordinada: *Elena **dice** que **va** a venir. Elena **dijo** que **iba** a venir. Samuel me **asegura** que la carta ya **llegó**. Samuel me **aseguró** que la carta ya **había llegado**.*

Ver también Adjetivo, Artículo, Género, Número, Secuencia de tiempos verbales, Sustantivo y Verbo.

CONJUGACIÓN La **conjugación** es el conjunto de las terminaciones de un verbo. Mediante la conjugación, los verbos marcan la persona, el número, el tiempo, el modo, el aspecto y la voz.

Ver la página R44.
Ver también Modo, Número, Persona, Raíz, Tiempo y Verbo.

CONJUNCIÓN La **conjunción** es un elemento invariable (como *o*, *y* o *que*) que une dos palabras o cláusulas. Una cláusula principal se une a una cláusula subordinada mediante una **conjunción subordinada**. La conjunción subordinada *que* une una cláusula principal a una cláusula subordinada nominal: *Me dijeron **que** tenían hambre. Me pidió **que** le ayudara.* Hay varios tipos de conjunción subordinada. Las cláusulas adverbiales van unidas a la cláusula principal por una

conjunción temporal o una **conjunción condicional**. Unas temporales muy frecuentes son *antes (de) que, cuando, después (de) que, en cuanto, hasta que, mientras* y *tan pronto como.* Con éstas, se usa el indicativo para las acciones cumplidas o habituales, y el subjuntivo para las acciones futuras (a excepción de *antes de que*, que siempre requiere el uso del subjuntivo): *Nos va a llamar **cuando llegue**. Siempre nos llama **cuando llega**. Lo acabamos **antes que llegaran** los invitados.* Algunas conjunciones condicionales muy comunes son *en caso (de) que, a menos que, para que, si, a fin de que* y *sin que.* Siempre van seguidas por un verbo en el subjuntivo: *Nos vamos hoy, **a menos que** no quieras.*

Ver la página R61–R62.
Ver también Cláusula y Oración.

CONSONANTE Las **consonantes** son las letras del alfabeto que sólo se pronuncian combinadas con una vocal. Hay 21 consonantes en el alfabeto español, más los dos grafemas **ch** y **ll**: *b, c, d, f, g, h, j, k, l, m, n, ñ, p, q, r, rr, s, t, v, w, x, z.*

Ver también Vocal.

DEMOSTRATIVO Los **demostrativos** se usan para señalar y especificar la situación física o temporal de una cosa. Los **adjetivos demostrativos** se anteponen al sustantivo que señalan, con el que concuerdan en género y número: ***esta** película, **esas** señoras, **aquellos** árboles.* Los **pronombres demostrativos** señalan un sustantivo sin nombrarlo. Llevan acento escrito y concuerdan con el sustantivo omitido en género y número: ***Ésta** es la última vez que venimos acá. **Aquéllos** no quisieron ayudar.* Los **pronombres demostrativos neutros** son los que señalan una idea o situación de la que se ha hablado. No llevan acento escrito: ***Eso** que dices es una tontería. **Aquello** de ir a la playa todos los días fue estupendo.*

Ver las páginas 59 y R40.

DIÉRESIS La **diéresis** son los dos puntos que se colocan sobre la **u** de las sílabas **gue** y **gui** para indicar que se pronuncia la **u**: *bilingüe, pingüino.* En los casos en que la **u** debe ser pronunciada, lleva diéresis: *vergüenza, güero, argüir.*

Ver la página 65.

DIMINUTIVO Los **diminutivos** son sufijos especiales que el español usa para darles ciertas connotaciones a las palabras. El diminutivo generalmente expresa pequeñez o cariño o las dos cosas: *el perrito, la casita, el calorcito, la galletica*. El diminutivo también puede dar una connotación despectiva; por ejemplo, *un hombrecillo*. También se emplea para suavizar el significado: *Tuve un problemita*. Se usan los diminutivos con adjetivos y también con adverbios: *Es pequeñito. Anda despacito.*

Ver las páginas 126 y R37.
Ver también *Aumentativos.*

DIPTONGO El **diptongo** es la combinación de dos vocales que se pronuncian en una sola sílaba: *lim-pia, au-to, vio-lín*. Los diptongos resultan cuando se combinan dos vocales débiles o una vocal fuerte con otra débil. Si el acento tónico cae en un diptongo formado con una vocal fuerte y otra débil, el acento escrito se coloca en la vocal fuerte. Si el acento tónico cae en un diptongo formado con dos vocales débiles, el acento escrito se coloca en la última vocal.

Ver las páginas 206 y R65.
Ver también *Acento tónico, Hiato, Sílaba y Vocal.*

ENCLÍTICO Un **enclítico** es un pronombre que se une al final de un infinitivo, un mandato o un gerundio que le precede: *Devuélvemelas. Está acostándose. Voy a contártelo.*

ESPAÑOL ANTIGUO Se le llama **español antiguo** al castellano que se habló desde el siglo XI hasta mediados del siglo XVI.

ESPAÑOL OFICIAL El **español oficial** es la variante del idioma castellano que se habla y se escribe conforme a las normas establecidas por la gente culta en los países de habla hispana.

FRASES COMPARATIVAS Se forman **frases comparativas** para hacer comparaciones usando adjetivos, adverbios, sustantivos o frases: *Marta es **más alta que** su hermana. Bailas **mejor que** yo. Víctor tiene **tantos libros como** Lourdes. Paz tiene **menos de** cien euros. Hay más árboles **de los que** había antes. Esto es más difícil **de lo que** piensas.*

Ver las páginas 124 y R43.

FRICATIVO **Fricativo** es un sonido consonántico que se produce dejando que el aire salga de la boca constreñido, lo cual produce un sonido de fricción. Fricativas son la **d**, o /đ/, de *cantado* (pero no la **d** de *andar*, la cual es oclusiva) y la **b/v**, o /ƀ/, de *cantaba* y *nueve* (pero no la **b** de *ambos* ni la **v** de *enviar*, las cuales son oclusivas).

Ver *Oclusivo.*

GÉNERO El **género** son las categorías en que se clasifican los sustantivos. En español, todos los sustantivos tienen género gramatical. Se clasifican como **masculinos** (*el escritorio, el tema, el parque*) o **femeninos** (*la computadora, la imagen, la universidad*). Los artículos que se usan para referir a sustantivos y los adjetivos que los modifican tienen que concordar en género con el sustantivo modificado: ***la** música ga-**ll**ega, **los** carros italia**nos**, **un** día precio**so**, **unas** ideas rarís**imas**.*

Ver las páginas 120 y R36.
Ver también *Adjetivo, Concordancia y Sustantivo.*

GERUNDIO El **gerundio** es una forma impersonal del verbo que no especifica la persona, el número, el tiempo, el modo o el aspecto de la acción o estado. Generalmente el gerundio se usa para expresar acciones que están en progreso: *Los peregrinos vinieron **cantando** villancicos. Vamos a perder el comienzo de la película **saliendo** tan tarde.*

Ver las páginas 413 y R60.
Ver también *Verbo.*

HIATO El **hiato** es la combinación de dos vocales contiguas que se pronuncian en dos sílabas distintas: *pa-e-lla, le-ón, rí-o, gra-dú-e*. Los hiatos resultan cuando se combinan dos vocales fuertes o una vocal fuerte con una vocal débil tónica. Si un hiato se forma con una vocal débil tónica, ésta siempre lleva acento escrito.

Ver las páginas 206 y R65.
Ver también *Acento escrito, Diptongo, Sílaba y Vocal.*

IMPERATIVO El **imperativo** es el modo que se usa para expresar mandato y ruego. Tiene las formas de segunda persona, singular y plural, y de primera persona plural: ***Dame** una mano. No **olvides** el dinero. **Pase**, por favor. No se **preocupe**. **Venid** todos. **Pónganse** cómodos. No se **vayan** todavía. **Hagámos**lo ahora.

Ver la página R54.
Ver también *Indicativo, Modo* y *Subjuntivo.*

INDICATIVO El **indicativo** es el modo que se usa para referirse a acciones o estados basados en la realidad, o que son una realidad en la opinión del que habla, ya sea en pasado, presente o futuro: **Llovió** toda la noche. En otoño **llueve** mucho. ¿**Lloverá** todo el fin de semana?

Ver las páginas R44–R53.
Ver también *Imperativo, Modo* y *Subjuntivo.*

INFINITIVO El **infinitivo** es una forma verbal invariable que no especifica la persona, el número, el tiempo, el modo, el aspecto o la voz de una acción o estado. En español, los verbos se clasifican en tres grupos: los que tienen infinitivo en **-ar** *(pintar)*, los que tienen infinitivo en **-er** *(vender)* y los que tienen infinitivo en **-ir** *(batir)*. El infinitivo puede usarse como sujeto o complemento en una oración: *Vivir en la capital me encanta. Te recomiendo* **tomar** *vitaminas. ¿Piensas* **acompañarnos** *mañana? Estos problemas son fáciles de* **resolver***.*

Ver la página R44.
Ver también *Conjugación, Terminación* y *Verbo.*

LOCUCIÓN Una **locución** es un grupo de palabras, las cuales expresan en su conjunto un sentido que no refleja el sentido normal de sus componentes. Las unidades *antes de que, puesto que, por encima de* y *por lo tanto* son ejemplos de locuciones.

Ver también *Cláusula, Frase, Oración* y *Sintagma.*

MAYÚSCULA y MINÚSCULA Las **mayúsculas** son las letras que son de mayor tamaño que las otras en un mismo contexto: *Puerto Rico, Juan Pedro.* A las letras de menor tamaño se les denomina **minúsculas:** *Yo nací en Santiago.*

Ver también la página 62.

MODAL Los **modales** son verbos que se usan para formar los tiempos compuestos de otros verbos. También se usan con un verbo para cambiar sutilmente el pensamiento que se expresa. Los verbos modales del español son *poder, saber, querer, deber* y *soler: No* **sé** *esquiar. No creo que* **puedan** *venir.* En inglés los

modales son *will, shall, would, should, might, may, can, could* y *must.*

MODISMO Los **modismos** son expresiones del lenguaje coloquial propias a un idioma, como «He's a chip off the old block» o «Estoy hasta las narices». Generalmente, no se puede deducir el significado de un modismo de las palabras individuales que lo forman; por lo tanto, los modismos no se traducen palabra por palabra a otro idioma.

Ver las páginas 18, 97 y 168.

MODO El modo expresa la manera en que se presenta la acción o la actitud del hablante frente a la acción. Hay tres modos en español: **el indicativo, el subjuntivo** y **el imperativo.** Las terminaciones del verbo indican el modo:

Me sorprende que Yoli te **diga** eso.
(subjuntivo)
Mi abuela siempre **decía** lo que pensaba.
(indicativo)
Chicos, no me **digan** que no quieren ir.
(imperativo)

Ver las páginas 343, 347, R44 y R54.
Ver también *Imperativo, Indicativo* y *Subjuntivo.*

NÚMERO En español, los sustantivos, adjetivos y verbos indican el **número** (singular o plural) mediante sus terminaciones. Los sustantivos y adjetivos plurales se marcan con las terminaciones **-s** o **-es:** *la revista francesa→las revista**s** francesa**s**; el gato gris→los gatos gris**es**; el papel amarillo→los papel**es** amarillos; la nueva imagen→las nuevas imágen**es**.* Los verbos tienen tres personas en singular y tres personas en plural. Las terminaciones del verbo indican el número:

Hablo inglés y español. (singular)
¿Con quién **hablas** por teléfono? (singular)
Julio **habla** como un loro. (singular)
Hablamos mañana. (plural)
¿De qué **habláis?** (plural)
Hablan de comprarse una casa. (plural)

Ver también *Adjetivo, Concordancia, Persona, Sustantivo, Terminación* y *Verbo.*

OCLUSIVO Un **oclusivo** es un sonido consonántico que se produce cortando la corriente de aire que se emite de la boca. La letra **d** se realiza como oclusiva cuando va al principio de una frase y tras **n**: an**d**ar, ¿Don**d**e? Las letras **b** y **v** se realizan como oclusivas (/b/) al principio de una frase o tras **m** o **n**: ¡**V**ente!, **B**ertín, cam**b**io, en**v**idia.

ORACIÓN Las **oraciones simples** son las que tienen un solo verbo con su correspondiente sujeto: *Luis se levanta* temprano *todos los días*. En las oraciones compuestas, hay dos cláusulas, cada una con su propio verbo, sujeto y complementos: *Luis quiere* que *todos nos levantemos* temprano mañana.

Ver también *Cláusula, Locución y Sintagma*.

ORACIÓN IMPERSONAL Una **oración impersonal** es una oración en la que el énfasis cae en la acción y no en el agente. Hay varias maneras de expresar esto: *Se habla* francés y holandés en Bélgica. *Uno puede* contar con ella. *Alguien lo dejó* sin cerrar. *Pusieron* toda la ropa a precios rebajados.

Ver las páginas 194–195.

PALABRA AGUDA Las **palabras agudas** son las palabras que llevan el acento tónico en la última sílaba: *dur-**mió**, te-**naz**, si-**llón**, pe-re-**jil**, em-pe-**zar**.* Se les añade un acento escrito a las palabras agudas que terminan en vocal, **-n** o **-s**: *des-per-**té**, bo-**tín**, de-**trás**.*

Ver las páginas 130 y R64.
Ver también *Acento tónico, Palabra esdrújula, Palabra llana, Palabra sobresdrújula y Sílaba*.

PALABRA COMPUESTA Las **palabras compuestas** son las que se forman uniendo dos palabras o más para formar una unidad significativa: *mediodía, abrelatas*.

PALABRA ESDRÚJULA Las **palabras esdrújulas** son las palabras que llevan el acento tónico en la antepenúltima sílaba: *te-**lé**-fo-no, **llá**-ma-me*. Todas las palabras esdrújulas llevan acento escrito.

Ver las páginas 130 y R64.
Ver también *Acento tónico, Palabra aguda, Palabra llana, Palabra sobresdrújula y Sílaba*.

PALABRA LLANA Las **palabras llanas** son las palabras que llevan el acento tónico en la penúltima sílaba: *cua-dro, es-**bel**-to, dic-cio-**na**-rio, com-pu-ta-**do**-ra*. La mayoría de las palabras del español son llanas. Las palabras llanas llevan acento escrito si terminan en consonante que no sea **-n** o **-s**: *hués-ped, ár-bol, ám-bar, lá-piz*.

Ver las páginas 130 y R64.
Ver también *Acento tónico, Palabra aguda, Palabra esdrújula, Palabra sobresdrújula y Sílaba*.

PALABRA SOBRESDRÚJULA Las **palabras sobresdrújulas** son las palabras que llevan el acento tónico en la preantepenúltima sílaba: *mos-**trán**-do-se-lo, ex-**plí**-ca-me-la*. Las sobresdrújulas resultan al combinarse formas verbales con pronombres enclíticos, pospuestos al verbo. Todas las palabras sobresdrújulas llevan acento escrito.

Ver las páginas 130 y R64.
Ver también *Acento tónico, Enclítico, Palabra aguda, Palabra esdrújula, Palabra llana y Sílaba*.

PAR MÍNIMO Un **par mínimo** es un par de palabras que suenan casi igual, diferenciándose por un solo sonido que ocupa la misma posición, con lo que cambia el significado: *pero* y *perro, capa* y *tapa, comes* y *comen*. Hay numerosos pares que se distinguen únicamente por la posición del acento: *vera* y *verá, tomo* y *tomó*.

PARTICIPIO PASADO El **participio** es una forma no personal del verbo que no especifica la persona, el número, el tiempo o el modo. El participio se usa con las formas del verbo **haber** para formar los tiempos compuestos: *¿Has **sabido** algo de Iván? Me frustra que no hayan **instalado** la nueva computadora todavía*. También se usa como adjetivo: *La mesa está **puesta** y la comida está **preparada**.*

Ver la página R52.

PERSONA La **persona** es el sujeto que realiza la acción de un verbo. Hay tres personas: la primera *(yo, nosotros)*, la segunda *(tú, usted, vos, vosotros, ustedes)* y la tercera *(él, ella, ellos)*. El verbo indica la persona por medio de las terminaciones:

Almuerzo a la una. (primera)
¿Por qué no *vamos* ya? (primera)
¿Me *haces* un favor? (segunda)
¿*Recibió* Ud. la carta ayer? (segunda)
Chicos, ¿*están* listos? (segunda)
Luis *dice* que no va. (tercera)
Los exámenes *son* horribles. (tercera)

Ver la página R44.
Ver también *Conjugación, Número, Terminación y Verbo.*

POSESIVO El **posesivo** expresa posesión, pertenencia o dependencia. Los **adjetivos posesivos** van delante de la cosa o persona a la que se refieren: *mi libro, **nuestra** ciudad, **sus** padres.* Los **adjetivos posesivos tónicos** son los que van detrás del objeto que señalan: *la casa **nuestra**, no la casa **suya**.* Los **pronombres posesivos** son los que se usan cuando se omite el objeto que se posee: *Ésta es **mía**. La **suya** está en la mochila.*

Ver las páginas 58, R40 y R42.

PREFIJO Los prefijos son letras o grupos de letras que se ponen al comienzo de una palabra o raíz para modificar el sentido de una palabra y así formar una nueva palabra: *com**padecer**, **des**organizado, **en**vejecer, **im**portar, **mal**educado, **pre**ludio, **re**animar.*

Ver también *Raíz y Sufijo.*

PREPOSICIÓN Las **preposiciones** son palabras que relacionan dos unidades gramaticales en una oración: *las escuelas **en** Miami, arroz **con** pollo.* Una **locución preposicional** (o **locución prepositiva**) es la combinación de una preposición con otra preposición u otras palabras, que cumple las mismas funciones que una preposición sencilla: *Leí el trabajo **en frente de** la clase.* Una **frase preposicional** es una frase introducida por una preposición o locución preposicional: *Lo puse **en mi mochila**.* Cumple la función de adverbio o adjetivo.

Ver las páginas R62–R63.

PRONOMBRE Un **pronombre** es una palabra que toma el lugar de un sustantivo y cumple las mismas funciones de éste. Los **pronombres personales** son aquellos que indican a la persona de quien se habla; toman diferentes formas al realizar distintas funciones en la oración. Los **pronombres de sujeto** señalan a la persona que realiza la acción del verbo o de la cual se expresa algo: ***Él** la llamó a su casa.* El **pronombre de complemento directo** es el que se usa para reemplazar a la persona o cosa que recibe la acción de un verbo transitivo: *No **te** vi en la fiesta. **Las** dejé en la mesa.* El **pronombre de complemento indirecto** es el que se refiere a la persona o cosa que recibe el complemento directo: ***Le** dije la verdad a Pablo. **Nos** trajo comida.* El **pronombre de complemento preposicional** es la forma que adopta un pronombre personal después de las preposiciones: *Esas galletas son para **nosotras**. Se despidieron de **mí**.* El **pronombre reflexivo** se usa cuando el sujeto es el mismo que el complemento: *Juan **se** despertó. Tienes que peinar**te**.* El **pronombre posesivo** se usa en vez de la fórmula *sustantivo + adjetivo posesivo tónico,* cuando el sustantivo es conocido: *Mis padres están aquí y los **tuyos** también.* El **pronombre demostrativo** toma el lugar del sustantivo precedido por un adjetivo demostrativo: *¿Te gustan **estos** zapatos?→¿Te gustan **éstos**?* El **pronombre relativo** une la cláusula subordinada adjetiva a la oración principal. Se refiere a un sustantivo al que sustituye (el **antecedente**): *Los chicos **que** estudiaron conmigo salieron bien en el examen.* Algunos pronombres relativos concuerdan con su antecedente: *Las amigas **de las que** te hablé van a estar en la fiesta.* Algunos ejemplos de pronombres relativos son: *que, el/la que, los/las que, el/la cual, los/las cuales, quien, quienes, donde, lo que, lo cual.*

Ver las páginas 52–61, 274, 276–278 y R38.

RAÍZ La **raíz** de una palabra lleva su significado básico. Por ejemplo, la raíz de las palabras *pescador, pescar y pesquero es pez.* A las raíces de artículos, adjetivos, sustantivos y pronombres se les pueden añadir terminaciones para indicar género y número (*una niña alta, unos niños altos*). A los sustantivos y adjetivos se les pueden añadir prefijos y sufijos para formar palabras nuevas (*forma, fórmula, uniforme*). A la raíz de un verbo se le añaden las terminaciones de las distintas conjugaciones para indicar la persona, el número, el tiempo, el modo y el aspecto de la acción.

Ver también *Conjugación, Familias de palabras, Prefijo, Sufijo y Verbo.*

REGIONALISMO Un **regionalismo** es una palabra o expresión que se usa en una región y que generalmente no se entenderá en otra parte.

Ver las páginas 18, 97, 168 y 271.

REGISTRO El **registro** se refiere al nivel de formalidad del lenguaje hablado o escrito. Generalmente los discursos, las presentaciones, las cartas de negocios o las invitaciones formales se caracterizan por el empleo de un lenguaje en un registro más formal, mientras las conversaciones entre amigos y familiares, y las cartas o notas dirigidas a amigos suelen emplear un registro más informal.

Ver la página 50.

RELATIVO Un **relativo** es un elemento gramatical que une dos cláusulas, refiriéndose a un sustantivo de la cláusula principal. Una **cláusula de relativo** es una cláusula subordinada que modifica a un sustantivo de la cláusula principal. También se le llama **cláusula adjetiva:** *Daniel es el chico* **con el que hablaste ayer.** *El pueblo* **donde vivía mi abuela** *no queda muy lejos.*

Ver las páginas 274, 276, 342 y R40.
Ver también *Cláusula* y *Pronombre*.

SECUENCIA DE TIEMPOS VERBALES La **secuencia de tiempos verbales** se refiere a la concordancia que tiene que haber entre el verbo de la cláusula principal y el verbo de la cláusula subordinada. El tiempo del verbo de la cláusula subordinada lo determina el tiempo del verbo de la cláusula principal. Por lo tanto, cualquier cambio de tiempo en la cláusula principal afecta al tiempo verbal de la cláusula subordinada:

Me **promete** *que lo* **hará.**
Me **prometió** *que lo* **haría.**
Me **promete** *que lo* **ha hecho.**
Me **prometió** *que lo* **había hecho.**
Me **promete** *que lo* **sabe** *hacer.*
Me **prometió** *que lo* **sabía** *hacer.*
No **creo** *que lo* **pueda** *hacer fácilmente.*
No **creía** *que lo* **pudiera** *hacer fácilmente.*
No **creo** *que lo* **haya** *hecho.*
No **creía** *que lo* **hubiera** *hecho.*

Ver las páginas 348 y R58.
Ver también *Cláusula, Tiempo, Oración* y *Verbo.*

SÍLABA La **sílaba** es la letra o grupo de letras en una palabra que se pronuncia con un solo golpe de voz. Las sílabas contienen siempre o una vocal o un sonido vocálico: *i-ban, gran-de, pro-fun-do.* Las palabras se pueden clasificar según el número de sílabas que tienen: las **monosílabas** (de una sílaba, como *mí* o *es*), las **bisílabas** (de dos sílabas, como *ham-bre* o *pues-to*), las **trisílabas** (de tres sílabas, como *la-gar-to* o *re-co-ger*) y las **polisílabas** (de cuatro sílabas o más, como *te-rri-to-rio* o *je-ro-glí-fi-co*). En palabras de más de una sílaba, la **sílaba tónica** es la sílaba que se pronuncia con más fuerza o intensidad que las otras: *rí-o, cru-zar, rá-pi-do, mi-lí-me-tro.*

Ver las páginas 130 y R63.
Ver también *Diptongo, Hiato, Palabra aguda, Palabra esdrújula, Palabra llana* y *Palabra sobresdrújula.*

SINTAGMA Un **sintagma** es una palabra o un grupo de palabras que cumple las funciones de una unidad sintáctica elemental, como puede ser un sustantivo, un verbo, un adjetivo, un adverbio o una preposición. **Los sintagmas adjetivos** son los sintagmas que actúan como adjetivo, como *un parque* **bonito,** *un parque* **con muchas flores** *o un parque* **que tiene árboles.** Un **sintagma nominal** cumple las funciones de un sustantivo; es decir, puede actuar de sujeto, complemento o atributo: *Este* **vaso** *está roto.* *Éste* *está roto.* *Quiero* **otro** *vaso.* *Quiero* **que me des otro.** *Diego es* **escritor.** Un **sintagma adverbial** es un sintagma que hace de adverbio: *Lo hago* **esta noche.** *Lo hago* **cuando tengo tiempo.** *Lo hago* **cuando quieras.**

Ver también *Cláusula, Locución* y *Oración.*

SUBJUNTIVO El **subjuntivo** es el modo que se usa para referirse a acciones hipotéticas o futuras, o a acciones que uno quiere que sucedan. Generalmente las acciones posibles, o de deseo, creencia o duda se expresan mediante el modo subjuntivo: *Me alegro que ya* **hayan terminado** *el trabajo. Era normal que* **estuvieras** *un poco triste. Te llamaré tan pronto como* **tenga** *la información. No había nadie que* **supiera** *la respuesta.*

Ver las páginas 343, 347 y R54–R58.
Ver también *Cláusula, Imperativo, Indicativo* y *Modo.*

SUFIJO Los **sufijos** son letras o grupos de letras que se agregan al final de una palabra o su raíz, modificando así su significado original. Generalmente los sufijos se usan para formar sustantivos y adjetivos: *licenciado, pionero, novelista, universidad, locura, estación, salida, irracional, ambulante, inigualable, juvenil.*

Ver las páginas 285–286.
Ver también *Prefijo y Raíz.*

SUJETO El **sujeto** es la persona o cosa que realiza la acción o estado indicado por el verbo. Al sujeto también se le llama **agente:** *Mario piensa que sí.* **Yo** lavo los platos. **La casa** está desocupada.

Ver la página 52.
Ver también *Oración, Verbo y Complemento.*

SUSTANTIVO Los **sustantivos** designan a personas, lugares, cosas o conceptos en un sentido específico o general: *mi abuelo, el señor, la playa, el mar Caribe, esta manzana, la fruta.*

Ver las páginas R36–R37.
Ver también *Artículo y Género.*

TERMINACIÓN La **terminación** son las letras o grupos de letras (también llamados **morfemas, desinencias** o **flexiones**) que se agregan a la raíz de un verbo. Las terminaciones de un verbo permiten precisar cinco características de la acción o del estado: **persona, número, tiempo, modo** y **aspecto.**

Ver la página R44.
Ver también *Conjugación, Raíz y Verbo.*

TIEMPO El **tiempo** señala el momento en que se realiza la acción del verbo. Hay tres tiempos básicos: **presente, pasado** y **futuro.** Las terminaciones del verbo indican el tiempo: *Vivo en esa casa azul.* **Vivimos** en Chile por dos años. *El príncipe y la princesa* **vivirán** siempre felices. Los tiempos verbales pueden ser simples *(salgo, salí, salga, saldré)* o compuestos *(he salido, había salido, haya salido, habré salido).*

Ver las páginas 347 y R44–R53.
Ver también *Secuencia de tiempos verbales y Verbo.*

TRANSITIVO Se llama **transitivos** a los verbos que requieren un complemento directo para completar su significado. Por ejemplo, al tomar un complemento directo, los verbos *decir, probar, abrir y tejer* son transitivos: *Lo* **dijo** Marcos. **Probé** la sopa. **Abrió** la puerta. **Tejió** una bufanda. Los verbos transitivos son los únicos que se pueden expresar en la voz pasiva: *Marta* **tejió** *la bufanda. La bufanda* **fue tejida** *por Marta.* Por el contrario, los **intransitivos** son los verbos que no llevan complemento directo, tales como *estar, caerse, llegar* o *nadar.*

Ver también *Complemento y Verbo.*

VERBO El **verbo** es la palabra que expresa una acción, un estado físico o mental, o que atribuye una característica a algo o a alguien. Un verbo consta de dos partes: la raíz y la terminación. La conjugación es el conjunto de estas terminaciones. Los verbos se pueden clasificar como regulares o irregulares, según su conjugación. También se pueden clasificar según su función o significado, como, por ejemplo, los verbos transitivos, intransitivos, copulativos, reflexivos, recíprocos o auxiliares.

Ver la página R44.
Ver también *Aspecto, Conjugación, Modo, Número, Persona, Raíz y Tiempo.*

VOCAL El alfabeto español tiene cinco **vocales:** *a, e, i, o, u.* En ciertos casos la **y** también puede representar el sonido de la **i.** Las vocales españolas se clasifican en **fuertes** *(a, e, o)* y **débiles** *(i, u).* La combinación de dos vocales resulta en diptongo o hiato.

Ver también *Diptongo y Hiato.*

VOZ La **voz** se refiere a la forma que toma un verbo transitivo según que la acción sea realizada o sufrida por el sujeto. Cuando el sujeto de la oración realiza la acción, la oración está en **voz activa:** *Aníbal pintó el retrato.* La oración cambia a la **voz pasiva** cuando el receptor de la acción se convierte en el sujeto de la oración: *El retrato fue pintado por Aníbal.*

Ver las páginas 198–199, 202 y R60–R61.

demostrativo: definición R96; adjetivos demostrativos 64, 121, R96; pronombres demostrativos 59, 64, R40, R67, R96

descriptivo: adjetivo descriptivo 120, R42, R94; usos 120; posición 120–121, R94

determinativo: adjetivo determinativo 121, R94; posición 121, R94

diéresis: definición 65, R96; uso de la diéresis 65

diminutivo: definición 126, R37, R97; usos 126–127, R97; sufijos **-(c)ito(a), -(c)ico(a), -(c)illo(a), -ucho(a), -uelo(a)** 126; **-uco(a)** 127; el diminutivo en español 126–127; el uso de diminutivos en el español de Chile 168

diptongo: definición 206, R65, R97; combinaciones vocálicas que resultan en diptongo 206, R65; vocales fuertes y débiles 206–207, R102; acentuación de diptongos 206, R65–R66; hiato 206, R65–R66

e: e en hiato pronunciada como /i/ 418; como realización de la conjunción **y** R61

enclíticos: definición R97; acentuación de las formas verbales con pronombres enclíticos 54, 285–286

español antiguo: definición R97; origen en el latín vulgar 407; introducción de palabras derivadas del latín clásico 407

español oficial: definición R97; anglicismos incorporados al español oficial 116–117

estado: uso del imperfecto para referirse a un estado en el pasado en progreso, no concluido o habitual R47; uso del pretérito para referirse a un estado en el pasado ya concluido, o que se inició o terminó en un momento específico o que duró un periodo determinado R48; aspecto de estados en el tiempo R59–R60

expresiones impersonales: para hablar de lo que se debe hacer 182

frases comparativas: definición R97; fórmulas para hacer comparaciones con sustantivos, adjetivos, adverbios y cláusulas 124

fricativo: definición R97

futuro: definición R50; usos del tiempo futuro R50; verbos regulares en el futuro R50; verbos irregulares en el futuro R50–R51; secuencia de tiempos verbales R58–R59

género: definición R36–R37, R97; género de artículos definidos e indefinidos R37, R95; pronombres R38–R41; adjetivos 120, R41–R44

gerundio: definición R60; formas del gerundio R60; gerundios irregulares R60; gerundios con cambios ortográficos R60; usos del gerundio R60; con el presente progresivo R60

glifo: en el sistema jeroglífico de los mayas antiguos 316

h: h en los diptongos 206; en la división de palabras en sílabas R64

hiato: definición 206, R65, R97; acentuación de vocales en hiato 206–207, R65–R66; vocales fuertes y débiles R102, 206, R65; diptongo 206–207, R65–R66, R97

imperativo: definición R54, R97–R98; formas regulares e irregulares R54

imperfecto del subjuntivo: definición R57; para reflexionar sobre un trabajo escrito 70; con el condicional para referirse a situaciones hipotéticas 260; para hablar de situaciones hipotéticas en el pasado 384; secuencia de tiempos verbales R58–R59; formas del imperfecto del subjuntivo R57; forma alternativa del imperfecto del subjuntivo R57; verbos irregulares en el imperfecto del subjuntivo R57

imperfecto: definición R47; para hacer descripciones en el pasado 30; aspecto 410–411, R59–R60; usos del imperfecto R47, R60; verbos regulares e irregulares en el imperfecto R47; usos del imperfecto y del pretérito R60

imperfecto progresivo: definición 413, 417; formación de los tiempos progresivos 413, R60; uso del imperfecto progresivo para eventos que están en proceso en un momento dado en el pasado 413, 417; verbos auxiliares que se usan con el gerundio para expresar el aspecto progresivo 413–414, R60; el imperfecto y pretérito progresivo en español 417; aspecto progresivo 410, 413, R44, R60, R95

de acentuación por medio de sufijos 285–286; el cambio de acentuación por medio de pluralización 285–286; el cambio de acentuación por medio de pronombres enclíticos 285–286; acentuación de los adverbios que terminan en **-mente** 286, R62; la **c,** la **s** y la **z** para representar el sonido /s/ 352–353; reglas para escribir la **c** para representar el sonido /s/ 352; reglas para escribir la **s** para representar el sonido /s/ 352; reglas para escribir la **z** para representar el sonido /s/ 353; los verbos que terminan en **-ear** 418; pares mínimos que se distinguen por la posición del acento tónico 419

palabras agudas: definición 130, R64–R65; uso del acento escrito en las palabras agudas 131; palabras agudas terminadas en **-n** o **-s** que se convierten en llanas al pasar al plural 286

palabras compuestas: uso de **rr** cuando el segundo elemento de una palabra compuesta empieza con **r-** 128

palabras cultas: 407–408

palabras esdrújulas: definición 130, R64–R65; uso del acento escrito en las palabras esdrújulas 131; formas verbales que se convierten en esdrújulas por medio de pronombres enclíticos 286

palabras llanas: definición 130, R64–R65; uso del acento escrito en las palabras llanas 131; palabras llanas terminadas en **-n** que se convierten en esdrújulas al pasar al plural 286

palabras sobresdrújulas: definición 130, R64–R65; uso del acento escrito en las palabras sobresdrújulas 131; conversión de formas verbales en sobresdrújulas por medio de pronombres enclíticos 286; formas verbales agudas que pierden el acento escrito por medio de enclíticos 286

pares mínimos: definición R99; pares mínimos que se distinguen únicamente por el acento tónico 419

participio pasado: definición R52, R99; con los tiempos compuestos del indicativo R52–R53; para formar el participio pasado R52

pasivo: voz pasiva 198, R60–R61, R102; voz pasiva con **ser** 198–199, R61; voz pasiva con **se** 199, R61; la voz pasiva mediante la tercera persona plural 199, R61; la voz pasiva con **se** o la tercera persona plural del verbo para dar un sentido impersonal 202

persona: definición R44, R99; primera, segunda y tercera persona R44, R99

plural: definición R36; forma plural de sustantivos R36; artículos definidos plurales R37; artículos

indefinidos plurales R37; formas plurales de adjetivos R41

pluscuamperfecto del indicativo: usos y formas del pluscuamperfecto del indicativo R53; secuencia de tiempos verbales R58–R59

pluscuamperfecto del subjuntivo: para hablar de situaciones hipotéticas en el pasado 384; formas del pluscuamperfecto del subjuntivo R58; secuencia de tiempos verbales R58–R59

posesivo: definición R100; adjetivo posesivo R42; pronombre posesivo R36

prefijo: definición R100; prefijos **ab-, ob-, sub-, biblio-, bis-, ben-, bene-, bien-** 204; prefijos **con-, en-** e **in-** con raíces que empiezan con **m-** o **n-** 284

preposición: definición R62–R63, R100; usos de **por** y **para** R63; uso antes de un pronombre 56, R39

presente del indicativo: para expresar tu punto de vista 38; uso del presente del indicativo para expresar certeza al manifestar una opinión 38; para referirse a condiciones reales 242; verbos regulares en el presente del indicativo R45; verbos que cambian la vocal de la raíz en el presente del indicativo R45; verbos irregulares en la primera persona singular del presente del indicativo R46; verbos que sufren alternancia entre **u** e **i** tónicas y átonas R46; verbos con cambios ortográficos en el presente del indicativo R46–R47; verbos completamente irregulares en el presente del indicativo R47

presente del subjuntivo: para expresar tu punto de vista 38; para expresar duda al manifestar una opinión 38; para redactar una carta de disculpa 106; con expresiones de influencia, voluntad o emoción 106; modo subjuntivo en cláusulas nominales 106, R55; para hablar de lo que se debe hacer 182; modo subjuntivo después de expresiones impersonales 182; **si** más presente de indicativo 242; definición R54–R55, R101; usos del subjuntivo R54–R55; en las cláusulas subordinadas R54–R55; en las cláusulas nominales R55; en las cláusulas de relativo 343, R55; después de conjunciones condicionales y temporales 347, R55; en las cláusulas adverbiales 347, R55; formas regulares del presente del subjuntivo R56; verbos irregulares en el presente del subjuntivo R56–R57; verbos que cambian la vocal de la raíz en el presente del subjuntivo R56

presente perfecto del indicativo: definición R52; usos del presente perfecto del indicativo R52; formas del presente perfecto del indicativo R52–R53; secuencia de tiempos verbales R58–R59

presente perfecto del subjuntivo: para hacer conjeturas 396; expresión de posibilidad en la cláusula

tiempo: definición R44, R102; tiempo presente del indicativo R45; imperfecto del indicativo 30, R47, R60; tiempo futuro R50; presente perfecto del indicativo R52; pluscuamperfecto R53; pretérito 12, R48, R60; presente progresivo 413–414, R60; imperfecto progresivo 413–414; pretérito progresivo 413–414; secuencia de tiempos verbales R58–R59; tiempo imperfecto y pretérito de indicativo R60; condicional R51; futuro perfecto R53; condicional perfecto R53

tono: definición 50

transitivo: definición R102

u: como realización de la conjunción **o** R61

v: reglas para el uso de la **v** ante la **b** 205

verbo: definición R44, R102; verbos transitivos e intransitivos 194, R102; voz pasiva 198–199, R44, R102; voz pasiva y activa en español e inglés 202; verbos que llevan acento escrito en algunas conjugaciones y en otras no 354; aspecto de los tiempos verbales 410, R44, R59–R60, R95; verbos auxiliares con el presente progresivo 413–414, R60; verbos que terminan en **-ear** 418; definición de la conjugación R44; infinitivo R44, R98; persona R44; número R44, R98; tiempo R44, R102; modo R44, R54–R55, R98; tiempo presente R45–R47; verbos irregulares en el presente del indicativo R46–R47; verbos que cambian la vocal de la raíz en el presente del indicativo R45–R46; verbos con cambios ortográficos en el presente del indicativo R46; verbos regulares e irregulares en el imperfecto R47; pretérito R48; verbos regulares en el pretérito R48; verbos que cambian la vocal de la raíz en el pretérito R48; verbos que sufren cambios ortográficos en el pretérito R48–R49; verbos irregulares en el pretérito R49–R50; verbos regulares en el tiempo futuro R50; verbos irregulares en el tiempo futuro R50–R51; verbos regulares en el condicional R51; verbos irregulares en el condicional R51–R52; participios pasados regulares e irregulares R52, R99; tiempo presente perfecto R52–R53; tiempo pluscuamperfecto R53; futuro perfecto R53; condicional perfecto R53; verbos regulares en el imperativo R54; verbos irregulares en el imperativo R54; verbos regulares en el presente del subjuntivo R56; verbos con cambios de raíz en el presente del subjuntivo R56; verbos irregulares en el presente del subjuntivo R57; imperfecto del subjuntivo R57; presente perfecto del subjuntivo R57–R58; tiempo pluscuamperfecto del subjuntivo R58; secuencia de tiempos verbales R58–R59

vocal: definición R65, R102; vocales fuertes y débiles 206, R65; acentuación de vocales en hiato 206–207, R65–R66

vos: uso 52; R38

voz: definición 198, R60–R61, R102; voz pasiva 198–199, R60–R61, R102; voz activa 198–199, R60–R61, R102; voz pasiva y activa en español e inglés 202

voz pasiva: definición 198–199, R60–R61, R102; voz pasiva con **ser** 198–199, R61; voz pasiva con **se** 199, R61; usos de la voz pasiva con **ser** en estilo formal 199; la voz pasiva mediante la tercera persona plural 199, R61; la voz pasiva con **se** o la tercera persona plural del verbo para dar un sentido impersonal 202; voz pasiva y activa en español e inglés 202

x: delante de una consonante 352

y: confusión con **ll** 129; reglas para el uso de **y** 129–130

yeísmo: definición 129; reglas para escribir palabras con el sonido /y/ 129

z: para representar el sonido /s/ 353; reglas para el uso de **z** 353; pronunciación de **z** en España 352

■ AGRADECIMIENTOS

For permission to reprint copyrighted material, grateful acknowledgment is made to the following sources:

Agencia Literaria Carmen Balcells, S.A.: "Un señor muy viejo con unas alas enormes" from *La increíble y triste historia de la Cándida Eréndira y de su abuela desalmada* by Gabriel García Márquez. Copyright © 1972 by Gabriel García Márquez. "Me gustas cuando callas (Poema 15)" by Pablo Neruda from *Veinte poemas de amor y una canción desesperada.* Copyright © 1924 by Pablo Neruda.

Agencia Literaria Latinoamericana: "La muralla" from *Isla de rojo coral* by Nicolás Guillén. Copyright © 1993 by Heirs of Nicolás Guillén.

Bibliograf, S.A.: Dictionary entry "laberinto" from *Diccionario para la enseñanza de la lengua española.* Copyright © 1995 by Universidad de Alcalá de Henares; copyright © 1995 by Bibliograf, S.A. Dictionary entry "laberinto" from *Gran diccionario general de la lengua española.* Copyright © 1989 by Bibliograf, S.A.

Chronicle Books, San Francisco: "Naranjas" (translation of "Oranges") from *Gary Soto: New and Selected Poems.* Copyright © 1995 by Gary Soto. Translated by permission of the publisher.

Rose Del Castillo Guilbault: "Trabajo de campo" (translation of "Field Work") by Rose Del Castillo Guilbault from *The San Francisco Chronicle,* March 18, 1990. Copyright © 1990 by Rose Del Castillo Guilbault. Translated by permission of the author.

Marco Denevi: "Las abejas de bronce" from *Cartas peligrosas y otros cuentos* by Marco Denevi. Copyright © 1987 by Ediciones Corregidor.

Ediciones Del Prado S.A.: "Canción de otoño en primavera" by A. G. Martínez Sierra from *Tesoros de la Poesía en Lengua Castellana.* Copyright © 1995 by Ediciones del Prado, S.A.

Editorial Losada, S.A., Buenos Aires, Argentina: "Tú me quieres blanca" by Alfonsina Storni. Copyright 1918; © 1998 by the Heirs to Alfonsina Storni.

Fondo de Cultura Económica, S.A. de C.V., México.: "Autorretrato" from *Poesía no eres tú: Obra poética: 1948–1971* by Rosario Castellanos. Copyright © 1972 by Fondo de Cultura Económica, S.A. de C.V., México. From "La fiesta del árbol" by Gabriela Mistral from *Invitación a Gabriela Mistral.* Copyright © 1990 by Fondo de Cultura Económica, S.A. de C.V., México. "Cadena rota" from *Béisbol en abril y otras historias* by Gary Soto; translated by Tedi López Mills. Copyright © 1993 by Fondo de Cultura Económica, S.A. de C.V., México.

The Gale Group: From biographies of Rose Del Castillo Guilbault and Francisco Jiménez from *Hispanic Writers: A Selection of Sketches from Contemporary Authors,* edited by Bryan Ryan. Copyright © 1991 by Gale Research, Inc.

Grupo Anaya, S.A.: "El casamiento del Sol" from "La historia de Quetzalcóatl," and "Los primeros incas" from *Guerreros, dioses y espíritus de la mitología de América Central y Sudamérica* (Spanish translation of *Warriors, Gods and Spirits from Central and South American Mythology*) by Douglas Gifford, translated by José Luis Moreno. Copyright © 1983 by Eurobook Limited, London; copyright © 1984 by Grupo Anaya, S.A.

D. C. Heath and Company: "Una carta a Dios" by Gregorio López y Fuentes from *Álbum* by Vallette and Vallette. Copyright © 1984 by D. C. Heath and Company.

Francisco Jiménez: "Cajas de cartón" (translation of "The Circuit") by Francisco Jiménez from *The Arizona Quarterly,* Autumn 1973. Copyright © 1973 by Francisco Jiménez. Translated by permission of the author.

William Peter Kosmas, Esq.: From "Paisaje" from *Obras Completas,* Galaxia Gutenberg, 1996 edition, by Federico García Lorca. Copyright © by Herederos de Federico García Lorca. All rights reserved. For information regarding works by Federico García Lorca, please contact William Peter Kosmas, Esq., 8 Franklin Square, London W14 9UU, England.

Noguer y Caralt Editores: "Soneto 149" from *Obras selectas* by Sor Juana Inés de la Cruz, edited by Georgina Sabat de Rivers and Elias L. Rivers. Published by Noguer y Caralt Editores, 1976.

Octavio Paz: "Árbol adentro" by Octavio Paz. Copyright © by Octavio Paz.

Provincia Franciscana de la Santísima Trinidad: "Meciendo" by Gabriela Mistral.

Universidad de San Carlos de Guatemala: "Capítulo primero" from *Popol Vuh: El libro sagrado y los mitos de la antigüedad americana,* translated by Jorge Luis Arriola. Copyright © 1972 by Universidad de San Carlos de Guatemala.

Sergio Vodanovic: "El delantal blanco" from *Viña: tres comedias en traje de baño* by Sergio Vodanovic. Copyright © 1964 by Sergio Vodanovic.

Western Carolina University: "El anillo del general Macías" (translation of "The Ring of General Macías") by Josefina Niggli. Translated into Spanish by Holt, Rinehart and Winston.

The Wylie Agency, Inc.: "Los dos reyes y los dos laberintos" from *El Aleph* by Jorge Luis Borges. Copyright © 1989 by María Kodama.

RECONOCIMIENTOS DE FOTOGRAFÍA

ÍNDICE DE AUTORES Y TÍTULOS

Los números de las páginas en cursiva se refieren a las biografías de los autores.